2025 全国勘察设计注册工程师
执业资格考试用书

Zhuce Daolu Gongchengshi Zhiye Zige Jichu Kaoshi
Mo-kao Shijuan

注册道路工程师执业资格基础考试
模考试卷

公共基础

注册工程师考试复习用书编委会 / 编

张　铭　曹纬浚 / 主编

人民交通出版社
北京

内 容 提 要

本书共 3 册，其中公共基础 2 册、专业基础 1 册。公共基础部分收录有 2011~2024 年（2015 年停考，下同）公共基础考试试卷（即基础考试上午卷）及其解析、参考答案；专业基础部分收录有 9 套模拟试卷（涵盖真题）及其解析、参考答案。

本书配电子题库（有效期一年），读者使用微信扫描封面红色资源码，登录"注考大师"微信公众号，即可在线学习。

本书适合参加注册道路工程师执业资格考试基础考试的考生使用。

图书在版编目（CIP）数据

2025 注册道路工程师执业资格基础考试模考试卷 / 张铭，曹纬浚主编. — 北京 ：人民交通出版社股份有限公司，2025. 2. — ISBN 978-7-114-19945-5

Ⅰ．U41-44

中国国家版本馆 CIP 数据核字第 2024FR4616 号

书　　名：**2025 注册道路工程师执业资格基础考试模考试卷**
著 作 者：张　铭　曹纬浚
责任编辑：李　坤
责任印制：张　凯
出版发行：人民交通出版社
地　　址：（100011）北京市朝阳区安定门外外馆斜街 3 号
网　　址：http://www.ccpcl.com.cn
销售电话：（010）85285857
总 经 销：人民交通出版社发行部
经　　销：各地新华书店
印　　刷：北京印匠彩色印刷有限公司
开　　本：889×1194　1/16
印　　张：52.75
字　　数：1064 千
版　　次：2025 年 2 月　第 1 版
印　　次：2025 年 2 月　第 1 次印刷
书　　号：ISBN 978-7-114-19945-5
定　　价：168.00 元（含 3 册）

（有印刷、装订质量问题的图书，由本社负责调换）

版权声明

目 录

（试卷·公共基础）

2011 年度全国勘察设计注册工程师执业资格考试试卷基础考试（上）......1

2012 年度全国勘察设计注册工程师执业资格考试试卷基础考试（上）......27

2013 年度全国勘察设计注册工程师执业资格考试试卷基础考试（上）......55

2014 年度全国勘察设计注册工程师执业资格考试试卷基础考试（上）......81

2016 年度全国勘察设计注册工程师执业资格考试试卷基础考试（上）......109

2017 年度全国勘察设计注册工程师执业资格考试试卷基础考试（上）......137

2018 年度全国勘察设计注册工程师执业资格考试试卷基础考试（上）......165

2019 年度全国勘察设计注册工程师执业资格考试试卷基础考试（上）......191

2020 年度全国勘察设计注册工程师执业资格考试试卷基础考试（上）......219

2021 年度全国勘察设计注册工程师执业资格考试试卷基础考试（上）......247

2022 年度全国勘察设计注册工程师执业资格考试试卷基础考试（上）......273

2022 年度全国勘察设计注册工程师执业资格考试试卷基础补考（上）......299

2023 年度全国勘察设计注册工程师执业资格考试试卷基础考试（上）......325

2024 年度全国勘察设计注册工程师执业资格考试试卷基础考试（上）......351

附录一——全国勘察设计注册工程师执业资格考试公共基础考试大纲......378

附录二——全国勘察设计注册工程师执业资格考试公共基础试题配置说明......386

2011 年度全国勘察设计注册工程师

执业资格考试试卷

基础考试
（上）

二〇一一年九月

应考人员注意事项

1. 本试卷科目代码为"1"，考生务必将此代码填涂在答题卡"科目代码"相应的栏目内，否则，无法评分。

2. 书写用笔：**黑色或蓝色钢笔、签字笔或圆珠笔**；

   填涂答题卡用笔：**黑色 2B 铅笔**。

3. 必须用书写用笔将工作单位、姓名、准考证号填写在答题卡和试卷相应的栏目内。

4. 本试卷由 120 题组成，每题 1 分，满分 120 分，本试卷全部为单项选择题，每小题的四个备选项中只有一个正确答案，错选、多选、不选均不得分。

5. 考生作答时，必须按**题号在答题卡上**将相应试题所选选项对应的**字母用 2B 铅笔涂黑**。

6. 在答题卡上书写与题意无关的语言，或在答题卡上作标记的，均按违纪试卷处理。

7. 考试结束时，由监考人员当面将试卷、答题卡一并收回。

8. 草稿纸由各地统一配发，考后收回。

单项选择题（共 120 题，每题 1 分。每题的备选项中只有一个最符合题意。）

1. 设直线方程为 $x = y - 1 = z$，平面方程为 $x - 2y + z = 0$，则直线与平面：

   A. 重合

   B. 平行不重合

   C. 垂直相交

   D. 相交不垂直

2. 在三维空间中，方程 $y^2 - z^2 = 1$ 所代表的图形是：

   A. 母线平行 x 轴的双曲柱面

   B. 母线平行 y 轴的双曲柱面

   C. 母线平行 z 轴的双曲柱面

   D. 双曲线

3. 当 $x \to 0$ 时，$3^x - 1$ 是 x 的：

   A. 高阶无穷小

   B. 低阶无穷小

   C. 等价无穷小

   D. 同阶但非等价无穷小

4. 函数 $f(x) = \dfrac{x - x^2}{\sin \pi x}$ 的可去间断点的个数为：

   A. 1 个

   B. 2 个

   C. 3 个

   D. 无穷多个

5. 如果 $f(x)$ 在 x_0 点可导，$g(x)$ 在 x_0 点不可导，则 $f(x)g(x)$ 在 x_0 点：

   A. 可能可导也可能不可导

   B. 不可导

   C. 可导

   D. 连续

6. 当 $x > 0$ 时，下列不等式中正确的是：

   A. $e^x < 1 + x$

   B. $\ln(1 + x) > x$

   C. $e^x < ex$

   D. $x > \sin x$

7. 若函数$f(x,y)$在闭区域D上连续，下列关于极值点的陈述中正确的是：

A. $f(x,y)$的极值点一定是$f(x,y)$的驻点

B. 如果P_0是$f(x,y)$的极值点，则P_0点处$B^2 - AC < 0$ $\left(其中，A = \frac{\partial^2 f}{\partial x^2}, B = \frac{\partial^2 f}{\partial x \partial y}, C = \frac{\partial^2 f}{\partial y^2}\right)$

C. 如果P_0是可微函数$f(x,y)$的极值点，则在P_0点处$\mathrm{d}f = 0$

D. $f(x,y)$的最大值点一定是$f(x,y)$的极大值点

8. $\int \frac{\mathrm{d}x}{\sqrt{x}(1+x)} =$

A. $\arctan\sqrt{x} + C$

B. $2\arctan\sqrt{x} + C$

C. $\tan(1+x)$

D. $\frac{1}{2}\arctan x + C$

9. 设$f(x)$是连续函数，且$f(x) = x^2 + 2\int_0^2 f(t)\mathrm{d}t$，则$f(x) =$

A. x^2

B. $x^2 2$

C. $2x$

D. $x^2 - \frac{16}{9}$

10. $\int_{-2}^{2}\sqrt{4-x^2}\mathrm{d}x =$

A. π

B. 2π

C. 3π

D. $\frac{\pi}{2}$

11. 设L为连接$(0,2)$和$(1,0)$的直线段，则对弧长的曲线积分$\int_L(x^2 + y^2)\mathrm{d}S =$

A. $\frac{\sqrt{5}}{2}$

B. 2

C. $\frac{3\sqrt{5}}{2}$

D. $\frac{5\sqrt{5}}{3}$

12. 曲线$y = e^{-x}(x \geq 0)$与直线$x = 0$，$y = 0$所围图形，绕ox轴旋转所得旋转体的体积为：

A. $\frac{\pi}{2}$

B. π

C. $\frac{\pi}{3}$

D. $\frac{\pi}{4}$

13. 若级数 $\sum\limits_{n=1}^{\infty} u_n$ 收敛，则下列级数中不收敛的是：

A. $\sum\limits_{n=1}^{\infty} k u_n (k \neq 0)$

B. $\sum\limits_{n=1}^{\infty} u_{n+100}$

C. $\sum\limits_{n=1}^{\infty} \left(u_{2n} + \frac{1}{2^n} \right)$

D. $\sum\limits_{n=1}^{\infty} \frac{50}{u_n}$

14. 设 $\sum\limits_{n=0}^{\infty} a_n x^n$ 的收敛半径为 2，则幂级数 $\sum\limits_{n=1}^{\infty} n a_n (x-2)^{n+1}$ 的收敛区间是：

A. $(-2,2)$

B. $(-2,4)$

C. $(0,4)$

D. $(-4,0)$

15. 微分方程 $xy\mathrm{d}x = \sqrt{2-x^2}\,\mathrm{d}y$ 的通解是：

A. $y = e^{-C\sqrt{2-x^2}}$

B. $y = e^{-\sqrt{2-x^2}} + C$

C. $y = Ce^{-\sqrt{2-x^2}}$

D. $y = C - \sqrt{2-x^2}$

16. 微分方程 $\dfrac{\mathrm{d}y}{\mathrm{d}x} - \dfrac{y}{x} = \tan\dfrac{y}{x}$ 的通解是：

A. $\sin\dfrac{y}{x} = Cx$

B. $\cos\dfrac{y}{x} = Cx$

C. $\sin\dfrac{y}{x} = x + C$

D. $Cx \sin\dfrac{y}{x} = 1$

17. 设 $A = \begin{bmatrix} 1 & 0 & 1 \\ 0 & 1 & 2 \\ -2 & 0 & -3 \end{bmatrix}$，则 $A^{-1} =$

A. $\begin{bmatrix} 3 & 0 & 1 \\ 4 & 1 & 2 \\ 2 & 0 & 1 \end{bmatrix}$

B. $\begin{bmatrix} 3 & 0 & 1 \\ 4 & 1 & 2 \\ -2 & 0 & -1 \end{bmatrix}$

C. $\begin{bmatrix} -3 & 0 & -1 \\ 4 & 1 & 2 \\ -2 & 0 & -1 \end{bmatrix}$

D. $\begin{bmatrix} 3 & 0 & 1 \\ -4 & -1 & -2 \\ 2 & 0 & 1 \end{bmatrix}$

18. 设 3 阶矩阵 $A = \begin{bmatrix} 1 & 1 & a \\ 1 & a & 1 \\ a & 1 & 1 \end{bmatrix}$，已知 A 的伴随矩阵的秩为 1，则 $a =$

A. -2

B. -1

C. 1

D. 2

19. 设A是 3 阶矩阵，$P = (\alpha_1, \alpha_2, \alpha_3)$是 3 阶可逆矩阵，且$P^{-1}AP = \begin{bmatrix} 1 & 0 & 0 \\ 0 & 2 & 0 \\ 0 & 0 & 0 \end{bmatrix}$。若矩阵$Q = (\alpha_2, \alpha_1, \alpha_3)$，

则$Q^{-1}AQ =$

A. $\begin{bmatrix} 1 & 0 & 0 \\ 0 & 2 & 0 \\ 0 & 0 & 0 \end{bmatrix}$ B. $\begin{bmatrix} 2 & 0 & 0 \\ 0 & 1 & 0 \\ 0 & 0 & 0 \end{bmatrix}$

C. $\begin{bmatrix} 0 & 1 & 0 \\ 2 & 0 & 0 \\ 0 & 0 & 0 \end{bmatrix}$ D. $\begin{bmatrix} 0 & 2 & 0 \\ 1 & 0 & 0 \\ 0 & 0 & 0 \end{bmatrix}$

20. 齐次线性方程组$\begin{cases} x_1 - x_2 + x_4 = 0 \\ x_1 - x_3 + x_4 = 0 \end{cases}$的基础解系为：

A. $\alpha_1 = (1,1,1,0)^T$, $\alpha_2 = (-1,-1,1,0)^T$

B. $\alpha_1 = (2,1,0,1)^T$, $\alpha_2 = (-1,-1,1,0)^T$

C. $\alpha_1 = (1,1,1,0)^T$, $\alpha_2 = (-1,0,0,1)^T$

D. $\alpha_1 = (2,1,0,1)^T$, $\alpha_2 = (-2,-1,0,1)^T$

21. 设A，B是两个事件，$P(A) = 0.3$，$P(B) = 0.8$，则当$P(A \cup B)$为最小值时，$P(AB) =$

A. 0.1   B. 0.2

C. 0.3   D. 0.4

22. 三个人独立地破译一份密码，每人能独立译出这份密码的概率分别为$\frac{1}{5}$、$\frac{1}{3}$、$\frac{1}{4}$，则这份密码被译出的概率为：

A. $\frac{1}{3}$ B. $\frac{1}{2}$

C. $\frac{2}{5}$ D. $\frac{3}{5}$

23. 设随机变量X的概率密度为$f(x) = \begin{cases} 2x, & 0 < x < 1 \\ 0, & 其他 \end{cases}$，$Y$表示对$X$的 3 次独立重复观察中事件$\left\{ X \leqslant \frac{1}{2} \right\}$出现的次数，则$P\{Y = 2\}$等于：

A. $\frac{3}{64}$ B. $\frac{9}{64}$

C. $\frac{3}{16}$ D. $\frac{9}{16}$

24. 设随机变量 X 和 Y 都服从 $N(0,1)$ 分布，则下列叙述中正确的是：

A. $X + Y \sim$ 正态分布

B. $X^2 + Y^2 \sim \chi^2$ 分布

C. X^2 和 Y^2 都 $\sim \chi^2$ 分布

D. $\dfrac{X^2}{Y^2} \sim F$ 分布

25. 一瓶氦气和一瓶氮气，它们每个分子的平均平动动能相同，而且都处于平衡态，则它们：

A. 温度相同，氦分子和氮分子的平均动能相同

B. 温度相同，氦分子和氮分子的平均动能不同

C. 温度不同，氦分子和氮分子的平均动能相同

D. 温度不同，氦分子和氮分子的平均动能不同

26. 最概然速率 v_p 的物理意义是：

A. v_p 是速率分布中的最大速率

B. v_p 是大多数分子的速率

C. 在一定的温度下，速率与 v_p 相近的气体分子所占的百分率最大

D. v_p 是所有分子速率的平均值

27. 1mol 理想气体从平衡态 $2p_1$、V_1 沿直线变化到另一平衡态 p_1、$2V_1$，则此过程中系统的功和内能的变化是：

A. $W > 0,\ \Delta E > 0$

B. $W < 0,\ \Delta E < 0$

C. $W > 0,\ \Delta E = 0$

D. $W < 0,\ \Delta E > 0$

28. 在保持高温热源温度 T_1 和低温热源温度 T_2 不变的情况下，使卡诺热机的循环曲线所包围的面积增大，则会：

A. 净功增大，效率提高

B. 净功增大，效率降低

C. 净功和功率都不变

D. 净功增大，效率不变

29. 一平面简谐波的波动方程为$y = 0.01\cos 10\pi(25t - x)$(SI)，则在$t = 0.1$s时刻，$x = 2$m处质元的振动位移是：

A. 0.01cm

B. 0.01m

C. −0.01m

D. 0.01mm

30. 对于机械横波而言，下面说法正确的是：

A. 质元处于平衡位置时，其动能最大，势能为零

B. 质元处于平衡位置时，其动能为零，势能最大

C. 质元处于波谷处时，动能为零，势能最大

D. 质元处于波峰处时，动能与势能均为零

31. 在波的传播方向上，有相距为3m的两质元，两者的相位差为$\frac{\pi}{6}$，若波的周期为4s，则此波的波长和波速分别为：

A. 36m 和6m/s

B. 36m 和9m/s

C. 12m 和6m/s

D. 12m 和9m/s

32. 在双缝干涉实验中，入射光的波长为λ，用透明玻璃纸遮住双缝中的一条缝（靠近屏一侧），若玻璃纸中光程比相同厚度的空气的光程大2.5λ，则屏上原来的明纹处：

A. 仍为明条纹

B. 变为暗条纹

C. 既非明纹也非暗纹

D. 无法确定是明纹还是暗纹

33. 在真空中，可见光的波长范围为：

A. $400 \sim 760$nm

B. $400 \sim 760$mm

C. $400 \sim 760$cm

D. $400 \sim 760$m

34. 有一玻璃劈尖，置于空气中，劈尖角为θ，用波长为λ的单色光垂直照射时，测得相邻明纹间距为l，若玻璃的折射率为n，则θ、λ、l与n之间的关系为：

A. $\theta = \frac{\lambda n}{2l}$

B. $\theta = \frac{l}{2n\lambda}$

C. $\theta = \frac{l\lambda}{2n}$

D. $\theta = \frac{\lambda}{2nl}$

35. 一束自然光垂直穿过两个偏振片，两个偏振片的偏振化方向成45°角。已知通过此两偏振片后的光强为I，则入射至第二个偏振片的线偏振光强度为：

A. I

B. $2I$

C. $3I$

D. $\frac{I}{2}$

36. 一单缝宽度 $a = 1 \times 10^{-4}$m，透镜焦距 $f = 0.5$m，若用 $\lambda = 400$nm 的单色平行光垂直入射，中央明纹的宽度为：

   A. 2×10^{-3}m

   B. 2×10^{-4}m

   C. 4×10^{-4}m

   D. 4×10^{-3}m

37. 29 号元素的核外电子分布式为：

   A. $1s^2 2s^2 2p^6 3s^2 3p^6 3d^9 4s^2$

   B. $1s^2 2s^2 2p^6 3s^2 3p^6 3d^{10} 4s^1$

   C. $1s^2 2s^2 2p^6 3s^2 3p^6 4s^1 3d^{10}$

   D. $1s^2 2s^2 2p^6 3s^2 3p^6 4s^2 3d^9$

38. 下列各组元素的原子半径从小到大排序错误的是：

   A. Li < Na < K
   B. Al < Mg < Na
   C. C < Si < Al
   D. P < As < Se

39. 下列溶液混合，属于缓冲溶液的是：

   A. 50mL 0.2mol $\cdot$ L^{-1} CH$_3$COOH 与 50mL 0.1mol $\cdot$ L^{-1} NaOH

   B. 50mL 0.1mol $\cdot$ L^{-1} CH$_3$COOH 与 50mL 0.1mol $\cdot$ L^{-1} NaOH

   C. 50mL 0.1mol $\cdot$ L^{-1} CH$_3$COOH 与 50mL 0.2mol $\cdot$ L^{-1} NaOH

   D. 50mL 0.2mol $\cdot$ L^{-1} HCl 与 50mL 0.1mol $\cdot$ L^{-1} NH$_3 \cdot$ H$_2$O

40. 在一容器中，反应 $2NO_2(g) \rightleftharpoons 2NO(g) + O_2(g)$，恒温条件下达到平衡后，加一定量 Ar 气保持总压力不变，平衡将会：

   A. 向正方向移动

   B. 向逆方向移动

   C. 没有变化

   D. 不能判断

41. 某第 4 周期的元素，当该元素原子失去一个电子成为正 1 价离子时，该离子的价层电子排布式为 $3d^{10}$，则该元素的原子序数是：

   A. 19
   B. 24
   C. 29
   D. 36

42. 对于一个化学反应，下列各组中关系正确的是：

   A. $\Delta_r G_m^{\ominus} > 0$，$K^{\ominus} < 1$

   B. $\Delta_r G_m^{\ominus} > 0$，$K^{\ominus} > 1$

   C. $\Delta_r G_m^{\ominus} < 0$，$K^{\ominus} = 1$

   D. $\Delta_r G_m^{\ominus} < 0$，$K^{\ominus} < 1$

43. 价层电子构型为 $4d^{10}5s^1$ 的元素在周期表中属于：

   A. 第四周期 VIIB 族

   B. 第五周期 IB 族

   C. 第六周期 VIIB 族

   D. 镧系元素

44. 下列物质中，属于酚类的是：

A. C_3H_7OH

B. $C_6H_5CH_2OH$

C. C_6H_5OH

D.

45. 有机化合物 H_3C—CH—CH—CH_2—CH_3 的名称是：

A. 2-甲基-3-乙基丁烷

B. 3,4-二甲基戊烷

C. 2-乙基-3-甲基丁烷

D. 2,3-二甲基戊烷

46. 下列物质中，两个氢原子的化学性质不同的是：

A. 乙炔

B. 甲酸

C. 甲醛

D. 乙二酸

47. 两直角刚杆AC、CB支承如图所示，在铰C处受力F作用，则A、B两处约束力的作用线与x轴正向所成的夹角分别为：

A. 0°；90°

B. 90°；0°

C. 45°；60°

D. 45°；135°

48. 在图示四个力三角形中，表示$F_R = F_1 + F_2$的图是：

A.　　　　　　B.　　　　　　C.　　　　　　D.

49. 均质杆AB长为l，重为W，受到如图所示的约束，绳索ED处于铅垂位置，A、B两处为光滑接触，杆的倾角为α，又$CD = l/4$，则A、B两处对杆作用的约束力大小关系为：

A. $F_{NA} = F_{NB} = 0$

B. $F_{NA} = F_{NB} \neq 0$

C. $F_{NA} \leqslant F_{NB}$

D. $F_{NA} \geqslant F_{NB}$

50. 一重力大小为$W = 60kN$的物块，自由放置在倾角为$\alpha = 30°$的斜面上，如图所示，若物块与斜面间的静摩擦系数为$f = 0.4$，则该物块的状态为：

A. 静止状态

B. 临界平衡状态

C. 滑动状态

D. 条件不足，不能确定

51. 当点运动时，若位置矢大小保持不变，方向可变，则其运动轨迹为：

A. 直线　　　　　　　　　　　　B. 圆周

C. 任意曲线　　　　　　　　　　D. 不能确定

52. 刚体做平动时，某瞬时体内各点的速度和加速度为：

A. 体内各点速度不相同，加速度相同

B. 体内各点速度相同，加速度不相同

C. 体内各点速度相同，加速度也相同

D. 体内各点速度不相同，加速度也不相同

53. 在图示机构中，杆$O_1A = O_2B$，$O_1A // O_2B$，杆$O_2C = $杆$O_3D$，$O_2C // O_3D$，且$O_1A = 20cm$，$O_2C = 40cm$，若杆$O_1A$以角速度$\omega = 3rad/s$匀速转动，则杆$CD$上任意点$M$速度及加速度的大小分别为：

A. $60cm/s$；$180cm/s^2$

B. $120cm/s$；$360cm/s^2$

C. $90cm/s$；$270cm/s^2$

D. $120cm/s$；$150cm/s^2$

54. 图示均质圆轮，质量为m，半径为r，在铅垂图面内绕通过圆轮中心O的水平轴以匀角速度ω转动。则系统动量、对中心O的动量矩、动能的大小分别为：

A. 0；$\frac{1}{2}mr^2\omega$；$\frac{1}{4}mr^2\omega^2$

B. $mr\omega$；$\frac{1}{2}mr^2\omega$；$\frac{1}{4}mr^2\omega^2$

C. 0；$\frac{1}{2}mr^2\omega$；$\frac{1}{2}mr^2\omega^2$

D. 0；$\frac{1}{4}mr^2\omega$；$\frac{1}{4}mr^2\omega^2$

55. 如图所示，两重物M₁和M₂的质量分别为m_1和m_2，两重物系在不计质量的软绳上，绳绕过均质定滑轮，滑轮半径r，质量为m，则此滑轮系统的动量为：

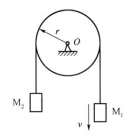

A. $\left(m_1 - m_2 + \frac{1}{2}m\right)v \downarrow$

B. $(m_1 - m_2)v \downarrow$

C. $\left(m_1 + m_2 + \frac{1}{2}m\right)v \uparrow$

D. $(m_1 - m_2)v \uparrow$

56. 均质细杆AB重力为P、长$2L$，A端铰支，B端用绳系住，处于水平位置，如图所示，当B端绳突然剪断瞬时，AB杆的角加速度大小为：

A. 0

B. $\frac{3g}{4L}$

C. $\frac{3g}{2L}$

D. $\frac{6g}{L}$

57. 质量为m，半径为R的均质圆盘，绕垂直于图面的水平轴O转动，其角速度为ω。在图示瞬间，角加速度为0，盘心C在其最低位置，此时将圆盘的惯性力系向O点简化，其惯性力主矢和惯性力主矩的大小分别为：

A. $m\frac{R}{2}\omega^2$；0

B. $mR\omega^2$；0

C. 0；0

D. 0；$\frac{1}{2}m\frac{R}{2}\omega^2$

58. 图示装置中，已知质量$m = 200\text{kg}$，弹簧刚度$k = 100\text{N/cm}$，则图中各装置的振动周期为：

A. 图a）装置振动周期最大

B. 图b）装置振动周期最大

C. 图c）装置振动周期最大

D. 三种装置振动周期相等

59. 圆截面杆ABC轴向受力如图，已知BC杆的直径$d = 100$mm，AB杆的直径为$2d$。杆的最大的拉应力为：

A. 40MPa

B. 30MPa

C. 80MPa

D. 120MPa

60. 已知铆钉的许可切应力为$[\tau]$，许可挤压应力为$[\sigma_{bs}]$，钢板的厚度为t，则图示铆钉直径d与钢板厚度t的关系是：

A. $d = \dfrac{8t[\sigma_{bs}]}{\pi[\tau]}$

B. $d = \dfrac{4t[\sigma_{bs}]}{\pi[\tau]}$

C. $d = \dfrac{\pi[\tau]}{8t[\sigma_{bs}]}$

D. $d = \dfrac{\pi[\tau]}{4t[\sigma_{bs}]}$

61. 图示受扭空心圆轴横截面上的切应力分布图中，正确的是：

A.　　　　　B.　　　　　C.　　　　　D.

62. 图示截面的抗弯截面模量W_z为：

A. $W_z = \dfrac{\pi d^3}{32} - \dfrac{a^3}{6}$

B. $W_z = \dfrac{\pi d^3}{32} - \dfrac{a^4}{6d}$

C. $W_z = \dfrac{\pi d^3}{32} - \dfrac{a^3}{6d}$

D. $W_z = \dfrac{\pi d^4}{64} - \dfrac{a^4}{12}$

63. 梁的弯矩图如图所示，最大值在B截面。在梁的A、B、C、D四个截面中，剪力为0的截面是：

A. A截面

B. B截面

C. C截面

D. D截面

64. 图示悬臂梁AB，由三根相同的矩形截面直杆胶合而成，材料的许可应力为[σ]。若胶合面开裂，假设开裂后三根杆的挠曲线相同，接触面之间无摩擦力，则开裂后的梁承载能力是原来的：

A. 1/9

B. 1/3

C. 两者相同

D. 3 倍

65. 梁的横截面是由狭长矩形构成的工字形截面，如图所示，z轴为中性轴，截面上的剪力竖直向下，该截面上的最大切应力在：

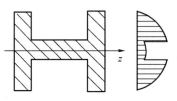

A. 腹板中性轴处

B. 腹板上下缘延长线与两侧翼缘相交处

C. 截面上下缘

D. 腹板上下缘

66. 矩形截面简支梁中点承受集中力F。若$h = 2b$，分别采用图 a)、图 b)两种方式放置，图 a)梁的最大挠度是图 b)梁的：

A. 1/2

B. 2 倍

C. 4 倍

D. 8 倍

67. 在图示xy坐标系下，单元体的最大主应力σ_1大致指向：

A. 第一象限，靠近x轴

B. 第一象限，靠近y轴

C. 第二象限，靠近x轴

D. 第二象限，靠近y轴

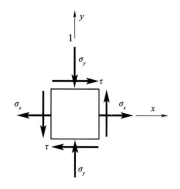

68. 图示变截面短杆，AB段压应力σ_{AB}与BC段压应力σ_{BC}的关系是：

A. σ_{AB}比σ_{BC}大1/4

B. σ_{AB}比σ_{BC}小1/4

C. σ_{AB}是σ_{BC}的2倍

D. σ_{AB}是σ_{BC}的1/2

69. 图示圆轴，固定端外圆上 $y = 0$ 点（图中 A 点）的单元体的应力状态是：

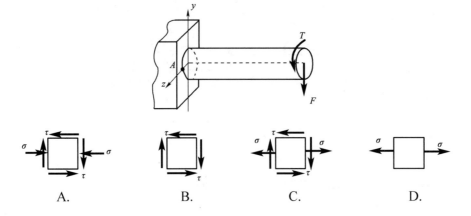

A.　　　　　B.　　　　　C.　　　　　D.

70. 一端固定一端自由的细长（大柔度）压杆，长为 L（图 a），当杆的长度减小一半时（图 b），其临界荷载 F_{cr} 比原来增加：

A. 4 倍

B. 3 倍

C. 2 倍

D. 1 倍

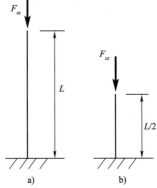

71. 空气的黏滞系数与水的黏滞系数 μ 分别随温度的降低而：

A. 降低，升高　　　　　　　　　B. 降低，降低

C. 升高，降低　　　　　　　　　D. 升高，升高

72. 重力和黏滞力分别属于：

A. 表面力、质量力　　　　　　　B. 表面力、表面力

C. 质量力、表面力　　　　　　　D. 质量力、质量力

73. 对某一非恒定流，以下对于流线和迹线的正确说法是：

A. 流线和迹线重合

B. 流线越密集，流速越小

C. 流线曲线上任意一点的速度矢量都与曲线相切

D. 流线可能存在折弯

74. 对某一流段，设其上、下游两断面 1-1、2-2 的断面面积分别为 A_1、A_2，断面流速分别为 v_1、v_2，两断面上任一点相对于选定基准面的高程分别为 Z_1、Z_2，相应断面同一选定点的压强分别为 p_1、p_2，两断面处的流体密度分别为 ρ_1、ρ_2，流体为不可压缩流体，两断面间的水头损失为 h_{l1-2}。下列方程表述一定错误的是：

A. 连续性方程：$v_1 A_1 = v_2 A_2$

B. 连续性方程：$\rho_1 v_1 A_1 = \rho_2 v_2 A_2$

C. 恒定总流能量方程：$\dfrac{p_1}{\rho_1 g} + Z_1 + \dfrac{v_1^2}{2g} = \dfrac{p_2}{\rho_2 g} + Z_2 + \dfrac{v_2^2}{2g}$

D. 恒定总流能量方程：$\dfrac{p_1}{\rho_1 g} + Z_1 + \dfrac{v_1^2}{2g} = \dfrac{p_2}{\rho_2 g} + Z_2 + \dfrac{v_2^2}{2g} + h_{l1-2}$

75. 水流经过变直径圆管，管中流量不变，已知前段直径 $d_1 = 30\text{mm}$，雷诺数为 5000，后段直径变为 $d_2 = 60\text{mm}$，则后段圆管中的雷诺数为：

A. 5000   B. 4000   C. 2500   D. 1250

76. 两孔口形状、尺寸相同，一个是自由出流，出流流量为 Q_1；另一个是淹没出流，出流流量为 Q_2。若自由出流和淹没出流的作用水头相等，则 Q_1 与 Q_2 的关系是：

A. $Q_1 > Q_2$ B. $Q_1 = Q_2$

C. $Q_1 < Q_2$ D. 不确定

77. 水力最优断面是指当渠道的过流断面面积 A、粗糙系数 n 和渠道底坡 i 一定时，其：

A. 水力半径最小的断面形状   B. 过流能力最大的断面形状

C. 湿周最大的断面形状   D. 造价最低的断面形状

78. 图示溢水堰模型试验，实际流量为 $Q_n = 537\text{m}^3/\text{s}$，若在模型上测得流量 $Q_n = 300\text{L/s}$，则该模型长度比尺为：

A. 4.5   B. 6

C. 10   D. 20

79. 点电荷 $+q$ 和点电荷 $-q$ 相距 30cm，那么，在由它们构成的静电场中：

A. 电场强度处处相等

B. 在两个点电荷连线的中点位置，电场力为 0

C. 电场方向总是从 $+q$ 指向 $-q$

D. 位于两个点电荷连线的中点位置上，带负电的可移动体将向 $-q$ 处移动

80. 设流经图示电感元件的电流 $i = 2\sin 1000t\,\text{A}$，若 $L = 1\text{mH}$，则电感电压：

A. $u_\text{L} = 2\sin 1000t\,\text{V}$

B. $u_\text{L} = -2\cos 1000t\,\text{V}$

C. u_L 的有效值 $U_\text{L} = 2\text{V}$

D. u_L 的有效值 $U_\text{L} = 1.414\text{V}$

81. 图示两电路相互等效，由图 b）可知，流经 10Ω 电阻的电流 $I_\text{R} = 1\text{A}$，由此可求得流经图 a）电路中 10Ω 电阻的电流 I 等于：

A. 1A   B. -1A C. -3A D. 3A

82. RLC 串联电路如图所示，在工频电压 $u(t)$ 的激励下，电路的阻抗等于：

A. $R + 314L + 314C$

B. $R + 314L + 1/314C$

C. $\sqrt{R^2 + (314L - 1/314C)^2}$

D. $\sqrt{R^2 + (314L + 1/314C)^2}$

83. 图示电路中，$u = 10\sin(1000t + 30°)\,\text{V}$，如果使用相量法求解图示电路中的电流 i，那么，如下步骤中存在错误的是：

步骤 1：$\dot{I}_1 = \dfrac{10}{R + j1000L}$；步骤 2：$\dot{I}_2 = 10 \cdot j1000C$；

步骤 3：$\dot{I} = \dot{I}_1 + \dot{I}_2 = I\angle\Psi_\text{i}$；步骤 4：$i = I\sqrt{2}\sin\Psi_\text{i}$

A. 仅步骤 1 和步骤 2 错

B. 仅步骤 2 错

C. 步骤 1、步骤 2 和步骤 4 错

D. 仅步骤 4 错

84. 图示电路中，开关k在$t=0$时刻打开，此后，电流i的初始值和稳态值分别为：

A. $\dfrac{U_s}{R_2}$和0

B. $\dfrac{U_s}{R_1+R_2}$和0

C. $\dfrac{U_s}{R_1}$和$\dfrac{U_s}{R_1+R_2}$

D. $\dfrac{U_s}{R_1+R_2}$和$\dfrac{U_s}{R_1+R_2}$

85. 在信号源(u_s, R_s)和电阻R_L之间接入一个理想变压器，如图所示。若$u_s = 80\sin\omega t\,\text{V}$，$R_L = 10\Omega$，且此时信号源输出功率最大，那么，变压器的输出电压u_2等于：

A. $40\sin\omega t\,\text{V}$

B. $20\sin\omega t\,\text{V}$

C. $80\sin\omega t\,\text{V}$

D. 20V

86. 接触器的控制线圈如图a）所示，动合触点如图b）所示，动断触点如图c）所示，当有额定电压接入线圈后：

KM　　　KM1　　　KM2
a)　　　 b)　　　 c)

A. 触点 KM1 和 KM2 因未接入电路均处于断开状态

B. KM1 闭合，KM2 不变

C. KM1 闭合，KM2 断开

D. KM1 不变，KM2 断开

87. 某空调器的温度设置为25℃，当室温超过25℃后，它便开始制冷，此时红色指示灯亮，并在显示屏上显示"正在制冷"字样，那么：

A. "红色指示灯亮"和"正在制冷"均是信息

B. "红色指示灯亮"和"正在制冷"均是信号

C. "红色指示灯亮"是信号，"正在制冷"是信息

D. "红色指示灯亮"是信息，"正在制冷"是信号

88. 如果一个 16 进制数和一个 8 进制数的数字信号相同，那么：

    A. 这个 16 进制数和 8 进制数实际反映的数量相等

    B. 这个 16 进制数 2 倍于 8 进制数

    C. 这个 16 进制数比 8 进制数少 8

    D. 这个 16 进制数与 8 进制数的大小关系不定

89. 在以下关于信号的说法中，正确的是：

    A. 代码信号是一串电压信号，故代码信号是一种模拟信号

    B. 采样信号是时间上离散、数值上连续的信号

    C. 采样保持信号是时间上连续、数值上离散的信号

    D. 数字信号是直接反映数值大小的信号

90. 设周期信号 $u(t) = \sqrt{2}\,U_1 \sin(\omega t + \psi_1) + \sqrt{2}\,U_3 \sin(3\omega t + \psi_3) + \cdots$

$$u_1(t) = \sqrt{2}\,U_1 \sin(\omega t + \psi_1) + \sqrt{2}\,U_3 \sin(3\omega t + \psi_3)$$

$$u_2(t) = \sqrt{2}\,U_1 \sin(\omega t + \psi_1) + \sqrt{2}\,U_5 \sin(5\omega t + \psi_5)$$

则：

    A. $u_1(t)$ 较 $u_2(t)$ 更接近 $u(t)$

    B. $u_2(t)$ 较 $u_1(t)$ 更接近 $u(t)$

    C. $u_1(t)$ 与 $u_2(t)$ 接近 $u(t)$ 的程度相同

    D. 无法做出三个电压之间的比较

91. 某模拟信号放大器输入与输出之间的关系如图所示，那么，能够经该放大器得到 5 倍放大的输入信号 $u_i(t)$ 最大值一定：

    A. 小于 2V

    B. 小于 10V 或大于 –10V

    C. 等于 2V 或等于 –2V

    D. 小于等于 2V 且大于等于 –2V

92. 逻辑函数 $F = \overline{\overline{AB} + \overline{BC}}$ 的化简结果是：

    A. $F = AB + BC$ B. $F = \overline{A} + \overline{B} + \overline{C}$

    C. $F = A + B + C$ D. $F = ABC$

93. 图示电路中，$u_i = 10\sin\omega t$，二极管 D_2 因损坏而断开，这时输出电压的波形和输出电压的平均值为：

A. $U_o = 0.45V$

B. $U_o = -0.45V$

C. $U_o = -3.18V$

D. $U_o = 3.18V$

94. 图 a）所示运算放大器的输出与输入之间的关系如图 b）所示，若 $u_i = 2\sin\omega t\, mV$，则 u_o 为：

a)

b)

A.

B.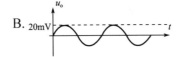

C.

D.

95. 基本门如图 a）所示，其中，数字信号 A 由图 b）给出，那么，输出 F 为：

a)　　　　b)

A. 1

B. 0

C.

D.

96. JK 触发器及其输入信号波形如图所示，那么，在 $t = t_0$ 和 $t = t_1$ 时刻，输出 Q 分别为：

A. $Q(t_0) = 1$, $Q(t_1) = 0$

B. $Q(t_0) = 0$, $Q(t_1) = 1$

C. $Q(t_0) = 0$, $Q(t_1) = 0$

D. $Q(t_0) = 1$, $Q(t_1) = 1$

97. 计算机存储器中的每一个存储单元都配置一个唯一的编号，这个编号就是：

A. 一种寄存标志　　　　　　　　　B. 寄存器地址

C. 存储器的地址　　　　　　　　　D. 输入/输出地址

98. 操作系统作为一种系统软件，存在着与其他软件明显不同的三个特征是：

A. 可操作性、可视性、公用性

B. 并发性、共享性、随机性

C. 随机性、公用性、不可预测性

D. 并发性、可操作性、脆弱性

99. 将二进制数 11001 转换成相应的十进制数，其正确结果是：

A. 25　　　　　　　　　　　　　　B. 32

C. 24　　　　　　　　　　　　　　D. 22

100. 图像中的像素实际上就是图像中的一个个光点，这光点：

A. 只能是彩色的，不能是黑白的

B. 只能是黑白的，不能是彩色的

C. 既不能是彩色的，也不能是黑白的

D. 可以是黑白的，也可以是彩色的

101. 计算机病毒以多种手段入侵和攻击计算机信息系统，下面有一种不被使用的手段是：

A. 分布式攻击、恶意代码攻击

B. 恶意代码攻击、消息收集攻击

C. 删除操作系统文件、关闭计算机系统

D. 代码漏洞攻击、欺骗和会话劫持攻击

102. 计算机系统中，存储器系统包括：

A. 寄存器组、外存储器和主存储器

B. 寄存器组、高速缓冲存储器（Cache）和外存储器

C. 主存储器、高速缓冲存储器（Cache）和外存储器

D. 主存储器、寄存器组和光盘存储器

103. 在计算机系统中，设备管理是指对：

A. 除 CPU 和内存储器以外的所有输入/输出设备的管理

B. 包括 CPU 和内存储器及所有输入/输出设备的管理

C. 除 CPU 外，包括内存储器及所有输入/输出设备的管理

D. 除内存储器外，包括 CPU 及所有输入/输出设备的管理

104. Windows 提供了两种十分有效的文件管理工具，它们是：

A. 集合和记录   B. 批处理文件和目标文件

C. 我的电脑和资源管理器   D. 我的文档、文件夹

105. 一个典型的计算机网络主要由两大部分组成，即：

A. 网络硬件系统和网络软件系统

B. 资源子网和网络硬件系统

C. 网络协议和网络软件系统

D. 网络硬件系统和通信子网

106. 局域网是指将各种计算机网络设备互联在一起的通信网络，但其覆盖的地理范围有限，通常在：

A. 几十米之内   B. 几百公里之内

C. 几公里之内   D. 几十公里之内

107. 某企业年初投资 5000 万元，拟 10 年内等额回收本利，若基准收益率为 8%，则每年年末应回收的资金是：

A. 540.00 万元   B. 1079.46 万元

C. 745.15 万元   D. 345.15 万元

108. 建设项目评价中的总投资包括：

A. 建设投资和流动资金

B. 建设投资和建设期利息

C. 建设投资、建设期利息和流动资金

D. 固定资产投资和流动资产投资

109. 新设法人融资方式，建设项目所需资金来源于：

A. 资本金和权益资金　　　　　　　　　B. 资本金和注册资本

C. 资本金和债务资金　　　　　　　　　D. 建设资金和债务资金

110. 财务生存能力分析中，财务生存的必要条件是：

A. 拥有足够的经营净现金流量

B. 各年累计盈余资金不出现负值

C. 适度的资产负债率

D. 项目资本金净利润率高于同行业的净利润率参考值

111. 交通运输部门拟修建一条公路，预计建设期为一年，建设期初投资为 100 万元，建成后即投入使用，预计使用寿命为 10 年，每年将产生的效益为 20 万元，每年需投入保养费 8000 元。若社会折现率为 10%，则该项目的效益费用比为：

A. 1.07　　　　　　　　　　　　　　　B. 1.17

C. 1.85　　　　　　　　　　　　　　　D. 1.92

112. 建设项目经济评价有一整套指标体系，敏感性分析可选定其中一个或几个主要指标进行分析，最基本的分析指标是：

A. 财务净现值　　　　　　　　　　　　B. 内部收益率

C. 投资回收期　　　　　　　　　　　　D. 偿债备付率

113. 在项目无资金约束、寿命不同、产出不同的条件下，方案经济比选只能采用：

A. 净现值比较法

B. 差额投资内部收益率法

C. 净年值法

D. 费用年值法

114. 在对象选择中，通过对每个部件与其他各部件的功能重要程度进行逐一对比打分，相对重要的得1分，不重要的得0分，此方法称为：

A. 经验分析法

B. 百分比法

C. ABC 分析法

D. 强制确定法

115. 按照《中华人民共和国建筑法》的规定，下列叙述中正确的是：

A. 设计文件选用的建筑材料、建筑构配件和设备，不得注明其规格、型号

B. 设计文件选用的建筑材料、建筑构配件和设备，不得指定生产厂、供应商

C. 设计单位应按照建设单位提出的质量要求进行设计

D. 设计单位对施工过程中发现的质量问题应当按照监理单位的要求进行改正

116. 根据《中华人民共和国招标投标法》的规定，招标人对已发出的招标文件进行必要的澄清或修改的，应该以书面形式通知所有招标文件收受人，通知的时间应当在招标文件要求提交投标文件截止时间至少：

A. 20 日前

B. 15 日前

C. 7 日前

D. 5 日前

117. 按照《中华人民共和国合同法》的规定，下列情形中，要约不失效的是：

A. 拒绝要约的通知到达要约人

B. 要约人依法撤销要约

C. 承诺期限届满，受要约人未作出承诺

D. 受要约人对要约的内容作出非实质性变更

118. 根据《中华人民共和国节约能源法》的规定，国家实施的能源发展战略是：

A. 限制发展高耗能、高污染行业，发展节能环保型产业

B. 节约与开发并举，把节约放在首位

C. 合理调整产业结构、企业结构、产品结构和能源消费结构

D. 开发和利用新能源、可再生能源

119. 根据《中华人民共和国环境保护法》的规定，下列关于企业事业单位排放污染物的规定中，正确的是：

（注：《中华人民共和国环境保护法》2014 年进行了修订，此题已过时）

A. 排放污染物的企业事业单位，必须申报登记

B. 排放污染物超过标准的企业事业单位，或者缴纳超标准排污费，或者负责治理

C. 征收的超标准排污费必须用于该单位污染的治理，不得挪作他用

D. 对造成环境严重污染的企业事业单位，限期关闭

120. 根据《建设工程勘察设计管理条例》的规定，建设工程勘察、设计方案的评标一般不考虑：

A. 投标人资质 B. 勘察、设计方案的优劣

C. 设计人员的能力 D. 投标人的业绩

2012 年度全国勘察设计注册工程师

执业资格考试试卷

基础考试
（上）

二〇一二年九月

应考人员注意事项

1. 本试卷科目代码为"1",考生务必将此代码填涂在答题卡"科目代码"相应的栏目内,否则,无法评分。

2. 书写用笔:**黑色或蓝色钢笔、签字笔或圆珠笔;**

   填涂答题卡用笔:**黑色 2B 铅笔。**

3. 必须用书写用笔将工作单位、姓名、准考证号填写在答题卡和试卷相应的栏目内。

4. 本试卷由 120 题组成,每题 1 分,满分 120 分,本试卷全部为单项选择题,每小题的四个备选项中只有一个正确答案,错选、多选、不选均不得分。

5. 考生作答时,必须按**题号在答题卡上**将相应试题所选选项对应的**字母用 2B 铅笔涂黑。**

6. 在答题卡上书写与题意无关的语言,或在答题卡上作标记的,均按违纪试卷处理。

7. 考试结束时,由监考人员当面将试卷、答题卡一并收回。

8. 草稿纸由各地统一配发,考后收回。

单项选择题（共 120 题，每题 1 分。每题的备选项中只有一个最符合题意。）

1. 设 $f(x) = \begin{cases} \cos x + x \sin \frac{1}{x} & x < 0 \\ x^2 + 1 & x \geq 0 \end{cases}$，则 $x = 0$ 是 $f(x)$ 的下面哪一种情况：

   A. 跳跃间断点

   B. 可去间断点

   C. 第二类间断点

   D. 连续点

2. 设 $\alpha(x) = 1 - \cos x$，$\beta(x) = 2x^2$，则当 $x \to 0$ 时，下列结论中正确的是：

   A. $\alpha(x)$ 与 $\beta(x)$ 是等价无穷小

   B. $\alpha(x)$ 是 $\beta(x)$ 的高阶无穷小

   C. $\alpha(x)$ 是 $\beta(x)$ 的低阶无穷小

   D. $\alpha(x)$ 与 $\beta(x)$ 是同阶无穷小但不是等价无穷小

3. 设 $y = \ln(\cos x)$，则微分 $\mathrm{d}y$ 等于：

   A. $\frac{1}{\cos x} \mathrm{d}x$

   B. $\cot x \mathrm{d}x$

   C. $-\tan x \mathrm{d}x$

   D. $-\frac{1}{\cos x \sin x} \mathrm{d}x$

4. $f(x)$ 的一个原函数为 e^{-x^2}，则 $f'(x) =$

   A. $2(-1 + 2x^2)e^{-x^2}$

   B. $-2xe^{-x^2}$

   C. $2(1 + 2x^2)e^{-x^2}$

   D. $(1 - 2x)e^{-x^2}$

5. $f'(x)$ 连续，则 $\int f'(2x + 1)\mathrm{d}x$ 等于：

   A. $f(2x + 1) + C$

   B. $\frac{1}{2}f(2x + 1) + C$

   C. $2f(2x + 1) + C$

   D. $f(x) + C$

   （C 为任意常数）

6. 定积分 $\int_0^{\frac{1}{2}} \frac{1+x}{\sqrt{1-x^2}} \mathrm{d}x =$

A. $\frac{\pi}{3} + \frac{\sqrt{3}}{2}$

B. $\frac{\pi}{6} - \frac{\sqrt{3}}{2}$

C. $\frac{\pi}{6} - \frac{\sqrt{3}}{2} + 1$

D. $\frac{\pi}{6} + \frac{\sqrt{3}}{2} + 1$

7. 若D是由$y = x$，$x = 1$，$y = 0$所围成的三角形区域，则二重积分 $\iint\limits_{D} f(x, y)\mathrm{d}x\mathrm{d}y$ 在极坐标下的二次积分是：

A. $\int_0^{\frac{\pi}{4}} \mathrm{d}\theta \int_0^{\cos\theta} f(r\cos\theta, r\sin\theta)r\mathrm{d}r$

B. $\int_0^{\frac{\pi}{4}} \mathrm{d}\theta \int_0^{\frac{1}{\cos\theta}} f(r\cos\theta, r\sin\theta)r\mathrm{d}r$

C. $\int_0^{\frac{\pi}{4}} \mathrm{d}\theta \int_0^{\frac{1}{\cos\theta}} r\mathrm{d}r$

D. $\int_0^{\frac{\pi}{4}} \mathrm{d}\theta \int_0^{\frac{1}{\cos\theta}} f(x, y)\mathrm{d}r$

8. 当$a < x < b$时，有$f'(x) > 0$，$f''(x) < 0$，则在区间(a, b)内，函数$y = f(x)$图形沿x轴正向是：

A. 单调减且凸的

B. 单调减且凹的

C. 单调增且凸的

D. 单调增且凹的

9. 函数在给定区间上不满足拉格朗日定理条件的是：

A. $f(x) = \frac{x}{1+x^2}$，$[-1, 2]$

B. $f(x) = x^{\frac{2}{3}}$，$[-1, 1]$

C. $f(x) = e^{\frac{1}{x}}$，$[1, 2]$

D. $f(x) = \frac{x+1}{x}$，$[1, 2]$

10. 下列级数中，条件收敛的是：

A. $\sum\limits_{n=1}^{\infty} \dfrac{(-1)^n}{n}$

B. $\sum\limits_{n=1}^{\infty} \dfrac{(-1)^n}{n^3}$

C. $\sum\limits_{n=1}^{\infty} \dfrac{(-1)^n}{n(n+1)}$

D. $\sum\limits_{n=1}^{\infty} (-1)^n \dfrac{n+1}{n+2}$

11. 当 $|x| < \dfrac{1}{2}$ 时，函数 $f(x) = \dfrac{1}{1+2x}$ 的麦克劳林展开式正确的是：

A. $\sum\limits_{n=0}^{\infty} (-1)^{n+1}(2x)^n$

B. $\sum\limits_{n=0}^{\infty} (-2)^n x^n$

C. $\sum\limits_{n=1}^{\infty} (-1)^n 2^n x^n$

D. $\sum\limits_{n=1}^{\infty} 2^n x^n$

12. 已知微分方程 $y' + p(x)y = q(x)[q(x) \neq 0]$ 有两个不同的特解 $y_1(x)$，$y_2(x)$，C 为任意常数，则该微分方程的通解是：

A. $y = C(y_1 - y_2)$

B. $y = C(y_1 + y_2)$

C. $y = y_1 + C(y_1 + y_2)$

D. $y = y_1 + C(y_1 - y_2)$

13. 以 $y_1 = e^x$，$y_2 = e^{-3x}$ 为特解的二阶线性常系数齐次微分方程是：

A. $y'' - 2y' - 3y = 0$

B. $y'' + 2y' - 3y = 0$

C. $y'' - 3y' + 2y = 0$

D. $y'' + 3y' + 2y = 0$

14. 微分方程$\dfrac{dy}{dx}+\dfrac{x}{y}=0$的通解是：

A. $x^2+y^2=C(C\in R)$

B. $x^2-y^2=C(C\in R)$

C. $x^2+y^2=C^2(C\in R)$

D. $x^2-y^2=C^2(C\in R)$

15. 曲线$y=(\sin x)^{\frac{3}{2}}(0\leqslant x\leqslant\pi)$与$x$轴围成的平面图形绕$x$轴旋转一周而成的旋转体体积等于：

A. $\dfrac{4}{3}$

B. $\dfrac{4}{3}\pi$

C. $\dfrac{2}{3}\pi$

D. $\dfrac{2}{3}\pi^2$

16. 曲线$x^2+4y^2+z^2=4$与平面$x+z=a$的交线在yOz平面上的投影方程是：

A. $\begin{cases}(a-z)^2+4y^2+z^2=4\\x=0\end{cases}$

B. $\begin{cases}x^2+4y^2+(a-x)^2=4\\z=0\end{cases}$

C. $\begin{cases}x^2+4y^2+(a-x)^2=4\\x=0\end{cases}$

D. $(a-z)^2+4y^2+z^2=4$

17. 方程$x^2-\dfrac{y^2}{4}+z^2=1$，表示：

A. 旋转双曲面

B. 双叶双曲面

C. 双曲柱面

D. 锥面

18. 设直线L为$\begin{cases}x+3y+2z+1=0\\2x-y-10z+3=0\end{cases}$，平面$\pi$为$4x-2y+z-2=0$，则直线和平面的关系是：

A. L平行于π

B. L在π上

C. L垂直于π

D. L与π斜交

19. 已知n阶可逆矩阵A的特征值为λ_0，则矩阵$(2A)^{-1}$的特征值是：

A. $\dfrac{2}{\lambda_0}$

B. $\dfrac{\lambda_0}{2}$

C. $\dfrac{1}{2\lambda_0}$

D. $2\lambda_0$

20. 设$\vec{\alpha_1}$，$\vec{\alpha_2}$，$\vec{\alpha_3}$，$\vec{\beta}$为n维向量组，已知$\vec{\alpha_1}$，$\vec{\alpha_2}$，$\vec{\beta}$线性相关，$\vec{\alpha_2}$，$\vec{\alpha_3}$，$\vec{\beta}$线性无关，则下列结论中正确的是：

A. $\vec{\beta}$必可用$\vec{\alpha_1}$，$\vec{\alpha_2}$线性表示

B. $\vec{\alpha_1}$必可用$\vec{\alpha_2}$，$\vec{\alpha_3}$，$\vec{\beta}$线性表示

C. $\vec{\alpha_1}$，$\vec{\alpha_2}$，$\vec{\alpha_3}$必线性无关

D. $\vec{\alpha_1}$，$\vec{\alpha_2}$，$\vec{\alpha_3}$必线性相关

21. 要使得二次型$f(x_1,x_2,x_3)=x_1^2+2tx_1x_2+x_2^2-2x_1x_3+2x_2x_3+2x_3^2$为正定的，则$t$的取值条件是：

A. $-1<t<1$

B. $-1<t<0$

C. $t>0$

D. $t<-1$

22. 若事件A、B互不相容，且$P(A)=p$，$P(B)=q$，则$P(\overline{A}\,\overline{B})$等于：

A. $1-p$

B. $1-q$

C. $1-(p+q)$

D. $1+p+q$

23. 若随机变量X与Y相互独立，且X在区间$[0,2]$上服从均匀分布，Y服从参数为3的指数分布，则数学期望$E(XY) = $

A. $\frac{4}{3}$

B. 1

C. $\frac{2}{3}$

D. $\frac{1}{3}$

24. 设$X_1, X_2, \cdots, X_n$是来自总体$N(\mu, \sigma^2)$的样本，μ、σ^2未知，$\overline{X} = \frac{1}{n}\sum\limits_{i=1}^{n} X_i$，$Q^2 = \sum\limits_{i=1}^{n}\left(X_i - \overline{X}\right)^2$，$Q > 0$。

则检验假设H_0：$\mu = 0$时应选取的统计量是：

A. $\sqrt{n(n-1)}\dfrac{\overline{X}}{Q}$

B. $\sqrt{n}\dfrac{\overline{X}}{Q}$

C. $\sqrt{n-1}\dfrac{\overline{X}}{Q}$

D. $\sqrt{n}\dfrac{\overline{X}}{Q^2}$

25. 两种摩尔质量不同的理想气体，它们压强相同、温度相同、体积不同。则它们的：

A. 单位体积内的分子数不同

B. 单位体积内气体的质量相同

C. 单位体积内气体分子的总平均平动动能相同

D. 单位体积内气体的内能相同

26. 某种理想气体的总分子数为N，分子速率分布函数为$f(v)$，则速率在$v_1 \to v_2$区间内的分子数是：

A. $\int_{v_1}^{v_2} f(v)\mathrm{d}v$

B. $N\int_{v_1}^{v_2} f(v)\mathrm{d}v$

C. $\int_{0}^{\infty} f(v)\mathrm{d}v$

D. $N\int_{0}^{\infty} f(v)\mathrm{d}v$

27. 一定量的理想气体由 a 状态经过一过程到达 b 状态，吸热为 335J，系统对外做功 126J；若系统经过另一过程由 a 状态到达 b 状态，系统对外做功 42J，则过程中传入系统的热量为：

A. 530J

B. 167J

C. 251J

D. 335J

28. 一定量的理想气体，经过等体过程，温度增量 ΔT，内能变化 ΔE_1，吸收热量 Q_1；若经过等压过程，温度增量也为 ΔT，内能变化 ΔE_2，吸收热量 Q_2，则一定是：

A. $\Delta E_2 = \Delta E_1$，$Q_2 > Q_1$

B. $\Delta E_2 = \Delta E_1$，$Q_2 < Q_1$

C. $\Delta E_2 > \Delta E_1$，$Q_2 > Q_1$

D. $\Delta E_2 < \Delta E_1$，$Q_2 < Q_1$

29. 一平面简谐波的波动方程为 $y = 2 \times 10^{-2} \cos 2\pi \left(10t - \dfrac{x}{5}\right)$ (SI)。$t = 0.25$s时，处于平衡位置，且与坐标原点 $x = 0$ 最近的质元的位置是：

A. ± 5m

B. 5m

C. ± 1.25m

D. 1.25m

30. 一平面简谐波沿 x 轴正方向传播，振幅 $A = 0.02$m，周期 $T = 0.5$s，波长 $\lambda = 100$m，原点处质元的初相位 $\phi = 0$，则波动方程的表达式为：

A. $y = 0.02 \cos 2\pi \left(\dfrac{t}{2} - 0.01x\right)$ (SI)

B. $y = 0.02 \cos 2\pi (2t - 0.01x)$ (SI)

C. $y = 0.02 \cos 2\pi \left(\dfrac{t}{2} - 100x\right)$ (SI)

D. $y = 0.02 \cos 2\pi (2t - 100x)$ (SI)

31. 两人轻声谈话的声强级为 40dB，热闹市场上噪声的声强级为 80dB。市场上噪声的声强与轻声谈话的声强之比为：

A. 2

B. 20

C. 10^2

D. 10^4

32. P_1和P_2为偏振化方向相互垂直的两个平行放置的偏振片，光强为I_0的自然光垂直入射在第一个偏振片P_1上，则透过P_1和P_2的光强分别为：

A. $\frac{I_0}{2}$和 0

B. 0 和$\frac{I_0}{2}$

C. I_0和I_0

D. $\frac{I_0}{2}$和$\frac{I_0}{2}$

33. 一束自然光自空气射向一块平板玻璃，设入射角等于布儒斯特角，则反射光为：

A. 自然光   B. 部分偏振光

C. 完全偏振光   D. 圆偏振光

34. 波长$\lambda = 550nm(1nm = 10^{-9}m)$的单色光垂直入射于光栅常数为$2 \times 10^{-4}$cm的平面衍射光栅上，可能观察到光谱线的最大级次为：

A. 2   B. 3

C. 4   D. 5

35. 在单缝夫琅禾费衍射实验中，波长为λ的单色光垂直入射到单缝上，对应于衍射角为30°的方向上，若单缝处波阵面可分成3个半波带。则缝宽a为：

A. λ B. 1.5λ

C. 2λ D. 3λ

36. 以双缝干涉实验中，波长为λ的单色平行光垂直入射到缝间距为a的双缝上，屏到双缝的距离为D，则某一条明纹与其相邻的一条暗纹的间距为：

A. $\frac{D\lambda}{a}$

B. $\frac{D\lambda}{2a}$

C. $\frac{2D\lambda}{a}$

D. $\frac{D\lambda}{4a}$

37. 钴的价层电子构型是$3d^74s^2$，钴原子外层轨道中未成对电子数为：

A. 1   B. 2

C. 3   D. 4

38. 在 HF、HCl、HBr、HI 中，按熔、沸点由高到低顺序排列正确的是：

A. HF、HCl、HBr、HI

B. HI、HBr、HCl、HF

C. HCl、HBr、HI、HF

D. HF、HI、HBr、HCl

39. 对于 HCl 气体溶解于水的过程，下列说法正确的是：

A. 这仅是一个物理变化过程

B. 这仅是一个化学变化过程

C. 此过程既有物理变化又有化学变化

D. 此过程中溶质的性质发生了变化，而溶剂的性质未变

40. 体系与环境之间只有能量交换而没有物质交换，这种体系在热力学上称为：

A. 绝热体系   B. 循环体系

C. 孤立体系   D. 封闭体系

41. 反应$PCl_3(g) + Cl_2(g) \rightleftharpoons PCl_5(g)$，298K 时$K^\ominus = 0.767$，此温度下平衡时，如$p(PCl_5) = p(PCl_3)$，则$p(Cl_2) =$

A. 130.38kPa

B. 0.767kPa

C. 7607kPa

D. 7.67×10^{-3}kPa

42. 在铜锌原电池中，将铜电极的$C(H^+)$由1mol/L增加到2mol/L，则铜电极的电极电势：

A. 变大   B. 变小

C. 无变化   D. 无法确定

43. 元素的标准电极电势图如下：

$$Cu^{2+} \xrightarrow{0.159} Cu^+ \xrightarrow{0.52} Cu$$

$$Au^{3+} \xrightarrow{1.36} Au^+ \xrightarrow{1.83} Au$$

$$Fe^{3+} \xrightarrow{0.771} Fe^{2+} \xrightarrow{-0.44} Fe$$

$$MnO_4{}^- \xrightarrow{1.51} Mn^{2+} \xrightarrow{-1.18} Mn$$

在空气存在的条件下，下列离子在水溶液中最稳定的是：

A. Cu^{2+}

B. Au^+

C. Fe^{2+}

D. Mn^{2+}

44. 按系统命名法，下列有机化合物命名正确的是：

A. 2-乙基丁烷

B. 2，2-二甲基丁烷

C. 3，3-二甲基丁烷

D. 2，3，3-三甲基丁烷

45. 下列物质使溴水褪色的是：

A. 乙醇

B. 硬脂酸甘油酯

C. 溴乙烷

D. 乙烯

46. 昆虫能分泌信息素。下列是一种信息素的结构简式：

$$CH_3(CH_2)_5CH = CH(CH_2)_9CHO$$

下列说法正确的是：

A. 这种信息素不可以与溴发生加成反应

B. 它可以发生银镜反应

C. 它只能与 $1\text{mol }H_2$ 发生加成反应

D. 它是乙烯的同系物

47. 图示刚架中，若将作用于 B 处的水平力 P 沿其作用线移至 C 处，则 A、D 处的约束力：

A. 都不变

B. 都改变

C. 只有 A 处改变

D. 只有 D 处改变

48. 图示绞盘有三个等长为l的柄，三个柄均在水平面内，其间夹角都是 120°。如在水平面内，每个柄端分别作用一垂直于柄的力$\boldsymbol{F}_1$、$\boldsymbol{F}_2$、$\boldsymbol{F}_3$，且有$F_1 = F_2 = F_3 = F$，该力系向O点简化后的主矢及主矩应为：

A. $F_R = 0$，$M_O = 3Fl(\curvearrowleft)$

B. $F_R = 0$，$M_O = 3Fl(\curvearrowright)$

C. $F_R = 2F$(水平向右)，$M_O = 3Fl(\curvearrowleft)$

D. $F_R = 2F$(水平向左)，$M_O = 3Fl(\curvearrowright)$

49. 图示起重机的平面构架，自重不计，且不计滑轮质量，已知：$F = 100\text{kN}$，$L = 70\text{cm}$，B、D、E为铰链连接。则支座A的约束力为：

A. $F_{Ax} = 100\text{kN}(\leftarrow)$，$F_{Ay} = 150\text{kN}(\downarrow)$

B. $F_{Ax} = 100\text{kN}(\rightarrow)$，$F_{Ay} = 50\text{kN}(\uparrow)$

C. $F_{Ax} = 100\text{kN}(\leftarrow)$，$F_{Ay} = 50\text{kN}(\downarrow)$

D. $F_{Ax} = 100\text{kN}(\leftarrow)$，$F_{Ay} = 100\text{kN}(\downarrow)$

50. 平面结构如图所示，自重不计。已知：$F = 100\text{kN}$。判断图示BCH桁架结构中，内力为零的杆数是：

A. 3 根杆

B. 4 根杆

C. 5 根杆

D. 6 根杆

51. 动点以常加速度2m/s^2做直线运动。当速度由5m/s增加到8m/s时，则点运动的路程为：

A. 7.5m

B. 12m

C. 2.25m

D. 9.75m

52. 物体作定轴转动的运动方程为$\varphi = 4t - 3t^2$(φ以 rad 计，t以 s 计)。此物体内，转动半径$r = 0.5\text{m}$的一点，在$t_0 = 0$时的速度和法向加速度的大小分别为：

A. 2m/s，8m/s^2

B. 3m/s，3m/s^2

C. 2m/s，8.54m/s^2

D. 0，8m/s^2

53. 一木板放在两个半径 $r = 0.25$m 的传输鼓轮上面。在图示瞬时，木板具有不变的加速度 $a = 0.5$m/s²，方向向右；同时，鼓轮边缘上的点具有一大小为3m/s²的全加速度。如果木板在鼓轮上无滑动，则此木板的速度为：

A. 0.86m/s

B. 3m/s

C. 0.5m/s

D. 1.67m/s

54. 重为 W 的人乘电梯铅垂上升，当电梯加速上升、匀速上升及减速上升时，人对地板的压力分别为 P_1、P_2、P_3，它们之间的关系为：

A. $P_1 = P_2 = P_3$ B. $P_1 > P_2 > P_3$

C. $P_1 < P_2 < P_3$ D. $P_1 < P_2 > P_3$

55. 均质细杆 AB 重力为 W，A 端置于光滑水平面上，B 端用绳悬挂，如图所示。当绳断后，杆在倒地的过程中，质心 C 的运动轨迹为：

A. 圆弧线

B. 曲线

C. 铅垂直线

D. 抛物线

56. 杆 OA 与均质圆轮的质心用光滑铰链 A 连接，如图所示，初始时它们静止于铅垂面内，现将其释放，则圆轮 A 所作的运动为：

A. 平面运动

B. 绕轴 O 的定轴转动

C. 平行移动

D. 无法判断

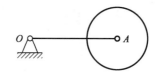

57. 图示质量为 m、长为 l 的均质杆 OA 绕 O 轴在铅垂平面内作定轴转动。已知某瞬时杆的角速度为 ω，角加速度为 α，则杆惯性力系合力的大小为：

A. $\frac{l}{2}m\sqrt{\alpha^2 + \omega^2}$

B. $\frac{l}{2}m\sqrt{\alpha^2 + \omega^4}$

C. $\frac{l}{2}m\alpha$

D. $\frac{l}{2}m\omega^2$

58. 已知单自由度系统的振动固有频率$\omega_n = 2$rad/s,若在其上分别作用幅值相同而频率为$\omega_1 = 1$rad/s,$\omega_2 = 2$rad/s,$\omega_3 = 3$rad/s的简谐干扰力,则此系统强迫振动的振幅为:

A. $\omega_1 = 1$rad/s时振幅最大

B. $\omega_2 = 2$rad/s时振幅最大

C. $\omega_3 = 3$rad/s时振幅最大

D. 不能确定

59. 截面面积为A的等截面直杆,受轴向拉力作用。杆件的原始材料为低碳钢,若将材料改为木材,其他条件不变,下列结论中正确的是:

A. 正应力增大,轴向变形增大

B. 正应力减小,轴向变形减小

C. 正应力不变,轴向变形增大

D. 正应力减小,轴向变形不变

60. 图示等截面直杆,材料的拉压刚度为EA,杆中距离A端$1.5L$处横截面的轴向位移是:

A. $\dfrac{4FL}{EA}$

B. $\dfrac{3FL}{EA}$

C. $\dfrac{2FL}{EA}$

D. $\dfrac{FL}{EA}$

61. 图示冲床的冲压力$F = 300\pi$kN,钢板的厚度$t = 10$mm,钢板的剪切强度极限$\tau_b = 300$MPa。冲床在钢板上可冲圆孔的最大直径d是:

A. $d = 200$mm

B. $d = 100$mm

C. $d = 4000$mm

D. $d = 1000$mm

62. 图示两根木杆连接结构，已知木材的许用切应力为$[\tau]$，许用挤压应力为$[\sigma_{bs}]$，则a与h的合理比值是：

A. $\dfrac{h}{a} = \dfrac{[\tau]}{[\sigma_{bs}]}$

B. $\dfrac{h}{a} = \dfrac{[\sigma_{bs}]}{[\tau]}$

C. $\dfrac{h}{a} = \dfrac{[\tau]a}{[\sigma_{bs}]}$

D. $\dfrac{h}{a} = \dfrac{[\sigma_{bs}]a}{[\tau]}$

63. 圆轴受力如图所示，下面4个扭矩图中正确的是：

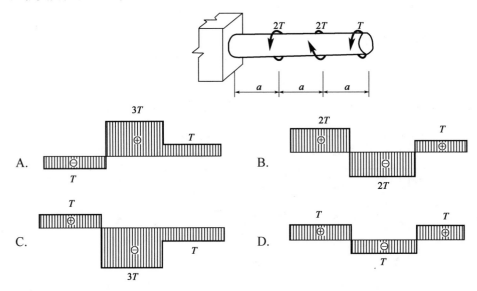

A.

B.

C.

D.

64. 直径为d的实心圆轴受扭，若使扭转角减小一半，圆轴的直径需变为：

A. $\sqrt[4]{2}\,d$

B. $\sqrt[3]{2}\,d$

C. $0.5d$

D. $\dfrac{8}{3}d$

65. 梁ABC的弯矩如图所示，根据梁的弯矩图，可以断定该梁B点处：

A. 无外荷载

B. 只有集中力偶

C. 只有集中力

D. 有集中力和集中力偶

66. 图示空心截面对z轴的惯性矩I_z为：

A. $I_z = \dfrac{\pi d^4}{32} - \dfrac{a^4}{12}$

B. $I_z = \dfrac{\pi d^4}{64} - \dfrac{a^4}{12}$

C. $I_z = \dfrac{\pi d^4}{32} + \dfrac{a^4}{12}$

D. $I_z = \dfrac{\pi d^4}{64} + \dfrac{a^4}{12}$

67. 两根矩形截面悬臂梁，弹性模量均为E，横截面尺寸如图所示，两梁的载荷均为作用在自由端的集中力偶。已知两梁的最大挠度相同，则集中力偶M_{e2}是M_{e1}的：$\left(悬臂梁受自由端集中力偶 M作用，自由端挠度为 \dfrac{ML^2}{2EI}\right)$

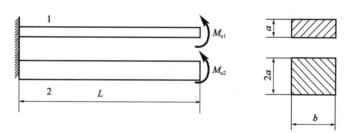

A. 8 倍

B. 4 倍

C. 2 倍

D. 1 倍

68. 图示等边角钢制成的悬臂梁*AB*，*c*点为截面形心，*x'*为该梁轴线，*y'*、*z'*为形心主轴。集中力*F*竖直向下，作用线过角钢两个狭长矩形边中线的交点，梁将发生以下变形：

A. *x'z'*平面内的平面弯曲

B. 扭转和*x'z'*平面内的平面弯曲

C. *x'y'*平面和*x'z'*平面内的双向弯曲

D. 扭转和*x'y'*平面、*x'z'*平面内的双向弯曲

69. 图示单元体，法线与*x*轴夹角$\alpha = 45°$的斜截面上切应力τ_α是：

A. $\tau_\alpha = 10\sqrt{2}\text{MPa}$

B. $\tau_\alpha = 50\text{MPa}$

C. $\tau_\alpha = 60\text{MPa}$

D. $\tau_\alpha = 0$

70. 图示矩形截面细长（大柔度）压杆，弹性模量为*E*。该压杆的临界荷载F_{cr}为：

A. $F_{cr} = \dfrac{\pi^2 E}{L^2}\left(\dfrac{bh^3}{12}\right)$

B. $F_{cr} = \dfrac{\pi^2 E}{L^2}\left(\dfrac{hb^3}{12}\right)$

C. $F_{cr} = \dfrac{\pi^2 E}{(2L)^2}\left(\dfrac{bh^3}{12}\right)$

D. $F_{cr} = \dfrac{\pi^2 E}{(2L)^2}\left(\dfrac{hb^3}{12}\right)$

71. 按连续介质概念，流体质点是：

A. 几何的点

B. 流体的分子

C. 流体内的固体颗粒

D. 几何尺寸在宏观上同流动特征尺度相比是微小量，又含有大量分子的微元体

72. 设 A、B 两处液体的密度分别为 ρ_A 与 ρ_B，由 U 形管连接，如图所示，已知水银密度为 ρ_m，1、2 面的高度差为 Δh，它们与 A、B 中心点的高度差分别是 h_1 与 h_2，则 AB 两中心点的压强差 $P_A - P_B$ 为：

A. $(-h_1\rho_A + h_2\rho_B + \Delta h\rho_m)g$

B. $(h_1\rho_A - h_2\rho_B - \Delta h\rho_m)g$

C. $[-h_1\rho_A + h_2\rho_B + \Delta h(\rho_m - \rho_A)]g$

D. $[h_1\rho_A - h_2\rho_B - \Delta h(\rho_m - \rho_A)]g$

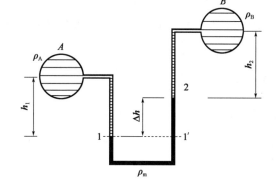

73. 汇流水管如图所示，已知三部分水管的横截面积分别为 $A_1 = 0.01\text{m}^2$，$A_2 = 0.005\text{m}^2$，$A_3 = 0.01\text{m}^2$ 入流速度 $v_1 = 4\text{m/s}$，$v_2 = 6\text{m/s}$，求出流的流速 v_3 为：

A. 8m/s

B. 6m/s

C. 7m/s

D. 5m/s

74. 尼古拉斯实验的曲线图中，在以下哪个区域里，不同相对粗糙度的试验点，分别落在一些与横轴平行的直线上，阻力系数 λ 与雷诺数无关：

A. 层流区

B. 临界过渡区

C. 紊流光滑区

D. 紊流粗糙区

75. 正常工作条件下，若薄壁小孔口直径为d_1，圆柱形管嘴的直径为d_2，作用水头H相等，要使得孔口与管嘴的流量相等，则直径d_1与d_2的关系是：

A. $d_1 > d_2$

B. $d_1 < d_2$

C. $d_1 = d_2$

D. 条件不足无法确定

76. 下面对明渠均匀流的描述哪项是正确的：

A. 明渠均匀流必须是非恒定流

B. 明渠均匀流的粗糙系数可以沿程变化

C. 明渠均匀流可以有支流汇入或流出

D. 明渠均匀流必须是顺坡

77. 有一完全井，半径$r_0 = 0.3m$，含水层厚度$H = 15m$，土壤渗透系数$k = 0.0005m/s$，抽水稳定后，井水深$h = 10m$，影响半径$R = 375m$，则由达西定律得出的井的抽水量Q为：（其中计算系数为1.366）

A. $0.0276m^3/s$

B. $0.0138m^3/s$

C. $0.0414m^3/s$

D. $0.0207m^3/s$

78. 量纲和谐原理是指：

A. 量纲相同的量才可以乘除

B. 基本量纲不能与导出量纲相运算

C. 物理方程式中各项的量纲必须相同

D. 量纲不同的量才可以加减

79. 关于电场和磁场，下述说法中正确的是：

A. 静止的电荷周围有电场，运动的电荷周围有磁场

B. 静止的电荷周围有磁场，运动的电荷周围有电场

C. 静止的电荷和运动的电荷周围都只有电场

D. 静止的电荷和运动的电荷周围都只有磁场

80. 如图所示，两长直导线的电流$I_1 = I_2$，L是包围I_1、I_2的闭合曲线，以下说法中正确的是：

A. L上各点的磁场强度H的量值相等，不等于0

B. L上各点的H等于0

C. L上任一点的H等于I_1、I_2在该点的磁场强度的叠加

D. L上各点的H无法确定

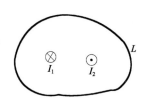

81. 电路如图所示，U_s为独立电压源，若外电路不变，仅电阻R变化时，将会引起下述哪种变化？

A. 端电压U的变化

B. 输出电流I的变化

C. 电阻R支路电流的变化

D. 上述三者同时变化

82. 在图 a）电路中有电流I时，可将图 a）等效为图 b），其中等效电压源电压U_s和等效电源内阻R_0分别为：

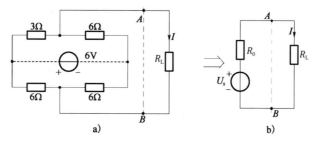

A. $-1V$，5.143Ω B. $1V$，5Ω C. $-1V$，5Ω D. $1V$，5.143Ω

83. 某三相电路中，三个线电流分别为：

$$i_A = 18\sin(314t + 23°) \,(A)$$
$$i_B = 18\sin(314t - 97°) \,(A)$$
$$i_C = 18\sin(314t + 143°) \,(A)$$

当$t = 10s$时，三个电流之和为：

A. $18A$ B. $0A$ C. $18\sqrt{2}A$ D. $18\sqrt{3}A$

84. 电路如图所示，电容初始电压为零，开关在$t = 0$时闭合，则$t \geq 0$时，$u(t)$为：

A. $(1 - e^{-0.5t})V$

B. $(1 + e^{-0.5t})V$

C. $(1 - e^{-2t})V$

D. $(1 + e^{-2t})V$

85. 有一容量为$10kV \cdot A$的单相变压器，电压为3300/220V，变压器在额定状态下运行。在理想的情况下副边可接40W、220V、功率因数$\cos\phi = 0.44$的日光灯多少盏？

A. 110 B. 200 C. 250 D. 125

86. 整流滤波电路如图所示，已知$U_1 = 30V$，$U_o = 12V$，$R = 2k\Omega$，$R_L = 4k\Omega$（稳压管的稳定电流$I_{Zmin} = 5mA$与$I_{Zmax} = 18mA$）。通过稳压管的电流和通过二极管的平均电流分别是：

    A. 5mA，2.5mA   B. 8mA，8mA

    C. 6mA，2.5mA   D. 6mA，4.5mA

87. 晶体管非门电路如图所示，已知$U_{CC} = 15V$，$U_B = -9V$，$R_C = 3k\Omega$，$R_B = 20k\Omega$，$\beta = 40$，当输入电压$U_1 = 5V$时，要使晶体管饱和导通，R_X的值不得大于：（设$U_{BE} = 0.7V$，集电极和发射极之间的饱和电压$U_{CES} = 0.3V$）

    A. 7.1kΩ

    B. 35kΩ

    C. 3.55kΩ

    D. 17.5kΩ

88. 图示为共发射极单管电压放大电路，估算静态点I_B、I_C、V_{CE}分别为：

    A. 57μA，2.28mA，5.16V

    B. 57μA，2.28mA，8V

    C. 57μA，4mA，0V

    D. 30μA，2.8mA，3.5V

89. 图为三个二极管和电阻 R 组成的一个基本逻辑门电路,输入二极管的高电平和低电平分别是 3V 和 0V，电路的逻辑关系式是：

A. Y=ABC

B. Y=A+B+C

C. Y=AB+C

D. Y=(A+B)C

90. 由两个主从型 JK 触发器组成的逻辑电路如图 a）所示，设 Q_1、Q_2 的初始态是 0、0，已知输入信号 A 和脉冲信号 CP 的波形，如图 b）所示，当第二个 CP 脉冲作用后，Q_1、Q_2 将变为：

A. 1、1

B. 1、0

C. 0、1

D. 保持 0、0 不变

91. 图示为电报信号、温度信号、触发脉冲信号和高频脉冲信号的波形，其中是连续信号的是：

a) 电报信号

b) 温度信号

c) 触发脉冲信号

d) 高频脉冲信号

A. a）、c）、d）

B. b）、c）、d）

C. a）、b）、c）

D. a）、b）、d）

92. 连续时间信号与通常所说的模拟信号的关系是：

    A. 完全不同　　　　　　　　　　　B. 是同一个概念

    C. 不完全相同　　　　　　　　　　D. 无法回答

93. 单位冲激信号 $\delta(t)$ 是：

    A. 奇函数　　　　　　　　　　　　B. 偶函数

    C. 非奇非偶函数　　　　　　　　　D. 奇异函数，无奇偶性

94. 单位阶跃信号 $\varepsilon(t)$ 是物理量单位跃变现象，而单位冲激信号 $\delta(t)$ 是物理量产生单位跃变什么的现象：

    A. 速度　　　　　　　　　　　　　B. 幅度

    C. 加速度　　　　　　　　　　　　D. 高度

95. 如图所示的周期为 T 的三角波信号，在用傅氏级数分析周期信号时，系数 a_0、a_n 和 b_n 判断正确的是：

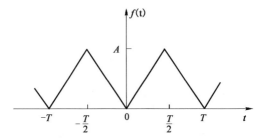

    A. 该信号是奇函数且在一个周期的平均值为零，所以傅立叶系数 a_0 和 b_n 是零

    B. 该信号是偶函数且在一个周期的平均值不为零，所以傅立叶系数 a_0 和 a_n 不是零

    C. 该信号是奇函数且在一个周期的平均值不为零，所以傅立叶系数 a_0 和 b_n 不是零

    D. 该信号是偶函数且在一个周期的平均值为零，所以傅立叶系数 a_0 和 b_n 是零

96. 将 $(11010010.01010100)_B$ 表示成十六进制数是：

    A. $(D2.54)_H$　　　　　　　　　　B. D2.54

    C. $(D2.A8)_H$　　　　　　　　　　D. $(D2.54)_B$

97. 计算机系统内的系统总线是：

    A. 计算机硬件系统的一个组成部分

    B. 计算机软件系统的一个组成部分

    C. 计算机应用软件系统的一个组成部分

    D. 计算机系统软件的一个组成部分

98. 目前，人们常用的文字处理软件有：

A. Microsoft Word 和国产字处理软件 WPS

B. Microsoft Excel 和 Auto CAD

C. Microsoft Access 和 Visual Foxpro

D. Visual BASIC 和 Visual C++

99. 下面所列各种软件中，最靠近硬件一层的是：

A. 高级语言程序

B. 操作系统

C. 用户低级语言程序

D. 服务性程序

100. 操作系统中采用虚拟存储技术，实际上是为实现：

A. 在一个较小内存储空间上，运行一个较小的程序

B. 在一个较小内存储空间上，运行一个较大的程序

C. 在一个较大内存储空间上，运行一个较小的程序

D. 在一个较大内存储空间上，运行一个较大的程序

101. 用二进制数表示的计算机语言称为：

A. 高级语言   B. 汇编语言

C. 机器语言   D. 程序语言

102. 下面四个二进制数中，与十六进制数 AE 等值的一个是：

A. 10100111   B. 10101110

C. 10010111   D. 11101010

103. 常用的信息加密技术有多种，下面所述四条不正确的一条是：

A. 传统加密技术、数字签名技术

B. 对称加密技术

C. 密钥加密技术

D. 专用 ASCII 码加密技术

104. 广域网，又称为远程网，它所覆盖的地理范围一般：

    A. 从几十米到几百米

    B. 从几百米到几公里

    C. 从几公里到几百公里

    D. 从几十公里到几千公里

105. 我国专家把计算机网络定义为：

    A. 通过计算机将一个用户的信息传送给另一个用户的系统

    B. 由多台计算机、数据传输设备以及若干终端连接起来的多计算机系统

    C. 将经过计算机储存、再生，加工处理的信息传输和发送的系统

    D. 利用各种通信手段，把地理上分散的计算机连在一起，达到相互通信、共享软/硬件和数据等资源的系统

106. 在计算机网络中，常将实现通信功能的设备和软件称为：

    A. 资源子网　　　　　　　　　　　　B. 通信子网

    C. 广域网　　　　　　　　　　　　　D. 局域网

107. 某项目拟发行1年期债券。在年名义利率相同的情况下，使年实际利率较高的复利计息期是：

    A.1 年　　　　　　　　　　　　　　B. 半年

    C.1 季度　　　　　　　　　　　　　D.1 个月

108. 某建设工程建设期为2年。其中第一年向银行贷款总额为1000万元，第二年无贷款，贷款年利率为6%，则该项目建设期利息为：

    A.30 万元　　　　　　　　　　　　B.60 万元

    C.61.8 万元　　　　　　　　　　　D.91.8 万元

109. 某公司向银行借款5000万元，期限为5年，年利率为10%，每年年末付息一次，到期一次还本，企业所得税率为25%。若不考虑筹资费用，该项借款的资金成本率是：

    A.7.5%　　　　　　　　　　　　　B.10%

    C.12.5%　　　　　　　　　　　　D.37.5%

110. 对于某常规项目（IRR 唯一），当设定折现率为 12%时，求得的净现值为 130 万元；当设定折现率为 14%时，求得的净现值为−50 万元，则该项目的内部收益率应是：

A. 11.56%

B. 12.77%

C. 13%

D. 13.44%

111. 下列财务评价指标中，反映项目偿债能力的指标是：

A. 投资回收期

B. 利息备付率

C. 财务净现值

D. 总投资收益率

112. 某企业生产一种产品，年固定成本为 1000 万元，单位产品的可变成本为 300 元、售价为 500 元，则其盈亏平衡点的销售收入为：

A. 5 万元

B. 600 万元

C. 1500 万元

D. 2500 万元

113. 下列项目方案类型中，适于采用净现值法直接进行方案选优的是：

A. 寿命期相同的独立方案

B. 寿命期不同的独立方案

C. 寿命期相同的互斥方案

D. 寿命期不同的互斥方案

114. 某项目由 A、B、C、D 四个部分组成，当采用强制确定法进行价值工程对象选择时，它们的价值指数分别如下所示。其中不应作为价值工程分析对象的是：

A. 0.7559

B. 1.0000

C. 1.2245

D. 1.5071

115. 建筑工程开工前，建设单位应当按照国家有关规定申请领取施工许可证，颁发施工许可证的单位应该是：

A. 县级以上人民政府建设行政主管部门

B. 工程所在地县级以上人民政府建设工程监督部门

C. 工程所在地省级以上人民政府建设行政主管部门

D. 工程所在地县级以上人民政府建设行政主管部门

116. 根据《中华人民共和国安全生产法》的规定,生产经营单位主要负责人对本单位的安全生产负总责,某生产经营单位的主要负责人对本单位安全生产工作的职责是:

A. 建立、健全本单位安全生产责任制

B. 保证本单位安全生产投入的有效使用

C. 及时报告生产安全事故

D. 组织落实本单位安全生产规章制度和操作规程

117. 根据《中华人民共和国招标投标法》的规定,某建设工程依法必须进行招标,招标人委托了招标代理机构办理招标事宜,招标代理机构的行为合法的是:

A. 编制投标文件和组织评标

B. 在招标人委托的范围内办理招标事宜

C. 遵守《中华人民共和国招标投标法》关于投标人的规定

D. 可以作为评标委员会成员参与评标

118. 《中华人民共和国合同法》规定的合同形式中不包括:

A. 书面形式   B. 口头形式

C. 特定形式   D. 其他形式

119. 根据《中华人民共和国行政许可法》规定,下列可以设定行政许可的事项是:

A. 企业或者其他组织的设立等,需要确定主体资格的事项

B. 市场竞争机制能够有效调节的事项

C. 行业组织或者中介机构能够自律管理的事项

D. 公民、法人或者其他组织能够自主决定的事项

120. 根据《建设工程质量管理条例》的规定,施工图必须经过审查批准,否则不得使用,某建设单位投资的大型工程项目施工图设计已经完成,该施工图应该报审的管理部门是:

A. 县级以上人民政府建设行政主管部门

B. 县级以上人民政府工程设计主管部门

C. 县级以上政府规划部门

D. 工程监理单位

2013 年度全国勘察设计注册工程师

执业资格考试试卷

二〇一三年九月

基础考试

（上）

二〇一三年九月

应考人员注意事项

1. 本试卷科目代码为"1"，考生务必将此代码填涂在答题卡"科目代码"相应的栏目内，否则，无法评分。

2. 书写用笔：**黑色或蓝色钢笔、签字笔或圆珠笔**；

   填涂答题卡用笔：**黑色 2B 铅笔**。

3. 必须用书写用笔将工作单位、姓名、准考证号填写在答题卡和试卷相应的栏目内。

4. 本试卷由 120 题组成，每题 1 分，满分 120 分，本试卷全部为单项选择题，每小题的四个备选项中只有一个正确答案，错选、多选、不选均不得分。

5. 考生作答时，必须**按题号在答题卡上**将相应试题所选选项对应的**字母用 2B 铅笔涂黑**。

6. 在答题卡上书写与题意无关的语言，或在答题卡上作标记的，均按违纪试卷处理。

7. 考试结束时，由监考人员当面将试卷、答题卡一并收回。

8. 草稿纸由各地统一配发，考后收回。

单项选择题（共 120 题，每题 1 分。每题的备选项中只有一个最符合题意。）

1. 已知向量 $\boldsymbol{\alpha} = (-3,-2,1)$，$\boldsymbol{\beta} = (1,-4,-5)$，则 $|\boldsymbol{\alpha} \times \boldsymbol{\beta}|$ 等于：

   A. 0   B. 6

   C. $14\sqrt{3}$ D. $14i + 16j - 10k$

2. 若 $\lim\limits_{x \to 1} \dfrac{2x^2 + ax + b}{x^2 + x - 2} = 1$，则必有：

   A. $a = -1$，$b = 2$ B. $a = -1$，$b = -2$

   C. $a = -1$，$b = -1$ D. $a = 1$，$b = 1$

3. 若 $\begin{cases} x = \sin t \\ y = \cos t \end{cases}$，则 $\dfrac{dy}{dx}$ 等于：

   A. $-\tan t$ B. $\tan t$

   C. $-\sin t$ D. $\cot t$

4. 设 $f(x)$ 有连续导数，则下列关系式中正确的是：

   A. $\int f(x)dx = f(x)$ B. $\left[\int f(x)dx\right]' = f(x)$

   C. $\int f'(x)dx = f(x)dx$ D. $\left[\int f(x)dx\right]' = f(x) + C$

5. 已知 $f(x)$ 为连续的偶函数，则 $f(x)$ 的原函数中：

   A. 有奇函数

   B. 都是奇函数

   C. 都是偶函数

   D. 没有奇函数也没有偶函数

6. 设 $f(x) = \begin{cases} 3x^2, & x \leq 1 \\ 4x - 1, & x > 1 \end{cases}$，则 $f(x)$ 在点 $x = 1$ 处：

   A. 不连续   B. 连续但左、右导数不存在

   C. 连续但不可导   D. 可导

7. 函数 $y = (5-x)x^{\frac{2}{3}}$ 的极值可疑点的个数是：

   A. 0   B. 1

   C. 2   D. 3

8. 下列广义积分中发散的是：

A. $\int_0^{+\infty} e^{-x}\mathrm{d}x$

B. $\int_0^{+\infty} \frac{1}{1+x^2}\mathrm{d}x$

C. $\int_0^{+\infty} \frac{\ln x}{x}\mathrm{d}x$

D. $\int_0^1 \frac{1}{\sqrt{1-x^2}}\mathrm{d}x$

9. 二次积分 $\int_0^1 \mathrm{d}x \int_{x^2}^{x} f(x,y)\mathrm{d}y$ 交换积分次序后的二次积分是：

A. $\int_{x^2}^{x} \mathrm{d}y \int_0^1 f(x,y)\mathrm{d}x$

B. $\int_0^1 \mathrm{d}y \int_{y^2}^{y} f(x,y)\mathrm{d}x$

C. $\int_y^{\sqrt{y}} \mathrm{d}y \int_0^1 f(x,y)\mathrm{d}x$

D. $\int_0^1 \mathrm{d}y \int_y^{\sqrt{y}} f(x,y)\mathrm{d}x$

10. 微分方程 $xy' - y\ln y = 0$ 满足 $y(1) = e$ 的特解是：

A. $y = ex$

B. $y = e^x$

C. $y = e^{2x}$

D. $y = \ln x$

11. 设 $z = z(x,y)$ 是由方程 $xz - xy + \ln(xyz) = 0$ 所确定的可微函数，则 $\frac{\partial z}{\partial y} =$

A. $\frac{-xz}{xz+1}$

B. $-x + \frac{1}{2}$

C. $\frac{z(-xz+y)}{x(xz+1)}$

D. $\frac{z(xy-1)}{y(xz+1)}$

12. 正项级数 $\sum\limits_{n=1}^{\infty} a_n$ 的部分和数列 $\{S_n\}\left(S_n = \sum\limits_{i=1}^{n} a_i\right)$ 有上界是该级数收敛的：

A. 充分必要条件

B. 充分条件而非必要条件

C. 必要条件而非充分条件

D. 既非充分又非必要条件

13. 若 $f(-x) = -f(x)(-\infty < x < +\infty)$，且在 $(-\infty, 0)$ 内 $f'(x) > 0$，$f''(x) < 0$，则 $f(x)$ 在 $(0, +\infty)$ 内是：

A. $f'(x) > 0$，$f''(x) < 0$

B. $f'(x) < 0$，$f''(x) > 0$

C. $f'(x) > 0$，$f''(x) > 0$

D. $f'(x) < 0$，$f''(x) < 0$

14. 微分方程 $y'' - 3y' + 2y = xe^x$ 的待定特解的形式是：

A. $y = (Ax^2 + Bx)e^x$

B. $y = (Ax + B)e^x$

C. $y = Ax^2 e^x$

D. $y = Axe^x$

15. 已知直线L：$\frac{x}{3} = \frac{y+1}{-1} = \frac{z-3}{2}$，平面$\pi$：$-2x + 2y + z - 1 = 0$，则：

　　A. L与π垂直相交

　　B. L平行于π，但L不在π上

　　C. L与π非垂直相交

　　D. L在π上

16. 设L是连接点$A(1,0)$及点$B(0,-1)$的直线段，则对弧长的曲线积分$\int_L (y-x)\mathrm{d}s =$

　　A. -1

　　B. 1

　　C. $\sqrt{2}$

　　D. $-\sqrt{2}$

17. 下列幂级数中，收敛半径$R = 3$的幂级数是：

　　A. $\sum\limits_{n=0}^{\infty} 3x^n$

　　B. $\sum\limits_{n=0}^{\infty} 3^n x^n$

　　C. $\sum\limits_{n=0}^{\infty} \frac{1}{3^{\frac{n}{2}}} x^n$

　　D. $\sum\limits_{n=0}^{\infty} \frac{1}{3^{n+1}} x^n$

18. 若$z = f(x,y)$和$y = \varphi(x)$均可微，则$\frac{\mathrm{d}z}{\mathrm{d}x}$等于：

　　A. $\frac{\partial f}{\partial x} + \frac{\partial f}{\partial y}$

　　B. $\frac{\partial f}{\partial x} + \frac{\partial f}{\partial y}\frac{\mathrm{d}\varphi}{\mathrm{d}x}$

　　C. $\frac{\partial f}{\partial y}\frac{\mathrm{d}\varphi}{\mathrm{d}x}$

　　D. $\frac{\partial f}{\partial x} - \frac{\partial f}{\partial y}\frac{\mathrm{d}\varphi}{\mathrm{d}x}$

19. 已知向量组$\boldsymbol{\alpha}_1 = (3,2,-5)^{\mathrm{T}}$，$\boldsymbol{\alpha}_2 = (3,-1,3)^{\mathrm{T}}$，$\boldsymbol{\alpha}_3 = \left(1,-\frac{1}{3},1\right)^{\mathrm{T}}$，$\boldsymbol{\alpha}_4 = (6,-2,6)^{\mathrm{T}}$，则该向量组的一个极大线性无关组是：

　　A. $\boldsymbol{\alpha}_2$，$\boldsymbol{\alpha}_4$

　　B. $\boldsymbol{\alpha}_3$，$\boldsymbol{\alpha}_4$

　　C. $\boldsymbol{\alpha}_1$，$\boldsymbol{\alpha}_2$

　　D. $\boldsymbol{\alpha}_2$，$\boldsymbol{\alpha}_3$

20. 若非齐次线性方程组$\boldsymbol{Ax} = \boldsymbol{b}$中，方程的个数少于未知量的个数，则下列结论中正确的是：

　　A. $\boldsymbol{Ax} = \boldsymbol{0}$仅有零解

　　B. $\boldsymbol{Ax} = \boldsymbol{0}$必有非零解

　　C. $\boldsymbol{Ax} = \boldsymbol{0}$一定无解

　　D. $\boldsymbol{Ax} = \boldsymbol{b}$必有无穷多解

21. 已知矩阵$\boldsymbol{A} = \begin{bmatrix} 1 & -1 & 1 \\ 2 & 4 & -2 \\ -3 & -3 & 5 \end{bmatrix}$与$\boldsymbol{B} = \begin{bmatrix} \lambda & 0 & 0 \\ 0 & 2 & 0 \\ 0 & 0 & 2 \end{bmatrix}$相似，则$\lambda$等于：

　　A. 6

　　B. 5

　　C. 4

　　D. 14

22. 设A和B为两个相互独立的事件，且$P(A) = 0.4$，$P(B) = 0.5$，则$P(A \cup B)$等于：

A. 0.9

B. 0.8

C. 0.7

D. 0.6

23. 下列函数中，可以作为连续型随机变量的分布函数的是：

A. $\Phi(x) = \begin{cases} 0 & x < 0 \\ 1 - e^x & x \geqslant 0 \end{cases}$

B. $F(x) = \begin{cases} e^x & x < 0 \\ 1 & x \geqslant 0 \end{cases}$

C. $G(x) = \begin{cases} e^{-x} & x < 0 \\ 1 & x \geqslant 0 \end{cases}$

D. $H(x) = \begin{cases} 0 & x < 0 \\ 1 + e^{-x} & x \geqslant 0 \end{cases}$

24. 设总体$X \sim N(0, \sigma^2)$，$X_1, X_2, \cdots, X_n$是来自总体的样本，则σ^2的矩估计是：

A. $\frac{1}{n} \sum\limits_{i=1}^{n} X_i$

B. $n \sum\limits_{i=1}^{n} X_i$

C. $\frac{1}{n^2} \sum\limits_{i=1}^{n} X_i^2$

D. $\frac{1}{n} \sum\limits_{i=1}^{n} X_i^2$

25. 一瓶氦气和一瓶氮气，它们每个分子的平均平动动能相同，而且都处于平衡态。则它们：

A. 温度相同，氦分子和氮分子的平均动能相同

B. 温度相同，氦分子和氮分子的平均动能不同

C. 温度不同，氦分子和氮分子的平均动能相同

D. 温度不同，氦分子和氮分子的平均动能不同

26. 最概然速率v_p的物理意义是：

A. v_p是速率分布中的最大速率

B. v_p是大多数分子的速率

C. 在一定的温度下，速率与v_p相近的气体分子所占的百分率最大

D. v_p是所有分子速率的平均值

27. 气体做等压膨胀，则：

A. 温度升高，气体对外做正功

B. 温度升高，气体对外做负功

C. 温度降低，气体对外做正功

D. 温度降低，气体对外做负功

28. 一定量理想气体由初态(p_1, V_1, T_1)经等温膨胀到达终态(p_2, V_2, T_1)，则气体吸收的热量Q为：

A. $Q = p_1 V_1 \ln \dfrac{V_2}{V_1}$　　　　　　　　　　B. $Q = p_1 V_2 \ln \dfrac{V_2}{V_1}$

C. $Q = p_1 V_1 \ln \dfrac{V_1}{V_2}$　　　　　　　　　　D. $Q = p_2 V_1 \ln \dfrac{p_2}{p_1}$

29. 一横波沿一根弦线传播，其方程为$y = -0.02 \cos \pi(4x - 50t)$ (SI)，该波的振幅与波长分别为：

A. 0.02cm，0.5cm　　　　　　　　　　B. -0.02m，-0.5m

C. -0.02m，0.5m　　　　　　　　　　D. 0.02m，0.5m

30. 一列机械横波在t时刻的波形曲线如图所示，则该时刻能量处于最大值的媒质质元的位置是：

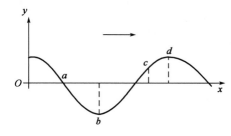

A. a　　　　　　　　　　　　　　　B. b

C. c　　　　　　　　　　　　　　　D. d

31. 在波长为λ的驻波中，两个相邻波腹之间的距离为：

A. $\lambda/2$　　　　　　　　　　　　B. $\lambda/4$

C. $3\lambda/4$　　　　　　　　　　　D. λ

32. 两偏振片叠放在一起，欲使一束垂直入射的线偏振光经过两个偏振片后振动方向转过90°，且使出射光强尽可能大，则入射光的振动方向与前后两偏振片的偏振化方向夹角分别为：

A. 45°和90°　　　　　　　　　　　B. 0°和90°

C. 30°和90°　　　　　　　　　　　D. 60°和90°

33. 光的干涉和衍射现象反映了光的：

A. 偏振性质　　　　　　　　　　　　B. 波动性质

C. 横波性质　　　　　　　　　　　　D. 纵波性质

34. 若在迈克耳逊干涉仪的可动反射镜M移动了0.620mm的过程中，观察到干涉条纹移动了2300条，则所用光波的波长为：

A. 269nm

B. 539nm

C. 2690nm

D. 5390nm

35. 在单缝夫琅禾费衍射实验中，屏上第三级暗纹对应的单缝处波面可分成的半波带的数目为：

A. 3

B. 4

C. 5

D. 6

36. 波长为λ的单色光垂直照射在折射率为n的劈尖薄膜上，在由反射光形成的干涉条纹中，第五级明条纹与第三级明条纹所对应的薄膜厚度差为：

A. $\dfrac{\lambda}{2n}$

B. $\dfrac{\lambda}{n}$

C. $\dfrac{\lambda}{5n}$

D. $\dfrac{\lambda}{3n}$

37. 量子数$n = 4$，$l = 2$，$m = 0$的原子轨道数目是：

A. 1

B. 2

C. 3

D. 4

38. PCl_3分子空间几何构型及中心原子杂化类型分别为：

A. 正四面体，sp^3杂化

B. 三角锥形，不等性sp^3杂化

C. 正方形，dsp^2杂化

D. 正三角形，sp^2杂化

39. 已知$Fe^{3+} \underline{0.771} Fe^{2+} \underline{-0.44} Fe$，则$E^{\Theta}(Fe^{3+}/Fe)$等于：

A. 0.331V

B. 1.211V

C. −0.036V

D. 0.110V

40. 在$BaSO_4$饱和溶液中，加入$BaCl_2$，利用同离子效应使$BaSO_4$的溶解度降低，体系中$c(SO_4^{2-})$的变化是：

A. 增大

B. 减小

C. 不变

D. 不能确定

41. 催化剂可加快反应速率的原因。下列叙述正确的是：

A. 降低了反应的$\Delta_r H_m^{\Theta}$

B. 降低了反应的$\Delta_r G_m^{\Theta}$

C. 降低了反应的活化能

D. 使反应的平衡常数K^{Θ}减小

42. 已知反应 $C_2H_2(g) + 2H_2(g) \rightleftharpoons C_2H_6(g)$ 的 $\Delta_r H_m < 0$，当反应达平衡后，欲使反应向右进行，可采取的方法是：

A. 升温，升压
B. 升温，减压
C. 降温，升压
D. 降温，减压

43. 向原电池 $(-)Ag$，$AgCl \mid Cl^- \parallel Ag^+ \mid Ag(+)$ 的负极中加入 $NaCl$，则原电池电动势的变化是：

A. 变大
B. 变小
C. 不变
D. 不能确定

44. 下列各组物质在一定条件下反应，可以制得比较纯净的 1,2-二氯乙烷的是：

A. 乙烯通入浓盐酸中

B. 乙烷与氯气混合

C. 乙烯与氯气混合

D. 乙烯与卤化氢气体混合

45. 下列物质中，不属于醇类的是：

A. C_4H_9OH
B. 甘油
C. $C_6H_5CH_2OH$
D. C_6H_5OH

46. 人造象牙的主要成分是 $\text{-}\!\!\left(CH_2-O\right)\!\!_n$，它是经加聚反应制得的。合成此高聚物的单体是：

A. $(CH_3)_2O$
B. CH_3CHO
C. $HCHO$
D. $HCOOH$

47. 图示构架由 AC、BD、CE 三杆组成，A、B、C、D 处为铰接，E 处光滑接触。已知：$F_p = 2kN$，$\theta = 45°$，杆及轮重均不计，则 E 处约束力的方向与 x 轴正向所成的夹角为：

A. 0°

B. 45°

C. 90°

D. 225°

48. 图示结构直杆 BC，受荷载 F，q 作用，$BC = L$，$F = qL$，其中 q 为荷载集度，单位为 N/m，集中力以 N 计，长度以 m 计。则该主动力系数对 O 点的合力矩为：

A. $M_O = 0$

B. $M_O = \dfrac{qL^2}{2} \text{N} \cdot \text{m} (\curvearrowleft)$

C. $M_O = \dfrac{3qL^2}{2} \text{N} \cdot \text{m} (\curvearrowleft)$

D. $M_O = qL^2 \text{kN} \cdot \text{m} (\curvearrowleft)$

49. 图示平面构架，不计各杆自重。已知：物块 M 重力为 F_p，悬挂如图示，不计小滑轮 D 的尺寸与质量，A、E、C 均为光滑铰链，$L_1 = 1.5\text{m}$，$L_2 = 2\text{m}$。则支座 B 的约束力为：

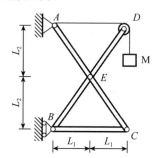

A. $F_B = 3F_p/4 (\rightarrow)$

B. $F_B = 3F_p/4 (\leftarrow)$

C. $F_B = F_p (\leftarrow)$

D. $F_B = 0$

50. 物体的重力为 W，置于倾角为 α 的斜面上，如图所示。已知摩擦角 $\varphi_m > \alpha$，则物块处于的状态为：

A. 静止状态

B. 临界平衡状态

C. 滑动状态

D. 条件不足，不能确定

51. 已知动点的运动方程为 $x = t$，$y = 2t^2$。则其轨迹方程为：

A. $x = t^2 - t$

B. $y = 2t$

C. $y - 2x^2 = 0$

D. $y + 2x^2 = 0$

52. 一炮弹以初速度v_0和仰角α射出。对于图所示直角坐标的运动方程为$x = v_0 \cos \alpha t$，$y = v_0 \sin \alpha t - \frac{1}{2}gt^2$，则当$t = 0$时，炮弹的速度和加速度的大小分别为：

A. $v = v_0 \cos \alpha$，$a = g$

B. $v = v_0$，$a = g$

C. $v = v_0 \sin \alpha$，$a = -g$

D. $v = v_0$，$a = -g$

53. 两摩擦轮如图所示。则两轮的角速度与半径关系的表达式为：

A. $\dfrac{\omega_1}{\omega_2} = \dfrac{R_1}{R_2}$

B. $\dfrac{\omega_1}{\omega_2} = \dfrac{R_2}{R_1^2}$

C. $\dfrac{\omega_1}{\omega_2} = \dfrac{R_1}{R_2^2}$

D. $\dfrac{\omega_1}{\omega_2} = \dfrac{R_2}{R_1}$

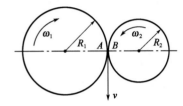

54. 质量为m的物块A，置于与水平面成θ角的斜面B上，如图所示。A与B间的摩擦系数为f，为保持A与B一起以加速度a水平向右运动，则所需加速度a的大小至少是：

A. $a = \dfrac{g(f \cos \theta + \sin \theta)}{\cos \theta + f \sin \theta}$

B. $a = \dfrac{gf \cos \theta}{\cos \theta + f \sin \theta}$

C. $a = \dfrac{g(f \cos \theta - \sin \theta)}{\cos \theta + f \sin \theta}$

D. $a = \dfrac{gf \sin \theta}{\cos \theta + f \sin \theta}$

55. *A*块与*B*块叠放如图所示，各接触面处均考虑摩擦。当*B*块受力*F*作用沿水平面运动时，*A*块仍静止于*B*块上，于是：

A. 各接触面处的摩擦力都做负功

B. 各接触面处的摩擦力都做正功

C. *A*块上的摩擦力做正功

D. *B*块上的摩擦力做正功

56. 质量为*m*，长为 2*l*的均质杆初始位于水平位置，如图所示。*A*端脱落后，杆绕轴*B*转动，当杆转到铅垂位置时，*AB*杆*B*处的约束力大小为：

A. $F_{Bx} = 0$，$F_{By} = 0$

B. $F_{Bx} = 0$，$F_{By} = \frac{mg}{4}$

C. $F_{Bx} = l$，$F_{By} = mg$

D. $F_{Bx} = 0$，$F_{By} = \frac{5mg}{2}$

57. 质量为*m*，半径为*R*的均质圆轮，绕垂直于图面的水平轴*O*转动，其角速度为*ω*。在图示瞬时，角加速度为0，轮心*C*在其最低位置，此时将圆轮的惯性力系向*O*点简化，其惯性力主矢和惯性力主矩的大小分别为：

A. $m\frac{R}{2}\omega^2$，0

B. $mR\omega^2$，0

C. 0，0

D. 0，$\frac{1}{2}mR^2\omega^2$

58. 质量为110kg 的机器固定在刚度为2×10^6N/m 的弹性基础上，当系统发生共振时，机器的工作频率为：

A. 66.7rad/s

B. 95.3rad/s

C. 42.6rad/s

D. 134.8rad/s

59. 图示结构的两杆面积和材料相同，在铅直力 F 作用下，拉伸正应力最先达到许用应力的杆是：

A. 杆 1

B. 杆 2

C. 同时达到

D. 不能确定

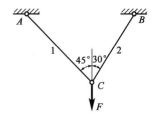

60. 图示结构的两杆许用应力均为 $[\sigma]$，杆 1 的面积为 A，杆 2 的面积为 $2A$，则该结构的许用荷载是：

A. $[F] = A[\sigma]$

B. $[F] = 2A[\sigma]$

C. $[F] = 3A[\sigma]$

D. $[F] = 4A[\sigma]$

61. 钢板用两个铆钉固定在支座上，铆钉直径为 d，在图示荷载作用下，铆钉的最大切应力是：

A. $\tau_{max} = \dfrac{4F}{\pi d^2}$

B. $\tau_{max} = \dfrac{8F}{\pi d^2}$

C. $\tau_{max} = \dfrac{12F}{\pi d^2}$

D. $\tau_{max} = \dfrac{2F}{\pi d^2}$

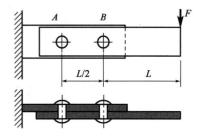

62. 螺钉承受轴向拉力 F，螺钉头与钢板之间的挤压应力是：

A. $\sigma_{bs} = \dfrac{4F}{\pi(D^2-d^2)}$

B. $\sigma_{bs} = \dfrac{F}{\pi dt}$

C. $\sigma_{bs} = \dfrac{4F}{\pi d^2}$

D. $\sigma_{bs} = \dfrac{4F}{\pi D^2}$

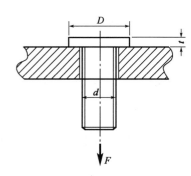

63. 圆轴直径为d，切变模量为G，在外力作用下发生扭转变形，现测得单位长度扭转角为θ，圆轴的最大切应力是：

A. $\tau_{\max} = \dfrac{16\theta G}{\pi d^3}$

B. $\tau_{\max} = \theta G \dfrac{\pi d^3}{16}$

C. $\tau_{\max} = \theta G d$

D. $\tau_{\max} = \dfrac{\theta G d}{2}$

64. 图示两根圆轴，横截面面积相同，但分别为实心圆和空心圆。在相同的扭矩T作用下，两轴最大切应力的关系是：

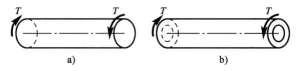

A. $\tau_a < \tau_b$

B. $\tau_a = \tau_b$

C. $\tau_a > \tau_b$

D. 不能确定

65. 简支梁AC的A、C截面为铰支端。已知的弯矩图如图所示，其中AB段为斜直线，BC段为抛物线。以下关于梁上荷载的正确判断是：

A. AB段$q = 0$，BC段$q \neq 0$，B截面处有集中力

B. AB段$q \neq 0$，BC段$q = 0$，B截面处有集中力

C. AB段$q = 0$，BC段$q \neq 0$，B截面处有集中力偶

D. AB段$q \neq 0$，BC段$q = 0$，B截面处有集中力偶

（q为分布荷载集度）

66. 悬臂梁的弯矩如图所示，根据梁的弯矩图，梁上的荷载F、m的值应是：

A. $F = 6kN$，$m = 10kN \cdot m$

B. $F = 6kN$，$m = 6kN \cdot m$

C. $F = 4kN$，$m = 4kN \cdot m$

D. $F = 4kN$，$m = 6kN \cdot m$

67. 承受均布荷载的简支梁如图 a）所示，现将两端的支座同时向梁中间移动$l/8$，如图 b）所示，两根梁的中点（$\frac{l}{2}$处）弯矩之比$\frac{M_a}{M_b}$为：

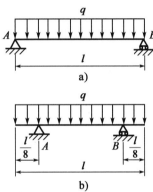

A. 16

B. 4

C. 2

D. 1

68. 按照第三强度理论，图示两种应力状态的危险程度是：

a)   b)

A. a）更危险   B. b）更危险

C. 两者相同   D. 无法判断

69. 两根杆粘合在一起，截面尺寸如图所示。杆 1 的弹性模量为 E_1，杆 2 的弹性模量为 E_2，且 $E_1 = 2E_2$。若轴向力 F 作用在截面形心，则杆件发生的变形是：

A. 拉伸和向上弯曲变形   B. 拉伸和向下弯曲变形

C. 弯曲变形   D. 拉伸变形

70. 图示细长压杆 AB 的 A 端自由，B 端固定在简支梁上。该压杆的长度系数 μ 是：

A. $\mu > 2$

B. $2 > \mu > 1$

C. $1 > \mu > 0.7$

D. $0.7 > \mu > 0.5$

71. 半径为 R 的圆管中，横截面上流速分布为 $u = 2\left(1 - \dfrac{r^2}{R^2}\right)$，其中 r 表示到圆管轴线的距离，则在 $r_1 = 0.2R$ 处的黏性切应力与 $r_2 = R$ 处的黏性切应力大小之比为：

A. 5   B. 25

C. 1/5   D. 1/25

72. 图示一水平放置的恒定变直径圆管流，不计水头损失，取两个截面标记为 1 和 2，当 $d_1 > d_2$ 时，则两截面形心压强关系是：

A. $p_1 < p_2$

B. $p_1 > p_2$

C. $p_1 = p_2$

D. 不能确定

73. 水由喷嘴水平喷出，冲击在光滑平板上，如图所示，已知出口流速为50m/s，喷射流量为0.2m³/s，不计阻力，则平板受到的冲击力为：

A. 5kN

B. 10kN

C. 20kN

D. 40kN

74. 沿程水头损失 h_f：

A. 与流程长度成正比，与壁面切应力和水力半径成反比

B. 与流程长度和壁面切应力成正比，与水力半径成反比

C. 与水力半径成正比，与流程长度和壁面切应力成反比

D. 与壁面切应力成正比，与流程长度和水力半径成反比

75. 并联压力管的流动特征是：

A. 各分管流量相等

B. 总流量等于各分管的流量和，且各分管水头损失相等

C. 总流量等于各分管的流量和，且各分管水头损失不等

D. 各分管测压管水头差不等于各分管的总能头差

76. 矩形水力最优断面的底宽是水深的：

A. $\frac{1}{2}$

B. 1 倍

C. 1.5 倍

D. 2 倍

77. 渗流流速u与水力坡度J的关系是：

A. u正比于J

B. u反比于J

C. u正比于J的平方

D. u反比于J的平方

78. 烟气在加热炉回热装置中流动，拟用空气介质进行实验。已知空气黏度$\nu_{空气}=15\times10^{-6}\text{m}^2/\text{s}$，烟气运动黏度$\nu_{烟气}=60\times10^{-6}\text{m}^2/\text{s}$，烟气流速$v_{烟气}=3\text{m/s}$，如若实际长度与模型长度的比尺$\lambda_L=5$，则模型空气的流速应为：

A. 3.75m/s   B. 0.15m/s

C. 2.4m/s   D. 60m/s

79. 在一个孤立静止的点电荷周围：

A. 存在磁场，它围绕电荷呈球面状分布

B. 存在磁场，它分布在从电荷所在处到无穷远处的整个空间中

C. 存在电场，它围绕电荷呈球面状分布

D. 存在电场，它分布在从电荷所在处到无穷远处的整个空间中

80. 图示电路消耗电功率2W，则下列表达式中正确的是：

A. $(8+R)I^2=2$，$(8+R)I=10$

B. $(8+R)I^2=2$，$-(8+R)I=10$

C. $-(8+R)I^2=2$，$-(8+R)I=10$

D. $-(8+R)I=10$，$(8+R)I=10$

81. 图示电路中，$a\text{-}b$端的开路电压U_{abk}为：

A. 0

B. $\dfrac{R_1}{R_1+R_2}U_s$

C. $\dfrac{R_2}{R_1+R_2}U_s$

D. $\dfrac{R_2/\!/R_L}{R_1+R_2/\!/R_L}U_s$

（注：$R_2/\!/R_L=\dfrac{R_2\cdot R_L}{R_2+R_L}$）

82. 在直流稳态电路中，电阻、电感、电容元件上的电压与电流大小的比值分别为：

A. R，0，0

B. 0，0，∞

C. R，∞，0

D. R，0，∞

83. 图示电路中，若$u(t) = \sqrt{2}\, U \sin(\omega t + \psi_u)$时，电阻元件上的电压为0，则：

A. 电感元件断开了

B. 一定有$I_L = I_C$

C. 一定有$i_L = i_C$

D. 电感元件被短路了

84. 已知图示三相电路中三相电源对称，$Z_1 = z_1 \angle \varphi_1$，$Z_2 = z_2 \angle \varphi_2$，$Z_3 = z_3 \angle \varphi_3$，若$U_{NN'} = 0$，则$z_1 = z_2 = z_3$，且：

A. $\varphi_1 = \varphi_2 = \varphi_3$

B. $\varphi_1 - \varphi_2 = \varphi_2 - \varphi_3 = \varphi_3 - \varphi_1 = 120°$

C. $\varphi_1 - \varphi_2 = \varphi_2 - \varphi_3 = \varphi_3 - \varphi_1 = -120°$

D. N'必须被接地

85. 图示电路中，设变压器为理想器件，若$u = 10\sqrt{2} \sin \omega t\, V$，则：

A. $U_1 = \frac{1}{2} U$，$U_2 = \frac{1}{4} U$

B. $I_1 = 0.01U$，$I_1 = 0$

C. $I_1 = 0.002U$，$I_2 = 0.004U$

D. $U_1 = 0$，$U_2 = 0$

86. 对于三相异步电动机而言，在满载起动情况下的最佳启动方案是：

A. Y-△启动方案，起动后，电动机以 Y 接方式运行

B. Y-△启动方案，起动后，电动机以△接方式运行

C. 自耦调压器降压启动

D. 绕线式电动机串转子电阻启动

87. 关于信号与信息，以下几种说法中正确的是：

A. 电路处理并传输电信号

B. 信号和信息是同一概念的两种表述形式

C. 用"1"和"0"组成的信息代码"101"只能表示数量"5"

D. 信息是看得到的，信号是看不到的

88. 图示非周期信号$u(t)$的时域描述形式是：[注：$u(t)$是单位阶跃函数]

A. $u(t) = \begin{cases} 1V, & t \leq 2 \\ -1V, & t > 2 \end{cases}$

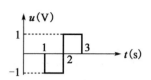

B. $u(t) = -1(t-1) + 2 \cdot 1(t-2) - 1(t-3)V$

C. $u(t) = 1(t-1) - 1(t-2)V$

D. $u(t) = -1(t+1) + 1(t+2) - 1(t+3)V$

89. 某放大器的输入信号$u_1(t)$和输出信号$u_2(t)$如图所示，则：

A. 该放大器是线性放大器

B. 该放大器放大倍数为2

C. 该放大器出现了非线性失真

D. 该放大器出现了频率失真

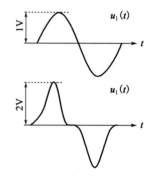

90. 对逻辑表达式$ABC + A\overline{BC} + B$的化简结果是：

A. AB

B. A+B

C. ABC

D. $A\overline{BC}$

91. 已知数字信号X和数字信号Y的波形如图所示，

则数字信号$F = \overline{XY}$的波形为：

A.

B.

C.

D.

92. 十进制数字 32 的 BCD 码为：

A. 00110010   B. 00100000

C. 100000   D. 00100011

93. 二级管应用电路如图所示，设二极管 D 为理想器件，$u_i = 10\sin\omega t$V，则输出电压 u_o 的波形为：

94. 晶体三极管放大电路如图所示，在进入电容 C_E 之后：

A. 放大倍数变小

B. 输入电阻变大

C. 输入电阻变小，放大倍数变大

D. 输入电阻变大，输出电阻变小，放大倍数变大

95. 图 a）所示电路中，复位信号$\overline{R}_D$，信号 A 及时钟脉冲信号 CP 如图 b）所示，经分析可知，在第一个和第二个时钟脉冲的下降沿时刻，输出 Q 分别等于：

a） b）

A. 0　0

B. 0　1

C. 1　0

D. 1　1

附：触发器的逻辑状态表为

D	Q_{n+1}
0	0
1	1

96. 图 a）所示电路中，复位信号、数据输入及时钟脉冲信号如图 b）所示，经分析可知，在第一个和第二个时钟脉冲的下降沿过后，输出 Q 分别等于：

 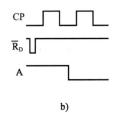

a） b）

A. 0　0

B. 0　1

C. 1　0

D. 1　1

附：触发器的逻辑状态表为

J	K	Q_{n+1}
0	0	Q_D
0	1	0
1	0	1
1	1	$\overline{Q}_D$

97. 现在全国都在开发三网合一的系统工程，即：

A. 将电信网、计算机网、通信网合为一体

B. 将电信网、计算机网、无线电视网合为一体

C. 将电信网、计算机网、有线电视网合为一体

D. 将电信网、计算机网、电话网合为一体

98. 在计算机的运算器上可以：

A. 直接解微分方程 B. 直接进行微分运算

C. 直接进行积分运算 D. 进行算数运算和逻辑运算

99. 总线中的控制总线传输的是：

A. 程序和数据 B. 主存储器的地址码

C. 控制信息 D. 用户输入的数据

100. 目前常用的计算机辅助设计软件是：

A. Microsoft Word B. AutoCAD

C. Visual BASIC D. Microsoft Access

101. 计算机中度量数据的最小单位是：

A. 数 0 B. 位

C. 字节 D. 字

102. 在下面列出的四种码中，不能用于表示机器数的一种是：

A. 原码 B. ASCII 码

C. 反码 D. 补码

103. 一幅图像的分辨率为 640×480 像素，这表示该图像中：

A. 至少由 480 个像素组成 B. 总共由 480 个像素组成

C. 每行由 640×480 个像素组成 D. 每列由 480 个像素组成

104. 在下面四条有关进程特征的叙述中，其中正确的一条是：

A. 静态性、并发性、共享性、同步性

B. 动态性、并发性、共享性、异步性

C. 静态性、并发性、独立性、同步性

D. 动态性、并发性、独立性、异步性

105. 操作系统的设备管理功能是对系统中的外围设备：

A. 提供相应的设备驱动程序，初始化程序和设备控制程序等

B. 直接进行操作

C. 通过人和计算机的操作系统对外围设备直接进行操作

D. 既可以由用户干预，也可以直接执行操作

106. 联网中的每台计算机：

A. 在联网之前有自己独立的操作系统，联网以后是网络中的某一个结点联网以后是网络中的某一个结点

B. 在联网之前有自己独立的操作系统，联网以后它自己的操作系统屏蔽

C. 在联网之前没有自己独立的操作系统，联网以后使用网络操作系统

D. 联网中的每台计算机有可以同时使用的多套操作系统

107. 某企业向银行借款，按季度计息，年名义利率为 8%，则年实际利率为：

A. 8%   B. 8.16%

C. 8.24%   D. 8.3%

108. 在下列选项中，应列入项目投资现金流量分析中的经营成本的是：

A. 外购原材料、燃料和动力费   B. 设备折旧

C. 流动资金投资   D. 利息支出

109. 某项目第 6 年累计净现金流量开始出现正值，第五年末累计净现金流量为-60 万元，第 6 年当年净现金流量为 240 万元，则该项目的静态投资回收期为：

A. 4.25 年   B. 4.75 年

C. 5.25 年   D. 6.25 年

110. 某项目初期（第 0 年年初）投资额为 5000 万元，此后从第二年年末开始每年有相同的净收益，收益期为 10 年。寿命期结束时的净残值为零，若基准收益率为 15%，则要使该投资方案的净现值为零，其年净收益应为：

[已知：$(P/A, 15\%, 10) = 5.0188$，$(P/F, 15\%, 1) = 0.8696$]

A. 574.98 万元   B. 866.31 万元

C. 996.25 万元   D. 1145.65 万元

111. 以下关于项目经济费用效益分析的说法中正确的是：

A. 经济费用效益分析应考虑沉没成本

B. 经济费用和效益的识别不适用"有无对比"原则

C. 识别经济费用效益时应剔出项目的转移支付

D. 为了反映投入物和产出物真实经济价值，经济费用效益分析不能使用市场价格

112. 已知甲、乙为两个寿命期相同的互斥项目，其中乙项目投资大于甲项目。通过测算得出甲、乙两项目的内部收益率分别为17%和14%，增量内部收益$\Delta IRR_{(乙-甲)}=13\%$，基准收益率为14%，以下说法中正确的是：

A. 应选择甲项目   B. 应选择乙项目

C. 应同时选择甲、乙两个项目   D. 甲、乙两项目均不应选择

113. 以下关于改扩建项目财务分析的说法中正确的是：

A. 应以财务生存能力分析为主

B. 应以项目清偿能力分析为主

C. 应以企业层次为主进行财务分析

D. 应遵循"有无对比"原则

114. 下面关于价值工程的论述中正确的是：

A. 价值工程中的价值是指成本与功能的比值

B. 价值工程中的价值是指产品消耗的必要劳动时间

C. 价值工程中的成本是指寿命周期成本，包括产品在寿命期内发生的全部费用

D. 价值工程中的成本就是产品的生产成本，它随着产品功能的增加而提高

115. 根据《中华人民共和国建筑法》规定，某建设单位领取了施工许可证，下列情节中，可能不导致施工许可证废止的是：

A. 领取施工许可证之日起三个月内因故不能按期开工，也未申请延期

B. 领取施工许可证之日起按期开工后又中止施工

C. 向发证机关申请延期开工一次，延期之日起三个月内，因故仍不能按期开工，也未申请延期

D. 向发证机关申请延期开工两次，超过6个月因故不能按期开工，继续申请延期

116. 某施工单位一个有职工 185 人的三级施工资质的企业，根据《中华人民共和国安全生产法》规定，该企业下列行为中合法的是：

A. 只配备兼职的安全生产管理人员

B. 委托具有国家规定相关专业技术资格的工程技术人员提供安全生产管理服务，由其负责承担保证安全生产的责任

C. 安全生产管理人员经企业考核后即任职

D. 设置安全生产管理机构

117. 下列属于《中华人民共和国招标投标法》规定的招标方式是：

A. 公开招标和直接招标

B. 公开招标和邀请招标

C. 公开招标和协议招标

D. 公开招标和非公开招标

118. 根据《中华人民共和国合同法》规定，下列行为不属于要约邀请的是：

A. 某建设单位发布招标公告

B. 某招标单位发出中标通知书

C. 某上市公司发出招股说明书

D. 某商场寄送的价目表

119. 根据《中华人民共和国行政许可法》的规定，除可以当场作出行政许可决定的外，行政机关应当自受理行政可之日起作出行政许可决定的时限是：

A. 5 日之内

B. 7 日之内

C. 15 日之内

D. 20 日之内

120. 某建设项目甲建设单位与乙施工单位签订施工总承包合同后，乙施工单位经甲建设单位认可，将打桩工程分包给丙专业承包单位，丙专业承包单位又将劳务作业分包给丁劳务单位，由于丙专业承包单位从业人员责任心不强，导致该打桩工程部分出现了质量缺陷，对于该质量缺陷的责任承担，以下说明正确的是：

A. 乙单位和丙单位承担连带责任

B. 丙单位和丁单位承担连带责任

C. 丙单位向甲单位承担全部责任

D. 乙、丙、丁三单位共同承担责任

2014 年度全国勘察设计注册工程师

执业资格考试试卷

基础考试
（上）

二〇一四年九月

应考人员注意事项

1. 本试卷科目代码为"1"，考生务必将此代码填涂在答题卡"科目代码"相应的栏目内，否则，无法评分。

2. 书写用笔：**黑色或蓝色钢笔、签字笔或圆珠笔**；

   填涂答题卡用笔：**黑色 2B 铅笔**。

3. 必须用书写用笔将工作单位、姓名、准考证号填写在答题卡和试卷相应的栏目内。

4. 本试卷由 120 题组成，每题 1 分，满分 120 分，本试卷全部为单项选择题，每小题的四个备选项中只有一个正确答案，错选、多选、不选均不得分。

5. 考生作答时，必须按**题号在答题卡上**将相应试题所选选项对应的**字母用 2B 铅笔涂黑**。

6. 在答题卡上书写与题意无关的语言，或在答题卡上作标记的，均按违纪试卷处理。

7. 考试结束时，由监考人员当面将试卷、答题卡一并收回。

8. 草稿纸由各地统一配发，考后收回。

单项选择题（共120题，每题1分。每题的备选项中只有一个最符合题意。）

1. 若 $\lim\limits_{x \to 0}(1-x)^{\frac{k}{x}}=2$，则常数 k 等于：

   A. $-\ln 2$ B. $\ln 2$

   C. 1 D. 2

2. 在空间直角坐标系中，方程 $x^2+y^2-z=0$ 所表示的图形是：

   A. 圆锥面 B. 圆柱面

   C. 球面 D. 旋转抛物面

3. 点 $x=0$ 是 $y=\arctan\dfrac{1}{x}$ 的：

   A. 可去间断点 B. 跳跃间断点

   C. 连续点 D. 第二类间断点

4. $\dfrac{d}{dx}\displaystyle\int_{2x}^{0} e^{-t^2}dt$ 等于：

   A. e^{-4x^2} B. $2e^{-4x^2}$

   C. $-2e^{-4x^2}$ D. e^{-x^2}

5. $\dfrac{d(\ln x)}{d\sqrt{x}}$ 等于：

   A. $\dfrac{1}{2x^{3/2}}$ B. $\dfrac{2}{\sqrt{x}}$

   C. $\dfrac{1}{\sqrt{x}}$ D. $\dfrac{2}{x}$

6. 不定积分 $\displaystyle\int \dfrac{x^2}{\sqrt[3]{1+x^3}}dx$ 等于：

   A. $\dfrac{1}{4}(1+x^3)^{\frac{4}{3}}+C$ B. $(1+x^3)^{\frac{1}{3}}+C$

   C. $\dfrac{3}{2}(1+x^3)^{\frac{2}{3}}+C$ D. $\dfrac{1}{2}(1+x^3)^{\frac{2}{3}}+C$

7. 设 $a_n=\left(1+\dfrac{1}{n}\right)^n$，则数列 $\{a_n\}$ 是：

   A. 单调增而无上界 B. 单调增而有上界

   C. 单调减而无下界 D. 单调减而有上界

8. 下列说法中正确的是：

A. 若$f'(x_0) = 0$，则$f(x_0)$必是$f(x)$的极值

B. 若$f(x_0)$是$f(x)$的极值，则$f(x)$在x_0处可导，且$f'(x_0) = 0$

C. 若$f(x)$在x_0处可导，则$f'(x_0) = 0$是$f(x)$在x_0取得极值的必要条件

D. 若$f(x)$在x_0处可导，则$f'(x_0) = 0$是$f(x)$在x_0取得极值的充分条件

9. 设有直线L_1: $\frac{x-1}{1} = \frac{y-3}{-2} = \frac{z+5}{1}$与$L_2$: $\begin{cases} x = 3 - t \\ y = 1 - t \\ z = 1 + 2t \end{cases}$，则$L_1$与$L_2$的夹角$\theta$等于：

A. $\frac{\pi}{2}$　　　　　　　　　　　　　　B. $\frac{\pi}{3}$

C. $\frac{\pi}{4}$　　　　　　　　　　　　　　D. $\frac{\pi}{6}$

10. 微分方程$xy' - y = x^2 e^{2x}$通解y等于：

A. $x\left(\frac{1}{2}e^{2x} + C\right)$　　　　　　　　　　B. $x(e^{2x} + C)$

C. $x\left(\frac{1}{2}x^2 e^{2x} + C\right)$　　　　　　　　D. $x^2 e^{2x} + C$

11. 抛物线$y^2 = 4x$与直线$x = 3$所围成的平面图形绕x轴旋转一周形成的旋转体体积是：

A. $\int_0^3 4x\,dx$　　　　　　　　　　　B. $\pi \int_0^3 (4x)^2\,dx$

C. $\pi \int_0^3 4x\,dx$　　　　　　　　　D. $\pi \int_0^3 \sqrt{4x}\,dx$

12. 级数$\sum\limits_{n=1}^{\infty} (-1)^n \frac{1}{n^{p-1}}$：

A. 当$1 < p \leqslant 2$时条件收敛　　　　　B. 当$p > 2$时条件收敛

C. 当$p < 1$时条件收敛　　　　　　　　D. 当$p > 1$时条件收敛

13. 函数$y = C_1 e^{-x+C_2}$（C_1, C_2为任意常数）是微分方程$y'' - y' - 2y = 0$的：

A. 通解

B. 特解

C. 不是解

D. 解，既不是通解又不是特解

14. 设L为从点$A(0,-2)$到点$B(2,0)$的有向直线段，则对坐标的曲线积分$\int_L \frac{1}{x-y}dx + ydy$等于：

A. 1

B. -1

C. 3

D. -3

15. 设方程$x^2 + y^2 + z^2 = 4z$确定可微函数$z = z(x,y)$，则全微分dz等于：

A. $\frac{1}{2-z}(ydx + xdy)$

B. $\frac{1}{2-z}(xdx + ydy)$

C. $\frac{1}{2+z}(dx + dy)$

D. $\frac{1}{2-z}(dx - dy)$

16. 设D是由$y = x$，$y = 0$及$y = \sqrt{(a^2 - x^2)}(x \geq 0)$所围成的第一象限区域，则二重积分$\iint\limits_{D} dxdy$等于：

A. $\frac{1}{8}\pi a^2$

B. $\frac{1}{4}\pi a^2$

C. $\frac{3}{8}\pi a^2$

D. $\frac{1}{2}\pi a^2$

17. 级数$\sum\limits_{n=1}^{\infty} \frac{(2x+1)^n}{n}$的收敛域是：

A. $(-1,1)$

B. $[-1,1]$

C. $[-1,0)$

D. $(-1,0)$

18. 设$z = e^{xe^y}$，则$\frac{\partial^2 z}{\partial x^2}$等于：

A. $e^{xe^y + 2y}$

B. $e^{xe^y + y}(xe^y + 1)$

C. e^{xe^y}

D. $e^{xe^y + y}$

19. 设A，B为三阶方阵，且行列式$|A| = -\frac{1}{2}$，$|B| = 2$，A^*是A的伴随矩阵，则行列式$|2A^*B^{-1}|$等于：

A. 1

B. -1

C. 2

D. -2

20. 下列结论中正确的是：

A. 如果矩阵A中所有顺序主子式都小于零，则A一定为负定矩阵

B. 设$A = (a_{ij})_{n \times n}$，若$a_{ij} = a_{ji}$，且$a_{ij} > 0 (i, j = 1, 2, \cdots, n)$，则$A$一定为正定矩阵

C. 如果二次型$f(x_1, x_2, \cdots, x_n)$中缺少平方项，则它一定不是正定二次型

D. 二次型$f(x_1, x_2, x_3) = x_1^2 + x_2^2 + x_3^2 + x_1 x_2 + x_1 x_3 + x_2 x_3$所对应的矩阵是$\begin{bmatrix} 1 & 1 & 1 \\ 1 & 1 & 1 \\ 1 & 1 & 1 \end{bmatrix}$

21. 已知n元非齐次线性方程组$Ax = b$，秩$r(A) = n - 2$，$\vec{\alpha_1}$，$\vec{\alpha_2}$，$\vec{\alpha_3}$为其线性无关的解向量，k_1，k_2为任意常数，则$Ax = b$通解为：

A. $\vec{x} = k_1(\vec{\alpha_1} - \vec{\alpha_2}) + k_2(\vec{\alpha_1} + \vec{\alpha_3}) + \vec{\alpha_1}$

B. $\vec{x} = k_1(\vec{\alpha_1} - \vec{\alpha_3}) + k_2(\vec{\alpha_2} + \vec{\alpha_3}) + \vec{\alpha_1}$

C. $\vec{x} = k_1(\vec{\alpha_2} - \vec{\alpha_1}) + k_2(\vec{\alpha_2} - \vec{\alpha_3}) + \vec{\alpha_1}$

D. $\vec{x} = k_1(\vec{\alpha_2} - \vec{\alpha_3}) + k_2(\vec{\alpha_1} + \vec{\alpha_2}) + \vec{\alpha_1}$

22. 设A与B是互不相容的事件，$p(A) > 0$，$p(B) > 0$，则下列式子一定成立的是：

A. $P(A) = 1 - P(B)$

B. $P(A|B) = 0$

C. $P(A|\overline{B}) = 1$

D. $P(\overline{AB}) = 0$

23. 设(X, Y)的联合概率密度为$f(x, y) = \begin{cases} k, & 0 < x < 1, 0 < y < x \\ 0, & \text{其他} \end{cases}$，则数学期望$E(XY)$等于：

A. $\dfrac{1}{4}$ B. $\dfrac{1}{3}$

C. $\dfrac{1}{6}$ D. $\dfrac{1}{2}$

24. 设 $X_1, X_2, \cdots, X_n$ 与 $Y_1, Y_2, \cdots, Y_n$ 是来自正态总体 $X \sim N(\mu, \sigma^2)$ 的样本，并且相互独立，$\overline{X}$ 与 $\overline{Y}$ 分别是其样本均值，则 $\dfrac{\sum\limits_{i=1}^{n}(X_i - \overline{X})^2}{\sum\limits_{i=1}^{n}(Y_i - \overline{Y})^2}$ 服从的分布是：

A. $t(n-1)$

B. $F(n-1, n-1)$

C. $\chi^2(n-1)$

D. $N(\mu, \sigma^2)$

25. 在标准状态下，当氢气和氦气的压强与体积都相等时，氢气和氦气的内能之比为：

A. $\dfrac{5}{3}$

B. $\dfrac{3}{5}$

C. $\dfrac{1}{2}$

D. $\dfrac{3}{2}$

26. 速率分布函数 $f(v)$ 的物理意义是：

A. 具有速率 v 的分子数占总分子数的百分比

B. 速率分布在 v 附近的单位速率间隔中百分数占总分子数的百分比

C. 具有速率 v 的分子数

D. 速率分布在 v 附近的单位速率间隔中的分子数

27. 有 1mol 刚性双原子分子理想气体，在等压过程中对外做功 W，则其温度变化 ΔT 为：

A. $\dfrac{R}{W}$

B. $\dfrac{W}{R}$

C. $\dfrac{2R}{W}$

D. $\dfrac{2W}{R}$

28. 理想气体在等温膨胀过程中：

A. 气体做负功，向外界放出热量

B. 气体做负功，从外界吸收热量

C. 气体做正功，向外界放出热量

D. 气体做正功，从外界吸收热量

29. 一横波的波动方程是 $y = 2 \times 10^{-2} \cos 2\pi \left(10t - \dfrac{x}{5}\right)$ (SI)，$t = 0.25$s 时，距离原点 ($x = 0$) 处最近的波峰位置为：

A. ± 2.5m

B. ± 7.5m

C. ± 4.5m

D. ± 5m

30. 一平面简谐波在弹性媒质中传播，在某一瞬时，某质元正处于其平衡位置，此时它的：

A. 动能为零，势能最大

B. 动能为零，势能为零

C. 动能最大，势能最大

D. 动能最大，势能为零

31. 通常人耳可听到的声波的频率范围是：

A. $20 \sim 200Hz$

B. $20 \sim 2000Hz$

C. $20 \sim 20000Hz$

D. $20 \sim 200000Hz$

32. 在空气中用波长为λ的单色光进行双缝干涉验时，观测到相邻明条纹的间距为 1.33mm，当把实验装置放入水中（水的折射率为$n = 1.33$）时，则相邻明条纹的间距变为：

A. 1.33mm

B. 2.66mm

C. 1mm

D. 2mm

33. 在真空中可见的波长范围是：

A. $400 \sim 760nm$

B. $400 \sim 760mm$

C. $400 \sim 760cm$

D. $400 \sim 760m$

34. 一束自然光垂直穿过两个偏振片，两个偏振片的偏振化方向成 45°。已知通过此两偏振片后光强为 I，则入射至第二个偏振片的线偏振光强度为：

A. I

B. $2I$

C. $3I$

D. $I/2$

35. 在单缝夫琅禾费衍射实验中，单缝宽度$a = 1 \times 10^{-4}$m，透镜焦距$f = 0.5$m。若用$\lambda = 400$nm的单色平行光垂直入射，中央明纹的宽度为：

A. 2×10^{-3}m

B. 2×10^{-4}m

C. 4×10^{-4}m

D. 4×10^{-3}m

36. 一单色平行光垂直入射到光栅上，衍射光谱中出现了五条明纹，若已知此光栅的缝宽a与不透光部分b相等，那么在中央明纹一侧的两条明纹级次分别是：

A. 1 和 3

B. 1 和 2

C. 2 和 3

D. 2 和 4

37. 下列元素，电负性最大的是：

A. F

B. Cl

C. Br

D. I

38. 在NaCl，$MgCl_2$，$AlCl_3$，$SiCl_4$四种物质中，离子极化作用最强的是：

A. NaCl

B. $MgCl_2$

C. $AlCl_3$

D. $SiCl_4$

39. 现有 100mL 浓硫酸，测得其质量分数为98%，密度为1.84g/mL，其物质的量浓度为：

A. $18.4mol \cdot L^{-1}$

B. $18.8mol \cdot L^{-1}$

C. $18.0mol \cdot L^{-1}$

D. $1.84mol \cdot L^{-1}$

40. 已知反应（1）$H_2(g) + S(s) \rightleftharpoons H_2S(g)$，其平衡常数为$K_1^{\ominus}$，

（2）$S(s) + O_2(g) \rightleftharpoons SO_2(g)$，其平衡常数为$K_2^{\ominus}$，则反应

（3）$H_2(g) + SO_2(s) \rightleftharpoons O_2(g) + H_2S(g)$的平衡常数为$K_3^{\ominus}$是：

A. $K_1^{\ominus} + K_2^{\ominus}$

B. $K_1^{\ominus} \cdot K_2^{\ominus}$

C. $K_1^{\ominus} - K_2^{\ominus}$

D. $K_1^{\ominus} / K_2^{\ominus}$

41. 有原电池$(-)Zn \mid ZnSO_4(C_1) \parallel CuSO_4(C_2) \mid Cu(+)$，如向铜半电池中通入硫化氢，则原电池电动势变化趋势是：

A. 变大

B. 变小

C. 不变

D. 无法判断

42. 电解NaCl水溶液时，阴极上放电的离子是：

A. H^+

B. OH^-

C. Na^+

D. Cl^-

43. 已知反应$N_2(g) + 3H_2(g) \longrightarrow 2NH_3(g)$的$\Delta_r H_m < 0$，$\Delta_r S_m < 0$，则该反应为：

A. 低温易自发，高温不易自发

B. 高温易自发，低温不易自发

C. 任何温度都易自发

D. 任何温度都不易自发

44. 下列有机物中，对于可能处在同一平面上的最多原子数目的判断，正确的是：

A. 丙烷最多有 6 个原子处于同一平面上

B. 丙烯最多有 9 个原子处于同一平面上

C. 苯乙烯（ＣＨ＝ＣＨ₂）最多有 16 个原子处于同一平面上

D. $CH_3CH = CH - C \equiv C - CH_3$ 最多有 12 个原子处于同一平面上

45. 下列有机物中，既能发生加成反应和酯化反应，又能发生氧化反应的化合物是：

A. $CH_3CH = CHCOOH$

B. $CH_3CH = CHCOOC_2H_5$

C. $CH_3CH_2CH_2CH_2OH$

D. $HOCH_2CH_2CH_2CH_2OH$

46. 人造羊毛的结构简式为：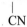，它属于：

①共价化合物；②无机化合物；③有机化合物；④高分子化合物；⑤离子化合物。

A. ②④⑤

B. ①④⑤

C. ①③④

D. ③④⑤

47. 将大小为100N的力 F 沿 x、y 方向分解，若 F 在 x 轴上的投影为50N，而沿 x 方向的分力的大小为200N，则 F 在 y 轴上的投影为：

A. 0

B. 50N

C. 200N

D. 100N

48. 图示边长为 a 的正方形物块 $OABC$，已知：各力大小 $F_1 = F_2 = F_3 = F_4 = F$，力偶矩 $M_1 = M_2 = Fa$。该力系向 O 点简化后的主矢及主矩应为：

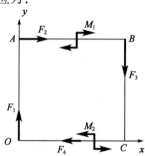

A. $F_R = 0N$，$M_O = 4Fa(\circlearrowright)$

B. $F_R = 0N$，$M_O = 3Fa(\circlearrowleft)$

C. $F_R = 0N$，$M_O = 2Fa(\circlearrowleft)$

D. $F_R = 0N$，$M_O = 2Fa(\circlearrowright)$

49. 在图示机构中，已知 F_p，$L = 2m$，$r = 0.5m$，$\theta = 30°$，$BE = EG$，$CE = EH$，则支座 A 的约束力为：

A. $F_{Ax} = F_p(\leftarrow)$，$F_{Ay} = 1.75F_p(\downarrow)$

B. $F_{Ax} = 0$，$\quad F_{Ay} = 0.75F_p(\downarrow)$

C. $F_{Ax} = 0$，$\quad F_{Ay} = 0.75F_p(\uparrow)$

D. $F_{Ax} = F_p(\rightarrow)$，$F_{Ay} = 1.75F_p(\uparrow)$

50. 图示不计自重的水平梁与桁架在 B 点铰接。已知：荷载 F_1、F 均与 BH 垂直，$F_1 = 8kN$，$F = 4kN$，$M = 6kN \cdot m$，$q = 1kN/m$，$L = 2m$。则杆件 1 的内力为：

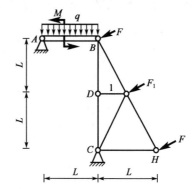

A. $F_1 = 0$

B. $F_1 = 8kN$

C. $F_1 = -8kN$

D. $F_1 = -4kN$

51. 动点 A 和 B 在同一坐标系中的运动方程分别为 $\begin{cases} x_A = t \\ y_A = 2t^2 \end{cases}$，$\begin{cases} x_B = t^2 \\ y_B = 2t^4 \end{cases}$，其中 x、y 以 cm 计，t 以 s 计，则两点相遇的时刻为：

A. $t = 1s$ 　　　　　　　　　 B. $t = 0.5s$

C. $t = 2s$ 　　　　　　　　　 D. $t = 1.5s$

52. 刚体作平动时，某瞬时体内各点的速度与加速度为：

A. 体内各点速度不相同，加速度相同

B. 体内各点速度相同，加速度不相同

C. 体内各点速度相同，加速度也相同

D. 体内各点速度不相同，加速度也不相同

53. 杆OA绕固定轴O转动，长为l，某瞬时杆端A点的加速度a如图所示。则该瞬时OA的角速度及角加速度为：

A. 0，$\dfrac{a}{l}$

B. $\sqrt{\dfrac{a\cos\alpha}{l}}$，$\dfrac{a\sin\alpha}{l}$

C. $\sqrt{\dfrac{a}{l}}$，0

D. 0，$\sqrt{\dfrac{a}{l}}$

54. 在图示圆锥摆中，球M的质量为m，绳长l，若α角保持不变，则小球的法向加速度为：

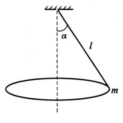

A. $g\sin\alpha$

B. $g\cos\alpha$

C. $g\tan\alpha$

D. $g\cot\alpha$

55. 图示均质链条传动机构的大齿轮以角速度ω转动，已知大齿轮半径为R，质量为m_1，小齿轮半径为r，质量为m_2，链条质量不计，则此系统的动量为：

A. $(m_1+2m_2)v\ \rightarrow$

B. $(m_1+m_2)v\ \rightarrow$

C. $(2m_1-m_2)v\ \rightarrow$

D. 0

56. 均质圆柱体半径为R，质量为m，绕关于对纸面垂直的固定水平轴自由转动，初瞬时静止（G在O轴的铅垂线上），如图所示，则圆柱体在位置$\theta = 90°$时的角速度是：

A. $\sqrt{\dfrac{g}{3R}}$

B. $\sqrt{\dfrac{2g}{3R}}$

C. $\sqrt{\dfrac{4g}{3R}}$

D. $\sqrt{\dfrac{g}{2R}}$

57. 质量不计的水平细杆AB长为L，在铅垂图面内绕A轴转动，其另一端固连质量为m的质点B，在图示水平位置静止释放。则此瞬时质点B的惯性力为：

A. $F_g = mg$

B. $F_g = \sqrt{2}mg$

C. 0

D. $F_g = \dfrac{\sqrt{2}}{2}mg$

58. 如图所示系统中，当物块振动的频率比为 1.27 时，k的值是：

（忽略摩擦）

A. 1×10^5N/m
B. 2×10^5N/m

C. 1×10^4N/m
D. 1.5×10^5N/m

59. 图示结构的两杆面积和材料相同，在铅直向下的力F作用下，下面正确的结论是：

A. C点位平放向下偏左，1 杆轴力不为零

B. C点位平放向下偏左，1 杆轴力为零

C. C点位平放铅直向下，1 杆轴力为零

D. C点位平放向下偏右，1 杆轴力不为零

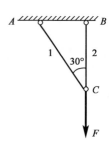

60. 图截面杆 ABC 轴向受力如图所示，已知 BC 杆的直径 $d = 100$mm，AB 杆的直径为 $2d$，杆的最大拉应力是：

A. 40MPa

B. 30MPa

C. 80MPa

D. 120MPa

61. 桁架由 2 根细长直杆组成，杆的截面尺寸相同，材料分别是结构钢和普通铸铁，在下列桁架中，布局比较合理的是：

62. 冲床在钢板上冲一圆孔，圆孔直径 $d = 100$mm，钢板的厚度 $t = 10$mm 钢板的剪切强度极限 $\tau_b = 300$MPa，需要的冲压力 F 是：

A. $F = 300\pi$kN

B. $F = 3000\pi$kN

C. $F = 2500\pi$kN

D. $F = 7500\pi$kN

63. 螺钉受力如图。已知螺钉和钢板的材料相同，拉伸许用应力$[\sigma]$是剪切许用应力$[\tau]$的2倍，即$[\sigma] = 2[\tau]$，钢板厚度t是螺钉头高度h的1.5倍，则螺钉直径d的合理值是：

A. $d = 2h$

B. $d = 0.5h$

C. $d^2 = 2Dt$

D. $d^2 = 0.5Dt$

64. 图示受扭空心圆轴横截面上的切应力分布图，其中正确的是：

A.

B.

C.

D.

65. 在一套传动系统中，有多根圆轴，假设所有圆轴传递的功率相同，但转速不同，各轴所承受的扭矩与其转速的关系是：

A. 转速快的轴扭矩大

B. 转速慢的轴扭矩大

C. 各轴的扭矩相同

D. 无法确定

66. 梁的弯矩图如图所示，最大值在B截面。在梁的A、B、C、D四个截面中，剪力为零的截面是：

A. A截面

B. B截面

C. C截面

D. D截面

67. 图示矩形截面受压杆，杆的中间段右侧有一槽，如图 a）所示，若在杆的左侧，即槽的对称位置也挖出同样的槽（见图 b），则图 b）杆的最大压应力是图 a）最大压应力的：

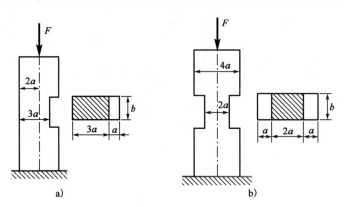

A. 3/4

B. 4/3

C. 3/2

D. 2/3

68. 梁的横截面可选用图示空心矩形、矩形、正方形和圆形四种之一，假设四种截面的面积均相等，荷载作用方向沿垂向下，承载能力最大的截面是：

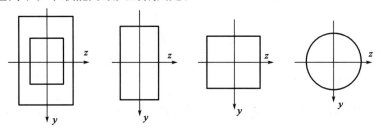

A. 空心矩形

B. 实心矩形

C. 正方形

D. 圆形

69. 按照第三强度理论，图示两种应力状态的危险程度是：

A. 无法判断

B. 两者相同

C. a）更危险

D. b）更危险

70. 正方形截面杆AB，力F作用在xoy平面内，与x轴夹角α，杆距离B端为a的横截面上最大正应力在$\alpha = 45°$时的值是$\alpha = 0$时值的：

A. $\dfrac{7\sqrt{2}}{2}$倍

B. $3\sqrt{2}$倍

C. $\dfrac{5\sqrt{2}}{2}$倍

D. $\sqrt{2}$倍

71. 如图所示水下有一半径为$R = 0.1\text{m}$的半球形侧盖，球心至水面距离$H = 5\text{m}$，作用于半球盖上水平方向的静水压力是：

A. 0.98kN

B. 1.96kN

C. 0.77kN

D. 1.54kN

72. 密闭水箱如图所示，已知水深$h = 2\text{m}$，自由面上的压强$p_0 = 88\text{kN/m}^2$，当地大气压强$p_a = 101\text{kN/m}^2$，则水箱底部A点的绝对压强与相对压强分别为：

A. 107.6kN/m^2和-6.6kN/m^2

B. 107.6kN/m^2和6.6kN/m^2

C. 120.6kN/m^2和-6.6kN/m^2

D. 120.6kN/m^2和6.6kN/m^2

73. 下列不可压缩二维流动中，满足连续性方程的是：

A. $u_x = 2x$，$u_y = 2y$

B. $u_x = 0$，$u_y = 2xy$

C. $u_x = 5x$，$u_y = -5y$

D. $u_x = 2xy$，$u_y = -2xy$

74. 圆管层流中，下述错误的是：

A. 水头损失与雷诺数有关

B. 水头损失与管长度有关

C. 水头损失与流速有关

D. 水头损失与粗糙度有关

75. 主干管在 A、B 间是由两条支管组成的一个并联管路，两支管的长度和管径分别为 $l_1 = 1800m$，$d_1 = 150mm$，$l_2 = 3000m$，$d_2 = 200mm$，两支管的沿程阻力系数 λ 均为 0.01，若主干管流量 $Q = 39L/s$，则两支管流量分别为：

A. $Q_1 = 12L/s$，$Q_2 = 27L/s$

B. $Q_1 = 15L/s$，$Q_2 = 24L/s$

C. $Q_1 = 24L/s$，$Q_2 = 15L/s$

D. $Q_1 = 27L/s$，$Q_2 = 12L/s$

76. 一梯形断面明渠，水力半径 $R = 0.8m$，底坡 $i = 0.0006$，粗糙系数 $n = 0.05$，则输水流速为：

A. 0.42m/s

B. 0.48m/s

C. 0.6m/s

D. 0.75m/s

77. 地下水的浸润线是指：

A. 地下水的流线

B. 地下水运动的迹线

C. 无压地下水的自由水面线

D. 土壤中干土与湿土的界限

78. 用同种流体,同一温度进行管道模型实验,按黏性力相似准则,已知模型管径 0.1m,模型流速4m/s,若原型管径为 2m,则原型流速为:

A. 0.2m/s　　　　　　　　　　　B. 2m/s

C. 80m/s　　　　　　　　　　　D. 8m/s

79. 真空中有三个带电质点,其电荷分别为q_1、q_2和q_3,其中,电荷为q_1和q_3的质点位置固定,电荷为q_2的质点可以自由移动,当三个质点的空间分布如图所示时,电荷为q_2的质点静止不动,此时如下关系成立的是:

A. $q_1 = q_2 = 2q_3$　　　　　　　B. $q_1 = q_3 = |q_2|$

C. $q_1 = q_2 = -q_3$　　　　　　　D. $q_2 = q_3 = -q_1$

80. 在图示电路中,$I_1 = -4A$,$I_2 = -3A$,则$I_3 =$

A. −1A　　　　　　　　　　　B. 7A

C. −7A　　　　　　　　　　　D. 1A

81. 已知电路如图所示,其中,响应电流I在电压源单独作用时的分量为:

A. 0.375A　　　　　　　　　　B. 0.25A

C. 0.125A　　　　　　　　　　D. 0.1875A

82. 已知电流$i(t) = 0.1\sin(\omega t + 10°)$ A，电压$u(t) = 10\sin(\omega t - 10°)$ V，则如下表述中正确的是：

A. 电流$i(t)$与电压$u(t)$呈反相关系

B. $\dot{I} = 0.1\angle 10°$ A，$\dot{U} = 10\angle -10°$ V

C. $\dot{I} = 70.7\angle 10°$ mA，$\dot{U} = -7.07\angle 10°$ V

D. $\dot{I} = 70.7\angle 10°$ mA，$\dot{U} = 7.07\angle -10°$ V

83. 一交流电路由 R、L、C 串联而成，其中，$R = 10\Omega$，$X_L = 8\Omega$，$X_C = 6\Omega$。通过该电路的电流为 10A，则该电路的有功功率、无功功率和视在功率分别为：

A. 1kW，1.6kvar，2.6kV·A

B. 1kW，200var，1.2kV·A

C. 100W，200var，223.6V·A

D. 1kW，200var，1.02kV·A

84. 已知电路如图所示，设开关在$t = 0$时刻断开，那么如下表述中正确的是：

A. 电路的左右两侧均进入暂态过程

B. 电路i_1立即等于i_s，电流i_2立即等于 0

C. 电路i_2由$\frac{1}{2}i_s$逐步衰减到 0

D. 在$t = 0$时刻，电流i_2发生了突变

85. 图示变压器空载运行电路中，设变压器为理想器件，若$u = \sqrt{2}U\sin\omega t$，则此时：

A. $U_l = \frac{\omega L \cdot U}{\sqrt{R^2 + (\omega L)^2}}$，$U_2 = 0$

B. $u_1 = u$，$U_2 = \frac{1}{2}U_1$

C. $u_1 \neq u$，$U_2 = \frac{1}{2}U_1$

D. $u_1 = u$，$U_2 = 2U_1$

86. 设某△接异步电动机全压启动时的启动电流$I_{st} = 30A$，启动转矩$T_u = 45N \cdot m$，若对此台电动机采用 Y-△降压启动方案，则启动电流和启动转矩分别为：

A. $17.32A$，$25.98N \cdot m$

B. $10A$，$15N \cdot m$

C. $10A$，$25.98N \cdot m$

D. $17.32A$，$15N \cdot m$

87. 图示电路的任意一个输出端，在任意时刻都只出现 0V 或 5V 这两个电压值（例如，在$t = t_0$时刻获得的输出电压从上到下依次为 5V、0V、5V、0V），那么该电路的输出电压：

A. 是取值离散的连续时间信号

B. 是取值连续的离散时间信号

C. 是取值连续的连续时间信号

D. 是取值离散的离散时间信号

88. 图示非周期信号$u(t)$如图所示，若利用单位阶跃函数$\varepsilon(t)$将其写成时间函数表达式，则$u(t)$等于：

A. $5 - 1 = 4V$

B. $5\varepsilon(t) + \varepsilon(t - t_0)V$

C. $5\varepsilon(t) - 4\varepsilon(t - t_0)V$

D. $5\varepsilon(t) - 4\varepsilon(t + t_0)V$

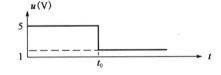

89. 模拟信号经线性放大器放大后，信号中被改变的量是：

A. 信号的频率

B. 信号的幅值频谱

C. 信号的相位频谱

D. 信号的幅值

90. 逻辑表达式$(A + B)(A + C)$的化简结果是：

A. A

B. $A^2 + AB + AC + BC$

C. $A + BC$

D. $(A + B)(A + C)$

91. 已知数字信号 A 和数字信号 B 的波形如图所示，则数字信号 F = $\overline{AB}$ 的波形为：

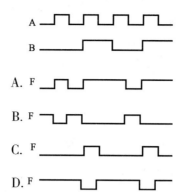

92. 逻辑函数F = f(A、B、C)的真值表如图所示，由此可知：

A	B	C	F
0	0	0	1
0	0	1	0
0	1	0	0
0	1	1	1
1	0	0	1
1	0	1	0
1	1	0	0
1	1	1	1

A. F = $\overline{A}(\overline{B}C + B\overline{C}) + A(\overline{B}\overline{C} + BC)$
B. F = $\overline{B}C + B\overline{C}$

C. F = $\overline{B}\overline{C} + BC$
D. F = $\overline{A} + \overline{B} + \overline{BC}$

93. 二极管应用电路如图 a）所示，电路的激励u_i如图 b）所示，设二极管为理想器件，则电路的输出电压u_o的平均值U_o =

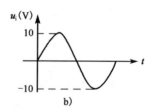

a)   b)

A. $\frac{10}{\sqrt{2}} \times 0.45 = 3.18V$

B. $10 \times 0.45 = 4.5V$

C. $-\frac{10}{\sqrt{2}} \times 0.45 = -3.18V$

D. $-10 \times 0.45 = -4.5V$

94. 运算放大器应用电路如图所示，设运算放大器输出电压的极限值为±11V，如果将 2V 电压接入电路的"A"端，电路的"B"端接地后，测得输出电压为−8V，那么，如果将 2V 电压接入电路的"B"端，而电路的"A"端接地，则该电路的输出电压u_o等于：

A. 8V   B. −8V   C. 10V   D. −10V

95. 图 a）所示电路中，复位信号$\overline{R}_D$、信号 A 及时钟脉冲信号 CP 如图 b）所示，经分析可知，在第一个和第二个时钟脉冲的下降沿时刻，输出 Q 先后等于：

A. 0，0   B. 0，1

C. 1，0   D. 1，1

附：触发器的逻辑状态表为

D	Q_{n+1}
0	0
1	1

96. 图 a）所示电路中，复位信号、数据输入及时钟脉冲信号如图 b）所示，经分析可知，在第一个和第二个时钟脉冲的下降沿过后，输出 Q 先后等于：

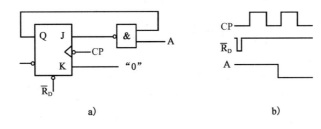

A. 0，0   B. 0，1   C. 1，0   D. 1，1

附：触发器的逻辑状态表为

J	K	Q_{n+1}
0	0	Q_D
0	1	0
1	0	1
1	1	$\bar{Q}_D$

97. 总线中的地址总线传输的是：

A. 程序和数据　　　　　　　　　　B. 主储存器的地址码或外围设备码

C. 控制信息　　　　　　　　　　　D. 计算机的系统命令

98. 软件系统中，能够管理和控制计算机系统全部资源的软件是：

A. 应用软件　　　　　　　　　　　B. 用户程序

C. 支撑软件　　　　　　　　　　　D. 操作系统

99. 用高级语言编写的源程序，将其转换成能在计算机上运行的程序过程是：

A. 翻译、连接、执行　　　　　　　B. 编辑、编译、连接

C. 连接、翻译、执行　　　　　　　D. 编程、编辑、执行

100. 十进制的数 256.625 用十六进制表示则是：

A. 110.B　　　　　　　　　　　　B. 200.C

C. 100.A　　　　　　　　　　　　D. 96.D

101. 在下面有关信息加密技术的论述中，不正确的是：

A. 信息加密技术是为提高信息系统及数据的安全性和保密性的技术

B. 信息加密技术是为防止数据信息被别人破译而采用的技术

C. 信息加密技术是网络安全的重要技术之一

D. 信息加密技术是为清楚计算机病毒而采用的技术

102. 可以这样来认识进程，进程是：

A. 一段执行中的程序　　　　　　　B. 一个名义上的软件系统

C. 与程序等效的一个概念　　　　　D. 一个存放在 ROM 中的程序

103. 操作系统中的文件管理是：

A. 对计算机的系统软件资源进行管理　　　B. 对计算机的硬件资源进行管理

C. 对计算机用户进行管理　　　　　　　　D. 对计算机网络进行管理

104. 在计算机网络中，常将负责全网络信息处理的设备和软件称为：

A. 资源子网　　　　　　　　　　　　　　B. 通信子网

C. 局域网　　　　　　　　　　　　　　　D. 广域网

105. 若按采用的传输介质的不同，可将网络分为：

A. 双绞线网、同轴电缆网、光纤网、无线网

B. 基带网和宽带网

C. 电路交换类、报文交换类、分组交换类

D. 广播式网络、点到点式网络

106. 一个典型的计算机网络系统主要是由：

A. 网络硬件系统和网络软件系统组成　　　B. 主机和网络软件系统组成

C. 网络操作系统和若干计算机组成　　　　D. 网络协议和网络操作系统组成

107. 如现在投资 100 万元，预计年利率为 10%，分 5 年等额回收，每年可回收：

[已知：$(A/P, 10\%, 5) = 0.2638$，$(A/F, 10\%, 5) = 0.1638$]

A. 16.38 万元　　　　　　　　　　　　　B. 26.38 万元

C. 62.09 万元　　　　　　　　　　　　　D. 75.82 万元

108. 某项目投资中有部分资金源于银行贷款，该贷款在整个项目期间将等额偿还本息。项目预计年经营

成本为 5000 万元，年折旧费和摊销为 2000 万元，则该项目的年总成本费用应：

A. 等于 5000 万元　　　　　　　　　　　B. 等于 7000 万元

C. 大于 7000 万元　　　　　　　　　　　D. 在 5000 万元与 7000 万元之间

109. 下列财务评价指标中，反映项目盈利能力的指标是：

A. 流动比率　　　　　　　　　　　　　　B. 利息备付率

C. 投资回收期　　　　　　　　　　　　　D. 资产负债率

110. 某项目第一年年初投资 5000 万元，此后从第一年年末开始每年年末有相同的净收益，收益期为 10 年。寿命期结束时的净残值为 100 万元，若基准收益率为 12%，则要使该投资方案的净现值为零，其年净收益应为：

[已知：$(P/A, 12\%, 10) = 5.6500$；$(P/F, 12\%, 10) = 0.3220$]

A. 879.26 万元   B. 884.96 万元

C. 890.65 万元   D. 1610 万元

111. 某企业设计生产能力为年产某产品 40000t，在满负荷生产状态下，总成本为 30000 万元，其中固定成本为 10000 万元，若产品价格为 1 万元/t，则以生产能力利用率表示的盈亏平衡点为：

A. 25%   B. 35%   C. 40%   D. 50%

112. 已知甲、乙为两个寿命期相同的互斥项目，通过测算得出：甲、乙两项目的内部收益率分别为 18% 和 14%，甲、乙两项目的净现值分别为 240 万元和 320 万元。假如基准收益率为 12%，则以下说法中正确的是：

A. 应选择甲项目   B. 应选择乙项目

C. 应同时选择甲、乙两个项目   D. 甲、乙项目均不应选择

113. 下列项目方案类型中，适于采用最小公倍数法进行方案比选的是：

A. 寿命期相同的互斥方案   B. 寿命期不同的互斥方案

C. 寿命期相同的独立方案   D. 寿命期不同的独立方案

114. 某项目整体功能的目标成本为 10 万元，在进行功能评价时，得出某一功能 F* 的功能评价系数为 0.3，若其成本改进期望值为 -5000 元（即降低 5000 元），则 F* 的现实成本为：

A. 2.5 万元   B. 3 万元

C. 3.5 万元   D. 4 万元

115. 根据《中华人民共和国建筑法》规定，对从事建筑业的单位实行资质管理制度，将从事建活动的工程监理单位，划分为不同的资质等级。监理单位资质等级的划分条件可以不考虑：

A. 注册资本   B. 法定代表人

C. 已完成的建筑工程业绩   D. 专业技术人员

116. 某生产经营单位使用危险性较大的特种设备，根据《中华人民共和国安全生产法》规定，该设备投入使用的条件不包括：

A. 该设备应由专业生产单位生产

B. 该设备应进行安全条件论证和安全评价

C. 该设备须经取得专业资质的检测、检验机构检测、检验合格

D. 该设备须取得安全使用证或者安全标志

117. 根据《中华人民共和国招标投标法》规定，某工程项目委托监理服务的招投标活动，应当遵循的原则是：

A. 公开、公平、公正、诚实信用

B. 公开、平等、自愿、公平、诚实信用

C. 公正、科学、独立、诚实信用

D. 全面、有效、合理、诚实信用

118. 根据《中华人民共和国合同法》规定，要约可以撤回和撤销。下列要约，不得撤销的是：

A. 要约到达受要约人   B. 要约人确定了承诺期限

C. 受要约人未发出承诺通知   D. 受要约人即将发出承诺通知

119. 下列情形中，作出行政许可决定的行政机关或者其上级行政机关，应当依法办理有关行政许可的注销手续的是：

A. 取得市场准入许可的被许可人擅自停业、歇业

B. 行政机关工作人员对直接关系生命财产安全的设施监督检查时，发现存在安全隐患的

C. 行政许可证件依法被吊销的

D. 被许可人未依法履行开发利用自然资源义务的

120. 某建设工程项目完成施工后，施工单位提出工程竣工验收申请，根据《建设工程质量管理条例》规定，该建设工程竣工验收应当具备的条件不包括：

A. 有施工单位提交的工程质量保证保证金

B. 有工程使用的主要建筑材料、建筑构配件和设备的进场试验报告

C. 有勘察、设计、施工、工程监理等单位分别签署的质量合格文件

D. 有完整的技术档案和施工管理资料

2016 年度全国勘察设计注册工程师

执业资格考试试卷

基础考试
（上）

二〇一六年九月

应考人员注意事项

1. 本试卷科目代码为"1"，考生务必将此代码填涂在答题卡"科目代码"相应的栏目内，否则，无法评分。

2. 书写用笔：**黑色或蓝色钢笔、签字笔或圆珠笔**；

   填涂答题卡用笔：**黑色 2B 铅笔**。

3. 必须用书写用笔将工作单位、姓名、准考证号填写在答题卡和试卷相应的栏目内。

4. 本试卷由 120 题组成，每题 1 分，满分 120 分，本试卷全部为单项选择题，每小题的四个备选项中只有一个正确答案，错选、多选、不选均不得分。

5. 考生作答时，必须按**题号在答题卡上**将相应试题所选选项对应的**字母用 2B 铅笔涂黑**。

6. 在答题卡上书写与题意无关的语言，或在答题卡上作标记的，均按违纪试卷处理。

7. 考试结束时，由监考人员当面将试卷、答题卡一并收回。

8. 草稿纸由各地统一配发，考后收回。

单项选择题（共 120 题，每题 1 分。每题的备选项中只有一个最符合题意。）

1. 下列极限式中，能够使用洛必达法则求极限的是：

   A. $\lim\limits_{x \to 0} \dfrac{1+\cos x}{e^x - 1}$

   B. $\lim\limits_{x \to 0} \dfrac{x - \sin x}{\sin x}$

   C. $\lim\limits_{x \to 0} \dfrac{x^2 \sin\frac{1}{x}}{\sin x}$

   D. $\lim\limits_{x \to \infty} \dfrac{x + \sin x}{x - \sin x}$

2. 设 $\begin{cases} x = t - \arctan t \\ y = \ln(1 + t^2) \end{cases}$，则 $\left.\dfrac{\mathrm{d}y}{\mathrm{d}x}\right|_{t=1}$ 等于：

   A. 1

   B. -1

   C. 2

   D. $\dfrac{1}{2}$

3. 微分方程 $\dfrac{\mathrm{d}y}{\mathrm{d}x} = \dfrac{1}{xy + y^3}$ 是：

   A. 齐次微分方程

   B. 可分离变量的微分方程

   C. 一阶线性微分方程

   D. 二阶微分方程

4. 若向量 $\boldsymbol{\alpha}, \boldsymbol{\beta}$ 满足 $|\boldsymbol{\alpha}| = 2$，$|\boldsymbol{\beta}| = \sqrt{2}$，且 $\boldsymbol{\alpha} \cdot \boldsymbol{\beta} = 2$，则 $|\boldsymbol{\alpha} \times \boldsymbol{\beta}|$ 等于：

   A. 2

   B. $2\sqrt{2}$

   C. $2 + \sqrt{2}$

   D. 不能确定

5. $f(x)$ 在点 x_0 处的左、右极限存在且相等是 $f(x)$ 在点 x_0 处连续的：

   A. 必要非充分的条件

   B. 充分非必要的条件

   C. 充分且必要的条件

   D. 既非充分又非必要的条件

6. 设 $\int_0^x f(t)\mathrm{d}t = \dfrac{\cos x}{x}$，则 $f\left(\dfrac{\pi}{2}\right)$ 等于：

   A. $\dfrac{\pi}{2}$

   B. $-\dfrac{2}{\pi}$

   C. $\dfrac{2}{\pi}$

   D. 0

7. 若 $\sec^2 x$ 是 $f(x)$ 的一个原函数，则 $\int x f(x)\,\mathrm{d}x$ 等于：

   A. $\tan x + C$

   B. $x\tan x - \ln|\cos x| + C$

   C. $x\sec^2 x + \tan x + C$

   D. $x\sec^2 x - \tan x + C$

8. yOz坐标面上的曲线 $\begin{cases} y^2 + z = 1 \\ x = 0 \end{cases}$ 绕Oz轴旋转一周所生成的旋转曲面方程是：

A. $x^2 + y^2 + z = 1$

B. $x + y^2 + z = 1$

C. $y^2 + \sqrt{x^2 + z^2} = 1$

D. $y^2 - \sqrt{x^2 + z^2} = 1$

9. 若函数$z = f(x, y)$在点$P_0(x_0, y_0)$处可微，则下面结论中错误的是：

A. $z = f(x, y)$在P_0处连续

B. $\lim\limits_{\substack{x \to x_0 \\ y \to y_0}} f(x, y)$存在

C. $f_x'(x_0, y_0)$，$f_y'(x_0, y_0)$均存在

D. $f_x'(x, y)$，$f_y'(x, y)$在P_0处连续

10. 若$\int_{-\infty}^{+\infty} \frac{A}{1+x^2} dx = 1$，则常数$A$等于：

A. $\frac{1}{\pi}$

B. $\frac{2}{\pi}$

C. $\frac{\pi}{2}$

D. π

11. 设$f(x) = x(x-1)(x-2)$，则方程$f'(x) = 0$的实根个数是：

A. 3

B. 2

C. 1

D. 0

12. 微分方程$y'' - 2y' + y = 0$的两个线性无关的特解是：

A. $y_1 = x$，$y_2 = e^x$

B. $y_1 = e^{-x}$，$y_2 = e^x$

C. $y_1 = e^{-x}$，$y_2 = xe^{-x}$

D. $y_1 = e^x$，$y_2 = xe^x$

13. 设函数$f(x)$在(a, b)内可微，且$f'(x) \neq 0$，则$f(x)$在(a, b)内：

A. 必有极大值

B. 必有极小值

C. 必无极值

D. 不能确定有还是没有极值

14. 下列级数中，绝对收敛的级数是：

A. $\sum\limits_{n=1}^{\infty} (-1)^{n-1} \frac{1}{n}$

B. $\sum\limits_{n=1}^{\infty} (-1)^{n-1} \frac{1}{\sqrt{n}}$

C. $\sum\limits_{n=1}^{\infty} \frac{n^2}{1+n^2}$

D. $\sum\limits_{n=1}^{\infty} \frac{\sin^{\frac{3}{2}} n}{n^2}$

15. 若 D 是由 $x = 0$，$y = 0$，$x^2 + y^2 = 1$ 所围成在第一象限的区域，则二重积分 $\iint\limits_{D} x^2 y \mathrm{d}x\mathrm{d}y$ 等于：

    A. $-\dfrac{1}{15}$ B. $\dfrac{1}{15}$

    C. $-\dfrac{1}{12}$ D. $\dfrac{1}{12}$

16. 设 L 是抛物线 $y = x^2$ 上从点 $A(1,1)$ 到点 $O(0,0)$ 的有向弧线，则对坐标的曲线积分 $\int\limits_{L} x\mathrm{d}x + y\mathrm{d}y$ 等于：

    A. 0   B. 1

    C. −1   D. 2

17. 幂级数 $\sum\limits_{n=0}^{\infty} \dfrac{(-1)^n}{2^n} x^n$ 在 $|x| < 2$ 的和函数是：

    A. $\dfrac{2}{2+x}$ B. $\dfrac{2}{2-x}$

    C. $\dfrac{1}{1-2x}$ D. $\dfrac{1}{1+2x}$

18. 设 $z = \dfrac{3^{xy}}{x} + xF(u)$，其中 $F(u)$ 可微，且 $u = \dfrac{y}{x}$，则 $\dfrac{\partial z}{\partial y}$ 等于：

    A. $3^{xy} - \dfrac{y}{x}F'(u)$ B. $\dfrac{1}{x}3^{xy}\ln 3 + F'(u)$

    C. $3^{xy} + F'(u)$ D. $3^{xy}\ln 3 + F'(u)$

19. 若使向量组 $\boldsymbol{\alpha}_1 = (6, t, 7)^{\mathrm{T}}$，$\boldsymbol{\alpha}_2 = (4, 2, 2)^{\mathrm{T}}$，$\boldsymbol{\alpha}_3 = (4, 1, 0)^{\mathrm{T}}$ 线性相关，则 t 等于：

    A. −5   B. 5

    C. −2   D. 2

20. 下列结论中正确的是：

    A. 矩阵 $\boldsymbol{A}$ 的行秩与列秩可以不等

    B. 秩为 r 的矩阵中，所有 r 阶子式均不为零

    C. 若 n 阶方阵 $\boldsymbol{A}$ 的秩小于 n，则该矩阵 $\boldsymbol{A}$ 的行列式必等于零

    D. 秩为 r 的矩阵中，不存在等于零的 $r - 1$ 阶子式

21. 已知矩阵 $A = \begin{bmatrix} 5 & -3 & 2 \\ 6 & -4 & 4 \\ 4 & -4 & a \end{bmatrix}$ 的两个特征值为 $\lambda_1 = 1$，$\lambda_2 = 3$，则常数 a 和另一特征值 λ_3 为：

    A. $a = 1$，$\lambda_3 = -2$ B. $a = 5$，$\lambda_3 = 2$

    C. $a = -1$，$\lambda_3 = 0$ D. $a = -5$，$\lambda_3 = -8$

22. 设有事件 A 和 B，已知 $P(A) = 0.8$，$P(B) = 0.7$，且 $P(A|B) = 0.8$，则下列结论中正确的是：

    A. A 与 B 独立   B. A 与 B 互斥

    C. $B \supset A$ D. $P(A \cup B) = P(A) + P(B)$

23. 某店有 7 台电视机，其中 2 台次品。现从中随机地取 3 台，设 X 为其中的次品数，则数学期望 $E(X)$ 等于：

    A. $\dfrac{3}{7}$ B. $\dfrac{4}{7}$

    C. $\dfrac{5}{7}$ D. $\dfrac{6}{7}$

24. 设总体 $X \sim N(0, \sigma^2)$，$X_1, X_2, \cdots, X_n$ 是来自总体的样本，$\hat{\sigma}^2 = \dfrac{1}{n} \sum\limits_{i=1}^{n} X_i^2$，则下面结论中正确的是：

    A. $\hat{\sigma}^2$ 不是 σ^2 的无偏估计量   B. $\hat{\sigma}^2$ 是 σ^2 的无偏估计量

    C. $\hat{\sigma}^2$ 不一定是 σ^2 的无偏估计量   D. $\hat{\sigma}^2$ 不是 σ^2 的估计量

25. 假定氧气的热力学温度提高一倍，氧分子全部离解为氧原子，则氧原子的平均速率是氧分子平均速率的：

    A. 4 倍   B. 2 倍

    C. $\sqrt{2}$ 倍   D. $\dfrac{1}{\sqrt{2}}$

26. 容积恒定的容器内盛有一定量的某种理想气体，分子的平均自由程为 $\bar{\lambda}_0$，平均碰撞频率为 $\bar{Z}_0$，若气体的温度降低为原来的 $\dfrac{1}{4}$，则此时分子的平均自由程 $\bar{\lambda}$ 和平均碰撞频率 $\bar{Z}$ 为：

    A. $\bar{\lambda} = \bar{\lambda}_0$，$\bar{Z} = \bar{Z}_0$ B. $\bar{\lambda} = \bar{\lambda}_0$，$\bar{Z} = \dfrac{1}{2} \bar{Z}_0$

    C. $\bar{\lambda} = 2\bar{\lambda}_0$，$\bar{Z} = 2\bar{Z}_0$ D. $\bar{\lambda} = \sqrt{2}\,\bar{\lambda}_0$，$\bar{Z} = 4\bar{Z}_0$

27. 一定量的某种理想气体由初始态经等温膨胀变化到末态时，压强为p_1；若由相同的初始态经绝热膨胀到另一末态时，压强为p_2，若两过程末态体积相同，则：

A. $p_1 = p_2$

B. $p_1 > p_2$

C. $p_1 < p_2$

D. $p_1 = 2p_2$

28. 在卡诺循环过程中，理想气体在一个绝热过程中所做的功为W_1，内能变化为ΔE_1，则在另一绝热过程中所做的功为W_2，内能变化为ΔE_2，则W_1、W_2及ΔE_1、ΔE_2之间的关系为：

A. $W_2 = W_1$，$\Delta E_2 = \Delta E_1$

B. $W_2 = -W_1$，$\Delta E_2 = \Delta E_1$

C. $W_2 = -W_1$，$\Delta E_2 = -\Delta E_1$

D. $W_2 = W_1$，$\Delta E_2 = -\Delta E_1$

29. 波的能量密度的单位是：

A. $J \cdot m^{-1}$

B. $J \cdot m^{-2}$

C. $J \cdot m^{-3}$

D. J

30. 两相干波源，频率为100Hz，相位差为π，两者相距20m，若两波源发出的简谐波的振幅均为A，则在两波源连线的中垂线上各点合振动的振幅为：

A. $-A$　　　　　B. 0　　　　　C. A　　　　　D. $2A$

31. 一平面简谐波的波动方程为$y = 2 \times 10^{-2} \cos 2\pi \left(10t - \frac{x}{5}\right)$(SI)，对$x = 2.5m$处的质元，在$t = 0.25s$时，它的：

A. 动能最大，势能最大

B. 动能最大，势能最小

C. 动能最小，势能最大

D. 动能最小，势能最小

32. 一束自然光自空气射向一块玻璃，设入射角等于布儒斯特角i_0，则光的折射角为：

A. $\pi + i_0$

B. $\pi - i_0$

C. $\frac{\pi}{2} + i_0$

D. $\frac{\pi}{2} - i_0$

33. 两块偏振片平行放置，光强为I_0的自然光垂直入射在第一块偏振片上，若两偏振片的偏振化方向夹角为45°，则从第二块偏振片透出的光强为：

A. $\frac{I_0}{2}$

B. $\frac{I_0}{4}$

C. $\frac{I_0}{8}$

D. $\frac{\sqrt{2}}{4}I_0$

34. 在单缝夫琅禾费衍射实验中，单缝宽度为a，所用单色光波长为λ，透镜焦距为f，则中央明条纹的半宽度为：

A. $\dfrac{f\lambda}{a}$

B. $\dfrac{2f\lambda}{a}$

C. $\dfrac{a}{f\lambda}$

D. $\dfrac{2a}{f\lambda}$

35. 通常亮度下，人眼睛瞳孔的直径约为 3mm，视觉感受到最灵敏的光波波长为550nm($1nm = 1 \times 10^{-9}$m)，则人眼睛的最小分辨角约为：

A. 2.24×10^{-3}rad

B. 1.12×10^{-4}rad

C. 2.24×10^{-4}rad

D. 1.12×10^{-3}rad

36. 在光栅光谱中，假如所有偶数级次的主极大都恰好在透射光栅衍射的暗纹方向上，因而出现缺级现象，那么此光栅每个透光缝宽度a和相邻两缝间不透光部分宽度b的关系为：

A. $a = 2b$

B. $b = 3a$

C. $a = b$

D. $b = 2a$

37. 多电子原子中同一电子层原子轨道能级（量）最高的亚层是：

A. s 亚层

B. p 亚层

C. d 亚层

D. f 亚层

38. 在CO和N_2分子之间存在的分子间力有：

A. 取向力、诱导力、色散力

B. 氢键

C. 色散力

D. 色散力、诱导力

39. 已知$K_b^{\ominus}(NH_3 \cdot H_2O) = 1.8 \times 10^{-5}$，$0.1mol \cdot L^{-1}$的$NH_3 \cdot H_2O$溶液的pH为：

A. 2.87

B. 11.13

C. 2.37

D. 11.63

40. 通常情况下，$K_a^{\ominus}$、$K_b^{\ominus}$、$K^{\ominus}$、$K_{sp}^{\ominus}$，它们的共同特性是：

A. 与有关气体分压有关

B. 与温度有关

C. 与催化剂的种类有关

D. 与反应物浓度有关

41. 下列各电对的电极电势与H^+浓度有关的是：

A. Zn^{2+}/Zn

B. Br_2/Br

C. AgI/Ag

D. MnO_4^-/Mn^{2+}

42. 电解Na_2SO_4水溶液时，阳极上放电的离子是：

A. H^+ 　　　　B. OH^- 　　　　C. Na^+ 　　　　D. SO_4^{2-}

43. 某化学反应在任何温度下都可以自发进行，此反应需满足的条件是：

A. $\Delta_r H_m < 0$，$\Delta_r S_m > 0$ 　　　　B. $\Delta_r H_m > 0$，$\Delta_r S_m < 0$

C. $\Delta_r H_m < 0$，$\Delta_r S_m < 0$ 　　　　D. $\Delta_r H_m > 0$，$\Delta_r S_m > 0$

44. 按系统命名法，下列有机化合物命名正确的是：

A. 3-甲基丁烷 　　　　B. 2-乙基丁烷

C. 2,2-二甲基戊烷 　　　　D. 1,1,3-三甲基戊烷

45. 苯氨酸和山梨酸（CH_3CH═$CHCH$═$CHCOOH$）都是常见的食品防腐剂。下列物质中只能与其中一种酸发生化学反应的是：

A. 甲醇 　　　　B. 溴水

C. 氢氧化钠 　　　　D. 金属钾

46. 受热到一定程度就能软化的高聚物是：

A. 分子结构复杂的高聚物 　　　　B. 相对摩尔质量较大的高聚物

C. 线性结构的高聚物 　　　　D. 体型结构的高聚物

47. 图示结构由直杆AC，DE和直角弯杆BCD所组成，自重不计，受荷载F与$M = F \cdot a$作用。则A处约束力的作用线与x轴正向所成的夹角为：

A. $135°$ 　　　　B. $90°$

C. $0°$ 　　　　D. $45°$

48. 图示平面力系中，已知 $q = 10\text{kN/m}$，$M = 20\text{kN·m}$，$a = 2\text{m}$。则该主动力系对 B 点的合力矩为：

A. $M_B = 0$

B. $M_B = 20\text{kN·m}(\curvearrowleft)$

C. $M_B = 40\text{kN·m}(\curvearrowleft)$

D. $M_B = 40\text{kN·m}(\curvearrowright)$

49. 简支梁受分布荷载作用如图所示。支座 A、B 的约束力为：

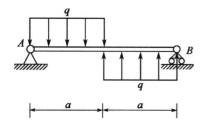

A. $F_A = 0$，$F_B = 0$

B. $F_A = \dfrac{1}{2}qa\uparrow$，$F_B = \dfrac{1}{2}qa\uparrow$

C. $F_A = \dfrac{1}{2}qa\uparrow$，$F_B = \dfrac{1}{2}qa\downarrow$

D. $F_A = \dfrac{1}{2}qa\downarrow$，$F_B = \dfrac{1}{2}qa\uparrow$

50. 重力为 W 的物块自由地放在倾角为 α 的斜面上如图示。且 $\sin\alpha = \dfrac{3}{5}$，$\cos\alpha = \dfrac{4}{5}$。物块上作用一水平力 F，且 $F = W$。若物块与斜面间的静摩擦系数 $f = 0.2$，则该物块的状态为：

A. 静止状态　　　　　　　　　　B. 临界平衡状态

C. 滑动状态　　　　　　　　　　D. 条件不足，不能确定

51. 一动点沿直线轨道按照 $x = 3t^3 + t + 2$ 的规律运动（x 以 m 计，t 以 s 计），则当 $t = 4$s 时，动点的位移、速度和加速度分别为：

A. $x = 54$m，$v = 145$m/s，$a = 18$m/s^2

B. $x = 198$m，$v = 145$m/s，$a = 72$m/s^2

C. $x = 198$m，$v = 49$m/s，$a = 72$m/s^2

D. $x = 192$m，$v = 145$m/s，$a = 12$m/s^2

52. 点在直径为 6m 的圆形轨迹上运动，走过的距离是 $s = 3t^2$，则点在 2s 末的切向加速度为：

A. 48m/s^2　　　　B. 4m/s^2　　　　C. 96m/s^2　　　　D. 6m/s^2

53. 杆 $OA = l$，绕固定轴 O 转动，某瞬时杆端 A 点的加速度 a 如图所示，则该瞬时杆 OA 的角速度及角加速度为：

A. 0, $\dfrac{a}{l}$

B. $\sqrt{\dfrac{a\cos\alpha}{l}}$, $\dfrac{a\sin\alpha}{l}$

C. $\sqrt{\dfrac{a}{l}}$, 0

D. 0, $\sqrt{\dfrac{a}{l}}$

54. 质量为 m 的物体 M 在地面附近自由降落，它所受的空气阻力的大小为 $F_R = Kv^2$，其中 K 为阻力系数，v 为物体速度，该物体所能达到的最大速度为：

A. $v = \sqrt{\dfrac{mg}{K}}$　　　　　　　　　　B. $v = \sqrt{mgK}$

C. $v = \sqrt{\dfrac{g}{K}}$　　　　　　　　　　D. $v = \sqrt{gK}$

55. 质点受弹簧力作用而运动，l_0 为弹簧自然长度，k 为弹簧刚度系数，质点由位置 1 到位置 2 和由位置 3 到位置 2 弹簧力所做的功为：

A. $W_{12} = -1.96$J，$W_{32} = 1.176$J　　　　B. $W_{12} = 1.96$J，$W_{32} = 1.176$J

C. $W_{12} = 1.96$J，$W_{32} = -1.176$J　　　　D. $W_{12} = -1.96$J，$W_{32} = -1.176$J

56. 如图所示圆环以角速度ω绕铅直轴AC自由转动，圆环的半径为R，对转轴z的转动惯量为I。在圆环中的A点放一质量为m的小球，设由于微小的干扰，小球离开A点。忽略一切摩擦，则当小球达到B点时，圆环的角速度为：

    A. $\dfrac{mR^2\omega}{I+mR^2}$ B. $\dfrac{I\omega}{I+mR^2}$

    C. ω D. $\dfrac{2I\omega}{I+mR^2}$

57. 图示均质圆轮，质量为m，半径为r，在铅垂图面内绕通过圆盘中心O的水平轴转动，角速度为ω，角加速度为ε，此时将圆轮的惯性力系向O点简化，其惯性力主矢和惯性力主矩的大小分别为：

    A. 0, 0   B. $mr\varepsilon$，$\dfrac{1}{2}mr^2\varepsilon$

    C. 0, $\dfrac{1}{2}mr^2\varepsilon$ D. 0, $\dfrac{1}{4}mr^2\omega^2$

58. 5kg 质量块振动，其自由振动规律是$x = X\sin\omega_n t$，如果振动的圆频率为30rad/s，则此系统的刚度系数为：

    A. 2500N/m   B. 4500N/m

    C. 180N/m   D. 150N/m

59. 横截面直杆，轴向受力如图，杆的最大拉伸轴力是：

A. 10kN

B. 25kN

C. 35kN

D. 20kN

60. 已知铆钉的许用切应力为$[\tau]$，许用挤压应力为$[\sigma_{bs}]$，钢板的厚度为t，则图示铆钉直径d与钢板厚度t的合理关系是：

A. $d = \dfrac{8t[\sigma_{bs}]}{\pi[\tau]}$

B. $d = \dfrac{4t[\sigma_{bs}]}{\pi[\tau]}$

C. $d = \dfrac{\pi[\tau]}{8t[\sigma_{bs}]}$

D. $d = \dfrac{\pi[\tau]}{4t[\sigma_{bs}]}$

61. 直径为d的实心圆轴受扭，在扭矩不变的情况下，为使扭转最大切应力减小一半，圆轴的直径应改为：

A. $2d$

B. $0.5d$

C. $\sqrt{2}d$

D. $\sqrt[3]{2}d$

62. 在一套传动系统中，假设所有圆轴传递的功率相同，转速不同。该系统的圆轴转速与其扭矩的关系是：

A. 转速快的轴扭矩大

B. 转速慢的轴扭矩大

C. 全部轴的扭矩相同

D. 无法确定

63. 面积相同的三个图形如图示，对各自水平形心轴z的惯性矩之间的关系为：

A. $I_{(a)} > I_{(b)} > I_{(c)}$

B. $I_{(a)} < I_{(b)} < I_{(c)}$

C. $I_{(a)} < I_{(c)} = I_{(b)}$

D. $I_{(a)} = I_{(b)} > I_{(c)}$

64. 简支梁的弯矩如图示，根据弯矩图推得梁上的荷载应为：

A. $F = 10kN$，$m = 10kN \cdot m$

B. $F = 5kN$，$m = 10kN \cdot m$

C. $F = 10kN$，$m = 5kN \cdot m$

D. $F = 5kN$，$m = 5kN \cdot m$

65. 在图示xy坐标系下，单元体的最大主应力σ_1大致指向：

A. 第一象限，靠近x轴

B. 第一象限，靠近y轴

C. 第二象限，靠近x轴

D. 第二象限，靠近y轴

66. 图示变截面短杆，AB段压应力σ_{AB}与BC段压应力σ_{BC}的关系是：

A. $\sigma_{AB} = 1.25\sigma_{BC}$

B. $\sigma_{AB} = 0.8\sigma_{BC}$

C. $\sigma_{AB} = 2\sigma_{BC}$

D. $\sigma_{AB} = 0.5\sigma_{BC}$

67. 简支梁AB的剪力图和弯矩图如图示。该梁正确的受力图是：

68. 矩形截面简支梁中点承受集中力$F=100$kN。若$h=200$mm，$b=100$mm，梁的最大弯曲正应力是：

A. 75MPa

B. 150MPa

C. 300MPa

D. 50MPa

69. 图示槽形截面杆，一端固定，另一端自由，作用在自由端角点的外力F与杆轴线平行。该杆将发生的变形是：

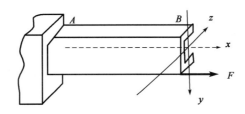

A. xy平面xz平面内的双向弯曲

B. 轴向拉伸及xy平面和xz平面内的双向弯曲

C. 轴向拉伸和xy平面内的平面弯曲

D. 轴向拉伸和xz平面内的平面弯曲

70. 两端铰支细长（大柔度）压杆，在下端铰链处增加一个扭簧弹性约束，如图所示。该压杆的长度系数μ的取值范围是：

A. $0.7 < \mu < 1$

B. $2 > \mu > 1$

C. $0.5 < \mu < 0.7$

D. $\mu < 0.5$

71. 标准大气压时的自由液面下 1m 处的绝对压强为：

    A. 0.11MPa   B. 0.12MPa

    C. 0.15MPa   D. 2.0MPa

72. 一直径 $d_1 = 0.2m$ 的圆管，突然扩大到直径为 $d_2 = 0.3m$，若 $v_1 = 9.55m/s$，则 v_2 与 Q 分别为：

    A. 4.24m/s，$0.3m^3/s$ B. 2.39m/s，$0.3m^3/s$

    C. 4.24m/s，$0.5m^3/s$ D. 2.39m/s，$0.5m^3/s$

73. 直径为 20mm 的管流，平均流速为 9m/s，已知水的运动黏性系数 $\nu = 0.0114cm^2/s$，则管中水流的流态和水流流态转变的层流流速分别是：

    A. 层流，19cm/s   B. 层流，11.4cm/s

    C. 紊流，19cm/s   D. 紊流，11.4cm/s

74. 边界层分离现象的后果是：

    A. 减小了液流与边壁的摩擦力   B. 增大了液流与边壁的摩擦力

    C. 增加了潜体运动的压差阻力   D. 减小了潜体运动的压差阻力

75. 如图由大体积水箱供水，且水位恒定，水箱顶部压力表读数 19600Pa，水深 $H = 2m$，水平管道长 $l = 100m$，直径 $d = 200mm$，沿程损失系数 0.02，忽略局部损失，则管道通过流量是：

    A. 83.8L/s   B. 196.5L/s

    C. 59.3L/s   D. 47.4L/s

76. 两条明渠过水断面面积相等，断面形状分别为（1）方形，边长为 a；（2）矩形，底边宽为 $2a$，水深为 $0.5a$，它们的底坡与粗糙系数相同，则两者的均匀流流量关系式为：

    A. $Q_1 > Q_2$ B. $Q_1 = Q_2$

    C. $Q_1 < Q_2$ D. 不能确定

77. 如图，均匀砂质土壤装在容器中，设渗透系数为0.012cm/s，渗流流量为0.3m³/s，则渗流流速为：

A. 0.003cm/s

B. 0.006cm/s

C. 0.009cm/s

D. 0.012cm/s

78. 雷诺数的物理意义是：

A. 压力与黏性力之比

B. 惯性力与黏性力之比

C. 重力与惯性力之比

D. 重力与黏性力之比

79. 真空中，点电荷q_1和q_2的空间位置如图所示，q_1为正电荷，且$q_2 = -q_1$，则A点的电场强度的方向是：

A. 从A点指向q_1

B. 从A点指向q_2

C. 垂直于q_1q_2连线，方向向上

D. 垂直于q_1q_2连线，方向向下

80. 设电阻元件 R、电感元件 L、电容元件 C 上的电压电流取关联方向，则如下关系成立的是：

A. $i_R = R \cdot u_R$

B. $u_C = C \dfrac{di_C}{dt}$

C. $i_C = C \dfrac{du_C}{dt}$

D. $u_L = \dfrac{1}{L} \int i_C \, dt$

81. 用于求解图示电路的4个方程中，有一个错误方程，这个错误方程是：

A. $I_1 R_1 + I_3 R_3 - U_{s1} = 0$

B. $I_2 R_2 + I_3 R_3 = 0$

C. $I_1 + I_2 - I_3 = 0$

D. $I_2 = -I_{s2}$

82. 已知有效值为10V的正弦交流电压的相量图如图所示，则它的时间函数形式是：

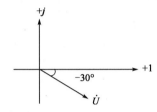

A. $u(t) = 10\sqrt{2} \sin(\omega t - 30°)\,V$

B. $u(t) = 10 \sin(\omega t - 30°)\,V$

C. $u(t) = 10\sqrt{2} \sin(-30°)\,V$

D. $u(t) = 10 \cos(-30°) + 10 \sin(-30°)\,V$

83. 图示电路中，当端电压 $\dot{U} = 100\angle 0°V$ 时，$\dot{I}$ 等于：

A. $3.5\angle -45°A$

B. $3.5\angle 45°A$

C. $4.5\angle 26.6°A$

D. $4.5\angle -26.6°A$

84. 在图示电路中，开关S闭合后：

A. 电路的功率因数一定变大

B. 总电流减小时，电路的功率因数变大

C. 总电流减小时，感性负载的功率因数变大

D. 总电流减小时，一定出现过补偿现象

85. 图示变压器空载运行电路中，设变压器为理想器件，若 $u = \sqrt{2}U\sin\omega t$，则此时：

A. $\dfrac{U_2}{U_1} = 2$

B. $\dfrac{U}{U_2} = 2$

C. $u_2 = 0, u_1 = 0$

D. $\dfrac{U}{U_1} = 2$

86. 设某△接三相异步电动机的全压启动转矩为66N·m，当对其使用Y-△降压启动方案时，当分别带 10N·m、20N·m、30N·m、40N·m的负载启动时：

A. 均能正常启动

B. 均无法正常启动

C. 前两者能正常启动，后两者无法正常启动

D. 前三者能正常启动，后者无法正常启动

87. 图示电压信号 u_o 是：

A. 二进制代码信号

B. 二值逻辑信号

C. 离散时间信号

D. 连续时间信号

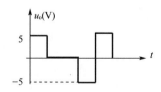

88. 信号$u(t) = 10 \cdot 1(t) - 10 \cdot 1(t-1)$V，其中，$1(t)$表示单位阶跃函数，则$u(t)$应为：

A.

B.

C.

D.

89. 一个低频模拟信号$u_1(t)$被一个高频的噪声信号污染后，能将这个噪声滤除的装置是：

    A. 高通滤波器   B. 低通滤波器

    C. 带通滤波器   D. 带阻滤波器

90. 对逻辑表达式$\overline{AB} + \overline{BC}$的化简结果是：

    A. $\overline{A} + \overline{B} + \overline{C}$ B. $\overline{A} + 2\overline{B} + \overline{C}$

    C. $\overline{A + C} + B$ D. $\overline{A} + \overline{C}$

91. 已知数字信号 A 和数字信号 B 的波形如图所示，则数字信号$F = A\overline{B} + \overline{A}B$的波形为：

A. F

B. F

C. F

D. F

92. 十进制数字 10 的 BCD 码为：

A. 00010000

B. 00001010

C. 1010

D. 0010

93. 二极管应用电路如图所示，设二极管为理想器件，当$u_1 = 10\sin\omega t$V时，输出电压u_0的平均值U_0等于：

A. 10V

B. $0.9 \times 10 = 9$V

C. $0.9 \times \dfrac{10}{\sqrt{2}} = 6.36$V

D. $-0.9 \times \dfrac{10}{\sqrt{2}} = -6.36$V

94. 运算放大器应用电路如图所示，设运算放大器输出电压的极限值为±11V。如果将−2.5V电压接入"A"端，而"B"端接地后，测得输出电压为 10V，如果将−2.5V电压接入"B"端，而"A"端接地，则该电路的输出电压u_0等于：

A. 10V

B. −10V

C. −11V

D. −12.5V

95. 图示逻辑门的输出F_1和F_2分别为：

A. 0 和$\overline{B}$

B. 0 和 1

C. A 和$\overline{B}$

D. A 和 1

96. 图 a) 所示电路中, 时钟脉冲、复位信号及数模输入信号如图 b) 所示。经分析可知, 在第一个和第二个时钟脉冲的下降沿过后, 输出 Q 先后等于:

A. 0 0　　　　　　　　　　　　B. 0 1

C. 1 0　　　　　　　　　　　　D. 1 1

附: 触发器的逻辑状态表为

J	K	Q_{n+1}
0	0	Q_n
0	1	0
1	0	1
1	1	$\overline{Q_n}$

97. 计算机发展的人性化的一个重要方面是:

A. 计算机的价格便宜

B. 计算机使用上的"傻瓜化"

C. 计算机使用不需要电能

D. 计算机不需要软件和硬件, 自己会思维

98. 计算机存储器是按字节进行编址的, 一个存储单元是:

A. 8 个字节　　　　　　　　　　B. 1 个字节

C. 16 个二进制数位　　　　　　　D. 32 个二进制数位

99. 下面有关操作系统的描述中, 其中错误的是:

A. 操作系统就是充当软、硬件资源的管理者和仲裁者的角色

B. 操作系统具体负责在各个程序之间, 进行调度和实施对资源的分配

C. 操作系统保证系统中的各种软、硬件资源得以有效地、充分地利用

D. 操作系统仅能实现管理和使用好各种软件资源

100. 计算机的支撑软件是：

 A. 计算机软件系统内的一个组成部分   B. 计算机硬件系统内的一个组成部分

 C. 计算机应用软件内的一个组成部分   D. 计算机专用软件内的一个组成部分

101. 操作系统中的进程与处理器管理的主要功能是：

 A. 实现程序的安装、卸载

 B. 提高主存储器的利用率

 C. 使计算机系统中的软硬件资源得以充分利用

 D. 优化外部设备的运行环境

102. 影响计算机图像质量的主要参数有：

 A. 存储器的容量、图像文件的尺寸、文件保存格式

 B. 处理器的速度、图像文件的尺寸、文件保存格式

 C. 显卡的品质、图像文件的尺寸、文件保存格式

 D. 分辨率、颜色深度、图像文件的尺寸、文件保存格式

103. 计算机操作系统中的设备管理主要是：

 A. 微处理器 CPU 的管理   B. 内存储器的管理

 C. 计算机系统中的所有外部设备的管理   D. 计算机系统中的所有硬件设备的管理

104. 下面四个选项中，不属于数字签名技术的是：

 A. 权限管理   B. 接收者能够核实发送者对报文的签名

 C. 发送者事后不能对报文的签名进行抵赖   D. 接收者不能伪造对报文的签名

105. 实现计算机网络化后的最大好处是：

 A. 存储容量被增大   B. 计算机运行速度加快

 C. 节省大量人力资源   D. 实现了资源共享

106. 校园网是提高学校教学、科研水平不可缺少的设施，它是属于：

 A. 局域网   B. 城域网

 C. 广域网   D. 网际网

107. 某企业拟购买 3 年期一次到期债券，打算三年后到期本利和为 300 万元，按季复利计息，年名义利率为 8%，则现在应购买债券：

 A. 119.13 万元   B. 236.55 万元

 C. 238.15 万元   D. 282.70 万元

108. 在下列费用中，应列入项目建设投资的是：

 A. 项目经营成本   B. 流动资金

 C. 预备费   D. 建设期利息

109. 某公司向银行借款 2400 万元，期限为 6 年，年利率为 8%，每年年末付息一次，每年等额还本，到第 6 年末还完本息。请问该公司第 4 年年末应还的本息和是：

 A. 432 万元   B. 464 万元

 C. 496 万元   D. 592 万元

110. 某项目动态投资回收期刚好等于项目计算期，则以下说法中正确的是：

 A. 该项目动态回收期小于基准回收期   B. 该项目净现值大于零

 C. 该项目净现值小于零   D. 该项目内部收益率等于基准收益率

111. 某项目要从国外进口一种原材料，原始材料的 CIF（到岸价格）为 150 美元/吨，美元的影子汇率为 6.5，进口费用为 240 元/吨，请问这种原材料的影子价格是：

 A. 735 元人民币   B. 975 元人民币

 C. 1215 元人民币   D. 1710 元人民币

112. 已知甲、乙为两个寿命期相同的互斥项目，其中乙项目投资大于甲项目。通过测算得出甲、乙两项目的内部收益率分别为 18% 和 14%，增量内部收益率 $\Delta IRR_{(乙-甲)}= 13\%$，基准收益率为 11%，以下说法中正确的是：

 A. 应选择甲项目   B. 应选择乙项目

 C. 应同时选择甲、乙两个项目   D. 甲、乙两个项目均不应选择

113. 以下关于改扩建项目财务分析的说法中正确的是：

 A. 应以财务生存能力分析为主   B. 应以项目清偿能力分析为主

 C. 应以企业层次为主进行财务分析   D. 应遵循"有无对比"原则

114. 某工程设计有四个方案，在进行方案选择时计算得出：甲方案功能评价系数 0.85，成本系数 0.92；乙方案功能评价系数 0.6，成本系数 0.7；丙方案功能评价系数 0.94，成本系数 0.88；丁方案功能评价系数 0.67，成本系数 0.82。则最优方案的价值系数为：

A. 0.924

B. 0.857

C. 1.068

D. 0.817

115. 根据《中华人民共和国建筑法》的规定，有关工程发包的规定，下列理解错误的是：

A. 关于对建筑工程进行肢解发包的规定，属于禁止性规定

B. 可以将建筑工程的勘察、设计、施工、设备采购一并发包给一个工程总承包单位

C. 建筑工程实行直接发包的，发包单位可以将建筑工程发包给具有资质证书的承包单位

D. 提倡对建筑工程实行总承包

116. 根据《建设工程安全生产管理条例》的规定，施工单位实施爆破、起重吊装等施工时，应当安排现场的监督人员是：

A. 项目管理技术人员

B 应急救援人员

C. 专职安全生产管理人员

D. 专职质量管理人员

117. 某工程项目实行公开招标，招标人根据招标项目的特点和需要编制招标文件，其招标文件的内容不包括：

A. 招标项目的技术要求

B. 对投标人资格审查的标准

C. 拟签订合同的时间

D. 投标报价要求和评标标准

118. 某水泥厂以电子邮件的方式于 2008 年 3 月 5 日发出销售水泥的要约，要求 2008 年 3 月 6 日 18:00 前回复承诺。甲施工单位于 2008 年 3 月 6 日 16:00 对该要约发出承诺，由于网络原因，导致该电子邮件于 2008 年 3 月 6 日 20:00 到达水泥厂，此时水泥厂的水泥已经售完。下列关于该承诺如何处理的说法，正确的是：

A. 张厂长说邮件未能按时到达，可以不予理会

B. 李厂长说邮件是在期限内发出的，应该作为有效承诺，我们必须想办法给对方供应水泥

C. 王厂长说虽然邮件是在期限内发出的，但是到达晚了，可以认为是无效承诺

D. 赵厂长说我们及时通知对方，因承诺到达已晚，不接受就是了

119. 根据《中华人民共和国环境保护法》的规定，下列关于建设项目中防治污染的设施的说法中，不正确的是：

A. 防治污染的设施，必须与主体工程同时设计、同时施工、同时投入使用

B. 防治污染的设施不得擅自拆除

C. 防治污染的设施不得擅自闲置

D. 防治污染的设施经建设行政主管部门验收合格后方可投入生产或者使用

120. 根据《建设工程质量管理条例》的规定，监理单位代表建设单位对施工质量实施监理，并对施工质量承担监理责任，其监理的依据不包括：

A. 有关技术标准　　　　　　　B. 设计文件

C. 工程承包合同　　　　　　　D. 建设单位指令

2017 年度全国勘察设计注册工程师

执业资格考试试卷

基础考试
（上）

二〇一七年九月

应考人员注意事项

1. 本试卷科目代码为"1"，考生务必将此代码填涂在答题卡"科目代码"相应的栏目内，否则，无法评分。

2. 书写用笔：**黑色或蓝色钢笔、签字笔或圆珠笔**；

   填涂答题卡用笔：**黑色 2B 铅笔**。

3. 必须用书写用笔将工作单位、姓名、准考证号填写在答题卡和试卷相应的栏目内。

4. 本试卷由 120 题组成，每题 1 分，满分 120 分，本试卷全部为单项选择题，每小题的四个备选项中只有一个正确答案，错选、多选、不选均不得分。

5. 考生作答时，必须按**题号在答题卡上**将相应试题所选选项对应的**字母用 2B 铅笔涂黑**。

6. 在答题卡上书写与题意无关的语言，或在答题卡上作标记的，均按违纪试卷处理。

7. 考试结束时，由监考人员当面将试卷、答题卡一并收回。

8. 草稿纸由各地统一配发，考后收回。

单项选择题（共 120 题，每题 1 分。每题的备选项中只有一个最符合题意。）

1. 要使得函数 $f(x) = \begin{cases} \frac{x \ln x}{1-x} & x > 0 \\ a & x = 1 \end{cases}$ 在 $(0, +\infty)$ 上连续，则常数 a 等于：

  A. 0   B. 1

  C. -1 D. 2

2. 函数 $y = \sin \frac{1}{x}$ 是定义域内的：

  A. 有界函数   B. 无界函数

  C. 单调函数   D. 周期函数

3. 设 $\boldsymbol{\alpha}$、$\boldsymbol{\beta}$ 均为非零向量，则下面结论正确的是：

  A. $\boldsymbol{\alpha} \times \boldsymbol{\beta} = \mathbf{0}$ 是 $\boldsymbol{\alpha}$ 与 $\boldsymbol{\beta}$ 垂直的充要条件   B. $\boldsymbol{\alpha} \cdot \boldsymbol{\beta} = \mathbf{0}$ 是 $\boldsymbol{\alpha}$ 与 $\boldsymbol{\beta}$ 平行的充要条件

  C. $\boldsymbol{\alpha} \times \boldsymbol{\beta} = \mathbf{0}$ 是 $\boldsymbol{\alpha}$ 与 $\boldsymbol{\beta}$ 平行的充要条件   D. 若 $\boldsymbol{\alpha} = \lambda \boldsymbol{\beta}$（$\lambda$ 是常数），则 $\boldsymbol{\alpha} \cdot \boldsymbol{\beta} = \mathbf{0}$

4. 微分方程 $y' - y = 0$ 满足 $y(0) = 2$ 的特解是：

  A. $y = 2e^{-x}$ B. $y = 2e^{x}$

  C. $y = e^{x} + 1$ D. $y = e^{-x} + 1$

5. 设函数 $f(x) = \int_{x}^{2} \sqrt{5 + t^2}\,\mathrm{d}t$，$f'(1)$ 等于：

  A. $2 - \sqrt{6}$ B. $2 + \sqrt{6}$

  C. $\sqrt{6}$ D. $-\sqrt{6}$

6. 若 $y = g(x)$ 由方程 $e^{y} + xy = e$ 确定，则 $y'(0)$ 等于：

  A. $-\frac{y}{e^{y}}$ B. $-\frac{y}{x + e^{y}}$

  C. 0   D. $-\frac{1}{e}$

7. $\int f(x)\mathrm{d}x = \ln x + C$，则 $\int \cos x\, f(\cos x)\mathrm{d}x$ 等于：

  A. $\cos x + C$ B. $x + C$

  C. $\sin x + C$ D. $\ln \cos x + C$

8. 函数 $f(x,y)$ 在点 $P_0(x_0,y_0)$ 处有一阶偏导数是函数在该点连续的：

    A. 必要条件   B. 充分条件

    C. 充分必要条件   D. 既非充分又非必要

9. 过点 $(-1,-2,3)$ 且平行于 z 轴的直线的对称方程是：

    A. $\begin{cases} x = 1 \\ y = -2 \\ z = -3t \end{cases}$

    B. $\dfrac{x-1}{0} = \dfrac{y+2}{0} = \dfrac{z-3}{1}$

    C. $z = 3$

    D. $\dfrac{x+1}{0} = \dfrac{y+2}{0} = \dfrac{z-3}{1}$

10. 定积分 $\int_1^2 \dfrac{1-\frac{1}{x}}{x^2}\mathrm{d}x$ 等于：

    A. 0   B. $-\dfrac{1}{8}$

    C. $\dfrac{1}{8}$ D. 2

11. 函数 $f(x) = \sin\left(x + \dfrac{\pi}{2} + \pi\right)$ 在区间 $[-\pi,\pi]$ 上的最小值点 x_0 等于：

    A. $-\pi$ B. 0

    C. $\dfrac{\pi}{2}$ D. π

12. 设 L 是椭圆 $\begin{cases} x = a\cos\theta \\ y = b\sin\theta \end{cases}$ $(a>0,\ b>0)$ 的上半椭圆周，沿顺时针方向，则曲线积分 $\int_L y^2\mathrm{d}x$ 等于：

    A. $\dfrac{5}{3}ab^2$ B. $\dfrac{4}{3}ab^2$

    C. $\dfrac{2}{3}ab^2$ D. $\dfrac{1}{3}ab^2$

13. 级数 $\sum\limits_{n=1}^{\infty} \dfrac{(-1)^n}{a_n}$ $(a_n>0)$ 满足下列什么条件时收敛：

    A. $\lim\limits_{n\to\infty} a_n = \infty$ B. $\lim\limits_{n\to\infty} \dfrac{1}{a_n} = 0$

    C. $\sum\limits_{n=1}^{\infty} a_n$ 发散   D. a_n 单调递增且 $\lim\limits_{n\to\infty} a_n = +\infty$

14. 曲线 $f(x) = xe^{-x}$ 的拐点是：

A. $(2, 2e^{-2})$ 　　　　　　　　　　B. $(-2, -2e^2)$

C. $(-1, e)$ 　　　　　　　　　　　　D. $(1, e^{-1})$

15. 微分方程 $y'' + y' + y = e^x$ 的特解是：

A. $y = e^x$ 　　　　　　　　　　　　B. $y = \dfrac{1}{2}e^x$

C. $y = \dfrac{1}{3}e^x$ 　　　　　　　　D. $y = \dfrac{1}{4}e^x$

16. 若圆域 D: $x^2 + y^2 \leqslant 1$，则二重积分 $\iint\limits_{D} \dfrac{\mathrm{d}x\mathrm{d}y}{1+x^2+y^2}$ 等于：

A. $\dfrac{\pi}{2}$ 　　　　　　　　　　　B. π

C. $2\pi \ln 2$ 　　　　　　　　　　　D. $\pi \ln 2$

17. 幂级数 $\sum\limits_{n=1}^{\infty} \dfrac{x^n}{n!}$ 的和函数 $S(x)$ 等于：

A. e^x 　　　　　　　　　　　　　　B. $e^x + 1$

C. $e^x - 1$ 　　　　　　　　　　　　D. $\cos x$

18. 设 $z = y\varphi\left(\dfrac{x}{y}\right)$，其中 $\varphi(u)$ 具有二阶连续导数，则 $\dfrac{\partial^2 z}{\partial x \partial y}$ 等于：

A. $\dfrac{1}{y}\varphi''\left(\dfrac{x}{y}\right)$ 　　　　　　　　　B. $-\dfrac{x}{y^2}\varphi''\left(\dfrac{x}{y}\right)$

C. 1 　　　　　　　　　　　　　　D. $\varphi''\left(\dfrac{x}{y}\right) - \dfrac{x}{y}\varphi'\left(\dfrac{x}{y}\right)$

19. 矩阵 $\boldsymbol{A} = \begin{bmatrix} 0 & 0 & -2 \\ 0 & 3 & 0 \\ 1 & 0 & 0 \end{bmatrix}$ 的逆矩阵是 $\boldsymbol{A}^{-1}$ 是：

A. $\begin{bmatrix} -\dfrac{1}{2} & 0 & 0 \\ 0 & \dfrac{1}{3} & 0 \\ 0 & 0 & 1 \end{bmatrix}$ 　　　　　　　B. $\begin{bmatrix} 0 & 0 & -\dfrac{1}{2} \\ 0 & \dfrac{1}{3} & 0 \\ 1 & 0 & 0 \end{bmatrix}$

C. $\begin{bmatrix} 0 & 0 & 1 \\ 0 & \dfrac{1}{3} & 0 \\ -\dfrac{1}{2} & 0 & 0 \end{bmatrix}$ 　　　　　　　D. $\begin{bmatrix} 0 & 0 & 6 \\ 0 & 2 & 0 \\ 3 & 0 & 0 \end{bmatrix}$

20. 设A为$m \times n$矩阵，则齐次线性方程组$Ax = 0$有非零解的充分必要条件是：

A. 矩阵A的任意两个列向量线性相关

B. 矩阵A的任意两个列向量线性无关

C. 矩阵A的任一列向量是其余列向量的线性组合

D. 矩阵A必有一个列向量是其余列向量的线性组合

21. 设$\lambda_1 = 6$，$\lambda_2 = \lambda_3 = 3$为三阶实对称矩阵$A$的特征值，属于$\lambda_2 = \lambda_3 = 3$的特征向量为$\xi_2 = (-1, 0, 1)^\mathrm{T}$，$\xi_3 = (1, 2, 1)^\mathrm{T}$，则属于$\lambda_1 = 6$的特征向量是：

A. $(1, -1, 1)^\mathrm{T}$ 　　　　　　　　　　B. $(1, 1, 1)^\mathrm{T}$

C. $(0, 2, 2)^\mathrm{T}$ 　　　　　　　　　　D. $(2, 2, 0)^\mathrm{T}$

22. 有A、B、C三个事件，下列选项中与事件A互斥的事件是：

A. $\overline{B \cup C}$ 　　　　　　　　　　B. $\overline{A \cup B \cup C}$

C. $\overline{AB} + A\overline{C}$ 　　　　　　　　D. $A(B + C)$

23. 设二维随机变量(X, Y)的概率密度为$f(x, y) = \begin{cases} e^{-2ax+by}, & x > 0, \ y > 0 \\ 0, & 其他 \end{cases}$，则常数$a$，$b$应满足的条件是：

A. $ab = -\frac{1}{2}$，且$a > 0$，$b < 0$ 　　　　B. $ab = \frac{1}{2}$，且$a > 0$，$b > 0$

C. $ab = -\frac{1}{2}$，$a < 0$，$b > 0$ 　　　　D. $ab = \frac{1}{2}$，且$a < 0$，$b < 0$

24. 设$\hat{\theta}$是参数θ的一个无偏估计量，又方差$D(\hat{\theta}) > 0$，下列结论中正确的是：

A. $\hat{\theta}^2$是θ^2的无偏估计量

B. $\hat{\theta}^2$不是θ^2的无偏估计量

C. 不能确定$\hat{\theta}^2$是不是θ^2的无偏估计量

D. $\hat{\theta}^2$不是θ^2的估计量

25. 有两种理想气体，第一种的压强为p_1，体积为V_1，温度为T_1，总质量为M_1，摩尔质量为μ_1；第二种的压强为p_2，体积为V_2，温度为T_2，总质量为M_2，摩尔质量为μ_2。当$V_1 = V_2$，$T_1 = T_2$，$M_1 = M_2$时，则$\frac{\mu_1}{\mu_2}$：

A. $\frac{\mu_1}{\mu_2} = \sqrt{\frac{p_1}{p_2}}$

B. $\frac{\mu_1}{\mu_2} = \frac{p_1}{p_2}$

C. $\frac{\mu_1}{\mu_2} = \sqrt{\frac{p_2}{p_1}}$

D. $\frac{\mu_1}{\mu_2} = \frac{p_2}{p_1}$

26. 在恒定不变的压强下，气体分子的平均碰撞频率$\overline{Z}$与温度T的关系是：

A. $\overline{Z}$与T无关

B. $\overline{Z}$与$\sqrt{T}$无关

C. $\overline{Z}$与$\sqrt{T}$成反比

D. $\overline{Z}$与$\sqrt{T}$成正比

27. 一定量的理想气体对外做了500J的功，如果过程是绝热的，则气体内能的增量为：

A. 0J

B. 500J

C. -500J

D. 250J

28. 热力学第二定律的开尔文表述和克劳修斯表述中，下述正确的是：

A. 开尔文表述指出了功热转换的过程是不可逆的

B. 开尔文表述指出了热量由高温物体传到低温物体的过程是不可逆的

C. 克劳修斯表述指出通过摩擦而做功变成热的过程是不可逆的

D. 克劳修斯表述指出气体的自由膨胀过程是不可逆的

29. 已知平面简谐波的方程为$y = A\cos(Bt - Cx)$，式中A、B、C为正常数，此波的波长和波速分别为：

A. $\frac{B}{C}$，$\frac{2\pi}{C}$

B. $\frac{2\pi}{C}$，$\frac{B}{C}$

C. $\frac{\pi}{C}$，$\frac{2B}{C}$

D. $\frac{2\pi}{C}$，$\frac{C}{B}$

30. 对平面简谐波而言，波长λ反映：

    A. 波在时间上的周期性   B. 波在空间上的周期性

    C. 波中质元振动位移的周期性   D. 波中质元振动速度的周期性

31. 在波的传播方向上，有相距为 3m 的两质元，两者的相位差为$\frac{\pi}{6}$，若波的周期为 4s，则此波的波长和波速分别为：

    A. 36m 和6m/s   B. 36m 和9m/s

    C. 12m 和6m/s   D. 12m 和9m/s

32. 在双缝干涉实验中，入射光的波长为λ，用透明玻璃纸遮住双缝中的一条缝（靠近屏的一侧），若玻璃纸中光程比相同厚度的空气的光程大2.5λ，则屏上原来的明纹处：

    A. 仍为明条纹   B. 变为暗条纹

    C. 既非明条纹也非暗条纹   D. 无法确定是明纹还是暗纹

33. 一束自然光通过两块叠放在一起的偏振片，若两偏振片的偏振化方向间夹角由α_1转到α_2，则前后透射光强度之比为：

    A. $\dfrac{\cos^2 \alpha_2}{\cos^2 \alpha_1}$ B. $\dfrac{\cos \alpha_2}{\cos \alpha_1}$

    C. $\dfrac{\cos^2 \alpha_1}{\cos^2 \alpha_2}$ D. $\dfrac{\cos \alpha_1}{\cos \alpha_2}$

34. 若用衍射光栅准确测定一单色可见光的波长，在下列各种光栅常数的光栅中，选用哪一种最好：

    A. 1.0×10^{-1}mm   B. 5.0×10^{-1}mm

    C. 1.0×10^{-2}mm   D. 1.0×10^{-3}mm

35. 在双缝干涉实验中，光的波长 600nm，双缝间距 2mm，双缝与屏的间距为 300cm，则屏上形成的干涉图样的相邻明条纹间距为：

    A. 0.45mm   B. 0.9mm

    C. 9mm   D. 4.5mm

36. 一束自然光从空气投射到玻璃板表面上，当折射角为30°时，反射光为完全偏振光，则此玻璃的折射率为：

    A. 2   B. 3   C. $\sqrt{2}$ D. $\sqrt{3}$

37. 某原子序数为 15 的元素，其基态原子的核外电子分布中，未成对电子数是：

A. 0　　　　　　B. 1　　　　　　C. 2　　　　　　D. 3

38. 下列晶体中熔点最高的是：

A. NaCl　　　　　　　　　　B. 冰

C. SiC　　　　　　　　　　D. Cu

39. 将 $0.1\text{mol} \cdot \text{L}^{-1}$ 的 HOAc 溶液冲稀一倍，下列叙述正确的是：

A. HOAc 的电离度增大　　　　　　B. 溶液中有关离子浓度增大

C. HOAc 的电离常数增大　　　　　　D. 溶液的 pH 值降低

40. 已知 $K_b(\text{NH}_3 \cdot \text{H}_2\text{O}) = 1.8 \times 10^{-5}$，将 $0.2\text{mol} \cdot \text{L}^{-1}$ 的 $\text{NH}_3 \cdot \text{H}_2\text{O}$ 溶液和 $0.2\text{mol} \cdot \text{L}^{-1}$ 的 HCl 溶液等体积混合，其混合溶液的 pH 值为：

A. 5.12　　　　　B. 8.87　　　　　C. 1.63　　　　　D. 9.73

41. 反应 $A(S) + B(g) \rightleftharpoons C(g)$ 的 $\Delta H < 0$，欲增大其平衡常数，可采取的措施是：

A. 增大 B 的分压　　　　　　B. 降低反应温度

C. 使用催化剂　　　　　　　　D. 减小 C 的分压

42. 两个电极组成原电池，下列叙述正确的是：

A. 作正极的电极的 $E_{(+)}$ 值必须大于零

B. 作负极的电极的 $E_{(-)}$ 值必须小于零

C. 必须是 $E_{(+)}^{\ominus} > E_{(-)}^{\ominus}$

D. 电极电势 E 值大的是正极，E 值小的是负极

43. 金属钠在氯气中燃烧生成氯化钠晶体，其反应的熵变是：

A. 增大　　　　　　　　　　B. 减少

C. 不变　　　　　　　　　　D. 无法判断

44. 某液体烃与溴水发生加成反应生成 2，3-二溴-2-甲基丁烷，该液体烃是：

A. 2-丁烯　　　　　　　　　B. 2-甲基-1-丁烷

C. 3-甲基-1-丁烷　　　　　　D. 2-甲基-2-丁烯

45. 下列物质中与乙醇互为同系物的是：

A. $CH_2 = CHCH_2OH$

B. 甘油

C. —CH_2OH

D. $CH_3CH_2CH_2CH_2OH$

46. 下列有机物不属于烃的衍生物的是：

A. $CH_2 = CHCl$

B. $CH_2 = CH_2$

C. $CH_3CH_2NO_2$

D. CCl_4

47. 结构如图所示，杆 DE 的点 H 由水平闸拉住，其上的销钉 C 置于杆 AB 的光滑直槽中，各杆自重均不计，已知 $F_P = 10kN$。销钉 C 处约束力的作用线与 x 轴正向所成的夹角为：

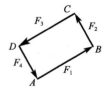

A. 0°

B. 90°

C. 60°

D. 150°

48. 力 F_1、F_2、F_3、F_4 分别作用在刚体上同一平面内的 A、B、C、D 四点，各力矢首尾相连形成一矩形如图所示。该力系的简化结果为：

A. 平衡

B. 一合力

C. 一合力偶

D. 一力和一力偶

49. 均质圆柱体重力为P，直径为D，置于两光滑的斜面上。设有图示方向力F作用，当圆柱不移动时，接触面 2 处的约束力F_{N2}的大小为：

A. $F_{N2} = \dfrac{\sqrt{2}}{2}(P - F)$

B. $F_{N2} = \dfrac{\sqrt{2}}{2}F$

C. $F_{N2} = \dfrac{\sqrt{2}}{2}P$

D. $F_{N2} = \dfrac{\sqrt{2}}{2}(P + F)$

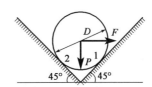

50. 如图所示，杆AB的A端置于光滑水平面上，AB与水平面夹角为30°，杆的重力大小为P，B处有摩擦，则杆AB平衡时，B处的摩擦力与x方向的夹角为：

A. 90°

B. 30°

C. 60°

D. 45°

51. 点沿直线运动，其速度$v = 20t + 5$，已知：当$t = 0$时，$x = 5m$，则点的运动方程为：

A. $x = 10t^2 + 5t + 5$

B. $x = 20t + 5$

C. $x = 10t^2 + 5t$

D. $x = 20t^2 + 5t + 5$

52. 杆$OA = l$，绕固定轴O转动，某瞬时杆端A点的加速度a如图所示，则该瞬时杆OA的角速度及角加速度为：

A. $0, \dfrac{a}{l}$

B. $\sqrt{\dfrac{a}{l}}, \dfrac{a}{l}$

C. $\sqrt{\dfrac{a}{l}}, 0$

D. $0, \sqrt{\dfrac{a}{l}}$

53. 如图所示，一绳缠绕在半径为 r 的鼓轮上，绳端系一重物 M，重物 M 以速度 v 和加速度 a 向下运动，则绳上两点 A、D 和轮缘上两点 B、C 的加速度是：

A. A、B 两点的加速度相同，C、D 两点的加速度相同

B. A、B 两点的加速度不相同，C、D 两点的加速度不相同

C. A、B 两点的加速度相同，C、D 两点的加速度不相同

D. A、B 两点的加速度不相同，C、D 两点的加速度相同

54. 汽车重力大小为 $W = 2800$N，并以匀速 $v = 10$m/s 的行驶速度驶入刚性洼地底部，洼地底部的曲率半径 $\rho = 5$m，取重力加速度 $g = 10$m/s²，则在此处地面给汽车约束力的大小为：

A. 5600N

B. 2800N

C. 3360N

D. 8400N

55. 图示均质圆轮，质量 m，半径 R，由挂在绳上的重力大小为 W 的物块使其绕 O 运动。设物块速度为 v，不计绳重，则系统动量、动能的大小为：

A. $\frac{W}{g} \cdot v$；$\frac{1}{2} \cdot \frac{v^2}{g}\left(\frac{1}{2}mg + W\right)$

B. mv；$\frac{1}{2} \cdot \frac{v^2}{g}\left(\frac{1}{2}mg + W\right)$

C. $\frac{W}{g} \cdot v + mv$；$\frac{1}{2} \cdot \frac{v^2}{g}\left(\frac{1}{2}mg - W\right)$

D. $\frac{W}{g} \cdot v - mv$；$\frac{W}{g} \cdot v + mv$

56. 边长为 L 的均质正方形平板，位于铅垂平面内并置于光滑水平面上，在微小扰动下，平板从图示位置开始倾倒，在倾倒过程中，其质心 C 的运动轨迹为：

A. 半径为 $L/\sqrt{2}$ 的圆弧

B. 抛物线

C. 铅垂直线

D. 椭圆曲线

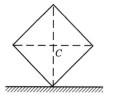

57. 如图所示，均质直杆OA的质量为m，长为l，以匀角速度ω绕O轴转动。此时将OA杆的惯性力系向O点简化，其惯性力主矢和惯性力主矩的大小分别为：

A. 0；0

B. $\frac{1}{2}ml\omega^2$；$\frac{1}{3}ml^2\omega^2$

C. $ml\omega^2$；$\frac{1}{2}ml^2\omega^2$

D. $\frac{1}{2}ml\omega^2$；0

58. 如图所示，重力大小为W的质点，由长为l的绳子连接，则单摆运动的固有频率为：

A. $\sqrt{\dfrac{g}{2l}}$

B. $\sqrt{\dfrac{W}{l}}$

C. $\sqrt{\dfrac{g}{l}}$

D. $\sqrt{\dfrac{2g}{l}}$

59. 已知拉杆横截面积$A = 100\text{mm}^2$，弹性模量$E = 200\text{GPa}$，横向变形系数$\mu = 0.3$，轴向拉力$F = 20\text{kN}$，则拉杆的横向应变ε'是：

A. $\varepsilon' = 0.3 \times 10^{-3}$

B. $\varepsilon' = -0.3 \times 10^{-3}$

C. $\varepsilon' = 10^{-3}$

D. $\varepsilon' = -10^{-3}$

60. 图示两根相同的脆性材料等截面直杆，其中一根有沿横截面的微小裂纹。在承受图示拉伸荷载时，有微小裂纹的杆件的承载能力比没有裂纹杆件的承载能力明显降低，其主要原因是：

A. 横截面积小

B. 偏心拉伸

C. 应力集中

D. 稳定性差

61. 已知图示杆件的许用拉应力$[\sigma]=120MPa$，许用剪应力$[\tau]=90MPa$，许用挤压应力$[\sigma_{bs}]=240MPa$，则杆件的许用拉力$[P]$等于：

A. 18.8kN

B. 67.86kN

C. 117.6kN

D. 37.7kN

62. 如图所示，等截面传动轴，轴上安装 a、b、c 三个齿轮，其上的外力偶矩的大小和转向一定，但齿轮的位置可以调换。从受力的观点来看，齿轮 a 的位置应放置在下列选项中的何处？

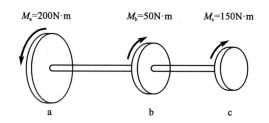

A. 任意处

B. 轴的最左端

C. 轴的最右端

D. 齿轮 b 与 c 之间

63. 梁AB的弯矩图如图所示，则梁上荷载F、m的值为：

A. $F = 8\text{kN}, m = 14\text{kN} \cdot \text{m}$

B. $F = 8\text{kN}, m = 6\text{kN} \cdot \text{m}$

C. $F = 6\text{kN}, m = 8\text{kN} \cdot \text{m}$

D. $F = 6\text{kN}, m = 14\text{kN} \cdot \text{m}$

64. 悬臂梁AB由三根相同的矩形截面直杆胶合而成，材料的许用应力为$[\sigma]$，在力F的作用下，若胶合面完全开裂，接触面之间无摩擦力，假设开裂后三根杆的挠曲线相同，则开裂后的梁强度条件的承载能力是原来的：

A. 1/9

B. 1/3

C. 两者相同

D. 3 倍

65. 梁的横截面为图示薄壁工字型，z轴为截面中性轴，设截面上的剪力竖直向下，则该截面上的最大弯曲切应力在：

A. 翼缘的中性轴处 4 点

B. 腹板上缘延长线与翼缘相交处的 2 点

C. 左侧翼缘的上端 1 点

D. 腹板上边缘的 3 点

66. 图示悬臂梁自由端承受集中力偶m_g。若梁的长度减少一半，梁的最大挠度是原来的：

A. 1/2

B. 1/4

C. 1/8

D. 1/16

67. 矩形截面简支梁梁中点承受集中力F，若$h = 2b$，若分别采用图 a)、b）两种方式放置，图 a）梁的最大挠度是图 b）的：

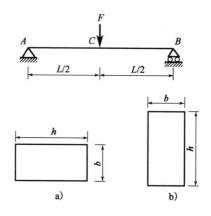

A. 1/2

B. 2 倍

C. 4 倍

D. 6 倍

68. 已知图示单元体上的$\sigma > \tau$，则按第三强度理论，其强度条件为：

A. $\sigma - \tau \leqslant [\sigma]$

B. $\sigma + \tau \leqslant [\sigma]$

C. $\sqrt{\sigma^2 + 4\tau^2} \leqslant [\sigma]$

D. $\sqrt{\left(\dfrac{\sigma}{2}\right)^2 + \tau^2} \leqslant [\sigma]$

69. 图示矩形截面拉杆中间开一深为$\dfrac{h}{2}$的缺口，与不开缺口时的拉杆相比（不计应力集中影响），杆内最大正应力是不开口时正应力的多少倍？

A. 2

B. 4

C. 8

D. 16

70. 一端固定另一端自由的细长（大柔度）压杆，长度为 L（图 a），当杆的长度减少一半时（图 b），其临界载荷是原来的：

A. 4 倍   B. 3 倍

C. 2 倍   D. 1 倍

71. 水的运动黏性系数随温度的升高而：

A. 增大   B. 减小

C. 不变   D. 先减小然后增大

72. 密闭水箱如图所示，已知水深 $h = 1m$，自由面上的压强 $p_0 = 90kN/m^2$，当地大气压 $p_a = 101kN/m^2$，则水箱底部 A 点的真空度为：

A. $-1.2kN/m^2$

B. $9.8kN/m^2$

C. $1.2kN/m^2$

D. $-9.8kN/m^2$

73. 关于流线，错误的说法是：

A. 流线不能相交

B. 流线可以是一条直线，也可以是光滑的曲线，但不可能是折线

C. 在恒定流中，流线与迹线重合

D. 流线表示不同时刻的流动趋势

74. 如图所示，两个水箱用两段不同直径的管道连接，1~3 管段长 $l_1 = 10m$，直径 $d_1 = 200mm$，$\lambda_1 = 0.019$；3~6 管段长 $l_2 = 10m$，直径 $d_2 = 100mm$，$\lambda_2 = 0.018$，管道中的局部管件：1 为入口 $(\xi_1 = 0.5)$；2 和 5 为 90°弯头 $(\xi_2 = \xi_5 = 0.5)$；3 为渐缩管 $(\xi_3 = 0.024)$；4 为闸阀 $(\xi_4 = 0.5)$；6 为管道出口 $(\xi_6 = 1)$。若输送流量为40L/s，则两水箱水面高度差为：

A. 3.501m

B. 4.312m

C. 5.204m

D. 6.123m

75. 在长管水力计算中：

A. 只有速度水头可忽略不计

B. 只有局部水头损失可忽略不计

C. 速度水头和局部水头损失均可忽略不计

D. 两断面的测压管水头差并不等于两断面间的沿程水头损失

76. 矩形排水沟，底宽 5m，水深 3m，则水力半径为：

A. 5m

B. 3m

C. 1.36m

D. 0.94m

77. 潜水完全井抽水量大小与相关物理量的关系是：

A. 与井半径成正比

B. 与井的影响半径成正比

C. 与含水层厚度成正比

D. 与土体渗透系数成正比

78. 合力 F、密度 ρ、长度 L、速度 v 组合的无量纲数是：

A. $\dfrac{F}{\rho v L}$

B. $\dfrac{F}{\rho v^2 L}$

C. $\dfrac{F}{\rho v^2 L^2}$

D. $\dfrac{F}{\rho v L^2}$

79. 由图示长直导线上的电流产生的磁场：

A. 方向与电流方向相同

B. 方向与电流方向相反

C. 顺时针方向环绕长直导线（自上向下俯视）

D. 逆时针方向环绕长直导线（自上向下俯视）

80. 已知电路如图所示，其中电流I等于：

A. 0.1A

B. 0.2A

C. $-0.1A$

D. $-0.2A$

81. 已知电路如图所示，其中响应电流I在电流源单独作用时的分量为：

A. 因电阻R未知，故无法求出

B. 3A

C. 2A

D. $-2A$

82. 用电压表测量图示电路$u(t)$和$i(t)$的结果是10V和0.2A，设电流$i(t)$的初相位为10°，电压与电流呈反相关系，则如下关系成立的是：

A. $\dot{U} = 10\angle -10°V$

B. $\dot{U} = -10\angle -10°V$

C. $\dot{U} = 10\sqrt{2}\angle -170°V$

D. $\dot{U} = 10\angle -170°V$

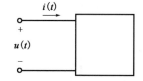

83. 测得某交流电路的端电压u和电流i分别为110V和1A，两者的相位差为30°，则该电路的有功功率、无功功率和视在功率分别为：

A. 95.3W，55var，110V·A

B. 55W，95.3var，110V·A

C. 110W，110var，110V·A

D. 95.3W，55var，150.3V·A

84. 已知电路如图所示，设开关在 $t=0$ 时刻断开，那么：

A. 电流 i_C 从 0 逐渐增长，再逐渐衰减为 0

B. 电压从 3V 逐渐衰减到 2V

C. 电压从 2V 逐渐增长到 3V

D. 时间常数 $\tau = 4C$

85. 图示变压器为理想变压器，且 $N_1 = 100$ 匝，若希望 $I_1 = 1A$ 时，$P_{R2} = 40W$，则 N_2 应为：

A. 50 匝

B. 200 匝

C. 25 匝

D. 400 匝

86. 为实现对电动机的过载保护，除了将热继电器的热元件串接在电动机的供电电路中外，还应将其：

A. 常开触点串接在控制电路中

B. 常闭触点串接在控制电路中

C. 常开触点串接在主电路中

D. 常闭触点串接在主电路中

87. 通过两种测量手段测得某管道中液体的压力和流量信号如图中曲线 1 和曲线 2 所示，由此可以说明：

A. 曲线 1 是压力的模拟信号

B. 曲线 2 是流量的模拟信号

C. 曲线 1 和曲线 2 均为模拟信号

D. 曲线 1 和曲线 2 均为连续信号

88. 设周期信号 $u(t)$ 的幅值频谱如图所示，则该信号：

A. 是一个离散时间信号

B. 是一个连续时间信号

C. 在任意瞬间均取正值

D. 最大瞬时值为 1.5V

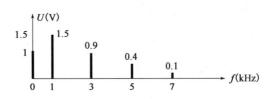

89. 设放大器的输入信号为$u_1(t)$，放大器的幅频特性如图所示，令$u_1(t) = \sqrt{2}u_1 \sin 2\pi f t$，且$f > f_H$，则：

    A. $u_2(t)$的出现频率失真

    B. $u_2(t)$的有效值$U_2 = AU_1$

    C. $u_2(t)$的有效值$U_2 < AU_1$

    D. $u_2(t)$的有效值$U_2 > AU_1$

90. 对逻辑表达式$AC + DC + \overline{AD} \cdot C$的化简结果是：

    A. C

    B. A + D + C

    C. AC + DC

    D. $\overline{A} + \overline{C}$

91. 已知数字信号 A 和数字信号 B 的波形如图所示，则数字信号 F= $\overline{A + B}$的波形为：

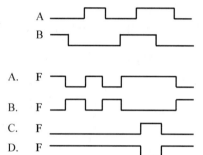

92. 十进制数字 88 的 BCD 码为：

    A. 00010001

    B. 10001000

    C. 01100110

    D. 01000100

93. 二极管应用电路如图 a）所示，电路的激励u_f如图 b）所示，设二极管为理想器件，则电路输出电压u_o的波形为：

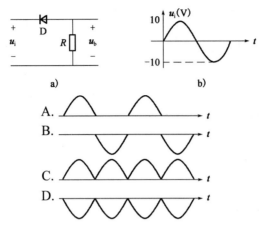

A.

B.

C.

D.

94. 图 a）所示的电路中，运算放大器输出电压的极限值为$\pm U_{oM}$，当输入电压$u_{i1} = 1V$，$u_{i2} = 2\sin at$时，输出电压波形如图 b）所示。如果将u_{i1}从 1V 调至 1.5V，将会使输出电压的：

A. 频率发生改变

B. 幅度发生改变

C. 平均值升高

D. 平均值降低

95. 图 a）所示的电路中，复位信号 $\overline{R}_D$、信号 A 及时钟脉冲信号 CP 如图 b）所示，经分析可知，在第一个和第二个时钟脉冲的下降沿时刻，输出 Q 先后等于：

A. 0　0　　　　　　　　　　　　B. 0　1

C. 1　0　　　　　　　　　　　　D. 1　1

a)　　　　　　　　　　b)

附：触发器的逻辑状态表为

D	Q_{n+1}
0	0
1	1

96. 图示时序逻辑电路是一个：

A. 左移寄存器

B. 右移寄存器

C. 异步三位二进制加法计数器

D. 同步六进制计数器

附：触发器的逻辑状态表为

D	Q_{n+1}
0	0
1	1

97. 计算机系统的内存存储器是：

    A. 计算机软件系统的一个组成部分   B. 计算机硬件系统的一个组成部分

    C. 隶属于外围设备的一个组成部分   D. 隶属于控制部件的一个组成部分

98. 根据冯·诺依曼结构原理，计算机的硬件由：

    A. 运算器、存储器、打印机组成

    B. 寄存器、存储器、硬盘存储器组成

    C. 运算器、控制器、存储器、I/O设备组成

    D. CPU、显示器、键盘组成

99. 微处理器与存储器以及外围设备之间的数据传送操作通过：

    A. 显示器和键盘进行   B. 总线进行

    C. 输入/输出设备进行   D. 控制命令进行

100. 操作系统的随机性指的是：

    A. 操作系统的运行操作是多层次的

    B. 操作系统与单个用户程序共享系统资源

    C. 操作系统的运行是在一个随机的环境中进行的

    D. 在计算机系统中同时存在多个操作系统，且同时进行操作

101. Windows 2000 以及以后更新的操作系统版本是：

    A. 一种单用户单任务的操作系统

    B. 一种多任务的操作系统

    C. 一种不支持虚拟存储器管理的操作系统

    D. 一种不适用于商业用户的营组系统

102. 十进制的数 256.625，用八进制表示则是：

    A. 412.5   B. 326.5

    C. 418.8   D. 400.5

103. 计算机的信息数量的单位常用 KB、MB、GB、TB 表示，它们中表示信息数量最大的一个是：

    A. KB   B. MB   C. GB   D. TB

104. 下列选项中，不是计算机病毒特点的是：

    A. 非授权执行性、复制传播性

    B. 感染性、寄生性

    C. 潜伏性、破坏性、依附性

    D. 人机共患性、细菌传播性

105. 按计算机网络作用范围的大小，可将网络划分为：

    A. X.25 网、ATM 网

    B. 广域网、有线网、无线网

    C. 局域网、城域网、广域网

    D. 环形网、星形网、树形网、混合网

106. 下列选项中不属于局域网拓扑结构的是：

    A. 星形   B. 互联形

    C. 环形   D. 总线型

107. 某项目借款 2000 万元，借款期限 3 年，年利率为 6%，若每半年计复利一次，则实际年利率会高出名义利率多少：

    A. 0.16%   B. 0.25%

    C. 0.09%   D. 0.06%

108. 某建设项目的建设期为 2 年，第一年贷款额为 400 万元，第二年贷款额为 800 万元，贷款在年内均衡发生，贷款年利率为 6%，建设期内不支付利息，则建设期贷款利息为：

    A. 12 万元   B. 48.72 万

    C. 60 万元   D. 60.72 万元

109. 某公司发行普通股筹资 8000 万元，筹资费率为 3%，第一年股利率为 10%，以后每年增长 5%，所得税率为 25%，则普通股资金成本为：

    A. 7.73%   B. 10.31%

    C. 11.48%   D. 15.31%

110. 某投资项目原始投资额为200万元，使用寿命为10年，预计净残值为零，已知该项目第10年的经营净现金流量为25万元，回收营运资金20万元，则该项目第10年的净现金流量为：

A. 20万元

B. 25万元

C. 45万元

D. 65万元

111. 以下关于社会折现率的说法中，不正确的是：

A. 社会折现率可用作经济内部收益率的判别基准

B. 社会折现率可用作衡量资金时间经济价值

C. 社会折现率可用作不同年份之间资金价值转化的折现率

D. 社会折现率不能反映资金占用的机会成本

112. 某项目在进行敏感性分析时，得到以下结论：产品价格下降10%，可使NPV＝0；经营成本上升15%，NPV＝0；寿命期缩短20%，NPV＝0；投资增加25%，NPV＝0。则下列因素中，最敏感的是：

A. 产品价格

B. 经营成本

C. 寿命期

D. 投资

113. 现有两个寿命期相同的互斥投资方案 A 和 B，B 方案的投资额和净现值都大于 A 方案，A 方案的内部收益率为14%，B 方案的内部收益率为15%，差额的内部收益率为13%，则使 A、B 两方案优劣相等时的基准收益率应为：

A. 13%

B. 14%

C. 15%

D. 13%至15%之间

114. 某产品共有五项功能F_1、F_2、F_3、F_4、F_5，用强制确定法确定零件功能评价体系时，其功能得分分别为3、5、4、1、2，则F_3的功能评价系数为：

A. 0.20

B. 0.13

C. 0.27

D. 0.33

115. 根据《中华人民共和国建筑法》规定，施工企业可以将部分工程分包给其他具有相应资质的分包单位施工，下列情形中不违反有关承包的禁止性规定的是：

A. 建筑施工企业超越本企业资质等级许可的业务范围或者以任何形式用其他建筑施工企业的名义承揽工程

B. 承包单位将其承包的全部建筑工程转包给他人

C. 承包单位将其承包的全部建筑工程肢解以后以分包的名义分别转包给他人

D. 两个不同资质等级的承包单位联合共同承包

116. 根据《中华人民共和国安全生产法》规定，从业人员享有权利并承担义务，下列情形中属于从业人员履行义务的是：

A. 张某发现直接危及人身安全的紧急情况时禁止作业撤离现场

B. 李某发现事故隐患或者其他不安全因素，立即向现场安全生产管理人员或者本单位负责人报告

C. 王某对本单位安全生产工作中存在的问题提出批评、检举、控告

D. 赵某对本单位的安全生产工作提出建议

117. 某工程实行公开招标，招标文件规定，投标人提交投标文件截止时间为3月22日下午5点整。投标人D由于交通拥堵于3月22日下午5点10分送达投标文件，其后果是：

A. 投标保证金被没收　　　　　　　　B. 招标人拒收该投标文件

C. 投标人提交的投标文件有效　　　　D. 由评标委员会确定为废标

118. 在订立合同是显失公平的合同时，当事人可以请求人民法院撤销该合同，其行使撤销权的有效期限是：

A. 自知道或者应当知道撤销事由之日起五年内

B. 自撤销事由发生之日一年内

C. 自知道或者应当知道撤销事由之日起一年内

D. 自撤销事由发生之日五年内

119. 根据《建设工程质量管理条例》规定，下列有关建设工程质量保修的说法中，正确的是：

A. 建设工程的保修期，自工程移交之日起计算

B. 供冷系统在正常使用条件下，最低保修期限为2年

C. 供热系统在正常使用条件下，最低保修期限为2年采暖期

D. 建设工程承包单位向建设单位提交竣工结算资料时，应当出具质量保修书

120. 根据《建设工程安全生产管理条例》规定，建设单位确定建设工程安全作业环境及安全施工措施所需费用的时间是：

A. 编制工程概算时　　　　　　　　　B. 编制设计预算时

C. 编制施工预算时　　　　　　　　　D. 编制投资估算时

2018 年度全国勘察设计注册工程师

执业资格考试试卷

基础考试
（上）

二〇一八年十月

应考人员注意事项

1. 本试卷科目代码为"1"，考生务必将此代码填涂在答题卡"科目代码"相应的栏目内，否则，无法评分。

2. 书写用笔：**黑色或蓝色钢笔、签字笔或圆珠笔；**

   填涂答题卡用笔：**黑色 2B 铅笔。**

3. 必须用书写用笔将工作单位、姓名、准考证号填写在答题卡和试卷相应的栏目内。

4. 本试卷由 120 题组成，每题 1 分，满分 120 分，本试卷全部为单项选择题，每小题的四个备选项中只有一个正确答案，错选、多选、不选均不得分。

5. 考生作答时，必须**按题号在答题卡上**将相应试题所选选项对应的**字母用 2B 铅笔涂黑。**

6. 在答题卡上书写与题意无关的语言，或在答题卡上作标记的，均按违纪试卷处理。

7. 考试结束时，由监考人员当面将试卷、答题卡一并收回。

8. 草稿纸由各地统一配发，考后收回。

单项选择题（共120题，每题1分。每题的备选项中只有一个最符合题意。）

1. 下列等式中不成立的是：

A. $\lim\limits_{x \to 0} \frac{\sin x^2}{x^2} = 1$

B. $\lim\limits_{x \to \infty} \frac{\sin x}{x} = 1$

C. $\lim\limits_{x \to 0} \frac{\sin x}{x} = 1$

D. $\lim\limits_{x \to \infty} x \sin \frac{1}{x} = 1$

2. 设$f(x)$为偶函数，$g(x)$为奇函数，则下列函数中为奇函数的是：

A. $f[g(x)]$

B. $f[f(x)]$

C. $g[f(x)]$

D. $g[g(x)]$

3. 若$f'(x_0)$存在，则$\lim\limits_{x \to x_0} \frac{xf(x_0) - x_0 f(x)}{x - x_0} =$：

A. $f'(x_0)$

B. $-x_0 f'(x_0)$

C. $f(x_0) - x_0 f'(x_0)$

D. $x_0 f'(x_0)$

4. 已知$\varphi(x)$可导，则$\frac{\mathrm{d}}{\mathrm{d}x} \int_{\varphi(x^2)}^{\varphi(x)} e^{t^2} \mathrm{d}t$等于：

A. $\varphi'(x)e^{[\varphi(x)]^2} - 2x\varphi'(x^2)e^{[\varphi(x^2)]^2}$

B. $e^{[\varphi(x)]^2} - e^{[\varphi(x^2)]^2}$

C. $\varphi'(x)e^{[\varphi(x)]^2} - \varphi'(x^2)e^{[\varphi(x^2)]^2}$

D. $\varphi'(x)e^{\varphi(x)} - 2x\varphi'(x^2)e^{\varphi(x^2)}$

5. 若$\int f(x)\mathrm{d}x = F(x) + C$，则$\int xf(1 - x^2)\mathrm{d}x$等于：

A. $F(1 - x^2) + C$

B. $-\frac{1}{2}F(1 - x^2) + C$

C. $\frac{1}{2}F(1 - x^2) + C$

D. $-\frac{1}{2}F(x) + C$

6. 若$x = 1$是函数$y = 2x^2 + ax + 1$的驻点，则常数a等于：

A. 2

B. -2

C. 4

D. -4

7. 设向量$\boldsymbol{\alpha}$与向量$\boldsymbol{\beta}$的夹角$\theta = \frac{\pi}{3}$，$|\boldsymbol{\alpha}| = 1$，$|\boldsymbol{\beta}| = 2$，则$|\boldsymbol{\alpha} + \boldsymbol{\beta}|$等于：

A. $\sqrt{8}$

B. $\sqrt{7}$

C. $\sqrt{6}$

D. $\sqrt{5}$

8. 微分方程 $y'' = \sin x$ 的通解 y 等于:

A. $-\sin x + C_1 + C_2$

B. $-\sin x + C_1 x + C_2$

C. $-\cos x + C_1 x + C_2$

D. $\sin x + C_1 x + C_2$

9. 设函数 $f(x)$, $g(x)$ 在 $[a,b]$ 上均可导 $(a < b)$, 且恒正, 若 $f'(x)g(x) + f(x)g'(x) > 0$, 则当 $x \in (a,b)$ 时, 下列不等式中成立的是:

A. $\dfrac{f(x)}{g(x)} > \dfrac{f(a)}{g(b)}$

B. $\dfrac{f(x)}{g(x)} > \dfrac{f(b)}{g(b)}$

C. $f(x)g(x) > f(a)g(a)$

D. $f(x)g(x) > f(b)g(b)$

10. 由曲线 $y = \ln x$, y 轴与直线 $y = \ln a$, $y = \ln b (b > a > 0)$ 所围成的平面图形的面积等于:

A. $\ln b - \ln a$

B. $b - a$

C. $e^b - e^a$

D. $e^b + e^a$

11. 下列平面中, 平行于且非重合于 yOz 坐标面的平面方程是:

A. $y + z + 1 = 0$

B. $z + 1 = 0$

C. $y + 1 = 0$

D. $x + 1 = 0$

12. 函数 $f(x,y)$ 在点 $P_0(x_0, y_0)$ 处的一阶偏导数存在是该函数在此点可微分的:

A. 必要条件

B. 充分条件

C. 充分必要条件

D. 既非充分条件也非必要条件

13. 下列级数中, 发散的是:

A. $\sum\limits_{n=1}^{\infty} \dfrac{1}{n(n+1)}$

B. $\sum\limits_{n=1}^{\infty} \dfrac{1}{n^{3/2}}$

C. $\sum\limits_{n=1}^{\infty} \left(\dfrac{n}{2n+1}\right)^2$

D. $\sum\limits_{n=1}^{\infty} (-1)^n \dfrac{1}{\sqrt{n}}$

14. 在下列微分方程中, 以函数 $y = C_1 e^{-x} + C_2 e^{4x}$ (C_1, C_2 为任意常数) 为通解的微分方程是:

A. $y'' + 3y' - 4y = 0$

B. $y'' - 3y' - 4y = 0$

C. $y'' + 3y' + 4y = 0$

D. $y'' + y' - 4y = 0$

15. 设L是从点$A(0,1)$到点$B(1,0)$的直线段，则对弧长的曲线积分$\int_L \cos(x+y)\mathrm{d}s$等于：

    A. $\cos 1$ B. $2\cos 1$

    C. $\sqrt{2}\cos 1$ D. $\sqrt{2}\sin 1$

16. 若正方形区域D：$|x|\leqslant 1$，$|y|\leqslant 1$，则二重积分$\iint\limits_{D}(x^2+y^2)\mathrm{d}x\mathrm{d}y$等于：

    A. 4   B. $\dfrac{8}{3}$

    C. 2   D. $\dfrac{2}{3}$

17. 函数$f(x)=a^x(a>0,\ a\neq 1)$的麦克劳林展开式中的前三项是：

    A. $1+x\ln a+\dfrac{x^2}{2}$ B. $1+x\ln a+\dfrac{\ln a}{2}x^2$

    C. $1+x\ln a+\dfrac{(\ln a)^2}{2}x^2$ D. $1+\dfrac{x}{\ln a}+\dfrac{x^2}{2\ln a}$

18. 设函数$z=f(x^2 y)$，其中$f(u)$具有二阶导数，则$\dfrac{\partial^2 z}{\partial x \partial y}$等于：

    A. $f''(x^2 y)$ B. $f'(x^2 y)+x^2 f''(x^2 y)$

    C. $2x[f'(x^2 y)+xf''(x^2 y)]$ D. $2x[f'(x^2 y)+x^2 y f''(x^2 y)]$

19. 设A、B均为三阶矩阵，且行列式$|A|=1$，$|B|=-2$，A^{T}为A的转置矩阵，则行列式$|-2A^{\mathrm{T}}B^{-1}|$等于：

    A. -1 B. 1

    C. -4 D. 4

20. 要使齐次线性方程组$\begin{cases} ax_1+x_2+x_3=0 \\ x_1+ax_2+x_3=0 \\ x_1+x_2+ax_3=0 \end{cases}$，有非零解，则$a$应满足：

    A. $-2<a<1$ B. $a=1$或$a=-2$

    C. $a\neq -1$且$a\neq -2$ D. $a>1$

21. 矩阵 $A = \begin{bmatrix} 1 & -1 & 0 \\ -1 & 3 & 0 \\ 0 & 0 & 0 \end{bmatrix}$ 所对应的二次型的标准型是：

A. $f = y_1^2 - 3y_2^2$

B. $f = y_1^2 - 2y_2^2$

C. $f = y_1^2 + 2y_2^2$

D. $f = y_1^2 - y_2^2$

22. 已知事件 A 与 B 相互独立，且 $P(\overline{A}) = 0.4$，$P(\overline{B}) = 0.5$，则 $P(A \cup B)$ 等于：

A. 0.6

B. 0.7

C. 0.8

D. 0.9

23. 设随机变量 X 的分布函数为 $F(x) = \begin{cases} 0 & x \leq 0 \\ x^3 & 0 < x \leq 1 \\ 1 & x > 1 \end{cases}$，则数学期望 $E(X)$ 等于：

A. $\int_0^1 3x^2 \, dx$

B. $\int_0^1 3x^3 \, dx$

C. $\int_0^1 \frac{x^4}{4} \, dx + \int_1^{+\infty} x \, dx$

D. $\int_0^{+\infty} 3x^3 \, dx$

24. 若二维随机变量 (X, Y) 的联合分布律为：

Y \ X	1	2	3
1	$\frac{1}{6}$	$\frac{1}{9}$	$\frac{1}{18}$
2	$\frac{1}{3}$	β	α

且 X 与 Y 相互独立，则 α、β 取值为：

A. $\alpha = \frac{1}{6}$，$\beta = \frac{1}{6}$

B. $\alpha = 0$，$\beta = \frac{1}{3}$

C. $\alpha = \frac{2}{9}$，$\beta = \frac{1}{9}$

D. $\alpha = \frac{1}{9}$，$\beta = \frac{2}{9}$

25. 1mol 理想气体（刚性双原子分子），当温度为 T 时，每个分子的平均平动动能为：

A. $\frac{3}{2}RT$

B. $\frac{5}{2}RT$

C. $\frac{3}{2}kT$

D. $\frac{5}{2}kT$

26. 一密闭容器中盛有 1mol 氦气（视为理想气体），容器中分子无规则运动的平均自由程仅取决于：

A. 压强 p

B. 体积 V

C. 温度 T

D. 平均碰撞频率 $\overline{Z}$

27. "理想气体和单一恒温热源接触做等温膨胀时，吸收的热量全部用来对外界做功。"对此说法，有以下几种讨论，其中正确的是：

A. 不违反热力学第一定律，但违反热力学第二定律

B. 不违反热力学第二定律，但违反热力学第一定律

C. 不违反热力学第一定律，也不违反热力学第二定律

D. 违反热力学第一定律，也违反热力学第二定律

28. 一定量的理想气体，由一平衡态(p_1, V_1, T_1)变化到另一平衡态(p_2, V_2, T_2)，若$V_2 > V_1$，但$T_2 = T_1$，无论气体经历怎样的过程：

A. 气体对外做的功一定为正值
B. 气体对外做的功一定为负值

C. 气体的内能一定增加
D. 气体的内能保持不变

29. 一平面简谐波的波动方程为$y = 0.01 \cos 10\pi (25t - x)$(SI)，则在$t = 0.1$s时刻，$x = 2$m处质元的振动位移是：

A. 0.01cm
B. 0.01m

C. −0.01m
D. 0.01mm

30. 一平面简谐波的波动方程为$y = 0.02 \cos \pi (50t + 4x)$(SI)，此波的振幅和周期分别为：

A. 0.02m，0.04s
B. 0.02m，0.02s

C. −0.02m，0.02s
D. 0.02m，25s

31. 当机械波在媒质中传播，一媒质质元的最大形变量发生在：

A. 媒质质元离开其平衡位置的最大位移处

B. 媒质质元离开其平衡位置的$\frac{\sqrt{2}}{2}A$处（A为振幅）

C. 媒质质元离开其平衡位置的$\frac{A}{2}$处

D. 媒质质元在其平衡位置处

32. 双缝干涉实验中，若在两缝后（靠近屏一侧）各覆盖一块厚度均为d，但折射率分别为n_1和n_2（$n_2 > n_1$）的透明薄片，则从两缝发出的光在原来中央明纹初相遇时，光程差为：

A. $d(n_2 - n_1)$
B. $2d(n_2 - n_1)$

C. $d(n_2 - 1)$
D. $d(n_1 - 1)$

33. 在空气中做牛顿环实验，当平凸透镜垂直向上缓慢平移而远离平面镜时，可以观察到这些环状干涉条纹：

    A. 向右平移   B. 静止不动

    C. 向外扩张   D. 向中心收缩

34. 真空中波长为λ的单色光，在折射率为n的均匀透明媒质中，从A点沿某一路径传播到B点，路径的长度为l，A、B两点光振动的相位差为$\Delta\varphi$，则：

    A. $l = \dfrac{3\lambda}{2}$，$\Delta\varphi = 3\pi$ B. $l = \dfrac{3\lambda}{2n}$，$\Delta\varphi = 3n\pi$

    C. $l = \dfrac{3\lambda}{2n}$，$\Delta\varphi = 3\pi$ D. $l = \dfrac{3n\lambda}{2}$，$\Delta\varphi = 3n\pi$

35. 空气中用白光垂直照射一块折射率为1.50、厚度为0.4×10^{-6}m的薄玻璃片，在可见光范围内，光在反射中被加强的光波波长是（$1m = 1 \times 10^{9}$nm）：

    A. 480nm   B. 600nm   C. 2400nm   D. 800nm

36. 有一玻璃劈尖，置于空气中，劈尖角$\theta = 8 \times 10^{-5}$rad（弧度），用波长$\lambda = 589$nm的单色光垂直照射此劈尖，测得相邻干涉条纹间距$l = 2.4$mm，则此玻璃的折射率为：

    A. 2.86   B. 1.53   C. 15.3   D. 28.6

37. 某元素正二价离子（M^{2+}）的外层电子构型是$3s^2 3p^6$，该元素在元素周期表中的位置是：

    A. 第三周期，第 VIII 族   B. 第三周期，第 VIA 族

    C. 第四周期，第 IIA 族   D. 第四周期，第 VIII 族

38. 在Li^+、Na^+、K^+、Rb^+中，极化力最大的是：

    A. Li^+ B. Na^+ C. K^+ D. Rb^+

39. 浓度均为$0.1\text{mol} \cdot \text{L}^{-1}$的$NH_4Cl$、$NaCl$、$NaOAc$、$Na_3PO_4$溶液，其pH值从小到大顺序正确的是：

    A. NH_4Cl，$NaCl$，$NaOAc$，Na_3PO_4 B. Na_3PO_4，$NaOAc$，$NaCl$，NH_4Cl

    C. NH_4Cl，$NaCl$，Na_3PO_4，$NaOAc$ D. $NaOAc$，Na_3PO_4，$NaCl$，NH_4Cl

40. 某温度下，在密闭容器中进行如下反应$2A(g) + B(g) \rightleftharpoons 2C(g)$，开始时，$p(A) = p(B) = 300$kPa，$p(C) = 0$kPa，平衡时，$p(C) = 100$kPa，在此温度下反应的标准平衡常数$K^{\ominus}$是：

    A. 0.1   B. 0.4   C. 0.001   D. 0.002

41. 在酸性介质中，反应$MnO_4^- + SO_3^{2-} + H^+ \longrightarrow Mn^{2+} + SO_4^{2-} + H_2O$，配平后，$H^+$的系数为：

A. 8   B. 6   C. 0   D. 5

42. 已知：酸性介质中，$E^\ominus(ClO_4^-/Cl^-) = 1.39V$，$E^\ominus(ClO_3^-/Cl^-) = 1.45V$，$E^\ominus(HClO/Cl^-) = 1.49V$，$E^\ominus(Cl_2/Cl^-) = 1.36V$，以上各电对中氧化型物质氧化能力最强的是：

A. ClO_4^- B. ClO_3^- C. $HClO$ D. Cl_2

43. 下列反应的热效应等于$CO_2(g)$的$\Delta_f H_m^\ominus$的是：

A. $C(金刚石) + O_2(g) \longrightarrow CO_2(g)$ B. $CO(g) + \frac{1}{2}O_2(g) \longrightarrow CO_2(g)$

C. $C(石墨) + O_2(g) \longrightarrow CO_2(g)$ D. $2C(石墨) + 2O_2(g) \longrightarrow 2CO_2(g)$

44. 下列物质在一定条件下不能发生银镜反应的是：

A. 甲醛   B. 丁醛

C. 甲酸甲酯   D. 乙酸乙酯

45. 下列物质一定不是天然高分子的是：

A. 蔗糖   B. 蛋白质

C. 橡胶   D. 纤维素

46. 某不饱和烃催化加氢反应后，得到$(CH_3)_2CHCH_2CH_3$，该不饱和烃是：

A. 1-戊炔   B. 3-甲基-1-丁炔

C. 2-戊炔   D. 1,2-戊二烯

47. 设力F在x轴上的投影为F，则该力在与x轴共面的任一轴上的投影：

A. 一定不等于零   B. 不一定等于零

C. 一定等于零   D. 等于F

48. 在图示边长为a的正方形物块$OABC$上作用一平面力系，已知：$F_1 = F_2 = F_3 = 10N$，$a = 1m$，力偶的转向如图所示，力偶矩的大小为$M_1 = M_2 = 10N \cdot m$，则力系向O点简化的主矢、主矩为：

A. $F_R = 30N$（方向铅垂向上），$M_O = 10N \cdot m$（↺）

B. $F_R = 30N$（方向铅垂向上），$M_O = 10N \cdot m$（↻）

C. $F_R = 50N$（方向铅垂向上），$M_O = 30N \cdot m$（↺）

D. $F_R = 10N$（方向铅垂向上），$M_O = 10N \cdot m$（↻）

49. 在图示结构中，已知$AB = AC = 2r$，物重F_p，其余质量不计，则支座A的约束力为：

A. $F_A = 0$

B. $F_A = \frac{1}{2}F_p (\leftarrow)$

C. $F_A = \frac{1}{2} \cdot 3F_p (\rightarrow)$

D. $F_A = \frac{1}{2} \cdot 3F_p (\leftarrow)$

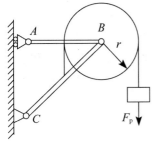

50. 图示平面结构，各杆自重不计，已知$q = 10$kN/m，$F_p = 20$kN，$F = 30$kN，$L_1 = 2$m，$L_2 = 5$m，B、C处为铰链连接，则BC杆的内力为：

A. $F_{BC} = -30$kN

B. $F_{BC} = 30$kN

C. $F_{BC} = 10$kN

D. $F_{BC} = 0$

51. 点的运动由关系式$S = t^4 - 3t^3 + 2t^2 - 8$决定（$S$以 m 计，$t$以 s 计），则$t = 2$s时的速度和加速度为：

A. -4m/s，16m/s^2 B. 4m/s，12m/s^2

C. 4m/s，16m/s^2 D. 4m/s，-16m/s^2

52. 质点以匀速度 15m/s 绕直径为 10m 的圆周运动，则其法向加速度为：

A. 22.5m/s^2 B. 45m/s^2

C. 0 D. 75m/s^2

53. 四连杆机构如图所示，已知曲柄O_1A长为r，且$O_1A = O_2B$，$O_1O_2 = AB = 2b$，角速度为ω，角加速度为α，则杆AB的中点M的速度、法向和切向加速度的大小分别为：

A. $v_M = b\omega$，$a_M^n = b\omega^2$，$a_M^t = b\alpha$

B. $v_M = b\omega$，$a_M^n = r\omega^2$，$a_M^t = r\alpha$

C. $v_M = r\omega$，$a_M^n = r\omega^2$，$a_M^t = r\alpha$

D. $v_M = r\omega$，$a_M^n = b\omega^2$，$a_M^t = b\alpha$

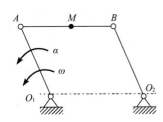

54. 质量为m的小物块在匀速转动的圆桌上，与转轴的距离为r，如图所示。设物块与圆桌之间的摩擦系数为μ，为使物块与桌面之间不产生相对滑动，则物块的最大速度为：

A. $\sqrt{\mu g}$

B. $2\sqrt{\mu g r}$

C. $\sqrt{\mu g r}$

D. $\sqrt{\mu r}$

55. 重 10N 的物块沿水平面滑行 4m，如果摩擦系数是 0.3，则重力及摩擦力各做的功是：

A. $40\text{N}\cdot\text{m}$，$40\text{N}\cdot\text{m}$ 　　　　　　B. 0，$40\text{N}\cdot\text{m}$

C. 0，$12\text{N}\cdot\text{m}$ 　　　　　　　　　　D. $40\text{N}\cdot\text{m}$，$12\text{N}\cdot\text{m}$

56. 质量m_1与半径r均相同的三个均质滑轮，在绳端作用有力或挂有重物，如图所示。已知均质滑轮的质量为$m_1 = 2\text{kN}\cdot\text{s}^2/\text{m}$，重物的质量分别为$m_2 = 0.2\text{kN}\cdot\text{s}^2/\text{m}$，$m_3 = 0.1\text{kN}\cdot\text{s}^2/\text{m}$，重力加速度按$g = 10\text{m/s}^2$计算，则各轮转动的角加速度$\alpha$间的关系是：

A. $\alpha_1 = \alpha_3 > \alpha_2$ 　　　　　　　B. $\alpha_1 < \alpha_2 < \alpha_3$

C. $\alpha_1 > \alpha_3 > \alpha_2$ 　　　　　　　D. $\alpha_1 \neq \alpha_2 = \alpha_3$

57. 均质细杆OA，质量为m，长l。在如图所示水平位置静止释放，释放瞬时轴承O施加于杆OA的附加动反力为：

A. $3mg\uparrow$

B. $3mg\downarrow$

C. $\dfrac{3}{4}mg\uparrow$

D. $\dfrac{3}{4}mg\downarrow$

58. 图示两系统均做自由振动，其固有圆频率分别为：

A. $\sqrt{\dfrac{2k}{m}}$，$\sqrt{\dfrac{k}{2m}}$

B. $\sqrt{\dfrac{k}{m}}$，$\sqrt{\dfrac{m}{2k}}$

C. $\sqrt{\dfrac{k}{2m}}$，$\sqrt{\dfrac{k}{m}}$

D. $\sqrt{\dfrac{k}{m}}$，$\sqrt{\dfrac{k}{2m}}$

59. 等截面杆，轴向受力如图所示，则杆的最大轴力是：

A. 8kN

B. 5kN

C. 3kN

D. 13kN

60. 变截面杆AC受力如图所示。已知材料弹性模量为E，杆BC段的截面积为A，杆AB段的截面积为$2A$，则杆C截面的轴向位移是：

A. $\dfrac{FL}{2EA}$

B. $\dfrac{FL}{EA}$

C. $\dfrac{2FL}{EA}$

D. $\dfrac{3FL}{EA}$

61. 直径$d = 0.5$m 的圆截面立柱，固定在直径$D = 1$m 的圆形混凝土基座上，圆柱的轴向压力$F = 1000$kN，混凝土的许用应力$[\tau] = 1.5$MPa。假设地基对混凝土板的支反力均匀分布，为使混凝土基座不被立柱压穿，混凝土基座所需的最小厚度t应是：

A. 159mm

B. 212mm

C. 318mm

D. 424mm

62. 实心圆轴受扭，若将轴的直径减小一半，则扭转角是原来的：

A. 2 倍   B. 4 倍

C. 8 倍   D. 16 倍

63. 图示截面对 z 轴的惯性矩 I_z 为：

A. $I_z = \dfrac{\pi d^4}{64} - \dfrac{bh^3}{3}$

B. $I_z = \dfrac{\pi d^4}{64} - \dfrac{bh^3}{12}$

C. $I_z = \dfrac{\pi d^4}{32} - \dfrac{bh^3}{6}$

D. $I_z = \dfrac{\pi d^4}{64} - \dfrac{13bh^3}{12}$

64. 图示圆轴的抗扭截面系数为 W_T，切变模量为 G。扭转变形后，圆轴表面 A 点处截取的单元体互相垂直的相邻边线改变了 γ 角，如图所示。圆轴承受的扭矩 T 是：

A. $T = G\gamma W_T$

B. $T = \dfrac{G\gamma}{W_T}$

C. $T = \dfrac{\gamma}{G} W_T$

D. $T = \dfrac{W_T}{G\gamma}$

65. 材料相同的两根矩形截面梁叠合在一起，接触面之间可以相对滑动且无摩擦力。设两根梁的自由端共同承担集中力偶 m，弯曲后两根梁的挠曲线相同，则上面梁承担的力偶矩是：

A. $m/9$

B. $m/5$

C. $m/3$

D. $m/2$

66. 图示等边角钢制成的悬臂梁AB，C点为截面形心，x为该梁轴线，y'、z'为形心主轴。集中力F竖直向下，作用线过形心，则梁将发生以下哪种变化：

A. xy平面内的平面弯曲

B. 扭转和xy平面内的平面弯曲

C. xy'和xz'平面内的双向弯曲

D. 扭转及xy'和xz'平面内的双向弯曲

67. 图示直径为d的圆轴，承受轴向拉力F和扭矩T。按第三强度理论，截面危险的相当应力σ_{eq3}为：

A. $\sigma_{eq3} = \dfrac{32}{\pi d^3}\sqrt{F^2 + T^2}$

B. $\sigma_{eq3} = \dfrac{16}{\pi d^3}\sqrt{F^2 + T^2}$

C. $\sigma_{eq3} = \sqrt{\left(\dfrac{4F}{\pi d^2}\right)^2 + 4\left(\dfrac{16T}{\pi d^3}\right)^2}$

D. $\sigma_{eq3} = \sqrt{\left(\dfrac{4F}{\pi d^2}\right)^2 + 4\left(\dfrac{32T}{\pi d^3}\right)^2}$

68. 在图示4种应力状态中，最大切应力τ_{max}大的应力状态是：

69. 图示圆轴固定端最上缘 *A* 点单元体的应力状态是：

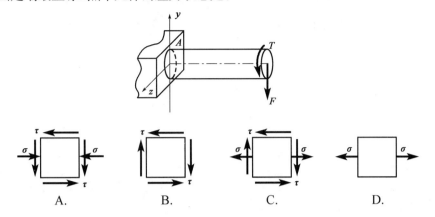

70. 图示三根压杆均为细长（大柔度）压杆，且弯曲刚度为 *EI*。三根压杆的临界荷载 F_{cr} 的关系为：

A. $F_{cra} > F_{crb} > F_{crc}$

B. $F_{crb} > F_{cra} > F_{crc}$

C. $F_{crc} > F_{cra} > F_{crb}$

D. $F_{crb} > F_{crc} > F_{cra}$

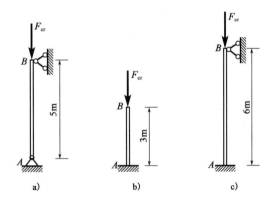

71. 压力表测出的压强是：

A. 绝对压强

B. 真空压强

C. 相对压强

D. 实际压强

72. 有一变截面压力管道，测得流量为 15L/s，其中一截面的直径为 100mm，另一截面处的流速为 20m/s，则此截面的直径为：

A. 29mm

B. 31mm

C. 35mm

D. 26mm

73. 一直径为 50mm 的圆管，运动黏滞系数$\nu = 0.18 \text{cm}^2/\text{s}$、密度$\rho = 0.85 \text{g/cm}^3$的油在管内以$v = 10 \text{cm/s}$的速度做层流运动，则沿程损失系数是：

A. 0.18   B. 0.23   C. 0.20   D. 0.26

74. 圆柱形管嘴，直径为 0.04m，作用水头为 7.5m，则出水流量为：

A. $0.008 \text{m}^3/\text{s}$ B. $0.023 \text{m}^3/\text{s}$

C. $0.020 \text{m}^3/\text{s}$ D. $0.013 \text{m}^3/\text{s}$

75. 同一系统的孔口出流，有效作用水头H相同，则自由出流与淹没出流的关系为：

A. 流量系数不等，流量不等   B. 流量系数不等，流量相等

C. 流量系数相等，流量不等   D. 流量系数相等，流量相等

76. 一梯形断面明渠，水力半径$R = 1\text{m}$，底坡$i = 0.0008$，粗糙系数$n = 0.02$，则输水流速度为：

A. 1m/s   B. 1.4m/s

C. 2.2m/s   D. 0.84m/s

77. 渗流达西定律适用于：

A. 地下水渗流   B. 砂质土壤渗流

C. 均匀土壤层流渗流   D. 地下水层流渗流

78. 几何相似、运动相似和动力相似的关系是：

A. 运动相似和动力相似是几何相似的前提

B. 运动相似是几何相似和动力相似的表象

C. 只有运动相似，才能几何相似

D. 只有动力相似，才能几何相似

79. 图示为环线半径为r的铁芯环路，绕有匝数为N的线圈，线圈中通有直流电流I，磁路上的磁场强度H处处均匀，则H值为：

A. $\dfrac{NI}{r}$，顺时针方向

B. $\dfrac{NI}{2\pi r}$，顺时针方向

C. $\dfrac{NI}{r}$，逆时针方向

D. $\dfrac{NI}{2\pi r}$，逆时针方向

80. 图示电路中，电压 $U =$

A. 0V

B. 4V

C. 6V

D. −6V

81. 对于图示电路，可以列写 a、b、c、d 4 个结点的 KCL 方程和①、②、③、④、⑤ 5 个回路的 KVL 方程。为求出 6 个未知电流 $I_1 \sim I_6$，正确的求解模型应该是：

A. 任选 3 个 KCL 方程和 3 个 KVL 方程

B. 任选 3 个 KCL 方程和①、②、③ 3 个回路的 KVL 方程

C. 任选 3 个 KCL 方程和①、②、④ 3 个回路的 KVL 方程

D. 写出 4 个 KCL 方程和任意 2 个 KVL 方程

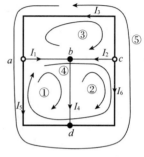

82. 已知交流电流 $i(t)$ 的周期 $T = 1\text{ms}$，有效值 $I = 0.5\text{A}$，当 $t = 0$ 时，$i = 0.5\sqrt{2}\text{A}$，则它的时间函数描述形式是：

A. $i(t) = 0.5\sqrt{2}\sin 1000t\ \text{A}$

B. $i(t) = 0.5\sin 2000\pi t\ \text{A}$

C. $i(t) = 0.5\sqrt{2}\sin(2000\pi t + 90°)\ \text{A}$

D. $i(t) = 0.5\sqrt{2}\sin(1000\pi t + 90°)\ \text{A}$

83. 图 a）滤波器的幅频特性如图 b）所示，当 $u_i = u_{i1} = 10\sqrt{2}\sin 100t\ \text{V}$ 时，输出 $u_o = u_{o1}$，当 $u_i = u_{i2} = 10\sqrt{2}\sin 10^4 t\ \text{V}$ 时，输出 $u_o = u_{o2}$，则可以算出：

A. $U_{o1} = U_{o2} = 10\text{V}$

B. $U_{o1} = 10\text{V}$，U_{o2} 不能确定，但小于 10V

C. $U_{o1} < 10\text{V}$，$U_{o2} = 0$

D. $U_{o1} = 10\text{V}$，$U_{o2} = 1\text{V}$

84. 如图 a）所示功率因数补偿电路中，当$C = C_1$时得到相量图如图 b）所示，当$C = C_2$时得到相量图如图 c）所示，则：

A. C_1一定大于C_2

B. 当$C = C_1$时，功率因数$\lambda|_{C_1} = -0.866$；当$C = C_2$时，功率因数$\lambda|_{C_2} = 0.866$

C. 因为功率因数$\lambda|_{C_1} = \lambda|_{C_2}$，所以采用两种方案均可

D. 当$C = C_2$时，电路出现过补偿，不可取

85. 某单相理想变压器，其一次线圈为550匝，有两个二次线圈。若希望一次电压为100V时，获得的二次电压分别为10V和20V，则$N_{2|10V}$和$N_{2|20V}$应分别为：

A. 50匝和100匝

B. 100匝和50匝

C. 55匝和110匝

D. 110匝和55匝

86. 为实现对电动机的过载保护，除了将热继电器的常闭触点串接在电动机的控制电路中外，还应将其热元件：

A. 也串接在控制电路中

B. 再并接在控制电路中

C. 串接在主电路中

D. 并接在主电路中

87. 某温度信号如图 a）所示，经温度传感器测量后得到图 b）波形，经采样后得到图 c）波形，再经保持器得到图 d）波形，则：

A. 图 b）是图 a）的模拟信号

B. 图 a）是图 b）的模拟信号

C. 图 c）是图 b）的数字信号

D. 图 d）是图 a）的模拟信号

88. 若某周期信号的一次谐波分量为 $5\sin 10^3 t$ V，则它的三次谐波分量可表示为：

A. $U\sin 3 \times 10^3 t$，$U > 5$V

B. $U\sin 3 \times 10^3 t$，$U < 5$V

C. $U\sin 10^6 t$，$U > 5$V

D. $U\sin 10^6 t$，$U < 5$V

89. 设放大器的输入信号为 $u_1(t)$，放大器的幅频特性如图所示，令 $u_1(t) = \sqrt{2}U_1\sin 2\pi ft$，$u_2(t) = \sqrt{2}U_2\sin 2\pi ft$，且 $f > f_H$，则：

A. $u_2(t)$ 的出现频率失真

B. $u_2(t)$ 的有效值 $U_2 = AU_1$

C. $u_2(t)$ 的有效值 $U_2 < AU_1$

D. $u_2(t)$ 的有效值 $U_2 > AU_1$

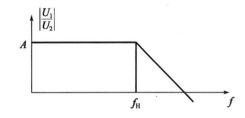

90. 对逻辑表达式 $\overline{AD} + \overline{\overline{A}\overline{D}}$ 的化简结果是：

A. 0

B. 1

C. $\overline{A}D + A\overline{D}$

D. $\overline{A}\overline{D} + AD$

91. 已知数字信号A和数字信号B的波形如图所示，则数字信号 $F = \overline{A + B}$ 的波形为：

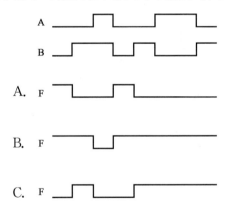

92. 十进制数字 16 的 BCD 码为：

A. 00010000

B. 00010110

C. 00010100

D. 00011110

93. 二极管应用电路如图所示，$U_A = 1V$，$U_B = 5V$，设二极管为理想器件，则输出电压U_F：

A. 等于1V

B. 等于5V

C. 等于0V

D. 因R未知，无法确定

94. 运算放大器应用电路如图所示，其中$C = 1\mu F$，$R = 1M\Omega$，$U_{oM} = \pm 10V$，若$u_1 = 1V$，则u_o：

A. 等于0V

B. 等于1V

C. 等于10V

D. $t < 10s$时，为$-t$；$t \geqslant 10s$后，为$-10V$

95. 图a）所示电路中，复位信号$\overline{R}_D$、信号A及时钟脉冲信号CP如图b）所示，经分析可知，在第一个和第二个时钟脉冲的下降沿时刻，输出Q先后等于：

A. 0　　0

B. 0　　1

C. 1　　0

D. 1　　1

　　　a)　　　　　　　　b)

附：触发器的逻辑状态表

D	Q_{n+1}
0	0
1	1

96. 图示电路的功能和寄存数据是：

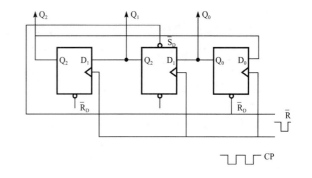

A. 左移的三位移位寄存器，寄存数据是 010

B. 右移的三位移位寄存器，寄存数据是 010

C. 左移的三位移位寄存器，寄存数据是 000

D. 右移的三位移位寄存器，寄存数据是 000

97. 计算机按用途可分为：

A. 专业计算机和通用计算机

B. 专业计算机和数字计算机

C. 通用计算机和模拟计算机

D. 数字计算机和现代计算机

98. 当前微机所配备的内存储器大多是：

A. 半导体存储器

B. 磁介质存储器

C. 光线（纤）存储器

D. 光电子存储器

99. 批处理操作系统的功能是将用户的一批作业有序地排列起来：

A. 在用户指令的指挥下、顺序地执行作业流

B. 计算机系统会自动地、顺序地执行作业流

C. 由专门的计算机程序员控制作业流的执行

D. 由微软提供的应用软件来控制作业流的执行

100. 杀毒软件应具有的功能是：

A. 消除病毒

B. 预防病毒

C. 检查病毒

D. 检查并消除病毒

101. 目前，微机系统中普遍使用的字符信息编码是：

A. BCD 编码

B. ASCII 编码

C. EBCDIC 编码

D. 汉字字型码

102. 下列选项中，不属于 Windows 特点的是：

A. 友好的图形用户界面　　　　　　　B. 使用方便

C. 多用户单任务　　　　　　　　　　D. 系统稳定可靠

103. 操作系统中采用虚拟存储技术，是为了对：

A. 外为存储空间的分配　　　　　　　B. 外存储器进行变换

C. 内存储器的保护　　　　　　　　　D. 内存储器容量的扩充

104. 通过网络传送邮件、发布新闻消息和进行数据交换是计算机网络的：

A. 共享软件资源功能　　　　　　　　B. 共享硬件资源功能

C. 增强系统处理功能　　　　　　　　D. 数据通信功能

105. 下列有关因特网提供服务的叙述中，错误的一条是：

A. 文件传输服务、远程登录服务　　　B. 信息搜索服务、WWW 服务

C. 信息搜索服务、电子邮件服务　　　D. 网络自动连接、网络自动管理

106. 若按网络传输技术的不同，可将网络分为：

A. 广播式网络、点到点式网络

B. 双绞线网、同轴电缆网、光纤网、无线网

C. 基带网和宽带网

D. 电路交换类、报文交换类、分组交换类

107. 某企业准备 5 年后进行设备更新，到时所需资金估计为 600 万元，若存款利率为 5%，从现在开始每年年末均等额存款，则每年应存款：

[已知：$(A/F, 5\%, 5) = 0.18097$]

A. 78.65 万元　　　　　　　　　　　B. 108.58 万元

C. 120 万元　　　　　　　　　　　　D. 165.77 万元

108. 某项目投资于邮电通信业，运营后的营业收入全部来源于对客户提供的电信服务，则在估计该项目现金流时不包括：

A. 企业所得税　　　　　　　　　　　B. 增值税

C. 城市维护建设税　　　　　　　　　D. 教育税附加

109. 某公司向银行借款 150 万元，期限为 5 年，年利率为 8%，每年年末等额还本付息一次（即等额本息法），到第五年末还完本息。则该公司第 2 年年末偿还的利息为：

[已知：$(A/P, 8\%, 5) = 0.2505$]

A. 9.954 万元 　　　　　　　　　　　B. 12 万元

C. 25.575 万元 　　　　　　　　　　D. 37.575 万元

110. 以下关于项目内部收益率指标的说法正确的是：

A. 内部收益率属于静态评价指标

B. 项目内部收益率就是项目的基准收益率

C. 常规项目可能存在多个内部收益率

D. 计算内部收益率不必事先知道准确的基准收益率 i_c

111. 影子价格是商品或生产要素的任何边际变化对国家的基本社会经济目标所做贡献的价值，因而影子价格是：

A. 目标价格 　　　　　　　　B. 反映市场供求状况和资源稀缺程度的价格

C. 计划价格 　　　　　　　　D. 理论价格

112. 在对项目进行盈亏平衡分析时，各方案的盈亏平衡点生产能力利用率有如下四种数据，则抗风险能力较强的是：

A. 30% 　　　　　　　　　　B. 60%

C. 80% 　　　　　　　　　　D. 90%

113. 甲、乙为两个互斥的投资方案。甲方案现时点的投资为 25 万元，此后从第一年年末开始，年运行成本为 4 万元，寿命期为 20 年，净残值为 8 万元；乙方案现时点的投资额为 12 万元，此后从第一年年末开始，年运行成本为 6 万元，寿命期也为 20 年，净残值 6 万元。若基准收益率为 20%，则甲、乙方案费用现值分别为：

[已知：$(P/A, 20\%, 20) = 4.8696$，$(P/F, 20\%, 20) = 0.02608$]

A. 50.80 万元，−41.06 万元 　　　　　B. 54.32 万元，41.06 万元

C. 44.27 万元，41.06 万元 　　　　　D. 50.80 万元，44.27 万元

114. 某产品的实际成本为10000元，它由多个零部件组成，其中一个零部件的实际成本为880元，功能评价系数为0.140，则该零部件的价值指数为：

A. 0.628

B. 0.880

C. 1.400

D. 1.591

115. 某工程项目甲建设单位委托乙监理单位对丙施工总承包单位进行监理，有关监理单位的行为符合规定的是：

A. 在监理合同规定的范围内承揽监理业务

B. 按建设单位委托，客观公正地执行监理任务

C. 与施工单位建立隶属关系或者其他利害关系

D. 将工程监理业务转让给具有相应资质的其他监理单位

116. 某施工企业取得了安全生产许可证后，在从事建筑施工活动中，被发现已经不具备安全生产条件，则正确的处理方法是：

A. 由颁发安全生产许可证的机关暂扣或吊销安全生产许可证

B. 由国务院建设行政主管部门责令整改

C. 由国务院安全管理部门责令停业整顿

D. 吊销安全生产许可证，5年内不得从事施工活动

117. 某工程项目进行公开招标，甲乙两个施工单位组成联合体投标该项目，下列做法中，不合法的是：

A. 双方商定以一个投标人的身份共同投标

B. 要求双方至少一方应当具备承担招标项目的相应能力

C. 按照资质等级较低的单位确定资质等级

D. 联合体各方协商签订共同投标协议

118. 某建设工程总承包合同约定，材料价格按照市场价履约，但具体价款没有明确约定，结算时应当依据的价格是：

A. 订立合同时履行地的市场价格

B. 结算时买方所在地的市场价格

C. 订立合同时签约地的市场价格

D. 结算工程所在地的市场价格

119. 某城市计划对本地城市建设进行全面规划，根据《中华人民共和国环境保护法》的规定，下列城乡建设行为不符合《中华人民共和国环境保护法》规定的是：

A. 加强在自然景观中修建人文景观

B. 有效保护植被、水域

C. 加强城市园林、绿地园林

D. 加强风景名胜区的建设

120. 根据《建设工程安全生产管理条例》规定，施工单位主要负责人应当承担的责任是：

A. 落实安全生产责任制度、安全生产规章制度和操作规程

B. 保证本单位安全生产条件所需资金的投入

C. 确保安全生产费用的有效使用

D. 根据工程的特点组织特定安全施工措施

2019 年度全国勘察设计注册工程师

执业资格考试试卷

基础考试
（上）

二〇一九年十月

应考人员注意事项

1. 本试卷科目代码为"1"，考生务必将此代码填涂在答题卡"科目代码"相应的栏目内，否则，无法评分。

2. 书写用笔：**黑色或蓝色钢笔、签字笔或圆珠笔**；

   填涂答题卡用笔：**黑色 2B 铅笔**。

3. 必须用书写用笔将工作单位、姓名、准考证号填写在答题卡和试卷相应的栏目内。

4. 本试卷由 120 题组成，每题 1 分，满分 120 分，本试卷全部为单项选择题，每小题的四个备选项中只有一个正确答案，错选、多选、不选均不得分。

5. 考生作答时，必须按**题号在答题卡上**将相应试题所选选项对应的**字母用 2B 铅笔涂黑**。

6. 在答题卡上书写与题意无关的语言，或在答题卡上作标记的，均按违纪试卷处理。

7. 考试结束时，由监考人员当面将试卷、答题卡一并收回。

8. 草稿纸由各地统一配发，考后收回。

单项选择题（共 120 题，每题 1 分。每题的备选项中只有一个最符合题意。）

1. 极限 $\lim\limits_{x \to 0} \dfrac{3 + e^{\frac{1}{x}}}{2 - e^{\frac{2}{x}}}$ 等于：

   A. 3

   B. -1

   C. 0

   D. 不存在

2. 函数 $f(x)$ 在点 $x = x_0$ 处连续是 $f(x)$ 在点 $x = x_0$ 处可微的：

   A. 充分条件

   B. 充要条件

   C. 必要条件

   D. 无关条件

3. x 趋于 0 时，$\sqrt{1 - x^2} - \sqrt{1 + x^2}$ 与 x^k 是同阶无穷小，则常数 k 等于：

   A. 3

   B. 2

   C. 1

   D. 1/2

4. 设 $y = \ln(\sin x)$，则二阶导数 y'' 等于：

   A. $\dfrac{\cos x}{\sin^2 x}$

   B. $\dfrac{1}{\cos^2 x}$

   C. $\dfrac{1}{\sin^2 x}$

   D. $-\dfrac{1}{\sin^2 x}$

5. 若函数 $f(x)$ 在 $[a, b]$ 上连续，在 (a, b) 内可导，且 $f(a) = f(b)$，则在 (a, b) 内满足 $f'(x_0) = 0$ 的点 x_0：

   A. 必存在且只有一个

   B. 至少存在一个

   C. 不一定存在

   D. 不存在

6. 设 $f(x)$ 在 $(-\infty, +\infty)$ 内连续，其导数 $f'(x)$ 的图形如图所示，则 $f(x)$ 有：

   A. 一个极小值点和两个极大值点

   B. 两个极小值点和两个极大值点

   C. 两个极小值点和一个极大值点

   D. 一个极小值点和三个极大值点

7. 不定积分 $\int \frac{x}{\sin^2(x^2+1)} dx$ 等于：

A. $-\frac{1}{2}\cot(x^2+1) + C$

B. $\frac{1}{\sin(x^2+1)} + C$

C. $-\frac{1}{2}\tan(x^2+1) + C$

D. $-\frac{1}{2}\cot x + C$

8. 广义积分 $\int_{-2}^{2} \frac{1}{(1+x)^2} dx$ 的值为：

A. $\frac{4}{3}$

B. $-\frac{4}{3}$

C. $\frac{2}{3}$

D. 发散

9. 已知向量 $\boldsymbol{\alpha} = (2,1,-1)$，若向量 $\boldsymbol{\beta}$ 与 $\boldsymbol{\alpha}$ 平行，且 $\boldsymbol{\alpha} \cdot \boldsymbol{\beta} = 3$，则 $\boldsymbol{\beta}$ 为：

A. $(2,1,-1)$

B. $\left(\frac{3}{2}, \frac{3}{4}, -\frac{3}{4}\right)$

C. $\left(1, \frac{1}{2}, -\frac{1}{2}\right)$

D. $\left(1, -\frac{1}{2}, \frac{1}{2}\right)$

10. 过点 $(2,0,-1)$ 且垂直于 xOy 坐标面的直线方程是：

A. $\frac{x-2}{1} = \frac{y}{0} = \frac{z+1}{0}$

B. $\frac{x-2}{0} = \frac{y}{1} = \frac{z+1}{0}$

C. $\frac{x-2}{0} = \frac{y}{0} = \frac{z+1}{1}$

D. $\begin{cases} x = 2 \\ z = -1 \end{cases}$

11. 微分方程 $y \ln x \, dx - x \ln y \, dy = 0$ 满足条件 $y(1) = 1$ 的特解是：

A. $\ln^2 x + \ln^2 y = 1$

B. $\ln^2 x - \ln^2 y = 1$

C. $\ln^2 x + \ln^2 y = 0$

D. $\ln^2 x - \ln^2 y = 0$

12. 若 D 是由 x 轴、y 轴及直线 $2x + y - 2 = 0$ 所围成的闭区域，则二重积分 $\iint\limits_{D} dx dy$ 的值等于：

A. 1

B. 2

C. $\frac{1}{2}$

D. -1

13. 函数 $y = C_1 C_2 e^{-x}$（C_1、C_2 是任意常数）是微分方程 $y'' - 2y' - 3y = 0$ 的：

A. 通解

B. 特解

C. 不是解

D. 既不是通解又不是特解，而是解

14. 设圆周曲线 L: $x^2 + y^2 = 1$ 取逆时针方向，则对坐标的曲线积分 $\int_L \frac{y\mathrm{d}x - x\mathrm{d}y}{x^2 + y^2}$ 等于：

A. 2π

B. -2π

C. π

D. 0

15. 对于函数 $f(x, y) = xy$，原点 $(0, 0)$：

A. 不是驻点

B. 是驻点但非极值点

C. 是驻点且为极小值点

D. 是驻点且为极大值点

16. 关于级数 $\sum\limits_{n=1}^{\infty} (-1)^{n-1} \frac{1}{n^p}$ 收敛性的正确结论是：

A. $0 < p \leq 1$ 时发散

B. $p > 1$ 时条件收敛

C. $0 < p \leq 1$ 时绝对收敛

D. $0 < p \leq 1$ 时条件收敛

17. 设函数 $z = \left(\frac{y}{x}\right)^x$，则全微分 $\mathrm{d}z\bigg|_{\substack{x=1 \\ y=2}} =$

A. $\ln 2\, \mathrm{d}x + \frac{1}{2}\mathrm{d}y$

B. $(\ln 2 + 1)\mathrm{d}x + \frac{1}{2}\mathrm{d}y$

C. $2\left[(\ln 2 - 1)\mathrm{d}x + \frac{1}{2}\mathrm{d}y\right]$

D. $\frac{1}{2}\ln 2\, \mathrm{d}x + 2\mathrm{d}y$

18. 幂级数 $\sum\limits_{n=1}^{\infty} (-1)^{n-1} \frac{x^{2n-1}}{2n-1}$ 的收敛域是：

A. $[-1, 1]$

B. $(-1, 1]$

C. $[-1, 1)$

D. $(-1, 1)$

19. 若 n 阶方阵 A 满足 $|A| = b(b \neq 0，n \geq 2)$，而 A^* 是 A 的伴随矩阵，则行列式 $|A^*|$ 等于：

A. b^n

B. b^{n-1}

C. b^{n-2}

D. b^{n-3}

20. 已知二阶实对称矩阵 A 的一个特征值为 1，而 A 的对应特征值 1 的特征向量为 $\begin{bmatrix} 1 \\ -1 \end{bmatrix}$，

若 $|A| = -1$，则 A 的另一个特征值及其对应的特征向量是：

A. $\begin{cases} \lambda = 1 \\ x = (1,1)^T \end{cases}$ 　　　　　　　B. $\begin{cases} \lambda = -1 \\ x = (1,1)^T \end{cases}$

C. $\begin{cases} \lambda = -1 \\ x = (-1,1)^T \end{cases}$ 　　　　　　D. $\begin{cases} \lambda = -1 \\ x = (1,-1)^T \end{cases}$

21. 设二次型 $f(x_1, x_2, x_3) = x_1^2 + tx_2^2 + 3x_3^2 + 2x_1x_2$，要使其秩为 2，则参数 t 的值等于：

A. 3 　　　　　　　　　　　　　　　B. 2

C. 1 　　　　　　　　　　　　　　　D. 0

22. 设 A、B 为两个事件，且 $P(A) = \frac{1}{3}$，$P(B) = \frac{1}{4}$，$P(B|A) = \frac{1}{6}$，则 $P(A|B)$ 等于：

A. $\frac{1}{9}$ 　　　　　　　　　　　B. $\frac{2}{9}$

C. $\frac{1}{3}$ 　　　　　　　　　　　D. $\frac{4}{9}$

23. 设随机向量 (X,Y) 的联合分布律为

X ＼ Y	−1	0
1	1/4	1/4
2	1/6	a

则 a 的值等于：

A. $\frac{1}{3}$ 　　　　　　　　　　　B. $\frac{2}{3}$

C. $\frac{1}{4}$ 　　　　　　　　　　　D. $\frac{3}{4}$

24. 设总体 X 服从均匀分布 $U(1, \theta)$，$\overline{X} = \frac{1}{n}\sum\limits_{i=1}^{n} X_i$，则 θ 的矩估计为：

A. $\overline{X}$ 　　　　　　　　　　　B. $2\overline{X}$

C. $2\overline{X} - 1$ 　　　　　　　　　D. $2\overline{X} + 1$

25. 关于温度的意义，有下列几种说法：

（1）气体的温度是分子平均平动动能的量度；

（2）气体的温度是大量气体分子热运动的集体表现，具有统计意义；

（3）温度的高低反映物质内部分子运动剧烈程度的不同；

（4）从微观上看，气体的温度表示每个气体分子的冷热程度。

这些说法中正确的是：

A. （1）、（2）、（4）

B. （1）、（2）、（3）

C. （2）、（3）、（4）

D. （1）、（3）、（4）

26. 设 $\bar{v}$ 代表气体分子运动的平均速率，v_p 代表气体分子运动的最概然速率，$(\bar{v^2})^{\frac{1}{2}}$ 代表气体分子运动的方均根速率，处于平衡状态下的理想气体，三种速率关系正确的是：

A. $(\bar{v^2})^{\frac{1}{2}} = \bar{v} = v_p$

B. $\bar{v} = v_p < (\bar{v^2})^{\frac{1}{2}}$

C. $v_p < \bar{v} < (\bar{v^2})^{\frac{1}{2}}$

D. $v_p > \bar{v} < (\bar{v^2})^{\frac{1}{2}}$

27. 理想气体向真空做绝热膨胀：

A. 膨胀后，温度不变，压强减小

B. 膨胀后，温度降低，压强减小

C. 膨胀后，温度升高，加强减小

D. 膨胀后，温度不变，压强不变

28. 两个卡诺热机的循环曲线如图所示，一个工作在温度为T_1与T_3的两个热源之间，另一个工作在温度为T_1与T_3的两个热源之间，已知这两个循环曲线所包围的面积相等，由此可知：

A. 两个热机的效率一定相等

B. 两个热机从高温热源所吸收的热量一定相等

C. 两个热机向低温热源所放出的热量一定相等

D. 两个热机吸收的热量与放出的热量（绝对值）的差值一定相等

29. 刚性双原子分子理想气体的定压摩尔热容量C_p与其定体摩尔热容量C_V之比，C_p/C_V等于：

A. $\dfrac{5}{3}$　　　　　　　　　　　　　　B. $\dfrac{3}{5}$

C. $\dfrac{7}{5}$　　　　　　　　　　　　　　D. $\dfrac{5}{7}$

30. 一横波沿绳子传播时，波的表达式为$y = 0.05\cos(4\pi x - 10\pi t)$ (SI)，则：

A. 波长为0.5m

B. 波速为5m/s

C. 波速为25m/s

D. 频率为2Hz

31. 火车疾驰而来时，人们听到的汽笛音调，与火车远离而去时人们听到的汽笛音调相比较，音调：

A. 由高变低

B. 由低变高

C. 不变

D. 是变高还是变低不能确定

32. 在波的传播过程中，若保持其他条件不变，仅使振幅增加一倍，则波的强度增加到：

A. 1 倍
B. 2 倍

C. 3 倍
D. 4 倍

33. 两列相干波，其表达式为 $y_1 = A\cos 2\pi\left(vt - \dfrac{x}{\lambda}\right)$ 和 $y_2 = A\cos 2\pi\left(vt + \dfrac{x}{\lambda}\right)$，在叠加后形成的驻波中，波腹处质元振幅为：

A. A
B. $-A$

C. $2A$
D. $-2A$

34. 在玻璃（折射率 $n_1 = 1.60$）表面镀一层 MgF_2（折射率 $n_2 = 1.38$）薄膜作为增透膜，为了使波长为 500nm（$1nm = 10^{-9}m$）的光从空气（$n_1 = 1.00$）正入射时尽可能少反射，MgF_2 薄膜的最小厚度应为：

A. 78.1nm
B. 90.6nm

C. 125nm
D. 181nm

35. 在单缝衍射实验中，若单缝处波面恰好被分成奇数个半波带，在相邻半波带上，任何两个对应点所发出的光在明条纹处的光程差为：

A. λ
B. 2λ

C. $\lambda/2$
D. $\lambda/4$

36. 在双缝干涉实验中，用单色自然光，在屏上形成干涉条纹。若在两缝后放一个偏振片，则：

A. 干涉条纹的间距不变，但明纹的亮度加强

B. 干涉条纹的间距不变，但明纹的亮度减弱

C. 干涉条纹的间距变窄，但明纹的亮度减弱

D. 无干涉条纹

37. 下列元素中第一电离能最小的是：

A. H

B. Li

C. Na

D. K

38. $H_2C{=}HC{-}CH{=}CH_2$ 分子中所含化学键共有：

A. 4 个 σ 键，2 个 π 键

B. 9 个 σ 键，2 个 π 键

C. 7 个 σ 键，4 个 π 键

D. 5 个 σ 键，4 个 π 键

39. 在 $NaCl$，$MgCl_2$，$AlCl_3$，$SiCl_4$ 四种物质的晶体中，离子极化作用最强的是：

A. $NaCl$

B. $MgCl_2$

C. $AlCl_3$

D. $SiCl_4$

40. $pH = 2$ 溶液中的 $c(OH^-)$ 是 $pH = 4$ 溶液中 $c(OH^-)$ 的：

A. 2 倍

B. 1/2

C. 1/100

D. 100 倍

41. 某反应在 298K 及标准状态下不能自发进行，当温度升高到一定值时，反应能自发进行，下列符合此条件的是：

A. $\Delta_r H_m^\ominus > 0$，$\Delta_r S_m^\ominus > 0$

B. $\Delta_r H_m^\ominus < 0$，$\Delta_r S_m^\ominus < 0$

C. $\Delta_r H_m^\ominus < 0$，$\Delta_r S_m^\ominus > 0$

D. $\Delta_r H_m^\ominus > 0$，$\Delta_r S_m^\ominus < 0$

42. 下列物质水溶液 $pH > 7$ 的是：

A. $NaCl$

B. Na_2CO_3

C. $Al_2(SO_4)_3$

D. $(NH_4)_2SO_4$

43. 已知 $E^\ominus(Fe^{3+}/Fe^{2+}) = 0.77V$，$E^\ominus(MnO_4^-/Mn^{2+}) = 1.51V$，当同时提高两电对酸度时，两电对电极电势数值的变化下列正确的是：

A. $E^\ominus(Fe^{3+}/Fe^{2+})$ 变小，$E^\ominus(MnO_4^-/Mn^{2+})$ 变大

B. $E^\ominus(Fe^{3+}/Fe^{2+})$ 变大，$E^\ominus(MnO_4^-/Mn^{2+})$ 变大

C. $E^\ominus(Fe^{3+}/Fe^{2+})$ 不变，$E^\ominus(MnO_4^-/Mn^{2+})$ 变大

D. $E^\ominus(Fe^{3+}/Fe^{2+})$ 不变，$E^\ominus(MnO_4^-/Mn^{2+})$ 不变

44. 分子式为 C_5H_{12} 的各种异构体中，所含甲基数和它的一氯代物的数目与下列情况相符的是：

A. 2 个甲基，能生成 4 种一氯代物　　　　　B. 3 个甲基，能生成 5 种一氯代物

C. 3 个甲基，能生成 4 种一氯代物　　　　　D. 4 个甲基，能生成 4 种一氯代物

45. 在下列有机物中，经催化加氢反应后不能生成 2-甲基戊烷的是：

A. $\underset{\underset{CH_3}{|}}{CH_2}=CCH_2CH_2CH_3$　　　　　B. $(CH_3)_2CHCH_2CH=CH_2$

C. $\underset{\underset{CH_3}{|}}{CH_3C}=CHCH_2CH_3$　　　　　D. $\underset{\underset{CH_3}{|}}{CH_3CH_2CHCH}=CH_2$

46. 以下是分子式为 $C_5H_{12}O$ 的有机物，其中能被氧化为含相同碳原子数的醛的化合物是：

①$\underset{\underset{OH}{|}}{CH_2CH_2CH_2CH_2CH_3}$　　　　　②$\underset{\underset{OH}{|}}{CH_3CHCH_2CH_2CH_3}$

③$\underset{\underset{OH}{|}}{CH_3CH_2CHCH_2CH_3}$　　　　　④$\underset{\underset{CH_2OH}{|}}{CH_3CHCH_2CH_3}$

A. ①②　　　　　B. ③④

C. ①④　　　　　D. 只有①

47. 图示三角刚架中，若将作用于构件 **BC** 上的力 **F** 沿其作用线移至构件 **AC** 上，则 **A**、**B**、**C** 处约束力的大小：

A. 都不变

B. 都改变

C. 只有 C 处改变

D. 只有 C 处不改变

48. 平面力系如图所示，已知：$F_1=160N$，$M=4N\cdot m$，则力系向 **A** 点简化后的主矩大小应为：

A. $M_A=4N\cdot m$

B. $M_A=1.2N\cdot m$

C. $M_A=1.6N\cdot m$

D. $M_A=0.8N\cdot m$

49. 图示承重装置，**B**、**C**、**D**、**E**处均为光滑铰链连接，各杆和滑轮的重量略去不计，已知：a，r，F_p。则固定端**A**的约束力偶为：

A. $M_A = F_p \times \left(\dfrac{a}{2} + r\right)$（顺时针）

B. $M_A = F_p \times \left(\dfrac{a}{2} + r\right)$（逆时针）

C. $M_A = F_p r$（逆时针）

D. $M_A = \dfrac{a}{2} F_p$（顺时针）

50. 判断图示桁架结构中，内力为零的杆数是：

A. 3

B. 4

C. 5

D. 6

51. 汽车匀加速运动，在 10s 内，速度由 0 增加到 5m/s。则汽车在此时间内行驶的距离为：

A. 25m

B. 50m

C. 75m

D. 100m

52. 物体作定轴转动的运动方程为 $\varphi = 4t - 3t^2$（φ 以 rad 计，t 以 s 计），则此物体内转动半径 $r = 0.5$m 的一点在 $t = 1$s 时的速度和切向加速度的大小分别为：

A. -2m/s，-20m/s²

B. -1m/s，-3m/s²

C. -2m/s，-8.54m/s²

D. 0，-20.2m/s²

53. 如图所示机构中，曲柄$OA = r$，以常角速度ω转动。则滑动构件BC的速度、加速度的表达式分别为：

A. $r\omega \sin \omega t$，$r\omega \cos \omega t$

B. $r\omega \cos \omega t$，$r\omega^2 \sin \omega t$

C. $r \sin \omega t$，$r\omega \cos \omega t$

D. $r\omega \sin \omega t$，$r\omega^2 \cos \omega t$

54. 重力为W的货物由电梯载运下降，当电梯加速下降、匀速下降及减速下降时，货物对地板的压力分别为F_1、F_2、F_3，则它们之间的关系正确的是：

A. $F_1 = F_2 = F_3$ 　　　　　　　　　B. $F_1 > F_2 > F_3$

C. $F_1 < F_2 < F_3$ 　　　　　　　　　D. $F_1 < F_2 > F_3$

55. 均质圆盘的质量为m，半径为R，在铅垂平面内绕O轴转动，图示瞬时角速度为ω，则其对O轴的动量矩大小为：

A. $mR\omega$

B. $\frac{1}{2}mR\omega$

C. $\frac{1}{2}mR^2\omega$

D. $\frac{3}{2}mR^2\omega$

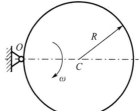

56. 均质圆柱体半径为R，质量为m，绕关于对纸面垂直的固定水平轴自由转动，初瞬时静止$\theta = 0°$，如图所示，则圆柱体在任意位置θ时的角速度为：

A. $\sqrt{\dfrac{4g(1-\sin\theta)}{3R}}$

B. $\sqrt{\dfrac{4g(1-\cos\theta)}{3R}}$

C. $\sqrt{\dfrac{2g(1-\cos\theta)}{3R}}$

D. $\sqrt{\dfrac{g(1-\cos\theta)}{2R}}$

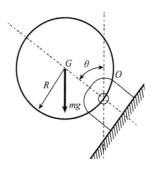

57. 质量为 m 的物体 A，置于水平成 θ 角的倾面 B 上，如图所示，A 与 B 间的摩擦系数为 f，当保持 A 与 B 一起以加速度 a 水平向右运动时，则物块 A 的惯性力是：

A. $ma(\leftarrow)$

B. $ma(\rightarrow)$

C. $ma(\nearrow)$

D. $ma(\swarrow)$

58. 一无阻尼弹簧—质量系统受简谐激振力作用，当激振频率 $\omega_1 = 6\text{rad/s}$ 时，系统发生共振，给质量块增加 1kg 的质量后重新试验，测得共振频率 $\omega_2 = 5.86\text{rad/s}$。则原系统的质量及弹簧刚度系数是：

A. 19.69kg，623.55N/m

B. 20.69kg，623.55N/m

C. 21.69kg，744.84N/m

D. 20.69kg，744.84N/m

59. 图示四种材料的应力-应变曲线中，强度最大的材料是：

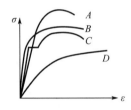

A. A

B. B

C. C

D. D

60. 图示等截面直杆，杆的横截面面积为 A，材料的弹性模量为 E，在图示轴向荷载作用下杆的总伸长度为：

A. $\Delta L = 0$

B. $\Delta L = \dfrac{FL}{4EA}$

C. $\Delta L = \dfrac{FL}{2EA}$

D. $\Delta L = \dfrac{FL}{EA}$

61. 两根木杆用图示结构连接，尺寸如图所示，在轴向外力 F 作用下，可能引起连接结构发生剪切破坏的名义切应力是：

A. $\tau = \dfrac{F}{ab}$ 　　　　　　　　　　B. $\tau = \dfrac{F}{ah}$

C. $\tau = \dfrac{F}{bh}$ 　　　　　　　　　　D. $\tau = \dfrac{F}{2ab}$

62. 扭转切应力公式 $\tau_\rho = \rho \dfrac{T}{I_{\mathrm{p}}}$ 适用的杆件是：

A. 矩形截面杆 　　　　　　　　B. 任意实心截面杆

C. 弹塑性变形的圆截面杆 　　　　D. 线弹性变形的圆截面杆

63. 已知实心圆轴按强度条件可承担的最大扭矩为 T，若改变该轴的直径，使其横截面积增加 1 倍，则可承担的最大扭矩为：

A. $\sqrt{2}T$ 　　　　　　　　　　B. $2T$

C. $2\sqrt{2}T$ 　　　　　　　　　　D. $4T$

64. 在下列关于平面图形几何性质的说法中，错误的是：

A. 对称轴必定通过图形形心

B. 两个对称轴的交点必为图形形心

C. 图形关于对称轴的静矩为零

D. 使静矩为零的轴必为对称轴

65. 悬臂梁的载荷情况如图所示，若有集中力偶 m 在梁上移动，则梁的内力变化情况是：

A. 剪力图、弯矩图均不变

B. 剪力图、弯矩图均改变

C. 剪力图不变，弯矩图改变

D. 剪力图改变，弯矩图不变

66. 图示悬臂梁，若梁的长度增加 1 倍，则梁的最大正应力和最大切应力与原来相比：

A. 均不变

B. 均为原来的 2 倍

C. 正应力为原来的 2 倍，剪应力不变

D. 正应力不变，剪应力为原来的 2 倍

67. 简支梁受力如图所示，梁的正确挠曲线是图示四条曲线中的：

68. 两单元体分别如图 a）、b）所示。关于其主应力和主方向，下列论述正确的是：

A. 主应力大小和方向均相同

B. 主应力大小相同，但方向不同

C. 主应力大小和方向均不同

D. 主应力大小不同，但方向均相同

69. 图示圆轴截面面积为 A，抗弯截面系数为 W，若同时受到扭矩 T、弯矩 M 和轴向内力 F_N 的作用，按第三强度理论，下面的强度条件表达式中正确的是：

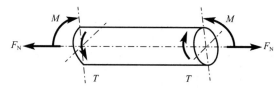

A. $\dfrac{F_N}{A} + \dfrac{1}{W}\sqrt{M^2 + T^2} \leqslant [\sigma]$

B. $\sqrt{\left(\dfrac{F_N}{A}\right)^2 + \left(\dfrac{M}{W}\right)^2 + \left(\dfrac{T}{2W}\right)^2} \leqslant [\sigma]$

C. $\sqrt{\left(\dfrac{F_N}{A} + \dfrac{M}{W}\right)^2 + \left(\dfrac{T}{W}\right)^2} \leqslant [\sigma]$

D. $\sqrt{\left(\dfrac{F_N}{A} + \dfrac{M}{W}\right)^2 + 4\left(\dfrac{T}{W}\right)^2} \leqslant [\sigma]$

70. 图示四根细长（大柔度）压杆，弯曲刚度为 EI。其中具有最大临界荷载 F_{cr} 的压杆是：

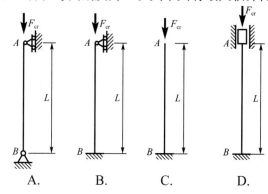

A.　　　　B.　　　　C.　　　　D.

71. 连续介质假设意味着是：

A. 流体分子相互紧连

B. 流体的物理量是连续函数

C. 流体分子间有间隙

D. 流体不可压缩

72. 盛水容器形状如图所示，已知$h_1 = 0.9$m，$h_2 = 0.4$m，$h_3 = 1.1$m，$h_4 = 0.75$m，$h_5 = 1.33$m，则下列各点的相对压强正确的是：

A. $p_1 = 0$，$p_2 = 4.90$kPa，$p_3 = -1.96$kPa，$p_4 = -1.96$kPa，$p_5 = -7.64$kPa

B. $p_1 = -4.90$kPa，$p_2 = 0$，$p_3 = -6.86$kPa，$p_4 = -6.86$kPa，$p_5 = -19.4$kPa

C. $p_1 = 1.96$kPa，$p_2 = 6.86$kPa，$p_3 = 0$，$p_4 = 0$，$p_5 = -5.68$kPa

D. $p_1 = 7.64$kPa，$p_2 = 12.54$kPa，$p_3 = 5.68$kPa，$p_4 = 5.68$kPa，$p_5 = 0$

73. 流体的连续性方程$v_1 A_1 = v_2 A_2$适用于：

A. 可压缩流体

B. 不可压缩流体

C. 理想流体

D. 任何流体

74. 尼古拉兹实验曲线中，当某管路流动在紊流光滑区时，随着雷诺数 Re 的增大，其沿程损失系数λ将：

A. 增大

B. 减小

C. 不变

D. 增大或减小

75. 正常工作条件下的薄壁小孔口d_1与圆柱形外管嘴d_2相等，作用水头H相等，则孔口与管嘴的流量关系正确的是：

A. $Q_1 > Q_2$

B. $Q_1 < Q_2$

C. $Q_1 = Q_2$

D. 条件不足无法确定

76. 半圆形明渠，半径$r_0 = 4$m，水力半径为：

A. 4m

B. 3m

C. 2m

D. 1m

77. 有一完全井，半径$r_0 = 0.3$m，含水层厚度$H = 15$m，抽水稳定后，井水深度$h = 10$m，影响半径$R = 375$m，已知井的抽水量是0.0276m³/s，则土壤的渗透系数k为：

A. 0.0005m/s

B. 0.0015m/s

C. 0.0010m/s

D. 0.00025m/s

78. L为长度量纲，T为时间量纲，则沿程损失系数λ的量纲为：

A. L

B. L/T

C. L^2/T

D. 无量纲

79. 图示铁芯线圈通以直流电流I，并在铁芯中产生磁通Φ，线圈的电阻为R，那么线圈两端的电压为：

A. $U = IR$

B. $U = N\dfrac{\mathrm{d}\Phi}{\mathrm{d}t}$

C. $U = -N\dfrac{\mathrm{d}\Phi}{\mathrm{d}t}$

D. $U = 0$

80. 图示电路，如下关系成立的是：

A. $R = \dfrac{u}{i}$

B. $u = i(R + L)$

C. $i = L\dfrac{\mathrm{d}u}{\mathrm{d}t}$

D. $u_L = L\dfrac{\mathrm{d}i}{\mathrm{d}t}$

81. 图示电路，电流I_s为：

A. -0.8A

B. 0.8A

C. 0.6A

D. -0.6A

82. 图示电流$i(t)$和电压$u(t)$的相量分别为：

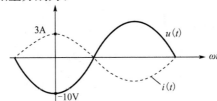

A. $\dot{I} = j2.12\text{A},\ \dot{U} = -j7.07\text{V}$

B. $\dot{I} = 2.12\angle90°\text{A},\ \dot{U} = -7.07\angle-90°\text{V}$

C. $\dot{I} = j3\text{A},\ \dot{U} = -j10\text{V}$

D. $\dot{I} = 3\text{A},\ \dot{U}_\text{m} = -10\text{V}$

83. 额定容量为20kV·A、额定电压为220V的某交流电源，有功功率为8kW、功率因数为0.6的感性负载供电后，负载电流的有效值为：

A. $\dfrac{20\times10^3}{220} = 90.9\text{A}$

B. $\dfrac{8\times10^3}{0.6\times220} = 60.6\text{A}$

C. $\dfrac{8\times10^3}{220} = 36.36\text{A}$

D. $\dfrac{20\times10^3}{0.6\times220} = 151.5\text{A}$

84. 图示电路中，电感及电容元件上没有初始储能，开关 S 在$t = 0$时刻闭合，那么，在开关闭合瞬间$(t = 0)$，电路中取值为 10V 的电压是：

A. u_L

B. u_C

C. $u_\text{R1} + U_\text{R2}$

D. u_R2

85. 设图示变压器为理想器件，且$u_s = 90\sqrt{2}\sin\omega t$ V，开关 S 闭合时，信号源的内阻R_1与信号源右侧电路的等效电阻相等，那么，开关 S 断开后，电压u_1：

A. 因变压器的匝数比k、电阻R_L和R_1未知而无法确定

B. $u_1 = 45\sqrt{2}\sin\omega t$ V

C. $u_1 = 60\sqrt{2}\sin\omega t$ V

D. $u_1 = 30\sqrt{2}\sin\omega t$ V

86. 三相异步电动机在满载启动时，为了不引起电网电压的过大波动，则应该采用的异步电动机类型和启动方案是：

A. 鼠笼式电动机和 Y-△ 降压启动

B. 鼠笼式电动机和自耦调压器降压启动

C. 绕线式电动机和转子绕组串电阻启动

D. 绕线式电动机和 Y-△ 降压启动

87. 在模拟信号、采样信号和采样保持信号这几种信号中，属于连续时间信号的是：

A. 模拟信号与采样保持信号 B. 模拟信号和采样信号

C. 采样信号与采样保持信号 D. 采样信号

88. 模拟信号$u_1(t)$和$u_2(t)$的幅值频谱分别如图 a）和图 b）所示，则在时域中：

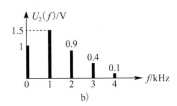

A. $u_1(t)$和$u_2(t)$是同一个函数

B. $u_1(t)$和$u_2(t)$都是离散时间函数

C. $u_1(t)$和$u_2(t)$都是周期性连续时间函数

D. $u_1(t)$是非周期性时间函数，$u_2(t)$是周期性时间函数

89. 放大器在信号处理系统中的作用是：

A. 从信号中提取有用信息

B. 消除信号中的干扰信号

C. 分解信号中的谐波成分

D. 增强信号的幅值以便后续处理

90. 对逻辑表达式$ABC + A\overline{B} + AB\overline{C}$的化简结果是：

A. A

B. $A\overline{B}$

C. AB

D. $AB\overline{C}$

91. 已知数字信号A和数字信号B的波形如图所示，则数字信号$F = \overline{A + B}$的波形为：

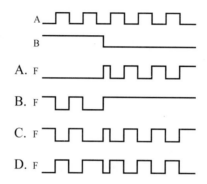

92. 逻辑函数$F = f(A, B, C)$的真值表如下所示，由此可知：

A	B	C	F
0	0	0	0
0	0	1	1
0	1	0	1
0	1	1	0
1	0	0	0
1	0	1	0
1	1	0	0
1	1	1	0

A. $F = \overline{A}\,\overline{B}C + B\overline{C}$

B. $F = \overline{A}\,\overline{B}C + \overline{A}B\overline{C}$

C. $F = \overline{A}\,B\overline{C} + \overline{A}BC$

D. $F = A\overline{B}\,\overline{C} + ABC$

93. 二极管应用电路如图所示，图中，$u_A = 1V$，$u_B = 5V$，$R = 1k\Omega$，设二极管均为理想器件，则电流 $i_R =$

A. 5mA

B. 1mA

C. 6mA

D. 0mA

94. 图示电路中，能够完成加法运算的电路：

a)　　　　　　　　　　b)　　　　　　　　　　c)

A. 是图 a）和图 b）
B. 仅是图 a）

C. 仅是图 b）
D. 是图 c）

95. 图 a）示电路中，复位信号及时钟脉冲信号如图 b）所示，经分析可知，在 t_1 时刻，输出 Q_{JK} 和 Q_D 分别等于：

a)　　　　　　　　　　b)

A. 0　0
B. 0　1

C. 1　0
D. 1　1

附：D 触发器的逻辑状态表为

D	Q_{n+1}
0	0
1	1

JK 触发器的逻辑状态表为

J	K	Q_{n+1}
0	0	Q_n
0	1	0
1	0	1
1	1	$\overline{Q}_n$

96. 图 a）示时序逻辑电路的工作波形如图 b）所示，由此可知，图 a）电路是一个：

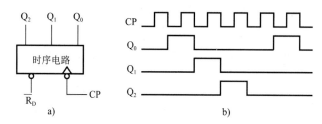

A. 右移寄存器   B. 三进制计数器

C. 四进制计数器   D. 五进制计数器

97. 根据冯·诺依曼结构原理，计算机的 CPU 是由：

A. 运算器、控制器组成   B. 运算器、寄存器组成

C. 控制器、寄存器组成   D. 运算器、存储器组成

98. 在计算机内，为有条不紊地进行信息传输操作，要用总线将硬件系统中的各个部件：

A. 连接起来   B. 串接起来

C. 集合起来   D. 耦合起来

99. 若干台计算机相互协作完成同一任务的操作系统属于：

A. 分时操作系统   B. 嵌入式操作系统

C. 分布式操作系统   D. 批处理操作系统

100. 计算机可以直接执行的程序是用：

A. 自然语言编制的程序   B. 汇编语言编制的程序

C. 机器语言编制的程序   D. 高级语言编制的程序

101. 汉字的国标码是用两个字节码表示的，为与 ASCII 码区别，是将两个字节的最高位：

A. 都置成 0   B. 都置成 1

C. 分别置成 1 和 0   D. 分别置成 0 和 1

102. 下列所列的四条存储容量单位之间换算表达式中，正确的一条是：

A. 1GB = 1024B   B. 1GB = 1024KB

C. 1GB = 1024MB   D. 1GB = 1024TB

103. 下列四条关于防范计算机病毒的方法中，并非有效的一条是：

A. 不使用来历不明的软件   B. 安装防病毒软件

C. 定期对系统进行病毒检测   D. 计算机使用完后锁起来

104. 下面四条描述操作系统与其他软件明显不同的特征中，正确的一条是：

A. 并发性、共享性、随机性   B. 共享性、随机性、动态性

C. 静态性、共享性、同步性   D. 动态性、并发性、异步性

105. 构成信息化社会的主要技术支柱有三个，它们是：

A. 计算机技术、通信技术和网络技术

B. 数据库技术、计算机技术和数字技术

C. 可视技术、大规模集成技术、网络技术

D. 动画技术、网络技术、通信技术

106. 为有效防范网络中的冒充、非法访问等威胁，应采用的网络安全技术是：

A. 数据加密技术   B. 防火墙技术

C. 身份验证与鉴别技术   D. 访问控制与目录管理技术

107. 某项目向银行借款，按半年复利计息，年实际利率为8.6%，则年名义利率为：

A. 8%   B. 8.16%

C. 8.24%   D. 8.42%

108. 对于国家鼓励发展的缴纳增值税的经营性项目，可以获得增值税的优惠。在财务评价中，先征后返的增值税应记作项目的：

A. 补贴收入   B. 营业收入

C. 经营成本   D. 营业外收入

109. 下列筹资方式中，属于项目资本金的筹集方式的是：

A. 银行贷款   B. 政府投资

C. 融资租赁   D. 发行债券

110. 某建设项目预计第三年息税前利润为200万元，折旧与摊销为30万元，所得税为20万元，项目生产期第三年应还本付息金额为100万元。则该年偿债备付率为：

A. 1.5 万元   B. 1.9 万元

C. 2.1 万元   D. 2.5 万元

111. 在进行融资前项目投资现金流量分析时，现金流量应包括：

A. 资产处置收益分配   B. 流动资金

C. 借款本金偿还   D. 借款利息偿还

112. 某拟建生产企业设计年产 6 万 t 化工原料，年固定成本为 1000 万元，单位可变成本、销售税金和单位产品增值税之和为 800 元/t，单位产品售价为 1000 元/t。销售收入和成本费用均采用含税价格表示。以生产能力利用率表示的盈亏平衡点为：

A. 9.25%   B. 21%   C. 66.7%   D. 83.3%

113. 某项目有甲、乙两个建设方案，投资分别为 500 万元和 1000 万元，项目期均为 10 年，甲项目年收益为 140 万元，乙项目年收益为 250 万元。假设基准收益率为 10%，则两项目的差额净现值为：

[已知：$(P/A, 10\%, 10) = 6.1446$]

A. 175.9 万元   B. 360.24 万元

C. 536.14 万元   D. 896.38 万元

114. 某项目打算采用甲工艺进行施工，但经广泛的市场调研和技术论证后，决定用乙工艺代替甲工艺，并达到了同样的施工质量，且成本下降15%。根据价值工程原理，该项目提高价值的途径是：

A. 功能不变，成本降低

B. 功能提高，成本降低

C. 功能和成本均下降，但成本降低幅度更大

D. 功能提高，成本不变

115. 某投资亿元的建设工程，建设工期 3 年，建设单位申请领取施工许可证，经审查该申请不符合法定条件的是：

A. 已取得该建设工程规划许可证

B. 已依法确定施工单位

C. 到位资金达到投资额的30%

D. 该建设工程设计已经发包由某设计单位完成

116. 根据《中华人民共和国安全生产法》，组织制定并实施本单位的生产安全事故应急救援预案的责任人是：

A. 项目负责人   B. 安全生产管理人员

C. 单位主要负责人   D. 主管安全的负责人

117. 根据《中华人民共和国招标投标法》，下列工程建设项目，项目的勘察、设计、施工、监理以及与工程建设有关的重要设备、材料等的采购，按照国家有关规定可不进行招标的是：

A. 大型基础设施、公用事业等关系社会公共利益、公众安全的项目

B. 全部或者部分使用国有资金投资或者国家融资的项目

C. 使用国际组织或者外国政府贷款、援助基金的项目

D. 利用扶贫资金实行以工代赈、需要使用农民工的项目

118. 订立合同需要经过要约和承诺两个阶段，下列关于要约的说法，错误的是：

A. 要约是希望和他人订立合同的意思表示

B. 要约内容应当具体明确

C. 要约是吸引他人向自己提出订立合同的意思表示

D. 经受要约人承诺，要约人即受该意思表示约束

119. 根据《中华人民共和国行政许可法》，行政机关对申请人提出的行政许可申请，应当根据不同情况分别作出处理。下列行政机关的处理，符合规定的是：

A. 申请事项依法不需要取得行政许可的，应当即时告知申请人向有关行政机关申请

B. 申请事项依法不属于本行政机关职权范围内的，应当即时告知申请人不需申请

C. 申请材料存在可以当场更正的错误的，应当告知申请人 3 日内补正

D. 申请材料不齐全，应当当场或者在 5 日内一次告知申请人需要补正的全部内容

120. 根据《建设工程质量管理条例》，下列有关建设单位的质量责任和义务的说法，正确的是：

A. 建设工程发包单位不得暗示承包方以低价竞标

B. 建设单位在办理工程质量监督手续前，应当领取施工许可证

C. 建设单位可以明示或者暗示设计单位违反工程建设强制性标准

D. 建设单位提供的与建设工程有关的原始资料必须真实、准确、齐全

2020 年度全国勘察设计注册工程师

执业资格考试试卷

基础考试
（上）

二〇二〇年十月

应考人员注意事项

1. 本试卷科目代码为"1"，考生务必将此代码填涂在答题卡"科目代码"相应的栏目内，否则，无法评分。

2. 书写用笔：**黑色或蓝色钢笔、签字笔或圆珠笔**；

   填涂答题卡用笔：**黑色 2B 铅笔**。

3. 必须用书写用笔将工作单位、姓名、准考证号填写在答题卡和试卷相应的栏目内。

4. 本试卷由 120 题组成，每题 1 分，满分 120 分，本试卷全部为单项选择题，每小题的四个备选项中只有一个正确答案，错选、多选、不选均不得分。

5. 考生作答时，必须按**题号在答题卡上**将相应试题所选选项对应的**字母用 2B 铅笔涂黑**。

6. 在答题卡上书写与题意无关的语言，或在答题卡上作标记的，均按违纪试卷处理。

7. 考试结束时，由监考人员当面将试卷、答题卡一并收回。

8. 草稿纸由各地统一配发，考后收回。

单项选择题（共120题，每题1分。每题的备选项中只有一个最符合题意。）

1. 当$x \to +\infty$时，下列函数为无穷大量的是：

   A. $\frac{1}{2+x}$

   B. $x\cos x$

   C. $e^{3x} - 1$

   D. $1 - \arctan x$

2. 设函数$y = f(x)$满足$\lim\limits_{x \to x_0} f'(x) = \infty$，且曲线$y = f(x)$在$x = x_0$处有切线，则此切线：

   A. 与ox轴平行

   B. 与oy轴平行

   C. 与直线$y = -x$平行

   D. 与直线$y = x$平行

3. 设可微函数$y = y(x)$由方程$\sin y + e^x - xy^2 = 0$所确定，则微分dy等于：

   A. $\frac{-y^2 + e^x}{\cos y - 2xy}dx$

   B. $\frac{y^2 + e^x}{\cos y - 2xy}dx$

   C. $\frac{y^2 + e^x}{\cos y + 2xy}dx$

   D. $\frac{y^2 - e^x}{\cos y - 2xy}dx$

4. 设$f(x)$的二阶导数存在，$y = f(e^x)$，则$\frac{d^2 y}{dx^2}$等于：

   A. $f''(e^x)e^x$

   B. $[f''(e^x) + f'(e^x)]e^x$

   C. $f''(e^x)e^{2x} + f'(e^x)e^x$

   D. $f''(e^x)e^x + f'(e^x)e^{2x}$

5. 下列函数在区间$[-1,1]$上满足罗尔定理条件的是：

   A. $f(x) = \sqrt[3]{x^2}$

   B. $f(x) = \sin x^2$

   C. $f(x) = |x|$

   D. $f(x) = \frac{1}{x}$

6. 曲线$f(x) = x^4 + 4x^3 + x + 1$在区间$(-\infty, +\infty)$上的拐点个数是：

   A. 0

   B. 1

   C. 2

   D. 3

7. 已知函数$f(x)$的一个原函数是$1 + \sin x$，则不定积分$\int xf'(x)dx$等于：

   A. $(1 + \sin x)(x - 1) + C$

   B. $x\cos x - (1 + \sin x) + C$

   C. $-x\cos x + (1 + \sin x) + C$

   D. $1 + \sin x + C$

8. 由曲线$y = x^3$，直线$x = 1$和ox轴所围成的平面图形绕ox轴旋转一周所形成的旋转的体积是：

A. $\frac{\pi}{7}$ B. 7π

C. $\frac{\pi}{6}$ D. 6π

9. 设向量$\boldsymbol{\alpha} = (5,1,8)$，$\boldsymbol{\beta} = (3,2,7)$，若$\lambda\boldsymbol{\alpha} + \boldsymbol{\beta}$与$oz$轴垂直，则常数$\lambda$等于：

A. $\frac{7}{8}$ B. $-\frac{7}{8}$

C. $\frac{8}{7}$ D. $-\frac{8}{7}$

10. 过点$M_1(0,-1,2)$和$M_2(1,0,1)$且平行于z轴的平面方程是：

A. $x - y = 0$ B. $\frac{x}{1} = \frac{y+1}{-1} = \frac{z-2}{0}$

C. $x + y - 1 = 0$ D. $x - y - 1 = 0$

11. 过点$(1,2)$且切线斜率为$2x$的曲线$y = f(x)$应满足的关系式是：

A. $y' = 2x$ B. $y'' = 2x$

C. $y' = 2x$，$y(1) = 2$ D. $y'' = 2x$，$y(1) = 2$

12. 设D是由直线$y = x$和圆$x^2 + (y-1)^2 = 1$所围成且在直线$y = x$下方的平面区域，则二重积分$\iint\limits_{D} x\mathrm{d}x\mathrm{d}y$等于：

A. $\int_0^{\frac{\pi}{2}} \cos\theta \mathrm{d}\theta \int_0^{2\cos\theta} \rho^2\mathrm{d}\rho$ B. $\int_0^{\frac{\pi}{2}} \sin\theta \mathrm{d}\theta \int_0^{2\sin\theta} \rho^2\mathrm{d}\rho$

C. $\int_0^{\frac{\pi}{4}} \sin\theta \mathrm{d}\theta \int_0^{2\sin\theta} \rho^2\mathrm{d}\rho$ D. $\int_0^{\frac{\pi}{4}} \cos\theta \mathrm{d}\theta \int_0^{2\sin\theta} \rho^2\mathrm{d}\rho$

13. 已知y_0是微分方程$y'' + py' + qy = 0$的解，y_1是微分方程$y'' + py' + qy = f(x)[f(x) \neq 0]$的解，则下列函数中的微分方程$y'' + py' + qy = f(x)$的解是：

A. $y = y_0 + C_1y_1$（C_1是任意常数）

B. $y = C_1y_1 + C_2y_0$（C_1、C_2是任意常数）

C. $y = y_0 + y_1$

D. $y = 2y_1 + 3y_0$

14. 设 $z = \dfrac{1}{x}e^{xy}$，则全微分 $dz\big|_{(1,-1)}$ 等于：

A. $e^{-1}(dx + dy)$

B. $e^{-1}(-2dx + dy)$

C. $e^{-1}(dx - dy)$

D. $e^{-1}(dx + 2dy)$

15. 设 L 为从原点 $O(0,0)$ 到点 $A(1,2)$ 的有向直线段，则对坐标的曲线积分 $\int_L -ydx + xdy$ 等于：

A. 0

B. 1

C. 2

D. 3

16. 下列级数发散的是：

A. $\displaystyle\sum_{n=1}^{\infty} \dfrac{n^2}{3n^4+1}$

B. $\displaystyle\sum_{n=1}^{\infty} \dfrac{1}{\sqrt[3]{n(n-1)}}$

C. $\displaystyle\sum_{n=1}^{\infty} \dfrac{(-1)^n}{\sqrt{n}}$

D. $\displaystyle\sum_{n=1}^{\infty} \dfrac{5}{3^n}$

17. 设函数 $z = f^2(xy)$，其中 $f(u)$ 具有二阶导数，则 $\dfrac{\partial^2 z}{\partial x^2}$ 等于：

A. $2y^3 f'(xy)f''(xy)$

B. $2y^2[f'(xy) + f''(xy)]$

C. $2y\{[f'(xy)]^2 + f''(xy)\}$

D. $2y^2\{[f'(xy)]^2 + f(xy)f''(xy)\}$

18. 若幂级数 $\displaystyle\sum_{n=1}^{\infty} a_n(x+2)^n$ 在 $x = 0$ 处收敛，在 $x = -4$ 处发散，则幂级数 $\displaystyle\sum_{n=1}^{\infty} a_n(x-1)^n$ 的收敛域是：

A. $(-1,3)$

B. $[-1,3)$

C. $(-1,3]$

D. $[-1,3]$

19. 设 $\boldsymbol{A}$ 为 n 阶方阵，$\boldsymbol{B}$ 是只对调 $\boldsymbol{A}$ 的一、二列所得的矩阵，若 $|\boldsymbol{A}| \neq |\boldsymbol{B}|$，则下面结论中一定成立的是：

A. $|\boldsymbol{A}|$ 可能为 0

B. $|\boldsymbol{A}| \neq 0$

C. $|\boldsymbol{A} + \boldsymbol{B}| \neq 0$

D. $|\boldsymbol{A} - \boldsymbol{B}| \neq 0$

20. 设 $A = \begin{bmatrix} 1 & x & 1 \\ x & 1 & y \\ 1 & y & 1 \end{bmatrix}$，$B = \begin{bmatrix} 0 & 0 & 0 \\ 0 & 1 & 0 \\ 0 & 0 & 2 \end{bmatrix}$，且 A 与 B 相似，则下列结论中成立的是：

    A. $x = y = 0$ B. $x = 0$，$y = 1$

    C. $x = 1$，$y = 0$ D. $x = y = 1$

21. 若向量组 $\boldsymbol{\alpha}_1 = (a, 1, 1)^{\mathrm{T}}$，$\boldsymbol{\alpha}_2 = (1, a, -1)^{\mathrm{T}}$，$\boldsymbol{\alpha}_3 = (1, -1, a)^{\mathrm{T}}$ 线性相关，则 a 的取值为：

    A. $a = 1$ 或 $a = -2$ B. $a = -1$ 或 $a = 2$

    C. $a > 2$ D. $a > -1$

22. 设 A、B 是两事件，$P(A) = \frac{1}{4}$，$P(B|A) = \frac{1}{3}$，$P(A|B) = \frac{1}{2}$，则 $P(A \cup B)$ 等于：

    A. $\frac{3}{4}$ B. $\frac{3}{5}$

    C. $\frac{1}{2}$ D. $\frac{1}{3}$

23. 设随机变量 X 与 Y 相互独立，方差 $D(X) = 1$，$D(Y) = 3$，则方差 $D(2X - Y)$ 等于：

    A. 7 B. -1

    C. 1 D. 4

24. 设随机变量 X 与 Y 相互独立，且 $X \sim N(\mu_1, \sigma_1^2)$，$Y \sim N(\mu_2, \sigma_2^2)$，则 $Z = X + Y$ 服从的分布是：

    A. $N(\mu_1, \sigma_1^2 + \sigma_2^2)$ B. $N(\mu_1 + \mu_2, \sigma_1 \sigma_2)$

    C. $N(\mu_1 + \mu_2, \sigma_1^2 \sigma_2^2)$ D. $N(\mu_1 + \mu_2, \sigma_1^2 + \sigma_2^2)$

25. 某理想气体分子在温度 T_1 时的方均根速率等于温度 T_2 时的最概然速率，则两温度之比 $\frac{T_2}{T_1}$ 等于：

    A. $\frac{3}{2}$ B. $\frac{2}{3}$

    C. $\sqrt{\frac{3}{2}}$ D. $\sqrt{\frac{2}{3}}$

26. 一定量的理想气体经等压膨胀后，气体的：

    A. 温度下降，做正功   B. 温度下降，做负功

    C. 温度升高，做正功   D. 温度升高，做负功

27. 一定量的理想气体从初态经一热力学过程达到末态，如初、末态均处于同一温度线上，则此过程中的内能变化 ΔE 和气体做功 W 为：

A. $\Delta E = 0$，W 可正可负　　　　　　　　B. $\Delta E = 0$，W 一定为正

C. $\Delta E = 0$，W 一定为负　　　　　　　　D. $\Delta E > 0$，W 一定为正

28. 具有相同温度的氧气和氢气的分子平均速率之比 $\dfrac{\bar{v}_{O_2}}{\bar{v}_{H_2}}$ 为：

A. 1　　　　　　　　　　　　　　　　　　B. $\dfrac{1}{2}$

C. $\dfrac{1}{3}$　　　　　　　　　　　　　　　　D. $\dfrac{1}{4}$

29. 一卡诺热机，低温热源的温度为 27℃，热机效率为 40%，其高温热源温度为：

A. 500K　　　　　　　　　　　　　　　　B. 45℃

C. 400K　　　　　　　　　　　　　　　　D. 500℃

30. 一平面简谐波，波动方程为 $y = 0.02 \sin(\pi t + x)$ (SI)，波动方程的余弦形式为：

A. $y = 0.02 \cos\left(\pi t + x + \dfrac{\pi}{2}\right)$ (SI)

B. $y = 0.02 \cos\left(\pi t + x - \dfrac{\pi}{2}\right)$ (SI)

C. $y = 0.02 \cos(\pi t + x + \pi)$ (SI)

D. $y = 0.02 \cos\left(\pi t + x + \dfrac{\pi}{4}\right)$ (SI)

31. 一简谐波的频率 $\nu = 2000$Hz，波长 $\lambda = 0.20$m，则该波的周期和波速为：

A. $\dfrac{1}{2000}$s，400m/s　　　　　　　　B. $\dfrac{1}{2000}$s，40m/s

C. 2000s，400m/s　　　　　　　　　　　D. $\dfrac{1}{2000}$s，20m/s

32. 两列相干波，其表达式分别为 $y_1 = 2A\cos 2\pi\left(\nu t - \dfrac{x}{2}\right)$ 和 $y_2 = A\cos 2\pi\left(\nu t + \dfrac{x}{2}\right)$，在叠加后形成的合成波中，波中质元的振幅范围是：

A. $A \sim 0$　　　　　　　　　　　　　　B. $3A \sim 0$

C. $3A \sim -A$　　　　　　　　　　　　　D. $3A \sim A$

33. 图示为一平面简谐机械波在t时刻的波形曲线，若此时A点处媒质质元的弹性势能在减小，则：

A. A点处质元的振动动能在减小

B. A点处质元的振动动能在增加

C. B点处质元的振动动能在增加

D. B点处质元在正向平衡位置处运动

34. 在双缝干涉实验中，设缝是水平的，若双缝所在的平板稍微向上平移，其他条件不变，则屏上的干涉条纹：

A. 向下平移，且间距不变　　　　　　B. 向上平移，且间距不变

C. 不移动，但间距改变　　　　　　　D. 向上平移，且间距改变

35. 在空气中有一肥皂膜，厚度为$0.32\mu m$（$1\mu m = 10^{-6}m$），折射率$n = 1.33$，若用白光垂直照射，通过反射，此膜呈现的颜色大体是：

A. 紫光（430nm）　　　　　　　　　B. 蓝光（470nm）

C. 绿光（566nm）　　　　　　　　　D. 红光（730nm）

36. 三个偏振片P_1、P_2与P_3堆叠在一起，P_1和P_3的偏振化方向相互垂直，P_2和P_1的偏振化方向间的夹角为$30°$，强度为I_0的自然光垂直入射于偏振片P_1，并依次通过偏振片P_1、P_2与P_3，则通过三个偏振片后的光强为：

A. $I = I_0/4$　　　　　　　　　　　B. $I = I_0/8$

C. $I = 3I_0/32$　　　　　　　　　　D. $I = 3I_0/8$

37. 主量子数$n = 3$的原子轨道最多可容纳的电子总数是：

A. 10　　　　　B. 8　　　　　C. 18　　　　　D. 32

38. 下列物质中，同种分子间不存在氢键的是：

A. HI　　　　　　　　　　　　　　B. HF

C. NH_3　　　　　　　　　　　　　D. C_2H_5OH

39. 已知铁的相对原子质量是56，测得100mL某溶液中含有112mg铁，则溶液中铁的浓度为：

A. $2mol \cdot L^{-1}$　　　　　　　　　B. $0.2mol \cdot L^{-1}$

C. $0.02mol \cdot L^{-1}$　　　　　　　　D. $0.002mol \cdot L^{-1}$

40. 已知$K^\ominus(\text{HOAc})=1.8\times10^{-5}$，$0.1\text{mol}\cdot\text{L}^{-1}\text{NaOAc}$溶液的 pH 值为：

A. 2.87   B. 11.13

C. 5.13   D. 8.88

41. 在 298K，100kPa 下，反应$2\text{H}_2(g)+\text{O}_2(g)=\!=2\text{H}_2\text{O}(l)$的$\Delta_r\text{H}_m^\ominus=-572\text{kJ}\cdot\text{mol}^{-1}$，则$\text{H}_2\text{O}(l)$的$\Delta_f\text{H}_m^\ominus$是：

A. $572\text{kJ}\cdot\text{mol}^{-1}$ B. $-572\text{kJ}\cdot\text{mol}^{-1}$

C. $286\text{kJ}\cdot\text{mol}^{-1}$ D. $-286\text{kJ}\cdot\text{mol}^{-1}$

42. 已知 298K 时，反应$\text{N}_2\text{O}_4(g)\rightleftharpoons2\text{NO}_2(g)$的$K^\ominus=0.1132$，在 298K 时，如$p(\text{N}_2\text{O}_4)=p(\text{NO}_2)=100\text{kPa}$，则上述反应进行的方向是：

A. 反应向正向进行   B. 反应向逆向进行

C. 反应达平衡状态   D. 无法判断

43. 有原电池$(-)\text{Zn}\mid\text{ZnSO}_4(C_1)\parallel\text{CuSO}_4(C_2)\mid\text{Cu}(+)$，如提高$\text{ZnSO}_4$浓度$C_1$的数值，则原电池电动势：

A. 变大   B. 变小

C. 不变   D. 无法判断

44. 结构简式为$(\text{CH}_3)_2\text{CHCH}(\text{CH}_3)\text{CH}_2\text{CH}_3$的有机物的正确命名是：

A. 2-甲基-3-乙基戊烷   B. 2，3-二甲基戊烷

C. 3，4-二甲基戊烷   D. 1，2-二甲基戊烷

45. 化合物对羟基苯甲酸乙酯，其结构式为 HO—⬡—COOC_2H_5，它是一种常用的化妆品防霉剂。

下列叙述正确的是：

A. 它属于醇类化合物

B. 它既属于醇类化合物，又属于酯类化合物

C. 它属于醚类化合物

D. 它属于酚类化合物，同时还属于酯类化合物

46. 某高聚物分子的一部分为：

$-CH_2-CH-CH_2-CH-CH_2-CH-$ 在下列叙述中，正确的是：
$\quad\quad\quad\quad COOCH_3\quad\quad COOCH_3\quad\quad COOCH_3$

A. 它是缩聚反应的产物

B. 它的链节为

$$
\begin{array}{cc}
CH_3 & H \\
| & | \\
-C- & C \\
| & | \\
H & COOCH_3
\end{array}
$$

C. 它的单体为 $CH_2{=}CHCOOCH_3$ 和 $CH_2{=}CH_2$

D. 它的单体为 $CH_2{=}CHCOOCH_3$

47. 结构如图所示，杆 DE 的点 H 由水平绳拉住，其上的销钉 C 置于杆 AB 的光滑直槽中，各杆自重均不计。则销钉 C 处约束力的作用线与 x 轴正向所成的夹角为：

A. 0°　　　　　　B. 90°　　　　　　C. 60°　　　　　　D. 150°

48. 直角构件受力 $F = 150N$，力偶 $M = \dfrac{1}{2}Fa$ 作用，如图所示，$a = 50cm$，$\theta = 30°$，则该力系对 B 点的合力矩为：

A. $M_B = 3750N \cdot cm$（顺时针）　　　　B. $M_B = 3750N \cdot cm$（逆时针）

C. $M_B = 12990N \cdot cm$（逆时针）　　　　D. $M_B = 12990N \cdot cm$（顺时针）

49. 图示多跨梁由 AC 和 CD 铰接而成，自重不计。已知 $q = 10\text{kN/m}$，$M = 40\text{kN·m}$，$F = 2\text{kN}$ 作用在 AB 中点，且 $\theta = 45°$，$L = 2\text{m}$。则支座 D 的约束力为：

A. $F_D = 10\text{kN}$（铅垂向上）

B. $F_D = 15\text{kN}$（铅垂向上）

C. $F_D = 40.7\text{kN}$（铅垂向上）

D. $F_D = 14.3\text{kN}$（铅垂向下）

50. 图示物块重力 $F_p = 100\text{N}$ 处于静止状态，接触面处的摩擦角 $\varphi_m = 45°$，在水平力 $F = 100\text{N}$ 的作用下，物块将：

A. 向右加速滑动

B. 向右减速滑动

C. 向左加速滑动

D. 处于临界平衡状态

51. 已知动点的运动方程为 $x = t^2$，$y = 2t^4$，则其轨迹方程为：

A. $x = t^2 - t$

B. $y = 2t$

C. $y - 2x^2 = 0$

D. $y + 2x^2 = 0$

52. 一炮弹以初速度 v_0 和仰角 α 射出。对于图示直角坐标的运动方程为 $x = v_0 \cos\alpha t$，$y = v_0 \sin\alpha t - \frac{1}{2}gt^2$，则当 $t = 0$ 时，炮弹的速度大小为：

A. $v_0 \cos\alpha$

B. $v_0 \sin\alpha$

C. v_0

D. 0

53. 滑轮半径$r = 50mm$，安装在发动机上旋转，其皮带的运动速度为20m/s，加速度为6m/s²。扇叶半径$R = 75mm$，如图所示。则扇叶最高点B的速度和切向加速度分别为：

A. 30m/s，9m/s²

B. 60m/s，9m/s²

C. 30m/s，6m/s²

D. 60m/s，18m/s²

54. 质量为m的小球，放在倾角为α的光滑面上，并用平行于斜面的软绳将小球固定在图示位置，如斜面与小球均以加速度a向左运动，则小球受到斜面的约束力N应为：

A. $N = mg\cos\alpha - ma\sin\alpha$

B. $N = mg\cos\alpha + ma\sin\alpha$

C. $N = mg\cos\alpha$

D. $N = ma\sin\alpha$

55. 图示质量$m = 5kg$的物体受力拉动，沿与水平面30°夹角的光滑斜平面上移动 6m，其拉动物体的力为 70N，且与斜面平行，则所有力做功之和是：

A. 420N·m

B. −147N·m

C. 273N·m

D. 567N·m

56. 在两个半径及质量均相同的均质滑轮A及B上，各绕以不计质量的绳，如图所示。轮B绳末端挂一重力为P的重物，轮A绳末端作用一铅垂向下的力为P，则此两轮绕以不计质量的绳中拉力大小的关系为：

A. $F_A < F_B$

B. $F_A > F_B$

C. $F_A = F_B$

D. 无法判断

a)　　　　　b)

57. 物块A的质量为8kg，静止放在无摩擦的水平面上。另一质量为4kg的物块B被绳系住，如图所示，滑轮无摩擦。若物块A的加速度$a = 3.3\text{m/s}^2$，则物块B的惯性力是：

A. 13.2N（铅垂向上）

B. 13.2N（铅垂向下）

C. 26.4N（铅垂向上）

D. 26.4N（铅垂向下）

58. 如图所示系统中，$k_1 = 2 \times 10^5\text{N/m}$，$k_2 = 1 \times 10^5\text{N/m}$。激振力$F = 200\sin 50t$，当系统发生共振时，质量$m$是：

A. 80kg

B. 40kg

C. 120kg

D. 100kg

59. 在低碳钢拉伸试验中，冷作硬化现象发生在：

A. 弹性阶段

B. 屈服阶段

C. 强化阶段

D. 局部变形阶段

60. 图示等截面直杆，拉压刚度为EA，杆的总伸长量为：

A. $\dfrac{2Fa}{EA}$

B. $\dfrac{3Fa}{EA}$

C. $\dfrac{4Fa}{EA}$

D. $\dfrac{5Fa}{EA}$

61. 如图所示，钢板用钢轴连接在铰支座上，下端受轴向拉力F，已知钢板和钢轴的许用挤压应力均为$[\sigma_{bs}]$，则钢轴的合理直径d是：

A. $d \geqslant \dfrac{F}{t[\sigma_{bs}]}$

B. $d \geqslant \dfrac{F}{b[\sigma_{bs}]}$

C. $d \geqslant \dfrac{F}{2t[\sigma_{bs}]}$

D. $d \geqslant \dfrac{F}{2b[\sigma_{bs}]}$

62. 如图所示，空心圆轴的外径为D，内径为d，其极惯性矩I_p是：

A. $I_p = \dfrac{\pi}{16}(D^3 - d^3)$

B. $I_p = \dfrac{\pi}{32}(D^3 - d^3)$

C. $I_p = \dfrac{\pi}{16}(D^4 - d^4)$

D. $I_p = \dfrac{\pi}{32}(D^4 - d^4)$

63. 在平面图形的几何性质中，数值可正、可负、也可为零的是：

A. 静矩和惯性矩

B. 静矩和惯性积

C. 极惯性矩和惯性矩

D. 惯性矩和惯性积

64. 若梁ABC的弯矩图如图所示，则该梁上的荷载为：

A. AB段有分布荷载，B截面无集中力偶

B. AB段有分布荷载，B截面有集中力偶

C. AB段无分布荷载，B截面无集中力偶

D. AB段无分布荷载，B截面有集中力偶

65. 承受竖直向下荷载的等截面悬臂梁，结构分别采用整块材料、两块材料并列、三块材料并列和两块材料叠合（未黏结）四种方案，对应横截面如图所示。在这四种横截面中，发生最大弯曲正应力的截面是：

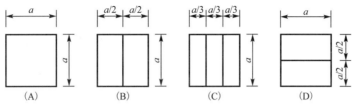

A. 图 A   B. 图 B   C. 图 C   D. 图 D

66. 图示 ACB 用积分法求变形时，确定积分常数的条件是：（式中 V 为梁的挠度，θ 为梁横截面的转角，ΔL 为杆 DB 的伸长变形）

A. $V_A = 0$，$V_B = 0$，$V_{C左} = V_{C右}$，$\theta_C = 0$

B. $V_A = 0$，$V_B = \Delta L$，$V_{C左} = V_{C右}$，$\theta_C = 0$

C. $V_A = 0$，$V_B = \Delta L$，$V_{C左} = V_{C右}$，$\theta_{C左} = \theta_{C右}$

D. $V_A = 0$，$V_B = \Delta L$，$V_C = 0$，$\theta_{C左} = \theta_{C右}$

67. 分析受力物体内一点处的应力状态，如可以找到一个平面，在该平面上有最大切应力，则该平面上的正应力：

A. 是主应力   B. 一定为零

C. 一定不为零   D. 不属于前三种情况

68. 在下面四个表达式中，第一强度理论的强度表达式是：

A. $\sigma_1 \leqslant [\sigma]$

B. $\sigma_1 - \nu(\sigma_2 + \sigma_3) \leqslant [\sigma]$

C. $\sigma_1 - \sigma_3 \leqslant [\sigma]$

D. $\sqrt{\dfrac{1}{2}[(\sigma_1 - \sigma_2)^2 + (\sigma_2 - \sigma_3)^2 + (\sigma_3 - \sigma_1)^2]} \leqslant [\sigma]$

69. 如图所示，正方形截面悬臂梁 AB，在自由端 B 截面形心作用有轴向力 F，若将轴向力 F 平移到 B 截面下缘中点，则梁的最大正应力是原来的：

A. 1 倍

B. 2 倍

C. 3 倍

D. 4 倍

70. 图示矩形截面细长压杆，$h = 2b$（图 a），如果将宽度 b 改为 h 后（图 b，仍为细长压杆），临界力 F_{cr} 是原来的：

A. 16 倍

B. 8 倍

C. 4 倍

D. 2 倍

71. 静止流体能否承受切应力？

A. 不能承受   B. 可以承受

C. 能承受很小的   D. 具有黏性可以承受

72. 水从铅直圆管向下流出，如图所示，已知 $d_1 = 10\text{cm}$，管口处水流速度 $v_1 = 1.8\text{m/s}$，试求管口下方 $h = 2\text{m}$ 处的水流速度 v_2 和直径 d_2：

A. $v_2 = 6.5\text{m/s}$，$d_2 = 5.2\text{cm}$

B. $v_2 = 3.25\text{m/s}$，$d_2 = 5.2\text{cm}$

C. $v_2 = 6.5\text{m/s}$，$d_2 = 2.6\text{cm}$

D. $v_2 = 3.25\text{m/s}$，$d_2 = 2.6\text{cm}$

73. 利用动量定理计算流体对固体壁面的作用力时，进、出口截面上的压强应为：

A. 绝对压强   B. 相对压强

C. 大气压   D. 真空度

74. 一直径为 50mm 的圆管,运动黏性系数 $\nu = 0.18\text{cm}^2/\text{s}$、密度 $\rho = 0.85\text{g/cm}^3$ 的油在管内以 $v = 5\text{cm/s}$ 的速度作层流运动,则沿程损失系数是:

    A. 0.09   B. 0.461

    C. 0.1   D. 0.13

75. 并联长管 1、2,两管的直径相同,沿程阻力系数相同,长度 $L_2 = 3L_1$,通过的流量为:

    A. $Q_1 = Q_2$ B. $Q_1 = 1.5Q_2$

    C. $Q_1 = 1.73Q_2$ D. $Q_1 = 3Q_2$

76. 明渠均匀流只能发生在:

    A. 平坡棱柱形渠道   B. 顺坡棱柱形渠道

    C. 逆坡棱柱形渠道   D. 不能确定

77. 均匀砂质土填装在容器中,已知水力坡度 $J = 0.5$,渗透系数 $k = 0.005\text{cm/s}$,则渗流速度为:

    A. 0.0025cm/s   B. 0.0001cm/s

    C. 0.001cm/s   D. 0.015cm/s

78. 进行水力模型试验,要实现有压管流的相似,应选用的相似准则是:

    A. 雷诺准则   B. 弗劳德准则

    C. 欧拉准则   D. 马赫数

79. 在图示变压器中,左侧线圈中通以直流电流 I,铁芯中产生磁通 Φ。此时,右侧线圈端口上的电压 u_2 是:

    A. 0

    B. $\dfrac{N_2}{N_1}\dfrac{\mathrm{d}\Phi}{\mathrm{d}t}$

    C. $N_1\dfrac{\mathrm{d}\Phi}{\mathrm{d}t}$

    D. $\dfrac{N_1}{N_2}\dfrac{\mathrm{d}\Phi}{\mathrm{d}t}$

80. 将一个直流电源通过电阻R接在电感线圈两端，如图所示。如果$U = 10V$，$I = 1A$，那么，将直流电源换成交流电源后，该电路的等效模型为：

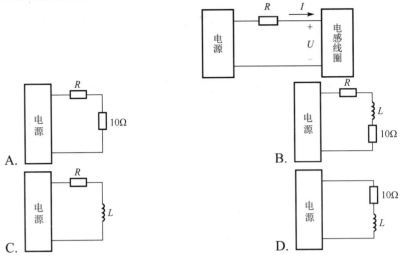

81. 图示电路中，a-b端左侧网络的等效电阻为：

A. $R_1 + R_2$

B. $R_1 /\!/ R_2$

C. $R_1 + R_2 /\!/ R_L$

D. R_2

82. 在阻抗$Z = 10\angle 45°\Omega$两端加入交流电压$u(t) = 220\sqrt{2}\sin(314t + 30°)V$后，电流$i(t)$为：

A. $22\sin(314t + 75°)A$

B. $22\sqrt{2}\sin(314t + 15°)A$

C. $22\sin(314t + 15°)A$

D. $22\sqrt{2}\sin(314t - 15°)A$

83. 图示电路中，$Z_1 = (6 + j8)\Omega$，$Z_2 = -jX_C\Omega$，为使I取得最大值，X_C的数值为：

A. 6

B. 8

C. -8

D. 0

84. 三相电路如图所示，设电灯 D 的额定电压为三相电源的相电压，用电设备 M 的外壳线 a 及电灯 D

另一端线 b 应分别接到：

A. PE 线和 PE 线

B. N 线和 N 线

C. PE 线和 N 线

D. N 线和 PE 线

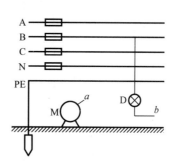

85. 设三相交流异步电动机的空载功率因数为 λ_1，20%额定负载时的功率因数为 λ_2，满载时功率因数为

λ_3，那么以下关系成立的是：

A. $\lambda_1 > \lambda_2 > \lambda_3$ B. $\lambda_3 > \lambda_2 > \lambda_1$

C. $\lambda_2 > \lambda_1 > \lambda_3$ D. $\lambda_3 > \lambda_1 > \lambda_2$

86. 能够实现用电设备连续工作的控制电路为：

87. 下述四个信号中，不能用来表示信息代码"10101"的图是：

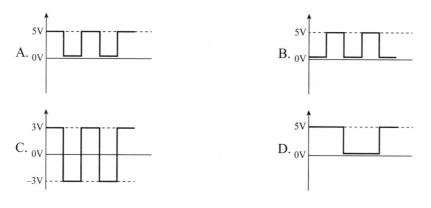

88. 模拟信号 $u_1(t)$ 和 $u_2(t)$ 的幅值频谱分别如图 a）和图 b）所示，则：

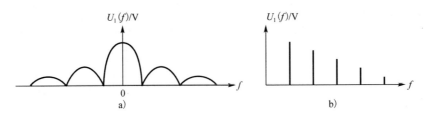

A. $u_1(t)$ 是连续时间信号，$u_2(t)$ 是离散时间信号

B. $u_1(t)$ 是非周期性时间信号，$u_2(t)$ 是周期性时间信号

C. $u_1(t)$ 和 $u_2(t)$ 都是非周期时间信号

D. $u_1(t)$ 和 $u_2(t)$ 都是周期时间信号

89. 以下几种说法中正确的是：

A. 滤波器会改变正弦波信号的频率

B. 滤波器会改变正弦波信号的波形形状

C. 滤波器会改变非正弦周期信号的频率

D. 滤波器会改变非正弦周期信号的波形形状

90. 对逻辑表达式 $ABCD + \bar{A} + \bar{B} + \bar{C} + \bar{D}$ 的简化结果是：

A. 0

B. 1

C. ABCD

D. $\overline{A}\overline{B}\overline{C}\overline{D}$

91. 已知数字电路输入信号 A 和信号 B 的波形如图所示，则数字输出信号 $F = \overline{AB}$ 的波形为：

A. F

B. F

C. F

D. F

92. 逻辑函数$F = f(A, B, C)$的真值表如下，由此可知：

A	B	C	F
0	0	0	0
0	0	1	0
0	1	0	0
0	1	1	1
1	0	0	0
1	0	1	0
1	1	0	1
1	1	1	1

A. $F = BC + AB + \overline{A}B\overline{C} + B\overline{C}$

B. $F = \overline{A}B\overline{C} + AB\overline{C} + AC + ABC$

C. $F = AB + BC + AC$

D. $F = \overline{A}BC + AB\overline{C} + ABC$

93. 晶体三极管放大电路如图所示，在并入电容C_E后，下列不变的量是：

A. 输入电阻和输出电阻

B. 静态工作点和电压放大倍数

C. 静态工作点和输出电阻

D. 输入电阻和电压放大倍数

94. 图示电路中，运算放大器输出电压的极限值$\pm U_{oM}$，输入电压$u_i = U_m \sin \omega t$，现将信号电压u_i从电路的"A"端送入，电路的"B"端接地，得到输出电压u_{o1}。而将信号电压u_i从电路的"B"端输入，电路的"A"接地，得到输出电压u_{o2}。则以下正确的是：

95. 图示逻辑门电路的输出F_1和F_2分别为：

A. A 和 1

B. 0 和 B

C. A 和 B

D. $\overline{A}$ 和 1

96. 图 a）示电路，加入复位信号及时钟脉冲信号如图 b）所示，经分析可知，在t_1时刻，输出 Q_{JK} 和 Q_D 分别等于：

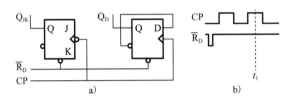

附：D 触发器的逻辑状态表为

D	Q_{n+1}
0	0
1	1

JK 触发器的逻辑状态表为

J	K	Q_{n+1}
0	0	Q_n
0	1	0
1	0	1
1	1	$\overline{Q}_n$

A. 0 0

B. 0 1

C. 1 0

D. 1 1

97. 下面四条有关数字计算机处理信息的描述中，其中不正确的一条是：

A. 计算机处理的是数字信息

B. 计算机处理的是模拟信息

C. 计算机处理的是不连续的离散（0 或 1）信息

D. 计算机处理的是断续的数字信息

98. 程序计数器（PC）的功能是：

    A. 对指令进行译码   B. 统计每秒钟执行指令的数目

    C. 存放下一条指令的地址   D. 存放正在执行的指令地址

99. 计算机的软件系统是由：

    A. 高级语言程序、低级语言程序构成

    B. 系统软件、支撑软件、应用软件构成

    C. 操作系统、专用软件构成

    D. 应用软件和数据库管理系统构成

100. 允许多个用户以交互方式使用计算机的操作系统是：

    A. 批处理单道系统   B. 分时操作系统

    C. 实时操作系统   D. 批处理多道系统

101. 在计算机内，ASCII 码是为：

    A. 数字而设置的一种编码方案

    B. 汉字而设置的一种编码方案

    C. 英文字母而设置的一种编码方案

    D. 常用字符而设置的一种编码方案

102. 在微机系统内，为存储器中的每一个：

    A. 字节分配一个地址   B. 字分配每一个地址

    C. 双字分配一个地址   D. 四字分配一个地址

103. 保护信息机密性的手段有两种，一是信息隐藏，二是数据加密。下面四条表述中，有错误的一条是：

    A. 数据加密的基本方法是编码，通过编码将明文变换为密文

    B. 信息隐藏是使非法者难以找到秘密信息而采用"隐藏"的手段

    C. 信息隐藏与数据加密所采用的技术手段不同

    D. 信息隐藏与数字加密所采用的技术手段是一样的

104. 下面四条有关线程的表述中，其中错误的一条是：

A. 线程有时也称为轻量级进程

B. 有些进程只包含一个线程

C. 线程是所有操作系统分配 CPU 时间的基本单位

D. 把进程再仔细分成线程的目的是为更好地实现并发处理和共享资源

105. 计算机与信息化社会的关系是：

A. 没有信息化社会就不会有计算机

B. 没有计算机在数值上的快速计算，就没有信息化社会

C. 没有计算机及其与通信、网络等的综合利用，就没有信息化社会

D. 没有网络电话就没有信息化社会

106. 域名服务器的作用是：

A. 为连入 Internet 网的主机分配域名

B. 为连入 Internet 网的主机分配 IP 地址

C. 为连入 Internet 网的一个主机域名寻找所对应的 IP 地址

D. 将主机的 IP 地址转换为域名

107. 某人预计 5 年后需要一笔 50 万元的资金，现市场上正发售期限为 5 年的电力债券，年利率为 5.06%，按年复利计息，5 年末一次还本付息，若想 5 年后拿到 50 万元的本利和，他现在应该购买电力债券：

A. 30.52 万元   B. 38.18 万元

C. 39.06 万元   D. 44.19 万元

108. 以下关于项目总投资中流动资金的说法正确的是：

A. 是指工程建设其他费用和预备费之和

B. 是指投产后形成的流动资产和流动负债之和

C. 是指投产后形成的流动资产和流动负债的差额

D. 是指投产后形成的流动资产占用的资金

109. 下列筹资方式中，属于项目债务资金的筹集方式是：

A. 优先股

B. 政府投资

C. 融资租赁

D. 可转换债券

110. 某建设项目预计生产期第三年息税前利润为 200 万元，折旧与摊销为 50 万元，所得税为 25 万元，计入总成本费用的应付利息为 100 万元，则该年的利息备付率为：

A. 1.25

B. 2

C. 2.25

D. 2.5

111. 某项目方案各年的净现金流量见表（单位：万元），其静态投资回收期为：

年份	0	1	2	3	4	5
净现金流量	−100	−50	40	60	60	60

A. 2.17 年

B. 3.17 年

C. 3.83 年

D. 4 年

112. 某项目的产出物为可外贸货物，其离岸价格为 100 美元，影子汇率为 6 元人民币/美元，出口费用为每件 100 元人民币，则该货物的影子价格为：

A. 500 元人民币

B. 600 元人民币

C. 700 元人民币

D. 800 元人民币

113. 某项目有甲、乙两个建设方案，投资分别为 500 万元和 1000 万元，项目期均为 10 年，甲项目年收益为 140 万元，乙项目年收益为 250 万元。假设基准收益率为 8%。已知 $(P/A, 8\%, 10) = 6.7101$，则下列关于该项目方案选择的说法中正确的是：

A. 甲方案的净现值大于乙方案，故应选择甲方案

B. 乙方案的净现值大于甲方案，故应选择乙方案

C. 甲方案的内部收益率大于乙方案，故应选择甲方案

D. 乙方案的内部收益率大于甲方案，故应选择乙方案

114. 用强制确定法（FD法）选择价值工程的对象时，得出某部件的价值系数为1.02，则下列说法正确的是：

A. 该部件的功能重要性与成本比重相当，因此应将该部件作为价值工程对象

B. 该部件的功能重要性与成本比重相当，因此不应将该部件作为价值工程对象

C. 该部件功能重要性较小，而所占成本较高，因此应将该部件作为价值工程对象

D. 该部件功能过高或成本过低，因此应将该部件作为价值工程对象

115. 某在建的建筑工程因故中止施工，建设单位的下列做法符合《中华人民共和国建筑法》的是：

A. 自中止施工之日起一个月内向发证机关报告

B. 自中止施工之日起半年内报发证机关核验施工许可证

C. 自中止施工之日起三个月内向发证机关申请延长施工许可证的有效期

D. 自中止施工之日起满一年，向发证机关重新申请施工许可证

116. 依据《中华人民共和国安全生产法》，企业应当对职工进行安全生产教育和培训，某施工总承包单位对职工进行安全生产培训，其培训的内容不包括：

A. 安全生产知识   B. 安全生产规章制度

C. 安全生产管理能力   D. 本岗位安全操作技能

117. 下列说法符合《中华人民共和国招标投标法》规定的是：

A. 招标人自行招标，应当具有编制招标文件和组织评标的能力

B. 招标人必须自行办理招标事宜

C. 招标人委托招标代理机构办理招标事宜，应当向有关行政监督部门备案

D. 有关行政监督部门有权强制招标人委托招标代理机构办理招标事宜

118. 甲乙双方于4月1日约定采用数据电文的方式订立合同，但双方没有指定特定系统，乙方于4月8日下午收到甲方以电子邮件方式发出的要约，于4月9日上午又收到甲方发出同样内容的传真，甲方于4月9日下午给乙方打电话通知对方，邀约已经发出，请对方尽快做出承诺，则该要约生效的时间是：

A. 4月8日下午   B. 4月9日上午

C. 4月9日下午   D. 4月1日

119. 根据《中华人民共和国行政许可法》规定，行政许可采取统一办理或者联合办理的，办理的时间不得超过：

A. 10 日
B. 15 日

C. 30 日
D. 45 日

120. 依据《建设工程质量管理条例》，建设单位收到施工单位提交的建设工程竣工验收报告申请后，应当组织有关单位进行竣工验收，参加验收的单位可以不包括：

A. 施工单位
B. 工程监理单位

C. 材料供应单位
D. 设计单位

2021 年度全国勘察设计注册工程师

执业资格考试试卷

二○二一年十月

基础考试

（上）

二○二一年十月

应考人员注意事项

1. 本试卷科目代码为"1"，考生务必将此代码填涂在答题卡"科目代码"相应的栏目内，否则，无法评分。

2. 书写用笔：**黑色或蓝色钢笔、签字笔或圆珠笔**；

   填涂答题卡用笔：**黑色 2B 铅笔**。

3. 必须用书写用笔将工作单位、姓名、准考证号填写在答题卡和试卷相应的栏目内。

4. 本试卷由 120 题组成，每题 1 分，满分 120 分，本试卷全部为单项选择题，每小题的四个备选项中只有一个正确答案，错选、多选、不选均不得分。

5. 考生作答时，必须按**题号在答题卡上**将相应试题所选选项对应的**字母用 2B 铅笔涂黑**。

6. 在答题卡上书写与题意无关的语言，或在答题卡上作标记的，均按违纪试卷处理。

7. 考试结束时，由监考人员当面将试卷、答题卡一并收回。

8. 草稿纸由各地统一配发，考后收回。

单项选择题（共 120 题，每题 1 分。每题的备选项中只有一个最符合题意。）

1. 下列结论正确的是：

   A. $\lim\limits_{x \to 0} e^{\frac{1}{x}}$ 存在

   B. $\lim\limits_{x \to 0^-} e^{\frac{1}{x}}$ 存在

   C. $\lim\limits_{x \to 0^+} e^{\frac{1}{x}}$ 存在

   D. $\lim\limits_{x \to 0^+} e^{\frac{1}{x}}$ 存在，$\lim\limits_{x \to 0^-} e^{\frac{1}{x}}$ 不存在，从而 $\lim\limits_{x \to 0} e^{\frac{1}{x}}$ 不存在

2. 当 $x \to 0$ 时，与 x^2 为同阶无穷小的是：

   A. $1 - \cos 2x$

   B. $x^2 \sin x$

   C. $\sqrt{1+x} - 1$

   D. $1 - \cos x^2$

3. 设 $f(x)$ 在 $x = 0$ 的某个邻域有定义，$f(0) = 0$，且 $\lim\limits_{x \to 0} \frac{f(x)}{x} = 1$，则在 $x = 0$ 处：

   A. 不连续

   B. 连续但不可导

   C. 可导且导数为 1

   D. 可导且导数为 0

4. 若 $f\left(\frac{1}{x}\right) = \frac{x}{1+x}$，则 $f'(x)$ 等于：

   A. $\frac{1}{x+1}$

   B. $-\frac{1}{x+1}$

   C. $-\frac{1}{(x+1)^2}$

   D. $\frac{1}{(x+1)^2}$

5. 方程 $x^3 + x - 1 = 0$：

   A. 无实根

   B. 只有一个实根

   C. 有两个实根

   D. 有三个实根

6. 若函数 $f(x)$ 在 $x = x_0$ 处取得极值，则下列结论成立的是：

   A. $f'(x_0) = 0$

   B. $f'(x_0)$ 不存在

   C. $f'(x_0) = 0$ 或 $f'(x_0)$ 不存在

   D. $f''(x_0) = 0$

7. 若 $\int f(x)\,\mathrm{d}x = \int \mathrm{d}g(x)$，则下列各式中正确的是：

   A. $f(x) = g(x)$

   B. $f(x) = g'(x)$

   C. $f'(x) = g(x)$

   D. $f'(x) = g'(x)$

8. 定积分 $\int_{-1}^{1}(x^3+|x|)e^{x^2}\mathrm{d}x$ 的值等于：

A. 0   B. e

C. $e-1$ D. 不存在

9. 曲面 $x^2+y^2+z^2=a^2$ 与 $x^2+y^2=2az$ $(a>0)$ 的交线是：

A. 双曲线   B. 抛物线

C. 圆   D. 不存在

10. 设有直线 $L:\begin{cases} x+3y+2z+1=0 \\ 2x-y-10z+3=0 \end{cases}$ 及平面 $\pi: 4x-2y+z-2=0$，则直线 L：

A. 平行 π B. 垂直于 π

C. 在 π 上   D. 与 π 斜交

11. 已知函数 $f(x)$ 在 $(-\infty,+\infty)$ 内连续，并满足 $f(x)=\int_0^x f(t)\mathrm{d}t$，则 $f(x)$ 为：

A. e^x B. $-e^x$

C. 0   D. e^{-x}

12. 在下列函数中，为微分方程 $y''-y'-2y=6e^x$ 的特解的是：

A. $y=3e^{-x}$ B. $y=-3e^{-x}$

C. $y=3e^x$ D. $y=-3e^x$

13. 设函数 $f(x,y)=\begin{cases} \dfrac{1}{xy}\sin(x^2y) & xy\neq 0 \\ 0 & xy=0 \end{cases}$，则 $f_x'(0,1)$ 等于：

A. 0   B. 1

C. 2   D. -1

14. 设函数 $f(u)$ 连续，而区域 $D:x^2+y^2\leqslant 1$，且 $x\geqslant 0$，则二重积分 $\iint\limits_{D} f\left(\sqrt{x^2+y^2}\right)\mathrm{d}x\mathrm{d}y$ 等于：

A. $\pi\int_0^1 f(r)\mathrm{d}r$ B. $\pi\int_0^1 rf(r)\mathrm{d}r$

C. $\dfrac{\pi}{2}\int_0^1 f(r)\mathrm{d}r$ D. $\dfrac{\pi}{2}\int_0^1 rf(r)\mathrm{d}r$

15. 设 L 是圆 $x^2 + y^2 = -2x$，取逆时针方向，则对坐标的曲线积分 $\int_L (x-y)\mathrm{d}x + (x+y)\mathrm{d}y$ 等于：

A. -4π

B. -2π

C. 0

D. 2π

16. 设函数 $z = x^y$，则 $\dfrac{\partial^2 z}{\partial x \partial y}$ 等于：

A. $x^y(1 + \ln x)$

B. $x^y(1 + y\ln x)$

C. $x^{y-1}(1 + y\ln x)$

D. $x^y(1 - x\ln x)$

17. 下列级数中，收敛的级数是：

A. $\displaystyle\sum_{n=1}^{\infty} \dfrac{8^n}{7^n}$

B. $\displaystyle\sum_{n=1}^{\infty} n\sin\dfrac{1}{n}$

C. $\displaystyle\sum_{n=1}^{\infty} \dfrac{1}{\sqrt{n}}$

D. $\displaystyle\sum_{n=1}^{\infty} (-1)^{n-1}\dfrac{1}{\sqrt{n}}$

18. 级数 $\displaystyle\sum_{n=1}^{\infty} n\left(\dfrac{1}{2}\right)^{n-1}$ 的和是：

A. 1

B. 2

C. 3

D. 4

19. 若矩阵 $A = \begin{bmatrix} 1 & 0 & 0 \\ 0 & -1 & -1 \\ 0 & 0 & 1 \end{bmatrix}$，$I = \begin{bmatrix} 1 & 0 & 0 \\ 0 & 1 & 0 \\ 0 & 0 & 1 \end{bmatrix}$，则矩阵 $(A - 2I)^{-1}(A^2 - 4I)$ 为：

A. $\begin{bmatrix} 3 & 0 & 0 \\ 0 & 1 & -1 \\ 0 & 0 & 3 \end{bmatrix}$

B. $\begin{bmatrix} 3 & 0 & 0 \\ 0 & 1 & 0 \\ 0 & 0 & 3 \end{bmatrix}$

C. $\begin{bmatrix} 3 & 0 & 0 \\ 0 & 1 & 1 \\ 0 & 0 & 3 \end{bmatrix}$

D. $\begin{bmatrix} 2 & 0 & 0 \\ 0 & -2 & -2 \\ 0 & 0 & 2 \end{bmatrix}$

20. 已知矩阵 $A = \begin{bmatrix} 0 & 0 & 1 \\ x & 1 & y \\ 1 & 0 & 0 \end{bmatrix}$ 有三个线性无关的特征向量，则下列关系式正确的是：

A. $x + y = 0$

B. $x + y \neq 0$

C. $x + y = 1$

D. $x = y = 1$

21. 设 n 维向量组 α_1，α_2，α_3 是线性方程组 $Ax = 0$ 的一个基础解系，则下列向量组也是 $Ax = 0$ 的基础解系的是：

A. α_1，$\alpha_2 - \alpha_3$

B. $\alpha_1 + \alpha_2$，$\alpha_2 + \alpha_3$，$\alpha_3 + \alpha_1$

C. $\alpha_1 + \alpha_2$，$\alpha_2 + \alpha_3$，$\alpha_1 - \alpha_3$

D. α_1，$\alpha_1 + \alpha_2$，$\alpha_2 + \alpha_3$，$\alpha_1 + \alpha_2 + \alpha_3$

22. 袋子里有 5 个白球，3 个黄球，4 个黑球，从中随机抽取 1 只，已知它不是黑球，则它是黄球的概率是：

A. $\dfrac{1}{8}$
B. $\dfrac{3}{8}$

C. $\dfrac{5}{8}$
D. $\dfrac{7}{8}$

23. 设 X 服从泊松分布 $P(3)$，则 X 的方差与数学期望之比 $\dfrac{D(X)}{E(X)}$ 等于：

A. 3
B. $\dfrac{1}{3}$

C. 1
D. 9

24. 设 $X_1, X_2, \cdots, X_n$ 是来自总体 $X \sim N(\mu, \sigma^2)$ 的样本，$\overline{X}$ 是 $X_1, X_2, \cdots, X_n$ 的样本均值，则 $\sum\limits_{i=1}^{n} \dfrac{(X_i - \overline{X})^2}{\sigma^2}$ 服从的分布是：

A. $F(n)$
B. $t(n)$

C. $\chi^2(n)$
D. $\chi^2(n-1)$

25. 在标准状态下，即压强 $p_0 = 1\text{atm}$，温度 $T = 273.15\text{K}$，一摩尔任何理想气体的体积均为：

A. 22.4L
B. 2.24L

C. 224L
D. 0.224L

26. 理想气体经过等温膨胀过程，其平均自由程 $\overline{\lambda}$ 和平均碰撞次数 $\overline{Z}$ 的变化是：

A. $\overline{\lambda}$ 变大，$\overline{Z}$ 变大
B. $\overline{\lambda}$ 变大，$\overline{Z}$ 变小

C. $\overline{\lambda}$ 变小，$\overline{Z}$ 变大
D. $\overline{\lambda}$ 变小，$\overline{Z}$ 变小

27. 在一热力学过程中，系统内能的减少量全部成为传给外界的热量，此过程一定是：

A. 等体升温过程
B. 等体降温过程

C. 等压膨胀过程
D. 等压压缩过程

28. 理想气体卡诺循环过程的两条绝热线下的面积大小（图中阴影部分）分别为S_1和S_2，则二者的大小

关系是：

A. $S_1 > S_2$

B. $S_1 = S_2$

C. $S_1 < S_2$

D. 无法确定

29. 一热机在一次循环中吸热$1.68 \times 10^2 J$，向冷源放热$1.26 \times 10^2 J$，该热机效率为：

A. 25%   B. 40%

C. 60%   D. 75%

30. 若一平面简谐波的波动方程为$y = A\cos(Bt - Cx)$，式中A、B、C为正值恒量，则：

A. 波速为C B. 周期为$\frac{1}{B}$

C. 波长为$\frac{2\pi}{C}$ D. 角频率为$\frac{2\pi}{B}$

31. 图示为一平面简谐机械波在t时刻的波形曲线，若此时A点处媒质质元的振动动能在增大，则：

A. A点处质元的弹性势能在减小

B. 波沿x轴负方向传播

C. B点处质元振动动能在减小

D. 各点的波的能量密度都不随时间变化

32. 两个相同的喇叭接在同一播音器上，它们是相干波源，二者到P点的距离之差为$\lambda/2$（λ是声波波长），

则P点处为：

A. 波的相干加强点   B. 波的相干减弱点

C. 合振幅随时间变化的点   D. 合振幅无法确定的点

33. 一声波波源相对媒质不动，发出的声波频率是v_0。设以观察者的运动速度为波速的1/2，当观察者远离波源运动时，他接收到的声波频率是：

    A. v_0 B. $2v_0$

    C. $v_0/2$ D. $3v_0/2$

34. 当一束单色光通过折射率不同的两种媒质时，光的：

    A. 频率不变，波长不变   B. 频率不变，波长改变

    C. 频率改变，波长不变   D. 频率改变，波长改变

35. 在单缝衍射中，若单缝处的波面恰好被分成偶数个半波带，在相邻半波带上任何两个对应点所发出的光，在暗条纹处的相位差为：

    A. π B. 2π

    C. $\dfrac{\pi}{2}$ D. $\dfrac{3\pi}{2}$

36. 一束平行单色光垂直入射在光栅上，当光栅常数$(a+b)$为下列哪种情况时（a代表每条缝的宽度），$k = 3$、6、9等级次的主极大均不出现？

    A. $a+b = 2a$ B. $a+b = 3a$

    C. $a+b = 4a$ D. $a+b = 6a$

37. 既能衡量元素金属性又能衡量元素非金属性强弱的物理量是：

    A. 电负性   B. 电离能

    C. 电子亲和能   D. 极化力

38. 下列各组物质中，两种分子之间存在的分子间力只含有色散力的是：

    A. 氢气和氦气   B. 二氧化碳和二氧化硫气体

    C. 氢气和溴化氢气体   D. 一氧化碳和氧气

39. 在$BaSO_4$饱和溶液中，加入Na_2SO_4，溶液中$c(Ba^{2+})$的变化是：

    A. 增大   B. 减小

    C. 不变   D. 不能确定

40. 已知$K^{\ominus}(NH_3 \cdot H_2O) = 1.8 \times 10^{-5}$，浓度均为$0.1mol \cdot L^{-1}$的$NH_3 \cdot H_2O$和$NH_4Cl$混合溶液的 pH 值为：

A. 4.74   B. 9.26

C. 5.74   D. 8.26

41. 已知$HCl(g)$的$\Delta_f H_m^{\ominus} = -92kJ \cdot mol^{-1}$，则反应$H_2(g) + Cl_2(g) = 2HCl(g)$的$\Delta_r H_m^{\ominus}$是：

A. $92kJ \cdot mol^{-1}$ B. $-92kJ \cdot mol^{-1}$

C. $-184kJ \cdot mol^{-1}$ D. $46kJ \cdot mol^{-}$

42. 反应$A(s) + B(g) \rightleftharpoons 2C(g)$在体系中达到平衡，如果保持温度不变，升高体系的总压（减小体积），平衡向左移动，则$K^{\ominus}$的变化是：

A. 增大   B. 减小

C. 不变   D. 无法判断

43. 已知 $E^{\ominus}(Fe^{3+}/Fe^{2+}) = 0.771V$，$E^{\ominus}(Fe^{2+}/Fe) = -0.44V$，$K_{sp}^{\ominus}(Fe(OH)_3) = 2.79 \times 10^{-39}$，$K_{sp}^{\ominus}(Fe(OH)_2) = 4.87 \times 10^{-17}$，有如下原电池$(-)Fe \mid Fe^{2+}(1.0mol \cdot L^{-1}) \| Fe^{3+}(1.0mol \cdot L^{-1})$，$Fe^{2+}(1.0mol \cdot L^{-1}) \mid Pt(+)$，如向两个半电池中均加入 NaOH，最终均使$c(OH^-) = 1.0mol \cdot L^{-1}$，则原电池电动势变化是：

A. 变大   B. 变小

C. 不变   D. 无法判断

44. 下列各组化合物中能用溴水区别的是：

A. 1-己烯和己烷   B. 1-己烯和 1-己炔

C. 2-己烯和 1-己烯   D. 己烷和苯

45. 尼泊金丁酯是国家允许使用的食品防腐剂，它是对羟基苯甲酸与醇形成的酯类化合物。尼泊金丁酯的结构简式为：

A.
$$
\underset{OH}{\overset{\overset{O}{\parallel}}{C}CH_2CH_2CH_2CH_3}
$$

B. $CH_3CH_2CH_2CH_2O$—〇—$\overset{\overset{O}{\parallel}}{C}$—$OH$

C. HO—〇—$\overset{\overset{O}{\parallel}}{C}$—$COCH_2CH_2CH_2CH_3$

D. $H_3CH_2CH_2CC$—$\overset{\overset{O}{\parallel}}{}$—$O$—〇—$OH$

46. 某高分子化合物的结构为：

$$
\cdots—CH_2—\underset{Cl}{CH}—CH_2—\underset{Cl}{CH}—CH_2—\underset{Cl}{CH}—\cdots
$$

在下列叙述中，不正确的是：

A. 它为线型高分子化合物

B. 合成该高分子化合物的反应为缩聚反应

C. 链节为 $—\underset{\underset{H}{|}}{\overset{\overset{H}{|}}{C}}—\underset{\underset{Cl}{|}}{\overset{\overset{H}{|}}{C}}—$

D. 它的单体为 $CH_2=CHCl$

47. 三角形板 ABC 受平面力系作用如图所示。欲求未知力 F_{NA}、F_{NB} 和 F_{NC}，独立的平衡方程组是：

A. $\sum M_C(F)=0$，$\sum M_D(F)=0$，$\sum M_B(F)=0$

B. $\sum F_y=0$，$\sum M_A(F)=0$，$\sum M_B(F)=0$

C. $\sum F_x=0$，$\sum M_A(F)=0$，$\sum M_B(F)=0$

D. $\sum F_x=0$，$\sum M_A(F)=0$，$\sum M_C(F)=0$

48. 图示等边三角板ABC，边长为a，沿其边缘作用大小均为F的力$\boldsymbol{F}_1$、$\boldsymbol{F}_2$、$\boldsymbol{F}_3$，方向如图所示，则此力系可简化为：

A. 平衡

B. 一力和一力偶

C. 一合力偶

D. 一合力

49. 三杆AB、AC及DEH用铰链连接如图所示。已知：$AD=BD=0.5\mathrm{m}$，E端受一力偶作用，其矩$M=1\mathrm{kN\cdot m}$。则支座C的约束力为：

A. $F_C=0$

B. $F_C=2\mathrm{kN}$（水平向右）

C. $F_C=2\mathrm{kN}$（水平向左）

D. $F_C=1\mathrm{kN}$（水平向右）

50. 图示桁架结构中，DH杆的内力大小为：

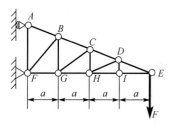

A. F

B. −F

C. 0.5F

D. 0

51. 某点按$x=t^3-12t+2$的规律沿直线轨迹运动（其中t以 s 计，x以 m 计），则$t=3\mathrm{s}$时点经过的路程为：

A. 23m

B. 21m

C. −7m

D. −14m

52. 四连杆机构如图所示。已知曲柄O_1A长为r，AM长为l，角速度为ω、角加速度为ε。则固连在AB杆上的物块M的速度和法向加速度的大小为：

A. $v_M = l\omega$，$a_M^n = l\omega^2$

B. $v_M = l\omega$，$a_M^n = r\omega^2$

C. $v_M = r\omega$，$a_M^n = r\omega^2$

D. $v_M = r\omega$，$a_M^n = l\omega^2$

53. 直角刚杆OAB在图示瞬时角速度$\omega = 2\text{rad/s}$，角加速度$\varepsilon = 5\text{rad/s}^2$，若$OA = 40\text{cm}$，$AB = 30\text{cm}$，则$B$点的速度大小和切向加速度的大小为：

A. 100cm/s；250cm/s^2

B. 80cm/s；200cm/s^2

C. 60cm/s；150cm/s^2

D. 100cm/s；200cm/s^2

54. 设物块A为质点，其重力大小$W = 10\text{N}$，静止在一个可绕y轴转动的平面上，如图所示。绳长$l = 2\text{m}$，取重力加速度$g = 10\text{m/s}^2$。当平面与物块以常角速度2rad/s转动时，则绳中的张力是：

A. 11N

B. 8.66N

C. 5.00N

D. 9.51N

55. 图示均质细杆OA的质量为m，长为l，绕定轴Oz以匀角速度ω转动。设杆与Oz轴的夹角为α，则当杆运动到Oyz平面内的瞬时，细杆OA的动量大小为：

A. $\frac{1}{2}ml\omega$

B. $\frac{1}{2}ml\omega \sin\alpha$

C. $ml\omega \sin\alpha$

D. $\frac{1}{2}ml\omega \cos\alpha$

56. 均质细杆OA，质量为m，长为l。在如图所示水平位置静止释放，当运动到铅直位置时，OA杆的角速度大小为：

A. 0

B. $\sqrt{\dfrac{3g}{l}}$

C. $\sqrt{\dfrac{3g}{2l}}$

D. $\sqrt{\dfrac{g}{3l}}$

57. 质量为m，半径为R的均质圆轮，绕垂直于图面的水平轴O转动，在力偶M的作用下，其常角速度为ω，在图示瞬时，轮心C在最低位置，此时轴承O施加于轮的附加动反力为：

A. $mR\omega/2$(铅垂向上)

B. $mR\omega/2$(铅垂向下)

C. $mR\omega^2/2$(铅垂向上)

D. $mR\omega^2$(铅垂向上)

58. 如图所示系统中，四个弹簧均未受力，已知$m = 50$kg，$k_1 = 9800$N/m，$k_2 = k_3 = 4900$N/m，$k_4 = 19600$N/m。则此系统的固有圆频率为：

A. 19.8rad/s

B. 22.1rad/s

C. 14.1rad/s

D. 9.9rad/s

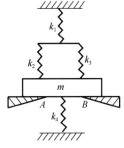

59. 关于铸铁力学性能有以下两个结论：①抗剪能力比抗拉能力差；②压缩强度比拉伸强度高。关于以上结论下列说法正确的是：

A. ①正确，②不正确

B. ②正确，①不正确

C. ①、②都正确

D. ①、②都不正确

60. 等截面直杆DCB，拉压刚度为EA，在B端轴向集中力F作用下，杆中间C截面的轴向位移为：

A. $\dfrac{2Fl}{EA}$

B. $\dfrac{Fl}{EA}$

C. $\dfrac{Fl}{2EA}$

D. $\dfrac{Fl}{4EA}$

61. 图示矩形截面连杆，端部与基础通过铰链轴连接，连杆受拉力F作用，已知铰链轴的许用挤压应力为$[\sigma_{bs}]$，则轴的合理直径d是：

A. $d \geq \dfrac{F}{b[\sigma_{bs}]}$

B. $d \geq \dfrac{F}{h[\sigma_{bs}]}$

C. $d \geq \dfrac{F}{2b[\sigma_{bs}]}$

D. $d \geq \dfrac{F}{2h[\sigma_{bs}]}$

62. 图示圆轴在扭转力矩作用下发生扭转变形，该轴A、B、C三个截面相对于D截面的扭转角间满足：

A. $\varphi_{DA} = \varphi_{DB} = \varphi_{DC}$

B. $\varphi_{DA} = 0$，$\varphi_{DB} = \varphi_{DC}$

C. $\varphi_{DA} = \varphi_{DB} = 2\varphi_{DC}$

D. $\varphi_{DA} = 2\varphi_{DC}$，$\varphi_{DB} = 0$

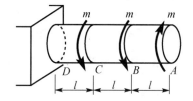

63. 边长为a的正方形，中心挖去一个直径为d的圆后，截面对z轴的抗弯截面系数是：

A. $W_z = \dfrac{a^4}{12} - \dfrac{\pi d^4}{64}$

B. $W_z = \dfrac{a^3}{6} - \dfrac{\pi d^3}{32}$

C. $W_z = \dfrac{a^3}{6} - \dfrac{\pi d^4}{32a}$

D. $W_z = \dfrac{a^3}{6} - \dfrac{\pi d^4}{16a}$

64. 如图所示，对称结构梁在反对称荷载作用下，梁中间C截面的弯曲内力是：

A. 剪力、弯矩均不为零

B. 剪力为零，弯矩不为零

C. 剪力不为零，弯矩为零

D. 剪力、弯矩均为零

65. 悬臂梁ABC的荷载如图所示，若集中力偶m在梁上移动，则梁的内力变化情况是：

A. 剪力图、弯矩图均不变

B. 剪力图、弯矩图均改变

C. 剪力图不变，弯矩图改变

D. 剪力图改变，弯矩图不变

66. 图示梁的正确挠曲线大致形状是：

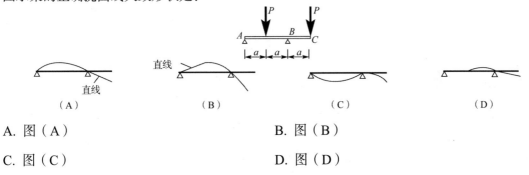

A. 图（A）　　　　　　　　B. 图（B）

C. 图（C）　　　　　　　　D. 图（D）

67. 等截面轴向拉伸杆件上1、2、3三点的单元体如图所示，以上三点应力状态的关系是：

A. 仅1、2点相同

B. 仅2、3点相同

C. 各点均相同

D. 各点均不相同

68. 下面四个强度条件表达式中，对应最大拉应力强度理论的表达式是：

A. $\sigma_1 \leq [\sigma]$

B. $\sigma_1 - v(\sigma_2 + \sigma_3) \leq [\sigma]$

C. $\sigma_1 - \sigma_3 \leq [\sigma]$

D. $\sqrt{\dfrac{1}{2}[(\sigma_1 - \sigma_2)^2 + (\sigma_2 - \sigma_3)^2 + (\sigma_3 - \sigma_1)^2]} \leq [\sigma]$

69. 图示正方形截面杆，上端一个角点作用偏心轴向压力F，该杆的最大压应力是：

A. 100MPa

B. 150MPa

C. 175MPa

D. 25MPa

70. 图示四根细长压杆的抗弯刚度EI相同，临界荷载最大的是：

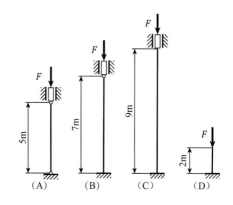

A. 图（A）   B. 图（B）

C. 图（C）   D. 图（D）

71. 用一块平板挡水，其挡水面积为A，形心斜向淹深为h，平板的水平倾角为θ，该平板受到的静水压力为：

A. $\rho g h A \sin \theta$ B. $\rho g h A \cos \theta$

C. $\rho g h A \tan \theta$ D. $\rho g h A$

72. 流体的黏性与下列哪个因素无关?

A. 分子之间的内聚力   B. 分子之间的动量交换

C. 温度   D. 速度梯度

73. 二维不可压缩流场的速度(单位m/s)为：$v_x = 5x^3$，$v_y = -15x^2y$，试求点$x = 1$m，$y = 2$m上的速度：

A. $v = 30.41$m/s，夹角$\tan\theta = 6$

B. $v = 25$m/s，夹角$\tan\theta = 2$

C. $v = 30.41$m/s，夹角$\tan\theta = -6$

D. $v = -25$m/s，夹角$\tan\theta = -2$

74. 圆管有压流动中，判断层流与湍流状态的临界雷诺数为：

A. $2000 \sim 2320$ B. $300 \sim 400$

C. $1200 \sim 1300$ D. $50000 \sim 51000$

75. A、B 为并联管路 1、2、3 的两连接节点，则 A、B 两点之间的水头损失为：

A. $h_{fAB} = h_{f1} + h_{f2} + h_{f3}$

B. $h_{fAB} = h_{f1} + h_{f2}$

C. $h_{fAB} = h_{f2} + h_{f3}$

D. $h_{fAB} = h_{f1} = h_{f2} = h_{f3}$

76. 可能产生明渠均匀流的渠道是：

A. 平坡棱柱形渠道

B. 正坡棱柱形渠道

C. 正坡非棱柱形渠道

D. 逆坡棱柱形渠道

77. 工程上常见的地下水运动属于：

A. 有压渐变渗流   B. 无压渐变渗流

C. 有压急变渗流   D. 无压急变渗流

78. 新设计汽车的迎风面积为 1.5m^2，最大行驶速度为 108km/h，拟在风洞中进行模型试验。已知风洞试验段的最大风速为 45m/s，则模型的迎风面积为：

A. 0.67m^2 B. 2.25m^2

C. 3.6m^2 D. 1m^2

79. 运动的电荷在穿越磁场时会受到力的作用，这种力称为：

A. 库仑力　　　　　　　　　　　B. 洛伦兹力

C. 电场力　　　　　　　　　　　D. 安培力

80. 图示电路中，电压 U_{ab} 为：

A. 5V

B. −4V

C. 3V

D. −3V

81. 图示电路中，电压源单独作用时，电压 $U = U' = 20V$；则电流源单独作用时，电压 $U = U''$ 为：

A. $2R_1$

B. $-2R_1$

C. $0.4R_1$

D. $-0.4R_1$

82. 图示电路中，若 $\omega L = \dfrac{1}{\omega C} = R$，则：

A. $Z_1 = 3R$，$Z_2 = \dfrac{1}{3}R$

B. $Z_1 = R$，$Z_2 = 3R$

C. $Z_1 = 3R$，$Z_2 = R$

D. $Z_1 = Z_2 = R$

83. 某RL串联电路在 $u = U_m \sin \omega t$ 的激励下，等效复阻抗 $Z = 100 + j100\,\Omega$，那么，如果 $u = U_m \sin 2\omega t$，

电路的功率因数 λ 为：

A. 0.707　　　　　　　　　　　B. −0.707

C. 0.894　　　　　　　　　　　D. 0.447

84. 图示电路中，电感及电容元件上没有初始储能，开关 S 在 $t = 0$ 时刻闭合，那么，在开关闭合后瞬间，电路中的电流 i_R、i_L、i_C 分别为：

A. 1A，1A，0A

B. 0A，2A，0A

C. 0A，0A，2A

D. 2A，0A，0A

85. 设图示变压器为理想器件，且 u 为正弦电压，$R_{L1} = R_{L2}$，u_1 和 u_2 的有效值为 U_1 和 U_2，开关 S 闭合后，电路中的：

A. U_1 不变，U_2 也不变

B. U_1 变小，U_2 也变小

C. U_1 变小，U_2 不变

D. U_1 不变，U_2 变小

86. 改变三相异步电动机旋转方向的方法是：

A. 改变三相电源的大小

B. 改变三相异步电动机的定子绕组上电流的相序

C. 对三相异步电动机的定子绕组接法进行 Y-△转换

D. 改变三相异步电动机转子绕组上电流的方向

87. 就数字信号而言，下列说法正确的是：

A. 数字信号是一种离散时间信号

B. 数字信号只能以用来表示数字

C. 数字信号是一种代码信号

D. 数字信号直接表示对象的原始信息

88. 模拟信号$u_1(t)$和$u_2(t)$的幅值频谱分别如图（a）和图（b）所示，则：

A. $u_1(t)$和$u_2(t)$都是非周期性时间信号

B. $u_1(t)$和$u_2(t)$都是周期性时间信号

C. $u_1(t)$是周期性时间信号，$u_2(t)$是非周期性时间信号

D. $u_1(t)$是非周期性时间信号，$u_2(t)$是周期性时间信号

89. 某周期信号$u(t)$的幅频特性如图（a）所示，某低通滤波器的幅频特性如图（b）所示，当将信号$u(t)$通过该低通滤波器处理以后，则：

A. 信号的谐波结构改变，波形改变

B. 信号的谐波结构改变，波形不变

C. 信号的谐波结构不变，波形不变

D. 信号的谐波结构不变，波形改变

90. 对逻辑表达式$ABC + \bar{A}D + \bar{B}D + \bar{C}D$的化简结果是：

A. D

B. $\bar{D}$

C. ABCD

D. ABC + D

91. 已知数字信号 A 和数字信号 B 的波形如图所示，则数字信号$F = \bar{A}B + A\bar{B}$的波形为：

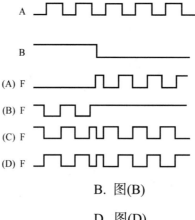

A. 图(A)

B. 图(B)

C. 图(C)

D. 图(D)

92. 逻辑函数 $F = f(A, B, C)$ 的真值表如下所示，由此可知：

A	B	C	F
0	0	0	0
0	0	1	0
0	1	0	0
0	1	1	0
1	0	0	1
1	0	1	0
1	1	0	0
1	1	1	1

A. $F = A\overline{B}C + AB\overline{C}$

B. $F = \overline{A}BC + \overline{A}B\overline{C}$

C. $F = \overline{A}\overline{B}\overline{C} + \overline{A}BC$

D. $F = A\overline{B}\overline{C} + ABC$

93. 二极管应用电路如图 a）所示，电路的激励 u_i 如图 b）所示，设二极管为理想器件，则电路的输出电压 u_o 的平均值 U_o 为：

A. 0V

B. 7.07V

C. 3.18V

D. 4.5V

94. 图示电路中，运算放大器输出电压的极限值为 $\pm U_{oM}$，当输入电压 $u_{i1} = 1V$，$u_{i2} = 2\sin\omega t$ 时，输出电压 u_o 的波形为：

A. 图(A)

B. 图(B)

C. 图(C)

D. 图(D)

95. 图示逻辑门的输出 F_1 和 F_2 分别为：

A. A和1

B. 1 和 $\overline{B}$

C. A和0

D. 1 和B

96. 图示时序逻辑电路是一个：

A. 三位二进制同步计数器　　　　　　B. 三位循环移位寄存器

C. 三位左移寄存器　　　　　　　　　D. 三位右移寄存器

97. 按照目前的计算机的分类方法，现在使用的 PC 机是属于：

A. 专用、中小型计算机　　　　　　　B. 大型计算机

C. 微型、通用计算机　　　　　　　　D. 单片机计算机

98. 目前，微机系统内主要的、常用的外存储器是：

A. 硬盘存储器　　　　　　　　　　　B. 软盘存储器

C. 输入用的键盘　　　　　　　　　　D. 输出用的显示器

99. 根据软件的功能和特点，计算机软件一般可分为两大类，它们应该是：

A. 系统软件和非系统软件

B. 应用软件和非应用软件

C. 系统软件和应用软件

D. 系统软件和管理软件

100. 支撑软件是指支撑其他软件的软件，它包括：

A. 服务程序和诊断程序

B. 接口软件、工具软件、数据库

C. 服务程序和编辑程序

D. 诊断程序和编辑程序

101. 下面所列的四条中，不属于信息主要特征的一条是：

    A. 信息的战略地位性、信息的不可表示性

    B. 信息的可识别性、信息的可变性

    C. 信息的可流动性、信息的可处理性

    D. 信息的可再生性、信息的有效性和无效性

102. 从多媒体的角度上来看，图像分辨率：

    A. 是指显示器屏幕上的最大显示区域

    B. 是计算机多媒体系统的参数

    C. 是指显示卡支持的最大分辨率

    D. 是图像水平和垂直方向像素点的乘积

103. 以下关于计算机病毒的四条描述中，不正确的一条是：

    A. 计算机病毒是人为编制的程序

    B. 计算机病毒只有通过磁盘传播

    C. 计算机病毒通过修改程序嵌入自身代码进行传播

    D. 计算机病毒只要满足某种条件就能起破坏作用

104. 操作系统的存储管理功能不包括：

    A. 分段存储管理   B. 分页存储管理

    C. 虚拟存储管理   D. 分时存储管理

105. 网络协议主要组成的三要素是：

    A. 资源共享、数据通信和增强系统处理功能

    B. 硬件共享、软件共享和提高可靠性

    C. 语法、语义和同步（定时）

    D. 电路交换、报文交换和分组交换

106. 若按照数据交换方法的不同，可将网络分为：

    A. 广播式网络、点到点式网络

    B. 双绞线网、同轴电缆网、光纤网、无线网

    C. 基带网和宽带网

    D. 电路交换、报文交换、分组交换

某企业向银行贷款 1000 万元，年复利率为 8%，期限为 5 年，每年末等额偿还贷款本金和利息。则每年应偿还：

[已知（$P/A,8\%,5$）=3.9927]

A. 220.63 万元

B. 250.46 万元

C. 289.64 万元

D. 296.87 万元

108. 在项目评价中，建设期利息应列入总投资，并形成：

A. 固定资产原值

B. 流动资产

C. 无形资产

D. 长期待摊费用

109. 作为一种融资方式，优先股具有某些优先权利，包括：

A. 先于普通股行使表决权

B. 企业清算时，享有先于债权人的剩余财产的优先分配权

C. 享受先于债权人的分红权利

D. 先于普通股分配股利

110. 某建设项目各年的利息备付率均小于 1，其含义为：

A. 该项目利息偿付的保障程度高

B. 当年资金来源不足以偿付当期债务，需要通过短期借款偿付已到期债务

C. 可用于还本付息的资金保障程度较高

D. 表示付息能力保障程度不足

111. 某建设项目第一年年初投资 1000 万元，此后从第一年年末开始，每年年末将有 200 万元的净收益，方案的运营期为 10 年。寿命期结束时的净残值为零，基准收益率为 12%，则该项目的净年值约为：

[已知（$P/A,12\%,10$）=5.6502]

A. 12.34 万元

B. 23.02 万元

C. 36.04 万元

D. 64.60 万元

112. 进行线性盈亏平衡分析有若干假设条件，其中包括：

A. 只生产单一产品

B. 单位可变成本随生产量的增加而成比例降低

C. 单价随销售量的增加而成比例降低

D. 销售收入是销售量的线性函数

113. 有甲、乙两个独立的投资项目，有关数据见表（项目结束时均无残值）。基准折现率为10%。以下关于项目可行性的说法中正确的是：

[已知（P/A,10%,10）=6.1446]

项目	投资（万元）	每年净收益（万元）	寿命期（年）
甲	300	52	10
乙	200	30	10

A. 应只选择甲项目   B. 应只选择乙项目

C. 甲项目与乙项目均可行   D. 甲、乙项目均不可行

114. 在价值工程的一般工作程序中，分析阶段要做的工作包括：

A. 制订工作计划   B. 功能评价

C. 方案创新   D. 方案评价

115. 依据《中华人民共和国建筑法》，依法取得相应执业资格证书的专业技术人员，其从事建筑活动的合法范围是：

A. 执业资格证书许可的范围内

B. 企业营业执照许可的范围内

C. 建筑工程合同的范围内

D. 企业资质证书许可的范围内

116. 根据《中华人民共和国安全生产法》的规定，下列有关重大危险源管理的说法正确的是：

A. 生产经营单位对重大危险源应当登记建档，并制定应急预案

B. 生产经营单位对重大危险源应当经常性检测评估处置

C. 安全生产监督管理部门应当针对该企业的具体情况制定应急预案

D. 生产经营单位应当提醒从业人员和相关人员注意安全

117. 根据《中华人民共和国招标投标法》的规定，依法必须进行招标的项目，招标公告应当载明的事项不包括：

A. 招标人的名称和地址   B. 招标项目的性质

C. 招标项目的实施地点和时间   D. 投标报价要求

118. 某水泥有限责任公司,向若干建筑施工单位发出邀约,以每吨 400 元的价格销售水泥,一周内承诺有效,其后收到若干建筑施工单位的回复,下列回复中属于承诺有效的是:

A. 甲施工单位同意 400 元/吨购买 200 吨

B. 乙施工单位回复不购买该公司的水泥

C. 丙施工单位要求按照 380 元/吨购买 200 吨

D. 丁施工单位一周后同意 400 元/吨购买 100 吨

119. 根据《中华人民共和国节约能源法》的规定,节约能源所采取的措施正确的是:

A. 可以采取技术上可行、经济上合理以及环境和社会可以承受的措施

B. 采取技术上先进、经济上保证以及环境和安全可以承受的措施

C. 采取技术上可行、经济上合理以及人身和健康可以承受的措施

D. 采取技术上先进、经济上合理以及功能和环境可以保证的措施

120. 工程施工单位完成了楼板钢筋绑扎工作,在浇筑混凝土前,需要进行隐蔽质量验收。根据《建筑工程质量管理条例》规定,施工单位在进行工程隐蔽前应当通知的单位是:

A. 建设单位和监理单位

B. 建设单位和建设工程质量监督机构

C. 监理单位和设计单位

D. 设计单位和建设工程质量监督机构

2022 年度全国勘察设计注册工程师

执业资格考试试卷

基础考试
（上）

二〇二二年十一月

应考人员注意事项

1. 本试卷科目代码为"1"，考生务必将此代码填涂在答题卡"科目代码"相应的栏目内，否则，无法评分。

2. 书写用笔：**黑色或蓝色钢笔、签字笔或圆珠笔**；

   填涂答题卡用笔：**黑色 2B 铅笔**。

3. 必须用书写用笔将工作单位、姓名、准考证号填写在答题卡和试卷相应的栏目内。

4. 本试卷由 120 题组成，每题 1 分，满分 120 分，本试卷全部为单项选择题，每小题的四个备选项中只有一个正确答案，错选、多选、不选均不得分。

5. 考生作答时，必须按**题号在答题卡上**将相应试题所选选项对应的**字母用 2B 铅笔涂黑**。

6. 在答题卡上书写与题意无关的语言，或在答题卡上作标记的，均按违纪试卷处理。

7. 考试结束时，由监考人员当面将试卷、答题卡一并收回。

8. 草稿纸由各地统一配发，考后收回。

单项选择题（共 120 题，每题 1 分。每题的备选项中，只有一个最符合题意。）

1. 下列极限中，正确的是：

   A. $\lim\limits_{x \to 0} 2^{\frac{1}{x}} = \infty$

   B. $\lim\limits_{x \to 0} 2^{\frac{1}{x}} = 0$

   C. $\lim\limits_{x \to 0} \sin \frac{1}{x} = 0$

   D. $\lim\limits_{x \to \infty} \frac{\sin x}{x} = 0$

2. 若当 $x \to \infty$ 时，$\frac{x^2+1}{x+1} - ax - b$ 为无穷大量，则常数 a、b 应为：

   A. $a = 1$，$b = 1$ B. $a = 1$，$b = 0$

   C. $a = 0$，$b = 1$ D. $a \neq 1$，b 为任意常数

3. 抛物线 $y = x^2$ 上点 $\left(-\frac{1}{2}, \frac{1}{4}\right)$ 处的切线是：

   A. 垂直于 ox 轴   B. 平行于 ox 轴

   C. 与 ox 轴正向夹角为 $\frac{3\pi}{4}$ D. 与 ox 轴正向夹角为 $\frac{\pi}{4}$

4. 设 $y = \ln(1 + x^2)$，则二阶导数 y'' 等于：

   A. $\frac{1}{(1+x^2)^2}$ B. $\frac{2(1-x^2)}{(1+x^2)^2}$

   C. $\frac{x}{1+x^2}$ D. $\frac{1-x}{1+x^2}$

5. 在区间 $[1,2]$ 上满足拉格朗日定理条件的函数是：

   A. $y = \ln x$ B. $y = \frac{1}{\ln x}$

   C. $y = \ln(\ln x)$ D. $y = \ln(2 - x)$

6. 设函数 $f(x) = \frac{x^2 - 2x - 2}{x + 1}$，则 $f(0) = -2$ 是 $f(x)$ 的：

   A. 极大值，但不是最大值   B. 最大值

   C. 极小值，但不是最小值   D. 最小值

7. 设 $f(x)$、$g(x)$ 可微，并且满足 $f'(x) = g'(x)$，则下列各式中正确的是：

   A. $f(x) = g(x)$ B. $\int f(x)\mathrm{d}x = \int g(x)\mathrm{d}x$

   C. $\left(\int f(x)\mathrm{d}x\right)' = \left(\int g(x)\mathrm{d}x\right)'$ D. $\int f'(x)\mathrm{d}x = \int g'(x)\mathrm{d}x$

8. 定积分 $\int_0^1 \frac{x^3}{\sqrt{1+x^2}}dx$ 的值等于：

    A. $\frac{1}{3}\left(\sqrt{2}-2\right)$ B. $\frac{1}{3}\left(2-\sqrt{2}\right)$

    C. $\frac{1}{3}\left(1-2\sqrt{2}\right)$ D. $\frac{1}{\sqrt{2}}-1$

9. 设向量的模 $|\boldsymbol{\alpha}|=\sqrt{2}$，$|\boldsymbol{\beta}|=2\sqrt{2}$，$|\boldsymbol{\alpha}\times\boldsymbol{\beta}|=2\sqrt{3}$，则 $\boldsymbol{\alpha}\cdot\boldsymbol{\beta}$ 等于：

    A. 8 或 −8   B. 6 或 −6

    C. 4 或 −4   D. 2 或 −2

10. 设平面方程为 $Ax+Cz+D=0$，其中 A、C、D 是均不为零的常数，则该平面：

    A. 经过 ox 轴   B. 不经过 ox 轴，但平行于 ox 轴

    C. 经过 oy 轴   D. 不经过 oy 轴，但平行于 oy 轴

11. 函数 $z=f(x,y)$ 在点 (x_0,y_0) 处连续是它在该点偏导数存在的：

    A. 必要而非充分条件   B. 充分而非必要条件

    C. 充分必要条件   D. 既非充分又非必要条件

12. 设 D 为圆域：$x^2+y^2\leqslant 1$，则二重积分 $\iint\limits_D x\mathrm{d}x\mathrm{d}y$ 等于：

    A. $2\int_0^\pi \mathrm{d}\theta \int_0^1 r^2\sin\theta \mathrm{d}r$ B. $\int_0^{2\pi}\mathrm{d}\theta \int_0^1 r^2\cos\theta \mathrm{d}r$

    C. $4\int_0^{\frac{\pi}{2}}\mathrm{d}\theta \int_0^1 r\cos\theta \mathrm{d}r$ D. $4\int_0^{\frac{\pi}{4}}\mathrm{d}\theta \int_0^1 r^3\cos\theta \mathrm{d}r$

13. 微分方程 $y'=2x$ 的一条积分曲线与直线 $y=2x-1$ 相切，则微分方程的解是：

    A. $y=x^2+2$ B. $y=x^2-1$

    C. $y=x^2$ D. $y=x^2+1$

14. 下列级数中，条件收敛的级数是：

    A. $\sum\limits_{n=2}^{\infty}(-1)^n\frac{1}{\ln n}$ B. $\sum\limits_{n=1}^{\infty}(-1)^n\frac{1}{n^{\frac{3}{2}}}$

    C. $\sum\limits_{n=1}^{\infty}(-1)^n\frac{n}{n+2}$ D. $\sum\limits_{n=1}^{\infty}\frac{\sin\left(\frac{4n\pi}{3}\right)}{n^3}$

15. 在下列函数中，为微分方程 $y'' - 2y' + 2y = 0$ 的特解的是：

    A. $y = e^{-x}\cos x$ B. $y = e^{-x}\sin x$

    C. $y = e^{x}\sin x$ D. $y = e^{x}\cos(2x)$

16. 设 L 是从点 $A(a,0)$ 到点 $B(0,a)$ 的有向直线段 $(a > 0)$，则曲线积分 $\int_L x\mathrm{d}y$ 等于：

    A. a^2 B. $-a^2$

    C. $\dfrac{a^2}{2}$ D. $-\dfrac{a^2}{2}$

17. 若幂级数 $\displaystyle\sum_{n=1}^{\infty} a_n x^n$ 的收敛半径为 3，则幂级数 $\displaystyle\sum_{n=1}^{\infty} n a_n (x-1)^{n+1}$ 的收敛区间是：

    A. $(-3,3)$ B. $(-2,4)$

    C. $(-1,5)$ D. $(0,6)$

18. 设 $z = \dfrac{1}{x} f(xy)$，其中 $f(u)$ 具有连续的二阶导数，则 $\dfrac{\partial^2 z}{\partial x \partial y}$ 等于：

    A. $xf'(xy) + yf''(xy)$ B. $\dfrac{1}{x}f'(xy) + f''(xy)$

    C. $xf''(xy)$ D. $yf''(xy)$

19. 设 A，B，C 为同阶可逆矩阵，则矩阵方程 $ABXC = D$ 的解 X 为：

    A. $A^{-1}B^{-1}DC^{-1}$ B. $B^{-1}A^{-1}DC^{-1}$

    C. $C^{-1}DA^{-1}B^{-1}$ D. $C^{-1}DB^{-1}A^{-1}$

20. 设 $r(A)$ 表示矩阵 A 的秩，n 元齐次线性方程组 $AX = 0$ 有非零解时，它的每一个基础解系中所含解向量的个数都等于：

    A. $r(A)$ B. $r(A) - n$

    C. $n - r(A)$ D. $r(A) + n$

21. 若对称矩阵 A 与矩阵 $B = \begin{bmatrix} 1 & 0 & 0 \\ 0 & 0 & 2 \\ 0 & 2 & 0 \end{bmatrix}$ 合同，则二次型 $f(x_1, x_2, x_3) = x^{\mathrm{T}} A x$ 的标准型是：

    A. $f = y_1^2 + 2y_2^2 - 2y_3^2$

    B. $f = 2y_1^2 - 2y_2^2 - y_3^2$

    C. $f = y_1^2 - y_2^2 - 2y_3^2$

    D. $f = -y_1^2 + y_2^2 - 2y_3^2$

22. 设 A、B 为两个事件，且 $P(A)=\dfrac{1}{2}$，$P(B\mid A)=\dfrac{1}{10}$，$P(B\mid \overline{A})=\dfrac{1}{20}$，则概率 $P(B)$ 等于：

A. $\dfrac{1}{40}$

B. $\dfrac{3}{40}$

C. $\dfrac{7}{40}$

D. $\dfrac{9}{40}$

23. 设随机变量 X 与 Y 相互独立，且 $E(X)=E(Y)=0$，$D(X)=D(Y)=1$，则数学期望 $E(X+Y)^2$ 的值等于：

A. 4

B. 3

C. 2

D. 1

24. 设 G 是由抛物线 $y=x^2$ 与直线 $y=x$ 所围的平面区域，而随机变量 (X,Y) 服从 G 上的均匀分布，则 (X,Y) 的联合密度 $f(x,y)$ 是：

A. $f(x,y)=\begin{cases}6 & (x,y)\in G \\ 0 & \text{其他}\end{cases}$

B. $f(x,y)=\begin{cases}\dfrac{1}{6} & (x,y)\in G \\ 0 & \text{其他}\end{cases}$

C. $f(x,y)=\begin{cases}4 & (x,y)\in G \\ 0 & \text{其他}\end{cases}$

D. $f(x,y)=\begin{cases}\dfrac{1}{4} & (x,y)\in G \\ 0 & \text{其他}\end{cases}$

25. 在热学中经常用 L 作为体积的单位，而：

A. $1L=10^{-1}m^3$

B. $1L=10^{-2}m^3$

C. $1L=10^{-3}m^3$

D. $1L=10^{-4}m^3$

26. 两容器内分别盛有氢气和氦气，若它们的温度和质量分别相等，则：

A. 两种气体分子的平均平动动能相等

B. 两种气体分子的平均动能相等

C. 两种气体分子的平均速率相等

D. 两种气体的内能相等

27. 对于室温下的双原子分子理想气体，在等压膨胀的情况下，系统对外做功 W 与吸收热量 Q 之比 W/Q 等于：

A. 2/3

B. 1/2

C. 2/5

D. 2/7

28. 设高温热源的热力学温度是低温热源热力学温度的n倍，则理想气体在一次卡诺循环中，传给低温热源的热量是从高温热源吸收热量的多少倍？

A. n

B. $n-1$

C. $1/n$

D. $(n+1)/n$

29. 相同质量的氢气与氧气分别装在两个容积相同的封闭容器内，环境温度相同，则氢气与氧气的压强之比为：

A. 1/16

B. 16/1

C. 1/8

D. 8/1

30. 一平面简谐波的表达式为$y = -0.05\sin\pi(t-2x)$(SI)，则该波的频率v(Hz)、波速u(m/s)及波线上各点振动的振幅A(m)依次为：

A. 1/2，1/2，−0.05

B. 1/2，1，−0.05

C. 1/2，1/2，0.05

D. 2，2，0.05

31. 横波以波速u沿x轴负方向传播。t时刻波形曲线如图所示，则该时刻：

A. A点振动速度大于0

B. B点静止

C. C点向下运动

D. D点振动速度小于0

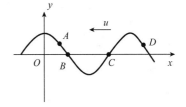

32. 常温下空气中的声速为：

A. 340m/s

B. 680m/s

C. 1020m/s

D. 1360m/s

33. 简谐波在传播过程中，一质元通过平衡位置时，若动能为ΔE_k，其总机械能等于：

A. ΔE_k

B. $2\Delta E_k$

C. $3\Delta E_k$

D. $4\Delta E_k$

34. 两块平板玻璃构成空气劈尖，左边为棱边，用单色平行光垂直入射。若上面的平板玻璃慢慢地向上平移，则干涉条纹：

    A. 向棱边方向平移，条纹间隔变小

    B. 向远离棱边方向平移，条纹间隔变大

    C. 向棱边方向平移，条纹间隔不变

    D. 向远离棱边方向平移，条纹间隔变小

35. 在单缝衍射中，对于第二级暗条纹，每个半波带的面积为S_2，对于第三级暗条纹，每个半波带的面积S_3等于：

    A. $\frac{2}{3}S_2$ B. $\frac{3}{2}S_2$

    C. S_2 D. $\frac{1}{2}S_2$

36. 使一光强为I_0的平面偏振光先后通过两个偏振片P_1和P_2，P_1和P_2的偏振化方向与原入射光光矢量振动方向的夹角分别是α和$90°$，则通过这两个偏振片后的光强是：

    A. $\frac{1}{2}I_0(\cos\alpha)^2$ B. 0

    C. $\frac{1}{4}I_0(\sin2\alpha)^2$ D. $\frac{1}{4}I_0(\sin\alpha)^2$

37. 多电子原子在无外场作用下，描述原子轨道能量高低的量子数是：

    A. n B. n，l

    C. n，l，m D. n，l，m，m_s

38. 下列化学键中，主要以原子轨道重叠成键的是：

    A. 共价键   B. 离子键

    C. 金属键   D. 氢键

39. 向$NH_3 \cdot H_2O$溶液中加入下列少许固体，使$NH_3 \cdot H_2O$解离度减小的是：

    A. $NaNO_3$ B. $NaCl$

    C. $NaOH$ D. Na_2SO_4

40. 化学反应：$Zn(s) + O_2(g) \longrightarrow ZnO(s)$，其熵变$\Delta_r S_m^\ominus$为：

    A. 大于零   B. 小于零

    C. 等于零   D. 无法确定

41. 反应$A(g) + B(g) \rightleftharpoons 2C(g)$达平衡后，如果升高总压，则平衡移动的方向是：

    A. 向右   B. 向左

    C. 不移动   D. 无法判断

42. 已知$K^\ominus(HOAc) = 1.8 \times 10^{-5}$，$K^\ominus(HCN) = 6.2 \times 10^{-10}$，下列电对中，标准电极电势最小的是：

    A. $E_{H^+/H_2}^\ominus$ B. $E_{H_2O/H_2}^\ominus$

    C. $E_{HOAc/H_2}^\ominus$ D. $E_{HCN/H_2}^\ominus$

43. $KMnO_4$中 Mn 的氧化数是：

    A. +4   B. +5

    C. +6   D. +7

44. 下列有机物中只有 2 种一氯代物的是：

    A. 丙烷   B. 异戊烷

    C. 新戊烷   D. 2，3-二甲基戊烷

45. 下列各反应中属于加成反应的是：

    A. $CH_2 = CH_2 + 3O_2 \xrightarrow{\text{加热}} 2CO_2 + 2H_2O$

    B. $C_6H_6 + Br_2 \longrightarrow C_6H_5Br + HBr$

    C. $CH_2 = CH_2 + Br_2 \longrightarrow BrCH_2 - CH_2Br$

    D. $CH_3 - CH_3 + 2Cl_2 \xrightarrow{\text{催化剂}} ClCH_2 + CH_2Cl + 2HCl$

46. 某卤代烷烃$C_5H_{11}Cl$发生消除反应时，可以得到 2 种烯烃，该卤代烷的结构简式可能为：

    A. $CH_3 - \underset{\underset{CH_2Cl}{|}}{CH} - CH_2CH_3$ B. $CH_3CH_2CH_2\underset{\underset{Cl}{|}}{CH}CH_3$

    C. $CH_3CH_2\underset{\underset{Cl}{|}}{CH}CH_2CH_3$ D. $CH_3CH_2CH_2CH_2CH_2Cl$

47. 图示构架中，G、B、C、D处为光滑铰链，杆及滑轮自重不计。已知悬挂物体重F_p，且$AB = AC$。则B处约束力的作用线与x轴正向所成的夹角为：

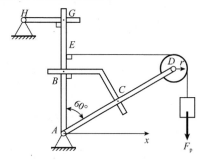

  A. 0°   B. 90°

  C. 60°   D. 150°

48. 图示平面力系中，已知$F = 100N$，$q = 5N/m$，$R = 5cm$，$OA = AB = 10cm$，$BC = 5cm$（$BI \perp IC$ 且$BI = IC$）。则该力系对I点的合力矩为：

  A. $M_I = 1000N \cdot cm$（顺时针）

  B. $M_I = 1000N \cdot cm$（逆时针）

  C. $M_I = 500N \cdot cm$（逆时针）

  D. $M_I = 500N \cdot cm$（顺时针）

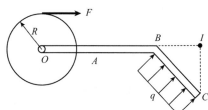

49. 三铰拱上作用有大小相等、转向相反的二力偶，其力偶矩大小为M，如图所示。略去自重，则支座A的约束力大小为：

  A. $F_{Ax} = 0$；$F_{Ay} = \dfrac{M}{2a}$

  B. $F_{Ax} = \dfrac{M}{2a}$；$F_{Ay} = 0$

  C. $F_{Ax} = \dfrac{M}{a}$；$F_{Ay} = 0$

  D. $F_{Ax} = \dfrac{M}{2a}$；$F_{Ay} = M$

50. 如图所示，重 $W = 60\text{kN}$ 的物块自由地放在倾角为 $\alpha = 30°$ 的斜面上。已知摩擦角 $\varphi_\text{m} < \alpha$，则物块受到摩擦力的大小是：

   A. $60\tan\varphi_\text{m}\cos\alpha$

   B. $60\sin\alpha$

   C. $60\cos\alpha$

   D. $60\tan\varphi_\text{m}\sin\alpha$

51. 点沿直线运动，其速度 $v = t^2 - 20$。则 $t = 2\text{s}$ 时，点的速度和加速度分别为：

   A. -16m/s，4m/s^2　　　　　　B. -20m/s，4m/s^2

   C. 4m/s，-4m/s^2　　　　　　D. -16m/s，2m/s^2

52. 点沿圆周轨迹以 80m/s 的常速度运动，其法向加速度是 120m/s^2，则此圆周轨迹的半径为：

   A. 0.67m　　　　　　　　　　　　B. 53.3m

   C. 1.50m　　　　　　　　　　　　D. 0.02m

53. 直角刚杆 OAB 可绕固定轴 O 在图示平面内转动，已知 $OA = 40\text{cm}$，$AB = 30\text{cm}$，$\omega = 2\text{rad/s}$，$\varepsilon = 1\text{rad/s}^2$。则在图示瞬时，$B$ 点的加速度在 x 方向的投影及在 y 方向的投影分别为：

   A. -50cm/s^2；200cm/s^2

   B. 50cm/s^2；200cm/s^2

   C. 40cm/s^2；-200cm/s^2

   D. 50cm/s^2；-200cm/s^2

54. 在均匀的静止液体中，质量为 m 的物体 M 从液面处无初速下沉，假设液体阻力 $F_\text{R} = -\mu v$，其中 μ 为阻尼系数，v 为物体的速度，该物体所能达到的最大速度为：

   A. $v_{极限} = mg\mu$　　　　　　　　　B. $v_{极限} = \dfrac{mg}{\mu}$

   C. $v_{极限} = \dfrac{g}{\mu}$　　　　　　　　　D. $v_{极限} = g\mu$

55. 弹簧原长$l_0 = 10\text{cm}$。弹簧常量$k = 4.9\text{kN/m}$，一端固定在O点，此点在半径为$R = 10\text{cm}$的圆周上，已知$AC \perp BC$，OA为直径，如图所示。当弹簧的另一端由B点沿圆弧运动至A点时，弹性力做功是：

A. $24.5\text{N} \cdot \text{m}$

B. $-24.5\text{N} \cdot \text{m}$

C. $-20.3\text{N} \cdot \text{m}$

D. $20.3\text{N} \cdot \text{m}$

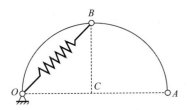

56. 如图所示，圆环的半径为R，对转轴的转动惯量为I，在圆环中的A点放一质量为m的小球，此时圆环以角速度ω绕铅直轴AC自由转动，设由于微小的干扰，小球离开A点，忽略一切摩擦，则当小球达到C点时，圆环的角速度是：

A. $\dfrac{mR^2\omega}{I+mR^2}$

B. $\dfrac{I\omega}{I+mR^2}$

C. ω

D. $\dfrac{2I\omega}{I+mR^2}$

57. 均质细杆OA，质量为m，长l。在如图所示的水平位置静止释放，当运动到铅直位置时，其角速度为$\omega = \sqrt{\dfrac{3g}{l}}$，角加速度$\varepsilon = 0$，则轴承$O$施加于杆$OA$的附加动反力为：

A. $\dfrac{3}{2}mg(\uparrow)$

B. $6mg(\downarrow)$

C. $6mg(\uparrow)$

D. $\dfrac{3}{2}mg(\downarrow)$

58. 将一刚度系数为k、长为L的弹簧截成等长（均为$\dfrac{L}{2}$）的两段，则截断后每根弹簧的刚度系数均为：

A. k \qquad\qquad\qquad\qquad B. $2k$

C. $\dfrac{k}{2}$ \qquad\qquad\qquad\quad D. $\dfrac{1}{2k}$

59. 关于铸铁试件在拉伸和压缩试验中的破坏现象，下面说法正确的是：

A. 拉伸和压缩断口均垂直于轴线

B. 拉伸断口垂直于轴线，压缩断口与轴线大约成 45°角

C. 拉伸和压缩断口均与轴线大约成 45°角

D. 拉伸断口与轴线大约成 45°角，压缩断口垂直于轴线

60. 图示等截面直杆，在杆的B截面作用有轴向力F。已知杆的拉伸刚度为EA，则直杆自由端C的轴向位移为：

A. 0

B. $\frac{2FL}{EA}$

C. $\frac{FL}{EA}$

D. $\frac{FL}{2EA}$

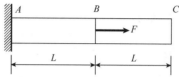

61. 如图所示，钢板用销轴连接在铰支座上，下端受轴向拉力F，已知钢板和销轴的许用挤应力均为 $[\sigma_{bs}]$，则销轴的合理直径d是：

A. $d \geqslant \frac{F}{t[\sigma_{bs}]}$

B. $d \geqslant \frac{F}{2t[\sigma_{bs}]}$

C. $d \geqslant \frac{F}{b[\sigma_{bs}]}$

D. $d \geqslant \frac{F}{2b[\sigma_{bs}]}$

62. 如图所示，等截面圆轴上装有 4 个皮带轮，每个轮传递力偶矩，为提高承载力，方案最合理的是：

A. 1 与 3 对调

B. 2 与 3 对调

C. 2 与 4 对调

D. 3 与 4 对调

63. 受扭圆轴横截面上扭矩为T，在下面圆轴横截面切应力分布中，正确的是：

A.   B.   C.   D.

64. 槽型截面，z轴通过截面形心C，将截面划分为 2 部分，分别用 1 和 2 表示，静矩分别为S_{z1}和S_{z2}，两者关系正确的是：

A. $S_{z1} > S_{z2}$

B. $S_{z1} = -S_{z2}$

C. $S_{z1} < S_{z2}$

D. $S_{z1} = S_{z2}$

65. 梁的弯矩图如图所示，则梁的最大剪力是：

A. $0.5F$

B. F

C. $1.5F$

D. $2F$

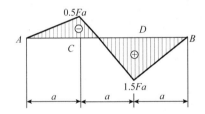

66. 悬臂梁AB由两根相同材料和尺寸的矩形截面杆胶合而成，则胶合面的切应力应为：

A. $\dfrac{F}{2ab}$

B. $\dfrac{F}{3ab}$

C. $\dfrac{3F}{4ab}$

D. $\dfrac{3F}{2ab}$

67. 圆截面简支梁直径为d，梁中点承受集中力F，则梁的最大弯曲正应力是：

A. $\sigma_{max} = \dfrac{8FL}{\pi d^3}$

B. $\sigma_{max} = \dfrac{16FL}{\pi d^3}$

C. $\sigma_{max} = \dfrac{32FL}{\pi d^3}$

D. $\sigma_{max} = \dfrac{64FL}{\pi d^3}$

68. 材料相同的两矩形截面梁如图所示，其中，图（b）中的梁由两根高$0.5h$、宽b的矩形截面梁叠合而成，叠合面间无摩擦，则下列结论正确的是：

 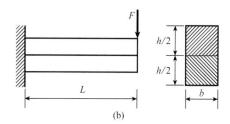

A. 两梁的强度和刚度均不相同

B. 两梁的强度和刚度均相同

C. 两梁的强度相同，刚度不同

D. 两梁的强度不同，刚度相同

69. 下图单元体处于平面应力状态，则图示应力平面内应力圆半径最小的是：

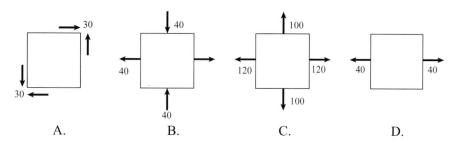

A.　　　　　B.　　　　　C.　　　　　D.

70. 一端固定、一端自由的细长压杆如图（a）所示，为提高其稳定性，在自由端增加一个活动铰链如图（b）所示，则图（b）压杆临界力是图（a）压杆临界力的：

A. 2 倍

B. $\dfrac{2}{0.7}$倍

C. $\left(\dfrac{2}{0.7}\right)^2$倍

D. $\left(\dfrac{0.7}{2}\right)^2$倍

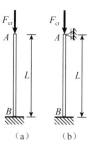

71. 如图所示，一密闭容器内盛有油和水，油层厚$h_1 = 40cm$，油的密度$\rho_a = 850kg/m^3$，盛有水银的U形测压管的左侧液面距水面的深度$h_2 = 60cm$，水银柱右侧高度低于油面$h = 50cm$，水银的密度$\rho_{Hg} = 13600kg/m^3$，试求油面上的压强p_e为：

A. 13600Pa

B. 63308Pa

C. 66640Pa

D. 57428Pa

72. 动量方程中，$\sum \vec{F}$表示作用在控制体内流体上的力是：

A. 总质力   B. 总表面力

C. 合外力   D. 总压力

73. 在圆管中，黏性流体的流动是层流状态还是紊流状态，判定依据是：

A. 流体黏性大小   B. 流速大小

C. 流量大小   D. 流动雷诺数的大小

74. 给水管某处的水压是294.3kPa，从该处引出一根水平输水管，直径$d = 250mm$，当量粗糙高度$k_s = 0.4mm$，水的运动黏性系数为$0.0131cm^2/s$，要保证流量为50L/s，则输水管输水距离为：

A. 6150m   B. 6250m

C. 6350m   D. 6450m

75. 如图所示大体积水箱供水，且水位恒定，水箱顶部压力表读数为19600Pa，水深$H = 2m$，水平管道长$l = 50m$，直径$d = 100mm$，沿程损失系数0.02，忽略局部损失，则管道通过的流量是：

A. 83.8L/s

B. 20.95L/s

C. 10.48L/s

D. 41.9L/s

76. 两条明渠过水断面面积相等，断面形状分别为：（1）方形，边长为 a；（2）矩形，底边宽为 $0.5a$，水深为 $2a$。两者的底坡与粗糙系数相同，则两者的均匀流流量关系是：

A. $Q_1 > Q_2$ B. $Q_1 = Q_2$

C. $Q_1 < Q_2$ D. 不能确定

77. 均匀砂质土填装在容器中，设渗透系数为 0.01cm/s，则渗流流速为：

A. 0.003cm/s

B. 0.004cm/s

C. 0.005cm/s

D. 0.01cm/s

78. 弗劳德数的物理意义是：

A. 压力与黏性力之比   B. 惯性力与黏性力之比

C. 重力与惯性力之比   D. 重力与黏性力之比

79. 图示变压器，在左侧线圈中通以交流电流，并在铁芯中产生磁通 Φ，此时右侧线圈端口上的电压 u_2 为：

A. 0

B. $N_2 \dfrac{\mathrm{d}\Phi}{\mathrm{d}t}$

C. $N_1 \dfrac{\mathrm{d}\Phi}{\mathrm{d}t}$

D. $(N_1 + N_2) \dfrac{\mathrm{d}\Phi}{\mathrm{d}t}$

80. 图示电流源 $I_s = 0.2\mathrm{A}$，则电流源发出的功率为：

A. 0.4W

B. 4W

C. 1.2W

D. -1.2W

81. 图示电路的等效电路为：

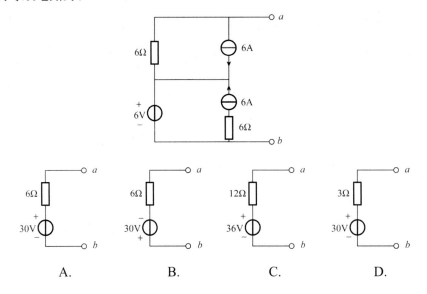

A.   B.   C.   D.

82. RLC 串联电路中，$u = 100\sin(314t + 10°)\,\text{V}$，$R = 100\Omega$，$L = 1\text{H}$，$C = 10\mu\text{F}$，则总阻抗模为：

A. 111Ω

B. 732Ω

C. 96Ω

D. 100.1Ω

83. 某正弦交流电中，三条支路的电流为 $\dot{I}_1 = 100\angle-30°\,\text{mA}$，$i_2(t) = 100\sin(\omega t - 30°)\,\text{mA}$，$i_3(t) = -100\sin(\omega t + 30°)\,\text{mA}$，则：

A. i_1 与 i_2 完全相同

B. i_3 与 i_1 反相

C. $\dot{I}_2 = \frac{100}{\sqrt{2}}\angle\omega t - 30°\,\text{mA}$，$\dot{I}_3 = 100\angle180°\,\text{mA}$

D. $i_1(t) = 100\sqrt{2}\sin(\omega t - 30°)\,\text{mA}$，$\dot{I}_2 = \frac{100}{\sqrt{2}}\angle-30°\,\text{mA}$，$\dot{I}_3 = \frac{100}{\sqrt{2}}\angle-150°\,\text{mA}$

84. 图示电路中，$u = 220\sqrt{2}\sin(314t + 30°)\,\text{V}$，$u_R = 180\sqrt{2}\sin(314t - 20°)\,\text{V}$，则该电路的功率因数 λ 为：

A. $\cos 10°$

B. $\cos 30°$

C. $\cos 50°$

D. $\cos(-10°)$

85. 在下列三相两极异步电机的调速方式中，哪种方式可能使转速高于额定转速？

A. 调转差率

B. 调压调速

C. 改变磁极对数

D. 调频调速

86. 设计电路，要求 KM_1 控制电机 1 启动，KM_2 控制电机 2 启动，电机 2 必须在电机 1 启动后才能启动，且需要独立断开电机 2。下列电路图正确的是：

87. 关于模拟信号，下列描述错误的是：

A. 模拟信号是真实信号的电信号表示

B. 模拟信号是一种人工生成的代码信号

C. 模拟信号蕴含对象的原始信号

D. 模拟信号通常是连续的时间信号

88. 模拟信号可用时域、频域描述为：

A. 时域形式在实数域描述，频域形式在复数域描述

B. 时域形式在复数域描述，频域形式在实数域描述

C. 时域形式在实数域描述，频域形式在实数域描述

D. 时域形式在复数域描述，频域形式在复数域描述

89. 信号处理器幅频特性如图所示，其为：

A. 带通滤波器

B. 信号放大器

C. 高通滤波器

D. 低通滤波器

90. 逻辑表达式 $AB + \overline{A}C + BCDE$，可化简为：

A. $A + DE$ B. $AB + BCDE$

C. $AB + \overline{A}C + BC$ D. $AB + \overline{A}C$

91. 已知数字信号 A 和数字信号 B 的波形如图所示，则数字信号 $F = \overline{A}B + A\overline{B}$ 的波形为：

A. F

B. F

C. F

D. F

92. 逻辑函数F = f(A,B,C)的真值见表，由此可知：

A	B	C	F
0	0	0	0
0	0	1	0
0	1	0	0
0	1	1	0
1	0	0	1
1	0	1	0
1	1	0	0
1	1	1	1

A. $F = A\overline{B}\overline{C} + AB\overline{C}$

B. $F = \overline{A}BC + \overline{A}B\overline{C}$

C. $F = \overline{ABC} + \overline{A}BC$

D. $F = A\overline{B}\,\overline{C} + ABC$

93. 二极管应用电路如图所示，设二极管为理想器件，输入正半轴时对应导通的二极管为：

A. D1 和 D3

B. D2 和 D4

C. D1 和 D4

D. D2 和 D3

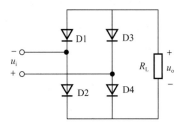

94. 图示电路中，运算放大器输出电压的极限值为±U_{oM}，当输入电压$u_{i1} = 1V$，$u_{i2} = 2\sin\omega t$时，输出电压波形为：

A.

B.

C.

D.

95. 图示F_1、F_2输出：

A. 00   B. $1\overline{B}$

C. AB   D. 10

96. 如图 a）所示，复位信号$\overline{R}_D$，置位信号$\overline{S}_D$及时钟脉冲信号 CP 如图 b）所示，经分析，t_1、t_2时刻输出 Q 先后等于：

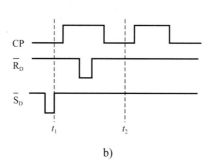

a)   b)

A. 00   B. 01

C. 10   D. 11

97. 计算机的新体系结构思想，是在一个芯片上集成：

A. 多个控制器   B. 多个微处理器

C. 高速缓冲存储器   D. 多个存储器

98. 存储器的主要功能为：

A. 存放程序和数据   B. 给计算机供电

C. 存放电压、电流等模拟信号   D. 存放指令和电压

99. 计算机系统中，为人机交互提供硬件环境的是：

A. 键盘、显示屏   B. 输入/输出系统

C. 键盘、鼠标、显示屏   D. 微处理器

100. 下列有关操作系统的描述，错误的是：

    A. 具有文件处理的功能　　　　　　　B. 使计算机系统用起来更方便

    C. 具有对计算机资源管理的功能　　　D. 具有处理硬件故障的功能

101. 在计算机内，汉字也是用二进制数字编码表示，一个汉字的国标码是用：

    A. 两个七位二进制数码表示的　　　　B. 两个八位二进制数码表示的

    C. 三个八位二进制数码表示的　　　　D. 四个八位二进制数码表示的

102. 表示计算机信息数量比较大的单位要用 PB、EB、ZB、YB 等表示。其中，数量级最小单位是：

    A. YB　　　　　　　　　　　　　　　B. ZB

    C. PB　　　　　　　　　　　　　　　D. EB

103. 在下列存储介质中，存放的程序不会再次感染上病毒的是：

    A. 软盘中的程序　　　　　　　　　　B. 硬盘中的程序

    C. U 盘中的程序　　　　　　　　　　D. 只读光盘中的程序

104. 操作系统中的文件管理，是对计算机系统中的：

    A. 永久程序文件的管理　　　　　　　B. 记录数据文件的管理

    C. 用户临时文件的管理　　　　　　　D. 系统软件资源的管理

105. 计算机网络环境下的硬件资源共享可以：

    A. 使信息的传送操作更具有方向性

    B. 通过网络访问公用网络软件

    C. 使用户节省投资，便于集中管理和均衡负担负荷，提高资源的利用率

    D. 独立地、平等地访问计算机的操作系统

106. 广域网与局域网有着完全不同的运行环境，在广域网中：

    A. 用户自己掌握所有设备和网络的宽带，可以任意使用、维护、升级

    B. 可跨越短距离，多个局域网和主机连接在一起的网络

    C. 用户无法拥有广域连接所需要的技术设备和通信设施，只能由第三方提供

    D. 100MBit/s 的速度是很平常的

107. 某项目从银行贷款 2000 万元，期限为 3 年，按年复利计息，到期需还本付息 2700 万元，已知 $(F/P,9\%,3)=1.295$，$(F/P,10\%,3)=1.331$，$(F/P,11\%,3)=1.368$，则银行贷款利率应：

A. 小于 9% B. 9%～10%之间

C. 10%～11%之间 D. 大于 11%

108. 某建设项目的建设期为两年，第一年贷款额为 1000 万元，第二年贷款额为 2000 万元，贷款的实际利率为 4%，则建设期利息应为：

A. 100.8 万元 B. 120 万元

C. 161.6 万元 D. 210 万元

109. 相对于债务融资方式，普通股融资方式的特点为：

A. 融资风险较高

B. 资金成本较低

C. 增发普通股会增加新股东，使原有股东的控制权降低

D. 普通股的股息和红利有抵税的作用

110. 某建设项目各年的偿债备付率小于 1，其含义是：

A. 该项目利息偿还的保障程度高

B. 该资金来源不足以偿付当期债务，需要通过短期借款偿付已到期债务

C. 用于还本付息的保障程度较高

D. 表示付息能力保障程度不足

111. 一公司年初投资 1000 万元，此后从第一年年末开始，每年都有相等的净收益，方案的运营期为 10 年，寿命期结束时的净残值为 50 万元。若基准收益率为 12%，问每年的净收益至少为：

[已知：$(P/A,12\%,10)=5.650$，$(P/F,12\%,10)=0.322$]

A. 168.14 万元 B. 174.14 万元

C. 176.99 万元 D. 185.84 万元

112. 一外贸商品，到岸价格为 100 美元，影子汇率为 6 元人民币/美元，进口费用为 100 美元，求影子价格为：

A. 500 元人民币

B. 600 元人民币

C. 700 元人民币

D. 1200 元人民币

113. 某企业对四个分工厂进行技术改造，每个分厂都提出了三个备选的技改方案，各分厂之间是独立的，而各分厂内部的技术方案是互斥的，则该企业面临的技改方案比选类型是：

A. 互斥型

B. 独立型

C. 层混型

D. 矩阵型

114. 在价值工程的一般工作程序中，创新阶段要做的工作包括：

A. 制定工作计划

B. 功能评价

C. 功能系统分析

D. 方案评价

115. 《中华人民共和国建筑法》中，建筑单位正确的做法是：

A. 将设计和施工分别外包给相应部门

B. 将桩基工程和施工工程分别外包给相应部门

C. 将建筑的基础、主体、装饰分别外包给相应部门

D. 将建筑除主体外的部分外包给相应部门

116. 某施工单位承接了某项工程的施工任务，下列施工单位的现场安全管理行为中，错误的是：

A. 向从业人员告知作业场所和工作岗位存在的危险因素、防范措施以及事故应急措施

B. 安排质量检验员兼任安全管理员

C. 安排用于配备安全防护用品、进行安全生产培训的经费

D. 依法参加工伤社会保险，为从业人员缴纳保险费

117. 某必须进行招标的建设工程项目，若招标人于 2018 年 3 月 6 日发售招标文件，则招标文件要求投标人提交投标文件的截止日期最早的是：

A. 3 月 13 日

B. 3 月 21 日

C. 3 月 26 日

D. 3 月 31 日

118. 某供货单位要求施工单位以数据电文形式购买水泥的承诺，施工单位根据要求按时发出承诺后，双方当事人签订确认书，则该合同成立的时间是：

A. 双方签订确认书时间

B. 施工单位的承诺邮件进入供货单位系统的时间

C. 施工单位发电子邮件的时间

D. 供货单位查收电子邮件色时间

119. 根据《中华人民共和国节约能源法》的规定，下列行为中不违反禁止性规定的是：

A. 使用国家明令淘汰的用能设备

B. 冒用能源效率标识

C. 企业制定严于国家标准的企业节能标准

D. 销售应当标注而未标注能源效率标识的产品

120. 在建设工程施工过程中，属于专业监理工程师签认的是：

A. 样板工程专项施工方案　　　　　B. 建筑材料、构配件和设备进场验收

C. 拨付工程款　　　　　　　　　　D. 竣工验收

2022 年度全国勘察设计注册工程师

执业资格考试试卷

基础补考
（上）

二〇二三年六月

应考人员注意事项

1. 本试卷科目代码为"1"，考生务必将此代码填涂在答题卡"科目代码"相应的栏目内，否则，无法评分。

2. 书写用笔：**黑色或蓝色钢笔、签字笔或圆珠笔**；

   填涂答题卡用笔：**黑色 2B 铅笔**。

3. 必须用书写用笔将工作单位、姓名、准考证号填写在答题卡和试卷相应的栏目内。

4. 本试卷由 120 题组成，每题 1 分，满分 120 分，本试卷全部为单项选择题，每小题的四个备选项中只有一个正确答案，错选、多选、不选均不得分。

5. 考生作答时，必须按**题号在答题卡上**将相应试题所选选项对应的**字母用 2B 铅笔涂黑**。

6. 在答题卡上书写与题意无关的语言，或在答题卡上作标记的，均按违纪试卷处理。

7. 考试结束时，由监考人员当面将试卷、答题卡一并收回。

8. 草稿纸由各地统一配发，考后收回。

单项选择题（共 120 题，每题 1 分。每题的备选项中，只有一个最符合题意。）

1. 若 $\lim\limits_{x \to 0}(1-kx)^{\frac{2}{x}}=2$，则非零常数 k 等于：

   A. $-\ln 2$
   B. $\ln 2$
   C. $-\frac{1}{2}\ln 2$
   D. $\frac{1}{2}\ln 2$

2. 当 $x \to 0$ 时，$a\sin^2 x$ 与 $\tan\frac{x^2}{3}$ 为等价无穷小量，则常数 a 等于：

   A. 3
   B. $\frac{1}{3}$
   C. $\frac{1}{\sqrt{3}}$
   D. $\sqrt{3}$

3. 若可微函数满足 $\dfrac{\mathrm{d}}{\mathrm{d}x}f\left(\dfrac{1}{x^2}\right)=\dfrac{1}{x}$，且 $f(1)=1$，则函数 $f(x)$ 的表达式是：

   A. $f(x)=2\ln|x|+1$
   B. $f(x)=-2\ln|x|+1$
   C. $f(x)=\frac{1}{2}\ln|x|+1$
   D. $f(x)=-\frac{1}{2}\ln|x|+1$

4. 设 $f(x)=e^x$，$g(x)=\sin x$，且 $y=f[g'(x)]$，则 $\dfrac{\mathrm{d}^2 y}{\mathrm{d}x^2}$ 等于：

   A. $e^{\cos x}(\sin x+\cos x)$
   B. $e^{\cos x}(\sin x-\cos x)$
   C $e^{\cos x}(\sin^2 x-\cos x)$
   D. $e^{\cos x}(\sin^2 x+\cos x)$

5. 曲线 $y=e^{-\frac{1}{x^2}}$ 的渐近线方程是：

   A. $y=0$
   B. $y=1$
   C. $x=0$
   D. $x=1$

6. 已知 $(x_0, f(x_0))$ 是曲线 $y=f(x)$ 的拐点，则下列结论中正确的是：

   A. 一定有 $f''(x_0)=0$

   B. $x=x_0$ 一定是 $f(x)$ 的二阶不可微点

   C. $x=x_0$ 一定是 $f(x)$ 的驻点

   D. $x=x_0$ 一定是 $f(x)$ 的连续点

7. 定积分 $\int_{-\pi}^{\pi}|\sin x|\,\mathrm{d}x$ 的值等于：

   A. -4
   B. 4
   C. 2
   D. 0

8. 已知$F(x)$是e^{-x}的一个原函数，则不定积分$\int \mathrm{d}F(2x)$等于：

A. $e^{-x} + C$　　　　　　　　　　B. $-e^{-x} + C$

C. $e^{-2x} + C$　　　　　　　　　　D. $-e^{-2x} + C$

9. 设$\boldsymbol{i}$、$\boldsymbol{j}$、$\boldsymbol{k}$分别表示空间直角坐标系中沿ox轴、oy轴、oz轴正向上的基本单位向量，则$\boldsymbol{i} \times \boldsymbol{j} \times \boldsymbol{k}$等于：

A. 0　　　　　　　　　　　　　　B. 1

C. -1　　　　　　　　　　　　　D. $\boldsymbol{k}$

10. 在下列的方程中，过y轴上的点$(0,1,0)$且平行xoz坐标面的平面方程是：

A. $x = 0$　　　　　　　　　　　B. $y = 1$

C. $z = 0$　　　　　　　　　　　D. $x + z = 1$

11. 函数$y = y(x)$连续，且满足$y = e^x + \int_0^x y(t)\,\mathrm{d}t$，则函数$y = y(x)$的表达式是：

A. $y = e^x$　　　　　　　　　　　B. $y = e^x(x + 1)$

C. $y = e^x(1 - x)$　　　　　　　　D. $y = xe^x + 1$

12. 函数$z = f(x, y)$在点$M(x_0, y_0)$处两个偏导数的存在性和可微性的关系是：

A. 两个偏导数存在一定可微　　　　B. 可微则两个偏导数一定存在

C. 可微不一定两个偏导数存在　　　D. 两个偏导数一定不可微

13. 下列函数中，微分方程$y'' - y' - 2y = 3e^x$的一个特解的是：

A. $y = e^{2x} + 2e^x$　　　　　　　　B. $y = 2e^{-x} + e^x$

C. $y = e^{2x} - 2e^{-x} - \dfrac{3}{2}e^x$　　　　D. $y = e^{2x} + e^{-x} - e^x$

14. 设区域D：$x^2 + y^2 \leqslant 1$，则二重积分$\iint\limits_{D} (x^2 + y^2)^2 \,\mathrm{d}x\,\mathrm{d}y$的值等于：

A. $\dfrac{2\pi}{5}$　　　　　　　　　　　B. $\dfrac{\pi}{3}$

C. $\dfrac{\pi}{2}$　　　　　　　　　　　D. π

15. 设L为圆周$x = a\cos t$，$y = a\sin t$（$a > 0$，$0 \leqslant t \leqslant 2\pi$），则对弧长的曲线积分$\int_L (x^2 + y^2)\,\mathrm{d}s$的值等于：

A. $2\pi a^3$　　　　　　　　　　　B. $2\pi a^2$

C. $2\pi a$　　　　　　　　　　　　D. πa

16. 已知级数 $\sum\limits_{n=1}^{\infty} a_n$ 收敛，$\{S_n\}$ 是它的前 n 项部分和数列，则 $\{S_n\}$ 必是：

  A. 有界的   B. 有上界而无下界的

  C. 上无界而下有界的   D. 无界的

17. 设 $z = f(x, xy)$，其中 $f(u, v)$ 具有二阶连续偏导数，则 $\dfrac{\partial^2 z}{\partial x \partial y}$ 等于：

  A. $\dfrac{\partial f}{\partial v} + xy \dfrac{\partial^2 f}{\partial v^2}$ B. $\dfrac{\partial f}{\partial v} + x\left(\dfrac{\partial^2 f}{\partial x^2} + y\dfrac{\partial^2 f}{\partial v^2}\right)$

  C. $\dfrac{\partial f}{\partial v} + \dfrac{\partial^2 f}{\partial v \partial u} + \dfrac{\partial^2 f}{\partial v^2}$ D. $\dfrac{\partial f}{\partial v} + x\left(\dfrac{\partial^2 f}{\partial v \partial u} + y\dfrac{\partial^2 f}{\partial v^2}\right)$

18. 设 $f(x)$ 是以 2π 为周期的周期函数，它在 $(-\pi, \pi]$ 的表达式为 $f(x) = \begin{cases} x+1 & -\pi < x \leq 0 \\ 2 & 0 < x \leq \pi \end{cases}$，$S(x)$ 表示 $f(x)$ 的以 2π 为周期的傅里叶级数的和函数，则 $S(6\pi)$ 的值等于：

  A. 3   B. 2

  C. $\dfrac{3}{2}$ D. 1

19. 向量组 $\boldsymbol{\alpha}_1 = (1, -1, 2, 4)^{\mathrm{T}}$、$\boldsymbol{\alpha}_2 = (0, 3, 1, 2)^{\mathrm{T}}$、$\boldsymbol{\alpha}_3 = (3, 0, 7, 14)^{\mathrm{T}}$、$\boldsymbol{\alpha}_4 = (1, -1, 2, 0)^{\mathrm{T}}$ 的极大线性无关组是：

  A. $\boldsymbol{\alpha}_1, \boldsymbol{\alpha}_2, \boldsymbol{\alpha}_3$ B. $\boldsymbol{\alpha}_1, \boldsymbol{\alpha}_2, \boldsymbol{\alpha}_4$

  C. $\boldsymbol{\alpha}_2, \boldsymbol{\alpha}_3$ D. $\boldsymbol{\alpha}_1, \boldsymbol{\alpha}_2, \boldsymbol{\alpha}_3, \boldsymbol{\alpha}_4$

20. 设二次型 $f(x_1, x_2, x_3, x_4) = -x_1^2 + x_2^2 + x_3^2 - x_4^2$，则其秩 r 等于：

  A. 1   B. 2

  C. 3   D. 4

21. 若 3 阶矩阵 $\boldsymbol{A}$ 相似于矩阵 $\boldsymbol{B}$，矩阵 $\boldsymbol{A}$ 的特征值为 1、2、3，则行列式 $|2\boldsymbol{B} - \boldsymbol{I}| =$

  A. 15   B. 12

  C. 9   D. 6

22. 设事件 A 和 B，$B \subset A$，$P(A) = 0.8$，$P(B|A) = 0.6$，则 $P(B)$ 等于：

  A. 0.8   B. 0.6

  C. 0.48   D. 0.2

23. 若二维随机变量 (X, Y) 的联合概率密度为 $f(x, y) = \begin{cases} ce^{-(x+y)} & x > 0, y > 0 \\ 0 & \text{其他} \end{cases}$，则常数 c 的值为：

  A. 2   B. 1

  C. -1 D. -2

24. 设 X, Y 是两个随机变量，且 $E(X) = 1$，$E(Y) = 2$，$D(X) = 1$，$D(Y) = 4$，相关系数 $\rho_{XY} = 0.6$，则数学期望 $E[(2X - Y + 1)^2]$ 等于：

A. 5.2

B. 4.2

C. 3.2

D. 2.2

25. 在封闭容器内，若分子的平均速率 $\bar{v}$ 提高为原来的 2 倍，则：

A. 温度和压强均提高为原来的 2 倍

B. 温度提高为原来的 2 倍，压强提高为原来的 4 倍

C. 温度提高为原来的 4 倍，压强提高为原来的 2 倍

D. 温度和压强均提高为原来的 4 倍

26. 两瓶不同种类的理想气体，分子的平均平动相同，分子数密度不同，则两者：

A. 温度相同，压强相同

B. 温度相同，压强不同

C. 温度不同，压强相同

D. 温度不同，压强不同

27. 在热学中，气体的内能 E，吸收的热量 Q 以及所做的功 W 三者中，其中与过程的状态直接相关的物理量是：

A. W 和 Q

B. Q

C. W

D. E

28. 一定量的理想气体经历了 $acbda$ 的循环过程，气体经一次循环对外所做的净功为：

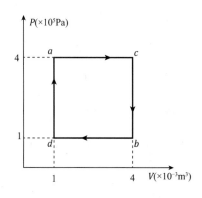

A. 1200J

B. −1200J

C. 1600J

D. 900J

29. 容积为V的容器内装满被测的气体，测得其压强为P_1，温度为T，并称出容器连同气体的质量为m_1；然后放出一部分气体，使压强降到P_2，温度不变，再称出连同气体的质量m_2，由此求得气体的摩尔质量为：

A. $\dfrac{RT}{V}\dfrac{m_1-m_2}{P_1-P_2}$

B. $\dfrac{RT}{V}\dfrac{P_1-P_2}{m_1-m_2}$

C. $\dfrac{RT}{V}\dfrac{m_1-m_2}{P_1+P_2}$

D. $\dfrac{RT}{V}\dfrac{m_1+m_2}{P_1-P_2}$

30. 在简谐波传播的过程中，沿传播方向相距为λ（λ为波长）的两点的振动速度必定：

A. 大小相同，而方向相反

B. 大小和方向均相同

C. 大小不同，方向相同

D. 大小不同，而方向相反

31. 一平面简谐波的波动方程为$y = 0.01\cos 3\pi(0.2t - 0.5x)$(SI)，则任意质元的位移：

A. $-0.01 \sim 0.01\mathrm{m}$

B. $-0.01\mathrm{m} \sim 0$

C. $-0.01 \sim 0.01\mathrm{cm}$

D. $-0.01\mathrm{cm} \sim 0$

32. 在波动中，当质元经过平衡位置时：

A. 弹性形变最大，振动速度最大

B. 弹性形变最大，振动速度最小

C. 弹性形变最小，振动速度最大

D. 弹性形变最小，振动速度最小

33. 在弦线上有一简谐波，$y_1 = 2.0 \times 10^{-2}\cos\left[100\pi\left(t + \dfrac{x}{20}\right) - \dfrac{\pi}{3}\right]$(SI)，为了在此弦线上形成驻波，且在$x = 0$处为一波腹，此弦线上还应有一简谐波，其表达式为：

A. $y_2 = 2.0 \times 10^{-2}\cos\left[100\pi\left(t - \dfrac{x}{20}\right) + \dfrac{\pi}{3}\right]$(SI)

B. $y_2 = 2.0 \times 10^{-2}\cos\left[100\pi\left(t - \dfrac{x}{20}\right) + \dfrac{4\pi}{3}\right]$(SI)

C. $y_2 = 2.0 \times 10^{-2}\cos\left[100\pi\left(t - \dfrac{x}{20}\right) - \dfrac{\pi}{3}\right]$(SI)

D. $y_2 = 2.0 \times 10^{-2}\cos\left[100\pi\left(t - \dfrac{x}{20}\right) - \dfrac{4\pi}{3}\right]$(SI)

34. 当一束单色光通过折射率不同的两种媒质时，光的：

A. 速度大小相同，波长相同

B. 速度大小相同，波长不同

C. 速度大小不同，波长相同

D. 速度大小不同，波长不同

35. 照相机镜头表面都镀有一层增透膜，以减少光的反射损失，其增透膜原理是根据：

A. 光的反射

B. 光的折射

C. 光的干涉

D. 光的衍射

36. 在如图所示的单缝夫琅禾费衍射实验中，将单缝k沿垂直于光的入射方向（沿图中x方向）微平移，则：

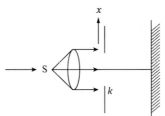

A. 衍射条纹移动，条纹宽度不变

B. 衍射条纹移动，条纹宽度变动

C. 衍射条纹中心不动，条纹变宽

D. 衍射条纹不动，条纹宽度不变

37. 用来描述原子轨道空间伸展方向的量子数是：

A. n B. l

C. m D. m_s

38. Ca^{2+}的电子构型是：

A. 18   B. 8

C. $18+2$ D. $9-17$

39. 下列物质的水溶液凝固点最低的是：

A. 0.1mol/L KCl   B. 0.1mol/L KNO_3

C. 0.1mol/L NaCl   D. 0.1mol/L K_2SO_4

40. 0.1mol/L 的某一元弱酸溶液，室温时pH = 3.0，此弱酸的K_a等于：

A. 1.1×10^{-3} B. 1.0×10^{-5}

C. 1.0×10^{-4} D. 1.0×10^{-6}

41. 某企业生产一产品，反应的平衡转化率为65%，为提高生产效率，研制出一种新的催化剂，同样温度下，使用催化剂后，其平衡转化率为：

A. 大于65%   B. 小于65%

C. 等于65%   D. 达到100%

42. 在密闭容器中进行如下反应：$A(s) + B(g) \rightleftharpoons C(g)$，体系达到平衡后，保持温度不变，将容器体积缩小到原来的 1/2，则C(g)的浓度将为原来的：

A. 1 倍（未变）　　　　　　　　　B. 1/2

C. 2/3 倍　　　　　　　　　　　　D. 2 倍

43. 已知$E^{\ominus}(Cu^{2+}/Cu) = 0.34V$，现测得$E(Cu^{2+}/Cu) = 0.30V$，说明该电极中$C(Cu^{2+})$为：

A. $C(Cu^{2+}) > 1mol/L$　　　　　B. $C(Cu^{2+}) < 1mol/L$

C. $C(Cu^{2+}) = 1mol/L$　　　　　D. 无法确定

44. 将苯与甲苯进行比较，下列叙述中不正确的是：

A. 都能在空气中燃烧　　　　　　B. 都能发生取代反应

C. 都属于芳烃　　　　　　　　　D. 都能使$KMnO_4$酸性溶液褪色

45. 下列化合物在一定条件下，既能发生消除反应，又能发生水解反应的是：

A. $CH_3 - \overset{\overset{\displaystyle Cl}{|}}{CH} - CH_3$　　　　　B. CH_3Cl

C. CH_2Cl 苯环　　　　　D. $CH_3 - \overset{\overset{\displaystyle CH_3}{|}}{\underset{\underset{\displaystyle CH_2Cl}{|}}{C}} - CH_3$

46. 丙烯在一定条件下发生加聚反应的产物是：

A. $\dashv CH_2 = CH - CH_3 \vdash_n$　　　　　　　　B. $\dashv CH_2 - CH - CH_2 \vdash_n$

C. $\dashv CH_2 - \overset{\overset{\displaystyle CH_3}{|}}{CH} \vdash_n$　　　　　　　　D. $\dashv CH = \overset{\overset{\displaystyle CH_3}{|}}{C} \vdash_n$

47. 构件ABDE受平面力系作用，如图所示。欲求未知力F_{NA}、F_{Ey}和F_{Ex}，独立的平衡方程组是：

A. $\sum M_C(F) = 0$，$\sum M_D(F) = 0$，$\sum M_B(F) = 0$

B. $\sum F_y = 0$，$\sum M_A(F) = 0$，$\sum M_B(F) = 0$

C. $\sum F_x = 0$，$\sum M_A(F) = 0$，$\sum M_B(F) = 0$

D. $\sum F_x = 0$，$\sum M_B(F) = 0$，$\sum M_C(F) = 0$

48. 设一平面力系，各力在x轴上的投影$\sum F_x = 0$，各力对A和B点的矩之和分别为$\sum M_A(F) = 0$，$\sum M_B(F) = 400kN \cdot m$（以逆时针为正）。若$L = 20m$，则该力系简化的最后结果为：

A. 平衡

B. 一力和一力偶

C. 一合力偶

D. 一合力

49. 图示多跨梁由AC和CD铰接而成，自重不计。已知：$F = 1kN$，$M = 2kN \cdot m$，$L = 1m$，$\theta = 45°$，则支座D的约束力为：

A. $F_D = 0.71kN$（↓）　　　　　　　B. $F_D = 0.71kN$（↑）

C. $F_D = 0.35kN$（↓）　　　　　　　D. $F_D = 0.35kN$（↑）

50. 图示平面组合构架，自重不计。已知：$F = 40\text{kN}$，$M = 10\text{kN} \cdot \text{m}$，$L_1 = 4\text{m}$，$L_2 = 6\text{m}$，则 1 杆的内力为：

A. F

B. $-F$

C. $0.5F$

D. 0

51. 点沿直线运动，其速度 $v = t^2 - 20$（速度单位为 m/s）。已知当 $t = 0$ 时，$y = -15\text{m}$，则 $t = 3\text{s}$ 时，点的位置坐标为：

A. 6m

B. -66m

C. -57m

D. -48m

52. 点沿直线运动，其速度 $v = 20t - 5$（速度单位为 m/s）。当 $t = 2\text{s}$ 时，点的加速度为：

A. 40m/s^2

B. 20m/s^2

C. 45m/s^2

D. 5m/s^2

53. 直角刚杆 OAB 在图示瞬时角速度 $\omega = 2\text{rad/s}$，角加速度 $\alpha = 5\text{rad/s}^2$，若 $OA = 40\text{cm}$，$AB = 30\text{cm}$，则 B 点的速度大小和法向加速度的大小为：

A. 100cm/s；200cm/s^2

B. 80cm/s；160cm/s^2

C. 60cm/s；200cm/s^2

D. 100cm/s；120cm/s^2

54. 质量为 40kg 的物块 A 沿桌子表面由一无质量绳拖拽，该绳另一端跨过桌角的无摩擦、无质量的滑轮后，又系住另一质量为 12kg 的物块 B，如图所示。则此时连接物块 A 的绳索张力与连接物块 B 的绳索张力的关系是：

A. $F_A < F_B$

B. $F_A > F_B$

C. $F_A = F_B$

D. 无法确定

55. 两重物 B 和 A，其质量分别为 m_1 和 m_2，各系在不同的绳子上，绳子又分别围绕在半径 r_1 和 r_2 的鼓轮上，如图所示。设重物 B 的速度为 v，鼓轮和绳子的质量及轴的摩擦均略去不计。则鼓轮系统的动能为：

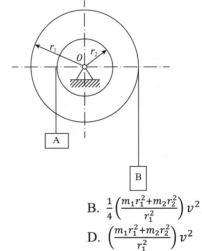

A. $\frac{1}{2}\left(\frac{m_1 r_1^2 + m_2 r_2^2}{r_1^2}\right)v^2$

B. $\frac{1}{4}\left(\frac{m_1 r_1^2 + m_2 r_2^2}{r_1^2}\right)v^2$

C. $\frac{1}{2}\left(\frac{m_1 r_1 + m_2 r_2}{r_1}\right)v^2$

D. $\left(\frac{m_1 r_1^2 + m_2 r_2^2}{r_1^2}\right)v^2$

56. 均质细杆 OA 长为 2m，质量 4kg，可在铅垂平面内绕固定水平轴 O 转动，当杆在图示静止铅垂位置转过 $90°$ 时，则所需施加在杆上的最小常力矩 M 是：

A. 12.49N·m

B. 49.94N·m

C. 24.97N·m

D. 39.20N·m

57. 如图所示，物体重力为Q，用无质量的细绳BA、CA悬挂，$\varphi = 60°$，若将BA绳剪断，剪断瞬时此物体的惯性力大小为：

A. $\frac{\sqrt{3}}{2}Q$

B. $\sqrt{3}Q$

C. $\frac{1}{2}Q$

D. $\frac{1}{3}Q$

58. 图示装置中，外框架是刚性的，已知质量$m = 200\text{kg}$，弹簧刚度$k = 100\text{N/cm}$，则图中各振动系统的频率为：

A. 图（a）装置振动频率最小   B. 图（b）装置振动频率最小

C. 图（c）装置振动频率最小   D. 三种装置振动频率相等

59. 图示四种材料的拉伸破坏应力-应变曲线，其中塑性最好的材料是：

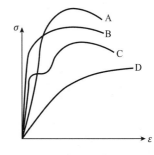

A. 材料 A

B. 材料 B

C. 材料 C

D. 材料 D

60. 等截面直杆，受力如图所示，拉压刚度为EA，则杆的总伸长为：

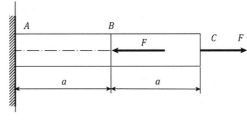

A. $\frac{2Fa}{EA}$ B. $\frac{Fa}{EA}$

C. $\frac{Fa}{2EA}$ D. 0

61. 钢板用铆钉固定在铰支座上，下端受轴向拉力F，已知铰链轴的许用切应力为$[\tau]$，则铰链轴的合理直径d是：

A. $d^2 \geqslant \dfrac{4F}{\pi[\tau]}$

B. $d^2 \geqslant \dfrac{2F}{\pi[\tau]}$

C. $d^2 \geqslant \dfrac{F}{\pi[\tau]}$

D. $d^2 \geqslant \dfrac{F}{2\pi[\tau]}$

62. 实心圆轴受扭，若扭矩不变，将轴的直径增大一倍，则圆轴的最大切应力是原来的：

A. $\dfrac{1}{2}$

B. $\dfrac{1}{4}$

C. $\dfrac{1}{8}$

D. $\dfrac{1}{16}$

63. 圆轴长为L，扭转刚度为GI_p。圆轴在扭矩T作用下发生的弹性扭转角为φ，则扭矩T值为：

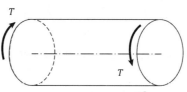

A. $T = \dfrac{GI_\mathrm{p}\varphi}{L}$

B. $T = \dfrac{\varphi L}{GI_\mathrm{p}}$

C. $T = \dfrac{GI_\mathrm{p}}{\varphi L}$

D. $T = \dfrac{GI_\mathrm{p}L}{\varphi}$

64. 正方形截面边长为a，x、y是截面的形心主轴。该截面关于角点的极惯性矩I_p是：

A. $I_\mathrm{p} = \dfrac{2a^4}{3}$

B. $I_\mathrm{p} = \dfrac{a^4}{3}$

C. $I_\mathrm{p} = \dfrac{a^4}{6}$

D. $I_\mathrm{p} = \dfrac{a^4}{12}$

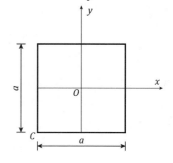

65. 在集中力偶作用截面处，梁的弯曲内力图的变化规律为：

A. 剪力Q_s图有突变，弯矩M图无变化

B. 剪力Q_s图有突变，弯矩M图有转折

C. 剪力Q_s图无变化，弯矩M图有突变

D. 剪力Q_s图有转折，弯矩M图有突变

66. 梁的材料为铸铁，在图示四种面积相等的截面中，按强度考虑，承载能力最大的是：

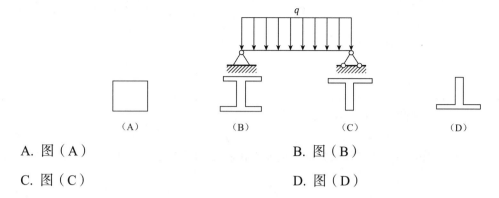

A. 图（A）
B. 图（B）
C. 图（C）
D. 图（D）

67. 图示两根长度相同的简支梁，梁（a）的材料为钢梁，梁（b）的材料为铝梁。已知它们的弯曲刚度 EI 相同，在相同外力作用下，二者的不同之处可能是：

A. 弯曲最大正应力
B. 剪力图
C. 最大挠度
D. 最大转角

68. 图示 4 种平面应力状中，具有最大切应力的是：

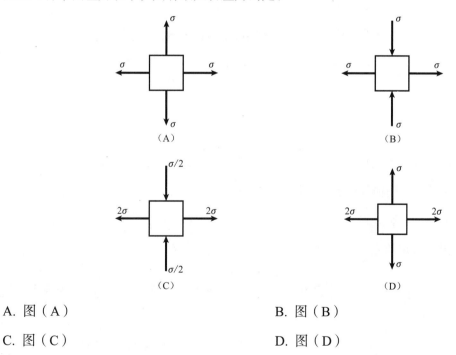

A. 图（A）
B. 图（B）
C. 图（C）
D. 图（D）

69. 下面四个强度条件表达式中，第二强度理论的强度条件表达式是：

A. $\sigma_1 \leqslant [\sigma]$

B. $\sigma_1 - \nu(\sigma_2 + \sigma_3) \leqslant [\sigma]$

C. $\sigma_1 - \sigma_3 \leqslant [\sigma]$

D. $\sqrt{\frac{1}{2}[(\sigma_1 - \sigma_2)^2 + (\sigma_2 - \sigma_2)^2 + (\sigma_3 - \sigma_1)^2]} \leqslant [\sigma]$

70. 如图所示细长压杆弯曲刚度相同，则图 b）压杆临界力是图 a）压杆临界力的：

A. $\dfrac{1}{2}$

B. $\dfrac{1}{2^2}$

C. $\dfrac{1}{0.7^2}$

D. $\dfrac{1}{0.35^2}$

71. 设大气压为 101kPa，某点压力表读数为 20kPa，则相对压强和绝对压强分别是：

A. 20kPa，121kPa

B. 121kPa，20kPa

C. 20kPa，20kPa

D. 121kPa，121kPa

72. 下列说法正确的是：

A. 不可压缩流场的流线与迹线重合

B. 不可压缩流场中任一封闭曲线的速度环量都等于零

C. 不可压缩流体适用伯努利方程

D. 不可压缩流体中任一点的速度散度为零

73. 动量方程是矢量方程，要考虑力和速度的方向，与所选坐标方向一致则为正，反之则为负。如果力的计算结果为负值，则：

A. 说明方程列错了

B. 说明力的实际方向与假设方向相反

C. 说明力的实际方向与假设方向相同

D. 说明计算结果一定是错误的

74. 两圆管内水的层流流动，雷诺数比为$Re_1:Re_2=1:2$，流量之比为$Q_1:Q_2=3:4$，则两管直径之比$D_1:D_2$是：

A. $8:3$ B. $3:2$

C. $3:8$ D. $2:3$

75. 已知两并联管路下料相同，管径$d_1=100$mm，$d_2=200$mm，已知管内的流量比为$Q_1:Q_2=1:2$，则两管的长度比是：

A. $2:1$ B. $1:4$

C. $1:8$ D. 不确定

76. 下面说法正确的是：

A. 平坡棱柱形渠道可以形成明渠均匀流

B. 正坡棱柱形渠道可以形成明渠均匀流

C. 正坡非棱柱形渠道可以形成明渠均匀流

D. 平坡非棱柱形渠道可以形成明渠均匀流

77. 两完全潜水井，水位降深比为$1:2$，渗透系数比值为$1:4$，则影响半径比值是：

A. $1:4$ B. $1:2$

C. $2:1$ D. $4:1$

78. 下列不属于流动的相似原理的是：

A. 几何相似   B. 动力相似

C. 运动相似   D. 质量相似

79. 将一导体置于变化的磁场中，该导体中会有电动势产生，则该电动势与磁场的关系由下列哪条定律来确定？

A. 安培环路定律   B. 电磁感应定律

C. 高斯定律   D. 库仑定律

80. 在图示电路中，当 $u_1 = U_1 = 5V$ 时，$i = I = 0.2A$，那么：

A. 电压 u_2 和电流 i_1 分别为 2.5V、0.2A

B. 电压 u_2 小于 2.5V，电流 i_1 为 0.2A

C. 电压 u_2 为 2.5V，电流 i_1 小于 0.2A

D. 因 L、C 未知，不能确定电压 u_2 和电流 i_1

81. 图示电路的等效电流源模型为：

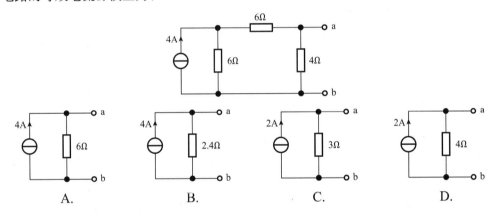

82. 已知正弦交流电流 $i(t) = 0.1\sin(1000t + 30°)A$，则该电流的有效值和周期分别为：

A. 70.7mA，0.1s   B. 70.7mA，6.28ms

C. 0.1A，6.28ms   D. 0.1A，0.1s

83. 图示电路中，$R = X_L = X_C$，此时，4块电流表读数的关系为：

A. $A = A_1 + A_2 + A_3$

B. $A = A_1 + (A_2 - A_3)$

C. $A = A_1$，$A_2 = A_3$

D. $A = 3A_1$，$A_2 = A_3 > A_1$

84. 图示电路中，电感及电容元件上没有初始储能，开关S在$t = 0$时刻闭合，那么在开关闭合后瞬间，电路中取值为10V的电压是：

A. U_L

B. U_C

C. $U_{R1} + U_{R2}$

D. U_{R2}

85. 设图示变压器为理想器件，且$R_L = 4\Omega$，$R_1 = 100\Omega$，$N_1 = 200$匝，若希望在R_L上获得最大功率，则使N_2为：

A. 8 匝

B. 2 匝

C. 40 匝

D. 1000 匝

86. 某三相异步电动机的额定负载$T_{CN} = 40kN \cdot m$，当其带动 $30kN \cdot m$ 的负载工作，收获 70% 的工作效率。那么，为使该电动机的工作效率高于 70%，则所带动的负载应：

A. 低于 $30kN \cdot m$

B. 高于 $40kN \cdot m$

C. 位于 $30 \sim 40kN \cdot m$

D. 位于 $25 \sim 35kN \cdot m$

87. 下列关于信号与信息的说法，正确的是：

A. 信息是一种电压信号

B. 信号隐藏在信息之中

C. 信号与信息是相同的两个概念

D. 信号与信息是不同的两个概念

88. 数字信号如图所示，将它作为二进制代码用来表示数，那么该数字信号表示的数是：

A. 1 个 0 和 5 个 1

B. 一万一千一百十一

C. 5

D. 31

89. 用传感器对某管道中流动的液体流量$x(t)$进行测量，测量结果为$u(t)$，用采样器对$u(t)$采样后得到的信号$u^*(t)$，在上述信号中，模拟信号为：

A. $x(t)$

B. $x(t)$和$u(t)$

C. $u(t)$

D. $x(t)$、$u(t)$和$u^*(t)$

90. 模拟信号$u(t)$的波形如图所示，设1(t)为单位阶跃函数，则$u(t)$的时间域描述形式为：

A. $u(t) = -t + 2V$

B. $u(t) = (-t + 2) - 1(t)V$

C. $u(t) = (-t + 2)(t - 2)V$

D. $u(t) = (-t + 2)1(t) - (-t + 2)1(t - 2)V$

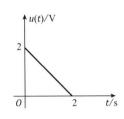

91. 模拟信号放大器可以完成：

A. 信号频率的放大

B. 信号幅度的放大

C. 信号中任意谐波成分的放大

D. 信号中幅度和频率的放大

92. 以下逻辑式演算，正确的是：

A. $1 + 1 = 1$

B. $1 + 1 = 2$

C. $1 + B = 2$

D. $1 \cdot B = 1$

93. 晶体三极管应用电路如图所示，若希望输出电压$U_o \leq 0.3V$，则电阻R_B应：

A. 等于 20kΩ

B. 等于 40kΩ

C. 小于 20kΩ

D. 大于 40kΩ

94. 图 a）所示运算放大器的传输特性如图 b）所示，如果希望$U_o = 10^5 U_i$，则输入信号U_i应为：

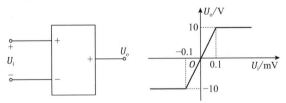

A. 大于 0.1mV

B. 小于 −0.1mV

C. 等于 10mV

D. 小于 0.1mV 且大于 −0.1mV

95. 图示逻辑门的输出F_1和F_2分别为：

A. $A + B$，AB

B. $\overline{AB}$，$A\overline{B}$

C. $\overline{A} + \overline{B}$，$\overline{A}B$

D. AB，$\overline{AB}$

96. 电路如图所示，则t时刻Q_{JK}和Q_D的值为：

A. 00

B. 01

C. 10

D. 11

附：D 触发器的逻辑状态表为：

D	Q_{n+1}
0	0
1	1

JK 触发器的逻辑状态表为：

J	K	Q_{n+1}
0	0	Q_n
0	1	0
1	0	1
1	1	$\overline{Q}^n$

97. 计算机系统软件主要包括：

A. 办公自动化软件、编译程序

B. 操作系统、编译程序

C. 操作系统、图形设计软件

D. 操作系统、游戏软件

98. 总线中的数据总线用于传输：

 A. 程序和数据

 B. 存储器的地址码

 C. 控制信息

 D. 用户的传输命令

99. 分时操作系统的"同时性"是指：

 A. 系统允许多个用户同时使用一台计算机运行

 B. 系统中的每个用户随时与计算机系统进行对话

 C. 系统中的每个用户各自在独立地使用计算机，互不干扰

 D. 能够及时响应通信发出的外部事件，并对事件做出快速处理

100. 根据计算机语言的发展过程，它们出现的顺序是：

 A. 机器语言、汇编语言、高级语言

 B. 汇编语言、机器语言、高级语言

 C. 高级语言、汇编语言、机器语言

 D. 机器语言、高级语言、汇编语言

101. 浮点数是用一个整数和纯小数表示的，其中：

 A. 整数表示是浮点数的阶码，纯小数表示浮点数的尾数

 B. 纯小数部分是用定点表示

 C. 纯小数表示这个浮点数的大小

 D. 整数部分表示的是浮点数的精度

102. 在 16 色的图像中要用 16 种颜色表示，这 16 种颜色则要用：

 A. 4 位二进制数表示

 B. 6 位二进制数表示

 C. 8 位二进制数表示

 D. 16 位二进制数表示

103. 计算机病毒不会通过下列哪种方式传播？

    A. 网络

    B. 生物

    C. 硬盘

    D. U 盘和光盘

104. 下面四条对操作系统的描述中，错误的一条是：

    A. 操作系统是硬件与所有其他软件之间的接口

    B. 在操作系统的指挥控制下，才可能对各种软、硬件资源进行分配、使用

    C. 在操作系统的支撑下，其他软件才得以运行

    D. 计算机没有操作系统，任何软件都可以自由运行

105. 从物理结构角度，人们给计算机网络的定义是：

    A. 由多台计算机、数据传输设备以及若干终端连接的计算机系统

    B. 在网络协议控制下，由多台计算机、数据传输设备、通信设备组成的计算机复合系统

    C. 通过计算机将一个用户的信息传送给另一个用户

    D. 通过计算机存储、再生、加工处理的信息传输和发送的系统

106. 局域网常用的传输介质中，速度最快的是：

    A. 同轴电缆   B. 双绞线

    C. 光纤   D. 电话线

107. 某人以 9% 的单利借出 1000 元，借期为 2 年。待归还后，以 8% 的复利将上述借出金额的本利和再借出，借期为 3 年。则此人在第 5 年末可以获得的本利和为：

    A. 1463.2 元   B. 1486.46 元

    C. 1496.66 元   D. 1503.32 元

108. 按照概算法分类，建设投资由工程费用、工程建设其他费用及以下哪项费用共三部分构成？

    A. 预备费   B. 建设期利息

    C. 流动资金   D. 土地使用费

109. 以下关于融资租赁的说法，正确的是：

A. 融资租赁是通过租赁设备融通到所需资金，从而形成债务资金

B. 融资租赁是通过出租设备融通到所需资金，从而形成项目资本金

C. 融资租赁具有资本金和债务资金双重性质，属于准股本资金

D. 融资租赁不能作为成本费用在税前支付，因而不具有抵税作用

110. 在项目资本金现金流量表中，项目正常生产期内，每年现金流出的计算公式为：

A. 借款本息偿还＋经营成本＋税金及附加＋进项税额＋应纳增值税＋所得税

B. 总成本＋税金及附加＋所得税

C. 经营成本＋税金及附加＋所得税

D. 借款本息偿还＋总成本＋税金及附加＋应纳增值税

111. 某企业计划投资 100 万元建一生产线，寿命期为 10 年，按直线法计提折旧，预计净残值率为 5%。项目预计投资后每年可获得净利润 15 万元，则静态投资回收期为：

A. 3.92 年

B. 5.08 年

C. 4.08 年

D. 5.92 年

112. 在投资项目经济评价中进行敏感性分析时，如果主要分析方案状态和参数变化对方案投资回收快慢的影响，可选用的分析指标是：

A. 静态投资回收期

B. 净现值

C. 内部收益率

D. 借款偿还期

113. 现有甲、乙、丙、丁四个互斥的投资项目，其有关数据见表。基准收益率为 10%，则应选择：

$\left[已知 (P/A, 10\%, 5) = 3.7908, \ (P/A, 10\%, 10) = 6.1446 \right]$

方案	甲	乙	丙	丁
净现值（万元）	239	246	312	350
寿命期（年）	5	5	10	10

A. 方案甲

B. 方案乙

C. 方案丁

D. 方案丙

114. 在价值工程的一般工作程序中，准备阶段要做的工作包括：

A. 对象选择   B. 功能评价

C. 功能系统分析   D. 收集整理信息资料

115. 根据《中华人民共和国建筑法》的规定，下列关于建设工程分包的描述，正确的是：

A. 工程分包单位的选择，必须经建设单位指定

B. 总承包单位可以将工程分包给其他的分包单位

C. 总承包单位和分包单位就分包工程对建设单位承担连带责任

D. 其他分包单位可以将其承包的工程再分包

116. 根据《中华人民共和国安全生产法》的规定，下列有关从业人员的权利和义务的说法，错误的是：

A. 从业人员有权对本单位的安全生产工作提出建议

B. 从业人员有权对本单位安全生产工作中存在的问题提出批评

C. 从业人员有权拒绝违章指挥和强令冒险作业

D. 从业人员有权停止作业或者撤离作业现场

117. 某建设工程实行公开招标，投标人编制投标文件的依据是：

A. 招标文件的要求   B. 招标方工作人员的要求

C. 资格预审文件的要求   D. 评标委员会的要求

118. 根据《中华人民共和国民法典》的规定，当事人订立合同可以采取要约和承诺方式，下列关于要约的概念，理解错误的是：

A. 要约是希望与他人订立合同的意思表示

B. 要约内容要求具体确定

C. 要约是吸引他人向自己提出订立合同的意思表示

D. 经受要约人承诺，要约人即受该意思表示约束

119. 根据《中华人民共和国节约能源法》的规定，发布节能技术政策大纲的国家主管部门是：

A. 国务院管理节能工作部门会同国务院发展计划部门

B. 国务院管理节能工作部门会同国务院能源主管部门

C. 国务院管理节能工作部门会同国务院建设主管部门

D. 国务院管理节能工作部门会同国务院科技主管部门

120. 根据《建设工程质量管理条例》规定，国家实行建设工程质量监督管理制度，对全国的工程质量实施统一监督管理的部门是：

A. 国务院质量监督主管部门

B. 国务院建设行政主管部门

C. 国务院铁路、交通、水利等主管部门

D. 国务院发展规划部门

2023 年度全国勘察设计注册工程师

执业资格考试试卷

基础考试

（上）

二〇二三年十一月

应考人员注意事项

1. 本试卷科目代码为"1",考生务必将此代码填涂在答题卡"科目代码"相应的栏目内,否则,无法评分。

2. 书写用笔:**黑色或蓝色钢笔、签字笔或圆珠笔;**

   填涂答题卡用笔:**黑色 2B 铅笔。**

3. 必须用书写用笔将工作单位、姓名、准考证号填写在答题卡和试卷相应的栏目内。

4. 本试卷由 120 题组成,每题 1 分,满分 120 分,本试卷全部为单项选择题,每小题的四个备选项中只有一个正确答案,错选、多选、不选均不得分。

5. 考生作答时,必须按**题号在答题卡上**将相应试题所选选项对应的**字母用 2B 铅笔涂黑。**

6. 在答题卡上书写与题意无关的语言,或在答题卡上作标记的,均按违纪试卷处理。

7. 考试结束时,由监考人员当面将试卷、答题卡一并收回。

8. 草稿纸由各地统一配发,考后收回。

单项选择题（共 120 题，每题 1 分。每题的备选项中，只有一个最符合题意。）

1. 若 $x \to 0$ 时，$f(x)$ 为无穷小，且为 x^2 的高阶无穷小，则 $\lim\limits_{x \to 0} \dfrac{f(x)}{\sin^2 x}$ 等于：

   A. 1　　　　　　　　　　　　　　　　B. 0

   C. $\dfrac{1}{2}$　　　　　　　　　　　　　　　D. ∞

2. 设函数 $f(x) = \dfrac{\sin(x-1)}{x^2-1}$，则：

   A. $x = 1$ 和 $x = -1$ 均为第二类间断点

   B. $x = 1$ 和 $x = -1$ 均为可去间断点

   C. $x = 1$ 为第二类间断点，$x = -1$ 为可去间断点

   D. $x = 1$ 为可去间断点，$x = -1$ 为第二类间断点

3. 若函数 $y = f(x)$ 在点 x_0 处有不等于零的导数，并且其反函数 $x = g(y)$ 在点 y_0 $\left[\, y_0 = f(x_0)\,\right]$ 处连续，则导数 $g'(y_0)$ 等于：

   A. $\dfrac{1}{f(x_0)}$　　　　　　　　　　　　B. $\dfrac{1}{f(y_0)}$

   C. $\dfrac{1}{f'(x_0)}$　　　　　　　　　　　　D. $\dfrac{1}{f'(y_0)}$

4. 设 $y = f(\ln x)e^{f(x)}$，其中 $f(x)$ 为可微函数，则微分 $\mathrm{d}y$ 等于：

   A. $e^{f(x)}[f'(\ln x) + f'(x)]\,\mathrm{d}x$　　　　B. $e^{f(x)}\left[\dfrac{1}{x}f'(\ln x) + f'(x)f(\ln x)\right]\mathrm{d}x$

   C. $e^{f(x)}f'(\ln x)f'(x)\,\mathrm{d}x$　　　　　D. $\dfrac{1}{x}e^{f(x)}f'(\ln x)\,\mathrm{d}x$

5. 设偶函数 $f(x)$ 具有二阶连续导数，且 $f''(0) \neq 0$，则 $x = 0$：

   A. 一定不是 $f'(x)$ 取得零值的点　　　B. 一定不是 $f(x)$ 的极值点

   C. 一定是 $f(x)$ 的极值点　　　　　　D. 不能确定是否为极值点

6. 函数 $y = \dfrac{x^3}{3} - x$ 在区间 $[0, \sqrt{3}]$ 上满足罗尔定理的 ξ 等于：

   A. -1　　　　　　　　　　　　　　B. 0

   C. 1　　　　　　　　　　　　　　　D. $\sqrt{3}$

7. 若 $y = \tan 2x$ 的一个原函数为 $k\ln(\cos 2x)$，则常数 k 等于：

   A. $-\dfrac{1}{2}$　　　　　　　　　　　　　B. $\dfrac{1}{2}$

   C. $-\dfrac{4}{3}$　　　　　　　　　　　　　D. $\dfrac{3}{4}$

8. 设 $I = \int_0^{\frac{\pi}{2}} \frac{1}{3+2\cos^2 x} \, dx$，则下列关系式中正确的是：

    A. $\frac{\pi}{10} \leqslant I \leqslant \frac{\pi}{6}$ B. $\frac{1}{5} \leqslant I \leqslant \frac{1}{3}$

    C. $I = \frac{\pi}{6}$ D. $I = \frac{\pi}{10}$

9. 设 $\boldsymbol{\alpha}$、$\boldsymbol{\beta}$ 为两个非零向量，则 $|\boldsymbol{\alpha} \times \boldsymbol{\beta}|$ 等于：

    A. $|\boldsymbol{\alpha}||\boldsymbol{\beta}|$ B. $|\boldsymbol{\alpha}||\boldsymbol{\beta}| \cos(\widehat{\boldsymbol{\alpha}, \boldsymbol{\beta}})$

    C. $|\boldsymbol{\alpha}| + |\boldsymbol{\beta}|$ D. $|\boldsymbol{\alpha}||\boldsymbol{\beta}| \sin(\widehat{\boldsymbol{\alpha}, \boldsymbol{\beta}})$

10. 设有直线 $\frac{x}{1} = \frac{y}{0} = \frac{z}{-3}$，则该直线必定：

    A. 过原点且平行于 oy 轴   B. 过原点且垂直于 oy 轴

    C. 不过原点，但垂直于 oy 轴   D. 不过原点，但不平行于 oy 轴

11. 设 $z = \arctan\frac{x}{y}$，则 $\frac{\partial^2 z}{\partial x^2}$ 等于：

    A. $\frac{2x}{(x^2+y^2)^2}$ B. $\frac{x^2-y^2}{(x^2+y^2)^2}$

    C. $\frac{-2xy}{(x^2+y^2)^2}$ D. $\frac{y^2}{(x^2+y^2)^2}$

12. 设区域 D：$x^2 + y^2 \leqslant 1$，则二重积分 $\iint\limits_{D} e^{-(x^2+y^2)} \, dx \, dy$ 的值等于：

    A. πe^{-1} B. $-\pi e^{-1}$

    C. $\pi(e^{-1} - 1)$ D. $\pi(1 - e^{-1})$

13. 微分方程 $dy - 2x \, dx = 0$ 的一个特解为：

    A. $y = -2x$ B. $y = 2x$

    C. $y = -x^2$ D. $y = x^2$

14. 设 L 为曲线 $y = \sqrt{x}$ 上从点 $M(1,1)$ 到点 $O(0,0)$ 的有向弧段，则曲线积分 $\int_L \frac{1}{y} \, dx + dy$ 等于：

    A. 1   B. -1

    C. -3 D. 3

15. 设级数 $\sum\limits_{n=1}^{\infty} \frac{1}{1+a^n}$ $(a > 0)$，在下面结论中，错误的是：

    A. $a > 1$ 时级数收敛   B. $a \leqslant 1$ 时级数收敛

    C. $a < 1$ 时级数发散   D. $a = 1$ 时级数发散

16. 下列微分方程中，以$y = e^{-2x}(C_1 + C_2 x)$（C_1，C_2为任意常数）为通解的微分方程是：

A. $y'' + 3y' + 2y = 0$

B. $y'' - 4y' + 4y = 0$

C. $y'' + 4y' + 4y = 0$

D. $y'' + 2y = 0$

17. 设函数$z = xyf\left(\dfrac{y}{x}\right)$，其中$f(u)$可导，则$x\dfrac{\partial z}{\partial x} + y\dfrac{\partial z}{\partial y}$等于：

A. $2xyf(x)$

B. $2xyf(y)$

C. $2xyf\left(\dfrac{y}{x}\right)$

D. $xyf\left(\dfrac{y}{x}\right)$

18. 幂级数$\displaystyle\sum_{n=1}^{\infty}(2n-1)x^{n-1}$在$|x| < 1$内的和函数是：

A. $\dfrac{1}{(1-x)^2}$

B. $\dfrac{1+x}{(1-x)^2}$

C. $\dfrac{x}{(1-x)^2}$

D. $\dfrac{1-x}{(1-x)^2}$

19. 设矩阵$\boldsymbol{A} = \begin{bmatrix} a_1 & c_1 & d_1 \\ a_2 & c_2 & d_2 \\ a_3 & c_3 & d_3 \end{bmatrix}$，$\boldsymbol{B} = \begin{bmatrix} b_1 & c_1 & d_1 \\ b_2 & c_2 & d_2 \\ b_3 & c_3 & d_3 \end{bmatrix}$，且$|\boldsymbol{A}| = 1$，$|\boldsymbol{B}| = -1$，则行列式$|\boldsymbol{A} - 2\boldsymbol{B}|$等于：

A. 1

B. 2

C. 3

D. 4

20. 设矩阵$\boldsymbol{A}_{4\times 3}$，且其秩$r(\boldsymbol{A}) = 2$，而$\boldsymbol{B} = \begin{bmatrix} 1 & 0 & 2 \\ 0 & 2 & 1 \\ -1 & 0 & 3 \end{bmatrix}$，则秩$r(\boldsymbol{AB})$等于：

A. 1

B. 2

C. 3

D. 4

21. 设$\boldsymbol{\alpha}_1, \boldsymbol{\alpha}_2, \boldsymbol{\alpha}_3, \boldsymbol{\alpha}_4$为$n$维向量的向量组，已知$\boldsymbol{\alpha}_1, \boldsymbol{\alpha}_2, \boldsymbol{\alpha}_3$线性无关，$\boldsymbol{\alpha}_1, \boldsymbol{\alpha}_2, \boldsymbol{\alpha}_4$线性相关，则下列结论中不正确的是：

A. $\boldsymbol{\alpha}_4$可以由$\boldsymbol{\alpha}_1, \boldsymbol{\alpha}_2, \boldsymbol{\alpha}_3$线性表示

B. $\boldsymbol{\alpha}_3$可以由$\boldsymbol{\alpha}_1, \boldsymbol{\alpha}_2$线性表示

C. $\boldsymbol{\alpha}_4$可以由$\boldsymbol{\alpha}_1, \boldsymbol{\alpha}_2$线性表示

D. $\boldsymbol{\alpha}_3$不可以由$\boldsymbol{\alpha}_1, \boldsymbol{\alpha}_2, \boldsymbol{\alpha}_4$线性表示

22. 口袋中有 4 个红球、2 个黄球，从中随机取出 3 个球，则取得红球 2 个、黄球 1 个的概率是：

A. $\frac{1}{5}$ B. $\frac{2}{5}$

C. $\frac{3}{5}$ D. $\frac{4}{5}$

23. 设离散型随机变量 X 的分布律为 $\begin{array}{c|cccc} X & -1 & 0 & 1 & 2 \\ \hline P & 0.4 & 0.3 & 0.2 & 0.1 \end{array}$，则数学期望 $E(X^2)$ 等于：

A. 0   B. 1

C. 2   D. 3

24. 若二维随机变量 (X,Y) 的联合概率密度为 $f(x,y) = \begin{cases} axe^{-(x^2+y)} & x \geqslant 0, \ y \geqslant 0 \\ 0 & \text{其他} \end{cases}$，则常数 a 的值为：

A. -1 B. 1

C. 2   D. 3

25. 在标准状态下，理想气体的压强和温度分别为：

A. $1.013 \times 10^4 \text{Pa}$, 273.15K   B. $1.013 \times 10^4 \text{Pa}$, 263.15K

C. $1.013 \times 10^5 \text{Pa}$, 273.15K   D. $1.013 \times 10^5 \text{Pa}$, 263.15K

26. 设分子的有效直径为 d，单位体积内分子数为 n，则气体分子的平均自由程 $\bar{\lambda}$：

A. $\frac{1}{\sqrt{2}\pi d^2 n}$ B. $\sqrt{2}\pi d^2 n$

C. $\frac{n}{\sqrt{2}\pi d^2}$ D. $\frac{\sqrt{2}\pi d^2}{n}$

27. 设在一热力学过程中，气体的温度保持不变，而单位体积内分子数 n 减少，此过程为：

A. 等温压缩过程   B. 等温膨胀过程

C. 等压膨胀过程   D. 等压压缩过程

28. 一定量的单原子分子理想气体，分别经历等压膨胀过程和等体升温过程，若两过程中的温度变化 ΔT 相同，则两过程中气体吸收能量之比 $\frac{Q_P}{Q_V}$ 为：

A. 1/2   B. 2/1

C. 3/5   D. 5/3

29. 一瓶氦气和一瓶氮气，单位体积内分子数相同，分子的平均平动动能相同，则它们：

A. 温度和质量密度均相同

B. 温度和质量密度均不同

C. 温度相同，但氦气的质量密度大

D. 温度相同，但氮气的质量密度大

30. 一平面简谐波的表达式为 $y = 0.1\cos(3\pi t - \pi x + \pi)$ (SI)，则：

A. 原点 O 处质元振幅为 -0.1m   B. 波长为 3m

C. 相距1/4波长的两点相位差为 $\pi/2$ D. 波速为 9m/s

31. 一余弦横波以速度 u 沿 x 轴正向传播，t 时刻波形曲线如图所示，此刻，振动速度向上的质元为：

A. B、C B. A、B

C. A、C D. A、B、C

32. 一机械波在均匀弹性媒质中传播时，波中一质元：

A. 能量最大时，速度值最大，弹性形变最大

B. 能量最大时，速度值最小，弹性形变最大

C. 能量最小时，速度值最大，弹性形变最大

D. 能量最小时，速度值最小，弹性形变最大

33. 波的平均能量密度与：

A. 振幅的平方成正比，与频率的平方成反比

B. 振幅的平方成正比，与频率的平方成正比

C. 振幅的平方成反比，与频率的平方成反比

D. 振幅的平方成反比，与频率的平方成正比

34. 在双缝干涉实验中，波长$\lambda = 550nm$的单色平行光垂直入射到缝间距$a = 2 \times 10^{-4}m$的双缝上，屏到双缝的距离$D = 2m$，则中央明条纹两侧第10级明纹中心的间距为：

A. 11m
B. 1.1m
C. 0.11m
D. 0.011m

35. P_1、P_2为偏振化方向相互平行的两个偏振片，光强为I_0的自然光依次垂直入射到P_1、P_2上，则通过P_2的光强为：

A. I_0
B. $2I_0$
C. $I_0/2$
D. $I_0/4$

36. 一束波长为λ的平行单色光垂直入射到一单缝AB上，装置如图所示，在屏幕 D 上形成衍射图样，如果P是中央亮纹一侧第一个暗纹所在的位置，则BC的长度为：

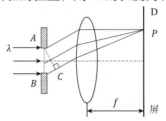

A. $\lambda/2$
B. λ
C. $3\lambda/2$
D. 2λ

37. 用来描述原子轨道形状的量子数是：

A. n
B. l
C. m
D. m_s

38. 下列分子中，偶极矩不为零的是：

A. NF_3
B. BF_3
C. $BeCl_2$
D. CO_2

39. 下列溶液混合，对酸碱都有缓冲能力的溶液是：

A. 100mL 0.2mol/L HOAc 与 100mL 0.1mol/L NaOH

B. 100mL 0.1mol/L HOAc 与 100mL 0.1mol/L NaOH

C. 100mL 0.1mol/L HOAc 与 100mL 0.2mol/L NaOH

D. 100mL 0.2mol/L HCl 与 100mL 0.1mol/L $NH_3 \cdot H_2O$

40. 在 0.1L 0.1mol/L 的 HOAc 溶液中，加入 10g NaOAc 固体，溶液 pH 值的变化是：

A. 降低

B. 升高

C. 不变

D. 无法判断

41. 下列叙述正确的是：

A. 质量作用定律适用于任何化学反应

B. 反应速率常数数值取决于反应温度、反应物种类及反应物浓度

C. 反应活化能越大，反应速率越快

D. 催化剂只能改变反应速率而不会影响化学平衡状态

42. 对于一个处于平衡状态的化学反应，以下描述正确的是：

A. 平衡混合物中各物质的浓度都相等

B. 混合物的组分不随时间而改变

C. 平衡状态下正逆反应速率都为零

D. 反应的活化能是零

43. 已知 $E^{\ominus}(ClO_3^-/Cl^-) = 1.45V$，现测得 $E(ClO_3^-/Cl^-) = 1.41V$，并测得 $C(ClO_3^-) = C(Cl^-) = 1mol/L$，可判断电极中：

A. $pH = 0$

B. $pH > 0$

C. $pH < 0$

D. 无法判断

44. 分子式为 C_4H_9Cl 的同分异构体有几种？

A. 4 种

B. 3 种

C. 2 种

D. 1 种

45. 下列关于烯烃的叙述正确的是：

A. 分子中所有原子处于同一平面的烃是烯烃

B. 含有碳碳双键的有机物是烯烃

C. 能使溴水褪色的有机物是烯烃

D. 分子式为 C_4H_8 的链烃一定是烯烃

46. 下列化合物属于酚类的是：

A. $CH_3CH_2CH_2OH$

B.

C.

D.

47. 固定在杆AB上的销钉E置于构件CD的光滑槽内，如图所示。已知：重物重力F_P用绳绕过光滑的销钉B而系在点D，$AE = EC = AC$。则销钉E处约束力的作用线与x轴正方向所成的夹角为：

A. $0°$

B. $90°$

C. $60°$

D. $30°$

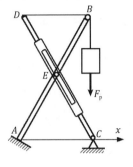

48. 图示等边三角板ABC，边长为a，沿其边缘作用大小均为F的力F_1、F_2、F_3，方向如图所示。则此力系向A点简化的结果为：

A. 平衡情况

B. 主矢和主矩

C. 一合力偶

D. 一合力

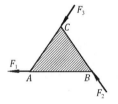

49. 图示平面构架，由直角杆ABC与杆BD、CE铰接而成，各杆自重不计。已知：均布荷载q，尺寸a，则支座E的约束力为：

A. $F_{Ex} = 0$，$F_{Ey} = 3qa/2$（↓）

B. $F_{Ex} = 0$，$F_{Ey} = 3qa/2$（↑）

C. $F_{Ex} = 0$，$F_{Ey} = 5qa/2$（↓）

D. $F_{Ex} = 0$，$F_{Ey} = 5qa/2$（↑）

50. 重W的物块自由地放在倾角为α的斜面上。若物块与斜面间的静摩擦因数$\mu = 0.4$，且$W = 60\text{kN}$，$\alpha = 30°$，则该物块的状态为：

A. 静止状态

B. 临界平衡状态

C. 滑动状态

D. 条件不足，不能确定

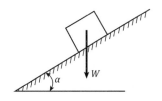

51. 点沿直线运动，其速度$v = t^2 - 20$（速度单位为 m/s）。已知当$t = 0$时，$x = -15\text{m}$，则点的运动方程为：

A. $x = 3t^3 - 20t - 15$

B. $x = t^3 - 20t - 15$

C. $x = \frac{1}{3}t^3 - 20t$

D. $x = \frac{1}{3}t^3 - 20t - 15$

52. 一摆按照$\varphi = \varphi_0 \cos\left(\frac{2\pi}{T}t\right)$的运动规律绕固定轴$O$摆动，如图所示。如摆的重心到转动轴的距离$OC = l$，在摆经过平衡位置时，其重心$C$的速度和加速度的大小为：

A. $v = 0$，$a = \frac{4\pi^2\varphi_0 l}{T^2}$

B. $v = \frac{2\pi\varphi_0 l}{T}$，$a = \frac{4\pi^2\varphi_0^2 l}{T^2}$

C. $v = 0$，$a = \frac{4\pi^2\varphi_0^2 l}{T^2}$

D. $v = \frac{2\pi\varphi_0 l}{T^2}$，$a = \frac{4\pi^2\varphi_0^2 l}{T}$

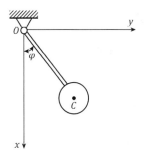

53. 固连在一起的两滑轮，其半径分别为$r = 5\text{cm}$，$R = 10\text{cm}$，A、B两物体与滑轮以绳相连，如图所示。已知物体A以运动方程$s = 80t^2$向下运动（s以 cm 计，t以 s 计），则重物B向上运动的方程为：

A. $s_B = 160t^2$

B. $s_B = 400t^2$

C. $s_B = 800t^2$

D. $s_B = 40t^2$

54. 汽车重力 P,以匀速 v(低速)驶过拱桥,在桥顶处曲率半径为 R,在此处桥面给汽车的约束力大小为:

A. P

B. $P + \dfrac{Pv^2}{gR}$

C. $P - \dfrac{Pv^2}{gR}$

D. $P - \dfrac{Pv}{gR}$

55. 均质圆环的质量为 m,半径为 R,圆环绕 O 轴的摆动规律为 $\varphi = \omega t$,ω 为常数。图示瞬时圆环动量的大小为:

A. $mR\omega$

B. $2mR\omega$

C. $3mR\omega$

D. $0.5mR\omega$

56. 手柄 AB 长 25m,质量为 60kg。在柄端 B 处作用有垂直于手柄大小为 400N 的力 F,如图所示。当 φ 角从零逐渐增大至 60° 时,其角加速度的变化为:

A. 逐渐减小

B. 逐渐增大

C. 保持不变

D. 无法判断

57. 物块 A 质量为 8kg,静止放在无摩擦的水平面上。另一质量为 4kg 的物块 B 被绳系住,如图所示。其滑轮无摩擦,若物块的加速度为 $a = 3.3\text{m/s}^2$,则物块 A 的惯性力是:

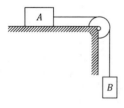

A. 26.4N(→)

B. 26.4N(←)

C. 13.2N(←)

D. 13.2N(→)

58. 小球质量为m，刚接于杆的一端，杆的另一端铰接于O点。杆长l，在其中点A的两边各连接一刚度为k的弹簧，如图所示。如杆及弹簧的质量不计，小球可视为一质点，其系统做微摆动时的运动微分方程为$ml^2\ddot{\varphi} = \left(mgl - \frac{1}{4}l^2k\right)\varphi$，则该系统的固有圆频率为：

A. $\sqrt{\dfrac{lk+4mg}{4ml}}$

B. $\sqrt{\dfrac{4mg-lk}{4ml}}$

C. $\sqrt{\dfrac{lk-2mg}{2ml}}$

D. $\sqrt{\dfrac{lk-4mg}{4ml}}$

59. 下面因素中，与静定杆件的截面内力有关的是：

A. 截面形状   B. 截面面积

C. 截面位置   D. 杆件的材料

60. 变截面杆AC，轴向受力如图所示。已知杆的BC段面积$A = 2500\text{mm}^2$，AB段横截面积为$4A$，杆的最大拉应力是：

A. 30MPa   B. 40MPa

C. 80MPa   D. 120MPa

61. 图示套筒和圆轴用安全销钉连接，承受扭转力矩为T，已知安全销直径为d，圆轴直径为D，套筒的厚度为t，材料均相同，则图示结构发生剪切破坏的剪切面积是：

A. $A = \dfrac{\pi d^2}{4}$ B. $A = \dfrac{\pi D^2}{4}$

C. $A = \dfrac{\pi(D^2-d^2)}{4}$ D. $A = dt$

62. 空心圆轴的外径为D，内径为d，且$D = 2d$。其抗扭截面系数为：

A. $\frac{7\pi}{16}d^3$

B. $\frac{7\pi}{32}d^3$

C. $\frac{15\pi}{16}d^3$

D. $\frac{15\pi}{32}d^3$

63. 圆截面试件破坏后的端口为如图所示螺旋面，符合该力学现象的可能是：

A. 低碳钢扭转破坏

B. 铸铁扭转破坏

C. 低碳钢压缩破坏

D. 铸铁压缩破坏

64. 图示各圆形平面的半径相等，其中图形关于坐标轴x、y的静矩S_x、S_y均为正值的是：

  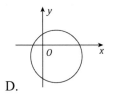

A.   B.   C.   D.

65. 悬臂梁在图示荷载下的剪力图如图所示，则梁上的分布载荷q和集中力F的数值分别为：

A. $q = 12\text{kN/m}$；$F = 4\text{kN}$

B. $q = 12\text{kN/m}$；$F = 6\text{kN}$

C. $q = 6\text{kN/m}$；$F = 10\text{kN}$

D. $q = 6\text{kN/m}$；$F = 6\text{kN}$

66. 矩形截面悬臂梁，截面的高度为h，宽度为b，且$h = 1.5b$，采用如图所示两种放置方式。两种情况下，最大弯曲正应力比值$\frac{\sigma_{a\max}}{\sigma_{b\max}}$为：

A. $\frac{9}{4}$ B. $\frac{4}{9}$

C. $\frac{3}{2}$ D. $\frac{2}{3}$

67. 悬臂梁AB由两根相同的矩形截面梁叠合而成，接触面之间无摩擦力。假设两杆的弯曲变形相同，在力F作用下梁的B截面挠度为V_B。若将两根梁黏结成一个整体，则该梁B截面的挠度是原来的：

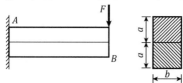

A. $\frac{1}{8}$

B. $\frac{1}{4}$

C. $\frac{1}{2}$

D. 不变

68. 主单元体的应力状态如图所示，其最大切应力所在的平面是：

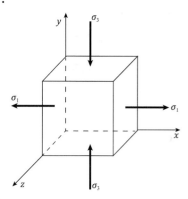

A. 与x轴平行，法向与y轴成 45°

B. 与y轴平行，法向与x轴成 45°

C. 与z轴平行，法向与x轴成 45°

D. 法向分别与x、y、z轴成 45°

69. 直径为d的等直圆杆，在危险截面上同时承受弯矩M和扭矩T，按第三强度理论，其相当应力σ_{eq3}是：

A. $\frac{32\sqrt{M^2+T^2}}{\pi d^3}$

B. $\frac{32\sqrt{M^2+4T^2}}{\pi d^3}$

C. $\frac{16\sqrt{M^2+T^2}}{\pi d^3}$

D. $\frac{16\sqrt{M^2+0.75T^2}}{\pi d^3}$

70. 图示 4 根细长（大柔度）压杆，弯曲刚度均为EI。其中最先失稳的压杆是：

A.　　　　B.　　　　C.　　　　D.

71. 空气的动力黏性系数随温度的升高而：

A. 增大 　　　　　　　　　　B. 减小

C. 不变 　　　　　　　　　　D. 先减小然后增大

72. 密闭水箱内水深 2m，自由面上的压强为 50kPa。假定当地大气压为 101kPa，则水箱底部 A 点的真空度为：

A. −51kPa 　　　　　　　　B. 31.4kPa

C. 51kPa 　　　　　　　　　D. −31.4kPa

73. 采用欧拉法研究流体的变化情况，研究的是：

A. 每个质点的流动参数 　　　B. 每个质点的轨迹

C. 每个空间点上的流动参数 　D. 每个空间点的质点轨迹

74. 如图所示，两个水箱用两段不同直径的管道连接，1~3 管段长 $l_1 = 10m$，直径 $d_1 = 200mm$，$\lambda_1 = 0.019$；3~6 管段长 $l_2 = 10m$，直径 $d_2 = 100mm$，$\lambda_2 = 0.018$。管道中的局部管件：1 为入口（$\xi_1 = 0.5$）；2 和 5 为90°弯头（$\xi_2 = \xi_5 = 0.5$）；3 为渐缩管（$\xi_3 = 0.024$）；4 为闸阀（$\xi_4 = 0.5$）；6 为管道出口（$\xi_6 = 1$）。若两水箱水面高度差为 5.204m，则输送流量为：

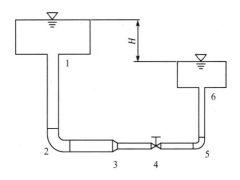

A. 30L/s 　　　　　　　　　B. 40L/s

C. 50L/s 　　　　　　　　　D. 60L/s

75. 黏性液体测压管水头线沿程的变化是：

A. 沿程下降 　　　　　　　　B. 沿程上升

C. 保持水平 　　　　　　　　D. 以上三种都有可能

76. 梯形排水沟，边坡系数相同，上边宽 2m，下底宽 8m，水深 4m，则水力半径为：

 A. 1.0m

 B. 1.11m

 C. 1.21m

 D. 1.31m

77. 潜水完全井抽水量大小与相关物理量的关系是：

 A. 与井半径成正比

 B. 与井的影响半径成正比

 C. 与含水层厚度成正比

 D. 与土体渗透系数成正比

78. 设L为长度量纲，T为时间量纲，沿程损失系数的量纲为：

 A. m

 B. m/s

 C. m^2/s

 D. 无量纲

79. 通过外力使某导体在磁场中运动时，会在导体内部产生电动势，那么，在不改变运动速度和磁场强弱的前提下，若使该电动势达到最大值，应使导体的运动方向与磁场方向：

 A. 相同

 B. 相互垂直

 C. 相反

 D. 呈 45°夹角

80. 关于欧姆定律的描述，错误的是：

 A. 参数为R的电阻元件的伏安关系

 B. 含源线性网络的伏安关系

 C. 无源线性电阻网络的伏安关系

 D. 任意线性耗能元件的伏安关系

81. 在图示电路中，各电阻元件的参数及U_s、I_s均已知，方程（1）$I_1 - I_2 - I_3 = 0$，（2）$I_3 - I_4 + I_5 = 0$，（3）$R_2I_2 - R_3I_3 - R_4I_4 = 0$，是为了采用支路电流法求解 4 个未知电流$I_1 \sim I_4$所列写的，在此基础上，还应补充的方程是：

 A. $I_5 = I_s$

 B. $-I_1 + I_2 + I_4 - I_5 = 0$

 C. $R_4I_4 + R_5I_5 = 0$

 D. $R_2I_2 + R_1I_1 = U_s$

82. 图示电路中，$u(t) = 10\sin 1000t\,\text{V}$，$I_L = 0.1\text{A}$，$I_C = 0.1\text{A}$，当激励 $u(t)$ 改为 $u(t) = 10\sin 2000t\,\text{V}$ 后：

A. $I_L < 0.1\text{A}$，$I_C > 0.1\text{A}$，$I \neq I_R$ B. $I_L > 0.1\text{A}$，$I_C < 0.1\text{A}$，$I = 0$

C. $I_L < 0.1\text{A}$，$I_C > 0.1\text{A}$，$I = I_R$ D. $I_L > 0.1\text{A}$，$I_C < 0.1\text{A}$，$I = I_R$

83. 正弦交流电流，i_1 和 i_2 的频率相同，有效值均为 1A，且 i_1 超前 i_2 45°，则下列关系式（1）～（4），正确的是：

（1）$i_1 = \sqrt{2}\sin(\omega t + \varphi_1)\text{A}$，$i_2 = \sqrt{2}\sin(\omega t + \varphi_1 + 45°)\text{A}$

（2）$i_1 = \sqrt{2}\sin(\omega t + \varphi_1)\text{A}$，$i_2 = \sqrt{2}\sin(\omega t + \varphi_1 - 45°)\text{A}$

（3）$\dot{I}_1 = 1.0\angle\varphi_1\text{A}$，$\dot{I}_2 = 1.0\angle(\varphi_1 - 45°)\text{A}$

（4）$\dot{I}_1 = 1.0\angle(\omega t + \varphi_1)\text{A}$，$\dot{I}_2 = 1.0\angle(\omega t + \varphi_1 + 45°)\text{A}$

A.（1）和（2）   B.（2）和（3）

C.（3）和（4）   D.（1）和（4）

84. 图示电路中，$R_1 = 100\Omega$，$R_2 = 150\Omega$，$X_L = 100\Omega$，$X_C = 150\Omega$，$I_1 = 1\text{A}$，$I_2 = 0.67\text{A}$，则电路的有功功率、无功功率和视在功率分别为：

A. 167W，167var，334VA

B. 250W，33var，252VA

C. 167W，−33var，134VA

D. 167W，33var，170VA

85. 设图示变压器为理想器件，若希望图示电路达到阻抗匹配，应满足关系式：

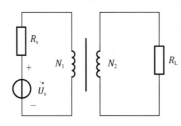

A. $\dfrac{R_L N_1^2}{N_2^2} = R_s$ B. $R_L = R_s$

C. $\dfrac{R_L N_1}{N_2} = R_s$ D. $\dfrac{R_s N_1^2}{N_2^2} = R_L$

86. 设电动机M_1和M_2协同工作，其中，电动机M_1通过接触器 1KM 控制，电动机M_2通过接触器 2KM 控制，若采用图示控制电路方案，则电动机M_1一旦运行，按下 $2SB_{stp}$再抬起，则：

    A. M_2暂时停止，然后恢复运动

    B. M_2一直处于停止工作状态

    C. M_1停止工作

    D. M_1、M_2同时停止工作

87. 关于信号与信息，下述说法正确的是：

    A. 仅信息可观测   B. 仅信号可观测

    C. 信号和信息均可观测   D. 信号和信息均不可观测

88. 设 16 进制数$D_1 = (11)_{16}$，8 进制数$D_2 = (21)_8$，则：

    A. $D_1 = D_2$ B. $D_1 > D_2$

    C. $D_1 < D_2$ D. D_1和D_2无法进行大小的比较

89. 数字信号是一种代码信号，在下述说法中，错误的是：

    A. 用来给信息编码的符号称为代码，来表示代码的信号称为代码信号

    B. 代码是抽象的，代码信号是具体的

    C. 用 0、1 代码表示的信号称为数字信号

    D. 数字信号是一种时间信号，可以按照时间信号的一般性分析方法对它进行分析和处理

90. 一个方波信号$u(t)$由若干个谐波分量构成$u(t) = \sqrt{2}U_1 \sin(\omega t + \psi_1) + \sqrt{2}U_3 \sin(3\omega t + \psi_3) + \sqrt{2}U_5 \sin(5\omega t + \psi_5) + \cdots$，则一定有：

    A. $U_1 < U_3 < U_5$ B. $\psi_1 < \psi_3 < \psi_5$

    C. $U_5 < U_3 < U_1$ D. $\psi_5 < \psi_3 < \psi_1$

91. 某模拟信号放大器输入与输出之间的关系如图所示，如果信号放大器的输出 $u_o = 10V$，那么，此时输入信号 u_i 一定：

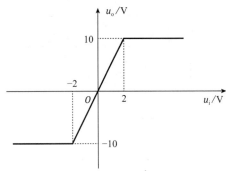

A. 小于 2V
B. 等于 2V
C. 小于或等于 2V
D. 大于或等于 2V

92. 逻辑函数 $F = \overline{\overline{AB} + \overline{BC}} + \overline{AB}$ 的简化结果是：

A. $F = C + AB$
B. $F = C + \overline{AB}$
C. $F = C$
D. $F = C + \overline{A}\overline{B}$

93. 二极管应用电路及输入、输出波形如图所示，若错将图中二极管 D_3 反接，则：

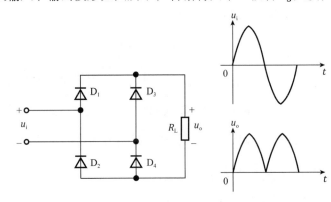

A. 会出现对电源的短路事故
B. 电路成为半波整流电路
C. $D_1 \sim D_4$ 均无法导通
D. 输出电压将反相

94. 晶体三极管放大电路如图所示,该电路的小信号模型为:

A.   B.   C.   D.

95. 图示逻辑门的输出F_1和F_2分别为:

A. 0和B

B. $\overline{A}$和$\overline{B}$

C. A和$\overline{B}$

D. A和B

96. 电路如图 a)所示,复位信号、数据输入及时钟脉冲信号如图 b)所示,经分析可知,在第一个和第二个时钟脉冲下降沿,输出 Q 先后等于:

a)   b)

附:JK 触发器的逻辑状态表为:

J	K	Q_{n+1}
0	0	Q_n
0	1	0
1	0	1
1	1	$\overline{Q}^n$

A. 0 0

B. 0 1

C. 1 0

D. 1 1

97. 按照内部逻辑结构的不同，计算机可分为 CISC 和 RISC 两类，其中指令系统中的指令条数最少的是：

    A. 16 位的数字计算机

    B. 复杂指令系统计算机

    C. 精简指令系统计算机

    D. 由 CISC 和 RISC 混合而成的 64 位计算机

98. 中央处理器简称 CPU，它主要是由：

    A. 运算器和寄存器两部分组成的

    B. 运算器和控制器两部分组成的

    C. 运算器和内存两部分组成的

    D. 运算器和主机两部分组成的

99. 操作系统是系统软件中的：

    A. 核心系统软件

    B. 关键性的硬件部分

    C. 不可替代的应用软件

    D. 外部设备的接口软件

100. 分时操作系统的主要特点是：

    A. 每个用户都在独占计算机的资源

    B. 会自动地控制作业流的运行

    C. 具有高可靠性、安全性和系统性

    D. 具有同时性、交互性和独占性

101. 下面各数中最小的是：

    A. 二进制数 10100000.11   B. 八进制数 240.6

    C. 十进制数 160.5   D. 十六进制数 A0.F

102. 构成图像的最小单位是像素，总的像素数量也叫：

　　A. 点距 　　　　　　　　　　　　B. 像素点

　　C. 像素 　　　　　　　　　　　　D. 分辨率

103. 一般将计算机病毒分成多种类型，下列表述不正确的是：

　　A. 引导区型 　　　　　　　　　　B. 混合型

　　C. 破坏型、依附型 　　　　　　　D. 文件型、宏病毒型

104. 一条计算机指令中，通常包含：

　　A. 数据和字符 　　　　　　　　　B. 操作码和操作数

　　C. 运算符和数据 　　　　　　　　D. 运算数和结果

105. 下列不属于网络软件的是：

　　A. 网络操作系统 　　　　　　　　B. 网络协议

　　C. 网络应用软件 　　　　　　　　D. 办公自动化系统

106. 局域网与广域网有着完全不同的运行环境，在局域网中：

　　A. 跨越长距离，且可以将两个或多个局域网和/或主机连接在一起

　　B. 所有设备和网络的带宽都由用户自己掌握，可以任意使用、维护和升级

　　C. 用户无法拥有广域网连接所需的技术设备和通信设施，只能由第三方提供

　　D. 2Mbit/s 的速率就已经是相当可观的了

107. 某地区筹集一笔捐赠款用于一座永久性建筑物的日常维护。捐款以 8%的复利年利率存入银行。该建筑物每年的维护费用为 2 万元。为保证正常的维护费用开支，该笔捐款应不少于：

　　A. 50 万元 　　　　　　　　　　　B. 33.3 万元

　　C. 25 万元 　　　　　　　　　　　D. 12.5 万元

108. 以下关于增值税的说法，正确的是：

　　A. 增值税是营业收入征收的一种所得税

　　B. 增值税是价内税，包括在营业收入中

　　C. 增值税应纳税额一般按生产流通或劳务服务各个环节的增值额乘以适用税率计算

　　D. 作为一般纳税人的建筑企业，增值税应按税前造价的 3%缴纳

109. 某项目发行长期债券融资，票面总金额为 4000 万元，按面值发行，票面利率为 8%，每年付息一次，到期一次还本。所得税率为 25%，忽略发行费率。则其资金成本率为：

A. 5.46%   B. 6%

C. 7.5%   D. 8%

110. 项目的静态投资回收期是：

A. 净现值为零的年限   B. 净现金流量为零的年限

C. 累计折现净现金流量为零的年限   D. 累计净现金流量为零的年限

111. 某建设项目在进行财务分析时得到如下数据：当 $i_1 = 12\%$ 时，净现值为 460 万元；当 $i_2 = 16\%$ 时，净现值为 130 万元；当 $i_3 = 18\%$ 时，净现值为 -90 万元。基准收益率为 10%。该项目的内部收益率应：

A. 在 10% ~ 12% 之间   B. 在 12% ~ 16% 之间

C. 在 16% ~ 18% 之间   D. 大于 18%

112. 图示为某项目通过不确定性分析得出的结果。图中各条直线斜率的含义为各影响因素对内部收益率的：

A. 敏感性系数   B. 盈亏平衡系数

C. 变异系数   D. 临界系数

113. 现有甲、乙、丙、丁四个互斥的项目方案，各方案预计的投资额和年经营成本各不相同，但预计销售收入相同。有关数据见表，基准收益率为10%。则应选择：

[已知 $(P/A, 10\%, 5) = 3.7908$，$(P/A, 10\%, 10) = 6.1446$]

方案	甲	乙	丙	丁
费用现值（万元）	350	312	570	553
寿命期（年）	5	5	10	10

A. 甲方案   B. 乙方案

C. 丙方案   D. 丁方案

114. 价值工程活动的关键环节之一是进行价值工程对象选择，下列方法中，用于价值工程对象选择的方法是：

A. 决策树法   B. 净现值法

C. 目标成本法   D. ABC 分析法

115. 根据《中华人民共和国建筑法》规定，建筑工程监理应当依照法律、行政法规及有关的技术标准、设计文件和建筑工程承包合同，代表建设单位对承包单位实施监督，监理的内容不包括：

A. 施工质量   B. 建设工期

C. 建设资金使用   D. 施工成本

116. 根据《中华人民共和国安全生产法》的规定，对未依法取得批准为验收合格的单位擅自从事有关活动的，负责行政审批部门发现后，正确的处理方式是：

A. 下达整改通知单，责令改正   B. 责令停止活动，并依法予以处理

C. 立即予以取缔，并依法予以处理   D. 吊销资质证书，并依法予以处理

117. 某投标人在招标文件规定的提交投标文件截止时间前 1 天提交了投标文件，为了稳妥起见，开标前 10 分钟又提交了一份补充文件，并书面通知了招标人。下列关于该投标文件及其补充文件的处理，正确的是：

A. 该补充文件的内容为投标文件的组成部分

B. 为了不影响按时开标，招标人应当拒收补充文件

C. 该投标人的补充文件涉及报价无效

D. 因为该投标人提交了 2 份文件，其投标文件应作废标处理

118. 某施工单位在保修期结束撤离现场时,告知建设单位屋顶防水的某个部位是薄弱环节,日常使用时应当引起注意,从合同履行的原则上讲,施工单位遵循的是:

A. 全面履行的原则　　　　　　　B. 适当履行的原则

C. 公平履行的原则　　　　　　　D. 环保原则

119. 依据《中华人民共和国环境保护法》,国务院环境保护行政主管部门制定国家污染物排放标准的依据是

A. 国家经济条件、人口状况和技术水平

B. 国家环境质量标准、技术水平和社会发展状况

C. 国家技术条件、经济条件和污染物治理状况下

D. 国家环境质量标准和国家经济、技术条件

120. 某建设工程项目需要拆除,建设单位应当向工程所在地的县级以上地方人民政府建设行政主管部门或者其他有关部门办理有关资料的备案,其需要报送的资料不包括:

A. 施工单位资质等级证明　　　　B. 拆除施工组织方案

C. 堆放、清除废弃物的措施　　　D. 需要拆除的理由

2024 年度全国勘察设计注册工程师

执业资格考试试卷

基础考试

（上）

二〇二四年十一月

应考人员注意事项

1. 本试卷科目代码为"1"，考生务必将此代码填涂在答题卡"科目代码"相应的栏目内，否则，无法评分。

2. 书写用笔：**黑色或蓝色钢笔、签字笔或圆珠笔；**

   填涂答题卡用笔：**黑色 2B 铅笔。**

3. 必须用书写用笔将工作单位、姓名、准考证号填写在答题卡和试卷相应的栏目内。

4. 本试卷由 120 题组成，每题 1 分，满分 120 分，本试卷全部为单项选择题，每小题的四个备选项中只有一个正确答案，错选、多选、不选均不得分。

5. 考生作答时，必须按**题号在答题卡上**将相应试题所选选项对应的**字母用 2B 铅笔涂黑。**

6. 在答题卡上书写与题意无关的语言，或在答题卡上作标记的，均按违纪试卷处理。

7. 考试结束时，由监考人员当面将试卷、答题卡一并收回。

8. 草稿纸由各地统一配发，考后收回。

单项选择题（共 120 题，每题 1 分。每题的备选项中，只有一个最符合题意。）

1. $\lim\limits_{x\to 0}\dfrac{2\sin x+x^2\sin\frac{1}{x}}{(1+x)^x\ln(1-x)}$ 的值等于：

   A. -2 B. -3

   C. $-2e^{-1}$ D. $-3e^{-1}$

2. 当 $x\neq 0$ 时，$f(x)=\dfrac{1-\sqrt{1-x}}{1-\sqrt[3]{1-x}}$，为了使 $f(x)$ 在点 $x=0$ 处连续，则应补充定义 $f(0)$ 应是：

   A. $\dfrac{1}{2}$ B. 1

   C. $\dfrac{3}{2}$ D. 3

3. 若 $f(x)$ 在点 $x=0$ 处的某邻域内连续，且 $f(x)=f(0)-3x+\alpha(x)$，又 $\lim\limits_{x\to 0}\dfrac{\alpha(x)}{x}=0$，则 $f(x)$ 在点 $x=0$ 的导数应是：

   A. 0 B. 1

   C. 3 D. -3

4. 设函数 $y=f[x+\varphi(x)]$，其中 $f(x)$，$\varphi(x)$ 均具有二阶导数，则二阶导数 $\dfrac{\mathrm{d}^2y}{\mathrm{d}x^2}$ 等于：

   A. $f''[x+\varphi(x)][1+\varphi'(x)]^2$

   B. $f''[x+\varphi(x)][1+\varphi'(x)]^2+f'[x+\varphi(x)]\varphi''(x)$

   C. $f''[x+\varphi(x)]\varphi''(x)$

   D. $f''[x+\varphi(x)][1+\varphi'(x)]+f'[x+\varphi(x)]\varphi''(x)$

5. 可导函数在某一点的导数为零是此函数在该点有极值的：

   A. 充要条件   B. 充分条件

   C. 必要条件   D. 既非充分又非必要条件

6. 曲线 $y=e^{-\frac{x^2}{2}}$ 在 $x>0$ 条件下的凹区间是：

   A. $(0,+\infty)$ B. $(0,1)$

   C. $(1,+\infty)$ D. $\left(\dfrac{1}{2},+\infty\right)$

7. 若 $\int f(x)\,\mathrm{d}x=x^2e^{-2x}+C$，则 $f(x)$ 为：

   A. $2x(1-x)e^{-2x}$ B. $2x(1+x)e^{-2x}$

   C. $2xe^{-2x}$ D. $-4x^2e^{-2x}$

8. 定积分 $\int_0^{\ln 2} e^x \sqrt{e^x - 1}\, dx$ 的值为：

    A. 2   B. $\dfrac{2}{3}$

    C. $\dfrac{3}{2}$ D. 0

9. 已知单位向量 $\boldsymbol{\alpha}$ 与向量 $\boldsymbol{\beta} = (1, -2, 2)$ 逆向且共线，则向量 $\boldsymbol{\alpha}$ 为：

    A. $\left(-\dfrac{1}{3}, \dfrac{2}{3}, -\dfrac{2}{3}\right)$ B. $\left(-\dfrac{1}{3}, -\dfrac{2}{3}, -\dfrac{2}{3}\right)$

    C. $\left(\dfrac{1}{3}, -\dfrac{2}{3}, \dfrac{2}{3}\right)$ D. $\left(-\dfrac{1}{3}, -\dfrac{2}{3}, \dfrac{2}{3}\right)$

10. 设有直线 L_1: $\dfrac{x+2}{1} = \dfrac{y-1}{-4} = \dfrac{z-1}{1}$ 和直线 L_2: $\dfrac{x-1}{2} = \dfrac{y+1}{-2} = \dfrac{z-2}{-1}$，则直线 L_1 与 L_2 的夹角 θ 等于：

    A. $\dfrac{\pi}{2}$ B. $\dfrac{\pi}{3}$

    C. $\dfrac{\pi}{4}$ D. $\dfrac{\pi}{6}$

11. 在下列结论中，二元函数设 $f(x, y)$ 在点 $(0,0)$ 处可微的一个充分条件是：

    A. $\displaystyle\lim_{(x,y)\to(0,0)}[f(x,y) - f(0,0)] = 0$

    B. $\displaystyle\lim_{x\to 0}\dfrac{f(x,0) - f(0,0)}{x} = 0$，且 $\displaystyle\lim_{y\to 0}\dfrac{f(0,y) - f(0,0)}{y} = 0$

    C. $\displaystyle\lim_{(x,y)\to(0,0)}\dfrac{f(x,y) - f(0,0)}{\sqrt{x^2 + y^2}} = 0$

    D. $\displaystyle\lim_{x\to 0}[f_x'(x,0) - f_x'(0,0)] = 0$，且 $\displaystyle\lim_{y\to 0}[f_y'(0,y) - f_y'(0,0)] = 0$

12. 微分方程 $(1 + x^2)\mathrm{d}y + (1 + y^2)\mathrm{d}x = 0$ 满足条件 $y(1) = 1$ 的特解是：

    A. $\arctan x + \arctan y = \dfrac{\pi}{2}$ B. $\arctan x + \arctan y = \dfrac{\pi}{4}$

    C. $\arctan x + \arctan y = 0$ D. $\arctan x + \arctan y = \pi$

13. 级数 $\displaystyle\sum_{n=1}^{\infty}\left(\dfrac{10}{n(n+1)} - \dfrac{10}{3^n}\right)$ 的和是：

    A. -5 B. 5

    C. 4   D. 3

14. 设 L 为右半单位圆周：$x^2 + y^2 = 1$（$x \geqslant 0$），则对弧长的曲线积分 $\int_L x^2\,\mathrm{d}s$ 的值等于：

    A. $\dfrac{\pi}{4}$ B. $\dfrac{\pi}{3}$

    C. $\dfrac{\pi}{2}$ D. $-\dfrac{\pi}{2}$

15. 二重积分 $\int_0^1 dx \int_x^1 e^{y^2} dy$ 的值是：

A. $e - 1$

B. e

C. $\frac{e}{2}$

D. $\frac{1}{2}(e-1)$

16. 微分方程 $y'' = x + y'$ 的通解是：

A. $y = C_1 e^x + C_2$

B. $y = -\frac{x^2}{2} - x + C_1 e^x + C_2$

C. $y = x + C_1 e^x + C_2$

D. $y = -\frac{x^2}{2} - x$

17. 幂级数 $\sum\limits_{n=1}^{\infty} (-1)^{n-1} \frac{(x+1)^n}{n}$ 的收敛域为：

A. $[-2, 0]$

B. $[-2, 0)$

C. $(-2, 0]$

D. $(-2, 0)$

18. $z = f(x, y)$ 是由方程 $x + y + z = e^{-(x+y+z)}$ 所确定的隐函数，则下列关系式中正确的是：

A. $\frac{\partial z}{\partial x} \neq \frac{\partial z}{\partial y}$

B. $\frac{\partial^2 z}{\partial x^2} \neq \frac{\partial^2 z}{\partial y^2}$

C. $\frac{\partial^2 z}{\partial x \partial y} = \frac{\partial^2 z}{\partial y \partial x}$

D. $\frac{\partial^2 z}{\partial x \partial y} \neq \frac{\partial^2 z}{\partial y \partial x}$

19. 设 $\boldsymbol{A}$ 为 n 阶方阵 $(n \geqslant 2)$，且 $|\boldsymbol{A}| = a$，$\boldsymbol{A}^*$ 为 $\boldsymbol{A}$ 的伴随矩阵，则行列式 $|\boldsymbol{A}\boldsymbol{A}^*|$ 等于：

A. a^n

B. a

C. $|a|$

D. $a\boldsymbol{I}$（$\boldsymbol{I}$ 为单位矩阵）

20. 若使向量组 $\boldsymbol{\alpha}_1 = (2, 1, -1)^{\mathrm{T}}$，$\boldsymbol{\alpha}_2 = (0, 1, 3)^{\mathrm{T}}$，$\boldsymbol{\alpha}_3 = (3, 1, a)^{\mathrm{T}}$ 线性无关，则 a 的值不等于：

A. 2

B. 3

C. -3

D. 1

21. 设矩阵 $\boldsymbol{A} = \begin{bmatrix} 2 & 0 & 0 \\ 0 & a & 2 \\ 0 & 2 & 3 \end{bmatrix}$ 相似于矩阵 $\boldsymbol{B} = \begin{bmatrix} 1 & 0 & 0 \\ 0 & 2 & 0 \\ 0 & 0 & b \end{bmatrix}$，则 a, b 的值应是：

A. $a = 1$，$b = 1$

B. $a = -1$，$b = 2$

C. $a = 5$，$b = 3$

D. $a = 3$，$b = 5$

22. 设A和B是两个独立事件，已知$P(A)=\dfrac{1}{3}$，$P(A \cup B)=\dfrac{1}{2}$，则$P(B)$等于：

A. $\dfrac{1}{6}$ 　　　　　　　　　B. $\dfrac{1}{5}$

C. $\dfrac{1}{4}$ 　　　　　　　　　D. $\dfrac{1}{3}$

23. 设随机变量X的数学期望$E(X)$为一非负值，且$E\left(\dfrac{X^2}{2}-1\right)=2$，$D\left(\dfrac{X}{2}-1\right)=\dfrac{1}{2}$，则$E(X)$等于：

A. 1 　　　　　　　　　B. 2

C. 3 　　　　　　　　　D. 4

24. 设连续型随机变量(X,Y)的概率密度为$f(x,y)=\begin{cases}4x^2, & 0<x<1,0<y<x \\ 0, & 其他\end{cases}$，则$X$的边缘概率密度为：

A. $f_X(x)=\begin{cases}4x^3, & 0<x<1 \\ 0, & 其他\end{cases}$ 　　　　B. $f_X(x)=\begin{cases}3x^3, & 0<x<1 \\ 0, & 其他\end{cases}$

C. $f_X(x)=\begin{cases}x^3, & 0<x<1 \\ 0, & 其他\end{cases}$ 　　　　D. $f_X(x)=2x^3$

25. 温度、压强均相同的氦气和氧气，它们分子的平均动能$\bar{\varepsilon}$和平均平动动能$\bar{\omega}$有如下关系：

A. $\bar{\varepsilon}$和$\bar{\omega}$都相等 　　　　　　B. $\bar{\varepsilon}$相等，$\bar{\omega}$不相等

C. $\bar{\omega}$相等，$\bar{\varepsilon}$不相等 　　　　　　D. $\bar{\varepsilon}$和$\bar{\omega}$都不相等

26. 麦克斯韦速率分布曲线如图所示，图中A、B两部分面积相等，则该图表示：

A. v_0为最概然速率

B. v_0为平均速率

C. v_0为方均根速率

D. 速率大于和小于v_0的分子数各占一半

27. 一定量的理想气体，在体积不变的条件下，当温度降低时，分子的平均碰撞频率$\bar{Z}$和平均自由程$\bar{\lambda}$的变化情况是：

A. $\bar{Z}$减小，但$\bar{\lambda}$不变 　　　　　B. $\bar{Z}$不变，但$\bar{\lambda}$减小

C. $\bar{Z}$和$\bar{\lambda}$都减小 　　　　　　D. $\bar{Z}$和$\bar{\lambda}$都不变

28. 一定量的理想气体，其状态在p-T图上沿着一条直线从平衡态a到平衡态b，如图所示，则该过程为：

A. 膨胀过程

B. 等体过程

C. 压缩过程

D. 不能判断是哪种过程

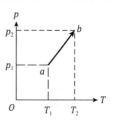

29. 一定量的理想气体，分别进行如图所示的两个循环$abcda$和$a'b'c'd'a'$。若在p-V图上这两个循环曲线所围面积相等，则可以由此得知这两个循环：

A. 热机效率相等

B. 在高温热源处吸收的热量相等

C. 在低温热源处放出的热量相等

D. 在每次循环中对外做的净功相等

30. 一平面简谐波的表达式为$y = A\cos 2\pi\left(\nu t - \dfrac{x}{\lambda}\right)$，在$t = \dfrac{1}{\nu}$时刻，$x_1 = \dfrac{3\lambda}{4}$与$x_2 = \dfrac{\lambda}{4}$两点处质元的速度之比为：

A. -1

B. $\dfrac{1}{3}$

C. 1

D. 3

31. 当一平面简谐机械波在弹性媒质中传播时，下述结论正确的是：

A. 媒质质元的振动动能增大时，其弹性势能减小，总机械能守恒

B. 媒质质元的振动动能和弹性势能都做周期性变化，但二者的相位不相同

C. 媒质质元的振动动能和弹性势能的相位在任意时刻都相同，但二者的数值不相等

D. 媒质质元在平衡位置处的弹性势能最大

32. 两相干波源S_1和S_2相距$\dfrac{\lambda}{4}$（λ为波长），S_1的相位比S_2的相位超前$\dfrac{\pi}{2}$，在S_1、S_2的连线上，S_1外侧各点（例如P点）两波引起的两谐振动的相位差是：

A. 0

B. $\dfrac{\pi}{2}$

C. π

D. $\dfrac{3\pi}{2}$

33. 两个相同的相干波源 A、B 产生两列相干波，则两波的：

    A. 频率相同，振动方向相同

    B. 频率相同，振动方向不同

    C. 频率不同，振动方向相同

    D. 频率不同，振动方向不同

34. 用波长 $\lambda = 600\text{nm}$ 的单色光垂直照射牛顿环装置时，从中央向外数第 4 个（不计中央暗斑）暗环对应的空气膜厚度为：

    A. 600nm   B. 1200nm

    C. 1800nm   D. 2400nm

35. 根据惠更斯-菲涅尔原理，若已知光在某时刻的波阵面为 S，则 S 的前面某点 P 的光强度取决于波阵面 S 上所有面积发出的子波各自传到 P 点的：

    A. 振动振幅之和   B. 光强之和

    C. 振动振幅之和的平方   D. 振动的相干叠加

36. 从迈克尔干涉仪的一只光路中，放入一片折射率为 n 的透明介质薄膜后，测出两束光的光程差的改变量为一个 λ，则薄膜的厚度是：

    A. $\dfrac{\lambda}{2}$ B. $\dfrac{\lambda}{2n}$

    C. $\dfrac{\lambda}{n}$ D. $\dfrac{\lambda}{2(n-1)}$

37. 用来描述核外电子自旋状态的量子数是：

    A. n B. l

    C. m D. m_s

38. 下列各分子中，为非极性分子的是：

    A. NF_3 B. BBr_3

    C. NH_3 D. CH_3Cl

39. 对于HCl气体溶解于水的过程，下列说法正确的是：

A. 这仅是一个物理变化的过程

B. 这仅是一个化学变化的过程

C. 此过程既有物理变化又有化学变化

D. 此过程中溶质的性质发生了变化，而溶剂的性质未变

40. 在含有Cl^-和CrO_4^{2-}的混合溶液中（浓度均为 $0.1mol \cdot L^{-1}$），逐滴加入$AgNO_3$溶液，开始生成白色$AgCl$沉淀，然后析出Ag_2CrO_4砖红色沉淀，这种现象称为：

A. 同离子效应　　　　　　　　　　B. 沉淀的转化

C. 分步沉淀　　　　　　　　　　　D. 沉淀的溶解

41. 对于反应速率常数k，下列描述正确的是：

A. 是一个无量纲的参数

B. 是一个量纲为 $mol \cdot L^{-1} \cdot s^{-1}$ 的参数

C. 是一个量纲不定的参数

D. 是一个量纲为 $mol^2 \cdot L^{-1} \cdot s^{-1}$ 的参数

42. 影响某化学反应平衡常数$K^{\ominus}$的因素是：

A. 反应物的浓度　　　　　　　　　B. 反应压力

C. 使用催化剂　　　　　　　　　　D. 反应温度

43. 关于电对的电极电势，下列叙述错误的是：

A. 电对中如氧化型物质的浓度增大时，则电对的电极电势也增大

B. 电对中如氧化型物质生成沉淀时，则电对的电极电势减小

C. 有H^+或OH^-参与电极反应的电对，溶液酸性越强，则电对的电极电势越大

D. 电对的电极电势与温度没有关系

44. 分子式为C_6H_{14}的各种异构体中，含有 3 个甲基，并能在自由基氯代反应中生成 4 种一氯代物的分子结构简式是：

A. $(CH_3)_2CHCH_2CH_2CH_3$　　　　　　B. $(CH_3)_2CHCH(CH_3)_2$

C. $CH_3CH_2CH_2CH_2CH_2CH_3$　　　　　D. $CH_3CH_2CH(CH_3)CH_2CH_3$

45. 下列 4 个有机化合物中，不能既发生加成反应，又在不同基团上易于发生氧化反应的是：

A. $\underset{\overset{\displaystyle |}{OH}}{CH_3CHCH_2CHO}$

B. $CH_3CH_2CH_2CH_2OH$

C. $CH_2=CHCH_2COOH$

D. $CH_2=CHCH_2CH_2OH$

46. 以石油化工为基础的现代三大合成材料是：

①医药；②合成纤维；③合成氨；④塑料；⑤合成橡胶；⑥合成洗涤剂；⑦合成尿素。

A. ②⑤⑦

B. ①④⑥

C. ②④⑤

D. ①③⑦

47. 加减平衡力系公理适用于：

A. 刚体

B. 变形体

C. 连续体

D. 任何物体

48. 在图示平面力系中，已知：$F_1 = 10N$，$F_2 = 40N$，$F_3 = 40N$，$M = 30N \cdot m$。则该力系向 O 点简化的结果为：

A. 平衡

B. 一力和一力偶

C. 一合力偶

D. 一合力

49. 均质圆盘重 F_p，半径为 r，置于光滑墙和水平梁 AE 的末端 E 点上，梁 AE 自重不计，已知：q，$AB = 6m$，$BE = 2m$，$\alpha = 45°$，摩擦不计，则圆盘 D 处的约束力为：

A. $F_D = \sqrt{2}F_P(\leftarrow)$

B. $F_D = F_P(\leftarrow)$

C. $F_D = \frac{1}{\sqrt{2}}F_P(\rightarrow)$

D. $F_D = \sqrt{2}F_P(\rightarrow)$

50. 判断图示桁架结构中，内力为零的杆数是：

A. 2 根杆

B. 3 根杆

C. 4 根杆

D. 5 根杆

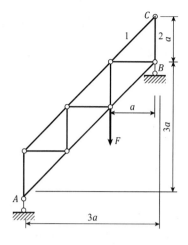

51. 点沿直线运动，其加速度方程为 $a = 12t + 20$（加速度单位为 m/s²），当 $t = 0$ 时，点的加速度大小为：

A. 20m/s²

B. 12m/s²

C. 8m/s²

D. 32m/s²

52. 点在具有直径为 6m 的圆形轨迹上运动，走过的距离是 $s = 3t^2$。则点在 2s 末的法向加速度为：

A. 48m/s²

B. 4m/s²

C. 96m/s²

D. 6m/s²

53. 四连杆机构如图所示。已知曲柄 O_1A 长为 r，AM 长为 l，角速度为 ω、角加速度为 ε。则固连在 AB 杆上的物块 M 的速度和切向加速度的大小为：

A. $v_M = l\omega$, $a_M^\tau = l\varepsilon$

B. $v_M = l\omega$, $a_M^\tau = r\varepsilon$

C. $v_M = r\omega$, $a_M^\tau = r\varepsilon$

D. $v_M = r\omega$, $a_M^\tau = l\varepsilon$

54. 质量为 40kg 的物块A沿桌子表面由一绳拖曳。该绳另一端跨过桌角的无摩擦、无质量的滑轮后，又系住另一质量为 12kg 的物块B。如果物块A与桌面间的摩擦系数是 0.15，则绳中张力的大小近似是：

A. 6N

B. 12N

C. 104N

D. 52N

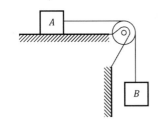

55. 质量为 8kg 的物块，受到 100N 力的作用，如图所示。如果滑动摩擦系数是 0.30，求物块向右移动 4m 后，所有力的做功之和近似是：

A. 376N·m

B. −376N·m

C. −241N·m

D. 241N·m

56. 均质圆柱体半径为R，质量为m，绕对纸面垂直的固定水平轴自由转动，如图所示。当圆柱体转动到$\theta = 90°$位置时，其角加速度是：

A. $\dfrac{g}{3R}$

B. $\dfrac{g}{2R}$

C. $\dfrac{4g}{3R}$

D. $\dfrac{2g}{3R}$

57. 均质圆轮重P，安装在水平转轴中点，转轴垂直于圆轮对称平面，转动匀角速度为ω，若安装时偏心距为e，当轮心C运动到最低位置时，A、B轴承约束力的大小为：

A. $\dfrac{P}{2}\left(1-\dfrac{e\omega^2}{g}\right)$，$\dfrac{P}{2}\left(1-\dfrac{e\omega^2}{g}\right)$

B. $\dfrac{P}{2}\left(1+\dfrac{e\omega^2}{g}\right)$，$\dfrac{P}{2}\left(1+\dfrac{e\omega^2}{g}\right)$

C. $\dfrac{P}{2}$，$\dfrac{P}{2}$

D. $\dfrac{P}{2g}e\omega^2$，$\dfrac{P}{2g}e\omega^2$

58. 图示系统中，弹簧悬挂点沿上下作简谐振动$x_1 = x_0\sin\omega t$，若质量m的绝对运动微分方程为$m\dfrac{d^2x}{dt^2} +$

$kx = kx_0\sin\omega t$，则系统的固有圆频率为：

A. $\sqrt{\dfrac{k}{m}}$

B. $\sqrt{\dfrac{k}{2m}}$

C. $\sqrt{\dfrac{2k}{m}}$

D. $\sqrt{\dfrac{g}{x_0}}$

59. 材料力学中的各向同性假设认为，材料内部各点沿不同方向具有相同的：

A. 力学性质　　　　　　　　　　　B. 外力

C. 变形　　　　　　　　　　　　　D. 位移

60. 图示拉杆外表面上的斜线m-m和n-n互相平行，斜线的法线与轴线夹角为α，在F力作用下拉杆发生

变形，变形后斜线m-m和n-n相对其原始位置的变化是：

A. 两线不再平行

B. 两线仍平行，角α不变

C. 两线仍平行，角α变小

D. 两线仍平行，角α变大

61. 图示简支梁两端由铰链约束，已知铰链轴的许用切应力为$[\tau]$，梁中间受集中力F作用，则铰链轴的

合理直径d是：

A. $d^2 \geqslant \dfrac{4F}{\pi[\tau]}$

B. $d^2 \geqslant \dfrac{2F}{\pi[\tau]}$

C. $d^2 \geqslant \dfrac{F}{\pi[\tau]}$

D. $d^2 \geqslant \dfrac{F}{2\pi[\tau]}$

62. 图示等截面圆轴上装有四个皮带轮，将 3 轮与 4 轮对调后，圆轴的最大扭转切应力是原来的：

A. $\dfrac{1}{4}$ B. $\dfrac{1}{2}$

C. 不变   D. 2 倍

63. 图示空心圆截面的内径为 d，外径为 $2d$，其对形心轴 y 的抗弯截面系数为：

A. $W_y = \dfrac{7\pi d^3}{32}$

B. $W_y = \dfrac{15\pi d^4}{64}$

C. $W_y = \dfrac{15\pi d^3}{64}$

D. $W_y = \dfrac{15\pi d^3}{32}$

64. 图示矩形截面，$m\text{-}m$ 线以上部分和以下部分对形心轴 z 静矩的关系是：

A. 相等

B. 绝对值相等，符号相反

C. 绝对值不等，符号相同

D. 绝对值不等，符号相反

65. 图示简支梁受反对称荷载作用，则梁的剪力图和弯矩图的对称性是：

A. 剪力反对称，弯矩对称   B. 剪力对称，弯矩反对称

C. 剪力和弯矩均对称   D. 剪力和弯矩均反对称

66. 如图悬臂梁AB由三根相同的矩形截面杆胶合而成，则胶合面的切应力是：

A. $\dfrac{F}{2ab}$ B. $\dfrac{F}{3ab}$ C. $\dfrac{3F}{4ab}$ D. $\dfrac{4F}{9ab}$

67. 材料相同的悬臂梁a、b，所受荷载及截面尺寸如图所示。则两梁自由端挠度之比$\dfrac{y_a}{y_b}$为：

A. $\dfrac{1}{2}$ B. $\dfrac{1}{4}$ C. 2   D. 4

68. 分析受力物体内一点处的应力状态，总可以找到一个平面，在该平面上有最大正应力，同时该平面上的切应力：

A. 一定最大

B. 一定为零

C. 一定不为零

D. 不能确定

69. 图示圆截面悬臂梁的直径为d，梁的自由端承受作用在两个相互垂直平面内的弯矩M_y、M_z，则该梁的最大正应力为：

A. $\dfrac{32M_y}{\pi d^3}$

B. $\dfrac{32M_z}{\pi d^3}$

C. $\dfrac{32(M_y+M_z)}{\pi d^3}$

D. $\dfrac{32}{\pi d^3}\sqrt{M_y^2+M_z^2}$

70. 图示三根细长压杆，弯曲刚度均为EI。三根压杆的临界载荷F_{cr}的关系为：

a)　　　b)　　　c)

A. $F_{cra} > F_{crb} > F_{crc}$

B. $F_{crb} > F_{cra} > F_{crc}$

C. $F_{crc} > F_{cra} > F_{crb}$

D. $F_{crb} > F_{crc} > F_{cra}$

71. 一宽 1m、高 5m 的矩形挡水平板，垂直于水深 3m 的池中，求作用于挡板的水平静水总压力P为：

A. 14.7kN

B. 29.4kN

C. 44.1kN

D. 88.2kN

72. 动量方程：

A. 仅适用于理想流体的流动

B. 仅适用于黏性流体的流动

C. 理想流体与黏性流体均适用

D. 仅适用于紊流

73. 某水箱内水由一管路流出，水位差为H，管长为L，管径d，管路损失为h_w，水的密度为ρ，若密度改为$\rho' > \rho$，则管路损失h'_w将：

A. $h'_w > h_w$

B. $h'_w = h_w$

C. $h'_w < h_w$

D. $h'_w > h_w$或$h'_w < h_w$

74. 将孔口改为同直径的外管嘴出流，其他条件不变，则出流量增大，这是由于：

A. 阻力系数减小所致

B. 流速系数增大所致

C. 作用水头增大所致

D. 不能确定

75. 长管作用水头 H 保持不变，出口自由出流改为淹没出流，则管路流量：

A. 变小   B. 不变

C. 变大   D. 不一定

76. 一梯形断面明渠，水力半径 $R = 1\text{m}$，底坡 $i = 0.0008$，粗糙度 $n = 0.01$，输水流速为：

A. 18m/s   B. 3.2m/s

C. 2.8m/s   D. 4m/s

77. 渗流达西定律的渗流系数越大，则过流断面的流量：

A. 越大   B. 越小

C. 不确定   D. 条件不足，无法判断

78. 进行水力模型试验，要实现有压管流的动力相似，应选的相似准则是：

A. 雷诺准则   B. 弗劳德准则

C. 欧拉准则   D. 马赫准则

79. 如图所示，真空中，沿环路 L 的闭合线积分 $\oint_L \vec{B} \cdot \mathrm{d}\vec{l}$ 为：

A. $\mu_0(I_1 + I_3 - I_2)$

B. $\mu_0(I_1 - I_2)$

C. $\mu_0(I_2 - I_1 - I_3)$

D. $\mu_0(I_2 - I_1)$

80. 对图示电路，列出了关系式（1）、式（2）和式（3）。其中，正确的关系式是：

A. （1）和（2）

B. （1）、（2）和（3）

C. （2）

D. （2）和（3）

81. 图示电路中，若仅考虑理想电压源的单独作用，则电压 U 为：

A. 5V

B. −5V

C. 因 R 未知，而无法确定

D. 0

82. 已知电流 $\dot{i}_1 = 8 + j6\text{A}$，$\dot{i}_2 = 8\angle 90^\circ\text{A}$，则 $-\dot{i}_1 + \dot{i}_2$ 为：

A. $-8 + j2\text{A}$ 　　　　　　　　B. $-8 + j14\text{A}$

C. $-j6\text{A}$ 　　　　　　　　　　D. $j6\text{A}$

83. 对于图示三相电路来讲，如下说法正确的是：

A. $Z_1 \neq Z_2 \neq Z_3$ 时，会出现中点位移

B. 若将负载改为三角形接法，因不需要接入中线，所以要求负载必须是对称的

C. 若将负载改为三角形接法，则线电流有效值 I_l 与相电流有效值 I_p 间的关系式 $I_l = \sqrt{3}I_p$ 一定成立

D. 若维持负载星接接法不变，即便 $Z_1 \neq Z_2 \neq Z_3$，线电压有效值 U_l 与相电压有效值 U_p 间的关系式 $U_l = \sqrt{3}U_p$ 依然成立

84. 图示电路中的 $H(j\omega) = \dfrac{\dot{U}_o}{\dot{U}_i}$，则 $H(j\omega)$ 的相频特性为：

A. $\arctan \dfrac{R_2}{R_1 + R_2 + j\omega L}$

B. $\arctan \dfrac{R_2}{R_1 + R_2 + \omega L}$

C. $\arctan \dfrac{\omega L}{R_1 + R_2}$

D. $-\arctan \dfrac{\omega L}{R_1 + R_2}$

85. 设图示变压器为理想器件，且 u 为正弦电压，$R_{L1} = R_{L2}$，开关闭合后，电路中的：

A. I_2 增大，I_1 也增大

B. I_2 变小，I_1 也变小

C. $I_2 = kI_1$ 不再成立

D. I_2 和 I_1 均不变

86. 设电动机 M_1 和 M_2 协同工作，其中，电动机 M_1 通过接触器 1KM 控制，电动机 M_2 通过接触器 2KM 控制，如果采用图示控制电路方案，则使 M_2 投入工作的正确操作是：

A. 按下启动按钮 $1SB_{st}$

B. 按下启动按钮 $2SB_{st}$

C. 按下启动按钮 $1SB_{st}$，再按下启动按钮 $2SB_{st}$

D. 按下启动按钮 $2SB_{st}$，再按下启动按钮 $1SB_{st}$

87. 在如下关于采样信号和采样保持信号的说法中，正确的是：

A. 采样信号是离散时间信号，采样保持信号是连续时间信号

B. 采样信号数值上离散，采样保持信号时间上离散

C. 采样信号时间上和数值上均离散

D. 采样保持信号时间上和数值上均离散

88. 已知 16 进制数 $X = (11)_{16}$，10 进制数 $Y = (11)_{10}$，2 进制数 $Z = (11)_2$，若用三个数字信号来表示这三个数，则它们所具有的二进制代码的位数 N_x、N_y 和 N_z：

A. 相同

B. $N_x < N_y < N_z$

C. $N_x < N_y > N_z$

D. $N_x > N_y > N_z$

89. 已知 x_1 是模拟信号，x_2 是 x_1 的采样信号，x_3 是 x_2 的采样保持信号，若希望得到 x_1 的数字信号，应该：

A. x_1 进行 A/D 转换

B. x_2 进行 A/D 转换

C. x_3 进行 A/D 转换

D. x_1 进行 D/A 转换

90. 某信号 $u(t)$ 的幅度频谱如图所示，可以断定，信号 $u(t)$ 是一个：

A. 离散时间信号

B. 均值为 5V 的周期性连续时间信号

C. 指数衰减连续时间信号

D. 频率不定的连续时间信号

91. 根据 u_1 和 u_2 的波形可知，图示信号处理器是：

A. 截止频率小于 $1/T$ 的高通滤波器

B. 截止频率大于 $1/T$ 的高通滤波器

C. 截止频率小于 $1/T$ 的低通滤波器

D. 截止频率大于 $1/T$ 的低通滤波器

92. 逻辑函数 $F = (A + \overline{A})(B + \overline{B}C)$ 的化简结果是：

A. $F = \overline{B}C$

B. $F = B + C$

C. $F = B$

D. $F = 1$

93. 二极管应用电路如图所示，设二极管 D 为理想器件，$u_i = 10\sin\omega t\,\text{V}$，则输出电压 u_o 的波形为：

A.

B.

C.

D.

94. 晶体三极管放大电路如图所示，其输出电阻 r_o 为：

A. $R_C // R_L$

B. R_C

C. R_L

D. $R_C + R_E$

95. 图示逻辑门的输出 F_1 和 F_2 分别为：

A. 1 和 B

B. 1 和 $\overline{B}$

C. A 和 1

D. A 和 $\overline{B}$

96. 图 a）所示电路中，复位信号、数据输入及时钟脉冲信号如图 b）所示，经分析可知，在第一个和第二个时钟脉冲的下降沿过后，输出 Q 先后等于：

a)   b)

附：JK 触发器的逻辑状态表为

J	K	Q_{n+1}
0	0	Q_n
0	1	0
1	0	1
1	1	$\overline{Q}_n$

A. 0 0

B. 0 1

C. 1 0

D. 1 1

97. 未来计算机的发展趋势是人性化，下列四条是有关人性化的描述，其中不正确的一条是：

A. 计算机的功能更简洁、实用

B. 存储容量大，处理信息的能力强

C. 易学、易用、实用"傻瓜化"

D. 对处理视频、音频的要求低能化

98. 寄存器组中的地址寄存器，被用来存放：

A. 操作数或被操作数

B. 指令操作码

C. 指令地址或操作数地址

D. 操作数，也可以用来存放操作数的地址

99. 微机的内存储器容量是指在微机内存储器内所能保存的：

A. 以二进制数为单位的信息总数

B. 以字为单位的信息总数

C. 以字节为单位的信息总数

D. 以硬盘上的分区为单位的信息总数

100. 编译程序有两种执行方式，其中编译方式执行的过程是：

A. 先执行源程序，再对源程序实施转换、翻译

B. 先扫描源程序，然后进行解释、翻译，再执行

C. 边扫描源程序边进行翻译，一个语句一个语句地解释执行

D. 将源程序经过编译程序处理后，产生一个与源程序等价的目标程序再执行

101. 在计算机内，所有的信息都是用：

A. 二进制数码表示的

B. 八进制数码表示的

C. 十进制数码表示的

D. 十六制数码表示的

102. 在256色的图像中，每个像素有256种颜色，那么每个像素则要用：

A. 6位二进制数表示颜色的数据信息

B. 8位二进制数表示颜色的数据信息

C. 10位二进制数表示颜色的数据信息

D. 16位二进制数表示颜色的数据信息

103. 计算机病毒的诸多特征中，不包括：

A. 传染性　　　　　　　　　　B. 危害性

C. 潜伏性　　　　　　　　　　D. 移植性

104. 下面所列出的四条存储器容量单位之间换算表达式中，不正确的一条是：

    A. 1PB = 1024MB

    B. 1EB = 1024PB

    C. 1ZB = 1024EB

    D. 1TB = 1024GB

105. 计算机网络的主要功能包括：

    A. 资源共享、数据通信、提高可靠性、增强系统处理功能

    B. 提高可靠性、增强系统处理功能、修复系统软件功能

    C. 计算功能、通信功能和网络功能、信息查询功能

    D. 信息查询功能、通信功能、修复系统软件功能

106. 服务器是局域网的核心，在局域网中对服务器的要求是：

    A. 处理能力强，操作速度快，大容量内存和硬盘

    B. 大量的输入/输出设备和资源

    C. 大、中、小各种计算机系统

    D. 用双绞线、同轴电缆、光纤服务器连接

107. 某人以 7%的复利借出 1500 元，10 年到期后以 9%的单利将本利和再借出，借期 5 年，已知 $(F/P, 7\%, 10) = 1.967$，则在 15 年后收到的本利和为：

    A. 3216.01 元   B. 3983.16 元

    C. 4278.23 元   D. 4540.06 元

108. 以下关于增值税的说法中正确的是：

    A. 增值税是就营业收入额征收的一种流转税

    B. 增值税是价内税，包括在营业收入之中

    C. 增值税是以商品生产流通或劳务服务各个环节增值额为征税对象征收的一种流转税

    D. 增值税应纳税额为当期销项税额

109. 某项目向银行申请长期贷款 8000 万元，利率为 7%，每年付息一次，到期一次还本，所得税率为 25%，忽略发行费率。则银行借款的资金成本率为：

A. 5.25%

B. 5.36%

C. 7%

D. 7.14%

110. 项目的动态投资回收期是使项目：

A. 净现值为零的年限

B. 净现金流量为零的年限

C. 累计折现净现金流量为零的年限

D. 累计净现金流量为零的年限

111. 某建设项目在进行财务分析时得到如下数据：当 $i_1 = 12\%$ 时，净现值为 460 万元；当 $i_2 = 16\%$ 时，净现值为 130 万元；当 $i_3 = 18\%$ 时，净现值为 -90 万元。基准收益率为 10%。该项目的内部收益率约为：

A. 12.44%

B. 15.56%

C. 16.82%

D. 17.18%

112. 某企业设计生产能力为 40 万件，产品价格为 120 元，年固定成本为 280 万元，单位产品的可变成本为 100 元，单位产品销售税金及附加为 6 元，则其盈亏平衡产量为：

A. 14 万件

B. 20 万件

C. 24 万件

D. 40 万件

113. 下列财务评价方法中，适用于寿命期不等的互斥方案评价的是：

A. 净现值法

B. 最小公倍数法

C. 内部收益率法

D. 增量净现值法

114. 在价值工程理论中，产品或作业的功能从用户需求的角度可分为两类，即：

A. 必要功能和不必要功能

B. 基本功能和辅助功能

C. 使用功能和美学功能

D. 上位功能和下位功能

115. 某监理企业承接了某工程项目的监理任务，在工程实施过程中，监理工程师与承包单位串通，为承包单位谋取非法利益，给建设单位造成损失，则监理单位应承担的责任是：

A. 免收监理酬金

B. 支付违约金

C. 与承包单位承担连带赔偿责任

D. 减收监理酬金

116. 安全生产监督检查管理部门对施工现场进行安全生产大检查，下列措施中不合法的是：

A. 进入施工现场进行检查，调阅参与单位的有关资料

B. 对检查中发现的安全生产违法行为，当场予以纠正或者要求限期改正

C. 对检查中发现的重大事故隐患排除前，责令从危险区域内撤出作业人员，责令暂时停产停业或者停止使用相关设施、设备

D. 对有根据认为不符合保障安全生产的国家标准的器材，当场予以没收

117. 某工程项目确定甲乙两个公司组成的联合体中标，下列有关该联合体与招标人签订合同的说法，正确的是：

A. 甲乙双方应当分别与招标人签订合同

B. 甲乙双方选出代表与招标人签订合同

C. 甲乙双方共同与招标人签订一个合同

D. 甲乙双方根据合同各自承担责任

118. 某运输合同，由上海的供货商委托沈阳的运输公司将天津的一批货物运到西安，双方签订的运输合同中约定，送达指定地点付款，但是支付运费的履行地点没有约定，运输公司根据合同约定按期完成了货物的运输，则支付该运费的履行地应当是：

A. 上海   B. 沈阳

C. 天津   D. 西安

119. 根据《中华人民共和国环境保护法》规定，下列关于建设项目中防止污染的设施的说法，正确的是：

    A. 防治污染的设施，应当与主体工程同时设计、同时施工、同时竣工

    B. 防治污染的设施，应当与主体工程同时开工，同时投产使用

    C. 防治污染的设施应当符合经批准的环境影响评价文件的要求

    D. 防治污染的设施应当符合经论证的可行性研究报告的要求

120. 根据《建设工程安全生产管理条例》，以下关于施工安全管理的说法，正确的是：

    A. 建设单位对施工现场的安全生产负总责

    B. 总承包单位与分包单位对工程的安全生产承担连带责任

    C. 总承包单位应自行完成建设工程主体结构的施工

    D. 分包单位不服从管理导致生产安全事故的，由分包单位承担全部责任

附录一

全国勘察设计注册工程师执业资格考试
公共基础考试大纲

I.工程科学基础

一、数学

1.1 空间解析几何

向量的线性运算；向量的数量积、向量积及混合积；两向量垂直、平行的条件；直线方程；平面方程；平面与平面、直线与直线、平面与直线之间的位置关系；点到平面、直线的距离；球面、母线平行于坐标轴的柱面、旋转轴为坐标轴的旋转曲面的方程；常用的二次曲面方程；空间曲线在坐标面上的投影曲线方程。

1.2 微分学

函数的有界性、单调性、周期性和奇偶性；数列极限与函数极限的定义及其性质；无穷小和无穷大的概念及其关系；无穷小的性质及无穷小的比较极限的四则运算；函数连续的概念；函数间断点及其类型；导数与微分的概念；导数的几何意义和物理意义；平面曲线的切线和法线；导数和微分的四则运算；高阶导数；微分中值定理；洛必达法则；函数的切线及法平面和切平面及法线；函数单调性的判别；函数的极值；函数曲线的凹凸性、拐点；偏导数与全微分的概念；二阶偏导数；多元函数的极值和条件极值；多元函数的最大、最小值及其简单应用。

1.3 积分学

原函数与不定积分的概念；不定积分的基本性质；基本积分公式；定积分的基本概念和性质（包括定积分中值定理）；积分上限的函数及其导数；牛顿-莱布尼兹公式；不定积分和定积分的换元积分法与分部积分法；有理函数、三角函数的有理式和简单无理函数的积分；广义积分；二重积分与三重积分的概念、性质、计算和应用；两类曲线积分的概念、性质和计算；求平面图形的面积、平面曲线的弧长和旋转体的体积。

1.4 无穷级数

数项级数的敛散性概念；收敛级数的和；级数的基本性质与级数收敛的必要条件；几何级数与p级数及其收敛性；正项级数敛散性的判别法；任意项级数的绝对收敛与条件收敛；幂级数及其收敛半径、收敛区间和收敛域；幂级数的和函数；函数的泰勒级数展开；函数的傅里叶系数与傅里叶级数。

1.5 常微分方程

常微分方程的基本概念；变量可分离的微分方程；齐次微分方程；一阶线性微分方程；全微分方程；可降阶的高阶微分方程；线性微分方程解的性质及解的结构定理；二阶常系数齐次线性微分方程。

1.6 线性代数

行列式的性质及计算；行列式按行展开定理的应用；矩阵的运算；逆矩阵的概念、性质及求法；矩阵的初等变换和初等矩阵；矩阵的秩；等价矩阵的概念和性质；向量的线性表示；向量组的线性相关和线性无关；线性方程组有解的判定；线性方程组求解；矩阵的特征值和特征向量的概念与性质；相似矩阵的概念和性质；矩阵的相似对角化；二次型及其矩阵表示；合同矩阵的概念和性质；二次型的秩；惯性定理；二次型及其矩阵的正定性。

1.7 概率与数理统计

随机事件与样本空间；事件的关系与运算；概率的基本性质；古典型概率；条件概率；概率的基本公式；事件的独立性；独立重复试验；随机变量；随机变量的分布函数；离散型随机变量的概率分布；连续型随机变量的概率密度；常见随机变量的分布；随机变量的数学期望、方差、标准差及其性质；随机变量函数的数学期望；矩、协方差、相关系数及其性质；总体；个体；简单随机样本；统计量；样本均值；样本方差和样本矩；χ^2分布；t分布；F分布；点估计的概念；估计量与估计值；矩估计法；最大似然估计法；估计量的评选标准；区间估计的概念；单个正态总体的均值和方差的区间估计；两个正态总体的均值差和方差比的区间估计；显著性检验；单个正态总体的均值和方差的假设检验。

二、物理学

2.1 热学

气体状态参量；平衡态；理想气体状态方程；理想气体的压强和温度的统计解释；自由度；能量按自由度均分原理；理想气体内能；平均碰撞频率和平均自由程；麦克斯韦速率分布律；方均根速率；平均速率；最概然速率；功；热量；内能；热力学第一定律及其对理想气体等值过程的应用；绝热过程；气体的摩尔热容量；循环过程；卡诺循环；热机效率；净功；制冷系数；热力学第二定律及其统计意义；可逆过程和不可逆过程。

2.2 波动学

机械波的产生和传播；一维简谐波表达式；描述波的特征量；波面，波前，波线；波的能量、能流、能流密度；波的衍射；波的干涉；驻波；自由端反射与固定端反射；声波；声强级；多普勒效应。

2.3 光学

相干光的获得；杨氏双缝干涉；光程和光程差；薄膜干涉；光疏介质；光密介质；迈克尔逊干涉仪；惠更斯-菲涅尔原理；单缝衍射；光学仪器分辨本领；衍射光栅与光谱分析；X射线衍射；布拉格公式；自然光和偏振光；布儒斯特定律；马吕斯定律；双折射现象。

三、化学

3.1 物质的结构和物质状态

原子结构的近代概念；原子轨道和电子云；原子核外电子分布；原子和离子的电子结构；原子结构和元素周期律；元素周期表；周期族；元素性质及氧化物及其酸碱性。离子键的特征；共价键的特征和类型；杂化轨道与分子空间构型；分子结构式；键的极性和分子的极性；分子间力与氢键；晶体与非晶体；晶体类型与物质性质。

3.2 溶液

溶液的浓度；非电解质稀溶液通性；渗透压；弱电解质溶液的解离平衡；分压定律；解离常数；同离子效应；缓冲溶液；水的离子积及溶液的 pH 值；盐类的水解及溶液的酸碱性；溶度积常数；溶度积规则。

3.3 化学反应速率及化学平衡

反应热与热化学方程式；化学反应速率；温度和反应物浓度对反应速率的影响；活化能的物理意义；催化剂；化学反应方向的判断；化学平衡的特征；化学平衡移动原理。

3.4 氧化还原反应与电化学

氧化还原的概念；氧化剂与还原剂；氧化还原电对；氧化还原反应方程式的配平；原电池的组成和符号；电极反应与电池反应；标准电极电势；电极电势的影响因素及应用；金属腐蚀与防护。

3.5 有机化学

有机物特点、分类及命名；官能团及分子构造式；同分异构；有机物的重要反应：加成、取代、消除、氧化、催化加氢、聚合反应、加聚与缩聚；基本有机物的结构、基本性质及用途：烷烃、烯烃、炔烃、芳烃、卤代烃、醇、苯酚、醛和酮、羧酸、酯；合成材料：高分子化合物、塑料、合成橡胶、合成纤维、工程塑料。

四、理论力学

4.1 静力学

平衡；刚体；力；约束及约束力；受力图；力矩；力偶及力偶矩；力系的等效和简化；力的平移定理；平面力系的简化；主矢；主矩；平面力系的平衡条件和平衡方程式；物体系统（含平面静定桁架）的平衡；摩擦力；摩擦定律；摩擦角；摩擦自锁。

4.2 运动学

点的运动方程；轨迹；速度；加速度；切向加速度和法向加速度；平动和绕定轴转动；角速度；角加速度；刚体内任一点的速度和加速度。

4.3 动力学

牛顿定律；质点的直线振动；自由振动微分方程；固有频率；周期；振幅；衰减振动；阻尼对自由振动振幅的影响——振幅衰减曲线；受迫振动；受迫振动频率；幅频特性；共振；动力学普遍定理；动量；质心；动量定理及质心运动定理；动量及质心运动守恒；动量矩；动量矩定理；动量矩守恒；刚体定轴转动微分方程；转动惯量；回转半径；平行轴定理；功；动能；势能；动能定理及机械能守恒；达朗贝尔原理；惯性力；刚体作平动和绕定轴转动（转轴垂直于刚体的对称面）时惯性力系的简化；动静法。

五、材料力学

5.1 材料在拉伸、压缩时的力学性能

低碳钢、铸铁拉伸、压缩试验的应力-应变曲线；力学性能指标。

5.2 拉伸和压缩

轴力和轴力图；杆件横截面和斜截面上的应力；强度条件；虎克定律；变形计算。

5.3 剪切和挤压

剪切和挤压的实用计算；剪切面；挤压面；剪切强度；挤压强度。

5.4 扭转

扭矩和扭矩图；圆轴扭转切应力；切应力互等定理；剪切虎克定律；圆轴扭转的强度条件；扭转角计算及刚度条件。

5.5 截面几何性质

静矩和形心；惯性矩和惯性积；平行轴公式；形心主轴及形心主惯性矩概念。

5.6 弯曲

梁的内力方程；剪力图和弯矩图；分布荷载、剪力、弯矩之间的微分关系；正应力强度条件；切应力强度条件；梁的合理截面；弯曲中心概念；求梁变形的积分法、叠加法。

5.7 应力状态

平面应力状态分析的解析法和应力圆法；主应力和最大切应力；广义虎克定律；四个常用的强度理论。

5.8 组合变形

拉/压-弯组合、弯-扭组合情况下杆件的强度校核；斜弯曲。

5.9 压杆稳定

压杆的临界荷载；欧拉公式；柔度；临界应力总图；压杆的稳定校核。

六、流体力学

6.1 流体的主要物性与流体静力学

流体的压缩性与膨胀性；流体的黏性与牛顿内摩擦定律；流体静压强及其特性；重力作用下静水压强的分布规律；作用于平面的液体总压力的计算。

6.2 流体动力学基础

以流场为对象描述流动的概念；流体运动的总流分析；恒定总流连续性方程、能量方程和动量方程的运用。

6.3 流动阻力和能量损失

沿程阻力损失和局部阻力损失；实际流体的两种流态——层流和紊流；圆管中层流运动；紊流运动的特征；减小阻力的措施。

6.4 孔口管嘴管道流动

孔口自由出流、孔口淹没出流；管嘴出流；有压管道恒定流；管道的串联和并联。

6.5 明渠恒定流

明渠均匀水流特性；产生均匀流的条件；明渠恒定非均匀流的流动状态；明渠恒定均匀流的水力计算。

6.6 渗流、井和集水廊道

土壤的渗流特性；达西定律；井和集水廊道。

6.7 相似原理和量纲分析

力学相似原理；相似准数；量纲分析法。

II. 现代技术基础

七、电气与信息

7.1 电磁学概念

电荷与电场；库仑定律；高斯定理；电流与磁场；安培环路定律；电磁感应定律；洛仑兹力。

7.2 电路知识

电路组成；电路的基本物理过程；理想电路元件及其约束关系；电路模型；欧姆定律；基尔霍夫定律；支路电流法；等效电源定理；叠加原理；正弦交流电的时间函数描述；阻抗；正弦交流电的相量描述；复数阻抗；交流电路稳态分析的相量法；交流电路功率；功率因数；三相配电电路及用电安全；电路暂态；R-C、R-L 电路暂态特性；电路频率特性；R-C、R-L 电路频率特性。

7.3 电动机与变压器

理想变压器；变压器的电压变换、电流变换和阻抗变换原理；三相异步电动机接线、启动、反转及调速方法；三相异步电动机运行特性；简单继电-接触控制电路。

7.4　信号与信息

信号；信息；信号的分类；模拟信号与信息；模拟信号描述方法；模拟信号的频谱；模拟信号增强；模拟信号滤波；模拟信号变换；数字信号与信息；数字信号的逻辑编码与逻辑演算；数字信号的数值编码与数值运算。

7.5　模拟电子技术

晶体二极管；极型晶体三极管；共射极放大电路；输入阻抗与输出阻抗；射极跟随器与阻抗变换；运算放大器；反相运算放大电路；同相运算放大电路；基于运算放大器的比较器电路；二极管单相半波整流电路；二极管单相桥式整流电路。

7.6　数字电子技术

与、或、非门的逻辑功能；简单组合逻辑电路；D 触发器；JK 触发器数字寄存器；脉冲计数器。

7.7　计算机系统

计算机系统组成；计算机的发展；计算机的分类；计算机系统特点；计算机硬件系统组成；CPU；存储器；输入/输出设备及控制系统；总线；数模/模数转换；计算机软件系统组成；系统软件；操作系统；操作系统定义；操作系统特征；操作系统功能；操作系统分类；支撑软件；应用软件；计算机程序设计语言。

7.8　信息表示

信息在计算机内的表示；二进制编码；数据单位；计算机内数值数据的表示；计算机内非数值数据的表示；信息及其主要特征。

7.9　常用操作系统

Windows 发展；进程和处理器管理；存储管理；文件管理；输入/输出管理；设备管理；网络服务。

7.10　计算机网络

计算机与计算机网络；网络概念；网络功能；网络组成；网络分类；局域网；广域网；因特网；网络管理；网络安全；Windows 系统中的网络应用；信息安全；信息保密。

III.工程管理基础

八、法律法规

8.1　中华人民共和国建筑法

总则；建筑许可；建筑工程发包与承包；建筑工程监理；建筑安全生产管理；建筑工程质量管理；法律责任。

8.2 中华人民共和国安全生产法

总则；生产经营单位的安全生产保障；从业人员的权利和义务；安全生产的监督管理；生产安全事故的应急救援与调查处理。

8.3 中华人民共和国招标投标法

总则；招标；投标；开标；评标和中标；法律责任。

8.4 中华人民共和国合同法

一般规定；合同的订立；合同的效力；合同的履行；合同的变更和转让；合同的权利义务终止；违约责任；其他规定。

8.5 中华人民共和国行政许可法

总则；行政许可的设定；行政许可的实施机关；行政许可的实施程序；行政许可的费用。

8.6 中华人民共和国节约能源法

总则；节能管理；合理使用与节约能源；节能技术进步；激励措施；法律责任。

8.7 中华人民共和国环境保护法

总则；环境监督管理；保护和改善环境；防治环境污染和其他公害；法律责任。

8.8 建设工程勘察设计管理条例

总则；资质资格管理；建设工程勘察设计发包与承包；建设工程勘察设计文件的编制与实施；监督管理。

8.9 建设工程质量管理条例

总则；建设单位的质量责任和义务；勘察设计单位的质量责任和义务；施工单位的质量责任和义务；工程监理单位的质量责任和义务；建设工程质量保修。

8.10 建设工程安全生产管理条例

总则；建设单位的安全责任；勘察设计工程监理及其他有关单位的安全责任；施工单位的安全责任；监督管理；生产安全事故的应急救援和调查处理。

九、工程经济

9.1 资金的时间价值

资金时间价值的概念；利息及计算；实际利率和名义利率；现金流量及现金流量图；资金等值计算的常用公式及应用；复利系数表的应用。

9.2 财务效益与费用估算

项目的分类；项目计算期；财务效益与费用；营业收入；补贴收入；建设投资；建设期利息；流动资金；总成本费用；经营成本；项目评价涉及的税费；总投资形成的资产。

9.3 资金来源与融资方案

资金筹措的主要方式；资金成本；债务偿还的主要方式。

9.4 财务分析

财务评价的内容；盈利能力分析（财务净现值、财务内部收益率、项目投资回收期、总投资收益率、项目资本金净利润率）；偿债能力分析（利息备付率、偿债备付率、资产负债率）；财务生存能力分析；财务分析报表（项目投资现金流量表、项目资本金现金流量表、利润与利润分配表、财务计划现金流量表）；基准收益率。

9.5 经济费用效益分析

经济费用和效益；社会折现率；影子价格；影子汇率；影子工资；经济净现值；经济内部收益率；经济效益费用比。

9.6 不确定性分析

盈亏平衡分析（盈亏平衡点、盈亏平衡分析图）；敏感性分析（敏感度系数、临界点、敏感性分析图）。

9.7 方案经济比选

方案比选的类型；方案经济比选的方法（效益比选法、费用比选法、最低价格法）；计算期不同的互斥方案的比选。

9.8 改扩建项目经济评价特点

改扩建项目经济评价特点。

9.9 价值工程

价值工程原理；实施步骤。

全国勘察设计注册工程师执业资格考试
公共基础试题配置说明

I.工程科学基础（共 78 题）

数学基础	24 题	理论力学基础	12 题
物理基础	12 题	材料力学基础	12 题
化学基础	10 题	流体力学基础	8 题

II.现代技术基础（共 28 题）

电气技术基础	12 题	计算机基础	10 题
信号与信息基础	6 题		

III.工程管理基础（共 14 题）

工程经济基础	8 题	法律法规	6 题

注：试卷题目数量合计 120 题，每题 1 分，满分为 120 分。考试时间为 4 小时。

2025 全国勘察设计注册工程师
执业资格考试用书

Zhuce Daolu Gongchengshi Zhiye Zige Jichu Kaoshi
Mo-kao Shijuan

注册道路工程师执业资格基础考试
模考试卷

公共基础

试题解析及参考答案

注册工程师考试复习用书编委会 / 编

张　铭　曹纬浚 / 主编

人民交通出版社
北京

内 容 提 要

本书共 3 册，其中公共基础 2 册、专业基础 1 册。公共基础部分收录有 2011~2024 年（2015 年停考，下同）公共基础考试试卷（即基础考试上午卷）及其解析、参考答案；专业基础部分收录有 9 套模拟试卷（涵盖真题）及其解析、参考答案。

本书配电子题库（有效期一年），读者使用微信扫描封面红色资源码，登录"注考大师"微信公众号，即可在线学习。

本书适合参加注册道路工程师执业资格考试基础考试的考生使用。

图书在版编目（CIP）数据

2025 注册道路工程师执业资格基础考试模考试卷 / 张铭，曹纬浚主编. — 北京：人民交通出版社股份有限公司，2025. 2. — ISBN 978-7-114-19945-5

Ⅰ．U41-44

中国国家版本馆 CIP 数据核字第 2024FR4616 号

书　　　名：2025 注册道路工程师执业资格基础考试模考试卷
著 作 者：张　铭　曹纬浚
责 任 编 辑：李　坤
责 任 印 制：张　凯
出 版 发 行：人民交通出版社
地　　　址：（100011）北京市朝阳区安定门外外馆斜街 3 号
网　　　址：http://www.ccpcl.com.cn
销 售 电 话：（010）85285857
总 经 销：人民交通出版社发行部
经　　　销：各地新华书店
印　　　刷：北京印匠彩色印刷有限公司
开　　　本：889×1194　1/16
印　　　张：52.75
字　　　数：1064 千
版　　　次：2025 年 2 月　第 1 版
印　　　次：2025 年 2 月　第 1 次印刷
书　　　号：ISBN 978-7-114-19945-5
定　　　价：168.00 元（含 3 册）

（有印刷、装订质量问题的图书，由本社负责调换）

目 录

（试题解析及参考答案·公共基础）

2011 年度全国勘察设计注册工程师执业资格考试基础考试（上）
试题解析及参考答案 1

2012 年度全国勘察设计注册工程师执业资格考试基础考试（上）
试题解析及参考答案 18

2013 年度全国勘察设计注册工程师执业资格考试基础考试（上）
试题解析及参考答案 33

2014 年度全国勘察设计注册工程师执业资格考试基础考试（上）
试题解析及参考答案 51

2016 年度全国勘察设计注册工程师执业资格考试基础考试（上）
试题解析及参考答案 70

2017 年度全国勘察设计注册工程师执业资格考试基础考试（上）
试题解析及参考答案 89

2018 年度全国勘察设计注册工程师执业资格考试基础考试（上）
试题解析及参考答案 109

2019 年度全国勘察设计注册工程师执业资格考试基础考试（上）
试题解析及参考答案 130

2020 年度全国勘察设计注册工程师执业资格考试基础考试（上）
试题解析及参考答案 152

2021 年度全国勘察设计注册工程师执业资格考试基础考试（上）
试题解析及参考答案 173

2022 年度全国勘察设计注册工程师执业资格考试基础考试（上）
试题解析及参考答案 194

2022 年度全国勘察设计注册工程师执业资格考试基础补考（上）
试题解析及参考答案 215

2023 年度全国勘察设计注册工程师执业资格考试基础考试（上）
试题解析及参考答案 236

2024 年度全国勘察设计注册工程师执业资格考试基础考试（上）
试题解析及参考答案 257

2011年度全国勘察设计注册工程师执业资格考试基础考试（上）
试题解析及参考答案

1. 解 直线方向向量 $\vec{s} = \{1,1,1\}$，平面法线向量 $\vec{n} = \{1,-2,1\}$，计算 $\vec{s} \cdot \vec{n} = 0$，即 $1 \times 1 + 1 \times (-2) + 1 \times 1 = 0$，$\vec{s} \perp \vec{n}$，从而知直线//平面，或直线与平面重合；再在直线上取一点 $(0,1,0)$，代入平面方程得 $0 - 2 \times 1 + 0 = -2 \neq 0$，不满足方程，所以该点不在平面上。

答案：B

2. 解 方程 $F(x,y,z) = 0$ 中缺少一个字母，空间解析几何中这样的曲面方程表示为柱面。本题方程中缺少字母 x，方程 $y^2 - z^2 = 1$ 表示以平面 yoz 曲线 $y^2 - z^2 = 1$ 为准线，母线平行于 x 轴的双曲柱面。

答案：A

3. 解 可通过求 $\lim\limits_{x \to 0} \frac{3^x - 1}{x}$ 的极限判断。$\lim\limits_{x \to 0} \frac{3^x - 1}{x} \overset{\frac{0}{0}}{=} \lim\limits_{x \to 0} \frac{3^x \ln 3}{1} = \ln 3 \neq 0$。

答案：D

4. 解 使分母为 0 的点为间断点，令 $\sin \pi x = 0$，得 $x = 0, \pm 1, \pm 2, \cdots$ 为间断点，再利用可去间断点定义，找出可去间断点。

当 $x = 0$ 时，$\lim\limits_{x \to 0} \frac{x - x^2}{\sin \pi x} \overset{\frac{0}{0}}{=} \lim\limits_{x \to 0} \frac{1 - 2x}{\pi \cos \pi x} = \frac{1}{\pi}$，极限存在，可知 $x = 0$ 为函数的一个可去间断点。

同样，可计算当 $x = 1$ 时，$\lim\limits_{x \to 1} \frac{x - x^2}{\sin \pi x} = \lim\limits_{x \to 1} \frac{1 - 2x}{\pi \cos \pi x} = \frac{1}{\pi}$，极限存在，因而 $x = 1$ 也是一个可去间断点。其他间断点求极限都不存在，均不满足可去间断点定义。

答案：B

5. 解 举例说明。

如 $f(x) = x$ 在 $x = 0$ 可导，$g(x) = |x| = \begin{cases} x & x \geq 0 \\ -x & x < 0 \end{cases}$ 在 $x = 0$ 处不可导，$f(x)g(x) = x|x| = \begin{cases} x^2 & x \geq 0 \\ -x^2 & x < 0 \end{cases}$，通过计算 $f'_+(0) = f'_-(0) = 0$，知 $f(x)g(x)$ 在 $x = 0$ 处可导。

如 $f(x) = 2$ 在 $x = 0$ 处可导，$g(x) = |x|$ 在 $x = 0$ 处不可导，$f(x)g(x) = 2|x| = \begin{cases} 2x & x \geq 0 \\ -2x & x < 0 \end{cases}$，通过计算函数 $f(x)g(x)$ 在 $x = 0$ 处的右导为 2，左导为-2，可知 $f(x)g(x)$ 在 $x = 0$ 处不可导。

答案：A

6. 解 利用函数的单调性证明。设 $f(x) = x - \sin x$，$x \subset (0, +\infty)$，得 $f'(x) = 1 - \cos x \geq 0$，所以 $f(x)$ 单增，当 $x = 0$ 时，$f(0) = 0$，从而当 $x > 0$ 时，$f(x) > 0$，即 $x - \sin x > 0$。

答案：D

7. 解　在题目中只给出$f(x,y)$在闭区域D上连续这一条件，并未讲函数$f(x,y)$在P_0点是否具有一阶、二阶连续偏导，而选项A、B判定中均利用了这个未给的条件，因而选项A、B不成立。选项D中，$f(x,y)$的最大值点可以在D的边界曲线上取得，因而不一定是$f(x,y)$的极大值点，故选项D不成立。

在选项C中，给出P_0是可微函数的极值点这个条件，因而$f(x,y)$在P_0偏导存在，且$\dfrac{\partial f}{\partial x}\Big|_{P_0}=0$，$\dfrac{\partial f}{\partial y}\Big|_{P_0}=0$。

故$\mathrm{d}f=\dfrac{\partial f}{\partial x}\Big|_{P_0}\mathrm{d}x+\dfrac{\partial f}{\partial y}\Big|_{P_0}\mathrm{d}y=0$

答案：C

8. 解

方法1：凑微分再利用积分公式计算。

原式$=2\int\dfrac{1}{1+x}\mathrm{d}\sqrt{x}=2\int\dfrac{1}{1+(\sqrt{x})^2}\mathrm{d}\sqrt{x}=2\arctan\sqrt{x}+C$。

方法2：换元，设$\sqrt{x}=t$，$x=t^2$，$\mathrm{d}x=2t\mathrm{d}t$。

原式$=\int\dfrac{2t}{t(1+t^2)}\mathrm{d}t=2\int\dfrac{1}{1+t^2}\mathrm{d}t=2\arctan t+C$，回代$t=\sqrt{x}$。

答案：B

9. 解　$f(x)$是连续函数，$\int_0^2 f(t)\mathrm{d}t$的结果为一常数，设为A，那么已知表达式化为$f(x)=x^2+2A$，两边作定积分，$\int_0^2 f(x)\mathrm{d}x=\int_0^2(x^2+2A)\mathrm{d}x$，化为$A=\int_0^2 x^2\mathrm{d}x+2A\int_0^2\mathrm{d}x$，通过计算得到$A=-\dfrac{8}{9}$。

计算如下：$A=\dfrac{1}{3}x^3\Big|_0^2+2Ax\Big|_0^2=\dfrac{8}{3}+4A$，得$A=-\dfrac{8}{9}$，所以$f(x)=x^2+2\times\left(-\dfrac{8}{9}\right)=x^2-\dfrac{16}{9}$。

答案：D

10. 解　利用偶函数在对称区间的积分公式得原式$=2\int_0^2\sqrt{4-x^2}\mathrm{d}x$，而积分$\int_0^2\sqrt{4-x^2}\mathrm{d}x$为圆$x^2+y^2=4$面积的$\dfrac{1}{4}$，即为$\dfrac{1}{4}\times\pi\times 2^2=\pi$，从而原式$=2\pi$。

另一方法：可设$x=2\sin t$，$\mathrm{d}x=2\cos t\mathrm{d}t$，则$\int_0^2\sqrt{4-x^2}\mathrm{d}x=\int_0^{\frac{\pi}{2}}4\cos^2 t\,\mathrm{d}t=4\times\dfrac{1}{2}\times\dfrac{\pi}{2}=\pi$，从而原式$=2\int_0^2\sqrt{4-x^2}\mathrm{d}x=2\pi$。

答案：B

11. 解　利用已知两点求出直线方程L：$y=-2x+2$（见图解）

L的参数方程$\begin{cases} y=-2x+2 \\ x=x \end{cases}(0\leqslant x\leqslant 1)$

$\mathrm{d}S=\sqrt{1^2+(-2)^2}\mathrm{d}x=\sqrt{5}\mathrm{d}x$

$S=\int_0^1[x^2+(-2x+2)^2]\sqrt{5}\mathrm{d}x$

$\quad=\sqrt{5}\int_0^1(5x^2-8x+4)\mathrm{d}x$

$\quad=\sqrt{5}\left(\dfrac{5}{3}x^3-4x^2+4x\right)\Big|_0^1=\dfrac{5}{3}\sqrt{5}$

题11解图

答案：D

12. 解 $y = e^{-x}$，即 $y = \left(\dfrac{1}{e}\right)^x$，画出平面图形（见解图）。根据 $V = \int_0^{+\infty} \pi (e^{-x})^2 \mathrm{d}x$，可计算结果。

题 12 解图

$$V = \int_0^{+\infty} \pi e^{-2x} \mathrm{d}x = -\frac{\pi}{2} \int_0^{+\infty} e^{-2x} \mathrm{d}(-2x) = -\frac{\pi}{2} e^{-2x} \Big|_0^{+\infty} = \frac{\pi}{2}$$

答案： A

13. 解 利用级数性质易判定选项 A、B、C 均收敛。对于选项 D，因 $\sum\limits_{n=1}^{\infty} u_n$ 收敛，则有 $\lim\limits_{x \to \infty} u_n = 0$，而级数 $\sum\limits_{n=1}^{\infty} \dfrac{50}{u_n}$ 的一般项为 $\dfrac{50}{u_n}$，计算 $\lim\limits_{x \to \infty} \dfrac{50}{u_n} = \infty \neq 0$，故级数 D 发散。

答案： D

14. 解 由已知条件可知 $\lim\limits_{n \to \infty} \left| \dfrac{a_{n+1}}{a_n} \right| = \dfrac{1}{2}$，设 $x - 2 = t$，幂级数 $\sum\limits_{n=1}^{\infty} n a_n (x-2)^{n+1}$ 化为 $\sum\limits_{n=1}^{\infty} n a_n t^{n+1}$，求系数比的极限确定收敛半径，$\lim\limits_{n \to \infty} \left| \dfrac{(n+1) a_{n+1}}{n a_n} \right| = \lim\limits_{n \to \infty} \left| \dfrac{n+1}{n} \cdot \dfrac{a_{n+1}}{a_n} \right| = \dfrac{1}{2}$，$R = 2$，即 $|t| < 2$ 收敛，$-2 < x - 2 < 2$，即 $0 < x < 4$ 收敛。

答案： C

15. 解 分离变量，化为可分离变量方程 $\dfrac{x}{\sqrt{2-x^2}} \mathrm{d}x = \dfrac{1}{y} \mathrm{d}y$，两边进行不定积分，得到最后结果。

注意左边式子的积分 $\int \dfrac{x}{\sqrt{2-x^2}} \mathrm{d}x = -\dfrac{1}{2} \int \dfrac{\mathrm{d}(2-x^2)}{\sqrt{2-x^2}} = -\sqrt{2-x^2}$，右边式子积分 $\int \dfrac{1}{y} \mathrm{d}y = \ln y + C_1$，所以 $-\sqrt{2-x^2} = \ln y + C_1$，$\ln y = -\sqrt{2-x^2} - C_1$，$y = e^{-C_1 - \sqrt{2-x^2}} = C e^{-\sqrt{2-x^2}}$，其中 $C = e^{-C_1}$。

答案： C

16. 解 微分方程为一阶齐次方程，设 $u = \dfrac{y}{x}$，$y = xu$，$\dfrac{\mathrm{d}y}{\mathrm{d}x} = u + x \dfrac{\mathrm{d}u}{\mathrm{d}x}$，代入化简得 $\cot u \, \mathrm{d}u = \dfrac{1}{x} \mathrm{d}x$

两边积分 $\int \cot u \, \mathrm{d}u = \int \dfrac{1}{x} \mathrm{d}x$，$\ln \sin u = \ln x + C_1$，$\sin u = e^{C_1 + \ln x} = e^{C_1} \cdot e^{\ln x}$，$\sin u = Cx$（其中 $C = e^{C_1}$）

代入 $u = \dfrac{y}{x}$，得 $\sin \dfrac{y}{x} = Cx$。

答案： A

17. 解 方法 1： 用公式 $\boldsymbol{A}^{-1} = \dfrac{1}{|\boldsymbol{A}|} \boldsymbol{A}^*$ 计算，但较麻烦。

方法 2： 简便方法，试探一下给出的哪一个矩阵满足 $\boldsymbol{AB} = \boldsymbol{E}$

如：$\begin{bmatrix} 1 & 0 & 1 \\ 0 & 1 & 2 \\ -2 & 0 & -3 \end{bmatrix} \begin{bmatrix} 3 & 0 & 1 \\ 4 & 1 & 2 \\ -2 & 0 & -1 \end{bmatrix} = \begin{bmatrix} 1 & 0 & 0 \\ 0 & 1 & 0 \\ 0 & 0 & 1 \end{bmatrix}$

方法 3： 用矩阵初等变换，求逆阵。

$(\boldsymbol{A}|\boldsymbol{E}) = \begin{bmatrix} 1 & 0 & 1 & 1 & 0 & 0 \\ 0 & 1 & 2 & 0 & 1 & 0 \\ -2 & 0 & -3 & 0 & 0 & 1 \end{bmatrix} \xrightarrow{2r_1 + r_3} \begin{bmatrix} 1 & 0 & 1 & 1 & 0 & 0 \\ 0 & 1 & 2 & 0 & 1 & 0 \\ 0 & 0 & -1 & 2 & 0 & 1 \end{bmatrix} \xrightarrow[\substack{2r_3 + r_2 \\ (-1)r_3}]{r_3 + r_1}$

$\begin{bmatrix} 1 & 0 & 0 & 3 & 0 & 1 \\ 0 & 1 & 0 & 4 & 1 & 2 \\ 0 & 0 & 1 & -2 & 0 & -1 \end{bmatrix}$

选项 B 正确。

答案：B

18. 解 利用结论：设 A 为 n 阶方阵，A^* 为 A 的伴随矩阵，则：

（1）$R(A) = n$ 的充要条件是 $R(A^*) = n$

（2）$R(A) = n - 1$ 的充要条件是 $R(A^*) = 1$

（3）$R(A) \leq n - 2$ 的充要条件是 $R(A^*) = 0$，即 $A^* = 0$

$n = 3$，$R(A^*) = 1$，$R(A) = 2$

$$A = \begin{bmatrix} 1 & 1 & a \\ 1 & a & 1 \\ a & 1 & 1 \end{bmatrix} \xrightarrow[-ar_1+r_3]{-r_1+r_2} \begin{bmatrix} 1 & 1 & a \\ 0 & a-1 & 1-a \\ 0 & 1-a & 1-a^2 \end{bmatrix} \xrightarrow{r_2+r_3} \begin{bmatrix} 1 & 1 & a \\ 0 & a-1 & 1-a \\ 0 & 0 & 2-a-a^2 \end{bmatrix}$$

代入 $a = -2$，得

$$A = \begin{bmatrix} 1 & 1 & -2 \\ 0 & -3 & 3 \\ 0 & 0 & 0 \end{bmatrix}, \quad R(A) = 2$$

选项 A 对。

答案：A

19. 解 当 $P^{-1}AP = \Lambda$ 时，$P = (\alpha_1, \alpha_2, \alpha_3)$ 中 α_1、α_2、α_3 的排列满足对应关系，α_1 对应 λ_1，α_2 对应 λ_2，α_3 对应 λ_3，可知 α_1 对应特征值 $\lambda_1 = 1$，α_2 对应特征值 $\lambda_2 = 2$，α_3 对应特征值 $\lambda_3 = 0$，由此可知当 $Q = (\alpha_2, \alpha_1, \alpha_3)$ 时，对应 $\Lambda = \begin{bmatrix} 2 & 0 & 0 \\ 0 & 1 & 0 \\ 0 & 0 & 0 \end{bmatrix}$。

答案：B

20. 解 方法 1： 对方程组的系数矩阵进行初等行变换：

$$\begin{bmatrix} 1 & -1 & 0 & 1 \\ 1 & 0 & -1 & 1 \end{bmatrix} \rightarrow \begin{bmatrix} 1 & -1 & 0 & 1 \\ 0 & 1 & -1 & 0 \end{bmatrix}$$

即 $\begin{cases} x_1 - x_2 + x_4 = 0 \\ x_2 - x_3 = 0 \end{cases}$，得到方程组的同解方程组 $\begin{cases} x_1 = x_2 - x_4 \\ x_3 = x_2 + 0x_4 \end{cases}$

当 $x_2 = 1$，$x_4 = 0$ 时，得 $x_1 = 1$，$x_3 = 1$；当 $x_2 = 0$，$x_4 = 1$ 时，得 $x_1 = -1$，$x_3 = 0$，写出基础解系 ξ_1，ξ_2，即 $\xi_1 = \begin{bmatrix} 1 \\ 1 \\ 1 \\ 0 \end{bmatrix}$，$\xi_2 = \begin{bmatrix} -1 \\ 0 \\ 0 \\ 1 \end{bmatrix}$。

方法 2： 把选项中列向量代入核对，即：

$$\begin{bmatrix} 1 & -1 & 0 & 1 \\ 1 & 0 & -1 & 1 \end{bmatrix} \begin{bmatrix} 1 \\ 1 \\ 1 \\ 0 \end{bmatrix} = \begin{bmatrix} 0 \\ 0 \end{bmatrix}, \quad \text{选项 A 错。}$$

$$\begin{bmatrix} 1 & -1 & 0 & 1 \\ 1 & 0 & -1 & 1 \end{bmatrix} \begin{bmatrix} -1 \\ -1 \\ 1 \\ 0 \end{bmatrix} = \begin{bmatrix} 0 \\ -2 \end{bmatrix}, \quad \text{选项 B 错。}$$

$$\begin{bmatrix} 1 & -1 & 0 & 1 \\ 1 & 0 & -1 & 1 \end{bmatrix} \begin{bmatrix} -1 \\ 0 \\ 0 \\ 1 \end{bmatrix} = \begin{bmatrix} 0 \\ 0 \end{bmatrix}$$，选项 C 正确。

答案：C

21. 解　$P(A \cup B) = P(A) + P(B) - P(AB)$，$P(A \cup B) + P(AB) = P(A) + P(B) = 1.1$，$P(A \cup B)$取最小值时，$P(AB)$取最大值，因$P(A) < P(B)$，所以$P(AB)$的最大值等于$P(A) = 0.3$。或用图示法（面积表示概率），见解图。

题 21 解图

答案：C

22. 解　设甲、乙、丙单人译出密码分别记为A、B、C，则这份密码被破译出可记为$A \cup B \cup C$，因为A、B、C相互独立，所以

$$\begin{aligned} P(A \cup B \cup C) &= P(A) + P(B) + P(C) - P(AB) - P(AC) - P(BC) + P(ABC) \\ &= P(A) + P(B) + P(C) - P(A)P(B) - P(A)P(C) - P(B)P(C) + \\ &\quad P(A)P(B)P(C) = \frac{3}{5} \end{aligned}$$

或由$\overline{A}$、$\overline{B}$、$\overline{C}$也相互独立，

$$\begin{aligned} P(A \cup B \cup C) &= 1 - P(\overline{A \cup B \cup C}) = 1 - P(\overline{A}\,\overline{B}\,\overline{C}) = 1 - P(\overline{A})P(\overline{B})P(\overline{C}) \\ &= 1 - [1 - P(A)][1 - P(B)][1 - P(C)] = \frac{3}{5} \end{aligned}$$

答案：D

23. 解　由题意可知$Y \sim B(3, p)$，其中$p = P\left\{ X \leqslant \frac{1}{2} \right\} = \int_0^{\frac{1}{2}} 2x\mathrm{d}x = \frac{1}{4}$

$$P(Y = 2) = C_3^2 \left(\frac{1}{4}\right)^2 \frac{3}{4} = \frac{9}{64}$$

答案：B

24. 解　由χ^2分布定义，$X^2 \sim \chi^2(1)$，$Y^2 \sim \chi^2(1)$，因不能确定X与Y是否相互独立，所以选项 A、B、D 都不对。当$X \sim N(0,1)$，$Y = -X$时，$Y \sim N(0,1)$，但$X + Y = 0$不是随机变量。

答案：C

25. 解　①分子的平均平动动能$\overline{w} = \frac{3}{2}kT$，分子的平均动能$\overline{\varepsilon} = \frac{i}{2}kT$。

分子的平均平动动能相同，即温度相等。

②分子的平均动能 = 平均(平动动能 + 转动动能) = $\frac{i}{2}kT$。i为分子自由度，$i(\mathrm{He}) = 3$，$i(\mathrm{N}_2) = 5$，

故氦分子和氮分子的平均动能不同。

答案： B

26. 解 v_p 为 $f(v)$ 最大值所对应的速率，由最概然速率定义得正确选项 C。

答案： C

27. 解 理想气体从平衡态 $A(2p_1, V_1)$ 变化到平衡态 $B(p_1, 2V_1)$，体积膨胀，做功 $W > 0$。

判断内能变化情况：

方法 1： 画 p-V 图，注意到平衡态 $A(2p_1, V_1)$ 和平衡态 $B(p_1, 2V_1)$ 都在同一等温线上，$\Delta T = 0$，故 $\Delta E = 0$。

方法 2： 气体处于平衡态 A 时，其温度为 $T_A = \dfrac{2p_1 \times V_1}{R}$；处于平衡态 B 时，温度 $T_B = \dfrac{2p_1 \times V_1}{R}$，显然 $T_A = T_B$，温度不变，内能不变，$\Delta E = 0$。

答案： C

28. 解 循环过程的净功数值上等于闭合循环曲线所围的面积。若循环曲线所包围的面积增大，则净功增大。而卡诺循环的循环效率由下式决定：$\eta_{卡诺} = 1 - \dfrac{T_2}{T_1}$。若 T_1、T_2 不变，则循环效率不变。

答案： D

29. 解 按题意，$y = 0.01\cos 10\pi(25 \times 0.1 - 2) = 0.01\cos 5\pi = -0.01\text{m}$。

答案： C

30. 解 质元在机械波动中，动能和势能是同相位的，同时达到最大值，又同时达到最小值，质元在最大位移处（波峰或波谷），速度为零，"形变"为零，此时质元的动能为零，势能为零。

答案： D

31. 解 由 $\Delta\phi = \dfrac{2\pi\nu\Delta x}{u}$，今 $\nu = \dfrac{1}{T} = \dfrac{1}{4} = 0.25$，$\Delta x = 3\text{m}$，$\Delta\phi = \dfrac{\pi}{6}$，故 $u = 9\text{m/s}$，$\lambda = \dfrac{u}{\nu} = 36\text{m}$。

答案： B

32. 解 如解图所示，考虑 O 处的明纹怎样变化。

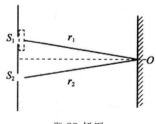

题 32 解图

①玻璃纸未遮住时：光程差 $\delta = r_1 - r_2 = 0$，O 处为零级明纹。

②玻璃纸遮住后：光程差 $\delta' = \dfrac{5}{2}\lambda$，根据干涉条件知 $\delta' = \dfrac{5}{2}\lambda = (2 \times 2 + 1)\dfrac{\lambda}{2}$，满足暗纹条件。

答案： B

33. 解 光学常识，可见光的波长范围 $400 \sim 760nm$，注意 $1nm = 10^{-9}m$。

答案：A

34. 解 玻璃劈尖的干涉条件为 $\delta = 2nd + \frac{\lambda}{2} = k\lambda(k = 1,2,\cdots)$（明纹），相邻两明（暗）纹对应的空气层厚度差为 $d_{k+1} - d_k = \frac{\lambda}{2n}$（见解图）。若劈尖的夹角为 θ，则相邻两明（暗）纹的间距 l 应满足关系式：

题 34 解图

$$l \sin \theta = d_{k+1} - d_k = \frac{\lambda}{2n} \text{ 或 } l \sin \theta = \frac{\lambda}{2n}$$

$$l = \frac{\lambda}{2n \sin \theta} \approx \frac{\lambda}{2n\theta}, \text{ 故 } \theta = \frac{\lambda}{2nl}$$

答案：D

35. 解 自然光垂直通过第一偏振后，变为线偏振光，光强设为 I'，此即入射至第二个偏振片的线偏振光强度。今 $\alpha = 45°$，已知自然光通过两个偏振片后光强为 I'，根据马吕斯定律，$I = I' \cos^2 45° = \frac{I'}{2}$，所以 $I' = 2I$。

答案：B

36. 解 单缝衍射中央明纹宽度为

$$\Delta x = \frac{2\lambda f}{a} = \frac{2 \times 400 \times 10^{-9} \times 0.5}{10^{-4}} = 4 \times 10^{-3}m$$

答案：D

37. 解 原子核外电子排布服从三个原则：泡利不相容原理、能量最低原理、洪特规则。

（1）泡利不相容原理：在同一个原子中，不允许两个电子的四个量子数完全相同，即，同一个原子轨道最多只能容纳自旋相反的两个电子。

（2）能量最低原理：电子总是尽量占据能量最低的轨道。多电子原子轨道的能级取决于主量子数 n 和角量子数 l，主量子数 n 相同时，l 越大，能量越高；当主量子数 n 和角量子数 l 都不相同时，可以发生能级交错现象。轨道能级顺序：1s；2s，2p；3s，3p；4s，3d，4p；5s，4d，5p；6s，4f，5d，6p；7s，5f，6d，…。

（3）洪特规则：电子在 n，l 相同的数个等价轨道上分布时，每个电子尽可能占据磁量子数不同的轨道且自旋方向相同。

原子核外电子分布式书写规则：根据三大原则和近似能级顺序将电子一次填入相应轨道，再按电子层顺序整理，相同电子层的轨道排在一起。

答案：B

38. 解 元素周期表中，同一主族元素从上往下随着原子序数增加，原子半径增大；同一周期主族元素随着原子序数增加，原子半径减小。选项 D，As 和 Se 是同一周期主族元素，Se 的原子半径小于As。

答案：D

39. 解 缓冲溶液的组成：弱酸、共轭碱或弱碱及其共轭酸所组成的溶液。选项 A 的 CH_3COOH 过量，与 NaOH 反应生成 CH_3COONa，形成 CH_3COOH/CH_3COONa 缓冲溶液。

答案：A

40. 解 压力对固相或液相的平衡没有影响；对反应前后气体计量系数不变的反应的平衡也没有影响。反应前后气体计量系数不同的反应：增大压力，平衡向气体分子数减少的方向；减少压力，平衡向气体分子数增加的方向移动。

总压力不变，加入惰性气体 Ar，相当于减少压力，反应方程式中各气体的分压减小，平衡向气体分子数增加的方向移动。

答案：A

41. 解 原子得失电子原则：当原子失去电子变成正离子时，一般是能量较高的最外层电子先失去，而且往往引起电子层数的减少；当原子得到电子变成负离子时，所得的电子总是分布在它的最外电子层。

本题中原子失去的为 4s 上的一个电子，该原子的价电子构型为 $3d^{10}4s^1$，为 29 号 Cu 原子的电子构型。

答案：C

42. 解 根据吉布斯等温方程 $\Delta_r G_m^{\ominus} = -RT \ln K^{\ominus}$ 推断，$K^{\ominus} < 1$，$\Delta_r G_m^{\ominus} > 0$。

答案：A

43. 解 元素的周期数为价电子构型中的最大主量子数，最大主量子数为 5，元素为第五周期；元素价电子构型特点为 $(n-1)d^{10}ns^1$，为 IB 族元素特征价电子构型。

答案：B

44. 解 酚类化合物为苯环直接和羟基相连。A 为丙醇，B 为苯甲醇，C 为苯酚，D 为丙三醇。

答案：C

45. 解 系统命名法：

（1）链烃及其衍生物的命名

①选择主链：选择最长碳链或含有官能团的最长碳链为主链；

②主链编号：从距取代基或官能团最近的一端开始对碳原子进行编号；

③写出全称：将取代基的位置编号、数目和名称写在前面，将母体化合物的名称写在后面。

（2）芳香烃及其衍生物的命名

①选择母体：选择苯环上所连官能团或带官能团最长的碳链为母体，把苯环视为取代基；

②编号：将母体中碳原子依次编号，使官能团或取代基位次具有最小值。

答案：D

46. 解 甲酸结构式为 $H-\overset{\overset{O}{\|}}{C}-O-H$，两个氢处于不同化学环境。

答案：B

47. 解 C 与 BC 均为二力构件，故 A 处约束力沿 AC 方向，B 处约束力沿 BC 方向；分析铰链 C 的平衡，其受力如解图所示。

题 47 解图

答案：D

48. 解 根据力多边形法则，分力首尾相连，合力为力三角形的封闭边。

答案：B

49. 解 A、B 处为光滑约束，其约束力均为水平并组成一力偶，与力 W 和 DE 杆约束力组成的力偶平衡，故两约束力大小相等，且不为零。

答案：B

50. 解 根据摩擦定律 $F_{max} = W\cos 30° \times f = 20.8\text{kN}$，沿斜面向下的主动力为 $W\sin 30° = 30\text{kN} > F_{max}$。

答案：C

51. 解 点的运动轨迹为位置矢端曲线。

答案：B

52. 解 可根据平行移动刚体的定义判断。

答案：C

53. 解 杆 AB 和 CD 均为平行移动刚体，所以 $v_M = v_C = 2v_B = 2v_A = 2\omega \cdot O_1 A = 120\text{cm/s}$，$a_M = a_C = 2a_B = 2a_A = 2\omega^2 \cdot O_1 A = 360\text{cm/s}^2$。

答案：B

54. 解 根据动量、动量矩、动能的定义，刚体做定轴转动时：

$$p = mv_C, \quad L_O = J_O \omega, \quad T = \frac{1}{2} J_O \omega^2$$

此题中，$v_C = 0$，$J_O = \frac{1}{2} mr^2$。

答案：A

55. 解 根据动量的定义 $p = \sum m_i v_i$，所以，$p = (m_1 - m_2)v$（向下）。

答案：B

56.解 用定轴转动微分方程 $J_A \alpha = M_A(F)$，见解图，$\frac{1}{3}\frac{P}{g}(2L)^2 \alpha = PL$，所以角加速度 $\alpha = \frac{3g}{4L}$。

题 56 解图

答案： B

57.解 根据定轴转动刚体惯性力系向 O 点简化的结果，其主矩大小为 $M_{IO} = J_O \alpha = 0$，主矢大小为

$$F_I = ma_C = m \cdot \frac{R}{2}\omega^2。$$

答案： A

58.解 装置 a）、b）、c）的自由振动频率分别为 $\omega_{0a} = \sqrt{\frac{2k}{m}}$；$\omega_{0b} = \sqrt{\frac{k}{2m}}$；$\omega_{0c} = \sqrt{\frac{3k}{m}}$，且周期为

$$T = \frac{2\pi}{\omega_0}。$$

答案： B

59.解

$$\sigma_{AB} = \frac{F_{NAB}}{A_{AB}} = \frac{300\pi \times 10^3 \text{N}}{\frac{\pi}{4} \times 200^2 \text{mm}^2} = 30\text{MPa}$$

$$\sigma_{BC} = \frac{F_{NBC}}{A_{BC}} = \frac{100\pi \times 10^3 \text{N}}{\frac{\pi}{4} \times 100^2 \text{mm}^2} = 40\text{MPa} = \sigma_{max}$$

答案： A

60.解

$$\tau = \frac{Q}{A_Q} = \frac{F}{\frac{\pi}{4}d^2} = \frac{4F}{\pi d^2} = [\tau] \hspace{3cm} ①$$

$$\sigma_{bs} = \frac{P_{bs}}{A_{bs}} = \frac{F}{dt} = [\sigma_{bs}] \hspace{3cm} ②$$

再用②式除①式，可得 $\frac{\pi d}{4t} = \frac{[\sigma_{bs}]}{[\tau]}$。

答案： B

61.解 受扭空心圆轴横截面上的切应力分布与半径成正比，而且在空心圆内径中无应力，只有选项 B 图是正确的。

答案： B

62.解

$$W_z = \frac{I_z}{y_{max}} = \frac{\frac{\pi}{64}d^4 - \frac{a^4}{12}}{\frac{d}{2}} = \frac{\pi d^3}{32} - \frac{a^4}{6d}$$

答案：B

63. 解 根据 $\dfrac{dM}{dx} = Q$ 可知，剪力为零的截面弯矩的导数为零，也即是弯矩有极值。

答案：B

64. 解 开裂前

$$\sigma_{max} = \frac{M}{W_z} = \frac{M}{\dfrac{b}{6}(3a)^2} = \frac{2M}{3ba^2}$$

开裂后

$$\sigma_{1max} = \frac{\dfrac{M}{3}}{W_{z1}} = \frac{\dfrac{M}{3}}{\dfrac{ba^2}{6}} = \frac{2M}{ba^2}$$

开裂后最大正应力是原来的 3 倍，故梁承载能力是原来的 1/3。

答案：B

65. 解 由矩形和工字形截面的切应力计算公式可知 $\tau = \dfrac{QS_z}{bI_z}$，切应力沿截面高度呈抛物线分布。由于腹板上截面宽度 b 突然加大，故 z 轴附近切应力突然减小。

答案：B

66. 解 承受集中力的简支梁的最大挠度 $f_c = \dfrac{Fl^3}{48EI}$，与惯性矩 I 成反比。$I_a = \dfrac{hb^3}{12} = \dfrac{b^4}{6}$，而 $I_b = \dfrac{bh^3}{12} = \dfrac{4}{6}b^4$，因图 a）梁 I_a 是图 b）梁 I_b 的 $\dfrac{1}{4}$，故图 a）梁的最大挠度是图 b）梁的 4 倍。

答案：C

67. 解 图示单元体的最大主应力 σ_1 的方向，可以看作是 σ_x 的方向（沿 x 轴）和纯剪切单元体的最大拉应力的主方向（在第一象限沿 45°向上），叠加后的合应力的指向。

答案：A

68. 解 AB 段是轴向受压，$\sigma_{AB} = \dfrac{F}{ab}$

BC 段是偏心受压，$\sigma_{BC} = \dfrac{F}{2ab} + \dfrac{F \cdot \dfrac{a}{2}}{\dfrac{b}{6}(2a)^2} = \dfrac{5F}{4ab}$

答案：B

69. 解 图示圆轴是弯扭组合变形，在固定端处既有弯曲正应力，又有扭转切应力。但是图中 A 点位于中性轴上，故没有弯曲正应力，只有切应力，属于纯剪切应力状态。

答案：B

70. 解 由压杆临界荷载公式 $F_{cr} = \dfrac{\pi^2 EI}{(\mu l)^2}$ 可知，F_{cr} 与杆长 l^2 成反比，故杆长度为 $\dfrac{l}{2}$ 时，F_{cr} 是原来的 4 倍，也即增加了 3 倍。

答案：B

71.解 空气的黏滞系数，随温度降低而降低；而水的黏滞系数相反，随温度降低而升高。

答案：A

72.解 质量力是作用在每个流体质点上，大小与质量成正比的力；表面力是作用在所设流体的外表，大小与面积成正比的力。重力是质量力，黏滞力是表面力。

答案：C

73.解 根据流线定义及性质以及非恒定流定义可得。

答案：C

74.解 题中已给出两断面间有水头损失h_{l1-2}，而选项C中未计及h_{l1-2}，所以一定是错误的。而ρ_1可能等于ρ_2，所以选项A不一定错误。

答案：C

75.解 根据雷诺数公式$\mathrm{Re}=\dfrac{vd}{\nu}$及连续方程$v_1A_1=v_2A_2$联立求解可得：

$$v_2=v_1\left(\frac{d_1}{d_2}\right)^2=\left(\frac{30}{60}\right)^2v_1=\frac{v_1}{4}$$

$$\mathrm{Re}_2=\frac{v_2d_2}{\nu}=\frac{\frac{v_1}{4}\times 2d_1}{\nu}=\frac{1}{2}\mathrm{Re}_1=\frac{1}{2}\times 5000=2500$$

答案：C

76.解 当自由出流孔口与淹没出流孔口的形状、尺寸相同，且作用水头相等时，则出流量应相等。

答案：B

77.解 水力最优断面是过流能力最大的断面形状。

答案：B

78.解 依据弗劳德准则，流量比尺$\lambda_Q=\lambda_L^{2.5}$，所以长度比尺$\lambda_L=\lambda_Q^{1/2.5}$，代入题设数据后有：

$$\lambda_L=\left(\frac{537}{0.3}\right)^{1/2.5}=(1790)^{0.4}=20$$

答案：D

79.解 此题选项A、D明显不符合静电荷物理特征。选项B可以用电场强度的叠加定理分析，两个异性电荷连线的中心位置电场强度也不为零。

答案：C

80.解 电感电压与电流之间的关系是微分关系，即

$$u=L\frac{\mathrm{d}i}{\mathrm{d}t}=2\omega L\sin(1000t+90°)=2\sin(1000t+90°)$$

或用相量法分析：$\dot{U}_L=j\omega L\dot{I}=\sqrt{2}\angle 90°\mathrm{V}$；$I=\sqrt{2}\mathrm{A}$，$j\omega L=j1\Omega(\omega=1000\mathrm{rad})$，$u_L$的有效值

为 $\sqrt{2}$V。

答案：D

81.解 根据线性电路的戴维南定理，图 a）和图 b）电路等效指的是对外电路电压和电流相同，即电路中 20Ω 电阻中的电流均为 1A，方向自下向上；然后利用节电电流关系可知，流过图 a）电路 10Ω 电阻中的电流为 $2-1=1$A。

答案：A

82.解 RLC 串联的交流电路中，阻抗的计算公式是 $Z=R+jX_L-jX_C=R+j\omega L-j\dfrac{1}{\omega C}$，阻抗的模 $|Z|=\sqrt{R^2+\left(\omega L-\dfrac{1}{\omega C}\right)^2}$；$\omega=314$rad/s。

答案：C

83.解 该电路是 RLC 混联的正弦交流电路，根据给定电压，将其写成复数为 $\dot{U}=U\angle30°=\dfrac{10}{\sqrt{2}}\angle30°$V；$\dot{I}_1=\dfrac{\dot{U}}{R+j\omega L}$；电流 $\dot{I}=\dot{I}_1+\dot{I}_2=\dfrac{U\angle30°}{R+j\omega L}+\dfrac{U\angle30°}{-j\left(\frac{1}{\omega C}\right)}$；$i=I\sqrt{2}\sin(1000t+\Psi_i)$A。

答案：C

84.解 在暂态电路中电容电压符合换路定则 $U_C(t_{0+})=U_C(t_{0-})$，开关打开以前 $U_C(t_{0-})=\dfrac{R_2}{R_1+R_2}U_s$，$I(0_+)=U_C(0_+)/R_2$；电路达到稳定以后电容能量放光，电路中稳态电流 $I(\infty)=0$。

答案：B

85.解 信号源输出最大功率的条件是电源内阻与负载电阻相等，电路中的实际负载电阻折合到变压器的原边数值为 $R_L'=\left(\dfrac{U_1}{U_2}\right)^2R_L=R_S=40\Omega$；$K=\dfrac{u_1}{u_2}=2$，$u_1=u_s\dfrac{R_L'}{R_S+R_L'}=40\sin\omega t$；$u_2=\dfrac{u_1}{K}=20\sin\omega t$。

答案：B

86.解 在继电接触控制电路中，电器符号均表示电器没有动作的状态，当接触器线圈 KM 通电以后常开触点 KM1 闭合，常闭触点 KM2 断开。

答案：C

87.解 信息是通过感官接收的关于客观事物的存在形式或变化情况。信号是消息的表现形式，是可以直接观测的物理现象（如电、光、声、电磁波等）。通常认为"信号是信息的表现形式"。红灯亮的信号传达了开始制冷的信息。

答案：C

88.解 八进制和十六进制都是数字电路中采用的数制，本质上都是二进制，在应用中是根据数字信号的不同要求所选取的不同的书写格式。

答案：A

89.解 模拟信号是幅值和时间均连续的信号，采样信号是时间离散、数值连续的信号，离散信号是指在某些不连续时间定义函数值的信号，数字信号是将幅值量化后并以二进制代码表示的离散信号。

答案：B

90.解 $u_1(t)$ 比 $u_2(t)$ 展开的高次谐波更多，所以 $u_1(t)$ 的描述性更多，更接近真实。

答案：A

91.解 由图可以分析，当信号 $|u_i(t)| \leq 2V$ 时，放大电路工作在线性工作区，$u_o(t) = 5u_i(t)$；当信号 $|u_i(t)| \geq 2V$ 时，放大电路工作在非线性工作区，$u_o(t) = \pm 10V$。

答案：D

92.解 由逻辑电路的基本关系可得结果，变换中用到了逻辑电路的摩根定理。

$$F = \overline{\overline{AB} + \overline{BC}} = AB \cdot BC = ABC$$

答案：D

93.解 该电路为二极管的桥式整流电路，当 D_2 二极管断开时，电路变为半波整流电路，输入电压的交流有效值和输出直流电压的关系为 $U_o = 0.45U_i$，同时根据二极管的导通电流方向可得 $U_o = -3.18V$。

答案：C

94.解 由图可以分析，当信号 $|u_i(t)| \leq 1V$ 时，放大电路工作在线性工作区，$u_o(t) = 10^4 u_i(t)$；当信号 $|u_i(t)| \geq 1mV$ 时，放大电路工作在非线性工作区，$u_o(t) = \pm 10V$；输入信号 $u_i(t)$ 最大值为 $2mV$，则有一部分工作区进入非线性区。对应的输出波形与选项 C 一致。

答案：C

95.解 图 a）示电路是与非门逻辑电路，$F = \overline{1 \cdot A} = \overline{A}$。

答案：D

96.解 图示电路是下降沿触发的 JK 触发器，$\overline{R}_D$ 是触发器的清零端，$\overline{S}_D$ 是置"1"端，画解图并由触发器的逻辑功能分析，即可得答案。

题 96 解图

答案：B

97.解 计算机存储单元是按一定顺序编号，这个编号被称为存储器的地址。

答案：C

98. 解 操作系统的特征有并发性、共享性和随机性。

答案：B

99. 解 二进制最后一位是1，转换后则一定是十进制数的奇数。

答案：A

100. 解 像素实际上就是图像中的一个个光点，光点可以是黑白的，也可以是彩色的。

答案：D

101. 解 删除操作系统文件，计算机将无法正常运行。

答案：C

102. 解 存储器系统包括主存储器、高速缓冲存储器和外存储器。

答案：C

103. 解 设备管理是对除 CPU 和内存储器之外的所有输入/输出设备的管理。

答案：A

104. 解 两种十分有效的文件管理工具是"我的电脑"和"资源管理器"。

答案：C

105. 解 计算机网络主要由网络硬件系统和网络软件系统两大部分组成。

答案：A

106. 解 局域网是指在一个较小地理范围内的各种计算机网络设备互联在一起的通信网络。局域网覆盖的地理范围通常在几公里之内。

答案：C

107. 解 按等额支付资金回收公式计算（已知 P 求 A）。

$$A = P(A/P, i, n) = 5000 \times (A/P, 8\%, 10) = 5000 \times 0.14903 = 745.15 万元$$

答案：C

108. 解 建设项目经济评价中的总投资，由建设投资、建设期利息和流动资金组成。

答案：C

109. 解 新设法人项目融资的资金来源于项目资本金和债务资金，权益融资形成项目的资本金，债务融资形成项目的债务资金。

答案：C

110. 解 在财务生存能力分析中,各年累计盈余资金不出现负值是财务生存的必要条件。

答案:B

111. 解 分别计算效益流量的现值和费用流量的现值,二者的比值即为该项目的效益费用比。建设期1年,使用寿命10年,计算期共11年。注意:第1年为建设期,投资发生在第0年(即第1年的年初),第2年开始使用,效益和费用从第2年末开始发生。该项目的现金流量图如解图所示。

题 111 解图

效益流量的现值:$B = 20 \times (P/A, 10\%, 10) \times (P/F, 10\%, 1)$
$$= 20 \times 6.144 \times 0.9091 = 111.72 \text{ 万元}$$

费用流量的现值:$C = 0.8 \times (P/A, 10\%, 10) \times (P/F, 10\%, 1)$
$$= 0.8 \times 6.1446 \times 0.9091 + 100 = 104.47 \text{ 万元}$$

该项目的效益费用比为:$R_{BC} = B/C = 111.72/104.47 = 1.07$

答案:A

112. 解 投资项目敏感性分析最基本的分析指标是内部收益率。

答案:B

113. 解 净年值法既可用于寿命期相同,也可用于寿命期不同的方案比选。

答案:C

114. 解 强制确定法是以功能重要程度作为选择价值工程对象的一种分析方法,包括01评分法、04评分法等。其中,01评分法通过对每个部件与其他各部件的功能重要程度进行逐一对比打分,相对重要的得1分,不重要的得0分,最后计算各部件的功能重要性系数。

答案:D

115. 解 《中华人民共和国建筑法》第五十七条规定,建筑设计单位对设计文件选用的建筑材料、建筑构配件和设备,不得指定生产厂家和供应商。

答案:B

116. 解 《中华人民共和国招标投标法》第二十三条规定,招标人对已发出的招标文件进行必要的澄清或者修改的,应当在招标文件要求提交投标文件截止时间至少十五日前,以书面形式通知所有招标文件收受人。该澄清或者修改的内容为招标文件的组成部分。

答案： B

117. 解 《中华人民共和国民法典》第四百七十八条规定，有下列情形之一的，要约失效：

（一）拒绝要约的通知到达要约人；

（二）要约人依法撤销要约；

（三）承诺期限届满，受要约人未作出承诺；

（四）受要约人对要约的内容作出实质性变更。

答案： D

118. 解 《中华人民共和国节约能源法》第四条规定，节约资源是我国的基本国策。国家实施节约与开发并举，把节约放在首位的能源发展战略。

答案： B

119. 解 《中华人民共和国环境保护法》2014 年进行了修订，新法第四十五条规定，国家依照法律规定实行排污许可管理制度。此题已过时，未作解答。

120. 解 《建设工程勘察设计管理条例》第十四条规定，建设工程勘察、设计方案评标，应当以投标人的业绩、信誉和勘察、设计人员的能力以及勘察、设计方案的优劣为依据，进行综合评定。资质问题在资格预审时已解决，不是评标的条件。

答案： A

1. 解 $\lim\limits_{x \to 0^+}(x^2 + 1) = 1$，$\lim\limits_{x \to 0^-}\left(\cos x + x \sin \frac{1}{x}\right) = 1 + 0 = 1$

$f(0) = (x^2 + 1)|_{x=0} = 1$，所以 $\lim\limits_{x \to 0^+} f(x) = \lim\limits_{x \to 0^-} f(x) = f(0)$

答案：D

2. 解 $\lim\limits_{x \to 0} \frac{1 - \cos x}{2x^2} = \lim\limits_{x \to 0} \frac{\frac{1}{2}x^2}{2x^2} = \frac{1}{4} \neq 1$，当 $x \to 0$，$1 - \cos x \sim \frac{1}{2}x^2$。

答案：D

3. 解 $y = \ln\cos x$，$y' = \frac{-\sin x}{\cos x} = -\tan x$，$\mathrm{d}y = -\tan x\,\mathrm{d}x$

答案：C

4. 解 $f(x) = \left(e^{-x^2}\right)' = -2xe^{-x^2}$

$f'(x) = -2\left[e^{-x^2} + xe^{-x^2}(-2x)\right] = 2e^{-x^2}(2x^2 - 1)$

答案：A

5. 解 $\int f'(2x + 1)\mathrm{d}x = \frac{1}{2}\int f'(2x + 1)\mathrm{d}(2x + 1) = \frac{1}{2}f(2x + 1) + C$

答案：B

6. 解

$$\int_0^{\frac{1}{2}} \frac{1 + x}{\sqrt{1 - x^2}}\mathrm{d}x = \int_0^{\frac{1}{2}} \frac{1}{\sqrt{1 - x^2}}\mathrm{d}x + \int_0^{\frac{1}{2}} \frac{x}{\sqrt{1 - x^2}}\mathrm{d}x$$

$$= \arcsin x \Big|_0^{\frac{1}{2}} + \int_0^{\frac{1}{2}} \frac{1}{\sqrt{1 - x^2}}\mathrm{d}\left(\frac{1}{2}x^2\right)$$

$$= \arcsin \frac{1}{2} + \left(-\frac{1}{2}\right) \times \int_0^{\frac{1}{2}} \frac{1}{\sqrt{1 - x^2}}\mathrm{d}(1 - x^2)$$

$$= \frac{\pi}{6} + \left(-\frac{1}{2}\right) \times 2(1 - x^2)^{\frac{1}{2}}\Big|_0^{\frac{1}{2}}$$

$$= \frac{\pi}{6} - \left(\frac{\sqrt{3}}{2} - 1\right) = \frac{\pi}{6} + 1 - \frac{\sqrt{3}}{2}$$

答案：C

7. 解 见解图，D：$\begin{cases} 0 \leqslant \theta < \dfrac{\pi}{4} \\ 0 \leqslant r \leqslant \dfrac{1}{\cos\theta} \end{cases}$，因为 $x = 1$，$r\cos\theta = 1\left(\text{即 } r = \dfrac{1}{\cos\theta}\right)$

等式 $= \int_0^{\frac{\pi}{4}}\mathrm{d}\theta \int_0^{\frac{1}{\cos\theta}} f(r\cos\theta, r\sin\theta)r\mathrm{d}r$

题7解图

答案：B

8. 解 已知 $a < x < b$，$f'(x) > 0$，单增；$f''(x) < 0$，凸。所以函数在区间 (a,b) 内图形沿 x 轴正向

是单增且凸的。

答案：C

9. 解 $f(x) = x^{\frac{2}{3}}$在$[-1,1]$连续。$F'(x) = \frac{2}{3}x^{-\frac{1}{3}} = \frac{2}{3} \cdot \frac{1}{\sqrt[3]{x}}$在$(-1,1)$不可导[因为$f'(x)$在$x=0$导数不存在]，所以不满足拉格朗日定理的条件。

答案：B

10. 解 选项 A，$\sum\limits_{n=1}^{\infty} \left| \frac{(-1)^n}{n} \right| = \sum\limits_{n=1}^{\infty} \frac{1}{n}$，发散；

而$\sum\limits_{n=1}^{\infty} \frac{(-1)^n}{n}$满足：①$u_n \geq u_{n+1}$，②$\lim\limits_{n \to \infty} u_n = 0$，该级数收敛。

所以级数条件收敛。

选项 B，$\sum\limits_{n=1}^{\infty} \left| \frac{(-1)^n}{n^3} \right| = \sum\limits_{n=1}^{\infty} \frac{1}{n^3}$，级数绝对收敛。

选项 C，$\sum\limits_{n=1}^{\infty} \left| \frac{(-1)^n}{n(n+1)} \right| = \sum\limits_{n=1}^{\infty} \frac{1}{n(n+1)}$，$\lim\limits_{n \to \infty} \frac{\frac{1}{n(n+1)}}{\frac{1}{n^2}} = \lim\limits_{n \to \infty} \frac{n^2}{n(n+1)} = 1$，根据正项级数的比较判别法，知$\sum\limits_{n=1}^{\infty} \frac{1}{n(n+1)}$收敛，所以级数绝对收敛。

选项 D，$\lim\limits_{n \to \infty} (-1)^n \frac{n+1}{n+2} \neq 0$，根据收敛级数的必要条件，级数发散。

答案：A

11. 解 $|x| < \frac{1}{2}$，即$-\frac{1}{2} < x < \frac{1}{2}$，$f(x) = \frac{1}{1+2x}$

已知：$\frac{1}{1+x} = 1 - x + x^2 - x^3 + \cdots + (-1)^n x^n + \cdots = \sum\limits_{n=0}^{\infty} (-1)^n x^n (-1 < x < 1)$

则$f(x) = \frac{1}{1+2x} = 1 - (2x) + (2x)^2 - (2x)^3 + \cdots + (-1)^n (2x)^n + \cdots$

$\qquad = \sum\limits_{n=0}^{\infty} (-1)^n (2x)^n = \sum\limits_{n=0}^{\infty} (-2)^n x^n \qquad \left(-1 < 2x < 1, \ 即 -\frac{1}{2} < x < \frac{1}{2} \right)$

答案：B

12. 解 已知$y_1(x)$，$y_2(x)$是微分方程$y' + p(x)y = q(x)$两个不同的特解，所以$y_1(x) - y_2(x)$为对应齐次方程$y' + p(x)y = 0$的一个解。

微分方程$y' + p(x)y = q(x)$的通解为$y = y_1 + C(y_1 - y_2)$。

答案：D

13. 解 $y'' + 2y' - 3y = 0$，特征方程为$r^2 + 2r - 3 = 0$，得$r_1 = -3$，$r_2 = 1$。所以$y_1 = e^x$，$y_2 = e^{-3x}$为选项 B 的特解，满足条件。

答案：B

14. 解 $\frac{dy}{dx} = -\frac{x}{y}$，$ydy = -xdx$

两边积分：$\frac{1}{2}y^2 = -\frac{1}{2}x^2 + C$，$y^2 = -x^2 + 2C$，$y^2 + x^2 = C_1$，这里常数$C_1 = 2C$，必须满足$C_1 \geq 0$。

故方程的通解为$x^2 + y^2 = C^2(C \in R)$。

答案：C

15. 解 旋转体体积 $V = \int_0^\pi \pi \left[(\sin x)^{\frac{3}{2}} \right]^2 \mathrm{d}x = \pi \int_0^\pi \sin^3 x \mathrm{d}x = \pi \int_0^\pi \sin^2 x \mathrm{d}(-\cos x)$

$= -\pi \int_0^\pi (1 - \cos^2 x) \mathrm{d}\cos x = -\pi \left(\cos x - \frac{1}{3} \cos^3 x \right) \Big|_0^\pi = \frac{4}{3} \pi$

答案：B

16. 解

$$\text{方程组} \begin{cases} x^2 + 4y^2 + z^2 = 4 & \text{①} \\ x + z = a & \text{②} \end{cases}$$

消去字母 x，由②式得：

$$x = a - z \qquad \text{③}$$

③式代入①式得：$(a - z)^2 + 4y^2 + z^2 = 4$

则曲线在 yOz 平面上投影方程为 $\begin{cases} (a - z)^2 + 4y^2 + z^2 = 4 \\ x = 0 \end{cases}$

答案：A

17. 解 方程 $x^2 - \frac{y^2}{4} + z^2 = 1$，即 $x^2 + z^2 - \frac{y^2}{4} = 1$，可由 xOy 平面上双曲线 $\begin{cases} x^2 - \frac{y^2}{4} = 1 \\ z = 0 \end{cases}$ 绕 y 轴旋转

得到，也可由 yOz 平面上双曲线 $\begin{cases} z^2 - \frac{y^2}{4} = 1 \\ x = 0 \end{cases}$ 绕 y 轴旋转得到。

所以 $x^2 + z^2 - \frac{y^2}{4} = 1$ 为旋转双曲面。

答案：A

18. 解 直线 L 的方向向量 $\vec{s} = \begin{vmatrix} \vec{i} & \vec{j} & \vec{k} \\ 1 & 3 & 2 \\ 2 & -1 & -10 \end{vmatrix} = -28\vec{i} + 14\vec{j} - 7\vec{k}$，即 $\vec{s} = \{-28, 14, -7\}$

平面 π：$4x - 2y + z - 2 = 0$，法线向量：$\vec{n} = \{4, -2, 1\}$

$\vec{s}$，$\vec{n}$ 坐标成比例，$\frac{-28}{4} = \frac{14}{-2} = \frac{-7}{1}$，则 $\vec{s} \parallel \vec{n}$，直线 L 垂直于平面 π。

答案：C

19. 解 A 的特征值为 λ_0，$2A$ 的特征值为 $2\lambda_0$，$(2A)^{-1}$ 的特征值为 $\frac{1}{2\lambda_0}$。

答案：C

20. 解 已知 $\vec{\alpha_1}$，$\vec{\alpha_2}$，$\vec{\beta}$ 线性相关，$\vec{\alpha_2}$，$\vec{\alpha_3}$，$\vec{\beta}$ 线性无关。由性质可知：$\vec{\alpha_1}$，$\vec{\alpha_2}$，$\vec{\alpha_3}$，$\vec{\beta}$ 线性相关（部分相关，全体相关），$\vec{\alpha_2}$，$\vec{\alpha_3}$，$\vec{\beta}$ 线性无关。

故 $\vec{\alpha_1}$ 可用 $\vec{\alpha_2}$，$\vec{\alpha_3}$，$\vec{\beta}$ 线性表示。

答案：B

21. 解 已知 $A = \begin{bmatrix} 1 & t & -1 \\ t & 1 & 1 \\ -1 & 1 & 2 \end{bmatrix}$

由矩阵 A 正定的充分必要条件可知：$1 > 0$，$\begin{vmatrix} 1 & t \\ t & 1 \end{vmatrix} = 1 - t^2 > 0$

$$\begin{vmatrix} 1 & t & -1 \\ t & 1 & 1 \\ -1 & 1 & 2 \end{vmatrix} \xrightarrow[2c_1+c_3]{c_1+c_2} \begin{vmatrix} 1 & t+1 & 1 \\ t & t+1 & 1+2t \\ -1 & 0 & 0 \end{vmatrix} = (-1)[(t+1)(1+2t)-(t+1)]$$

$$= -2t(t+1) > 0$$

求解 $t^2 < 1$，得 $-1 < t < 1$；再求解 $-2t(t+1) > 0$，得 $t(t+1) < 0$，即 $-1 < t < 0$，则公共解 $-1 < t < 0$。

答案： B

22. 解　A、B 互不相容时，$P(AB)=0$。$\overline{A}\,\overline{B}=\overline{A \cup B}$

题 22 解图

$$P(\overline{A}\,\overline{B}) = P(\overline{A \cup B}) = 1 - P(A \cup B)$$

$$= 1 - [P(A) + P(B) - P(AB)] = 1 - (p+q)$$

或使用图示法（面积表示概率），见解图。

答案： C

23. 解　X 与 Y 独立时，$E(XY)=E(X)E(Y)$，X 在 $[a,b]$ 上服从均匀分布时，$E(X) = \frac{a+b}{2} = 1$，Y 服从参数为 λ 的指数分布时，$E(Y) = \frac{1}{\lambda} = \frac{1}{3}$，$E(XY) = \frac{1}{3}$。

答案： D

24. 解　当 σ^2 未知时检验假设 $H_0 : \mu = \mu_0$，应选取统计量 $T = \frac{\overline{X} - \mu_0}{S}\sqrt{n}$，$S^2 = \frac{1}{n-1}\sum\limits_{i=1}^{n}\left(X_i - \overline{X}\right)^2 = \frac{1}{n-1}Q^2$，$S = \frac{Q}{\sqrt{n-1}}$。

当 $\mu_0 = 0$ 时，$T = \sqrt{n(n-1)}\dfrac{\overline{X}}{Q}$。

答案： A

25. 解　①由 $p = nkT$，知选项 A 不正确；

②由 $pV = \frac{m}{M}RT$，知选项 B 不正确；

③由 $\overline{\omega} = \frac{3}{2}kT$，温度、压强相等，单位体积分子数相同，知选项 C 正确；

④由 $E_{内} = \frac{i}{2}\frac{m}{M}RT = \frac{i}{2}pV$，知选项 D 不正确。

答案： C

26. 解　$N\int_{v_1}^{v_2} f(v)\mathrm{d}v$ 表示速率在 $v_1 \to v_2$ 区间内的分子数。

答案： B

27. 解　注意内能的增量 ΔE 只与系统的起始和终了状态有关，与系统所经历的过程无关。

$Q_{ab} = 335 = \Delta E_{ab} + 126$，$\Delta E_{ab} = 209\mathrm{J}$，$Q'_{ab} = \Delta E_{ab} + 42 = 251\mathrm{J}$

答案： C

28. 解　等体过程：
$$Q_1 = Q_v = \Delta E_1 = \frac{m}{M}\frac{i}{2}R\Delta T \qquad\qquad ①$$

等压过程：
$$Q_2 = Q_p = \Delta E_2 + A = \frac{m}{M}\frac{i}{2}R\Delta T + A \qquad\qquad ②$$

对于给定的理想气体，内能的增量只与系统的起始和终了状态有关，与系统所经历的过程无关，

$\Delta E_1 = \Delta E_2$。

比较①式和②式，注意到 $A > 0$，显然 $Q_2 > Q_1$。

答案：A

29. 解 在 $t = 0.25s$ 时刻，处于平衡位置，$y = 0$

由简谐波的波动方程 $y = 2 \times 10^{-2} \cos 2\pi \left(10 \times 0.25 - \dfrac{x}{5}\right) = 0$，可知

$$\cos 2\pi \left(10 \times 0.25 - \dfrac{x}{5}\right) = 0$$

则 $2\pi \left(10 \times 0.25 - \dfrac{x}{5}\right) = (2k+1)\dfrac{\pi}{2}$，$k = 0, \pm1, \pm2, \cdots$

由此可得 $2\dfrac{x}{5} = \dfrac{9}{2} - k$

当 $x = 0$ 时，$k = 4.5$

所以 $k = 4$，$x = 1.25$ 或 $k = 5$，$x = -1.25$ 时，与坐标原点 $x = 0$ 最近

答案：C

30. 解 当初相位 $\phi = 0$ 时，波动方程的表达式为 $y = A \cos \omega \left(t - \dfrac{x}{u}\right)$，利用 $\omega = 2\pi\nu$，$\nu = \dfrac{1}{T}$，$u = \lambda\nu$，表达式 $y = A \cos \left[2\pi\nu\left(t - \dfrac{x}{\lambda\nu}\right)\right] = A \cos 2\pi\left(\nu t - \dfrac{\nu x}{\lambda\nu}\right) = A \cos 2\pi\left(\dfrac{t}{T} - \dfrac{x}{\lambda}\right)$，令 $A = 0.02m$，$T = 0.5s$，$\lambda = 100m$，则 $y = 0.02 \cos\left(\dfrac{t}{\frac{1}{2}} - \dfrac{x}{100}\right) = 0.02 \cos 2\pi(2t - 0.01x)$。

答案：B

31. 解 声强级 $L = 10 \lg \dfrac{I}{I_0} dB$，由题意得 $40 = 10 \lg \dfrac{I}{I_0}$，即 $\dfrac{I}{I_0} = 10^4$；同理 $\dfrac{I'}{I_0} = 10^8$，$\dfrac{I'}{I} = 10^4$。

答案：D

32. 解 自然光 I_0 通过 P_1 偏振片后光强减半为 $\dfrac{I_0}{2}$，通过 P_2 偏振后光强为 $I = \dfrac{I_0}{2} \cos^2 90° = 0$。

答案：A

33. 解 布儒斯特定律，以布儒斯特角入射，反射光为完全偏振光。

答案：C

34. 解 由光栅公式：$(a+b) \sin\phi = \pm k\lambda$ （$k = 0,1,2,\cdots$）

令 $\phi = 90°$，$k = \dfrac{2000}{550} = 3.63$，$k$ 取小于此数的最大正整数，故 k 取 3。

答案：B

35. 解 由单缝衍射明纹条件：$a \sin\phi = (2k+1)\dfrac{\lambda}{2}$，即 $a \sin 30° = 3 \times \dfrac{\lambda}{2}$，则 $a = 3\lambda$。

答案：D

36. 解 杨氏双缝干涉：$x_{明} = \pm k\dfrac{D\lambda}{a}$，$x_{暗} = (2k+1)\dfrac{D\lambda}{2a}$，间距 $= x_{暗} - x_{明} = \dfrac{D\lambda}{2a}$。

答案：B

37. 解 除 3d 轨道上的 7 个电子，其他轨道上的电子都已成对。3d 轨道上的 7 个电子填充到 5 个

简并的 d 轨道中，按照洪特规则有 3 个未成对电子。

$$\boxed{\uparrow\downarrow \mid \uparrow\downarrow \mid \uparrow \mid \uparrow \mid \uparrow}$$

答案： C

38. 解 分子间力包括色散力、诱导力、取向力。分子间力以色散力为主。对同类型分子，色散力正比于分子量，所以分子间力正比于分子量。分子间力主要影响物质的熔点、沸点和硬度。对同类型分子，分子量越大，色散力越大，分子间力越大，物质的熔、沸点越高，硬度越大。

分子间氢键使物质熔、沸点升高，分子内氢键使物质熔、沸点减低。

HF 有分子间氢键，沸点最大。其他三个没有分子间氢键，HCl、HBr、HI 分子量逐渐增大，分子间力逐渐增大，沸点逐渐增大。

答案： D

39. 解 HCl 溶于水既有物理变化也有化学变化。HCl 的微粒向水中扩散的过程是物理变化，HCl 的微粒解离生成氢离子和氯离子的过程是化学变化。

答案： C

40. 解 系统与环境间只有能量交换，没有物质交换是封闭系统；既有物质交换，又有能量交换是敞开系统；没有物质交换，也没有能量交换是孤立系统。

答案： D

41. 解 $K^\Theta = \dfrac{\frac{p_{PCl_5}}{p^\Theta}}{\frac{p_{PCl_3}}{p^\Theta}\cdot\frac{p_{Cl_2}}{p^\Theta}} = \dfrac{p_{PCl_5}}{p_{PCl_3}\cdot p_{Cl_2}}p^\Theta = \dfrac{p^\Theta}{p_{Cl_2}}$，$p_{Cl_2} = \dfrac{p^\Theta}{K^\Theta} = \dfrac{100\text{kPa}}{0.767} = 130.38\text{kPa}$

答案： A

42. 解 铜电极的电极反应为：$Cu^{2+} + 2e^- == Cu$，氢离子没有参与反应，所以铜电极的电极电势不受氢离子影响。

答案： C

43. 解 元素电势图的应用。

（1）判断歧化反应：对于元素电势图 $A \overset{E^\Theta_{左}}{——} B \overset{E^\Theta_{右}}{——} C$，若 $E^\Theta_{右}$ 大于 $E^\Theta_{左}$，B 即是电极电势大的电对的氧化型，可作氧化剂，又是电极电势小的电对的还原型，也可作还原剂，B 的歧化反应能够发生；若 $E^\Theta_{右}$ 小于 $E^\Theta_{左}$，B 的歧化反应不能发生。

（2）计算标准电极电势：根据元素电势图，可以从已知某些电对的标准电极电势计算出另一电对的标准电极电势。

从元素电势图可知，Au^+ 可以发生歧化反应。由于 Cu^{2+} 达到最高氧化数，最不易失去电子，最稳定。

答案： A

44. 解 系统命名法。

（1）链烃的命名

①选择主链：选择最长碳链或含有官能团的最长碳链为主链；

②主链编号：从距取代基或官能团最近的一端开始对碳原子进行编号；

③写出全称：将取代基的位置编号、数目和名称写在前面，将母体化合物的名称写在后面。

（2）衍生物的命名

①选择母体：选择苯环上所连官能团或带官能团最长的碳链为母体，把苯环视为取代基；

②编号：将母体中碳原子依次编号，使官能团或取代基位次具有最小值。

答案： B

45. 解 含有不饱和键的有机物、含有醛基的有机物可使溴水褪色。

答案： D

46. 解 信息素分子为含有 C═C 不饱和键的醛，C═C 不饱和键和醛基可以与溴发生加成反应；醛基可以发生银镜反应；一个分子含有两个不饱和键（C═C 双键和醛基），1mol 分子可以和 2mol H_2 发生加成反应；它是醛，不是乙烯同系物。

答案： B

47. 解 根据力的可传性，作用于刚体上的力可沿其作用线滑移至刚体内任意点而不改变力对刚体的作用效应，同样也不会改变 A、D 处的约束力。

答案： A

48. 解 主矢 $F_R = F_1 + F_2 + F_3$ 为三力的矢量和，且此三力可构成首尾相连自行封闭的力三角形，故主矢为零；对 O 点的主矩为各力向 O 点平移后附加各力偶（F_1、F_2、F_3 对 O 点之矩）的代数和，即 $M_O = 3Fa$（逆时针）。

答案： B

49. 解 画出体系整体的受力图，列平衡方程：

$\Sigma F_x = 0$，$F_{Ax} + F = 0$，得到 $F_{Ax} = -F = -100\text{kN}$

$\Sigma M_C(F) = 0$，$F(2L + r) - F(4L + r) - F_{Ay}4L = 0$

得到 $F_{Ay} = -\dfrac{F}{2} = -\dfrac{100}{2} = -50\text{kN}$

答案： C

题 49 解图

50. 解 根据零杆判别的方法，分析节点 G 的平衡，可知杆 GG_1 为零杆；分析节点 G_1 的平衡，由于 GG_1 为零杆，故节点实际只连接了三根杆，由此可知杆 G_1E 为零杆。依次类推，逐一分析节点 E、E_1、D、D_1，可分别得出 EE_1、E_1D、DD_1、D_1B 为零杆。

答案：D

51.解 因为点做匀加速直线运动，所以可根据公式：$2as = v_t^2 - v_0^2$，得到点运动的路程应为：

$$s = \frac{v_t^2 - v_0^2}{2a} = \frac{8^2 - 5^2}{2 \times 2} = 9.75\text{m}$$

答案：D

52.解 根据转动刚体内一点的速度和法向加速度公式：$v = r\omega$；$a_n = r\omega^2$，且 $\omega = \dot{\varphi} = 4 - 6t$，因此，转动刚体内转动半径 $r = 0.5\text{m}$ 的点，在 $t_0 = 0$ 时的速度和法向加速度的大小为：$v = r\omega = 0.5 \times 4 = 2\text{m/s}$，$a_n = r\omega^2 = 0.5 \times 4^2 = 8\text{m/s}^2$。

答案：A

53.解 木板的加速度与轮缘一点的切向加速度相等，即 $a_t = a = 0.5\text{m/s}^2$，若木板的速度为 v，则轮缘一点的法向加速度 $a_n = r\omega^2 = \frac{v^2}{r} = \sqrt{a_A^2 - a_t^2}$，所以有：

$$v = \sqrt{r\sqrt{a_A^2 - a_t^2}} = \sqrt{0.25\sqrt{3^2 - 0.5^2}} = 0.86\text{m/s}$$

答案：A

54.解 根据质点运动微分方程 $ma = \sum F$，当电梯加速上升、匀速上升及减速上升时，加速度分别向上、零、向下，代入质点运动微分方程，分别有：

$$ma = P_1 - W, \quad 0 = W - P_2, \quad ma = W - P_3$$

所以：$P_1 = W + ma$，$P_2 = W$，$P_3 = W - ma$

答案：B

55.解 杆在绳断后的运动过程中，只受重力和地面的铅垂方向约束力，水平方向外力为零，根据质心运动定理，水平方向有：$ma_{Cx} = 0$。由于初始静止，故 $v_{Cx} = 0$，说明质心在水平方向无运动，只沿铅垂方向运动。

答案：C

56.解 分析圆轮 A，外力对轮心的力矩为零，即 $\sum M_A(F) = 0$，应用相对质心的动量矩定理，有 $J_A\alpha = \sum M_A(F) = 0$，则 $\alpha = 0$，由于初始静止，故 $\omega = 0$，圆轮无转动，所以其运动形式为平行移动。

答案：C

57.解 惯性力系合力的大小为 $F_I = ma_C$，而杆质心的切向和法向加速度分别为 $a_t = \frac{l}{2}\alpha$，$a_n = \frac{l}{2}\omega^2$，其全加速度为 $a_C = \sqrt{a_t^2 + a_n^2} = \frac{l}{2}\sqrt{\alpha^2 + \omega^4}$，因此 $F_I = \frac{l}{2}m\sqrt{\alpha^2 + \omega^4}$。

答案：B

58.解 因为干扰力的频率与系统固有频率相等时将发生共振，所以 $\omega_2 = 2\text{rad/s} = \omega_n$ 时发生共振，故有最大振幅。

答案： B

59. 解 若将材料由低碳钢改为木材，则改变的只是弹性模量E，而正应力计算公式$\sigma = \frac{F_N}{A}$中没有E，故正应力不变。但是轴向变形计算公式$\Delta l = \frac{F_N l}{EA}$中，$\Delta l$与$E$成反比，当木材的弹性模量减小时，轴向变形$\Delta l$增大。

答案： C

60. 解 由杆的受力分析可知A截面受到一个约束反力为F，方向向左，杆的轴力图如图所示：由于BC段杆轴力为零，没有变形，故杆中距离A端1.5L处横截面的轴向位移就等于AB段杆的伸长，$\Delta l = \frac{FL}{EA}$。

题 60 解图

答案： D

61. 解 圆孔钢板冲断时的剪切面是一个圆柱面，其面积为πdt，冲断条件是$\tau_{max} = \frac{F}{\pi dt} = \tau_b$，故

$$d = \frac{F}{\pi t \tau_b} = \frac{300\pi \times 10^3 N}{\pi \times 10mm \times 300MPa} = 100mm$$

答案： B

62. 解 图示结构剪切面面积是ab，挤压面面积是hb。

剪切强度条件： $$\tau = \frac{F}{ab} = [\tau] \qquad ①$$

挤压强度条件： $$\sigma_{bs} = \frac{F}{hb} = [\sigma_{bs}] \qquad ②$$

$$\frac{①}{②} = \frac{h}{a} = \frac{[\tau]}{[\sigma_{bs}]}$$

答案： A

63. 解 由外力平衡可知左端的反力偶为T，方向是由外向内转。再由各段扭矩计算可知：左段扭矩为$+T$，中段扭矩为$-T$，右段扭矩为$+T$。

答案： D

64. 解 由$\phi_1 = \frac{\phi}{2}$，即$\frac{T}{GI_{p1}} = \frac{1}{2}\frac{T}{GI_p}$，得$I_{p1} = 2I_p$，所以$\frac{\pi d_1^4}{32} = 2\frac{\pi}{32}d^4$，故$d_1 = \sqrt[4]{2}d$。

答案： A

65. 解 此题未说明梁的类型，有两种可能（见解图），简支梁时答案为B，悬臂梁时答案为D。

题 65 解图

答案：B 或 D

66. 解　$I_z = \dfrac{\pi}{64}d^4 - \dfrac{a^4}{12}$

答案：B

67. 解　因为 $I_2 = \dfrac{b(2a)^3}{12} = 8\dfrac{ba^3}{12} = 8I_1$，又 $f_1 = f_2$，即 $\dfrac{M_1 L^2}{2EI_1} = \dfrac{M_2 L^2}{2EI_2}$，故 $\dfrac{M_2}{M_1} = \dfrac{I_2}{I_1} = 8$。

答案：A

68. 解　图示截面的弯曲中心是两个狭长矩形边的中线交点，形心主轴是 y' 和 z'，故无扭转，而有沿两个形心主轴 y'、z' 方向的双向弯曲。

答案：C

69. 解　图示单元体 $\sigma_x = 50\text{MPa}$，$\sigma_y = -50\text{MPa}$，$\tau_x = -30\text{MPa}$，$\alpha = 45°$。故

$$\tau_\alpha = \dfrac{\sigma_x - \sigma_y}{2}\sin 2\alpha + \tau_x \cos 2\alpha = \dfrac{50-(-50)}{2}\sin 90° - 30 \times \cos 90° = 50\text{MPa}$$

答案：B

70. 解　图示细长压杆，$\mu = 2$，$I_{\min} = I_y = \dfrac{hb^3}{12}$，$F_{cr} = \dfrac{\pi^2 EI_{\min}}{(\mu L)^2} = \dfrac{\pi^2 E}{(2L)^2}\left(\dfrac{hb^3}{12}\right)$。

答案：D

71. 解　由连续介质假设可知。

答案：D

72. 解　仅受重力作用的静止流体的等压面是水平面。点 1 与 1′ 的压强相等。

$$P_A + \rho_A g h_1 = P_B + \rho_B g h_2 + \rho_m g \Delta h$$

$$P_A - P_B = (-\rho_A h_1 + \rho_B h_2 + \rho_m \Delta h)g$$

答案：A

73. 解　用连续方程求解。

$$v_3 = \dfrac{v_1 A_1 + v_2 A_2}{A_3} = \dfrac{4 \times 0.01 + 6 \times 0.005}{0.01} = 7\text{m/s}$$

答案：C

74. 解　由尼古拉兹阻力曲线图可知，在紊流粗糙区。

答案：D

75. 解　薄壁小孔口与圆柱形外管嘴流量公式均可用，流量 $Q = \mu \cdot A\sqrt{2gH_0}$，根据面积 $A = \dfrac{\pi d^2}{4}$ 和题设两者的 H_0 及 Q 均相等，则有 $\mu_1 d_1^2 = \mu_2 d_2^2$，而 $\mu_2 > \mu_1 (0.82 > 0.62)$，所以 $d_1 > d_2$。

答案：A

76. 解　明渠均匀流必须发生在顺坡渠道上。

答案：D

77. 解　完全普通井流量公式：

$$Q = 1.366 \frac{k(H^2 - h^2)}{\lg \dfrac{R}{r_0}} = 1.366 \times \frac{0.0005 \times (15^2 - 10^2)}{\lg \dfrac{375}{0.3}} = 0.0276 \, \text{m}^3/\text{s}$$

答案：A

78. 解　一个正确反映客观规律的物理方程中，各项的量纲是和谐的、相同的。

答案：C

79. 解　静止的电荷产生静电场，运动电荷周围不仅存在电场，也存在磁场。

答案：A

80. 解　用安培环路定律 $\oint H \mathrm{d}L = \sum I$，这里电流是代数和，注意它们的方向。

答案：C

81. 解　注意理想电压源和实际电压源的区别，该题是理想电压源 $U_s = U$，即输出电压恒定，电阻 R 的变化只能引起该支路的电流变化。

答案：C

82. 解　利用等效电压源定理判断。在求等效电压源电动势时，将 A、B 两点开路后，电压源的两上方电阻和两下方电阻均为串联连接方式。求内阻时，将 6V 电压源短路。

$$U_s = 6 \left(\frac{6}{3+6} - \frac{6}{6+6} \right) = 1\text{V}$$

$$R_0 = 6 /\!/ 6 + 3 /\!/ 6 = 5\Omega$$

答案：B

83. 解　三个电流，有效值、频率相同，且初相位彼此相差 120°，是对称三相电流。对称三相交流电路中，任何时刻三相电流之和均为零。

答案：B

84. 解　该电路为线性一阶电路，暂态过程依据公式 $f(t) = f(\infty) + [f(0_+) - f(\infty)]e^{-t/\tau}$ 分析。$f(t)$ 表示电路中任意电压和电流，其中 $f(\infty)$ 是电量的稳态值，$f(0_+)$ 表示初始值，τ 表示电路的时间常数。在阻容耦合电路中 $\tau = RC$。

答案：C

85. 解　变压器的额定功率用视在功率表示，它等于变压器初级绕阻或次级绕阻中电压额定值与电流额定值的乘积，$S_N = U_{1N}I_{1N} = U_{2N}I_{2N}$。接负载后，消耗的有功功率 $P_N = S_N \cos \varphi_N$。值得注意的是，次级绕阻电压是变压器空载时的电压，$U_{2N} = U_{20}$。可以认为变压器初级端的功率因数与次级端的功率因数相同。

$$P_N = S_N \cos\varphi = 10^4 \times 0.44 = 4400W$$

故可以接入 40W 日光灯 110 盏。

答案：A

86. 解 该电路为直流稳压电源电路。对于输出的直流信号，电容在电路中可视为断路。桥式整流电路中的二极管通过的电流平均值是电阻 R 中通过电流的一半。

答案：D

87. 解 根据晶体三极管工作状态的判断条件，当晶体管处于饱和状态时，基极电流与集电极电流的关系是：

$$I_B > I_{BS} = \frac{1}{\beta}I_{CS} = \frac{1}{\beta}\left(\frac{U_{CC} - U_{CES}}{R_C}\right)$$

从输入回路分析：

$$I_B = I_{Rx} - I_{RB} = \frac{U_i - U_{BE}}{R_x} - \frac{U_{BE} - U_B}{R_B}$$

答案：A

88. 解 根据等效的直流通道计算，在直流等效电路中电容断路。

设 $U_{BE} = 0.6V$

$$I_B = \frac{V_{CC} - U_{BE}}{R_B} = \frac{12 - 0.6}{200} = 0.057mA$$

$$I_C = \beta I_B = 40 \times 0.057 = 2.28mA$$

$$U_{CE} = V_{CC} - I_C R_C = 12 - 2.28 \times 3 = 5.16V$$

答案：A

89. 解 首先确定在不同输入电压下三个二极管的工作状态，依此确定输出端的电位 U_Y；然后判断各电位之间的逻辑关系，当点电位高于 2.4V 时视为逻辑状态"1"，电位低于 0.4V 时视为逻辑状态"0"。

答案：A

90. 解 该触发器为负边沿触发方式，即当时钟信号由高电平下降为低电平时刻输出端的状态可能发生改变。波形分析见解图。

题 90 解题

答案：C

91. 解 连续信号指的是在时间范围都有定义（允许有有限个间断点）的信号。

答案：A

92. 解 连续信号指的是时间连续的信号，模拟信号是指在时间和数值上均连续的信号。

答案：C

93. 解 $\delta(t)$只在$t=0$时刻存在，$\delta(t)=\delta(-t)$，所以是偶函数。

答案：B

94. 解 常用模拟信号中，单位冲激信号$\delta(t)$与单位阶跃函数信号$\varepsilon(t)$有微分关系，反应信号变化速度。

答案：A

95. 解 周期信号的傅氏级数公式为：
$$f(t)=a_0+\sum_{k=1}^{\infty}(a_n\cos k\omega_1 t+b_n\sin k\omega_1 t)$$
式中，a_0表示直流分量，a_n表示余弦分量的幅值，b_n表示正弦分量的幅值。

答案：B

96. 解 根据二进制与十六进制的关系转换，即：$(1101\ 0010.0101\ 0100)_B=(D2.54)_H$

答案：A

97. 解 系统总线又称内总线。因为该总线是用来连接微机各功能部件而构成一个完整微机系统的，所以称之为系统总线。计算机系统内的系统总线是计算机硬件系统的一个组成部分。

答案：A

98. 解 Microsoft Word 和国产字处理软件 WPS 都是目前广泛使用的文字处理软件，Microsoft Excel 是表格处理软件，Auto CAD 是绘图软件，Visual BASIC 和 Visual C++都是程序设计软件。

答案：A

99. 解 操作系统是用户与硬件交互的第一层系统软件，一切其他软件都要运行于操作系统之上（包括选项 A、C、D）。

答案：B

100. 解 由于程序在运行的过程中，都会出现时间的局部性和空间的局部性，这样就完全可以在一个较小的物理内存储器空间上来运行一个较大的用户程序。

答案：B

101. 解 二进制数是计算机所能识别的，由 0 和 1 两个数码组成，称为机器语言。

答案：C

102. 解 四位二进制对应一位十六进制，A 表示 10，对应的二进制为 1010，E 表示 14，对应的二进制为 1110。

答案：B

103.解 传统加密技术、数字签名技术、对称加密技术和密钥加密技术都是常用的信息加密技术，而专用 ASCII 码加密技术是不常用的信息加密技术。

答案：D

104.解 广域网又称为远程网，它一般是在不同城市之间的 LAN（局域网）或者 MAN（城域网）网络互联，它所覆盖的地理范围一般从几十公里到几千公里。

答案：D

105.解 我国专家把计算机网络定义为：利用各种通信手段，把地理上分散的计算机连在一起，达到相互通信、共享软/硬件和数据等资源的系统。

答案：D

106.解 人们把计算机网络中实现网络通信功能的设备及其软件的集合称为网络的通信子网，而把网络中实现资源共享功能的设备及其软件的集合称为资源。

答案：B

107.解 年名义利率相同的情况下，一年内计息次数较多的，年实际利率较高。

答案：D

108.解 按建设期利息公式 $Q = \sum \left(P_{t-1} + \dfrac{A_t}{2} \cdot i \right)$ 计算。

第一年贷款总额 1000 万元，计算利息时按贷款在年内均衡发生考虑。

$$Q_1 = (1000/2) \times 6\% = 30 \text{ 万元}$$

$$Q_2 = (1000 + 30) \times 6\% = 61.8 \text{ 万元}$$

$$Q = Q_1 + Q_2 = 30 + 61.8 = 91.8 \text{ 万元}$$

答案：D

109.解 按不考虑筹资费用的银行借款资金成本公式 $K_e = R_e(1 - T)$ 计算。

$$K_e = R_e(1 - T) = 10\% \times (1 - 25\%) = 7.5\%$$

答案：A

110.解 利用计算 IRR 的插值公式计算。

$$\text{IRR} = 12\% + (14\% - 12\%) \times 130/(130 + |-50|) = 13.44\%$$

答案：D

111.解 利息备付率属于反映项目偿债能力的指标。

答案：B

112. 解 可先求出盈亏平衡产量，然后乘以单位产品售价，即为盈亏平衡点销售收入。

$$盈亏平衡点销售收入 = 500 \times \left(\frac{1000 \times 10^4}{500 - 300} \right) = 2500 \text{ 万元}$$

答案：D

113. 解 寿命期相同的互斥方案可直接采用净现值法选优。

答案：C

114. 解 价值指数等于1说明该部分的功能与其成本相适应。

答案：B

115. 解 《中华人民共和国建筑法》第七条规定，建筑工程开工前，建设单位应当按照国家有关规定向工程所在地县级以上人民政府建设行政主管部门申请领取施工许可证；但是，国务院建设行政主管部门确定的限额以下的小型工程除外。

答案：D

116. 解 依据《中华人民共和国安全生产法》第二十一条第（一）款，选项B、C、D均与法律条文有出入。

答案：A

117. 解 依据《中华人民共和国招标投标法》第十五条，招标代理机构应当在招标人委托的范围内办理招标事宜。

答案：B

118. 解 依据《中华人民共和国民法典》第四百六十九条规定，当事人订立合同有书面形式、口头形式和其他形式。

答案：C

119. 解 见《中华人民共和国行政许可法》第十二条第五款规定。选项A属于可以设定行政许可的内容，选项B、C、D均属于第十三条规定的可以不设行政许可的内容。

答案：A

120. 解 《建设工程质量管理条例》（2000年版）第十一条规定，"施工图设计文件报县级以上人民政府建设行政主管部门审查"，但是2017年此条文改为"施工图设计文件审查的具体办法，由国务院建设行政主管部门、国务院其他有关部门制定"。故按照现行版本，此题无正确答案。

答案：无

2013年度全国勘察设计注册工程师执业资格考试基础考试（上）
试题解析及参考答案

1. 解 $\alpha \times \beta = \begin{vmatrix} i & j & k \\ -3 & -2 & 1 \\ 1 & -4 & -5 \end{vmatrix} = 14i - 14j + 14k$

$|\alpha \times \beta| = \sqrt{14^2 + 14^2 + 14^2} = \sqrt{3 \times 14^2} = 14\sqrt{3}$

答案：C

2. 解 因为 $\lim\limits_{x \to 1}(x^2 + x - 2) = 0$

故 $\lim\limits_{x \to 1}(2x^2 + ax + b) = 0$，即 $2 + a + b = 0$，得 $b = -2 - a$，代入原式：

$$\lim_{x \to 1} \frac{2x^2 + ax - 2 - a}{x^2 + x - 2} = \lim_{x \to 1} \frac{2(x+1)(x-1) + a(x-1)}{(x+2)(x-1)} = \lim_{x \to 1} \frac{2 \times 2 + a}{3} = 1$$

故 $4 + a = 3$，得 $a = -1$，$b = -1$

答案：C

3. 解 $\dfrac{dy}{dx} = \dfrac{\frac{dy}{dt}}{\frac{dx}{dt}} = \dfrac{-\sin t}{\cos t} = -\tan t$

答案：A

4. 解 $\left[\int f(x)dx\right]' = f(x)$

答案：B

5. 解 举例 $f(x) = x^2$，$\int x^2 dx = \dfrac{1}{3}x^3 + C$

当 $C = 0$ 时，$\int x^2 dx = \dfrac{1}{3}x^3$ 为奇函数；

当 $C = 1$ 时，$\int x^2 dx = \dfrac{1}{3}x^3 + 1$ 为非奇非偶函数。

答案：A

6. 解 $\lim\limits_{x \to 1^-} f(x) = \lim\limits_{x \to 1^-} 3x^2 = 3$，$\lim\limits_{x \to 1^+}(4x - 1) = 3$，$f(1) = 3$，函数 $f(x)$ 在 $x = 1$ 处连续。

$f'_+(1) = \lim\limits_{x \to 1^+} \frac{4x - 1 - 3 \times 1}{x - 1} = \lim\limits_{x \to 1^+} \frac{4(x-1)}{x-1} = 4$

$f'_-(1) = \lim\limits_{x \to 1^-} \frac{3x^2 - 3}{x - 1} = \lim\limits_{x \to 1^-} \frac{3(x+1)(x-1)}{x-1} = 6$

$f'_+(1) \neq f'_-(1)$，在 $x = 1$ 处不可导；

故 $f(x)$ 在 $x = 1$ 处连续不可导。

答案：C

7. 解

$$y' = -1 \cdot x^{\frac{2}{3}} + (5-x)\frac{2}{3}x^{-\frac{1}{3}} = -x^{\frac{2}{3}} + \frac{2}{3} \cdot \frac{5-x}{x^{\frac{1}{3}}} = \frac{-3x + 2(5-x)}{3x^{\frac{1}{3}}}$$

$$= \frac{-3x + 10 - 2x}{3 \cdot x^{\frac{1}{3}}} = \frac{5(2-x)}{3x^{\frac{1}{3}}}$$

可知 $x = 0$，$x = 2$ 为极值可疑点，所以极值可疑点的个数为 2。

答案：C

8. 解 选项 A：$\int_0^{+\infty} e^{-x}\mathrm{d}x = -\int_0^{+\infty} e^{-x}\mathrm{d}(-x) = -e^{-x}\Big|_0^{+\infty} = -\left(\lim_{x \to +\infty} e^{-x} - 1\right) = 1$

选项 B：$\int_0^{+\infty} \frac{1}{1+x^2}\mathrm{d}x = \arctan x\Big|_0^{+\infty} = \frac{\pi}{2}$

选项 C：因为 $\lim\limits_{x \to 0^+} \frac{\ln x}{x} = \lim\limits_{x \to 0^+} \frac{1}{x}\ln x \to \infty$，所以函数在 $x \to 0^+$ 无界。

$$\int_0^{+\infty} \frac{\ln x}{x}\mathrm{d}x = \int_0^{+\infty} \frac{\ln x}{x}\mathrm{d}x = \int_0^{+\infty} \ln x\,\mathrm{d}\ln x = \frac{1}{2}(\ln x)^2\Big|_0^{+\infty}$$

而 $\lim\limits_{x \to +\infty} \frac{1}{2}(\ln x)^2 = \infty$，$\lim\limits_{x \to 0} \frac{1}{2}(\ln x)^2 = \infty$，故广义积分发散。

选项 D：$\int_0^1 \frac{1}{\sqrt{1-x^2}}\mathrm{d}x = \arcsin x\Big|_0^1 = \frac{\pi}{2}$

注：$\lim\limits_{x \to 1^-} \frac{1}{\sqrt{1-x^2}} = +\infty$，$x = 1$ 为无穷间断点。

答案：C

9. 解 见解图，D：$0 \leqslant y \leqslant 1$，$y \leqslant x \leqslant \sqrt{y}$；

$y = x$，即 $x = y$；$y = x^2$，得 $x = \sqrt{y}$；

所以二次积分交换积分顺序后为 $\int_0^1 \mathrm{d}y \int_y^{\sqrt{y}} f(x,y)\mathrm{d}x$。

答案：D

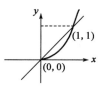

题 9 解图

10. 解 $x\frac{\mathrm{d}y}{\mathrm{d}x} = y\ln y$，$\frac{1}{y\ln y}\mathrm{d}y = \frac{1}{x}\mathrm{d}x$，$\ln\ln y = \ln x + \ln C$

$\ln y = Cx$，$y = e^{Cx}$，代入 $x = 1$，$y = e$，有 $e = e^{1C}$，得 $C = 1$

所以 $y = e^x$

答案：B

11. 解 $F(x,y,z) = xz - xy + \ln(xyz)$

$$F_x = z - y + \frac{yz}{xyz} = z - y + \frac{1}{x}, \quad F_y = -x + \frac{xz}{xyz} = -x + \frac{1}{y}, \quad F_z = x + \frac{xy}{xyz} = x + \frac{1}{z}$$

$$\frac{\partial z}{\partial y} = -\frac{F_y}{F_z} = -\frac{\dfrac{-xy+1}{y}}{\dfrac{xz+1}{z}} = -\frac{(1-xy)z}{y(xz+1)} = \frac{z(xy-1)}{y(xz+1)}$$

答案：D

12. 解 正项级数 $\sum\limits_{n=1}^{\infty} u_n$ 收敛的充分必要条件是，它的部分和数列 $\{S_n\}$ 有界。

答案： A

13. 解 已知 $f(-x) = -f(x)$，函数在 $(-\infty, +\infty)$ 为奇函数。

可配合图形说明在 $(-\infty, 0)$，$f'(x) > 0$，$f''(x) < 0$，凸增。

故在 $(0, +\infty)$ 为凹增，即在 $(0, +\infty)$，$f'(x) > 0$，$f''(x) > 0$。

题 13 解图

答案： C

14. 解 特征方程：$r^2 - 3r + 2 = 0$，$r_1 = 1$，$r_2 = 2$，$f(x) = xe^x$，$r = 1$ 为对应齐次方程的特征方程的单根，故特解形式 $y^* = x(Ax + B) \cdot e^x$。

答案： A

15. 解 $\vec{s} = \{3, -1, 2\}$，$\vec{n} = \{-2, 2, 1\}$，$\vec{s} \cdot \vec{n} \neq 0$，$\vec{s}$ 与 $\vec{n}$ 不垂直。

故直线 L 不平行于平面 π，从而选项 B、D 不成立；又因为 $\vec{s}$ 不平行于 $\vec{n}$，所以 L 不垂直于平面 π，选项 A 不成立；即直线 L 与平面 π 非垂直相交。

答案： C

16. 解 见解图，L：$y = x - 1$，所以 L 的参数方程 $\begin{cases} x = x \\ y = x - 1 \end{cases}$，$0 \leqslant x \leqslant 1$

$$\mathrm{d}s = \sqrt{1^2 + 1^2}\,\mathrm{d}x = \sqrt{2}\,\mathrm{d}x$$

故 $\int_L (y - x)\mathrm{d}s = \int_0^1 (x - 1 - x)\sqrt{2}\,\mathrm{d}x = -\sqrt{2} \cdot 1 = -\sqrt{2}$

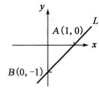

题 16 解图

答案： D

17. 解 $R = 3$，则 $\rho = \dfrac{1}{3}$

选项 A：$\sum\limits_{n=0}^{\infty} 3x^n$，$\lim\limits_{n\to\infty} \left| \dfrac{a_{n+1}}{a_n} \right| = 1$

选项 B：$\sum\limits_{n=1}^{\infty} 3^n x^n$，$\lim\limits_{n\to x} \left| \dfrac{3^{n+1}}{3^n} \right| = 3$

选项 C：$\sum\limits_{n=0}^{\infty} \dfrac{1}{3^{\frac{n}{2}}} x^n$，$\lim\limits_{n\to\infty} \left| \dfrac{\frac{1}{n+1}}{3^{\frac{1}{2}}} \middle/ \dfrac{1}{n} \right| = \lim\limits_{n\to\infty} \dfrac{1}{3^{\frac{n+1}{2}}} \cdot 3^{\frac{n}{2}} = \lim\limits_{n\to\infty} 3^{\frac{n}{2} - \frac{n+1}{2}} = 3^{-\frac{1}{2}}$

选项 D：$\sum\limits_{n=0}^{\infty} \dfrac{1}{3^{n+1}} x^n$，$\lim\limits_{n\to\infty} \left| \dfrac{\frac{1}{3^{n+2}}}{\frac{1}{3^{n+1}}} \right| = \lim\limits_{n\to\infty} \dfrac{3^{n+1}}{3^{n+2}} = \dfrac{1}{3}$，$\rho = \dfrac{1}{3}$，$R = \dfrac{1}{\rho} = 3$

答案： D

18. 解 $z = f(x, y)$，$\begin{cases} x = x \\ y = \varphi(x) \end{cases}$，则 $\dfrac{\mathrm{d}z}{\mathrm{d}x} = \dfrac{\partial f}{\partial x} \cdot 1 + \dfrac{\partial f}{\partial y} \cdot \dfrac{\mathrm{d}\varphi}{\mathrm{d}x}$

答案： B

19. 解 以 $\boldsymbol{\alpha}_1$、$\boldsymbol{\alpha}_2$、$\boldsymbol{\alpha}_3$、$\boldsymbol{\alpha}_4$ 为列向量作矩阵 $\boldsymbol{A}$

$$A = \begin{bmatrix} 3 & 3 & 1 & 6 \\ 2 & -1 & -\frac{1}{3} & -2 \\ -5 & 3 & 1 & 6 \end{bmatrix} \xrightarrow{-r_1+r_3} \begin{bmatrix} 3 & 3 & 1 & 6 \\ 2 & -1 & -\frac{1}{3} & -2 \\ -8 & 0 & 0 & 0 \end{bmatrix} \xrightarrow{-\frac{1}{8}r_3} \begin{bmatrix} 3 & 3 & 1 & 6 \\ 2 & -1 & -\frac{1}{3} & -2 \\ 1 & 0 & 0 & 0 \end{bmatrix} \xrightarrow[\substack{(-2)r_3+r_2}]{(-3)r_3+r_1}$$

$$\begin{bmatrix} 0 & 3 & 1 & 6 \\ 0 & -1 & -\frac{1}{3} & -2 \\ 1 & 0 & 0 & 0 \end{bmatrix} \xrightarrow{3r_2+r_1} \begin{bmatrix} 0 & 0 & 0 & 0 \\ 0 & -1 & -\frac{1}{3} & -2 \\ 1 & 0 & 0 & 0 \end{bmatrix} \xrightarrow{r_1 \leftrightarrow r_3} \begin{bmatrix} 1 & 0 & 0 & 0 \\ 0 & -1 & -\frac{1}{3} & -2 \\ 0 & 0 & 0 & 0 \end{bmatrix}$$

极大无关组为 $\boldsymbol{\alpha}_1$、$\boldsymbol{\alpha}_2$。

（说明：因为行阶梯形矩阵的第二行中第 3 列、第 4 列的数也不为 0，所以 $\boldsymbol{\alpha}_1$、$\boldsymbol{\alpha}_3$ 或 $\boldsymbol{\alpha}_1$、$\boldsymbol{\alpha}_4$ 也是向量组的最大线性无关组。）

答案：C

20. 解　设 $\boldsymbol{A}$ 为 $m \times n$ 矩阵，$m < n$，则 $R(\boldsymbol{A}) = r \leqslant \min\{m,n\} = m < n$，$\boldsymbol{Ax} = \boldsymbol{0}$ 必有非零解。

选项 D 错误，因为增广矩阵的秩不一定等于系数矩阵的秩。

答案：B

21. 解　矩阵相似有相同的特征多项式，有相同的特征值。

方法 1：

$$|\lambda \boldsymbol{E} - \boldsymbol{A}| = \begin{vmatrix} \lambda-1 & 1 & -1 \\ -2 & \lambda-4 & 2 \\ 3 & 3 & \lambda-5 \end{vmatrix} \xrightarrow{(-3)r_1+r_3} \begin{vmatrix} \lambda-1 & 1 & -1 \\ -2 & \lambda-4 & 2 \\ -3\lambda+6 & 0 & \lambda-2 \end{vmatrix} \xrightarrow{-(\lambda-4)r_1+r_2}$$

$$\begin{vmatrix} \lambda-1 & 1 & -1 \\ -\lambda^2+5\lambda-6 & 0 & \lambda-2 \\ -3\lambda+6 & 0 & \lambda-2 \end{vmatrix} = (-1)^{1+2} \begin{vmatrix} -(\lambda-2)(\lambda-3) & \lambda-2 \\ -3(\lambda-2) & \lambda-2 \end{vmatrix}$$

$$= (\lambda-2)(\lambda-2) \begin{vmatrix} +(\lambda-3) & 1 \\ 3 & 1 \end{vmatrix} = (\lambda-2)(\lambda-2)[+(\lambda-3)-3]$$

$$= (\lambda-2)(\lambda-2)(\lambda-6)$$

特征值为 2，2，6；矩阵 $\boldsymbol{B}$ 中 $\lambda = 6$。

方法 2：因为 $\boldsymbol{A} \sim \boldsymbol{B}$，所以 $\boldsymbol{A}$ 与 $\boldsymbol{B}$ 的主对角线元素和相等，$\sum\limits_{i=1}^{3} a_{ii} = \sum\limits_{i=1}^{3} b_{ii}$，即 $1+4+5 = \lambda+2+2$，得 $\lambda = 6$。

答案：A

22. 解　A、B 相互独立，则 $P(AB) = P(A)P(B)$，$P(A \cup B) = P(A) + P(B) - P(AB) = P(A) + P(B) - P(A)P(B) = 0.7$ 或 $P(A \cup B) = 1 - P(\overline{A \cup B}) = 1 - P(\overline{A}\,\overline{B}) = 1 - P(\overline{A})P(\overline{B}) = 0.7$。

答案：C

23. 解　分布函数［记为 $Q(x)$］性质为：①$0 \leqslant Q(x) \leqslant 1$，$Q(-\infty) = 0$，$Q(+\infty) = 1$；②$Q(x)$ 是非减函数；③$Q(x)$ 是右连续的。

$\Phi(+\infty) = -\infty$；$F(x)$ 满足分布函数的性质①、②、③；

$G(-\infty) = +\infty$；$x \geqslant 0$时，$H(x) > 1$。

答案：B

24. 解　注意$E(X) = 0$，$\sigma^2 = D(X) = E(X^2) - [E(X)]^2 = E(X^2)$，$\sigma^2$也是$X$的二阶原点矩，$\sigma^2$的矩估计量是样本的二阶原点矩$\frac{1}{n}\sum\limits_{i=1}^{n} X_i^2$。

说明：统计推断时要充分利用已知信息。当$E(X) = \mu$已知时，估计$D(X) = \sigma^2$，用$\frac{1}{n}\sum\limits_{i=1}^{n}(X_i - \mu)^2$比用$\frac{1}{n}\sum\limits_{i=1}^{n}(X_i - \overline{X})^2$效果好。

答案：D

25. 解　①分子的平均平动动能$= \frac{3}{2}kT$，若分子的平均平动动能相同，则温度相同。

②分子的平均动能=平均(平动动能+转动动能)$= \frac{i}{2}kT$。其中，i为分子自由度，而$i(\text{He}) = 3$，$i(\text{N}_2) = 5$，则氦分子和氮分子的平均动能不同。

答案：B

26. 解　此题需要正确理解最概然速率的物理意义，v_p为$f(v)$最大值所对应的速率。

答案：C

注：25、26题2011年均考过。

27. 解　画等压膨胀$p\text{-}V$图，由图知$V_2 > V_1$，故气体对外做正功。

由等温线知$T_2 > T_1$，温度升高。

题27解图

答案：A

28. 解　$Q_T = \frac{m}{M}RT\ln\frac{V_2}{V_1} = p_1 V_1 \ln\frac{V_2}{V_1}$

答案：A

29. 解　①波动方程标准式：$y = A\cos\left[\omega\left(t - \frac{x - x_0}{u}\right) + \varphi_0\right]$

②本题方程：$y = -0.02\cos\pi(4x - 50t) = 0.02\cos[\pi(4x - 50t) + \pi]$

$$= 0.02\cos[\pi(50t - 4x) + \pi] = 0.02\cos\left[50\pi\left(t - \frac{4x}{50}\right) + \pi\right]$$

$$= 0.02\cos\left[50\pi\left(t - \frac{x}{\frac{50}{4}}\right) + \pi\right]$$

故$\omega = 50\pi = 2\pi\nu$，$\nu = 25\text{Hz}$，$u = \frac{50}{4}$

波长$\lambda = \frac{u}{\nu} = 0.5\text{m}$，振幅$A = 0.02\text{m}$

答案：D

30. 解　a、b、c、d处质元都垂直于x轴上下振动。由图知，t时刻a处质元位于振动的平衡位置，此时速率最大，动能最大，势能也最大。

题 30 解图

答案： A

31. 解 $x_{腹} = \pm k\frac{\lambda}{2}$，$k = 0,1,2,\cdots$。相邻两波腹之间的距离为：$x_{k+1} - x_k = (k + 1)\frac{\lambda}{2} - k\frac{\lambda}{2} = \frac{\lambda}{2}$。

答案： A

32. 解 设线偏振光的光强为I，线偏振光与第一个偏振片的夹角为φ。因为最终线偏振光的振动方向要转过$90°$，所以第一个偏振片与第二个偏振片的夹角为$\frac{\pi}{2} - \varphi$。

根据马吕斯定律：

线偏振光通过第一块偏振片后的光强$I_1 = I\cos^2\varphi$

线偏振光通过第二块偏振片后的光强$I_2 = I_1\cos^2\left(\frac{\pi}{2} - \varphi\right) = \frac{I}{4}\sin^2 2\varphi$

要使透射光强达到最强，令$\sin 2\varphi = 1$，得$\varphi = \frac{\pi}{4}$，透射光强的最大值为$\frac{I}{4}$。

入射光的振动方向与前后两偏振片的偏振化方向夹角分别为$45°$和$90°$。

答案： A

33. 解 光的干涉和衍射现象反映了光的波动性质，光的偏振现象反映了光的横波性质。

答案： B

34. 解 注意到$1nm = 10^{-9}m = 10^{-6}mm$。

由$\Delta x = \Delta n\frac{\lambda}{2}$，有$0.62 = 2300\frac{\lambda}{2}$，$\lambda = 5.39 \times 10^{-4}mm = 539nm$。

答案： B

35. 解 由单缝衍射暗纹条件：$a\sin\varphi = k\lambda = 2k\frac{\lambda}{2}$，今$k = 3$，故半波带数目为6。

答案： D

36. 解 劈尖干涉明纹公式：$2nd + \frac{\lambda}{2} = k\lambda$，$k = 1,2,\cdots$

对应的薄膜厚度差$2nd_5 - 2nd_3 = 2\lambda$，故$d_5 - d_3 = \frac{\lambda}{n}$。

答案： B

37. 解 一组允许的量子数n、l、m取值对应一个合理的波函数，即可以确定一个原子轨道。量子数$n = 4$，$l = 2$，$m = 0$为一组合理的量子数，确定一个原子轨道。

答案： A

38. 解 根据价电子对互斥理论：

PCl_3的价电子对数$x = \frac{1}{2}$(P 的价电子数 + 三个 Cl 提供的价电子数) $= \frac{1}{2}(5 + 3) = 4$

PCl_3分子中，P 原子形成三个 P-Cl σ 健，价电子对数减去 σ 键数等于 1，所以 P 原子除形成三个 P-Cl 键外，还有一个孤电子对，PCl_3的空间构型为三角锥形，P 为不等性sp^3杂化。

答案：B

39. 解　由已知条件可知

$$Fe^{3+} \xrightarrow[z_1=1]{0.771} Fe^{2+} \xrightarrow[z_2=2]{-0.44} Fe$$
$$\underbrace{\qquad\qquad\qquad\qquad}_{z=3}$$

即　　$Fe^{3+} + z_1e = Fe^{2+}$

+)　$Fe^{2+} + z_2e = Fe$

$\overline{\qquad\qquad\qquad\qquad}$

　　$Fe^{3+} + ze\ = Fe$

$$E^{\Theta}(Fe^{3+}/Fe) = \frac{z_1 E^{\Theta}(Fe^{3+}/Fe^{2+}) + z_2 E^{\Theta}(Fe^{2+}/Fe)}{z} = \frac{0.771 + 2 \times (-0.44)}{3} \approx -0.036V$$

答案：C

40. 解　在$BaSO_4$饱和溶液中，存在$BaSO_4 = Ba^{2+} + SO_4^{2-}$平衡，加入$BaCl_2$，溶液中$Ba^{2+}$增加，平衡向左移动，$SO_4^{2-}$的浓度减小。

答案：B

41. 解　催化剂之所以加快反应的速率，是因为它改变了反应的历程，降低了反应的活化能，增加了活化分子百分数。

答案：C

42. 解　此反应为气体分子数减小的反应，升压，反应向右进行；反应的$\Delta_r H_m < 0$，为放热反应，降温，反应向右进行。

答案：C

43. 解　负极　氧化反应：$Ag + Cl^- = AgCl + e^-$

正极　还原反应：$Ag^+ + e^- = Ag$

电池反应：$Ag^+ + Cl^- = AgCl$

原电池负极能斯特方程式为：$\varphi_{AgCl/Ag} = \varphi^{\Theta}_{AgCl/Ag} + 0.059 \lg \frac{1}{c(Cl^-)}$。

由于负极中加入 NaCl，Cl^-浓度增加，则负极电极电势减小，正极电极电势不变，因此电池的电动势增大。

答案：A

44. 解　乙烯与氯气混合，可以发生加成反应：$C_2H_4 + Cl_2 = CH_2Cl - CH_2Cl$。

答案：C

45. 解　羟基与烷基直接相连为醇，通式为 R—OH（R 为烷基）；羟基与芳香基直接相连为酚，通式为 Ar—OH（Ar 为芳香基）。

答案：D

46. 解　由低分子化合物（单体）通过加成反应，相互结合成高聚物的反应称为加聚反应。加聚反应没有产生副产物，高聚物成分与单体相同，单体含有不饱和键。HCHO 为甲醛，加聚反应为：$nH_2C =\!= 0 \longrightarrow \text{⊢}CH_2-O\text{⊣}_n$。

答案：C

47. 解　E 处为光滑接触面约束，根据约束的性质，约束力应垂直于支撑面，指向被约束物体。

答案：B

48. 解　F 力和均布力 q 的合力作用线均通过 O 点，故合力矩为零。

答案：A

49. 解　取构架整体为研究对象，根据约束的性质，B 处为活动铰链支座，约束力为水平方向（见解图）。列平衡方程：

$$\sum M_A(F) = 0, \quad F_B \cdot 2L_2 - F_P \cdot 2L_1 = 0$$
$$F_B = \frac{3}{4}F_P$$

题 49 解图

答案：A

50. 解　根据斜面的自锁条件，斜面倾角小于摩擦角时，物体静止。

答案：A

51. 解　将 $t = x$ 代入 y 的表达式。

答案：C

52. 解　分别对运动方程 x 和 y 求时间 t 的一阶、二阶导数，再令 $t = 0$，且有 $v = \sqrt{\dot{x}^2 + \dot{y}^2}$，$a = \sqrt{\ddot{x}^2 + \ddot{y}^2}$。

答案： B

53. 解 两轮啮合点A、B的速度相同，且$v_A = R_1\omega_1$，$v_B = R_2\omega_2$。

答案： D

54. 解 可在A上加一水平向左的惯性力，根据达朗贝尔原理，物块A上作用的重力mg、法向约束力F_N、摩擦力F以及大小为ma的惯性力组成平衡力系，沿斜面列平衡方程，当摩擦力$F = ma\cos\theta + mg\sin\theta \leqslant F_N f(F_N = mg\cos\theta - ma\sin\theta)$时可保证$A$与$B$一起以加速度$a$水平向右运动。

答案： C

55. 解 物块A上的摩擦力水平向右，使其向右运动，故做正功。

答案： C

56. 解 杆位于铅垂位置时有$J_B\alpha = M_B = 0$；故角加速度$\alpha = 0$；而角速度可由动能定理：$\frac{1}{2}J_B\omega^2 = mgl$，得$\omega^2 = \frac{3g}{2l}$。则质心的加速度为：$a_{Cx} = 0$，$a_{Cy} = l\omega^2$。根据质心运动定理，有$ma_{Cx} = F_{Bx}$，$ma_{Cy} = F_{By} - mg$，便可得最后结果。

答案： D

57. 解 根据定义，惯性力系主矢的大小为：$ma_C = m\frac{R}{2}\omega^2$；主矩的大小为：$J_O\alpha = 0$。

答案： A

58. 解 发生共振时，系统的工作频率与其固有频率相等。

$$\omega_0 = \sqrt{\frac{k}{m}} = \sqrt{\frac{2 \times 10^6}{110}} = 134.8\text{rad/s}$$

答案： D

59. 解 取节点C，画C点的受力图，如图所示。

$$\sum F_x = 0, \quad F_1\sin 45° = F_2\sin 30°$$
$$\sum F_y = 0, \quad F_1\cos 45° + F_2\cos 30° = F$$

可得$F_1 = \frac{\sqrt{2}}{1+\sqrt{3}}F$，$F_2 = \frac{2}{1+\sqrt{3}}F$

故$F_2 > F_1$，而$\sigma_2 = \frac{F_2}{A} > \sigma_1 = \frac{F_1}{A}$

所以杆2最先达到许用应力。

题59解图

答案： B

60. 解 此题受力是对称的，故$F_1 = F_2 = \frac{F}{2}$

由杆1，得$\sigma_1 = \frac{F_1}{A_1} = \frac{\frac{F}{2}}{A} = \frac{F}{2A} \leqslant [\sigma]$，故$F \leqslant 2A[\sigma]$

由杆2，得$\sigma_2 = \frac{F_2}{A_2} = \frac{\frac{F}{2}}{2A} = \frac{F}{4A} \leqslant [\sigma]$，故$F \leqslant 4A[\sigma]$

从两者取最小的，所以$[F] = 2A[\sigma]$。

答案：B

61.解 把F力平移到铆钉群中心O，并附加一个力偶$m = F \cdot \frac{5}{4}L$，在铆钉上将产生剪力Q_1和Q_2，其中$Q_1 = \frac{F}{2}$，而Q_2计算方法如下。

$$\sum M_O = 0, \quad Q_2 \cdot \frac{L}{2} = F \cdot \frac{5}{4}L, \quad Q_2 = \frac{5}{2}F$$

则
$$Q = Q_1 + Q_2 = 3F, \quad \tau_{max} = \frac{Q}{\frac{\pi}{4}d^2} = \frac{12F}{\pi d^2}$$

答案：C

62.解 螺钉头与钢板之间的接触面是一个圆环面，故挤压面$A_{bs} = \frac{\pi}{4}(D^2 - d^2)$。

$$\sigma_{bs} = \frac{F_{bs}}{A_{bs}} = \frac{F}{\frac{\pi}{4}(D^2 - d^2)}$$

答案：A

63.解 圆轴的最大切应力$\tau_{max} = \frac{T}{I_p} \cdot \frac{d}{2}$，圆轴的单位长度扭转角$\theta = \frac{T}{GI_p}$

故$\frac{T}{I_p} = \theta G$，代入得$\tau_{max} = \theta G \frac{d}{2}$

答案：D

64.解 设实心圆直径为d，空心圆外径为D，空心圆内外径之比为α，因两者横截面积相同，故有$\frac{\pi}{4}d^2 = \frac{\pi}{4}D^2(1 - \alpha^2)$，即$d = D(1 - \alpha^2)^{\frac{1}{2}}$。

$$\frac{\tau_a}{\tau_b} = \frac{\frac{T}{\frac{\pi}{16}d^3}}{\frac{T}{\frac{\pi}{16}D^3(1 - \alpha^4)}} = \frac{D^3(1 - \alpha^4)}{d^3} = \frac{D^3(1 - \alpha^2)(1 + \alpha^2)}{D^3(1 - \alpha^2)(1 - \alpha^2)^{\frac{1}{2}}} = \frac{1 + \alpha^2}{\sqrt{1 - \alpha^2}} > 1$$

答案：C

65.解 根据"零、平、斜""平、斜、抛"的规律，AB段的斜直线，对应AB段$q = 0$；BC段的抛物线，对应BC段$q \neq 0$，即应有q。而B截面处有一个转折点，应对应于一个集中力。

答案：A

66.解 弯矩图中B截面的突变值为$10\text{kN} \cdot \text{m}$，故$m = 10\text{kN} \cdot \text{m}$。

答案：A

67.解 $M_a = \frac{1}{8}ql^2$，M_b的计算可用叠加法，如解图所示，则$\frac{M_a}{M_b} = \frac{\frac{ql^2}{8}}{\frac{ql^2}{16}} = 2$。

题 67 解图

答案：C

68. 解 图 a）中 $\sigma_{r3} = \sigma_1 - \sigma_3 = 150 - 0 = 150\text{MPa}$；

图 b）中 $\sigma_{r3} = \sigma_1 - \sigma_3 = 100 - (-100) = 200\text{MPa}$；

显然图 b）σ_{r3} 更大，更危险。

答案：B

69. 解 设杆 1 受力为 F_1，杆 2 受力为 F_2，可见：

$$F_1 + F_2 = F \qquad\qquad ①$$

$\Delta l_1 = \Delta l_2$，即 $\dfrac{F_1 l}{E_1 A} = \dfrac{F_2 l}{E_2 A}$

故 $$\frac{F_1}{F_2} = \frac{E_1}{E_2} = 2 \qquad\qquad ②$$

联立 ①、② 两式，得到 $F_1 = \dfrac{2}{3}F$，$F_2 = \dfrac{1}{3}F$。

这结果相当于偏心受拉，如解图所示，$M = \dfrac{F}{3} \cdot \dfrac{h}{2} = \dfrac{Fh}{6}$。

题 69 解图

答案：A

70. 解 杆端约束越弱，μ 越大，在两端固定($\mu = 0.5$)，一端固定、一端铰支($\mu = 0.7$)，两端铰支($\mu = 1$)和一端固定、一端自由($\mu = 2$)这四种杆端约束中，一端固定、一端自由的约束最弱，μ 最大。而图示细长压杆 AB 一端自由、一端固定在简支梁上，其杆端约束比一端固定、一端自由($\mu = 2$)时更弱，故 μ 比 2 更大。

答案：A

71. 解 切应力 $\tau = \mu \dfrac{du}{dy}$，而 $y = R - r$，$dy = -dr$，故 $\dfrac{du}{dy} = -\dfrac{du}{dr}$

题设流速 $u = 2\left(1 - \dfrac{r^2}{R^2}\right)$，故 $\dfrac{du}{dy} = -\dfrac{du}{dr} = \dfrac{2 \times 2r}{R^2} = \dfrac{4r}{R^2}$

题设 $r_1 = 0.2R$，故切应力 $\tau_1 = \mu\left(\dfrac{4 \times 0.2R}{R^2}\right) = \mu\left(\dfrac{0.8}{R}\right)$

题设 $r_2 = R$，则切应力 $\tau_2 = \mu\left(\dfrac{4R}{R^2}\right) = \mu\left(\dfrac{4}{R}\right)$

切应力大小之比 $\dfrac{\tau_1}{\tau_2} = \dfrac{\mu\left(\dfrac{0.8}{R}\right)}{\mu\left(\dfrac{4}{R}\right)} = \dfrac{0.8}{4} = \dfrac{1}{5}$

答案：C

72. 解　对断面 1-1 及 2-2 中点写能量方程：$Z_1 + \dfrac{p_1}{\rho g} + \dfrac{\alpha_1 v_1^2}{2g} = Z_2 + \dfrac{p_2}{\rho g} + \dfrac{\alpha_2 v_2^2}{2g}$

题设管道水平，故 $Z_1 = Z_2$；又因 $d_1 > d_2$，由连续方程知 $v_1 < v_2$。

代入上式后知：$p_1 > p_2$。

答案：B

73. 解　由动量方程可得：$\sum F_x = \rho Q v = 1000\,\text{kg/m}^3 \times 0.2\,\text{m}^3\text{/s} \times 50\,\text{m/s} = 10\,\text{kN}$。

答案：B

74. 解　由均匀流基本方程 $\tau = \rho g R J$，$J = \dfrac{h_\text{f}}{L}$，知沿程损失 $h_\text{f} = \dfrac{\tau L}{\rho g R}$。

答案：B

75. 解　由并联长管水头损失相等知：$h_{\text{f}1} = h_{\text{f}2} = h_{\text{f}3} = \cdots = h_\text{f}$，总流量 $Q = \sum\limits_{i=1}^{n} Q_i$。

答案：B

76. 解　矩形断面水力最佳宽深比 $\beta = 2$，即 $b = 2h$。

答案：D

77. 解　由渗流达西公式知 $u = kJ$。

答案：A

78. 解　按雷诺模型，$\dfrac{\lambda_v \lambda_L}{\lambda_\nu} = 1$，流速比尺 $\lambda_v = \dfrac{\lambda_\nu}{\lambda_L}$

按题设 $\lambda_\nu = \dfrac{60 \times 10^{-6}}{15 \times 10^{-6}} = 4$，长度比尺 $\lambda_L = 5$，因此流速比尺 $\lambda_v = \dfrac{4}{5} = 0.8$

$\lambda_v = \dfrac{v_{\text{烟气}}}{v_{\text{空气}}}$，$v_{\text{空气}} = \dfrac{v_{\text{烟气}}}{\lambda_v} = \dfrac{3\,\text{m/s}}{0.8} = 3.75\,\text{m/s}$

答案：A

79. 解　静止的电荷产生电场，不会产生磁场，并且电场是有源场，其方向从正电荷指向负电荷。

答案：D

80. 解　电路的功率关系 $P = UI = I^2R$ 以及欧姆定律 $U = RI$，是在电路的电压电流的正方向一致时成立；当方向不一致时，前面增加"-"号。

答案：B

81. 解 考查电路的基本概念：开路与短路，电阻串联分压关系。当电路中 a-b 开路时，电阻 R_1、R_2 相当于串联。$U_{abk} = \dfrac{R_2}{R_1 + R_2} \cdot U_s$。

答案：C

82. 解 在直流电源作用下电感等效于短路，$U_L = 0$；电容等效于开路，$I_C = 0$。

$$\frac{U_R}{I_R} = R; \quad \frac{U_L}{I_L} = 0; \quad \frac{U_C}{I_C} = \infty$$

答案：D

83. 解 根据已知条件（电阻元件的电压为 0），即电阻电流为 0，电路处于并联谐振状态，电感支路与电容支路的电流大小相等，方向相反，可以写成 $i_L = -i_C$。其有效值相等，即 $I_L = I_C$。

答案：B

84. 解 三相电路中，电源中性点与负载中点等电位，说明电路中负载也是对称负载，三相电路负载的阻抗相等条件为：$Z_1 = Z_2 = Z_3$，即 $\begin{cases} Z_1 = Z_2 = Z_3 \\ \varphi_1 = \varphi_2 = \varphi_3 \end{cases}$。

答案：A

85. 解 本题考查理想变压器的三个变比关系，在变压器的初级回路中电源内阻与变压器的折合阻抗 R_L' 串联。

$$R_L' = K^2 R_L \quad (R_L = 100\Omega)$$

答案：C

86. 解 绕线式的三相异步电动机转子串电阻的方法适应于不同接法的电动机，并且可以起到限制启动电流、增加启动转矩以及调速的作用。Y-△启动方法只用于正常△接运行，并轻载启动的电动机。

答案：D

87. 解 信号和信息不是同一概念。信号是表示信息的物理量，如电信号可以通过幅度、频率、相位的变化来表示不同的信息；信息是对接收者有意义、有实际价值的抽象的概念。由此可见，信号是可以看得到的，信息是看不到的。数码是常用的信息代码，并不是只能表示数量大小，通过定义可以表示不同事物的状态。由 0 和 1 组成的信息代码 101 并不能仅仅表示数量"5"，因此选项 B、C、D 错误。

处理并传输电信号是电路的重要功能，选项 A 正确。

答案：A

88. 解 信号可以用函数来描述，$u(t)$ 信号波形是由多个伴有延时阶跃信号的叠加构成的。

答案：B

89. 解 输出信号的失真属于非线性失真，其原因是由于三极管输入特性死区电压的影响。放大器的放大倍数只能对不失真信号定义，选项 A、B 错误。

答案：C

90. 解　根据逻辑函数的相关公式计算 $ABC + A\overline{BC} + B = A(BC + \overline{BC}) + B = A + B$。

答案：B

91. 解　根据给定的 X、Y 波形，其与非门 $\overline{XY}$ 的图形可利用有"0"则"1"的原则确定为选项 D。

答案：D

92. 解　BCD 码是用二进制数表示的十进制数，属于无权码，此题的 BCD 码是用四位二进制数表示的：$(0011\ 0010)_B = (3\ 2)_{BCD}$

答案：A

93. 解　此题为二极管限幅电路，分析二极管电路首先要将电路模型线性化，即将二极管断开后分析极性（对于理想二极管，如果是正向偏置将二极管短路，否则将二极管断路），最后按照线性电路理论确定输入和输出信号关系。

即：该二极管截止后，求 $u_{阳} = u_i$，$u_{阴} = 2.5V$，则 $u_i > 2.5V$ 时，二极管导通，$u_o = u_i$；$u_i < 2.5V$ 时，二极管截止，$u_o = 2.5V$。

答案：C

94. 解　根据三极管的微变等效电路分析可见，增加电容 C_E 以后，在动态信号作用下，发射极电阻被电容短路。放大倍数提高，输入电阻减小。

答案：C

95. 解　此电路是组合逻辑电路（异或门）与时序逻辑电路（D 触发器）的组合应用，电路的初始状态由复位信号 $\overline{R}_D$ 确定，输出状态在时钟脉冲信号 CP 的上升沿触发，$D = A \oplus \overline{Q}$。

答案：A

96. 解　此题与上题类似，是组合逻辑电路（与非门）与时序逻辑电路（JK 触发器）的组合应用，输出状态在时钟脉冲信号 CP 的下降沿触发。$J = \overline{Q \cdot A}$，K 端悬空时，可以认为 K = 1。

答案：C

题 95 解图

题 96 解图

97. 解　"三网合一"指的是将电信网、广播电视网和互联网整合为一个统一的网络体系。这种整合促进了资源整合、提高效率、促进信息融合,并为用户提供更加便捷和多样化的通信和娱乐服务。

答案: C

98.解 计算机运算器的功能是完成算术运算和逻辑运算,算数运算是完成加、减、乘、除的运算,逻辑运算主要包括与、或、非、异或等,从而完成低电平与高电平之间的切换,送出控制信号,协调计算机工作。

答案: D

99.解 计算机的总线可以划分为数据总线、地址总线和控制总线,数据总线用来传输数据、地址总线用来传输数据地址、控制总线用来传输控制信息。

答案: C

100.解 Microsoft Word 是文字处理软件。Visual BASIC 简称 VB,是 Microsoft 公司推出的一种 Windows 应用程序开发工具。Microsoft Access 是小型数据库管理软件。AutoCAD 是专业绘图软件,主要用于工业设计中,被广泛用于民用、军事等各个领域。CAD 是 Computer Aided Design 的缩写,意思为计算机辅助设计。加上 Auto,指它可以应用于几乎所有跟绘图有关的行业,比如建筑、机械、电子、天文、物理、化工等。

答案: B

101.解 位也称为比特,记为 bit,位是度量数据的最小单位,表示一位二进制信息。

答案: B

102.解 原码是机器数的一种简单的表示法。其符号位用 0 表示正号,用 1 表示负号,数值一般用二进制形式表示。机器数的反码可由原码得到。如果机器数是正数,则该机器数的反码与原码一样;如果机器数是负数,则该机器数的反码是对它的原码(符号位除外)各位取反而得到的。机器数的补码可由原码得到。如果机器数是正数,则该机器数的补码与原码一样;如果机器数是负数,则该机器数的补码是对它的原码(除符号位外)各位取反,并在末位加 1 而得到的。ASCII 码是将人在键盘上敲入的字符(数字、字母、特殊符号等)转换成机器能够识别的二进制数,并且每个字符唯一确定一个 ASCII 码,形象地说,它就是人与计算机交流时使用的键盘语言通过"翻译"转换成的计算机能够识别的语言。

答案: B

103.解 点阵中行数和列数的乘积称为图像的分辨率,若分辨率 640×480 像素,则表示横向 640 像素,纵向 480 像素,该图共有 640×480 = 307200 个像素。

答案: D

104. 解 进程与程序的概念是不同的，进程有以下4个特征。

动态性：进程是动态的，它由系统创建而产生，并由调度而执行。

并发性：用户程序和操作系统的管理程序等，在它们的运行过程中，产生的进程在时间上是重叠的，它们同存在于内存储器中，并共同在系统中运行。

独立性：进程是一个能独立运行的基本单位，同时也是系统中独立获得资源和独立调度的基本单位，进程根据其获得的资源情况可独立地执行或暂停。

异步性：由于进程之间的相互制约，使进程具有执行的间断性。各进程按各自独立的、不可预知的速度向前推进。

答案：D

105. 解 操作系统对外部设备的作用是控制外部设备按用户程序的要求进行操作，包括设备驱动、初始化以及设备控制等功能。选项C的分配和回收功能就是控制功能，相比之下选项A更完整。

答案：A

106. 解 联网中的计算机都具有"独立功能"，即网络中的每台主机在没联网之前就有自己独立的操作系统，并且能够独立运行。联网以后，它本身是网络中的一个结点，可以平等地访问其他网络中的主机。

答案：A

107. 解 利用由年名义利率求年实际利率的公式计算：

$$i = \left(1 + \frac{r}{m}\right)^m - 1 = \left(1 + \frac{8\%}{4}\right)^4 - 1 = 8.24\%$$

答案：C

108. 解 经营成本包括外购原材料、燃料和动力费、工资及福利费、修理费等，不包括折旧、摊销费和财务费用。流动资金投资不属于经营成本。

答案：A

109. 解 根据静态投资回收期的计算公式：$P_t = 6 - 1 + \frac{|-60|}{240} = 5.25$ 年。

答案：C

110. 解 该项目的现金流量图如解图所示。根据题意，有

$$NPV = -5000 + A(P/A, 15\%, 10)(P/F, 15\%, 1) = 0$$

解得 $A = 5000 \div (5.0188 \times 0.8696) = 1145.65$ 万元

题110解图

答案：D

111. 解 项目经济效益和费用的识别应遵循剔除转移支付原则。

答案：C

112. 解 两个寿命期相同的互斥项目的选优应采用增量内部收益率指标，$\Delta IRR_{(乙-甲)}$为13%，小于基准收益率14%，应选择投资较小的方案。

答案：A

113. 解 "有无对比"是财务分析应遵循的基本原则。

答案：D

114. 解 根据价值工程中价值公式中成本的概念。

答案：C

115. 解 《中华人民共和国建筑法》第九条规定，建设单位应当自领取施工许可证之日起三个月内开工。因故不能按期开工的，应当向发证机关申请延期；延期以两次为限，每次不超过三个月。既不开工又不申请延期或者超过延期时限的，施工许可证自行废止。

答案：B

116. 解 《中华人民共和国安全生产法》第二十四条规定，矿山、金属冶炼、建筑施工、运输单位和危险物品的生产、经营、储存、装卸单位，应当设置安全生产管理机构或者配备专职安全生产管理人员。

前款规定以外的其他生产经营单位，从业人员超过一百人的，应当设置安全生产管理机构或者配备专职安全生产管理人员；从业人员在一百人以下的，应当配备专职或者兼职的安全生产管理人员。

答案：D

117. 解 《中华人民共和国招标投标法》第十条规定，招标分为公开招标和邀请招标。

答案：B

118. 解 《中华人民共和国民法典》第四百七十三条规定，要约邀请是希望他人向自己发出要约的表示。拍卖公告、招标公告、招股说明书、债券募集办法、基金招募说明书、商业广告和宣传、寄送的价目表等为要约邀请。商业广告和宣传的内容符合要约条件的，构成要约。

答案： B

119. 解　《中华人民共和国行政许可法》第四十二条规定，除可以当场作出行政许可决定的外，行政机关应当自受理行政许可申请之日起二十日内做出行政许可决定。二十日内不能做出决定的，经本行政机关负责人批准，可以延长十日，并应当将延长期限的理由告知申请人。但是，法律、法规另有规定的，依照其规定。

答案： D

120. 解　《中华人民共和国建筑法》第二十九条规定，建筑工程总承包单位按照总承包合同的约定对建设单位负责；分包单位按照分包合同的约定对总承包单位负责。总承包单位和分包单位就分包工程对建设单位承担连带责任。

答案： A

2014 年度全国勘察设计注册工程师执业资格考试基础考试（上）

试题解析及参考答案

1. 解 $\lim\limits_{x \to 0}(1-x)^{\frac{k}{x}} = 2$

可利用公式 $\lim\limits_{x \to 0}(1+x)^{\frac{1}{x}} = e$ 计算

因 $\lim\limits_{x \to 0}(1-x)^{\frac{-k}{-x}} = \lim\limits_{x \to 0}\left[(1-x)^{\frac{1}{-x}}\right]^{-k} = e^{-k}$

所以 $e^{-k} = 2$，$k = -\ln 2$。

答案：A

2. 解 $x^2 + y^2 - z = 0$，$z = x^2 + y^2$ 为旋转抛物面。

答案：D

3. 解 $y = \arctan\dfrac{1}{x}$，$x = 0$，分母为零，该点为间断点。

因 $\lim\limits_{x \to 0^+}\arctan\dfrac{1}{x} = \dfrac{\pi}{2}$，$\lim\limits_{x \to 0^-}\arctan\dfrac{1}{x} = -\dfrac{\pi}{2}$，所以 $x = 0$ 为跳跃间断点。

答案：B

4. 解 $\dfrac{\mathrm{d}}{\mathrm{d}x}\displaystyle\int_{2x}^{0} e^{-t^2}\mathrm{d}t = -\dfrac{\mathrm{d}}{\mathrm{d}x}\displaystyle\int_{0}^{2x} e^{-t^2}\mathrm{d}t = -e^{-4x^2} \cdot 2 = -2e^{-4x^2}$

答案：C

5. 解

$$\frac{\mathrm{d}(\ln x)}{\mathrm{d}\sqrt{x}} = \frac{\frac{1}{x}\mathrm{d}x}{\frac{1}{2} \cdot \frac{1}{\sqrt{x}}\mathrm{d}x} = \frac{2}{\sqrt{x}}$$

答案：B

6. 解

$$\int \frac{x^2}{\sqrt[3]{1+x^3}}\mathrm{d}x = \frac{1}{3}\int \frac{1}{\sqrt[3]{1+x^3}}\mathrm{d}x^3 = \frac{1}{3}\int \frac{1}{\sqrt[3]{1+x^3}}\mathrm{d}(1+x^3)$$
$$= \frac{1}{3} \times \frac{3}{2}(1+x^3)^{\frac{2}{3}} + C = \frac{1}{2}(1+x^3)^{\frac{2}{3}} + C$$

答案：D

7. 解 $a_n = \left(1+\dfrac{1}{n}\right)^n$，数列 $\{a_n\}$ 是单调增，又 $\lim\limits_{x \to \infty}\left(1+\dfrac{1}{n}\right)^n = e$，根据收敛数列有界性，可知数列有上界。

答案：B

8. 解 函数 $f(x)$ 在点 x_0 处可导，则 $f'(x_0) = 0$ 是 $f(x)$ 在 x_0 取得极值的必要条件。

答案：C

9. 解

$$L_1: \frac{x-1}{1} = \frac{y-3}{-2} = \frac{z+5}{1}, \quad \vec{S}_1 = \{1,-2,1\}$$

$$L_2: \frac{x-3}{-1} = \frac{y-1}{-1} = \frac{z-1}{2} = t, \quad \vec{S}_2 = \{-1,-1,2\}$$

$$\cos\left(\widehat{\vec{S}_1,\vec{S}_2}\right) = \frac{\vec{S}_1 \cdot \vec{S}_2}{|\vec{S}_1||\vec{S}_2|} = \frac{3}{\sqrt{6} \times \sqrt{6}} = \frac{1}{2}, \quad \left(\widehat{\vec{S}_1,\vec{S}_2}\right) = \frac{\pi}{3}$$

答案：B

10. 解 $xy' - y = x^2 e^{2x} \Rightarrow y' - \frac{1}{x}y = xe^{2x}$

$$P(x) = -\frac{1}{x}, \quad Q(x) = xe^{2x}$$

$$y = e^{-\int\left(-\frac{1}{x}\right)dx}\left[\int xe^{2x}e^{\int\left(-\frac{1}{x}\right)dx}dx + C\right] = e^{\ln x}\left(\int xe^{2x}e^{-\ln x}dx + C\right)$$

$$= x\left(\int e^{2x}dx + C\right) = x\left(\frac{1}{2}e^{2x} + C\right)$$

答案：A

11. 解 见解图，$V = \int_0^3 \pi y^2 \, dx = \int_0^3 \pi 4x \, dx = \pi \int_0^3 4x \, dx$。

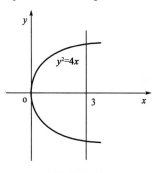

题 11 解图

答案：C

12. 解 $\sum\limits_{n=1}^{\infty}(-1)^n \frac{1}{n^{p-1}}$ 级数条件收敛应满足条件：①取绝对值后级数发散；②原级数收敛。

$\sum\limits_{n=1}^{\infty}\left|(-1)^n \frac{1}{n^{p-1}}\right| = \sum\limits_{n=1}^{\infty}\frac{1}{n^{p-1}}$，当 $0 < p-1 \leq 1$ 时，即 $1 < p \leq 2$，取绝对值后级数发散，原级数 $\sum\limits_{n=1}^{\infty}(-1)^n \frac{1}{n^{p-1}}$ 为交错级数。

当 $p-1 > 0$ 时，即 $p > 1$

利用幂函数性质判定：$y = x^p(p > 0)$

当 $x \in (0,+\infty)$ 时，$y = x^p$ 单增，且过 $(1,1)$ 点，本题中，$p > 1$，因而 $n^{p-1} < (n+1)^{p-1}$，所以 $\frac{1}{n^{p-1}} > \frac{1}{(n+1)^{p-1}}$。

满足：① $\frac{1}{n^{p-1}} > \frac{1}{(n+1)^{p-1}}$；② $\lim\limits_{n\to\infty}\frac{1}{n^{p-1}} = 0$。故 $\sum\limits_{n=1}^{\infty}(-1)^n \frac{1}{n^{p-1}}$ 收敛。

综合以上结论，$1 < p \leq 2$ 和 $p > 1$，应为 $1 < p \leq 2$。

答案：A

13.解 $y = C_1 e^{-x+C_2} = C_1 e^{C_2} e^{-x}$

$y' = -C_1 e^{C_2} e^{-x}$, $y'' = C_1 e^{C_2} e^{-x}$

代入方程得 $C_1 e^{C_2} e^{-x} - (-C_1 e^{C_2} e^{-x}) - 2C_1 e^{C_2} e^{-x} = 0$

$y = C_1 e^{-x+C_2}$ 是方程 $y'' - y' - 2y = 0$ 的解，又因 $y = C_1 e^{-x+C_2} = C_1 e^{C_2} e^{-x} = C_3 e^{-x}$（其中 $C_3 = C_1 e^{C_2}$）只含有一个独立的任意常数，所以 $y = C_1 e^{-x+C_2}$，既不是方程的通解，也不是方程的特解。

答案：D

14.解 $L: \begin{cases} y = x - 2 \\ x = x \end{cases}$，$x: 0 \to 2$，如解图所示。

注：从起点对应的参数积到终点对应的参数。

题 14 解图

$$\int_L \frac{1}{x-y} dx + y dy = \int_0^2 \frac{1}{x-(x-2)} dx + (x-2) dx$$
$$= \int_0^2 \left(x - \frac{3}{2} \right) dx = \left(\frac{1}{2} x^2 - \frac{3}{2} x \right) \Big|_0^2$$
$$= \frac{1}{2} \times 4 - \frac{3}{2} \times 2 = -1$$

答案：B

15.解 方法1：$x^2 + y^2 + z^2 = 4z$，$x^2 + y^2 + z^2 - 4z = 0$，$F(x,y,z) = x^2 + y^2 + z^2 - 4z$

$$F_x = 2x, \quad F_y = 2y, \quad F_z = 2z - 4$$

$$\frac{\partial z}{\partial x} = -\frac{F_x}{F_z} = -\frac{2x}{2z-4} = -\frac{x}{z-2}, \quad \frac{\partial z}{\partial y} = -\frac{F_y}{F_z} = -\frac{2y}{2z-4} = -\frac{y}{z-2}$$

$$dz = \frac{\partial z}{\partial x} dx + \frac{\partial z}{\partial y} dy = -\frac{x}{z-2} dx - \frac{y}{z-2} dy = \frac{1}{2-z}(x dx + y dy)$$

方法2：方程两边微分

$$d(x^2 + y^2 + z^2) = 4dz$$

$$2x dx + 2y dy + 2z dz = 4dz$$

得到：$dz = \frac{1}{2-z}(x dx + y dy)$

答案：B

16.解 $D: \begin{cases} 0 \leqslant \theta \leqslant \frac{\pi}{4} \\ 0 \leqslant r \leqslant a \end{cases}$，如解图所示。

$$\iint_D dx dy = \int_0^{\frac{\pi}{4}} d\theta \int_0^a r dr = \frac{\pi}{4} \times \frac{1}{2} r^2 \Big|_0^a = \frac{1}{8} \pi a^2$$

答案：A

题 16 解图

17.解 设 $2x + 1 = z$，级数为 $\sum\limits_{n=1}^{\infty} \frac{z^n}{n}$

$\lim\limits_{n \to \infty} \left| \frac{a_{n+1}}{a_n} \right| = \lim\limits_{n \to \infty} \frac{\frac{1}{n+1}}{\frac{1}{n}} = 1$，$\rho = 1$，$R = \frac{1}{\rho} = 1$

当 $z = 1$ 时，$\sum\limits_{n=1}^{\infty} \frac{1}{n}$ 发散，当 $z = -1$ 时，$\sum\limits_{n=1}^{\infty} \frac{(-1)^n}{n}$ 收敛

所以 $-1 \leqslant z < 1$ 收敛，即 $-1 \leqslant 2x + 1 < 1$， $-1 \leqslant x < 0$

答案： C

18. 解 $z = e^{xe^y}$， $\dfrac{\partial z}{\partial x} = e^{xe^y} \cdot e^y = e^y \cdot e^{xe^y}$

$\dfrac{\partial^2 z}{\partial x^2} = e^y \cdot e^{xe^y} \cdot e^y = e^{xe^y} \cdot e^{2y} = e^{xe^y + 2y}$

答案： A

19. 解 方法 1： $|2A^* B^{-1}| = 2^3 |A^* B^{-1}| = 2^3 |A^*| \cdot |B^{-1}|$

$A^{-1} = \dfrac{1}{|A|} A^*$， $A^* = |A| \cdot A^{-1}$

$A \cdot A^{-1} = E$， $|A| \cdot |A^{-1}| = 1$， $|A^{-1}| = \dfrac{1}{|A|} = \dfrac{1}{-\frac{1}{2}} = -2$

$|A^*| = ||A| \cdot A^{-1}| = \left| -\dfrac{1}{2} A^{-1} \right| = \left(-\dfrac{1}{2} \right)^3 |A^{-1}| = \left(-\dfrac{1}{2} \right)^3 \times (-2) = \dfrac{1}{4}$

$B \cdot B^{-1} = E$， $|B| \cdot |B^{-1}| = 1$， $|B^{-1}| = \dfrac{1}{|B|} = \dfrac{1}{2}$

因此， $|2A^* B^{-1}| = 2^3 \times \dfrac{1}{4} \times \dfrac{1}{2} = 1$

方法 2： 直接用公式计算 $|A^*| = |A|^{n-1}$， $|B^{-1}| = \dfrac{1}{|B|}$， $|2A^* B^{-1}| = 2^3 |A^* B^{-1}| = 2^3 |A^*||B^{-1}| =$

$2^3 |A|^{3-1} \cdot \dfrac{1}{|B|} = 2^3 \cdot \left(-\dfrac{1}{2} \right)^2 \cdot \dfrac{1}{2} = 1$

答案： A

20. 解 选项 A， A 未必是实对称矩阵，即使 A 为实对称矩阵，但所有顺序主子式都小于零，不符合对称矩阵为负定的条件。对称矩阵为负定的充分必要条件：奇数阶顺序主子式为负，而偶数阶顺序主子式为正，所以错误。

选项 B，实对称矩阵为正定矩阵的充分必要条件是所有特征值都大于零，选项 B 给出的条件有时不能满足所有特征值都大于零的条件，例如 $A = \begin{bmatrix} 1 & 1 \\ 1 & 1 \end{bmatrix}$， $|A| = 0$， A 有特征值 $\lambda = 0$，所以错误。

选项 D，给出的二次型所对应的对称矩阵为 $\begin{bmatrix} 1 & \frac{1}{2} & \frac{1}{2} \\ \frac{1}{2} & 1 & \frac{1}{2} \\ \frac{1}{2} & \frac{1}{2} & 1 \end{bmatrix}$，所以错误。

选项 C，由惯性定理可知，实二次型 $f(x_1, x_2, \cdots, x_n) = x^{\mathrm{T}} A x$ 经可逆线性变换（或配方法）化为标准型时，在标准型（或规范型）中，正、负平方项的个数是唯一确定的。对于缺少平方项的 n 元二次型的标准型（或规范型），正惯性指数不会等于未知数的个数 n。

例如： $f(x_1, x_2) = x_1 \cdot x_2$，无平方项，设 $\begin{cases} x_1 = y_1 + y_2 \\ x_2 = y_1 - y_2 \end{cases}$，代入变形 $f = y_1^2 - y_2^2$（标准型），正惯性指数为 $1 < n = 2$。所以二次型 $f(x_1, x_2)$ 不是正定二次型。

答案： C

21. 解 方法 1：已知 n 元非齐次线性方程组 $Ax = b$，$r(A) = n - 2$，对应 n 元齐次线性方程组 $Ax = 0$ 的基础解系中的线性无关解向量的个数为 $n - (n - 2) = 2$，可验证 $\alpha_2 - \alpha_1$，$\alpha_2 - \alpha_3$ 为齐次线性方程组的解：$A(\alpha_2 - \alpha_1) = A\alpha_2 - A\alpha_1 = b - b = 0$，$A(\alpha_2 - \alpha_3) = A\alpha_2 - A\alpha_3 = b - b = 0$；还可验 $\alpha_2 - \alpha_1$，$\alpha_2 - \alpha_3$ 线性无关。

所以 $k_1(\alpha_2 - \alpha_1) + k_2(\alpha_2 - \alpha_3)$ 为 n 元齐次线性方程组 $Ax = 0$ 的通解，而 α_1 为 n 元非齐次线性方程组 $Ax = b$ 的一特解。

因此，$Ax = b$ 的通解为 $x = k_1(\alpha_2 - \alpha_1) + k_2(\alpha_2 - \alpha_3) + \alpha_1$。

方法 2： 观察四个选项异同点，结合 $Ax = b$ 通解结构，想到一个结论：

设 $y_1, y_2, \cdots, y_s$ 为 $Ax = b$ 的解，$k_1, k_2, \cdots, k_s$ 为数，则：

当 $\sum\limits_{i=1}^{s} k_i = 0$ 时，$\sum\limits_{i=1}^{s} k_i y_i$ 为 $Ax = 0$ 的解；

当 $\sum\limits_{i=1}^{s} k_i = 1$ 时，$\sum\limits_{i=1}^{s} k_i y_i$ 为 $Ax = b$ 的解。

可以判定选项 C 正确。

答案： C

22. 解 A 与 B 互不相容，$P(AB) = 0$，$P(A|B) = \dfrac{P(AB)}{P(B)} = 0$。

答案： B

23. 解 见解图，$\displaystyle\int_{-\infty}^{+\infty}\int_{-\infty}^{+\infty} f(x, y)\,\mathrm{d}x\mathrm{d}y = \int_0^1 \int_0^x k\,\mathrm{d}y\mathrm{d}x = \frac{k}{2} = 1$，得 $k = 2$

$$E(XY) = \int_{-\infty}^{+\infty}\int_{-\infty}^{+\infty} xyf(x, y)\,\mathrm{d}x\mathrm{d}y = \int_0^1 \int_0^x 2xy\,\mathrm{d}y\mathrm{d}x = \frac{1}{4}$$

题 23 解图

答案： A

24. 解 设 $S_1^2 = \dfrac{1}{n-1}\sum\limits_{i=1}^{n}\left(X_i - \overline{X}\right)^2$

因为总体 $X \sim N(\mu, \sigma^2)$

所以 $\dfrac{\sum\limits_{i=1}^{n}\left(X_i - \overline{X}\right)^2}{\sigma^2} = \dfrac{(n-1)S_1^2}{\sigma^2} \sim \chi^2(n-1)$，同理 $\dfrac{\sum\limits_{i=1}^{n}\left(Y_i - \overline{Y}\right)^2}{\sigma^2} \sim \chi^2(n-1)$

又因为两样本相互独立，所以 $\dfrac{\sum\limits_{i=1}^{n}\left(X_i - \overline{X}\right)^2}{\sigma^2}$ 与 $\dfrac{\sum\limits_{i=1}^{n}\left(Y_i - \overline{Y}\right)^2}{\sigma^2}$ 相互独立

$$\frac{\sum\limits_{i=1}^{n}\left(X_i - \overline{X}\right)^2}{\sum\limits_{i=1}^{n}\left(Y_i - \overline{Y}\right)^2} = \frac{\dfrac{\sum\limits_{i=1}^{n}\left(X_i - \overline{X}\right)^2}{(n-1)\sigma^2}}{\dfrac{\sum\limits_{i=1}^{n}\left(Y_i - \overline{Y}\right)^2}{(n-1)\sigma^2}} \sim F(n-1, n-1)$$

注意：解答选择题，有时抓住关键点就可判定。$\sum\limits_{i=1}^{n}\left(X_i - \overline{X}\right)^2$ 与 χ^2 分布有关，$\dfrac{\sum\limits_{i=1}^{n}\left(X_i - \overline{X}\right)^2}{\sum\limits_{i=1}^{n}\left(Y_i - \overline{Y}\right)^2}$ 与 F 分布有关，

只有选项 B 是 F 分布。

答案： B

25. 解 由气态方程 $pV = \frac{m}{M}RT$ 知，标准状态下，p、V 相同，T 也相等。

由 $E = \frac{m}{M}\frac{i}{2}RT = \frac{i}{2}pV$，注意到氢为双原子分子，氦为单原子分子，即 $i(\mathrm{H_2}) = 5$，$i(\mathrm{He}) = 3$，又 $p(\mathrm{H_2}) = p(\mathrm{He})$，$V(\mathrm{H_2}) = V(\mathrm{He})$，故 $\frac{E(\mathrm{H_2})}{E(\mathrm{He})} = \frac{i(\mathrm{H_2})}{i(\mathrm{He})} = \frac{5}{3}$。

答案：A

26. 解 由麦克斯韦速率分布函数定义 $f(v) = \frac{\mathrm{d}N}{N\mathrm{d}v}$ 可得。

答案：B

27. 解 由 $W_{\text{等压}} = p\Delta V = \frac{m}{M}R\Delta T$，令 $\frac{m}{M} = 1$，故 $\Delta T = \frac{W}{R}$。

答案：B

28. 解 等温膨胀过程的特点是：理想气体从外界吸收的热量 Q，全部转化为气体对外做功 $A(A > 0)$。

答案：D

29. 解 所谓波峰，其纵坐标 $y = +2 \times 10^{-2}\mathrm{m}$，亦即要求 $\cos 2\pi\left(10t - \frac{x}{5}\right) = 1$，即 $2\pi\left(10t - \frac{x}{5}\right) = \pm 2k\pi$；

当 $t = 0.25\mathrm{s}$ 时，$20\pi \times 0.25 - \frac{2\pi x}{5} = \pm 2k\pi$，$x = (12.5 \mp 5k)$；

因为要取距原点最近的点（注意 $k = 0$ 并非最小），逐一取 $k = 0,1,2,3,\cdots$，其中 $k = 2$，$x = 2.5$；$k = 3$，$x = -2.5$。

答案：A

30. 解 质元处于平衡位置，此时速度最大，故质元动能最大，动能与势能是同相的，所以势能也最大。

答案：C

31. 解 声波的频率范围为 $20 \sim 20000\mathrm{Hz}$。

答案：C

32. 解 间距 $\Delta x = \frac{D\lambda}{nd}$ [D 为双缝到屏幕的垂直距离（见解图），d 为缝宽，n 为折射率]

今 $1.33 = \frac{D\lambda}{d}$（$n_{\text{空气}} \approx 1$），当把实验装置放入水中，则 $\Delta x_{\text{水}} = \frac{D\lambda}{1.33d} = 1$

光的双缝干涉

题 32 解图

答案：C

33. 解 可见光的波长范围 400～760nm。

答案：A

34. 解 自然光垂直通过第一个偏振片后，变为线偏振光，光强设为 I'，即入射至第二个偏振片的线偏振光强度。根据马吕斯定律，自然光通过两个偏振片后，$I = I'\cos^2 45° = \dfrac{I'}{2}$，$I' = 2I$。

答案：B

35. 解 中央明纹的宽度由紧邻中央明纹两侧的暗纹($k=1$)决定。

如解图所示，通常衍射角ϕ很小，且$D \approx f(f$为焦距)，则$x \approx \phi f$

由暗纹条件$a\sin\phi = 1 \times \lambda(k=1)(a$缝宽)，得$\phi \approx \dfrac{\lambda}{a}$

第一级暗纹距中心P_0距离为$x_1 = \phi f = \dfrac{\lambda}{a}f$

所以中央明纹的宽度$\Delta x(中央) = 2x_1 = \dfrac{2\lambda f}{a}$

故 $\Delta x = \dfrac{2 \times 0.5 \times 400 \times 10^{-9}}{10^{-4}} = 400 \times 10^{-5}\text{m}$

$= 4 \times 10^{-3}\text{m}$

题 35 解图

答案：D

36. 解 根据光栅的缺级理论，当$\dfrac{a+b(光栅常数)}{a(缝宽)} = $整数时，会发生缺级现象，今$\dfrac{a+b}{a} = \dfrac{2a}{a} = 2$，在光栅明纹中，将缺$k = 2,4,6,\cdots$级，衍射光谱中出现的五条明纹为 0，±1，±3。（此题超纲）

答案：A

37. 解 周期表中元素电负性的递变规律：同一周期从左到右，主族元素的电负性逐渐增大；同一主族从上到下元素的电负性逐渐减小。

答案：A

38. 解 离子的极化作用是指离子的极化力，离子的极化力为某离子使其他离子变形的能力。极化力取决于：①离子的电荷，电荷数越多，极化力越强；②离子的半径，半径越小，极化力越强；③离子的电子构型，当电荷数相等、半径相近时，极化力的大小为：18 或 18＋2 电子构型＞9～17 电子构型＞8 电子构型。每种离子都具有极化力和变形性，一般情况下，主要考虑正离子的极化力和负离子的变形性。离子半径的变化规律：同周期不同元素离子的半径随离子电荷代数值增大而减小。四个化合物中的阴离子相同，都为Cl^-，阳离子分别为Na^+、Mg^{2+}、Al^{3+}、Si^{4+}，离子半径逐渐减小，离子电荷逐渐增大，极化力逐渐增强，对Cl^-的极化作用逐渐增强，所以离子极化作用最强的是$SiCl_4$。

答案：D

39. 解 100mL 浓硫酸中H_2SO_4的物质的量$n = \dfrac{100 \times 1.84 \times 0.98}{98} = 1.84\text{mol}$

物质的量浓度$c = \dfrac{1.84}{0.1} = 18.4\text{mol} \cdot L^{-1}$

答案：A

40. 解　多重平衡规则：当 n 个反应相加（或相减）得总反应时，总反应的 K 等于各个反应平衡常数的乘积（或商）。题中反应（3）=（1）-（2），所以 $K_3^\Theta = \dfrac{K_1^\Theta}{K_2^\Theta}$。

答案：D

41. 解　铜电极通入 H_2S，生成 CuS 沉淀，Cu^{2+} 浓度减小。

铜半电池反应为：$Cu^{2+} + 2e^- == Cu$，根据电极电势的能斯特方程式：

$$\varphi = \varphi^\Theta + \frac{0.059}{2}\lg\frac{C_{氧化型}}{C_{还原型}} = \varphi^\Theta + \frac{0.059}{2}\lg C_{Cu^{2+}}$$

$C_{Cu^{2+}}$ 减小，电极电势减小

原电池的电动势 $E = \varphi_正 - \varphi_负$，$\varphi_正$ 减小，$\varphi_负$ 不变，则电动势 E 减小。

答案：B

42. 解　电解产物析出顺序由它们的析出电势决定。析出电势与标准电极电势、离子浓度、超电势有关。总的原则：析出电势代数值较大的氧化型物质首先在阴极还原；析出电势代数值较小的还原型物质首先在阳极氧化。

阴极：当 $\varphi^\Theta > \varphi^\Theta_{Al^{3+}/Al}$ 时，$M^{n+} + ne^- == M$

　　　当 $\varphi^\Theta < \varphi^\Theta_{Al^{3+}/Al}$ 时，$2H^+ + 2e^- == H_2$

因 $\varphi^\Theta_{Na^+/Na} < \varphi^\Theta_{Al^{3+}/Al}$ 时，所以 H^+ 首先放电析出。

答案：A

43. 解　由公式 $\Delta G = \Delta H - T\Delta S$ 可知，当 ΔH 和 ΔS 均小于零时，ΔG 在低温时小于零，所以低温自发，高温非自发。

答案：A

44. 解　丙烷最多 5 个原子处于一个平面，丙烯最多 7 个原子处于一个平面，苯乙烯最多 16 个原子处于一个平面，$CH_3CH=CH-C\equiv C-CH_3$ 最多 10 个原子处于一个平面。

答案：C

45. 解　烯烃能发生加成反应和氧化反应，酸可以发生酯化反应。

答案：A

46. 解　人造羊毛为聚丙烯腈，由单体丙烯腈通过加聚反应合成，为高分子化合物。分子中存在共价键，为共价化合物，同时为有机化合物。

答案：C

47. 解　根据力的投影公式，$F_x = F\cos\alpha$，故 $\alpha = 60°$；而分力 F_x 的大小是力 F 大小的 2 倍，故力 F

与y轴垂直。

答案：A （此题 2010 年考过）

48.解 M_1与M_2等值反向，四个分力构成自行封闭的四边形，故合力为零，F_1与F_3、F_2与F_4构成顺时针转向的两个力偶，其力偶矩的大小均为Fa。

答案：D

49.解 对系统进行整体分析，外力有主动力F_p，A、H处约束力，由于F_p与H处约束力均为铅垂方向，故A处也只有铅垂方向约束力，列平衡方程$\sum M_H(F) = 0$，便可得结果。

答案：B

50.解 分析节点D的平衡，可知 1 杆为零杆。

答案：A

51.解 只有当$t = 1s$时两个点才有相同的坐标。

答案：A

52.解 根据平行移动刚体的定义和特点。

答案：C （此题 2011 年考过）

53.解 根据定轴转动刚体上一点加速度与转动角速度、角加速度的关系：$a_n = \omega^2 l$，$a_\tau = \alpha l$，此题$a_n = 0$，$\alpha = \dfrac{a_\tau}{l} = \dfrac{a}{l}$。

答案：A

54.解 在铅垂平面内垂直于绳的方向列质点运动微分方程（牛顿第二定律），有：

$$ma_n \cos \alpha = mg \sin \alpha$$

答案：C

55.解 两轮质心的速度均为零，动量为零，链条不计质量。

答案：D

56.解 根据动能定理：$T_2 - T_1 = W_{12}$，其中$T_1 = 0$（初瞬时静止），$T_2 = \dfrac{1}{2} \times \dfrac{3}{2} mR^2 \omega^2$，$W_{12} = mgR$，代入动能定理可得结果。

答案：C

57.解 杆水平瞬时，其角速度为零，加在物块上的惯性力铅垂向上，列平衡方程$\sum M_O(F) = 0$，则有$(F_g - mg)l = 0$，所以$F_g = mg$。

答案：A

58. 解 已知频率比 $\frac{\omega}{\omega_0} = 1.27$，且 $\omega = 40\,\text{rad/s}$，$\omega_0 = \sqrt{\frac{k}{m}}$ （$m = 100\text{kg}$）

所以，$k = \left(\frac{40}{1.27}\right)^2 \times 100 = 9.9 \times 10^4 \approx 1 \times 10^5 \text{N/m}$

答案：A

59. 解 首先取节点 C 为研究对象，根据节点 C 的平衡可知，杆 1 受力为零，杆 2 的轴力为拉力 F；再考虑两杆的变形，杆 1 无变形，杆 2 受拉伸长。由于变形后两根杆仍然要连在一起，因此 C 点变形后的位置，应该在以 A 点为圆心，以杆 1 原长为半径的圆弧，和以 B 点为圆心、以伸长后的杆 2 长度为半径的圆弧的交点 C' 上，如解图所示。显然这个点在 C 点向下偏左的位置。

答案：B

题 59 解图

60. 解

$$\sigma_{\text{AB}} = \frac{F_{\text{NAB}}}{A_{\text{AB}}} = \frac{300\pi \times 10^3 \text{N}}{\frac{\pi}{4} \times 20^2 \text{mm}^2} = 30\text{MPa}, \quad \sigma_{\text{BC}} = \frac{F_{\text{NBC}}}{A_{\text{BC}}} = \frac{100\pi \times 10^3 \text{N}}{\frac{\pi}{4} \times 10^2 \text{mm}^2} = 40\text{MPa}$$

显然杆的最大拉应力是 40MPa

答案：A

61. 解 A 图、B 图中节点的受力是图 a)，C 图、D 图中节点的受力是图 b)。

为了充分利用铸铁抗压性能好的特点，应该让铸铁承受更大的压力，显然 A 图布局比较合理。

题 61 解图

答案：A

62. 解 被冲断的钢板的剪切面是一个圆柱面，其面积 $A_{\text{Q}} = \pi dt$，根据钢板破坏的条件：

$$\tau_{\text{Q}} = \frac{Q}{A_{\text{Q}}} = \frac{F}{\pi dt} = \tau_{\text{b}}$$

可得 $F = \pi dt\tau_{\text{b}} = \pi \times 100\text{mm} \times 10\text{mm} \times 300\text{MPa} = 300\pi \times 10^3 \text{N} = 300\pi\text{kN}$

答案：A

63. 解 螺杆受拉伸，横截面面积是 $\frac{\pi}{4}d^2$，由螺杆的拉伸强度条件，可得：

$$\sigma = \frac{F}{\frac{\pi}{4}d^2} = \frac{4F}{\pi d^2} = [\sigma] \tag{①}$$

螺母的内圆周面受剪切，剪切面面积是 πdh，由螺母的剪切强度条件，可得：

$$\tau_{\text{Q}} = \frac{F_{\text{Q}}}{A_{\text{Q}}} = \frac{F}{\pi dh} = [\tau] \tag{②}$$

把①、②两式同时代入$[\sigma] = 2[\tau]$，即有$\frac{4F}{\pi d^2} = 2 \cdot \frac{F}{\pi dh}$，化简后得$d = 2h$。

答案：A

64.解 受扭空心圆轴横截面上各点的切应力应与其到圆心的距离成正比，而在空心圆部分因没有材料，故也不应有切应力，故正确的只能是B。

答案：B

65.解 根据外力矩（此题中即是扭矩）与功率、转速的计算公式：$M(\text{kN} \cdot \text{m}) = 9.55\frac{p(\text{kW})}{n(\text{r/min})}$可知，转速小的轴，扭矩（外力矩）大。

答案：B

66.解 根据剪力和弯矩的微分关系$\frac{\mathrm{d}m}{\mathrm{d}x} = Q$可知，弯矩的最大值发生在剪力为零的截面，也就是弯矩的导数为零的截面，故选B。

答案：B

67.解 题图a）是偏心受压，在中间段危险截面上，外力作用点O与被削弱的截面形心C之间的偏心距$e = \frac{a}{2}$（见解图），产生的附加弯矩$M = F \cdot \frac{a}{2}$，故题图a）中的最大应力：

$$\sigma_a = -\frac{F_N}{A_a} - \frac{M}{W} = -\frac{F}{3ab} - \frac{F\frac{a}{2}}{\frac{b}{6}(3a)^2} = -\frac{2F}{3ab}$$

题图b）虽然截面面积小，但却是轴向压缩，其最大压应力：

$$\sigma_b = -\frac{F_N}{A_b} = -\frac{F}{2ab}$$

故$\frac{\sigma_b}{\sigma_a} = \frac{3}{4}$

题67解图

答案：A

68.解 由梁的正应力强度条件：

$$\sigma_{\max} = \frac{M_{\max}}{I} \cdot y_{\max} = \frac{M_{\max}}{W} \leq [\sigma]$$

可知，梁的承载能力与梁横截面惯性矩I（或W）的大小成正比，当外荷载产生的弯矩$M_{\max}$不变的情况下，截面惯性矩（或W）越大，其承载能力也越大，显然相同面积制成的梁，矩形比圆形好，空心矩形的惯性矩（或W）最大，其承载能力最大。

答案：A

69.解 图a）中$\sigma_1 = 200\text{MPa}$，$\sigma_2 = 0$，$\sigma_3 = 0$

$\sigma_{r3}^a = \sigma_1 - \sigma_3 = 200\text{MPa}$

图b）中$\sigma_1 = \frac{100}{2} + \sqrt{\left(\frac{100}{2}\right)^2 + 100^2} = 161.8\text{MPa}$，$\sigma_2 = 0$

$\sigma_3 = \frac{100}{2} - \sqrt{\left(\frac{100}{2}\right)^2 + 100^2} = -61.8\text{MPa}$

$$\sigma_{r3}^{b} = \sigma_1 - \sigma_3 = 223.6\text{MPa}$$

故图 b）更危险

答案：D

70. 解　当 $\alpha = 0°$ 时，杆是轴向受位：

$$\sigma_{max}^{0°} = \frac{F_N}{A} = \frac{F}{a^2}$$

当 $\alpha = 45°$ 时，杆是轴向受拉与弯曲组合变形：

$$\sigma_{max}^{45°} = \frac{F_N}{A} + \frac{M_g}{W_g} = \frac{\frac{\sqrt{2}}{2}F}{a^2} + \frac{\frac{\sqrt{2}}{2}F \cdot a}{\frac{a^3}{6}} = \frac{7\sqrt{2}}{2}\frac{F}{a^2}$$

可得

$$\frac{\sigma_{max}^{45°}}{\sigma_{max}^{0°}} = \frac{\frac{7\sqrt{2}}{2}\frac{F}{a^2}}{\frac{F}{a^2}} = \frac{7\sqrt{2}}{2}$$

答案：A

71. 解　水平静压力 $P_x = \rho g h_c \pi r^2 = 1 \times 9.8 \times 5 \times \pi \times 0.1^2 = 1.54\text{kN}$

答案：D

72. 解　A 点绝对压强 $p_A' = p_0 + \rho g h = 88 + 1 \times 9.8 \times 2 = 107.6\text{kPa}$

A 点相对压强 $p_A = p_A' - p_a = 107.6 - 101 = 6.6\text{kPa}$

答案：B

73. 解　对二维不可压缩流体运动连续性微分方程式为：$\frac{\partial u_x}{\partial x} + \frac{\partial u_y}{\partial y} = 0$，即 $\frac{\partial u_x}{\partial x} = -\frac{\partial u_y}{\partial y}$。对题中 C 项求偏导数可得 $\frac{\partial u_x}{\partial x} = 5$，$\frac{\partial u_y}{\partial y} = -5$，满足连续性方程。

答案：C

74. 解　圆管层流中水头损失与管壁粗糙度无关。

答案：D

75. 解　$Q_1 + Q_2 = 39\text{L/s}$

$$\frac{Q_1}{Q_2} = \sqrt{\frac{S_2}{S_1}} = \sqrt{\frac{8\lambda L_2}{\pi^2 g d_2^5} \Big/ \frac{8\lambda L_1}{\pi^2 g d_1^5}} = \sqrt{\frac{L_2 \cdot d_1^5}{L_1 \cdot d_2^5}} = \sqrt{\frac{3000}{1800} \times \left(\frac{0.15}{0.20}\right)^5} = 0.629$$

即 $0.629 Q_2 + Q_2 = 39\text{L/s}$，得 $Q_2 = 24\text{L/s}$，$Q_1 = 15\text{L/s}$。

答案：B

76. 解　$v = C\sqrt{Ri}$，$C = \frac{1}{n}R^{\frac{1}{6}} = \frac{1}{0.05}(0.8)^{\frac{1}{6}} = 19.27\sqrt{\text{m}}/\text{s}$

流速 $v = 19.27 \times \sqrt{0.8 \times 0.0006} = 0.42\text{m/s}$

答案： A

77. 解 地下水的浸润线是指无压地下水的自由水面线。

答案： C

78. 解 按雷诺准则设计应满足比尺关系式 $\frac{\lambda_v \cdot \lambda_L}{\lambda_v} = 1$，则流速比尺 $\lambda_v = \frac{\lambda_v}{\lambda_L}$，题设用相同温度、同种流体做试验，所以 $\lambda_v = 1$，$\lambda_v = \frac{1}{\lambda_L}$，而长度比尺 $\lambda_L = \frac{2m}{0.1m} = 20$，所以流速比尺 $\lambda_v = \frac{1}{20}$，即 $\frac{v_{原型}}{v_{模型}} = \frac{1}{20}$，

$v_{原型} = \frac{4}{20}$ m/s $= 0.2$m/s。

答案： A

79. 解 三个电荷处在同一直线上，且每个电荷均处于平衡状态，可建立电荷平衡方程：

$$\frac{kq_1q_2}{r^2} = \frac{kq_3q_2}{r^2}$$

则 $q_1 = q_3 = |q_2|$

答案： B

80. 解 根据节点电流关系：$\sum I = 0$，即 $I_1 + I_2 - I_3 = 0$，得 $I_3 = I_1 + I_2 = -7$A。

答案： C

81. 解 根据叠加原理，电流源不作用时，将其断路，如解图所示。写出电压源单独作用时的电路模型并计算。

$$I' = \frac{15}{40 + 40 /\!/ 40} \times \frac{40}{40 + 40} = \frac{15}{40 + 20} \times \frac{1}{2} = 0.125\text{A}$$

答案： C

题 81 解图

82. 解 ①$u_{(t)}$ 与 $i_{(t)}$ 的相位差 $\varphi = \psi_u - \psi_i = -20°$

②用有效值相量表示 $u_{(t)}$，$i_{(t)}$：

$$\dot{U} = U\angle\psi_u = \frac{10}{\sqrt{2}}\angle -10° = 7.07\angle -10°\text{V}$$

$$\dot{I} = I\angle\psi_i = \frac{0.1}{\sqrt{2}}\angle 10° = 0.0707\angle 10°\text{A} = 70.7\angle 10°\text{mA}$$

答案： D

83. 解 交流电路的功率关系为：

$$S^2 = P^2 + Q^2$$

式中：S——视在功率反映设备容量；

P——耗能元件消耗的有功功率；

Q——储能元件交换的无功功率。

本题中：$P = I^2R = 1000$W，$Q = I^2(X_L - X_C) = 200$var

$$S = \sqrt{P^2 + Q^2} = 1019 \approx 1020 \text{V} \cdot \text{A}$$

答案：D

84. 解 开关打开以后电路如解图所示。

左边电路中无储能元件，无暂态过程，右边电路中有储能元件，出现暂态过程。

$t=0+$

题 84 解图

$$I_{2(0+)} = \frac{U_{C(0+)}}{R} = \frac{U_{C(0-)}}{R} = I_{2(0-)} \neq 0$$

$$I_{2(\infty)} = \frac{U_{C(\infty)}}{R} = 0$$

答案：C

85. 解 理想变压器空载运行 $R_L \to \infty$，则 $R_L' = K^2 R_L \to \infty$

$u_1 = u$，又有 $k = \frac{U_1}{U_2} = 2$，则 $U_1 = 2U_2$

答案：B

86. 解 当正常运行为三角形接法的三相交流异步电动机启动时采用星形接法，电机为降压运行，启动电流和启动力矩均为正常运行的1/3。即

$$I_{st}' = \frac{1}{3} I_{st} = 10 \text{A}, \quad T_{st}' = \frac{1}{3} T_{st} = 15 \text{N} \cdot \text{m}$$

答案：B

87. 解 自变量在整个连续区间内都有定义的信号是连续信号或连续时间信号。图示电路的输出信号为时间连续数值离散的信号。

答案：A

88. 解 图示的非周期信号利用叠加性质等效为两个阶跃信号：

$$u(t) = u_1(t) + u_2(t)$$

$$u_1(t) = 5\varepsilon(t), \quad u_2(t) = -4\varepsilon(t - t_0)$$

答案：C

89. 解 放大电路是在输入信号控制下，将信号的幅值放大，而频率不变。

答案：D

90. 解 根据逻辑代数公式分析如下：

$$(A + B)(A + C) = A \cdot A + A \cdot B + A \cdot C + B \cdot C = A(1 + B + C) + BC = A + BC$$

答案：C

91. 解 "与非门"电路遵循输入有"0"输出则"1"的原则，利用输入信号 A、B 的对应波形分析即可。

答案：D

92. 解 根据真值表，写出函数的最小项表达式后进行化简即可：

$$F(A \cdot B \cdot C) = \overline{A}\overline{B}\overline{C} + \overline{A}BC + A\overline{B}\overline{C} + ABC$$

$$= (\overline{A} + A)\overline{B}\overline{C} + (\overline{A} + A)BC$$

$$= \overline{B}\overline{C} + BC$$

答案：C

93. 解 由图示电路分析输出波形如解图所示。

$u_i > 0$ 时，二极管截止，$u_o = 0$；

$u_i < 0$ 时，二极管并通，$u_o = u_i$，为半波整流电路。

$$U_o = -0.45U_i = 0.45 \times \frac{-10}{\sqrt{2}} = -3.18V$$

题93解图

答案：C

94. 解 ①当 A 端接入输入信号，B 端接地时，电路为反相比例放大电路：

$$u_o = -\frac{R_2}{R_1}u_i = -8 = -\frac{R_2}{R_1} \times 2$$

得 $\frac{R_2}{R_1} = 4$

②如 A 端接地，B 端接入输入信号为同相放大电路：

$$u_o = \left(1 + \frac{R_2}{R_1}\right)u_i = (1 + 4) \times 2 = 10V$$

答案：C

95. 解 图示为 D 触发器，触发时刻为 CP 波形的上升沿，输入信号 D = A，输出波形为 $Q_{n+1} = D$，对应于第一和第二个脉冲的下降沿，Q 为高电平"1"。

答案：D

96. 解 图示为 J K 触发器和与非门的组合，触发时刻为 CP 脉冲的下降沿，触发器输入信号为：

$$J = \overline{Q \cdot A}, \quad K = "0"$$

输出波形为 Q 所示。两个脉冲的下降沿后 Q 为高电平。

答案：D

题95解图

题96解图

97. 解 根据总线传送信息的类别，可以把总线划分为数据总线、地址总线和控制总线，数据总用来传送程序或数据；地址总线用来传送主存储器地址码或外围设备码；控制总线用来传送控制信息。

答案：B

98. 解 为了使计算机系统所有软硬件资源有条不紊、高效、协调、一致地进行工作，需要由一个软件来实施统一管理和统一调度工作，这种软件就是操作系统，由它来负责管理、控制和维护计算机系统的全部软硬件资源以及数据资源。应用软件是指计算机用户为了利用计算机的软、硬件资源而开发研制出的那些专门用于某一目的的软件。用户程序是为解决用户实际应用问题而专门编写的程序。支撑软件是指支援其他软件的编写制作和维护的软件。

答案：D

99. 解 一个计算机程序执行的过程可分为编辑、编译、连接和运行四个过程。用高级语言编写的程序成为编辑程序，编译程序是一种语言的翻译程序，翻译完的目标程序不能立即被执行，要通过连接程序将目标程序和有关的系统函数库以及系统提供的其他信息连接起来，形成一个可执行程序。

答案：B

100. 解 先将十进制 256.625 转换成二进制数，整数部分 256 转换成二进制 100000000，小数部分 0.625 转换成二进制 0.101，而后根据四位二进制对应一位十六进制关系进行转换，转换后结果为 100.A。

答案：C

101. 解 信息加密技术是为提高信息系统及数据的安全性和保密性的技术，是防止数据信息被别人破译而采用的技术，是网络安全的重要技术之一。不是为清除计算机病毒而采用的技术。

答案：D

102. 解 进程是一段运行的程序，进程运行需要各种资源的支持。

答案：A

103. 解 文件管理是对计算机的系统软件资源进行管理，主要任务是向计算机用户提供提供一种简便、统一的管理和使用文件的界面。

答案：A

104. 解 计算机网络可以分为资源子网和通信子网两个组成部分。资源子网主要负责全网的信息处理，为网络用户提供网络服务和资源共享功能等。

答案：A

105. 解 采用的传输介质的不同，可将网络分为双绞线网、同轴电缆网、光纤网、无线网；按网络的传输技术可以分为广播式网络、点到点式网络；按线路上所传输信号的不同又可分为基带网和宽带网。

答案：A

106. 解 一个典型的计算机网络系统主要是由网络硬件系统和网络软件系统组成。网络硬件是计算机网络系统的物质基础，网络软件是实现网络功能不可缺少的软件环境。

答案：A

107. 解 根据等额支付资金回收公式，每年可回收：

$$A = P(A/P, 10\%, 5) = 100 \times 0.2638 = 26.38 \text{ 万元}$$

答案：B

108. 解 经营成本是指项目总成本费用扣除固定资产折旧费、摊销费和利息支出以后的全部费用。即，经营成本=总成本费用−折旧费−摊销费−利息支出。本题经营成本与折旧费、摊销费之和为 7000 万元，再加上利息支出，则该项目的年总成本费用大于 7000 万元。

答案：C

109. 解 投资回收期是反映项目盈利能力的财务评价指标之一。

答案：C

110. 解 该项目的现金流量图如解图所示。

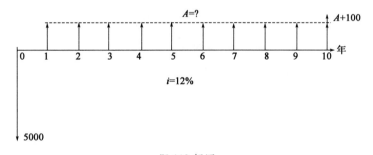

题 110 解图

根据题意有：$\text{NPV} = A(P/A, 12\%, 10) + 100 \times (P/F, 12\%, 10) - P = 0$

因此，$A = [P - 100 \times (P/F, 12\%, 10)] \div (P/A, 12\%, 10)$

$$= (5000 - 100 \times 0.3220) \div 5.6500 = 879.26 \text{ 万元}$$

答案：A

111. 解 根据题意，该企业单位产品变动成本为：

$$(30000 - 10000) \div 40000 = 0.5 \text{ 万元/t}$$

根据盈亏平衡点计算公式，盈亏平衡生产能力利用率为：

$$E^* = \frac{Q^*}{Q_c} \times 100\% = \frac{C_f}{(P - C_v)Q_c} \times 100\% = \frac{10000}{(1 - 0.5) \times 40000} \times 100\% = 50\%$$

答案：D

112. 解 两个寿命期相同的互斥方案只能选择其中一个方案，可采用净现值法、净年值法、差额内部收益率法等选优，不能直接根据方案的内部收益率选优。采用净现值法应选净现值大的方案。

答案：B

113. 解 最小公倍数法适用于寿命期不等的互斥方案比选。

答案：B

114. 解 功能F^*的目标成本为：$10 \times 0.3 = 3$万元

功能F^*的现实成本为：$3 + 0.5 = 3.5$万元

答案：C

115. 解 《中华人民共和国建筑法》第十三条规定，从事建筑活动的建筑施工企业、勘察单位、设计单位和工程监理单位，按照其拥有的注册资本、专业技术人员、技术装备和已完成的建筑工程业绩等资质条件，划分为不同的资质等级，经资质审查合格，取得相应等级的资质证书后，方可在其资质等级许可的范围内从事建筑活动。

答案：B

116. 解 《中华人民共和国安全生产法》第三十七条规定，生产经营单位使用的危险物品的容器、运输工具，以及涉及人身安全、危险性较大的海洋石油开采特种设备和矿山井下特种设备，必须按照国家有关规定，由专业生产单位生产，并经具有专业资质的检测、检验机构检测、检验合格，取得安全使用证或者安全标志，方可投入使用。检测、检验机构对检测、检验结果负责。

答案：B

117. 解 《中华人民共和国招标投标法》第五条规定，招标投标活动应当遵循公开、公平、公正和诚实信用的原则。

答案：A

118. 解 《中华人民共和国民法典》第四百七十六条规定，有下列情形之一的，要约不得撤销：

（一）要约人确定了承诺期限或者以其他形式明示要约不可撤销。

答案：B

119. 解 《中华人民共和国行政许可法》第七十条规定，有下列情形之一的，行政机关应当依法办理有关行政许可的注销手续：

（一）行政许可有效期届满未延续的；

（二）赋予公民特定资格的行政许可，该公民死亡或者丧失行为能力的；

（三）法人或者其他组织依法终止的；

（四）行政许可依法被撤销、撤回，或者行政许可证件依法被吊销的；

（五）因不可抗力导致行政许可事项无法实施的；

（六）法律、法规规定的应当注销行政许可的其他情形。

答案：C

120. 解　《建设工程质量管理条例》第十六条规定，建设单位收到建设工程竣工报告后，应当组织设计、施工、工程监理等有关单位进行竣工验收。建设工程竣工验收应当具备下列条件：

（一）完成建设工程设计和合同约定的各项内容；

（二）有完整的技术档案和施工管理资料；

（三）有工程使用的主要建筑材料、建筑构配件和设备的进场试验报告；

（四）有勘察、设计、施工、工程监理等单位分别签署的质量合格文件；

（五）有施工单位签署的工程保修书。

答案：A

2016年度全国勘察设计注册工程师执业资格考试基础考试（上）

试题解析及参考答案

1. 解 $\lim\limits_{x\to 0}\dfrac{x-\sin x}{\sin x}\overset{\frac{0}{0}}{=}\lim\limits_{x\to 0}\dfrac{1-\cos x}{\cos x}=0$

答案：B

2. 解 由 $\begin{cases}x=t-\arctan t\\ y=\ln(1+t^2)\end{cases}$ ，知 $\dfrac{\mathrm{d}x}{\mathrm{d}t}=\dfrac{t^2}{1+t^2}$，$\dfrac{\mathrm{d}y}{\mathrm{d}t}=\dfrac{2t}{1+t^2}$，则 $\dfrac{\mathrm{d}y}{\mathrm{d}x}=\dfrac{\mathrm{d}y/\mathrm{d}t}{\mathrm{d}x/\mathrm{d}t}=\dfrac{2t}{t^2}$，$\dfrac{\mathrm{d}y}{\mathrm{d}x}\Big|_{t=1}=\dfrac{2}{t}\Big|_{t=1}=2$

答案：C

3. 解 $\dfrac{\mathrm{d}y}{\mathrm{d}x}=\dfrac{1}{xy+y^3}$，$\dfrac{\mathrm{d}x}{\mathrm{d}y}=xy+y^3$，$\dfrac{\mathrm{d}x}{\mathrm{d}y}-yx=y^3$，方程为关于 $F(y,x,x')=0$ 的一阶线性微分方程。

答案：C

4. 解 $|\boldsymbol{\alpha}|=2$，$|\boldsymbol{\beta}|=\sqrt{2}$，$\boldsymbol{\alpha}\cdot\boldsymbol{\beta}=2$

由 $\boldsymbol{\alpha}\cdot\boldsymbol{\beta}=|\boldsymbol{\alpha}||\boldsymbol{\beta}|\cos(\widehat{\boldsymbol{\alpha},\boldsymbol{\beta}})=2\sqrt{2}\cos(\widehat{\boldsymbol{\alpha},\boldsymbol{\beta}})=2$，可知 $\cos(\widehat{\boldsymbol{\alpha},\boldsymbol{\beta}})=\dfrac{\sqrt{2}}{2}$，$(\widehat{\boldsymbol{\alpha},\boldsymbol{\beta}})=\dfrac{\pi}{4}$

故 $|\boldsymbol{\alpha}\times\boldsymbol{\beta}|=|\boldsymbol{\alpha}||\boldsymbol{\beta}|\sin(\widehat{\boldsymbol{\alpha},\boldsymbol{\beta}})=2\times\sqrt{2}\times\dfrac{\sqrt{2}}{2}=2$

答案：A

5. 解 $f(x)$ 在点 x_0 处的左、右极限存在且相等，是 $f(x)$ 在点 x_0 连续的必要非充分条件。

答案：A

6. 解 对 $\int_0^x f(t)\mathrm{d}t=\dfrac{\cos x}{x}$ 两边求导，得 $f(x)=\dfrac{-x\sin x-\cos x}{x^2}$，则 $f\left(\dfrac{\pi}{2}\right)=\dfrac{-\frac{\pi}{2}\times 1-0}{\frac{\pi^2}{4}}=-\dfrac{2}{\pi}$

答案：B

7. 解 $\int xf(x)\mathrm{d}x=\int x\mathrm{d}\sec^2 x=x\sec^2 x-\int \sec^2 x\,\mathrm{d}x=x\sec^2 x-\tan x+C$

答案：D

8. 解 $\begin{cases}y^2+z=1\\ x=0\end{cases}$ 表示在 yOz 平面上曲线绕 z 轴旋转，得曲面方程 $x^2+y^2+z=1$。

答案：A

9. 解 $f_x'(x_0,y_0)$，$f_y'(x_0,y_0)$ 在点 $P_0(x_0,y_0)$ 处连续仅是函数 $z=f(x,y)$ 在点 $P_0(x_0,y_0)$ 可微的充分条件，反之不一定成立，即 $z=f(x,y)$ 在点 $P_0(x_0,y_0)$ 处可微，不能保证偏导 $f_x'(x_0,y_0)$，$f_y'(x_0,y_0)$ 在点 $P_0(x_0,y_0)$ 处连续。没有定理保证。

答案：D

10. 解

$$\int_{-\infty}^{+\infty} \frac{A}{1+x^2}dx = A \int_{-\infty}^{+\infty} \frac{1}{1+x^2}dx = A\left[\int_{-\infty}^{0} \frac{1}{1+x^2}dx + \int_{0}^{+\infty} \frac{1}{1+x^2}dx\right]$$

$$= A\left(\arctan x \Big|_{-\infty}^{0} + \arctan x \Big|_{0}^{+\infty}\right) = A\left(\frac{\pi}{2} + \frac{\pi}{2}\right) = A\pi$$

由 $A\pi = 1$，得 $A = \frac{1}{\pi}$

答案：A

11. 解 $f(x) = x(x-1)(x-2)$

$f(x)$ 在 $[0,1]$ 连续，在 $(0,1)$ 可导，且 $f(0) = f(1)$

由罗尔定理可知，存在 $f'(\zeta_1) = 0$，ζ_1 在 $(0,1)$ 之间

$f(x)$ 在 $[1,2]$ 连续，在 $(1,2)$ 可导，且 $f(1) = f(2)$

由罗尔定理可知，存在 $f'(\zeta_2) = 0$，ζ_2 在 $(1,2)$ 之间

因为 $f'(x) = 0$ 是二次方程，所以 $f'(x) = 0$ 的实根个数为 2。

答案：B

12. 解 $y'' - 2y' + y = 0$，$r^2 - 2r + 1 = 0$，$r = 1$，二重根。

通解 $y = (C_1 + C_2 x)e^x$（其中 C_1，C_2 为任意常数）

线性无关的特解为 $y_1 = e^x$，$y_2 = xe^x$

答案：D

13. 解 $f(x)$ 在 (a,b) 内可微，且 $f'(x) \neq 0$。

由函数极值存在的必要条件，$f(x)$ 在 (a,b) 内可微，即 $f(x)$ 在 (a,b) 内可导，且在 x_0 处取得极值，那么 $f'(x_0) = 0$。

该题不符合此条件，所以必无极值。

答案：C

14. 解 对 $\sum\limits_{n=1}^{\infty} \frac{\sin^{\frac{3}{2}} n}{n^2}$ 取绝对值，即 $\sum\limits_{n=1}^{\infty} \left|\frac{\sin^{\frac{3}{2}} n}{n^2}\right|$，而 $\left|\frac{\sin^{\frac{3}{2}} n}{n^2}\right| \leqslant \frac{1}{n^2}$

因为 $\sum\limits_{n=1}^{\infty} \frac{1}{n^2}$，$p = 2 > 1$，收敛，由比较法知 $\sum\limits_{n=1}^{\infty} \left|\frac{\sin^{\frac{3}{2}} n}{n^2}\right|$ 收敛，所以级数 $\sum\limits_{n=1}^{\infty} \frac{\sin^{\frac{3}{2}} n}{n^2}$ 绝对收敛。

答案：D

15. 解 如解图所示，$D: \begin{cases} 0 \leqslant r \leqslant 1 \\ 0 \leqslant \theta \leqslant \frac{\pi}{2} \end{cases}$

$$\iint_D x^2 y \, dxdy = \int_0^{\frac{\pi}{2}} \cos^2\theta \sin\theta d\theta \int_0^1 r^4 dr$$

$$= \frac{1}{5}\int_0^{\frac{\pi}{2}} \cos^2\theta \sin\theta d\theta = -\frac{1}{5}\int_0^{\frac{\pi}{2}} \cos^2\theta d\cos\theta$$

$$= -\frac{1}{5} \times \frac{1}{3}\cos^3\theta \Big|_0^{\frac{\pi}{2}} = \frac{1}{15}$$

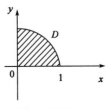

题 15 解图

答案： B

16. 解 如解图所示，L: $\begin{cases} y = x^2 \\ x = x \end{cases}$ $(x: 1 \rightarrow 0)$

$$\int_L x\mathrm{d}x + y\mathrm{d}y = \int_1^0 x\mathrm{d}x + x^2 \cdot 2x\mathrm{d}x = -\int_0^1 (x + 2x^3)\mathrm{d}x$$

$$= -\left(\frac{1}{2}x^2 + \frac{2}{4}x^4\right)\Big|_0^1$$

$$= -\left(\frac{1}{2} + \frac{1}{2}\right) = -1$$

题16解图

答案： C

17. 解 $\sum\limits_{n=0}^{\infty} \frac{(-1)^n}{2^n} x^n = 1 - \frac{x}{2} + \left(\frac{x}{2}\right)^2 - \left(\frac{x}{2}\right)^3 + \cdots$

因为 $|x| < 2$，所以 $\left|\frac{x}{2}\right| < 1$，$q = -\frac{x}{2}$，$|q| = \left|\frac{x}{2}\right| < 1$

级数的和函数 $S = \frac{a_1}{1-q} = \frac{1}{1 - \left(-\frac{x}{2}\right)} = \frac{2}{2+x}$

答案： A

18. 解 $z = \frac{3^{xy}}{x} + xF(u)$，$u = \frac{y}{x}$

$$\frac{\partial z}{\partial y} = \frac{1}{x} 3^{xy} \cdot \ln 3 \cdot x + xF'(u)\frac{1}{x} = 3^{xy}\ln 3 + F'(u)$$

答案： D

19. 解 将 $\boldsymbol{\alpha}_1, \boldsymbol{\alpha}_2, \boldsymbol{\alpha}_3$ 组成矩阵 $\begin{bmatrix} 6 & 4 & 4 \\ t & 2 & 1 \\ 7 & 2 & 0 \end{bmatrix}$，$\boldsymbol{\alpha}_1, \boldsymbol{\alpha}_2, \boldsymbol{\alpha}_3$ 线性相关的充要条件是 $\begin{vmatrix} 6 & 4 & 4 \\ t & 2 & 1 \\ 7 & 2 & 0 \end{vmatrix} = 0$

$$\begin{vmatrix} 6 & 4 & 4 \\ t & 2 & 1 \\ 7 & 2 & 0 \end{vmatrix} \xrightarrow{r_2(-4)+r_1} \begin{vmatrix} 6-4t & -4 & 0 \\ t & 2 & 1 \\ 7 & 2 & 0 \end{vmatrix} = 1 \times (-1)^{2+3} \begin{vmatrix} 6-4t & -4 \\ 7 & 2 \end{vmatrix}$$

$$= (-1) \times (12 - 8t + 28) = -(-8t + 40) = 8t - 40 = 0，得 t = 5$$

答案： B

20. 解 根据 n 阶方阵 A 的秩小于 n 的充要条件是 $|\boldsymbol{A}| = 0$，可知选项 C 正确。

答案： C

21. 解 由方阵 $\boldsymbol{A}$ 的特征值和特征向量的重要性质计算

设方阵 $\boldsymbol{A}$ 的特征值为 $\lambda_1, \lambda_2, \lambda_3$

则 $\begin{cases} \lambda_1 + \lambda_2 + \lambda_3 = a_{11} + a_{22} + a_{33} & \text{①} \\ \lambda_1 \cdot \lambda_2 \cdot \lambda_3 = |\boldsymbol{A}| & \text{②} \end{cases}$

由①式可知 $1 + 3 + \lambda_3 = 5 + (-4) + a$

得 $\lambda_3 - a = -3$

由②式可知 $1 \times 3 \times \lambda_3 = \begin{vmatrix} 5 & -3 & 2 \\ 6 & -4 & 4 \\ 4 & -4 & a \end{vmatrix}$

得

$$3\lambda_3 = 2 \begin{vmatrix} 5 & -3 & 2 \\ 3 & -2 & 2 \\ 4 & -4 & a \end{vmatrix} \xrightarrow{(-1)r_1+r_2} 2 \begin{vmatrix} 5 & -3 & 2 \\ -2 & 1 & 0 \\ 4 & -4 & a \end{vmatrix} \xrightarrow{2c_2+c_1} 2 \begin{vmatrix} -1 & -3 & 2 \\ 0 & 1 & 0 \\ -4 & -4 & a \end{vmatrix}$$

$$= 2 \times 1 (-1)^{2+2} \begin{vmatrix} -1 & 2 \\ -4 & a \end{vmatrix} = 2(-a+8) = -2a+16$$

解方程组 $\begin{cases} \lambda_3 - a = -3 \\ 3\lambda_3 + 2a = 16 \end{cases}$，得 $\lambda_3 = 2$，$a = 5$

答案：B

22. 解 因 $P(AB) = P(B)P(A|B) = 0.7 \times 0.8 = 0.56$，而 $P(A)P(B) = 0.8 \times 0.7 = 0.56$，故 $P(AB) = P(A)P(B)$，即 A 与 B 独立。因 $P(AB) = P(A) + P(B) - P(A \cup B) = 1.5 - P(A \cup B) > 0$，选项 B 错。因 $P(A) > P(B)$，选项 C 错。因 $P(A) + P(B) = 1.5 > 1$，选项 D 错。

注意：独立是用概率定义的，即可用概率来判定是否独立。而互斥、包含、对立（互逆）是不能由概率来判定的，所以选项 B、C 错。

答案：A

23. 解

$$P(X=0) = \frac{C_5^3}{C_7^3} = \frac{\frac{5 \times 4 \times 3}{1 \times 2 \times 3}}{\frac{7 \times 6 \times 5}{1 \times 2 \times 3}} = \frac{2}{7}, \quad P(X=1) = \frac{C_5^2 C_2^1}{C_7^3} = \frac{\frac{5 \times 4}{1 \times 2} \times 2}{\frac{7 \times 6 \times 5}{1 \times 2 \times 3}} = \frac{4}{7}$$

$$P(X=2) = \frac{C_5^1 C_2^2}{C_7^3} = \frac{5}{\frac{7 \times 6 \times 5}{1 \times 2 \times 3}} = \frac{1}{7} \text{ 或 } P(X=2) = 1 - \frac{2}{7} - \frac{4}{7} = \frac{1}{7}$$

$$E(X) = 0 \times P(X=0) + 1 \times P(X=1) + 2 \times P(X=2) = \frac{6}{7}$$

$$\left[求 E(X) 时，可以不求 P(X=0) \right]$$

答案：D

24. 解 $X_1, X_2, \cdots, X_n$ 与总体 X 同分布

$$E(\hat{\sigma}^2) = E\left(\frac{1}{n} \sum_{i=1}^{n} X_i^2 \right) = \frac{1}{n} \sum_{i=1}^{n} E(X_i^2) = \frac{1}{n} \sum_{i=1}^{n} E(X^2) = E(X^2)$$

$$= D(X) + [E(X)]^2 = \sigma^2 + 0^2 = \sigma^2$$

答案：B

25. 解 $\bar{v} = \sqrt{\frac{8RT}{\pi M}}$，$\bar{v}_{O_2} = \sqrt{\frac{8RT}{\pi M}} = \sqrt{\frac{8RT}{\pi \cdot 32}}$

氧气的热力学温度提高一倍，氧分子全部离解为氧原子，$T_O = 2T_{O_2}$

$\bar{v}_O = \sqrt{\frac{8RT_O}{\pi M_0}} = \sqrt{\frac{8R \cdot 2T}{\pi \cdot 16}}$，则 $\frac{\bar{v}_O}{\bar{v}_{O_2}} = \frac{\sqrt{\frac{8R \cdot 2T}{\pi \cdot 16}}}{\sqrt{\frac{8RT}{\pi \cdot 32}}} = 2$

答案：B

26. 解 气体分子的平均碰撞频率 $Z_0 = \sqrt{2}n\pi d^2 \bar{v} = \sqrt{2}n\pi d^2\sqrt{\dfrac{8RT}{\pi M}}$

平均自由程为 $\bar{\lambda}_0 = \dfrac{\bar{v}}{\bar{Z}_0} = \dfrac{1}{\sqrt{2}n\pi d^2}$

$$T' = \frac{1}{4}T, \quad \bar{\lambda} = \bar{\lambda}_0, \quad \bar{Z} = \frac{1}{2}\bar{Z}_0$$

答案：B

27. 解 气体从同一状态出发做相同体积的等温膨胀或绝热膨胀，如解图所示。

绝热线比等温线陡，故 $p_1 > p_2$。

答案：B

28. 解 卡诺正循环由两个准静态等温过程和两个准静态绝热过程组成，如解图所示。

由热力学第一定律：$Q = \Delta E + W$，绝热过程 $Q = 0$，两个绝热过程高低温热源温度相同，温差相等，内能差相同。一个绝热过程为绝热膨胀，另一个绝热过程为绝热压缩，$W_2 = -W_1$，一个内能增大，一个内能减小，$\Delta E_2 = -\Delta E_1$。

答案：C

题 27 解图

题 28 解图

29. 解 单位体积的介质中波所具有的能量称为能量密度。

$$w = \frac{\Delta W}{\Delta V} = \rho \omega^2 A^2 \sin^2\left[\omega\left(t - \frac{x}{u}\right)\right]$$

答案：C

30. 解 在中垂线上各点：波程差为零，初相差为 π

$$\Delta\varphi = \alpha_2 - \alpha_1 - \frac{2\pi(r_2 - r_1)}{\lambda} = \pi$$

符合干涉减弱条件，故振幅为 $A = A_2 - A_1 = 0$

答案：B

31. 解 简谐波在弹性媒质中传播时媒质质元的能量不守恒，任一质元 $W_p = W_k$，平衡位置时动能及势能均为最大，最大位移处动能及势能均为零。

将 $x = 2.5m$，$t = 0.25s$ 代入波动方程：

$$y = 2 \times 10^{-2} \cos 2\pi \left(10 \times 0.25 - \frac{2.5}{5}\right) = 0.02m$$

为波峰位置，动能及势能均为零。

答案：D

32.解 当自然光以布儒斯特角 i_0 入射时，$i_0 + \gamma = \frac{\pi}{2}$，故光的折射角为 $\frac{\pi}{2} - i_0$。

答案：D

33.解 此题考查的知识点为马吕斯定律。光强为 I_0 的自然光通过第一个偏振片光强为入射光强的一半，通过第二个偏振片光强为 $I = \frac{I_0}{2} \cos^2 \frac{\pi}{4} = \frac{I_0}{4}$。

答案：B

34.解 单缝夫琅禾费衍射中央明条纹的宽度 $l_0 = 2x_1 = \frac{2\lambda}{a}f$，半宽度 $\frac{f\lambda}{a}$。

答案：A

35.解 人眼睛的最小分辨角：

$$\theta = 1.22\frac{\lambda}{D} = \frac{1.22 \times 550 \times 10^{-6}}{3} = 2.24 \times 10^{-4} rad$$

答案：C

36.解 光栅衍射是单缝衍射和多缝干涉的和效果，当多缝干涉明纹与单缝衍射暗纹方向相同时，将出现缺级现象。

单缝衍射暗纹条件：$a\sin\varphi = k\lambda$

光栅衍射明纹条件：$(a+b)\sin\varphi = k'\lambda$

$$\frac{a\sin\varphi}{(a+b)\sin\varphi} = \frac{k\lambda}{k'\lambda} = \frac{1}{2}, \frac{2}{4}, \frac{3}{6}, \cdots$$

$$2a = a + b, a = b$$

答案：C

37.解 多电子原子中原子轨道的能级取决于主量子数 n 和角量子数 l：主量子数 n 相同时，l 越大，能量越高；角量子数 l 相同时，n 越大，能量越高。n 决定原子轨道所处的电子层数，l 决定原子轨道所处亚层（$l = 0$ 为 s 亚层，$l = 1$ 为 p 亚层，$l = 2$ 为 d 亚层，$l = 3$ 为 f 亚层）。同一电子层中的原子轨道 n 相同，l 越大，能量越高。

答案：D

38.解 分子间力包括色散力、诱导力、取向力。极性分子与极性分子之间的分子间力有色散力、诱导力、取向力；极性分子与非极性分子之间的分子间力有色散力、诱导力；非极性分子之间的分子间力只有色散力。CO 为极性分子，N_2 为非极性分子，所以，CO 与 N_2 间的分子间力有色散力、诱导力。

答案： D

39. 解 $NH_3 \cdot H_2O$ 为一元弱碱

$$C_{OH^-} = \sqrt{K_b \cdot C} = \sqrt{1.8 \times 10^{-5} \times 0.1} \approx 1.34 \times 10^{-3} \text{mol/L}$$

$$C_{H^+} = 10^{-14}/C_{OH^-} \approx 7.46 \times 10^{-12}, \quad pH = -\lg C_{H^+} \approx 11.13$$

答案： B

40. 解 它们都属于平衡常数，平衡常数是温度的函数，与温度有关，与分压、浓度、催化剂都没有关系。

答案： B

41. 解 四个电对的电极反应分别为：

$$Zn^{2+} + 2e^- = Zn; \quad Br_2 + 2e^- = 2Br^-$$

$$AgI + e^- = Ag + I^-$$

$$MnO_4^- + 8H^+ + 5e^- = Mn^{2+} + 4H_2O$$

只有 MnO_4^-/Mn^{2+} 电对的电极反应与 H^+ 的浓度有关。

根据电极电势的能斯特方程式，MnO_4^-/Mn^{2+} 电对的电极电势与 H^+ 的浓度有关。

答案： D

42. 解 如果阳极为惰性电极，阳极放电顺序：

①溶液中简单负离子如 I^-、Br^-、Cl^- 将优先 OH^- 离子在阳极上失去电子析出单质；

②若溶液中只有含氧根离子（如 SO_4^{2-}、NO_3^-），则溶液中 OH^- 在阳极放电析出 O_2。

答案： B

43. 解 由公式 $\Delta G = \Delta H - T\Delta S$ 可知，当 $\Delta H < 0$ 和 $\Delta S > 0$ 时，ΔG 在任何温度下都小于零，都能自发进行。

答案： A

44. 解 系统命名法：

（1）链烃及其衍生物的命名

①选择主链：选择最长碳链或含有官能团的最长碳链为主链；

②主链编号：从距取代基或官能团最近的一端开始对碳原子进行编号；

③写出全称：将取代基的位置编号、数目和名称写在前面，将母体化合物的名称写在后面。

（2）其衍生物的命名

①选择母体：选择苯环上所连官能团或带官能团最长的碳链为母体，把苯环视为取代基；

②编号：将母体中碳原子依次编号，使官能团或取代基位次具有最小值。

答案：C

45. 解　甲醇可以和两个酸发生酯化反应；氢氧化钠可以和两个酸发生酸碱反应；金属钾可以和两个酸反应生成苯氨酸钾和山梨酸钾；溴水只能和山梨酸发生加成反应。

答案：B

46. 解　塑料一般分为热塑性塑料和热固性塑料。前者为线性结构的高分子化合物，这类化合物能溶于适当的有机溶剂，受热时会软化、熔融，加工成各种形状，冷后固化，可以反复加热成型；后者为体型结构的高分子化合物，具有热固性，一旦成型后不溶于溶剂，加热也不再软化、熔融，只能一次加热成型。

答案：C

47. 解　首先分析杆 DE，E 处为活动铰链支座，约束力垂直于支撑面，如解图 a）所示，杆 DE 的铰链 D 处的约束力可按三力汇交原理确定；其次分析铰链 D，D 处铰接了杆 DE、直角弯杆 BCD 和连杆，连杆的约束力 F_D 沿杆为铅垂方向，杆 DE 作用在铰链 D 上的力为 $F'_{D右}$，按照铰链 D 的平衡，其受力图如解图 b）所示；最后分析直杆 AC 和直角弯杆 BCD，直杆 AC 为二力杆，A 处约束力沿杆方向，根据力偶的平衡，由 F_A 与 $F'_{D左}$ 组成的逆时针转向力偶与顺时针转向的主动力偶 M 组成平衡力系，故 A 处约束力的指向如解图 c）所示。

a)　　　　　　　b)　　　　　　　c)

题 47 解图

答案：D

48. 解　将主动力系对 B 点取矩求代数和：

$$M_B = M - qa^2/2 = 20 - 10 \times 2^2/2 = 0$$

答案：A

49. 解　均布力组成了力偶矩为 qa^2 的逆时针转向力偶。A、B 处的约束力应沿铅垂方向组成顺时针转向的力偶。

答案：C　（此题 2010 年考过）

50. 解 如解图所示，若物块平衡，则沿斜面方向有：

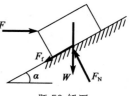

$$F_f = F\cos\alpha - W\sin\alpha = 0.2F$$

而最大静摩擦力 $F_{fmax} = f \cdot F_N = f(F\sin\alpha + W\cos\alpha) = 0.28F$

因 $F_{fmax} > F_f$，所以物块静止。

题 50 解图

答案：A

51. 解 将 x 对时间 t 求一阶导数为速度，即：$v = 9t^2 + 1$；再对时间 t 求一阶导数为加速度，即 $a = 18t$，将 $t = 4s$ 代入，可得：$x = 198m$，$v = 145m/s$，$a = 72m/s^2$。

答案：B

52. 解 根据定义，切向加速度为弧坐标 s 对时间的二阶导数，即 $a_\tau = 6m/s^2$。

答案：D

53. 解 根据定轴转动刚体上一点加速度与转动角速度、角加速度的关系：$a_n = \omega^2 l$，$a_\tau = \alpha l$，而题中 $a_n = a\cos\alpha = \omega^2 l$，所以 $\omega = \sqrt{\dfrac{a\cos\alpha}{l}}$，$a_\tau = \alpha\sin\alpha = \alpha l$，所以 $\alpha = \dfrac{a\sin\alpha}{l}$。

答案：B （此题 2009 年考过）

54. 解 按照牛顿第二定律，在铅垂方向有 $ma = F_R - mg = Kv^2 - mg$，当 $a = 0$（速度 v 的导数为零）时有速度最大，为 $v = \sqrt{\dfrac{mg}{K}}$。

答案：A

55. 解 根据弹簧力的功公式：

$$W_{12} = \frac{k}{2}(0.06^2 - 0.04^2) = 1.96J$$
$$W_{32} = \frac{k}{2}(0.02^2 - 0.04^2) = -1.176J$$

答案：C

56. 解 系统在转动中对转动轴 z 的动量矩守恒，即：$I\omega = (I + mR^2)\omega_t$（设 ω_t 为小球达到 B 点时圆环的角速度），则 $\omega_t = \dfrac{I\omega}{I + mR^2}$。

答案：B

57. 解 根据定轴转动刚体惯性力系的简化结果：惯性力主矢和主矩的大小分别为 $F_I = ma_C = 0$，$M_{IO} = J_O\alpha = \dfrac{1}{2}mr^2\varepsilon$。

答案：C （此题 2010 年考过）

58. 解 由公式 $\omega_n^2 = k/m$，$k = m\omega_n^2 = 5 \times 30^2 = 4500N/m$。

答案：B

59. 解 首先考虑整体平衡，可求出左端支座反力是水平向右的力，大小等于 20kN，分三段求出各段的轴力，画出轴力图如解图所示。

题 59 解图　轴力图

可以看到最大拉伸轴力是 10kN。

答案： A

60. 解　由铆钉的剪切强度条件：$\tau = \dfrac{F_s}{A_s} = \dfrac{F}{\frac{\pi}{4}d^2} = [\tau]$

可得：
$$\frac{4F}{\pi d^2} = [\tau] \tag{①}$$

由铆钉的挤压强度条件：$\sigma_{bs} = \dfrac{F_{bs}}{A_{bs}} = \dfrac{F}{dt} = [\sigma_{bs}]$

可得：
$$\frac{F}{dt} = [\sigma_{bs}] \tag{②}$$

d 与 t 的合理关系应使两式同时成立，②式除以①式，得到 $\dfrac{\pi d}{4t} = \dfrac{[\sigma_{bs}]}{[\tau]}$，即 $d = \dfrac{4t[\sigma_{bs}]}{\pi[\tau]}$。

答案： B

61. 解　设原直径为 d 时，最大切应力为 τ，最大切应力减小后为 τ_1，直径为 d_1。

则有

$$\tau = \frac{T}{\frac{\pi}{16}d^3}, \quad \tau_1 = \frac{T}{\frac{\pi}{16}d_1^3}$$

因 $\tau_1 = \dfrac{\tau}{2}$，则 $\dfrac{T}{\frac{\pi}{16}d_1^3} = \dfrac{1}{2} \cdot \dfrac{T}{\frac{\pi}{16}d^3}$，即 $d_1^3 = 2d^3$，所以 $d_1 = \sqrt[3]{2}\,d$。

答案： D

62. 解　根据外力偶矩（扭矩 T）与功率（P）和转速（n）的关系：

$$T = M_e = 9550\frac{P}{n}$$

可见，在功率相同的情况下，转速慢（n 小）的轴扭矩 T 大。

答案： B

63. 解　图（a）与图（b）面积相同，面积分布的位置到 z 轴的距离也相同，故惯性矩 $I_{z(a)} = I_{z(b)}$，而图（c）虽然面积与（a）、（b）相同，但是其面积分布的位置到 z 轴的距离小，所以惯性矩 $I_{z(c)}$ 也小。

答案： D

64. 解　由于 C 端的弯矩就等于外力偶矩，所以 $m = 10\text{kN} \cdot \text{m}$，又因为 BC 段弯矩图是水平线，属于纯弯曲，剪力为零，所以 C 点支反力为零。

由梁的整体受力图可知 $F_A = F$，所以 B 点的弯矩 $M_B = F_A \times 2 = 10\text{kN} \cdot \text{m}$，即 $F_A = 5\text{kN}$。

题 64 解图

答案： B

65. 解 图示单元体的最大主应力σ_1的方向，可以看作是σ_x的方向（沿x轴）和纯剪切单元体的最大拉应力的主方向（在第一象限沿45°向上），叠加后的合应力的指向。

答案： A （此题 2011 年考过）

66. 解 AB段是轴向受压，$\sigma_{AB} = \dfrac{F}{ab}$；$BC$段是偏心受压，$\sigma_{BC} = \dfrac{F}{2ab} + \dfrac{F \cdot \frac{a}{2}}{\frac{b}{6}(2a)^2} = \dfrac{5F}{4ab}$。

答案： B （此题 2011 年考过）

67. 解 从剪力图看梁跨中有一个向下的突变，对应于一个向下的集中力，其值等于突变值 100kN；从弯矩图看梁的跨中有一个突变值 50kN·m，对应于一个外力偶矩 50kN·m，所以只能选 C 图。

答案： C

68. 解 梁两端的支座反力为$\dfrac{F}{2} = 50$kN，梁中点最大弯矩$M_{\max} = 50 \times 2 = 100$kN·m

最大弯曲正应力：

$$\sigma_{\max} = \frac{M_{\max}}{W_z} = \frac{M_{\max}}{\frac{bh^2}{6}} = \frac{100 \times 10^6 \text{N} \cdot \text{mm}}{\frac{1}{6} \times 100 \times 200^2 \text{mm}^3} = 150\text{MPa}$$

答案： B

69. 解 本题是一个偏心拉伸问题，由于水平力F对两个形心主轴y、z都有偏心距，所以可以把F力平移到形心轴x以后，将产生两个平面内的双向弯曲和x轴方向的轴向拉伸的组合变形。

答案： B

70. 解 从常用的四种杆端约束的长度系数μ的值可看出，杆端约束越强，μ值越小，而杆端约束越弱，则μ值越大。本题图中所示压杆的杆端约束比两端铰支压杆（$\mu = 1$）强，又比一端铰支、一端固定压杆（$\mu = 0.7$）弱，故$0.7 < \mu < 1$。

答案： A

71. 解 静水压力基本方程为$p = p_0 + \rho gh$，将题设条件代入可得：

绝对压强$p = 101.325\text{kPa} + 9.8\text{kPa/m} \times 1\text{m} = 111.125\text{kPa} \approx 0.111\text{MPa}$

答案： A

72. 解 流速$v_2 = v_1 \times \left(\dfrac{d_1}{d_2}\right)^2 = 9.55 \times \left(\dfrac{0.2}{0.3}\right)^2 = 4.24\text{m/s}$

流量$Q = v_1 \times \dfrac{\pi}{4}d_1^2 = 9.55 \times \dfrac{\pi}{4} \times 0.2^2 = 0.3\text{m}^3\text{/s}$

答案：A

73. **解** 管中雷诺数 $Re = \dfrac{v \cdot d}{\nu} = \dfrac{2 \times 900}{0.0114} = 157894.74 \gg Re_c$，为紊流

欲使流态转变为层流时的流速 $v_c = \dfrac{Re_c \cdot \nu}{d} = \dfrac{2000 \times 0.0114}{2} = 11.4\text{cm/s}$

答案：D

74. **解** 边界层分离增加了潜体运动的压差阻力。

答案：C

75. **解** 对水箱自由液面与管道出口写能量方程：

$$H + \frac{p}{\rho g} = \frac{v^2}{2g} + h_f = \frac{v^2}{2g}\left(1 + \lambda\frac{L}{d}\right)$$

代入题设数据并化简：

$$2 + \frac{19600}{9800} = \frac{v^2}{2g}\left(1 + 0.02 \times \frac{100}{0.2}\right)$$

计算得流速 $v = 2.67\text{m/s}$

流量 $Q = v \times \dfrac{\pi}{4}d^2 = 2.67 \times \dfrac{\pi}{4} \times 0.2^2 = 0.08384\text{m}^3/\text{s} = 83.84\text{L/s}$

答案：A

76. **解** 由明渠均匀流谢才-曼宁公式 $Q = \dfrac{1}{n}R^{\frac{2}{3}}i^{\frac{1}{2}}A$ 可知：在题设条件下面积 A，粗糙系数 n，底坡 i 均相同，则流量 Q 的大小取决于水力半径 R 的大小。对于方形断面，其水力半径 $R_1 = \dfrac{a^2}{3a} = \dfrac{a}{3}$，对于矩形断面，其水力半径为 $R_2 = \dfrac{2a \times 0.5a}{2a + 2 \times 0.5a} = \dfrac{a^2}{3a} = \dfrac{a}{3}$，即 $R_1 = R_2$。故 $Q_1 = Q_2$。

答案：B

77. **解** 将题设条件代入达西定律 $u = kJ$

则有渗流速度 $u = 0.012\text{cm/s} \times \dfrac{1.5 - 0.3}{2.4} = 0.006\text{cm/s}$

答案：B

78. **解** 雷诺数的物理意义为：惯性力与黏性力之比。

答案：B

79. **解** 点电荷 q_1、q_2 电场作用的方向分布为：始于正电荷 (q_1)，终止于负电荷 (q_2)。

答案：B

80. **解** 电路中，如果元件中电压电流取关联方向，即电压电流的正方向一致，则它们的电压电流关系如下：

电压，$u_L = L\dfrac{di_L}{dt}$；电容，$i_C = C\dfrac{du_C}{dt}$；电阻，$u_R = Ri_R$。

答案：C

81. **解** 本题考查对电流源的理解和对基本 KCL、KVL 方程的应用。

需注意，电流源的端电压由外电路决定。

题81 解图

如解图所示，当电流源的端电压 U_{Is2} 与 I_{s2} 取一致方向时：

$$U_{Is2} = I_2 R_2 + I_3 R_3 \neq 0$$

其他方程正确。

答案：B

82. 解 本题注意正弦交流电的三个特征（大小、相位、速度）和描述方法，图中电压 $\dot{U}$ 为有效值相量。

由相量图可分析，电压最大值为 $10\sqrt{2}$V，初相位为 $-30°$，角频率用 ω 表示，时间函数的正确描述为：

$$u(t) = 10\sqrt{2}\sin(\omega t - 30°)\,\text{V}$$

答案：A

83. 解 用相量法。

$$\dot{I} = \frac{\dot{U}}{20 + (j20 / / -j10)} = \frac{100\angle 0°}{20 - j20} = \frac{5}{\sqrt{2}}\angle 45° = 3.5\angle 45°\text{A}$$

答案：B

84. 解 电路中 R-L 串联支路为电感性质，右支路电容为功率因数补偿所设。

如解图所示，当电容量适当增加时电路功率因数提高。当 $\varphi = 0$，$\cos\varphi = 1$ 时，总电流 I 达到最小值。如果 I_c 继续增加出现过补偿（即电流 $\dot{I}$ 超前于电压 $\dot{U}$ 时），会使电路的功率因数降低。

题84 解图

当电容参数 C 改变时，感性电路的功率因数 $\cos\varphi_L$ 不变。通常，进行功率因数补偿时不出现 $\varphi < 0$ 情况。仅有总电流 I 减小时电路的功率因素（$\cos\varphi$）变大。

答案：B

85. 解 理想变压器副边空载时，可以认为原边电流为零，则 $U = U_1$。根据电压变比关系可知：$\frac{U}{U_2} = 2$。

答案：B

86. 解 三相交流异步电动机正常运行采用三角形接法时，为了降低启动电流可以采用星形启动，即Y-△启动。但随之带来的是启动转矩也是△接法的1/3。

答案：C

87. 解　本题信号波形在时间轴上连续，数值取值为+5、0、−5，是离散的。"二进制代码信号""二值逻辑信号"均不符合题义。只能认为是连续的时间信号。

答案：D

88. 解　将图形用数学函数描述为：

$$u(t) = 10 \cdot 1(t) - 10 \cdot 1(t-1) = u_1(t) + u_2(t)$$

这是两个阶跃信号的叠加，如解图所示。

答案：A

题 88 解图

89. 解　低通滤波器可以使低频信号畅通，而高频的干扰信号淹没。

答案：B

90. 解　此题可以利用反演定理处理如下：

$$\overline{AB} + \overline{BC} = \overline{A} + \overline{B} + \overline{B} + \overline{C} = \overline{A} + \overline{B} + \overline{C}$$

答案：A

91. 解　$F = A\overline{B} + \overline{A}B$ 为异或关系。

由输入量 A、B 和输出的波形分析可见：$\begin{cases} 当输入 A 与 B 相异时，输出 F 为 1。\\ 当输入 A 与 B 相同时，输出 F 为 0。\end{cases}$

答案：A

92. 解　BCD 码是用二进制表示的十进制数，当用四位二进制数表示十进制的 10 时，可以写为 "0001 0000"。

答案：A

93. 解　本题采用全波整流电路，结合二极管连接方式分析。在输出信号 u_o 中保留 u_i 信号小于 0 的部分。

则输出直流电压 U_o 与输入交流有效值 U_i 的关系为：

$$U_o = -0.9 U_i$$

本题 $U_i = \frac{10}{\sqrt{2}} V$，代入上式得 $U_o = -0.9 \times \frac{10}{\sqrt{2}} = -6.36V$。

答案：D

94. 解　将电路 "A" 端接入 $-2.5V$ 的信号电压，"B" 端接地，则构成如解图 a）所示的反相比例运算电路。输出电压与输入的信号电压关系为：

$$u_o = -\frac{R_2}{R_1}u_i$$

可知：

$$\frac{R_2}{R_1} = -\frac{u_o}{u_i} = 4$$

当"A"端接地，"B"端接信号电压，就构成解图 b）的同相比例电路，则输出 u_o 与输入电压 u_i 的关系为：

$$u_o = \left(1 + \frac{R_2}{R_1}\right)u_i = -12.5V$$

考虑到运算放大器输出电压在 $-11 \sim 11V$ 之间，可以确定放大器已经工作在负饱和状态，输出电压为负的极限值 $-11V$。

题 94 解图

答案：C

95. 解　左侧电路为与门：$F_1 = A \cdot 0 = 0$，右侧电路为或非门：$F_2 = \overline{B + 0} = \overline{B}$。

答案：A

96. 解　本题为 J-K 触发器（脉冲下降沿触发）和与门构成的时序逻辑电路。其中 J 触发信号为 $J = Q \cdot A$。（注：为波形分析方便，作者补充了 J 端的辅助波形，图中阴影表示该信号未知。）

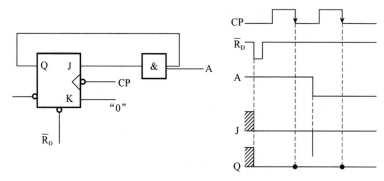

题 96 解图

答案：A

97. 解　计算机发展的人性化的一个重要方面是"使用傻瓜化"。计算机要成为大众的工具，首先必须做到"使用傻瓜化"。要让计算机能听懂、能说话、能识字、能写文、能看图像、能现实场景等。

答案：B

98.解 计算机内的存储器是由一个个存储单元组成的,每一个存储单元的容量为8位二进制信息,称一个字节。

答案: B

99.解 操作系统是一个庞大的管理控制程序。通常,它是由进程与处理器调度、作业管理、存储管理、设备管理、文件管理五大功能组成。它包括了选项 A、B、C 所述的功能,不是仅能实现管理和使用好各种软件资源。

答案: D

100.解 支撑软件是指支援其他软件的编写制作和维护的软件,主要包括环境数据库、各种接口软件和工具软件,是计算机系统内的一个组成部分。

答案: A

101.解 进程与处理器调度负责把 CPU 的运行时间合理地分配给各个程序,以使处理器的软硬件资源得以充分的利用。

答案: C

102.解 影响计算机图像质量的主要参数有分辨率、颜色深度、图像文件的尺寸和文件保存格式等。

答案: D

103.解 计算机操作系统中的设备管理的主要功能是负责分配、回收外部设备,并控制设备的运行,是人与外部设备之间的接口。

答案: C

104.解 数字签名机制提供了一种鉴别方法,以解决伪造、抵赖、冒充和篡改等安全问题。接收方能够鉴别发送方所宣称的身份,发送方事后不能否认他曾经发送过数据这一事实。数字签名技术是没有权限管理的。

答案: A

105.解 计算机网络是用通信线路和通信设备将分布在不同地点的具有独立功能的多个计算机系统互相连接起来,在功能完善的网络软件的支持下实现彼此之间的数据通信和资源共享的系统。

答案: D

106.解 局域网是指在一个较小地理范围内的各种计算机网络设备互连在一起的通信网络,可以包含一个或多个子网,通常其作用范围是一座楼房、一个学校或一个单位,地理范围一般不超过几公里。城域网的地理范围一般是一座城市。广域网实际上是一种可以跨越长距离,且可以将两个或多个局域网或主机连接在一起的网络。网际网实际上是多个不同的网络通过网络互联设备互联而成的大型网络。

答案： A

107. 解 首先计算年实际利率：$i = \left(1 + \frac{8\%}{4}\right)^4 - 1 = 8.243\%$

根据一次支付现值公式：

$$P = \frac{F}{(1+i)^n} = \frac{300}{(1+8.24\%)^3} = 236.55 \text{ 万元}$$

或季利率$i = 8\%/4 = 2\%$，三年共12个季度，按一次支付现值公式计算：

$$P = \frac{F}{(1+i)^n} = \frac{300}{(1+2\%)^{12}} = 236.55 \text{ 万元}$$

答案： B

108. 解 建设项目评价中的总投资包括建设投资、建设期利息和流动资金之和。建设投资由工程费用（建筑工程费、设备购置费、安装工程费）、工程建设其他费用和预备费（基本预备费和涨价预备费）组成。

答案： C

109. 解 该公司借款偿还方式为等额本金法。

每年应偿还的本金：$2400/6 = 400$万元

前3年已经偿还本金：$400 \times 3 = 1200$万元

尚未还款本金：$2400 - 1200 = 1200$万元

第4年应还利息$I_4 = 1200 \times 8\% = 96$万元，本息和$A_4 = 400 + 96 = 496$万元

或按等额本金法公式计算：

$$A_t = \frac{I_c}{n} + I_c\left(1 - \frac{t-1}{n}\right)i = \frac{2400}{6} + 2400 \times \left(1 - \frac{4-1}{6}\right) \times 8\% = 496 \text{ 万元}$$

答案： C

110. 解 动态投资回收期T^*是指在给定的基准收益率（基准折现率）i_c的条件下，用项目的净收益回收总投资所需要的时间。动态投资回收期的表达式为：

$$\sum_{t=0}^{T^*} (\text{CI} - \text{CO})_t (1 + i_c)^{-t} = 0$$

式中，i_c为基准收益率。

内部收益率 IRR 是使一个项目在整个计算期内各年净现金流量的现值累计为零时的利率，表达式为：

$$\sum_{t=0}^{n} (\text{CI} - \text{CO})_t (1 + \text{IRR})^{-t} = 0$$

式中，n为项目计算期。如果项目的动态投资回收期T正好等于计算期n，则该项目的内部收益率 IRR 等于基准收益率i_c。

答案： D

111. 解 直接进口原材料的影子价格（到厂价）＝到岸价（CIF）×影子汇率＋进口费用

$$= 150 \times 6.5 + 240 = 1215\text{元人民币}/t$$

答案：C

112. 解 对于寿命期相等的互斥项目,应依据增量内部收益率指标选优。如果增量内部收益率 ΔIRR 大于基准收益率 i_c,应选择投资额大的方案；如果增量内部收益率 ΔIRR 小于基准收益率 i_c,则应选择投资额小的方案。

答案：B

113. 解 改扩建项目财务分析要进行项目层次和企业层次两个层次的分析。项目层次应进行盈利能力分析、清偿能力分析和财务生存能力分析,应遵循"有无对比"的原则。

答案：D

114. 解 价值系数=功能评价系数/成本系数,本题各方案价值系数：

甲方案：$0.85/0.92 = 0.924$

乙方案：$0.6/0.7 = 0.857$

丙方案：$0.94/0.88 = 1.068$

丁方案：$0.67/0.82 = 0.817$

其中,丙方案价值系数 1.068,与 1 相差 6.8%,说明功能与成本基本一致,为四个方案中的最优方案。

答案：C

115. 解 见《中华人民共和国建筑法》第二十四条,可知选项 A、B、D 正确,又第二十二条规定：发包单位应当将建筑工程发包给具有资质证书的承包单位。

答案：C

116. 解 《中华人民共和国安全生产法》第四十三条规定,生产经营单位进行爆破、吊装、动火、临时用电以及国务院应急管理部门会同国务院有关部门规定的其他危险作业,应当安排专门人员进行现场安全管理,确保操作规程的遵守和安全措施的落实。

答案：C

117. 解 其招标文件要包括拟签订的合同条款,而不是签订时间。

《中华人民共和国招标投标法》第十九条规定,招标人应当根据招标项目的特点和需要编制招标文件。招标文件应当包括招标项目的技术要求、对投标人资格审查的标准、投标报价要求和评标标准等所有实质性要求和条件以及拟签订合同的主要条款。

答案：C

118. 解 《中华人民共和国民法典》第四百八十七条规定，受要约人在承诺期限内发出承诺，按照通常情形能够及时到达要约人，但是因其他原因致使承诺到达要约人时超过承诺期限的，除要约人及时通知受要约人因承诺超过期限不接受该承诺外，该承诺有效。

选项A、C，水泥厂不通知受要约人承诺无效，则该承诺依然有效。

选项B，在期限内发出，不一定是有效承诺，水泥厂通知受要约人承诺无效，则该承诺无效。故该项说法不全面。

选项D，及时通知对方不接受，则该承诺无效。

答案：D

119. 解 应由环保部门验收，不是建设行政主管部门验收，见《中华人民共和国环境保护法》。

《中华人民共和国环境保护法》第十条规定，国务院环境保护主管部门，对全国环境保护工作实施统一监督管理；县级以上地方人民政府环境保护主管部门，对本行政区域环境保护工作实施统一监督管理。

县级以上人民政府有关部门和军队环境保护部门，依照有关法律的规定对资源保护和污染防治等环境保护工作实施监督管理。

第四十一条规定，建设项目中防治污染的设施，应当与主体工程同时设计、同时施工、同时投产使用。防治污染的设施应当符合经批准的环境影响评价文件的要求，不得擅自拆除或者闲置。

（旧版《中华人民共和国环境保护法》第二十六条规定，建设项目中防治污染的措施，必须与主体工程同时设计、同时施工、同时投产使用。防治污染的设施必须经原审批环境影响报告书的环境保护行政主管部门验收合格后，该建设项目方可投入生产或者使用。）

答案：D

120. 解 《中华人民共和国建筑法》第三十二条规定，建筑工程监理应当依照法律、行政法规及有关的技术标准、设计文件和建筑工程承包合同，对承包单位在施工质量、建设工期和建设资金使用等方面，代表建设单位实施监督。

答案：D

2017 年度全国勘察设计注册工程师执业资格考试基础考试（上）
试题解析及参考答案

1. 解　本题考查分段函数的连续性问题，重点考查在分界点处的连续性。

要求在分界点处函数的左右极限存在且相等并且等于该点的函数值：

$$\lim_{x\to 1}\frac{x\ln x}{1-x}\overset{\frac{0}{0}}{=}\lim_{x\to 1}\frac{(x\ln x)'}{(1-x)'}=\lim_{x\to 1}\frac{1\cdot\ln x+x\cdot\frac{1}{x}}{-1}=-1$$

而 $\lim_{x\to 1}\frac{x\ln x}{1-x}=f(1)=a\Rightarrow a=-1$

答案：C

2. 解　本题考查复合函数在定义域内的性质。

函数 $\sin\frac{1}{x}$ 的定义域为 $(-\infty,0)$，$(0,+\infty)$，它是由函数 $y=\sin t$，$t=\frac{1}{t}$ 复合而成的，当 t 在 $(-\infty,0)$，$(0,+\infty)$ 变化时，t 在 $(-\infty,+\infty)$ 内变化，函数 $y=\sin t$ 的值域为 $[-1,1]$，所以函数 $y=\sin\frac{1}{x}$ 是有界函数。

答案：A

3. 解　本题考查空间向量的相关性质，注意"点乘"和"叉乘"对向量运算的几何意义。

选项 A、C 中，$|\boldsymbol{\alpha}\times\boldsymbol{\beta}|=|\boldsymbol{\alpha}|\cdot|\boldsymbol{\beta}|\cdot\sin(\boldsymbol{\alpha},\boldsymbol{\beta})$，若 $\boldsymbol{\alpha}\times\boldsymbol{\beta}=\boldsymbol{0}$，且 $\boldsymbol{\alpha},\boldsymbol{\beta}$ 非零，则有 $\sin(\boldsymbol{\alpha},\boldsymbol{\beta})=0$，故 $\boldsymbol{\alpha}\,/\!/\,\boldsymbol{\beta}$，选项 A 错误，C 正确。

选项 B 中，$\boldsymbol{\alpha}\cdot\boldsymbol{\beta}=|\boldsymbol{\alpha}|\cdot|\boldsymbol{\beta}|\cdot\cos(\boldsymbol{\alpha},\boldsymbol{\beta})$，若 $\boldsymbol{\alpha}\cdot\boldsymbol{\beta}=0$，且 $\boldsymbol{\alpha},\boldsymbol{\beta}$ 非零，则有 $\cos(\boldsymbol{\alpha},\boldsymbol{\beta})=0$，故 $\boldsymbol{\alpha}\perp\boldsymbol{\beta}$，选项 B 错误。

选项 D 中，若 $\boldsymbol{\alpha}=\lambda\boldsymbol{\beta}$，则 $\boldsymbol{\alpha}\,/\!/\,\boldsymbol{\beta}$，此时 $\boldsymbol{\alpha}\cdot\boldsymbol{\beta}=\lambda\boldsymbol{\beta}\cdot\boldsymbol{\beta}=\lambda|\boldsymbol{\beta}||\boldsymbol{\beta}|\cos 0°\neq 0$，选项 D 错误。

答案：C

4. 解　本题考查一阶线性微分方程的特解形式，本题采用公式法和代入法均能得到结果。

方法 1：公式法，一阶线性微分方程的一般形式为：$y'+P(x)y=Q(x)$

其通解为 $y=e^{-\int P(x)\mathrm{d}x}\left[\int Q(x)e^{\int P(x)\mathrm{d}x}\mathrm{d}x+C\right]$

本题中，$P(x)=-1$，$Q(x)=0$，有 $y=e^{-\int -1\mathrm{d}x}(0+C)=Ce^x$

由 $y(0)=2\Rightarrow Ce^0=2$，即 $C=2$，故 $y=2e^x$。

方法 2：利用可分离变量方程计算：$\frac{\mathrm{d}y}{\mathrm{d}x}=y\Rightarrow\frac{\mathrm{d}y}{y}=\mathrm{d}x\Rightarrow\int\frac{\mathrm{d}y}{y}=\int\mathrm{d}x\Rightarrow\ln y=x+\ln c\Rightarrow y=Ce^x$

由 $y(0)=2\Rightarrow Ce^0=2$，即 $C=2$，故 $y=2e^x$。

方法 3：代入法，将选项 A 中 $y=2e^{-x}$ 代入 $y'-y=0$ 中，不满足方程。同理，选项 C、D 也不满足。

答案：B

5. 解　本题考查变限定积分求导的问题。

对于下限有变量的定积分求导，可先转化为上限有变量的定积分求导问题，注意交换上下限的位置之后，增加一个负号，再利用公式即可：

$$f(x) = \int_x^2 \sqrt{5+t^2}\,\mathrm{d}t = -\int_2^x \sqrt{5+t^2}\,\mathrm{d}t$$

$$f'(x) = -\sqrt{5+x^2}$$

$$f'(1) = -\sqrt{6}$$

答案： D

6. 解　本题考查隐函数求导的问题。

方法 1：方程两边对 x 求导，注意 y 是 x 的函数：

$$e^y + x'y = e$$
$$(e^y)' + (xy)' = (e)'$$
$$e^y \cdot y' + (y + xy') = 0$$
$$(e^y + x)y' = -y$$

解出 $y' = \dfrac{-y}{x+e^y}$

当 $x = 0$ 时，有 $e^y = e \Rightarrow y = 1$，$y'(0) = -\dfrac{1}{e}$

方法 2：利用二元方程确定的隐函数导数的计算方法计算。

$$e^y + xy = e,\quad e^y + xy - e = 0$$

设 $F(x,y) = e^y + xy - e$，$F_y'(x,y) = e^y + x$，$F_x'(x,y) = y$

所以　　　　　　$$\dfrac{\mathrm{d}y}{\mathrm{d}x} = -\dfrac{F_x'(x,y)}{F_y'(x,y)} = -\dfrac{y}{e^y + x}$$

当 $x = 0$ 时，$y = 1$，代入得 $\dfrac{\mathrm{d}y}{\mathrm{d}x}\Big|_{x=0} = -\dfrac{1}{e}$

注：本题易错选 B 项，选 B 则是没有看清题意，题中所求是 $y'(0)$ 而并非 $y'(x)$。

答案： D

7. 解　本题考查不定积分的相关内容。

已知 $\int f(x)\mathrm{d}x = \ln x + C$，可知 $f(x) = \dfrac{1}{x}$

则 $f(\cos x) = \dfrac{1}{\cos x}$，即 $\int \cos x \, f(\cos x)\mathrm{d}x = \int \cos x \cdot \dfrac{1}{\cos x}\mathrm{d}x = x + C$

注：本题不适合采用凑微分的形式。

答案： B

8. 解　本题考查多元函数微分学的概念性问题，涉及多元函数偏导数与多元函数连续等概念，需记忆下图的关系式方可快速解答：

题 8 解图

$f(x,y)$在点$P_0(x_0,y_0)$有一阶偏导数，不能推出$f(x,y)$在$P_0(x_0,y_0)$连续。

同样，$f(x,y)$在$P_0(x_0,y_0)$连续，不能推出$f(x,y)$在$P_0(x_0,y_0)$有一阶偏导数。

可知，函数可偏导与函数连续之间的关系是不能相互导出的。

答案： D

9. 解 本题考查空间解析几何中对称直线方程的概念。

对称式直线方程的特点是连等号的存在，故而选项A和C可直接排除，且选项A和C并不是直线的表达式。由于所求直线平行于z轴，取z轴的方向向量为所求直线的方向向量。

$\vec{s}_z = \{0,0,1\}$，$M_0(-1,-2,3)$，利用点向式写出对称式方程：

$$\frac{x+1}{0} = \frac{y+2}{0} = \frac{z-3}{1}$$

答案： D

10. 解 本题考查定积分的计算。

对本题，观察分子中有$\frac{1}{x}$，而$\left(\frac{1}{x}\right)' = -\frac{1}{x^2}$，故适合采用凑微分解答：

$$原式 = \int_1^2 -\left(1-\frac{1}{x}\right)\mathrm{d}\left(\frac{1}{x}\right) = \int_1^2 \left(\frac{1}{x}-1\right)\mathrm{d}\left(\frac{1}{x}\right) = \int_1^2 \frac{1}{x}\mathrm{d}\left(\frac{1}{x}\right) - \int_1^2 1\mathrm{d}\left(\frac{1}{x}\right)$$

$$= \frac{1}{2}\left(\frac{1}{x}\right)^2 \Big|_1^2 - \frac{1}{x}\Big|_1^2 = \frac{1}{8}$$

答案： C

11. 解 本题考查了三角函数的基本性质，以及最值的求法。

方法1： $f(x) = \sin(x + \frac{\pi}{2} + \pi) = -\cos x$

$x \in [-\pi, \pi]$

$f'(x) = \sin x$，$f'(x) = 0$，即$\sin x = 0$，可知$x = 0$，$-\pi$，π为驻点

则$f(0) = -\cos 0 = -1$，$f(-\pi) = -\cos(-\pi) = 1$，$f(\pi) = -\cos\pi = 1$

所以$x = 0$，函数取得最小值，最小值点$x_0 = 0$

方法2： 通过作图，可以看出在$[-\pi,\pi]$上的最小值点$x_0 = 0$。

答案： B

12. 解 本题考查参数方程形式的对坐标的曲线积分（也称第二类曲线积分），注意绕行方向为顺时针。

如解图所示，上半椭圆ABC是由参数方程$\begin{cases} x = a\cos\theta \\ y = b\sin\theta \end{cases}$ $(a > 0，b > 0)$画出的。本题积分路径L为沿上半椭圆顺时针方向，从C到B，再到A，θ变化范围由π变化到0，具体计算可由方程$x = a\cos\theta$得到。起点为$C(-a,0)$，把$-a$代入方程中的x，得$\theta = \pi$。终点为$A(a,0)$，把a代入方程中的x，得$\theta = 0$，因此参数θ的变化为从$\theta = \pi$变化到$\theta = 0$，即$\theta：\pi \to 0$。

由 $x = a\cos\theta$ 可知，$\mathrm{d}x = -a\sin\theta\,\mathrm{d}\theta$，因此原式有：

$$\int_L y^2\,\mathrm{d}x = \int_\pi^0 (b\sin\theta)^2(-a\sin\theta)\mathrm{d}\theta = \int_0^\pi ab^2\sin^3\theta\mathrm{d}\theta = ab^2\int_0^\pi \sin^2\theta\,\mathrm{d}(-\cos\theta)$$

$$= -ab^2\int_0^\pi(1-\cos^2\theta)\mathrm{d}(\cos\theta) = \frac{4}{3}ab^2$$

注：对坐标的曲线积分应注意积分路径的方向，然后写出积分变量的上下限，本题若取逆时针为绕行方向，则 θ 的范围应从 0 到 π。简单作图即可观察和验证。

答案：B

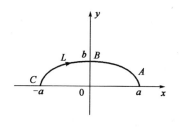

题 11 解图 题 12 解图

13. 解 本题考查交错级数收敛的充分条件。

注意本题有 $(-1)^n$，显然 $\sum_{n=1}^\infty \frac{(-1)^n}{a_n}(a_n > 0)$ 是一个交错级数。

交错级数收敛，即 $\sum_{n=1}^\infty (-1)^n a_n$ 只要满足：①$a_n > a_{n+1}$，②$a_n \to 0(n\to\infty)$ 即可。

在选项 D 中，已知 a_n 单调递增，即 $a_n < a_{n+1}$，所以 $\frac{1}{a_n} > \frac{1}{a_{n+1}}$

又知 $\lim_{n\to\infty} a_n = +\infty$，所以 $\lim_{n\to\infty}\frac{1}{a_n} = 0$，故级数 $\sum_{n=1}^\infty \frac{(-1)^n}{a_n}(a_n > 0)$ 收敛

其他选项均不符合交错级数收敛的判别方法。

答案：D

14. 解 本题考查函数拐点的求法。

求解函数拐点即先求函数的二阶导数为 0 的点，因此有：

$$F'(x) = e^{-x} - xe^{-x}$$

$$F''(x) = xe^{-x} - 2e^{-x} = (x-2)e^{-x}$$

令 $f''(x) = 0$，解出 $x = 2$

当 $x \in (-\infty, 2)$ 时，$f''(x) < 0$；当 $x \in (2, +\infty)$ 时，$f''(x) > 0$

所以拐点为 $(2, 2e^{-2})$

答案：A

15. 解 本题考查二阶常系数线性非齐次方程的特解问题。

严格说来本题有点超纲，大纲要求是求解二阶常系数线性齐次微分方程，对于非齐次方程并不做要求。因此本题可采用代入法求解，考虑到$e^x = (e^x)' = (e^x)''$，观察各选项，易知选项 C 符合要求。

具体解析过程如下：

$y'' + y' + y = e^x$对应的齐次方程为$y'' + y' + y = 0$

$r^2 + r + 1 = 0 \Rightarrow r_{1,2} = \dfrac{-1 \pm \sqrt{3}i}{2}$

所以$\lambda = 1$不是特征方程的根

设二阶非齐次线性方程的特解$y^* = Ax^0 e^x = Ae^x$

$(y^*)' = Ae^x$，$(y^*)'' = Ae^x$

代入，得$Ae^x + Ae^x + Ae^x = e^x$

$3Ae^x = e^x$，$3A = 1$，$A = \dfrac{1}{3}$，所以特解为$y^* = \dfrac{1}{3}e^x$

答案：C

16. 解 本题考查二重积分在极坐标下的运算。

注意到在二重积分的极坐标中有$x = r\cos\theta$，$y = r\sin\theta$，故$x^2 + y^2 = r^2$，因此对于圆域有$0 \leq r^2 \leq 1$，也即$r: 0 \rightarrow 1$，整个圆域范围内有$\theta: 0 \rightarrow 2\pi$，如解图所示，同时注意二重积分中面积元素$\mathrm{d}x\mathrm{d}y = r\mathrm{d}r\mathrm{d}\theta$，故：

题16解图

$$\iint\limits_{D} \frac{\mathrm{d}x\mathrm{d}y}{1+x^2+y^2} = \int_0^{2\pi}\mathrm{d}\theta \int_0^1 \frac{1}{1+r^2}r\mathrm{d}r \xrightarrow[\text{对}r\text{凑微分}]{\theta\text{和}r\text{无关直接积分}} 2\pi \int_0^1 \frac{1}{2}\frac{1}{1+r^2}\mathrm{d}(1+r^2)$$

$$= \pi\ln(1+r^2)\Big|_0^1 = \pi\ln 2$$

答案：D

17. 解 本题考查幂级数的和函数的基本运算。

级数$\displaystyle\sum_{n=1}^{\infty} \frac{x^n}{n!} = \frac{x}{1!} + \frac{x^2}{2!} + \frac{x^3}{3!} + \cdots + \frac{x^n}{n!} + \cdots$

已知$e^x = 1 + \dfrac{x}{1!} + \dfrac{x^2}{2!} + \cdots + \dfrac{x^n}{n!} + \cdots (-\infty, +\infty)$

所以级数$\displaystyle\sum_{n=1}^{\infty} \frac{x^n}{n!}$ 的和函数$S(x) = e^x - 1$

注：考试中常见的幂级数展开式有：

$\dfrac{1}{1-x} = 1 + x + x^2 + \cdots + x^k + \cdots = \displaystyle\sum_{k=0}^{\infty} x^k, \ |x| < 1$

$\dfrac{1}{1+x} = 1 - x + x^2 - \cdots + (-1)^k x^k + \cdots = \displaystyle\sum_{k=0}^{\infty} (-1)^k x^k, \ |x| < 1$

$e^x = 1 + x + \dfrac{x^2}{2!} + \cdots + \dfrac{x^k}{k!} + \cdots = \displaystyle\sum_{k=0}^{\infty} \frac{x^k}{k!}, \ (-\infty, +\infty)$

答案：C

18. 解 本题考查多元抽象函数偏导数的运算，及多元复合函数偏导数的计算方法。

$$z = y\varphi\left(\frac{x}{y}\right)$$

$$\frac{\partial z}{\partial x} = y \cdot \varphi'\left(\frac{x}{y}\right) \cdot \frac{1}{y} = \varphi'\left(\frac{x}{y}\right)$$

$$\frac{\partial^2 z}{\partial x \partial y} = \varphi''\left(\frac{x}{y}\right) \cdot \left(\frac{x}{y}\right)'_y = \varphi''\left(\frac{x}{y}\right) \cdot \left(\frac{x}{-y^2}\right)$$

注：复合函数的链式法则为 $f'(g(x)) = f' \cdot g'$，读者应注意题目中同时含有抽象函数与具体函数的求导法则。

答案：B

19. 解 本题考查可逆矩阵的相关知识。

方法1：利用初等行变换求解如下：

由 $[A|E] \xrightarrow{初等行变换} [E|A^{-1}]$

得：$\begin{bmatrix} 0 & 0 & -2 & | & 1 & 0 & 0 \\ 0 & 3 & 0 & | & 0 & 1 & 0 \\ 1 & 0 & 0 & | & 0 & 0 & 1 \end{bmatrix} \xrightarrow{r_1 \leftrightarrow r_3} \begin{bmatrix} 1 & 0 & 0 & | & 0 & 0 & 1 \\ 0 & 3 & 0 & | & 0 & 1 & 0 \\ 0 & 0 & -2 & | & 1 & 0 & 0 \end{bmatrix} \xrightarrow[-\frac{1}{2}r_3]{\frac{1}{3}r_2} \begin{bmatrix} 1 & 0 & 0 & | & 0 & 0 & 1 \\ 0 & 1 & 0 & | & 0 & \frac{1}{3} & 0 \\ 0 & 0 & 1 & | & -\frac{1}{2} & 0 & 0 \end{bmatrix}$

故 $A^{-1} = \begin{bmatrix} 0 & 0 & 1 \\ 0 & \frac{1}{3} & 0 \\ -\frac{1}{2} & 0 & 0 \end{bmatrix}$

方法2：逐项代入法，与矩阵 A 乘积等于 E，即为正确答案。验证选项 C，计算过程如下：

$$\begin{bmatrix} 0 & 0 & -2 \\ 0 & 3 & 0 \\ 1 & 0 & 0 \end{bmatrix} \begin{bmatrix} 0 & 0 & 1 \\ 0 & \frac{1}{3} & 0 \\ -\frac{1}{2} & 0 & 0 \end{bmatrix} = \begin{bmatrix} 1 & 0 & 0 \\ 0 & 1 & 0 \\ 0 & 0 & 1 \end{bmatrix}$$

方法3：利用求逆矩阵公式：

$$A^{-1} = \frac{A^*}{|A|} = \frac{1}{|A|} \begin{bmatrix} A_{11} & A_{21} & A_{31} \\ A_{12} & A_{22} & A_{32} \\ A_{13} & A_{23} & A_{33} \end{bmatrix}$$

答案：C

20. 解 本题考查线性齐次方程组解的基本知识，矩阵的秩和矩阵列向量组的线性相关性。

方法1：$Ax = 0$ 有非零解 $\Leftrightarrow R(A) < n \Leftrightarrow A$ 的列向量组线性相关 $\Leftrightarrow$ 至少有一个列向量是其余列向量的线性组合。

方法2：举反例，$A = \begin{bmatrix} 1 & 0 & 0 \\ 0 & 1 & 1 \\ 0 & 0 & 0 \end{bmatrix}$，齐次方程组 $Ax = 0$ 就有无穷多解，因为 $R(A) = 2 < 3$，然而矩阵中第一列和第二列线性无关，选项 A 错。第二列和第三列线性相关，选项 B 错。第一列不是第二列、第三列的线性组合，选项 C 错。

答案：D

21. 解 本题考查实对称阵的特征值与特征向量的相关知识。

已知重要结论：实对称矩阵属于不同特征值的特征向量必然正交。

方法 1： 设对应 $\lambda_1 = 6$ 的特征向量 $\xi_1 = (x_1 \quad x_2 \quad x_3)^T$，由于 A 是实对称矩阵，故 $\xi_1^T \cdot \xi_2 = 0$，$\xi_1^T \cdot \xi_3 = 0$，即

$$\begin{cases} (x_1 \quad x_2 \quad x_3)\begin{bmatrix} -1 \\ 0 \\ 1 \end{bmatrix} = 0 \\ (x_1 \quad x_2 \quad x_3)\begin{bmatrix} 1 \\ 2 \\ 1 \end{bmatrix} = 0 \end{cases} \Rightarrow \begin{cases} -x_1 + x_3 = 0 \\ x_1 + 2x_2 + x_3 = 0 \end{cases}$$

$$\begin{bmatrix} -1 & 0 & 1 \\ 1 & 2 & 1 \end{bmatrix} \rightarrow \begin{bmatrix} 1 & 0 & -1 \\ 1 & 2 & 1 \end{bmatrix} \rightarrow \begin{bmatrix} 1 & 0 & -1 \\ 0 & 2 & 2 \end{bmatrix} \rightarrow \begin{bmatrix} 1 & 0 & -1 \\ 0 & 1 & 1 \end{bmatrix}$$

该同解方程组为 $\begin{cases} x_1 - x_3 = 0 \\ x_2 + x_3 = 0 \end{cases} \Rightarrow \begin{cases} x_1 = x_3 \\ x_2 = -x_3 \end{cases}$

当 $x_3 = 1$ 时，$x_1 = 1$，$x_2 = -1$

方程组的基础解系 $\xi = (1 \quad -1 \quad 1)^T$，取 $\xi_1 = (1 \quad -1 \quad 1)^T$

方法 2： 采用代入法，对四个选项进行验证。

对于选项 A：$(1 \quad -1 \quad 1)\begin{bmatrix} -1 \\ 0 \\ 1 \end{bmatrix} = 0$，$(1 \quad -1 \quad 1)\begin{bmatrix} 1 \\ 2 \\ 1 \end{bmatrix} = 0$，可知正确。

答案： A

22. 解 $A(\overline{B \cup C}) = A\overline{BC}$ 可能发生，选项 A 错。

$A(\overline{A \cup B \cup C}) = A\overline{A}\,\overline{B}\,\overline{C} = \varnothing$，选项 B 对。

或见解图，图 a）$\overline{B \cup C}$（斜线区域）与 A 有交集，图 b）$\overline{A \cup B \cup C}$（斜线区域）与 A 无交集。

题 22 解图

答案： B

23. 解 本题考查概率密度的性质：$\int_{-\infty}^{+\infty} \int_{-\infty}^{+\infty} f(x,y)\mathrm{d}x\mathrm{d}y = 1$

方法 1：

$$\int_0^{+\infty} \int_0^{+\infty} e^{-2ax+by}\,\mathrm{d}y\mathrm{d}x = \int_0^{+\infty} e^{-2ax}\,\mathrm{d}x \cdot \int_0^{+\infty} e^{by}\,\mathrm{d}y = 1$$

当 $a > 0$ 时，$\int_0^{+\infty} e^{-2ax}\,\mathrm{d}x = \left.\frac{-1}{2a}e^{-2ax}\right|_0^{+\infty} = \frac{1}{2a}$

当 $b < 0$ 时，$\int_0^{+\infty} e^{by}\,\mathrm{d}y = \left.\frac{1}{b}e^{by}\right|_0^{+\infty} = \frac{-1}{b}$

$$\frac{1}{2a} \cdot \frac{-1}{b} = 1, \quad ab = -\frac{1}{2}$$

方法 2：

当 $x > 0$，$y > 0$ 时，$f(x, y) = e^{-2ax+by} = 2ae^{-2ax} \cdot (-b)e^{by} \cdot \frac{-1}{2ab}$

当 $\frac{-1}{2ab} = 1$，即 $ab = -\frac{1}{2}$ 时，X 与 Y 相互独立，且 X 服从参数 $\lambda = 2a(a > 0)$ 的指数分布，Y 服从参数 $\lambda = -b(b < 0)$ 的指数分布。

答案： A

24. 解 因为 $\hat{\theta}$ 是 θ 的无偏估计量，即 $E(\hat{\theta}) = \theta$

所以 $E\left[(\hat{\theta})^2\right] = D(\hat{\theta}) + \left[E(\hat{\theta})\right]^2 = D(\hat{\theta}) + \theta^2$

又因为 $D(\hat{\theta}) > 0$，所以 $E[(\hat{\theta})^2] > \theta^2$，$(\hat{\theta})^2$ 不是 θ^2 的无偏估计量

答案： B

25. 解 理想气体状态方程 $pV = \frac{M}{\mu}RT$，因为 $V_1 = V_2$，$T_1 = T_2$，$M_1 = M_2$，所以 $\frac{\mu_1}{\mu_2} = \frac{p_2}{p_1}$。

答案： D

26. 解 气体分子的平均碰撞频率：$\overline{Z} = \sqrt{2}n\pi d^2 \overline{v}$，已知 $\overline{v} = 1.6\sqrt{\frac{RT}{M}}$，$p = nkT$，则：

$$\overline{Z} = \sqrt{2}n\pi d^2 \overline{v} = \sqrt{2}\frac{p}{kT}\pi d^2 \cdot 1.6\sqrt{\frac{RT}{M}} \propto \frac{1}{\sqrt{T}}$$

答案： C

27. 解 热力学第一定律 $Q = W + \Delta E$，绝热过程做功等于内能增量的负值，即 $\Delta E = -W = -500\text{J}$。

答案： C

28. 解 此题考查对热力学第二定律与可逆过程概念的理解。开尔文表述的是关于热功转换过程中的不可逆性，克劳修斯表述则指出热传导过程中的不可逆性。

答案： A

29. 解 此题考查波动方程基本关系。

$$y = A\cos(Bt - Cx) = A\cos B\left(t - \frac{x}{B/C}\right)$$

$$u = \frac{B}{C}, \quad \omega = B, \quad T = \frac{2\pi}{\omega} = \frac{2\pi}{B}$$

$$\lambda = u \cdot T = \frac{B}{C} \cdot \frac{2\pi}{B} = \frac{2\pi}{C}$$

答案： B

30. 解 波长 λ 反映的是波在空间上的周期性。

答案： B

31. 解 由描述波动的基本物理量之间的关系得：

$$\frac{\lambda}{3} = \frac{2\pi}{\pi/6}, \quad \lambda = 36, \quad U = \frac{\lambda}{T} = \frac{36}{4} = 9$$

答案： B

32. 解 如解图所示，考虑 O 处的明纹怎样变化。

题 32 解图

①玻璃纸未遮住时：光程差 $\delta = r_1 - r_2 = 0$，O 处为零级明纹。

②玻璃纸遮住后：光程差 $\delta' = \frac{5}{2}\lambda$，根据干涉条件知 $\delta' = \frac{5}{2}\lambda = (2 \times 2 + 1)\frac{\lambda}{2}$，满足暗纹条件。

答案： B

33. 解 此题考查马吕斯定律。

$I = I_0 \cos^2 \alpha$，光强为 I_0 的自然光通过第一个偏振片，光强为入射光强的一半，通过第二个偏振片，光强为 $I = \frac{I_0}{2}\cos^2 a$，则：

$$\frac{I_1}{I_2} = \frac{\frac{1}{2}I_0 \cos^2 \alpha_1}{\frac{1}{2}I_0 \cos^2 \alpha_2} = \frac{\cos^2 \alpha_1}{\cos^2 \alpha_2}$$

答案： C

34. 解 本题同 2010-36，由光栅公式 $d\sin\theta = k\lambda$，对同级条纹，光栅常数小，衍射角大，分辨率高，选光栅常数小的。

答案： D

35. 解 由双缝干涉条纹间距公式计算：

$$\Delta x = \frac{D}{d}\lambda = \frac{3000}{2} \times 600 \times 10^{-6} = 0.9\text{mm}$$

答案： B

36. 解 由布儒斯特定律，折射角为 30° 时，入射角为 60°，$\tan 60° = \frac{n_2}{n_1} = \sqrt{3}$。

答案： D

37. 解 原子序数为 15 的元素，原子核外有 15 个电子，基态原子的核外电子排布式为 $1s^2 2s^2 2p^6 3s^2 3p^3$，根据洪特规则，$3p^3$ 中 3 个电子分占三个不同的轨道，并且自旋方向相同。所以原子序数为 15 的元素，其基态原子核外电子分布中，有 3 个未成对电子。

答案： D

38. 解　NaCl是离子晶体，冰是分子晶体，SiC是原子晶试，Cu是金属晶体。所以SiC的熔点最高。

答案：C

39. 解　根据稀释定律 $\alpha = \sqrt{K_a/C}$，一元弱酸HOAc的浓度越小，解离度越大。所以HOAc浓度稀释一倍，解离度增大。

注：HOAc 一般写为 HAc，普通化学书中常用 HAc。

答案：A

40. 解　将 $0.2\,mol \cdot L^{-1}$ 的 $NH_3 \cdot H_2O$ 与 $0.2\,mol \cdot L^{-1}$ 的 HCl 溶液等体积混合生成 $0.1\,mol \cdot L^{-1}$ 的 NH_4Cl 溶液，NH_4Cl 为强酸弱碱盐，可以水解，溶液 $C_{H^+} = \sqrt{C \cdot K_W/K_b} = \sqrt{0.1 \times \frac{10^{-14}}{1.8 \times 10^{-5}}} \approx 7.5 \times 10^{-6}$，$pH = -\lg C_{H^+} = 5.12$。

答案：A

41. 解　此反应为放热反应。平衡常数只是温度的函数，对于放热反应，平衡常数随着温度升高而减小。相反，对于吸热反应，平衡常数随着温度的升高而增大。

答案：B

42. 解　电对的电极电势越大，其氧化态的氧化能力越强，越易得电子发生还原反应，做正极；电对的电极电势越小，其还原态的还原能力越强，越易失电子发生氧化反应，做负极。

答案：D

43. 解　反应方程式为 $2Na(s) + Cl_2(g) == 2NaCl(s)$。气体分子数增加的反应，其熵值增大；气体分子数减小的反应，熵值减小。

答案：B

44. 解　加成反应生成 2，3 二溴-2-甲基丁烷，所以在 2，3 位碳碳间有双键，所以该烃为 2-甲基-2-丁烯。

答案：D

45. 解　同系物是指结构相似、分子组成相差若干个 $-CH_2-$ 原子团的有机化合物。

答案：D

46. 解　烃类化合物是碳氢化合物的统称，是由碳与氢原子所构成的化合物，主要包含烷烃、环烷烃、烯烃、炔烃、芳香烃。烃分子中的氢原子被其他原子或者原子团所取代而生成的一系列化合物称为烃的衍生物。

答案：B

47. 解　销钉C处为光滑接触约束，约束力应垂直于 AB 光滑直槽，由于 $\boldsymbol{F}_p$ 的作用，直槽的左上侧与销钉接触，故其约束力的作用线与x轴正向所成的夹角为150°。

答案：D

48. 解 根据力系简化结果分析，分力首尾相连组成自行封闭的力多边形，则简化后的主矢为零，而$\boldsymbol{F}_1$与$\boldsymbol{F}_3$、$\boldsymbol{F}_2$与$\boldsymbol{F}_4$分别组成逆时针转向的力偶，合成后为一合力偶。

答案：C

49. 解 以圆柱体为研究对象，沿1、2接触点的法线方向有约束力$\boldsymbol{F}_{N1}$和$\boldsymbol{F}_{N2}$，受力如解图所示。对圆柱体列$\boldsymbol{F}_{N2}$方向的平衡方程：

$$\sum F_2 = 0, \quad F_{N2} - P\cos 45° + F\sin 45° = 0, \quad F_{N2} = \frac{\sqrt{2}}{2}(P - F)$$

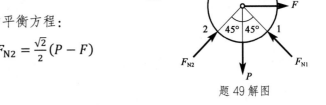

题49解图

答案：A

50. 解 在重力作用下，杆A端有向左侧滑动的趋势，故B处摩擦力应沿杆指向右上方向。

答案：B

51. 解 因为速度$v = \frac{dx}{dt}$，积一次分，即：$\int_5^x dx = \int_0^t (20t+5)dt, \ x - 5 = 10t^2 + 5t$。

答案：A

52. 解 根据定轴转动刚体上一点加速度与转动角速度、角加速度的关系：$a_n = \omega^2 l$，$a_\tau = \alpha l$，而题中$a_n = a = \omega^2 l$，所以$\omega = \sqrt{\frac{a}{l}}$，$a_\tau = 0 = \alpha l$，所以$\alpha = 0$。

答案：C

53. 解 绳上A点的加速度大小为a（该点速度方向在下一瞬时无变化，故只有铅垂方向的加速度），而轮缘上各点的加速度大小为$\sqrt{a^2 + \left(\frac{v^2}{r}\right)^2}$，绳上$D$点随轮缘$C$点一起运动，所以两点加速度相同。

答案：D

54. 解 汽车运动到洼地底部时加速度的大小为$a = a_n = \frac{v^2}{\rho}$，其运动及受力如解图所示，按照牛顿第二定律，在铅垂方向有$ma = F_N - W$，F_N为地面给汽车的合约束，力$F_N = \frac{W}{g} \cdot \frac{v^2}{\rho} + W = \frac{2800}{10} \times \frac{10^2}{5} + 2800 = 8400N$。

题54解图

答案：D

55. 解 根据动量的公式：$p = mv_C$，则圆轮质心速度为零，动量为零，故系统的动量只有物块的$\frac{W}{g} \cdot v$；又根据动能的公式：圆轮的动能为$\frac{1}{2} \cdot \frac{1}{2}mR^2\omega^2 = \frac{1}{4}mR^2\left(\frac{v}{R}\right)^2 = \frac{1}{4}mv^2$，物块的动能为$\frac{1}{2} \cdot \frac{W}{g}v^2$，两者相加为$\frac{1}{2} \cdot \frac{v^2}{g}\left(\frac{1}{2}mg + W\right)$。

答案：A

56. 解 由于系统在水平方向受力为零，故在水平方向有质心守恒，即质心只沿铅垂方向运动。

答案：C

57. 解 根据定轴转动刚体惯性力系的简化结果分析，匀角速度转动（$\alpha = 0$）刚体的惯性力主矢和主矩的大小分别为：$F_I = ma_C = \frac{1}{2}ml\omega^2$，$M_{IO} = J_O\alpha = 0$。

答案：D

58. 解 单摆运动的固有频率公式：$\omega_n = \sqrt{\dfrac{g}{l}}$。

答案：C

59. 解

$$\varepsilon' = -\mu\varepsilon = -\mu\frac{\sigma}{E} = -\mu\frac{F_N}{AE} = -0.3 \times \frac{20 \times 10^3 \text{N}}{100\text{mm}^2 \times 200 \times 10^3 \text{MPa}} = -0.3 \times 10^{-3}$$

答案：B

60. 解 由于沿横截面有微小裂纹，使得直杆在承受拉伸荷载时，在有微小裂纹的横截面上将产生应力集中，故有裂纹的杆件比没有裂纹杆件的承载能力明显降低。

答案：C

61. 解 由 $\sigma = \dfrac{P}{\frac{1}{4}\pi d^2} \leqslant [\sigma]$，$\tau = \dfrac{P}{\pi dh} \leqslant [\tau]$，$\sigma_{bs} = \dfrac{P}{\frac{\pi}{4}(D^2-d^2)} \leqslant [\sigma_{bs}]$ 分别求出 $[P]$，然后取最小值即为杆件的许用拉力。

答案：D

62. 解 由于 a 轮上的外力偶矩 M_a 最大，当 a 轮放在两端时轴内将产生较大扭矩；只有当 a 轮放在中间时，轴内扭矩才较小。

答案：D

63. 解 由最大负弯矩为 8kN·m，可以反推：$M_{max} = F \times 1\text{m}$，故 $F = 8\text{kN}$

再由支座 C 处（即外力偶矩 M 作用处）两侧的弯矩的突变值是 14kN·m，可知外力偶矩为 14kN·m。

答案：A

64. 解 开裂前，由整体梁的强度条件 $\sigma_{max} = \dfrac{M}{W_z} \leqslant [\sigma]$，可知：

$$M \leqslant [\sigma]W_z = [\sigma]\frac{b(3a)^2}{6} = \frac{3}{2}ba^2[\sigma]$$

胶合面开裂后，每根梁承担总弯矩 M_1 的 $\dfrac{1}{3}$，由单根梁的强度条件 $\sigma_{1max} = \dfrac{M_1}{W_{z1}} = \dfrac{\frac{M_1}{3}}{W_{z1}} = \dfrac{M_1}{3W_{z1}} \leqslant [\sigma]$，可知：

$$M_1 \leqslant 3[\sigma]W_{z1} = 3[\sigma]\frac{ba^2}{6} = \frac{1}{2}ba^2[\sigma]$$

故开裂后每根梁的承载能力是原来的 $\dfrac{1}{3}$。

答案：B

65. 解 矩形截面切应力的分布是一个抛物线形状，最大切应力在中性轴z上，图 示梁的横截面可以看作是一个中性轴附近梁的宽度b突然变大的矩形截面。根据弯曲切应力的计算公式：

$$\tau = \frac{QS_z^*}{bI_z}$$

在b突然变大的情况下，中性轴附近的τ突然变小，切应力分布图沿y方向的分布如解图所示，所以最大切应力在2点。

题65解图

答案： B

66. 解 由悬臂梁的最大挠度计算公式$f_{\max} = \frac{m_g L^2}{2EI}$，可知$f_{\max}$与$L^2$成正比，故有

$$f'_{\max} = \frac{m_g \left(\frac{L}{2}\right)^2}{2EI} = \frac{1}{4} f_{\max}$$

答案： B

67. 解 由跨中受集中力F作用的简支梁最大挠度的公式$f_c = \frac{Fl^3}{48EI}$，可知最大挠度与截面对中性轴的惯性矩成反比。

因为$I_a = \frac{b^3 h}{12} = \frac{b^4}{6}$，$I_b = \frac{bh^3}{12} = \frac{2b^4}{3}$，所以$\frac{f_a}{f_b} = \frac{I_b}{I_a} = \frac{\frac{2}{3}b^4}{\frac{b^4}{6}} = 4$

答案： C

68. 解 首先求出三个主应力：$\sigma_1 = \sigma, \sigma_2 = \tau, \sigma_3 = -\tau$，再由第三强度理论得$\sigma_{r3} = \sigma_1 - \sigma_3 = \sigma + \tau \leqslant [\sigma]$。

答案： B

69. 解 开缺口的截面是偏心受拉，偏心距为$\frac{h}{4}$，则：

$$\sigma_{\max} = \frac{P}{A} + \frac{P \cdot \frac{h}{4}}{W_z} = \frac{P}{\frac{bh}{2}} + \frac{P \cdot \frac{h}{4}}{\frac{b}{6}\left(\frac{h}{2}\right)^2} = 8\frac{P}{bh}$$

答案： C

70. 解 由一端固定、另一端自由的细长压杆的临界力计算公式$F_{cr} = \frac{\pi^2 EI}{(2L)^2}$，可知$F_{cr}$与$L^2$成反比，故有

$$F'_{cr} = \frac{\pi^2 EI}{\left(2 \cdot \frac{L}{2}\right)^2} = 4\frac{\pi^2 EI}{(2L)^2} = 4F_{cr}$$

答案： A

71. 解 水的运动黏性系数随温度的升高而减小。

答案： B

72. 解 真空度$p_v = p_a - p' = 101 - (90 + 9.8) = 1.2\text{kN/m}^2$

答案： C

73. 解 流线表示同一时刻的流动趋势。

答案：D

74. 解 对两水箱水面写能量方程可得：$H = h_w = h_{w_1} + h_{w_2}$

$1 \sim 3$ 管段中的流速 $v_1 = \dfrac{Q}{\frac{\pi}{4}d_1^2} = \dfrac{0.04}{\frac{\pi}{4} \times 0.2^2} = 1.27\text{m/s}$

$h_{w_1} = \left(\lambda_1 \dfrac{l_1}{d_1} + \sum \zeta_1\right)\dfrac{v_1^2}{2g} = \left(0.019 \times \dfrac{10}{0.2} + 0.5 + 0.5 + 0.024\right) \times \dfrac{1.27^2}{2 \times 9.8} = 0.162\text{m}$

$3 \sim 6$ 管段中的流速 $v_2 = \dfrac{Q}{\frac{\pi}{4}d_2^2} = \dfrac{0.04}{\frac{\pi}{4} \times 0.1^2} = 5.1\text{m/s}$

$h_{w_2} = \left(\lambda_2 \dfrac{l_2}{d_2} + \sum \zeta_2\right)\dfrac{v_2^2}{2g} = \left(0.018 \times \dfrac{10}{0.1} + 0.5 + 0.5 + 1\right) \times \dfrac{5.1^2}{2 \times 9.8} = 5.042\text{m}$

$H = h_{w_1} + h_{w_2} = 0.162 + 5.042 = 5.204\text{m}$

答案：C

75. 解 在长管水力计算中，速度水头和局部损失均可忽略不计。

答案：C

76. 解 矩形排水管水力半径 $R = \dfrac{A}{\chi} = \dfrac{5 \times 3}{5 + 2 \times 3} = 1.36\text{m}$。

答案：C

77. 解 潜水完全井流量 $Q = 1.36 k \dfrac{H^2 - h^2}{\lg \frac{R}{r}}$，因此 Q 与土体渗透数 k 成正比。

答案：D

78. 解 无量纲量即量纲为 1 的量，$\dim \dfrac{F}{\rho v^2 L^2} = \dfrac{\rho v^2 L^2}{\rho v^2 L^2} = 1$

答案：C

79. 解 电流与磁场的方向可以根据右手螺旋定则确定，即让右手大拇指指向电流的方向，则四指的指向就是磁感线的环绕方向。

答案：D

80. 解 见解图，设 2V 电压源电流为 I'，则：

$I = I' + 0.1$

$10I' = 2 - 4 = -2\text{V}$

$I' = -0.2\text{A}$

$I = -0.2 + 0.1 = -0.1\text{A}$

答案：C

题 80 解图

81. 解 电流源单独作用时，15V 的电压源做短路处理，则

$$I = \dfrac{1}{3} \times (-6) = -2\text{A}$$

答案：D

82. 解 画相量图分析（见解图），电压表和电流表读数为有效值。

答案：D

题 81 解图

题 82 解图

83. 解
$$P = UI\cos\varphi = 110 \times 1 \times \cos 30° = 95.3W$$
$$Q = UI\sin\varphi = 110 \times 1 \times \sin 30° = 55W$$
$$S = UI = 110 \times 1 = 110V \cdot A$$

答案：A

题 83 解图

84. 解 在直流稳态电路中电容作开路处理。开关未动作前，$u = U_{C(0-)}$

电容为开路状态时，$U_{C(0-)} = \frac{1}{2} \times 6 = 3V$

电源充电进入新的稳态时，$U_{C(\infty)} = \frac{1}{3} \times 6 = 2V$

因此换路电容电压逐步衰减到2V。电路的时间常数 $\tau = RC$，本题中C值没给出，是不能确定τ的数值的。

答案：B

85. 解 如解图所示，根据理想变压器关系有

$$I_2 = \sqrt{\frac{P_2}{R_2}} = \sqrt{\frac{40}{10}} = 2A, \quad K = \frac{I_2}{I_1} = 2, \quad N_2 = \frac{N_1}{K} = \frac{100}{2} = 50 \text{ 匝}$$

题 84 解图

题 85 解图

答案：A

86. 解 实现对电动机的过载保护，除了将热继电器的热元件串联在电动机的主电路外，还应将热继电器的常闭触点串接在控制电路中。

当电机过载时，这个常闭触点断开，控制电路供电通路断开。

答案：B

87. 解 模拟信号与连续时间信号不同，模拟信号是幅值连续变化的连续时间信号。题中两条曲线均符合该性质。

答案：C

88. 解 周期信号的幅值频谱是离散且收敛的。这个周期信号一定是时间上的连续信号。

本题给出的图形是周期信号的频谱图。频谱图是非正弦信号中不同正弦信号分量的幅值按频率变化排列的图形，其大小是表示各次谐波分量的幅值，用正值表示。例如本题频谱图中出现的 1.5V 对应于 1kHz 的正弦信号分量的幅值，而不是这个周期信号的幅值。因此本题选项 C 或 D 都是错误的。

答案：B

89. 解 放大器的输入为正弦交流信号。但 $u_1(t)$ 的频率过高，超出了上限频率 f_H，放大倍数小于 A，因此输出信号 u_2 的有效值 $U_2 < AU_1$。

答案：C

90. 解 $AC + DC + \overline{AD} \cdot C = (A + D + \overline{AD}) \cdot C = (A + D + \overline{A} + \overline{D}) \cdot C = 1 \cdot C = C$

答案：A

91. 解 $\overline{A + B} = F$

F 是个或非关系，可以用"有 1 则 0"的口诀处理。

答案：B

92. 解 本题各选项均是用八位二进制 BCD 码表示的十进制数，即是以四位二进制表示一位十进制。十进制数字 88 的 BCD 码是 10001000。

答案：B

93. 解 图示为二极管的单相半波整流电路。

当 $u_i > 0$ 时，二极管截止，输出电压 $u_o = 0$；当 $u_i < 0$ 时，二极管导通，输出电压 u_o 与输入电压 u_i 相等。

答案：B

94. 解 本题为用运算放大器构成的电压比较电路，波形分析如解图所示。阴影面积可以反映输出电压平均值的大小。

题94解图

2017年度全国勘察设计注册工程师执业资格考试基础考试（上）——试题解析及参考答案

当 $u_{i1} < u_{i2}$ 时，$u_o = +U_{oM}$；当 $u_{i1} > u_{i2}$ 时，$u_o = -U_{oM}$

当 u_{i1} 升高到 1.5V 时，u_o 波形的正向面积减小，反向面积增加，电压平均值降低（如解图中虚线波形所示）。

答案： D

95. 解 题图为一个时序逻辑电路，由解图可以看出，第一个和第二个时钟的下降沿时刻，输出 Q 均等于 0。

题 95 解图

答案： A

96. 解 图示为三位的异步二进制加法计数器，波形图分析如下。

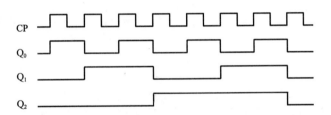

答案： C

97. 解 计算机硬件的组成包括输入/输出设备、存储器、运算器、控制器。内存储器是主机的一部分，属于计算机的硬件系统。

答案： B

98. 解 根据冯·诺依曼结构原理，计算机硬件是由运算器、控制器、存储器、I/O 设备组成。

答案： C

99. 解 当要对存储器中的内容进行读写操作时，来自地址总线的存储器地址经地址译码器译码之后，选中指定的存储单元，而读写控制电路根据读写命令实施对存储器的存取操作，数据总线则用来传送写入内存储器或从内存储器读出的信息。

答案： B

100. 解 操作系统的运行是在一个随机的环境中进行的，也就是说，人们不能对于所运行的程序的行为以及硬件设备的情况做任何的假定，一个设备可能在任何时候向微处理器发出中断请求。人们也无法知道运行着的程序会在什么时候做了些什么事情，也无法确切的知道操作系统正处于什么样的状态之中，这就是随机性的含义。

答案：C

101. 解 多任务操作系统是指可以同时运行多个应用程序。比如：在操作系统下，在打开网页的同时还可以打开QQ进行聊天，可以打开播放器看视频等。目前的操作系统都是多任务的操作系统。

答案：B

102. 解 先将十进制数转换为二进制数（100000000+0.101=100000000.101），而后三位二进制数对应于一位八进制数。

答案：D

103. 解 $1KB = 2^{10}B = 1024B$

$1MB = 2^{20}B = 1024KB$

$1GB = 2^{30}B = 1024MB = 1024 \times 1024KB$

$1TB = 2^{40}B = 1024GB = 1024 \times 1024MB$

答案：D

104. 解 计算机病毒特点包括非授权执行性、复制传染性、依附性、寄生性、潜伏性、破坏性、隐蔽性、可触发性。

答案：D

105. 解 通常人们按照作用范围的大小，将计算机网络分为三类：局域网、城域网和广域网。

答案：C

106. 解 常见的局域网拓扑结构分为星形网、环形网、总线网，以及它们的混合型。

答案：B

107. 解 年实际利率为：

$$i = \left(1 + \frac{r}{m}\right)^m - 1 = \left(1 + \frac{6\%}{2}\right)^2 - 1 = 6.09\%$$

年实际利率高出名义利率：$6.09\% - 6\% = 0.09\%$

答案：C

108. 解 第一年贷款利息：$400/2 \times 6\% = 12$万元

第二年贷款利息：$(400 + 800/2 + 12) \times 6\% = 48.72$万元

建设期贷款利息：$12 + 48.72 = 60.72$万元

答案：D

109. 解 由于股利必须在企业税后利润中支付，因而不能抵减所得税的缴纳。普通股资金成本为：

$$K_s = \frac{8000 \times 10\%}{8000 \times (1 - 3\%)} + 5\% = 15.31\%$$

答案：D

110. 解　回收营运资金为现金流入，故项目第 10 年的净现金流量为 $25 + 20 = 45$ 万元。

答案：C

111. 解　社会折现率是用以衡量资金时间经济价值的重要参数，代表资金占用的机会成本，并且用作不同年份之间资金价值换算的折现率。

答案：D

112. 解　题目给出的影响因素中，产品价格变化较小就使得项目净现值为零，故该因素最敏感。

答案：A

113. 解　差额投资内部收益率是两个方案各年净现金流量差额的现值之和等于零时的折现率。差额内部收益率等于基准收益率时，两方案的净现值相等，即两方案的优劣相等。

答案：A

114. 解　F_3 的功能系数为：$F_3 = \dfrac{4}{3+5+4+1+2} = 0.27$

答案：C

115. 解　《中华人民共和国建筑法》第二十七条规定，大型建筑工程或者结构复杂的建筑工程，可以由两个以上的承包单位联合共同承包。共同承包的各方对承包合同的履行承担连带责任。

两个以上不同资质等级的单位实行联合共同承包的，应当按照资质等级低的单位的业务许可范围承揽工程。

答案：D

116. 解　选项 B 属于义务，其他几条属于权利。

答案：B

117. 解　《中华人民共和国招标投标法》第二十八条规定，投标人应当在招标文件要求提交投标文件的截止时间前，将投标文件送达投标地点。招标人收到投标文件后，应当签收保存，不得开启。投标人少于三个的，招标人应当依照本法重新招标。　在招标文件要求提交投标文件的截止时间后送达的投标文件，招标人应当拒收。

答案：B

118. 解　《中华人民共和国民法典》第一百五十二条规定，有下列情形之一的，撤销权消灭：

（一）当事人自知道或者应当知道撤销事由之日起一年内、重大误解的当事人自知道或者应当知道撤销事由之日起九十日内没有行使撤销权；

……

答案：C

119. 解　《建筑工程质量管理条例》第三十九条规定，建设工程实行质量保修制度。建设工程承包单位在向建设单位提交工程竣工验收报告时，应当向建设单位出具质量保修书。质量保修书中应当明确建设工程的保修范围、保修期限和保修责任等。

建设工程的保修期，自竣工验收合格之日起计算，不是移交之日起计算，所以选项 A 错。供冷系统保修期是两个运行季，不是 2 年，所以选项 B 错。质量保修书是竣工验收时提交，不是结算时提交，所以选项 D 错。

答案：C

120. 解　《建设工程安全生产管理条例》第八条规定，建设单位在编制工程概算时，应当确定建设工程安全作业环境及安全施工措施所需费用。

答案：A

2018 年度全国勘察设计注册工程师执业资格考试基础考试（上）

试题解析及参考答案

1. 解　本题考查基本极限公式以及无穷小量的性质。

选项 A 和 C 是基本极限公式，成立。

选项 B，$\lim\limits_{x \to \infty} \dfrac{\sin x}{x} = \lim\limits_{x \to \infty} \dfrac{1}{x} \sin x$，其中 $\dfrac{1}{x}$ 是无穷小，$\sin x$ 是有界函数，无穷小乘以有界函数的值为无穷小量，也就是极限为 0，故选项 B 不成立。

选项 D，只要令 $t = \dfrac{1}{x}$，则可化为选项 C 的结果。

答案：B

2. 解　本题考查奇偶函数的性质。当 $f(-x) = -f(x)$ 时，$f(x)$ 为奇函数；当 $f(-x) = f(x)$ 时，$f(x)$ 为偶函数。

方法 1： 选项 D，设 $H(x) = g[g(x)]$，则

$$H(-x) = g[g(-x)] \underset{\text{奇函数}}{\overset{g(x)\text{为}}{=\!=\!=}} g[-g(x)] = -g[g(x)] = -H(x)$$

故 $g[g(x)]$ 为奇函数。

方法 2： 采用特殊值法，题中 $f(x)$ 是偶函数，$g(x)$ 是奇函数，可设 $f(x) = x^2$，$g(x) = x$，验证选项 A、B、C 均是偶函数，错误。

答案：D

3. 解　本题考查导数的定义，需要熟练拼凑相应的形式。

根据导数定义：$f'(x_0) = \lim\limits_{x \to x_0} \dfrac{f(x) - f(x_0)}{x - x_0}$，与题中所给形式类似，进行拼凑：

$$\lim_{x \to x_0} \frac{x f(x_0) - x_0 f(x)}{(x - x_0)}$$

$$= \lim_{x \to x_0} \frac{x f(x_0) - x_0 f(x) + x_0 f(x_0) - x_0 f(x_0)}{x - x_0}$$

$$= \lim_{x \to x_0} \left[\frac{-x_0 f(x) + x_0 f(x_0)}{x - x_0} + \frac{x f(x_0) - x_0 f(x_0)}{x - x_0} \right]$$

$$= -x_0 f'(x_0) + f(x_0)$$

答案：C

4. 解　本题考查变限定积分求导的计算方法。

变限定积分求导的方法如下：

$$\frac{\mathrm{d}\left(\int_{\psi(x)}^{\varphi(x)} f(t)\mathrm{d}t\right)}{\mathrm{d}x} = \frac{\mathrm{d}}{\mathrm{d}x}\left(\int_{\psi(x)}^{a} f(t)\mathrm{d}t + \int_{a}^{\varphi(x)} f(t)\mathrm{d}t\right) \quad (a为常数)$$

$$= \frac{\mathrm{d}}{\mathrm{d}x}\left(-\int_{a}^{\psi(x)} f(t)\mathrm{d}t + \int_{a}^{\varphi(x)} f(t)\mathrm{d}t\right)$$

$$= -f(\psi(x))\psi'(x) + f(\varphi(x))\varphi'(x)$$

求导时，先把积分下限函数化为积分上限函数，再求导。

计算如下：

$$\frac{\mathrm{d}}{\mathrm{d}x}\int_{\varphi(x^2)}^{\varphi(x)} e^{t^2}\mathrm{d}t$$

$$= \frac{\mathrm{d}}{\mathrm{d}x}\left[\int_{\varphi(x^2)}^{a} e^{t^2}\mathrm{d}t + \int_{a}^{\varphi(x)} e^{t^2}\mathrm{d}t\right] \quad (a为常数)$$

$$= \frac{\mathrm{d}}{\mathrm{d}x}\left[-\int_{a}^{\varphi(x^2)} e^{t^2}\mathrm{d}t + \int_{a}^{\varphi(x)} e^{t^2}\mathrm{d}t\right]$$

$$= -e^{[\varphi(x^2)]^2}\varphi'(x^2)\cdot 2x + e^{[\varphi(x)]^2}\cdot\varphi'(x)$$

$$= \varphi'(x)e^{[\varphi(x)]^2} - 2x\varphi'(x^2)e^{[\varphi(x^2)]^2}$$

答案： A

5. 解 本题考查不定积分的基本计算技巧：凑微分。

$$\int xf(1-x^2)\mathrm{d}x = -\frac{1}{2}\int f(1-x^2)\mathrm{d}(1-x^2)\xrightarrow[\int f(x)\mathrm{d}x=F(x)+C]{已知} -\frac{1}{2}F(1-x^2) + C$$

答案： B

6. 解 本题考查一阶导数的应用。

驻点是函数的一阶导数为 0 的点，本题中函数明显是光滑连续的，所以对函数求导，有 $y' = 4x + a$，将 $x = 1$ 代入得到 $y'(1) = 4 + a = 0$，解出 $a = -4$。

答案： D

7. 解 本题考查向量代数的基本运算。

方法 1： $(\boldsymbol{\alpha} + \boldsymbol{\beta})\cdot(\boldsymbol{\alpha} + \boldsymbol{\beta}) = |\boldsymbol{\alpha} + \boldsymbol{\beta}|\cdot|\boldsymbol{\alpha} + \boldsymbol{\beta}|\cdot\cos 0 = |\boldsymbol{\alpha} + \boldsymbol{\beta}|^2$

所以，$|\boldsymbol{\alpha} + \boldsymbol{\beta}|^2 = (\boldsymbol{\alpha} + \boldsymbol{\beta})\cdot(\boldsymbol{\alpha} + \boldsymbol{\beta}) = \boldsymbol{\alpha}\cdot\boldsymbol{\alpha} + \boldsymbol{\beta}\cdot\boldsymbol{\alpha} + \boldsymbol{\alpha}\cdot\boldsymbol{\beta} + \boldsymbol{\beta}\cdot\boldsymbol{\beta} = \boldsymbol{\alpha}\cdot\boldsymbol{\alpha} + 2\boldsymbol{\alpha}\cdot\boldsymbol{\beta} + \boldsymbol{\beta}\cdot\boldsymbol{\beta}$

$$\xrightarrow[\theta=\frac{\pi}{3}]{|\boldsymbol{\alpha}|=1,|\boldsymbol{\beta}|=2} 1\times 1\times\cos 0 + 2\times 1\times 2\times\cos\frac{\pi}{3} + 2\times 2\times\cos 0 = 7$$

所以，$|\boldsymbol{\alpha} + \boldsymbol{\beta}|^2 = 7$，则 $|\boldsymbol{\alpha} + \boldsymbol{\beta}| = \sqrt{7}$

方法 2： 可通过作图来辅助求解。

如解图所示，若设 $\boldsymbol{\beta} = (2,0)$，由于 $\boldsymbol{\alpha}$ 和 $\boldsymbol{\beta}$ 的夹角为 $\frac{\pi}{3}$，则

$\boldsymbol{\alpha} = \left(1\cdot\cos\frac{\pi}{3}, 1\cdot\sin\frac{\pi}{3}\right) = \left(\cos\frac{\pi}{3}, \sin\frac{\pi}{3}\right)$，$\boldsymbol{\beta} = (2,0)$

$\boldsymbol{\alpha} + \boldsymbol{\beta} = \left(2 + \cos\frac{\pi}{3}, \sin\frac{\pi}{3}\right)$

题 7 解图

$$|\boldsymbol{\alpha}+\boldsymbol{\beta}|=\sqrt{\left(2+\cos\frac{\pi}{3}\right)^2+\sin^2\frac{\pi}{3}}=\sqrt{4+2\times2\times\cos\frac{\pi}{3}+\cos^2\frac{\pi}{3}+\sin^2\frac{\pi}{3}}=\sqrt{7}$$

答案： B

8. 解 本题考查简单的二阶常微分方程求解，直接进行两次积分即可。

$y''=\sin x$，则 $y'=\int\sin x\,\mathrm{d}x=-\cos x+C_1$

再次对x进行积分，有：$y=\int(-\cos x+C_1)\mathrm{d}x=-\sin x+C_1 x+C_2$

答案： B

9. 解 本题考查导数的基本应用与计算。

已知$f(x)$，$g(x)$在$[a,\ b]$上均可导，且恒正，

设$H(x)=f(x)g(x)$，则$H'(x)=f'(x)g(x)+f(x)g'(x)$，

已知$f'(x)g(x)+f(x)g'(x)>0$，所以函数$H(x)=f(x)g(x)$在$x\in(a,b)$时单调增加，因此有

$H(a)<H(x)<H(b)$，即$f(a)g(a)<f(x)g(x)<f(b)g(b)$。

答案： C

10. 解 本题考查定积分的基本几何应用。注意积分变量的选择，是选择x方便，还是选择y方便？

如解图所示，本题所求图形面积即为阴影图形面积，此时选择积分变量y较方便。

题 10 解图

$$A=\int_{\ln a}^{\ln b}\varphi(y)\mathrm{d}y$$

因为$y=\ln x$，则$x=e^y$，故：

$$A=\int_{\ln a}^{\ln b}e^y\,\mathrm{d}y=e^y\bigg|_{\ln a}^{\ln b}=e^{\ln b}-e^{\ln a}=b-a$$

答案： B

11. 解 本题考查空间解析几何中平面的基本性质和运算。

方法 1： 若某平面π平行于yOz坐标面，则平面π的法向量平行于x轴，可取$\boldsymbol{n}=(1,0,0)$，利用平面$Ax+By+Cz+D=0$所对应的法向量$\boldsymbol{n}=(A,B,C)$判定选项 D 中，平面方程$x+1=0$的法线向量为$\vec{n}=(1,0,0)$，正确。

方法 2： 可通过画出选项 A、B、C 的图形来确定。

答案： D

12. 解 本题考查多元函数微分学的概念性问题，涉及多元函数偏导数与多元函数连续等概念，需记忆解图的关系式方可快速解答：

题 12 解图

可知，函数可微可推出一阶偏导数存在，而函数一阶偏导数存在推不出函数可微，故在此点一阶偏导数存在是函数在该点可微的必要条件。

答案： A

13. 解　本题考查级数中常数项级数的敛散性。

利用级数敛散性判定方法以及 p 级数的相关性判定。

选项 A，利用比较法的极限形式，选择级数 $\sum\limits_{n=1}^{\infty} \frac{1}{n^2}$，$p > 1$ 收敛。

而 $\lim\limits_{n \to \infty} \dfrac{\frac{1}{n(n+1)}}{\frac{1}{n^2}} = \lim\limits_{n \to \infty} \dfrac{n^2}{n^2+n} = 1$

所以级数收敛。

选项 B，可利用 p 级数的敛散性判断。

p 级数 $\sum\limits_{n=1}^{\infty} \frac{1}{n^p}$（$p > 0$，实数），当 $p > 1$ 时，p 级数收敛；当 $p \leqslant 1$ 时，p 级数发散。

选项 B，$p = \frac{3}{2} > 1$，故级数收敛。

选项 D，可利用交错级数的莱布尼茨定理判断。

设交错级数 $\sum\limits_{n=1}^{\infty} (-1)^{n-1} a_n$，其中 $a_n > 0$，只要：① $a_n \geqslant a_{n+1}(n=1,2,\dots)$，② $\lim\limits_{n \to \infty} a_n = 0$，则 $\sum\limits_{n=1}^{\infty} (-1)^{n-1} a_n$ 就收敛。

选项 D 中 ① $\frac{1}{\sqrt{n}} > \frac{1}{\sqrt{n+1}}(n=1,2,\dots)$，② $\lim\limits_{n \to \infty} \frac{1}{\sqrt{n}} = 0$，故级数收敛。

选项 C，对于级数 $\sum\limits_{n=1}^{\infty} \left(\frac{n}{2n+1}\right)^2$，$\lim\limits_{n \to \infty} u_n = \lim\limits_{n \to \infty} \left(\frac{n}{2n+1}\right)^2 = \left(\frac{1}{2}\right)^2 = \frac{1}{4} \neq 0$

级数收敛的必要条件是 $\lim\limits_{n \to \infty} u_n = 0$，而本选项 $\lim\limits_{n \to \infty} u_n \neq 0$，故级数发散。

答案： C

14. 解　本题考查二阶常系数微分方程解的基本结构。

已知函数 $y = C_1 e^{-x} + C_2 e^{4x}$ 是某微分方程的通解，则该微分方程拥有的特征方程的解分别为 $r_1 = -1$，$r_2 = +4$，则有 $(r+1)(r-4) = 0$，展开有 $r^2 - 3r - 4 = 0$，故对应的微分方程为 $y'' - 3y' - 4y = 0$。

答案： B

15. 解　本题考查对弧长曲线积分（也称第一类曲线积分）的相关计算。

依据题意，作解图，知 L 方程为 $y = -x + 1$

L 的参数方程为 $\begin{cases} x = x \\ y = -x + 1 \end{cases} (0 \le x \le 1)$

$$dS = \sqrt{1^2 + (-1)^2}\,dx = \sqrt{2}\,dx$$

$$\int_L \cos(x+y)\,dS = \int_0^1 \cos[x + (-x+1)]\sqrt{2}\,dx$$

$$= \int_0^1 \sqrt{2}\cos 1\,dx = \sqrt{2}\cos 1 \cdot x \Big|_0^1 = \sqrt{2}\cos 1$$

题 15 解图

注：写出直线 L 的方程后，需判断 x 的取值范围（对弧长的曲线积分，积分变量应由小变大），从方程中看可知 $x: 0 \to 1$，若考查对坐标的曲线积分（也称第二类曲线积分），则应特别注意路径行走方向，以便判断 x 的上下限。

答案： C

16. 解 本题考查直角坐标系下的二重积分计算问题。

根据题中所给正方形区域可作图，其中，$D: |x| \le 1$，$|y| \le 1$，即 $-1 \le x \le 1$，$-1 \le y \le 1$。有

$$\iint_D (x^2 + y^2)dxdy = \int_{-1}^1 dx \int_{-1}^1 (x^2 + y^2)\,dy = \int_{-1}^1 \left(x^2 y + \frac{y^3}{3} \right)\Big|_{-1}^1 dx$$

$$= \int_{-1}^1 \left(2x^2 + \frac{2}{3} \right)dx = \left(\frac{2}{3}x^3 + \frac{2}{3}x \right)\Big|_{-1}^1 = \frac{8}{3}$$

或利用对称性，$D = 4D_1$，则

$$\iint_D (x^2 + y^2)dxdy \xlongequal{\text{利用对称性}} 4\iint_{D_1} (x^2 + y^2)dxdy$$

$$= 4\int_0^1 dx \int_0^1 (x^2 + y^2)\,dy = 4\int_0^1 \left(x^2 y + \frac{1}{3}y^3 \right)\Big|_0^1 dx$$

$$= 4\int_0^1 \left(x^2 + \frac{1}{3} \right)dx = 4 \times \left[\frac{1}{3}x^3 + \frac{1}{3}x \right]_0^1$$

$$= 4 \times \left(\frac{1}{3} + \frac{1}{3} \right) = \frac{8}{3}$$

题 16 解图

答案： B

17. 解 本题考查麦克劳林展开式的基本概念。

麦克劳林展开式的一般形式为

$$f(x) = f(0) + f'(0)x + \frac{f''(0)}{2!}x^2 + \cdots + \frac{f^n(0)}{n!}x^n + R_n(x)$$

其中 $R_n(x) = \frac{f^{n+1}(\xi)}{(n+1)!}x^{n+1}$，这里 ξ 是介于 0 与 x 之间的某个值。

$f'(x) = a^x \ln a$，$f''(x) = a^x (\ln a)^2$，故 $f'(0) = \ln a$，$f''(0) = (\ln a)^2$，$f(0) = 1$

所以 $f(x)$ 的麦克劳林展开式的前三项是：$1 + x \ln a + \frac{(\ln a)^2}{2}x^2$

答案： C

18. 解 本题考查多元函数的混合偏导数求解。

函数 $z = f(x^2y)$

$$\frac{\partial z}{\partial x} = 2xyf'(x^2y)$$

$$\frac{\partial^2 z}{\partial x \partial y} = 2x[f'(x^2y) + yf''(x^2y)x^2] = 2x[f'(x^2y) + x^2yf''(x^2y)]$$

答案： D

19. 解 本题考查矩阵和行列式的基本计算。

因为 $\boldsymbol{A}$、$\boldsymbol{B}$ 均为三阶矩阵，则

$$|-2\boldsymbol{A}^{\mathrm{T}}\boldsymbol{B}^{-1}| = (-2)^3|\boldsymbol{A}^{\mathrm{T}}\boldsymbol{B}^{-1}|$$

$$= -8|\boldsymbol{A}^{\mathrm{T}}| \cdot |\boldsymbol{B}^{-1}| = -8|\boldsymbol{A}| \cdot \frac{1}{|\boldsymbol{B}|} （矩阵乘积的行列式性质）$$

$$\left(矩阵转置行列式性质，|\boldsymbol{B}\boldsymbol{B}^{-1}| = |\boldsymbol{E}|，|\boldsymbol{B}| \cdot |\boldsymbol{B}^{-1}| = 1，|\boldsymbol{B}^{-1}| = \frac{1}{|\boldsymbol{B}|} \right)$$

$$= -8 \times 1 \times \frac{1}{-2} = 4$$

答案： D

20. 解 本题考查线性方程组 $\boldsymbol{A}x = \boldsymbol{0}$，有非零解的充要条件。

方程组 $\begin{cases} ax_1 + x_2 + x_3 = 0 \\ x_1 + ax_2 + x_3 = 0 \\ x_1 + x_2 + ax_3 = 0 \end{cases}$ 有非零解的充要条件是 $\begin{vmatrix} a & 1 & 1 \\ 1 & a & 1 \\ 1 & 1 & a \end{vmatrix} = 0$

$$\begin{vmatrix} a & 1 & 1 \\ 1 & a & 1 \\ 1 & 1 & a \end{vmatrix} \xrightarrow{(-1)c_3+c_2} \begin{vmatrix} a & 0 & 1 \\ 1 & a-1 & 1 \\ 1 & 1-a & a \end{vmatrix} \xrightarrow{(-a)c_3+c_1} \begin{vmatrix} 0 & 0 & 1 \\ 1-a & a-1 & 1 \\ 1-a^2 & 1-a & a \end{vmatrix}$$

$$= \begin{vmatrix} 1-a & a-1 \\ 1-a^2 & 1-a \end{vmatrix} = (1-a)^2 \begin{vmatrix} 1 & -1 \\ 1+a & 1 \end{vmatrix} = (1-a)^2(2+a) = 0$$

所以 $a = 1$ 或 -2。

答案： B

21. 解 本题考查利用配方法求二次型的标准型，考查的知识点较偏。

方法1： 由矩阵 $\boldsymbol{A}$ 可写出二次型为 $f(x_1, x_2, x_3) = x_1^2 - 2x_1x_2 + 3x_2^2$，利用配方法得到

$$f(x_1, x_2, x_3) = x_1^2 - 2x_1x_2 + x_2^2 + 2x_2^2 = (x_1 - x_2)^2 + 2x_2^2$$

令 $x_1 - x_2 = y_1$，$x_2 = y_2$，可得 $f = y_1^2 + 2y_2^2$

方法2： 利用惯性定理，选项 A、B、D（正惯性指数为 1，负惯性指数为 1）可以互化，因此对单选题，一定是错的。不用计算可知，只能选 C。

答案： C

22. 解 因为 A 与 B 独立，所以 $\overline{A}$ 与 $\overline{B}$ 独立。

$$P(A \cup B) = 1 - P(\overline{A \cup B}) = 1 - P(\overline{A}\overline{B}) = 1 - P(\overline{A})P(\overline{B}) = 1 - 0.4 \times 0.5 = 0.8$$

或者 $P(A \cup B) = P(A) + P(B) - P(AB)$

由于 A 与 B 相互独立，则 $P(AB) = P(A)P(B)$

而 $P(A) = 1 - P(\overline{A}) = 0.6$，$P(B) = 1 - P(\overline{B}) = 0.5$

故 $P(A \cup B) = 0.6 + 0.5 - 0.6 \times 0.5 = 0.8$

答案： C

23. 解 数学期望 $E(X) = \int_{-\infty}^{+\infty} x f(x) \, dx$，由已知条件，知

$$f(x) = F'(x) = \begin{cases} 3x^2 & 0 < x < 1 \\ 0 & \text{其他} \end{cases}$$

则 $E(X) = \int_0^1 x \cdot 3x^2 dx = \int_0^1 3x^3 dx$

答案： B

24. 解 二维离散型随机变量 X、Y 相互独立的充要条件是 $P_{ij} = P_{i.}P_{.j}$

还有分布律性质 $\sum_i \sum_j P(X = i, Y = j) = 1$

利用上述等式建立两个独立方程，解出 α、β。

下面根据独立性推出一个公式：

因为 $\dfrac{P(X=i, Y=1)}{P(X=i, Y=2)} = \dfrac{P(X=i)P(Y=1)}{P(X=i)P(Y=2)} = \dfrac{P(Y=1)}{P(Y=2)}$ $\quad i = 1,2,3,\cdots$

所以 $\dfrac{P(X=1, Y=1)}{P(X=1, Y=2)} = \dfrac{P(X=2, Y=1)}{P(X=2, Y=2)} = \dfrac{P(X=3, Y=1)}{P(X=3, Y=2)}$

即 $\dfrac{\frac{1}{6}}{\frac{1}{3}} = \dfrac{\frac{1}{9}}{\beta} = \dfrac{\frac{1}{18}}{\alpha}$

选项 D 对。

答案： D

25. 解 分子的平均平动动能公式 $\overline{\omega} = \dfrac{3}{2}kT$，分子的平均动能公式 $\overline{\varepsilon} = \dfrac{i}{2}kT$，刚性双原子分子自由度 $i = 5$，但此题问的是每个分子的平均平动动能而不是平均动能，故正确答案为 C。

答案： C

26. 解 分子无规则运动的平均自由程公式 $\lambda = \dfrac{\overline{v}}{\overline{Z}} = \dfrac{1}{\sqrt{2}\pi d^2 n}$，气体定了，$d$ 就定了，所以容器中分子无规则运动的平均自由程仅取决于 n，即单位体积的分子数。此题给定 1mol 氦气，分子总数定了，故容器中分子无规则运动的平均自由程仅取决于体积 V。

答案： B

27. 解 理想气体和单一恒温热源做等温膨胀时，吸收的热量全部用来对外界做功，既不违反热力学第一定律，也不违反热力学第二定律。因为等温膨胀是一个单一的热力学过程而非循环过程。

答案： C

28. 解　理想气体的功和热量是过程量。内能是状态量，是温度的单值函数。此题给出$T_2 = T_1$，无论气体经历怎样的过程，气体的内能保持不变。而因为不知气体变化过程，故无法判断功的正负。

答案：D

29. 解　将$t = 0.1s$，$x = 2m$代入方程，即

$$y = 0.01 \cos 10\pi (25t - x) = 0.01 \cos 10\pi (2.5 - 2) = -0.01$$

答案：C

30. 解　$A = 0.02m$，$T = \frac{2\pi}{\omega} = \frac{2\pi}{50\pi} = \frac{1}{25} = 0.04s$

答案：A

31. 解　机械波在媒质中传播，一媒质质元的最大形变量发生在平衡位置，此位置动能最大，势能也最大，总机械能亦最大。

答案：D

32. 解　上下缝各覆盖一块厚度为d的透明薄片，则从两缝发出的光在原来中央明纹初相遇时，光程差为

$$\delta = r - d + n_2 d - (r - d + n_1 d) = d(n_2 - n_1)$$

答案：A

33. 解　牛顿环的环状干涉条纹为等厚干涉条纹，当平凸透镜垂直向上缓慢平移而远离平面镜时，原k级条纹向环中心移动，故这些环状干涉条纹向中心收缩。

答案：D

34. 解　$\Delta\varphi = \frac{2\pi}{\lambda}\delta = \frac{2\pi}{\lambda}nl = 3\pi$，$l = \frac{3\lambda}{2n}$

答案：C

35. 解　反射光的光程差加强条件$\delta = 2nd + \frac{\lambda}{2} = k\lambda$

可见光范围$\lambda(400 \sim 760nm)$，取$\lambda = 400nm$，$k = 3.5$；取$\lambda = 760nm$，$k = 2.1$

k取整数，$k = 3$，$\lambda = 480nm$

答案：A

36. 解　玻璃劈尖相邻干涉条纹间距公式为：$l = \frac{\lambda}{2n\theta}$

此玻璃的折射率为：$n = \frac{\lambda}{2l\theta} = 1.53$

答案：B

37. 解　当原子失去电子成为正离子时，一般是能量较高的最外层电子先失去，而且往往引起电子层数的减少。某元素正二价离子（M^{2+}）的外层电子构型是$3s^2 3p^6$，所以该元素原子基态核外电子构型

为 $1s^22s^22p^63s^23p^64s^2$。该元素基态核外电子最高主量子数为 4，为第四周期元素；价电子构型为 $4s^2$，为 s 区元素，IIA 族元素。

答案：C

38. 解 离子的极化力是指某离子使其他离子变形的能力。极化率（离子的变形性）是指某离子在电场作用下电子云变形的程度。每种离子都具有极化力与变形性，一般情况下，主要考虑正离子的极化力和负离子的变形性。极化力与离子半径有关，离子半径越小，极化力越强。

答案：A

39. 解 NH_4Cl 为强酸弱碱盐，水解显酸性；NaCl 不水解；NaOAc 和 Na_3PO_4 均为强碱弱酸盐，水解显碱性，因为 $K_a(HAc) > K_a(H_3PO_4)$，所以 Na_3PO_4 的水解程度更大，碱性更强。

答案：A

40. 解 根据理想气体状态方程 $pV = nRT$，得 $n = \dfrac{pV}{RT}$。所以当温度和体积不变时，反应器中气体（反应物或生成物）的物质的量与气体分压成正比。根据 $2A(g) + B(g) \rightleftharpoons 2C(g)$ 可知，生成物气体C的平衡分压为100kPa，则A要消耗100kPa，B要消耗50kPa，平衡时 $p(A) = 200kPa$，$p(B) = 250kPa$。

$$K^\Theta = \frac{\left(\frac{p(C)}{p^\theta}\right)^2}{\left(\frac{p(A)}{p^\theta}\right)^2 \left(\frac{p(B)}{p^\theta}\right)} = \frac{\left(\frac{100}{100}\right)^2}{\left(\frac{200}{100}\right)^2 \left(\frac{250}{100}\right)} = 0.1$$

答案：A

41. 解 根据氧化还原反应配平原则，还原剂失电子总数等于氧化剂得电子总数，配平后的方程式为：$2MnO_4^- + 5SO_3^{2-} + 6H^+ == 2Mn^{2+} + 5SO_4^{2-} + 3H_2O$。

答案：B

42. 解 电极电势的大小，可以判断氧化剂与还原剂的相对强弱。电极电势越大，表示电对中氧化态的氧化能力越强。所以题中氧化剂氧化能力最强的是 HClO。

答案：C

43. 解 标准状态时，由指定单质生成单位物质的量的纯物质 B 时反应的焓变（反应的热效应），称为物质 B 的标准摩尔生成焓，记作 $\Delta_f H_m^\Theta$。指定单质通常指标准压力和该温度下最稳定的单质，如 C 的指定单质为石墨(s)。选项 A 中 C(金刚石)不是指定单质，选项 D 中不是生成单位物质的量的 $CO_2(g)$。

答案：C

44. 解 发生银镜反应的物质要含有醛基（-CHO），所以甲醛、乙醛、乙二醛等各种醛类、甲酸及其盐（如 HCOOH、HCOONa）、甲酸酯（如甲酸甲酯 $HCOOCH_3$、甲酸丙酯 $HCOOC_3H_7$ 等）和葡萄糖、麦芽糖等分子中含醛基的糖与银氨溶液在适当条件下可以发生银镜反应。

答案：D

45. 解 蛋白质、橡胶、纤维素都是天然高分子，蔗糖（$C_{12}H_{22}O_{11}$）不是。

答案：A

46. 解 1-戊炔、2-戊炔、1,2-戊二烯催化加氢后产物均为戊烷，3-甲基-1-丁炔催化加氢后产物为2-甲基丁烷，结构式为$(CH_3)_2CHCH_2CH_3$。

答案：B

47. 解 根据力的投影公式，$F_x = F\cos\alpha$，故只有当$\alpha = 0°$时$F_x = F$，即力$\boldsymbol{F}$与x轴平行；而除力$\boldsymbol{F}$在与x轴垂直的y轴（$\boldsymbol{\alpha} = 90°$）上投影为0外，在其余与$x$轴共面轴上的投影均不为0。

答案：B

48. 解 主矢$\boldsymbol{F}_R = \boldsymbol{F}_1 + \boldsymbol{F}_2 + \boldsymbol{F}_3 = 30\boldsymbol{j}$N为三力的矢量和；对$O$点的主矩为各力向$O$点取矩及外力偶矩的代数和，即$M_O = F_3a - M_1 - M_2 = -10$N·m（顺时针）。

答案：B

49. 解 取整体为研究对象，受力如解图所示。

列平衡方程：

$\sum m_C(F) = 0$，$F_A \cdot 2r - F_p \cdot 3r = 0$，$F_A = \dfrac{3}{2}F_p$

答案：D

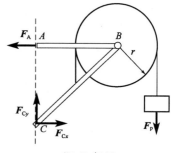

题49解图

50. 解 分析节点C的平衡，可知BC杆为零杆。

答案：D

51. 解 当$t = 2$s时，点的速度$v = \dfrac{\mathrm{d}s}{\mathrm{d}t} = 4t^3 - 9t^2 + 4t = 4$m/s

点的加速度$a = \dfrac{\mathrm{d}^2s}{\mathrm{d}t^2} = 12t^2 - 18t + 4 = 16$m/s^2

答案：C

52. 解 根据点做曲线运动时法向加速度的公式：$a_n = \dfrac{v^2}{\rho} = \dfrac{15^2}{5} = 45$m/s^2。

答案：B

53. 解 因为点A、B两点的速度、加速度方向相同，大小相等，根据刚体做平行移动时的特性，可判断杆AB的运动形式为平行移动，因此，平行移动刚体上M点和A点有相同的速度和加速度，即：$v_M = v_A = r\omega$，$a_M^n = a_A^n = r\omega^2$，$a_M^t = a_A^t = r\alpha$。

答案：C

54. 解 物块与桌面之间最大的摩擦力$F = \mu mg$

根据牛顿第二定律$ma = F$，即$m\dfrac{v^2}{r} = F = \mu mg$，则得$v = \sqrt{\mu gr}$

答案： C

55. 解 重力与水平位移相垂直，故做功为零，摩擦力 $F = 10 \times 0.3 = 3N$，所做之功 $W = 3 \times 4 = 12N \cdot m$。

答案： C

56. 解 根据动量矩定理：

$J\alpha_1 = 1 \times r$（J 为滑轮的转动惯量）

$J\alpha_2 + m_2 r^2 \alpha_2 + m_3 r^2 \alpha_2 = (m_2 g - m_3 g)r = 1 \times r$

$J\alpha_3 + m_3 r^2 \alpha_3 = m_3 gr = 1 \times r$

则 $\alpha_1 = \frac{1 \times r}{J}$；$\alpha_2 = \frac{1 \times r}{J + m_2 r^2 + m_3 r^2}$；$\alpha_3 = \frac{1 \times r}{J + m_3 r^2}$

答案： C

57. 解 如解图所示，杆释放瞬时，其角速度为零，根据动量矩定理：$J_O \alpha = mg\frac{l}{2}$，$\frac{1}{3}ml^2\alpha = mg\frac{l}{2}$，$\alpha = \frac{3g}{2l}$；施加于杆 OA 上的附加动反力为 $ma_C = m\frac{3g}{2l} \cdot \frac{l}{2} = \frac{3}{4}mg$，方向与质心加速度 a_C 方向相同。

题 57 解图

答案： D

58. 解 根据单自由度质点直线振动固有频率公式，

a）系统：$\omega_a = \sqrt{\frac{k}{m}}$；

b）系统：等效的弹簧刚度为 $\frac{k}{2}$，$\omega_b = \sqrt{\frac{k}{2m}}$。

答案： D

59. 解 用直接法求轴力，可得：左段杆的轴力是 $-3kN$，右段杆的轴力是 $5kN$。所以杆的最大轴力是 $5kN$。

答案： B

60. 解 用直接法求轴力，可得：$N_{AB} = -F$，$N_{BC} = F$

杆 C 截面的位移是：

$$\delta_C = \Delta l_{AB} + \Delta l_{BC} = \frac{-F \cdot l}{E \cdot 2A} + \frac{Fl}{EA} = \frac{Fl}{2EA}$$

答案： A

61.解 混凝土基座与圆截面立柱的交接面,即圆环形基座板的内圆柱面即为剪切面(如解图所示):

$$A_Q = \pi d t$$

圆形混凝土基座上的均布压力(面荷载)为:

$$q = \frac{1000 \times 10^3 \text{N}}{\frac{\pi}{4} \times 1000^2 \text{mm}^2} = \frac{4}{\pi} \text{MPa}$$

作用在剪切面上的剪力为:

$$Q = q \cdot \frac{\pi}{4}(1000^2 - 500^2) = 750 \text{kN}$$

由剪切强度条件: $\tau = \frac{Q}{A_Q} = \frac{Q}{\pi d t} \le [\tau]$,可得:

$$t \ge \frac{Q}{\pi d [\tau]} = \frac{750 \times 10^3 \text{N}}{\pi \times 500 \text{mm} \times 1.5 \text{MPa}} = 318.3 \text{mm}$$

题61解图

答案: C

62.解 设实心圆轴直径为 d,则:

$$\phi = \frac{Tl}{GI_p} = \frac{Tl}{G \frac{\pi}{32} d^4} = 32 \frac{Tl}{\pi d^4 G}$$

若实心圆轴直径减小为 $d_1 = \frac{d}{2}$,则:

$$\phi_1 = \frac{Tl}{GI_{p1}} = \frac{Tl}{G \frac{\pi}{32} \left(\frac{d}{2}\right)^4} = 16 \frac{32Tl}{\pi d^4 G} = 16\phi$$

答案: D

63.解 图示截面对 z 轴的惯性矩等于圆形截面对 z 轴的惯性矩减去矩形对 z 轴的惯性矩。

$$I_z^{矩} = \frac{bh^3}{12} + \left(\frac{h}{2}\right)^2 \cdot bh = \frac{bh^3}{3}$$

$$I_z = I_z^{圆} - I_z^{矩} = \frac{\pi d^4}{64} - \frac{bh^3}{3}$$

答案: A

64.解 圆轴表面 A 点的剪应力 $\tau = \frac{T}{W_T}$

根据胡克定律 $\tau = G\gamma$,因此 $T = \tau W_T = G\gamma W_T$

答案: A

65.解 上下梁的挠曲线曲率相同,故有

$$\rho = \frac{M_1}{EI_1} = \frac{M_2}{EI_2}$$

所以 $\frac{M_1}{M_2} = \frac{I_1}{I_2} = \frac{\frac{ba^3}{12}}{\frac{b(2a)^3}{12}} = \frac{1}{8}$,即 $M_2 = 8M_1$

又有 $M_1 + M_2 = m$,因此 $M_1 = \frac{m}{9}$

答案: A

66.解 图示截面的弯曲中心是两个狭长矩形边的中线交点，形心主轴是y'和z'，因为外力F作用线没有通过弯曲中心，故有扭转，还有沿两个形心主轴y'、z'方向的双向弯曲。

答案：D

67.解 本题是拉扭组合变形，轴向拉伸产生的正应力$\sigma = \frac{F}{A} = \frac{4F}{\pi d^2}$

扭转产生的剪应力$\tau = \frac{T}{W_T} = \frac{16T}{\pi d^3}$

$$\sigma_{eq3} = \sqrt{\sigma^2 + 4\tau^2} = \sqrt{\left(\frac{4F}{\pi d^2}\right)^2 + 4\left(\frac{16T}{\pi d^3}\right)^2}$$

答案：C

68.解 A图：$\sigma_1 = \sigma$，$\sigma_2 = \sigma$，$\sigma_3 = 0$；$\tau_{max} = \frac{\sigma - 0}{2} = \frac{\sigma}{2}$

B图：$\sigma_1 = \sigma$，$\sigma_2 = 0$，$\sigma_3 = -\sigma$；$\tau_{max} = \frac{\sigma - (-\sigma)}{2} = \sigma$

C图：$\sigma_1 = 2\sigma$，$\sigma_2 = 0$，$\sigma_3 = -\frac{\sigma}{2}$；$\tau_{max} = \frac{2\sigma - \left(-\frac{\sigma}{2}\right)}{2} = \frac{5}{4}\sigma$

D图：$\sigma_1 = 3\sigma$，$\sigma_2 = \sigma$，$\sigma_3 = 0$；$\tau_{max} = \frac{3\sigma - 0}{2} = \frac{3}{2}\sigma$

答案：D

69.解 图示圆轴是弯扭组合变形，力F作用下产生的弯矩在固定端最上缘A点引起拉伸正应力σ，外力偶T在A点引起扭转切应力τ，故A点单元体的应力状态是选项C。

答案：C

70.解 A图：$\mu l = 1 \times 5 = 5$

B图：$\mu l = 2 \times 3 = 6$

C图：$\mu l = 0.7 \times 6 = 4.2$

根据压杆的临界荷载公式$F_{cr} = \frac{\pi^2 EI}{(\mu l)^2}$

可知：μl越大，临界荷载越小；μl越小，临界荷载越大。

所以F_{crc}最大，而F_{crb}最小。

答案：C

71.解 压力表测出的是相对压强。

答案：C

72.解 设第一截面的流速为$v_1 = \frac{Q}{\frac{\pi}{4}d_1^2} = \frac{0.015\text{m}^3/\text{s}}{\frac{\pi}{4}0.1^2\text{m}^2} = 1.91\text{m/s}$

另一截面流速$v_2 = 20\text{m/s}$，待求直径为d_2，由连续方程可得：

$$d_2 = \sqrt{\frac{v_1}{v_2}d_1^2} = \sqrt{\frac{1.91}{20} \times 0.1^2} = 0.031\text{m} = 31\text{mm}$$

答案： B

73. 解 层流沿程损失系数 $\lambda = \frac{64}{Re}$，而雷诺数 $Re = \frac{vd}{\nu}$

代入题设数据，得：$Re = \frac{10 \times 5}{0.18} = 278$

沿程损失系数 $\lambda = \frac{64}{278} = 0.23$

答案： B

74. 解 圆柱形管嘴出水流量 $Q = \mu A \sqrt{2gH_0}$

代入题设数据，得：$Q = 0.82 \times \frac{\pi}{4}(0.04)^2 \sqrt{2 \times 9.8 \times 7.5} = 0.0125 \text{m}^3/\text{s} \approx 0.013 \text{m}^3/\text{s}$

答案： D

75. 解 在题设条件下，则自由出流孔口与淹没出流孔口的关系应为流量系数相等、流量相等。

答案： D

76. 解 由明渠均匀流谢才公式，知流速 $v = C\sqrt{Ri}$，$C = \frac{1}{n}R^{\frac{1}{6}}$

代入题设数据，得：$C = \frac{1}{0.02} \times 1^{\frac{1}{6}} = 50\sqrt{\text{m}}/\text{s}$

流速 $v = 50\sqrt{1 \times 0.0008} = 1.41 \text{m}/\text{s}$

答案： B

77. 解 达西渗流定律适用于均匀土壤层流渗流。

答案： C

78. 解 运动相似是几何相似和动力相似的表象。

答案： B

79. 解 根据恒定磁路的安培环路定律：$\sum HL = \sum NI$

得：$H = \frac{NI}{L} = \frac{NI}{2\pi\gamma}$

磁场方向按右手螺旋关系判断为顺时针方向。

答案： B

80. 解 $U = -2 \times 2 - 2 = -6\text{V}$

答案： D

81. 解 该电路具有 6 条支路，为求出 6 个独立的支路电流，所列方程数应该与支路数相等，即要列出 6 阶方程。

正确的列写方法是：

KCL 独立节点方程=节点数−1 = 4 − 1 = 3

KVL 独立回路方程（网孔数）= 支路数 − 独立节点数 = 6 − 3 = 3

"网孔"为内部不含支路的回路。

答案： B

82. 解 $i(t) = I_m \sin(\omega t + \psi_i)$ A

$t = 0$时，$i(t) = I_m \sin \psi_i = 0.5\sqrt{2}$A

$$\begin{cases} \sin \psi_i = 1, \quad \psi_i = 90° \\ I_m = 0.5\sqrt{2}\text{A} \\ \omega = 2\pi f = 2\pi \dfrac{1}{T} = 2000\pi \end{cases}$$

$i(t) = 0.5\sqrt{2} \sin(2000\pi t + 90°)$ A

答案： C

83. 解 图 b）给出了滤波器的幅频特性曲线。U_{i1}与U_{i2}的频率不同，它们的放大倍数是不一样的。

从特性曲线查出：

$U_{o1}/U_{i1} = 1 \Rightarrow U_{o1} = U_{i1} = 10\text{V} \Rightarrow U_{o2}/U_{i2} = 0.1 \Rightarrow U_{o2} = 0.1 \times U_{i2} = 1\text{V}$

答案： D

84. 解 画相量图分析，如解图所示。

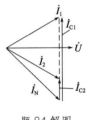

$\dot{I}_2 = \dot{I}_N + \dot{I}_{C2}$，$\dot{I}_1 = \dot{I}_N + \dot{I}_{C1}$

$|\dot{I}_{C1}| > |\dot{I}_{C2}|$

$I_C = \dfrac{U}{X_C} = \dfrac{U}{\frac{1}{\omega C}} = U\omega C \propto C$

题 84 解图

有$I_{C1} > I_{C2}$，所以$C_1 > C_2$

并且功率因数$\lambda|_{C_1} = 0.866$时电路出现过补偿，呈容性性质，一般不采用。

当$C = C_2$时，电路中总电流$\dot{I}_2$落后于电压$\dot{U}$，为感性性质，不为过补偿。

答案： A

85. 解 如解图所示，由题意可知：

$N_1 = 550$匝

当$U_1 = 100$V时，$U_{21} = 10$V，$U_{22} = 20$V

$\dfrac{N_1}{N_{2|10V}} = \dfrac{U_1}{U_{21}}$，$N_{2|10V} = N_1 \cdot \dfrac{U_{21}}{U_1} = 550 \times \dfrac{10}{100} = 55$匝

题 85 解图

$\dfrac{N_1}{N_{2|20V}} = \dfrac{U_1}{U_{22}}$，$N_{2|20V} = N_1 \cdot \dfrac{U_{22}}{U_1} = 550 \times \dfrac{20}{100} = 110$匝

答案： C

86. 解 为实现对电动机的过载保护，热继电器的热元件串联在电动机的主电路中，测量电动机的主电流，同时将热继电器的常闭触点接在控制电路中，一旦电动机过载，则常闭触点断开，切断电机的

供电电路。

答案：C

87. 解　"模拟"是指把某一个量用与它相对应的连续的物理量（电压）来表示；图 d）不是模拟信号，图 c）是采样信号，而非数字信号。对本题的分析可见，图 b）是图 a）的模拟信号。

答案：A

88. 解　周期信号频谱是离散的频谱，信号的幅度随谐波次数的增高而减小。针对本题情况，可知该周期信号的一次谐波分量为：

$$u_1 = U_{1m} \sin \omega_1 t = 5 \sin 10^3 t$$
$$U_{1m} = 5V, \quad \omega_1 = 10^3$$
$$u_3 = U_{3m} \sin 3\omega t$$
$$\omega_3 = 3\omega_1 = 3 \times 10^3$$
$$U_{3m} < U_{1m}$$

答案：B

89. 解　放大器的输入为正弦交流信号，但 $u_1(t)$ 的频率过高，超出了上限频率 f_H，放大倍数小于 A，因此输出信号 u_2 的有效值 $U_2 < AU_1$。

答案：C

90. 解　根据逻辑电路的反演关系，对公式变化可知结果

$$\overline{(AD + \overline{AD})} = \overline{AD} \cdot \overline{(\overline{AD})} = (\overline{A} + \overline{D}) \cdot (A + D) = \overline{A}D + A\overline{D}$$

答案：C

91. 解　本题输入信号 A、B 与输出信号 F 为或非逻辑关系，$F = \overline{A + B}$（输入有 1 输出则 0），对齐相位画输出波形如解图所示。

题 91 解图

结果与选项 A 的图形一致。

答案：A

92. 解　BCD 码是用二进制数表示十进制数。有两种常用形式，压缩 BCD 码，用 4 位二进制数表示 1 位十进制数；非压缩 BCD 码，用 8 位二进制数表示 1 位十进制数，本题的 BCD 码形式属于第一种。

选项 B，0001 表示十进制的 1，0110 表示十进制的 6，即 $(16)_{BCD}=(0001\ 0110)_B$，正确。

答案：B

93. 解 设二极管 D 截止，可以判断：

$U_{D阳} = 1V$，$U_{D阴} = 5V$

D 为反向偏置状态，可见假设成立，$U_F = U_B = 5V$

答案：B

94. 解 该电路为运算放大器的积分运算电路。

题 94 解图

$$u_o = -\frac{1}{RC}\int u_i \mathrm{d}t$$

当 $u_i = 1V$ 时，$u_o = -\frac{1}{RC}t$

如解图所示，当 $t < 10s$ 时，

运算放大器工作在线性状态，$u_o = -t$

当 $t \geqslant 10s$ 后，电路出现反向饱和，$u_o = -10V$

答案：D

95. 解 输出 Q 与输入信号 A 的关系：$Q_{n+1} = D = A \cdot \overline{Q}_n$

题 95 解图

输入信号 Q 在时钟脉冲的上升沿触发。

如解图所示，可知 CP 脉冲的两个下降沿时刻 Q 的状态分别是 1 0。

答案：C

96. 解 由题图可见该电路由 3 个 D 触发器组成，$Q_{n+1} = D$。在时钟脉冲的作用下，存储数据依次向左循环移位。

当 $\overline{R}_D = 0$ 时，系统初始化：$Q_2 = 0$，$Q_1 = 1$，$Q_0 = 0$。

即存储数据是"010"。

答案：A

97. 解 计算机按用途可分为专业计算机和通用计算机。专业计算机是为解决某种特殊问题而设计的计算机，针对具体问题能显示出有效、快速和经济的特性，但它的适应性较差，不适用于其他方面的应用。在导弹和火箭上使用的计算机很大部分就是专业计算机。通用计算机适应性很强，应用范围很广，如应用于科学计算、数据处理和实时控制等领域。

答案：A

98. 解 当前计算机的内存储器多数是半导体存储器。半导体存储器从使用功能上分，有随机存储器（Random Access Memory，简称 RAM，又称读写存储器），只读存储器（Read Only Memory，简称 ROM）。

答案：A

99. 解 批处理操作系统是指将用户的一批作业有序地排列在一起，形成一个庞大的作业流。计算机指令系统会自动地顺序执行作业流，以节省人工操作时间和提高计算机的使用效率。

答案：B

100. 解 杀毒软件能防止计算机病毒的入侵，及时有效地提醒用户当前计算机的安全状况，可以对计算机内的所有文件进行检查，发现病毒时可清除病毒，有效地保护计算机内的数据安全。

答案：D

101. 解 ASCII 码是"美国信息交换标准代码"的简称，是目前国际上最为流行的字符信息编码方案。在这种编码中每个字符用 7 个二进制位表示。这样，从 0000000 到 1111111 可以给出 128 种编码，可以用来表示 128 个不同的字符，其中包括 10 个数字、大小写字母各 26 个、算术运算符、标点符号及专用符号等。

答案：B

102. 解 Windows 特点的是使用方便、系统稳定可靠、有友好的用户界面、更高的可移动性，笔记本用户可以随时访问信息等。

答案：C

103. 解 虚拟存储技术实际上是在一个较小的物理内存储器空间上，来运行一个较大的用户程序。它利用大容量的外存储器来扩充内存储器的容量，产生一个比内存空间大得多、逻辑上的虚拟存储空间。

答案：D

104. 解 通信和数据传输是计算机网络主要功能之一，用来在计算机系统之间传送各种信息。利用该功能，地理位置分散的生产单位和业务部门可通过计算机网络连接在一起进行集中控制和管理。也可以通过计算机网络传送电子邮件，发布新闻消息和进行电子数据交换，极大地方便了用户，提高了工作效率。

答案：D

105. 解 因特网提供的服务有电子邮件服务、远程登录服务、文件传输服务、WWW 服务、信息搜索服务。

答案：D

106. 解 按采用的传输介质不同，可将网络分为双绞线网、同轴电缆网、光纤网、无线网；按网络传输技术不同，可将网络分为广播式网络和点到点式网络；按线路上所传输信号的不同，又可将网络分为基带网和宽带网两种。

答案：A

107. 解　根据等额支付偿债基金公式（已知F，求A）：

$$A = F\left[\frac{i}{(1+i)^n - 1}\right] = F(A/F, i, n) = 600 \times (A/F, 5\%, 5) = 600 \times 0.18097 = 108.58\ 万元$$

答案：B

108. 解　从企业角度进行投资项目现金流量分析时，可不考虑增值税，因为增值税是价外税，不进入企业成本也不进入销售收入。执行新的《中华人民共和国增值税暂行条例》以后，为了体现固定资产进项税抵扣导致企业应纳增值税的降低进而致使净现金流量增加的作用，应在现金流入中增加销项税额，同时在现金流出中增加进项税额以及应纳增值税。

答案：B

109. 解　注意题目问的是第2年年末偿还的利息（不包括本金）。

等额本息法每年还款的本利和相等，根据等额支付资金回收公式（已知P求A），每年年末还本付息金额为：

$$A = P\left[\frac{i(1+i)^n}{(1+i)^n - 1}\right] = P(A/P, 8\%, 5) = 150 \times 0.2505 = 37.575\ 万元$$

则第1年末偿还利息为$150 \times 8\% = 12$万元，偿还本金为$37.575 - 12 = 25.575$万元

第1年已经偿还本金25.575万元，尚未偿还本金为$150 - 25.575 = 124.425$万元

第2年年末应偿还利息为$(150 - 25.575) \times 8\% = 9.954$万元

答案：A

110. 解　内部收益率是指项目在计算期内各年净现金流量现值累计等于零时的收益率，属于动态评价指标。计算内部收益率不需要事先给定基准收益率i_c，计算出内部收益率后，再与项目的基准收益率i_c比较，以判定项目财务上的可行性。

常规项目投资方案是指除了建设期初或投产期初的净现金流量为负值外，以后年份的净现金流量均为正值，计算期内净现金流量由负到正只变化一次，这类项目只要累计净现金流量大于零，内部收益率就有唯一解，即项目的内部收益率。

答案：D

111. 解　影子价格是能够反映资源真实价值和市场供求关系的价格。

答案：B

112. 解　生产能力利用率的盈亏平衡点指标数值越低，说明较低的生产能力利用率即可达到盈亏平衡，也即说明企业经营抗风险能力较强。

答案：A

113. 解　由于残值可以回收，并没有真正形成费用消耗，故应从费用中将残值减掉。

由甲方案的现金流量图可知：

甲方案的费用现值：

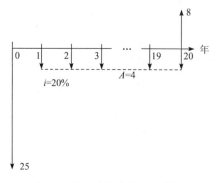

题113解　甲方案现金流量图

$$P = 4(P/A, 20\%, 20) + 25 - 8(P/F, 20\%, 20)$$
$$= 4 \times 4.8696 + 25 - 8 \times 0.02608 = 44.27 \text{ 万元}$$

同理可计算乙方案的费用现值：

$$P = 6(P/A, 20\%, 20) + 12 - 6(P/F, 20\%, 20)$$
$$= 6 \times 4.8696 + 12 - 6 \times 0.02608 = 41.06 \text{ 万元}$$

答案：C

114. 解　该零件的成本系数 $C = 880 \div 10000 = 0.088$

该零部件的价值指数为 $0.140 \div 0.088 = 1.591$

答案：D

115. 解　《中华人民共和国建筑法》第三十四条规定，工程监理单位应当根据建设单位的委托，客观、公正地执行监理任务。

选项 C 和 D 明显错误。选项 A 也是错误的，因为监理单位承揽监理业务的范围是根据其单位资质决定的，而不是和甲方签订的合同所决定的。

答案：B

116. 解　《中华人民共和国安全法》第六十三条规定，负有安全生产监督管理职责的部门依照有关法律、法规的规定，对涉及安全生产的事项需要审查批准（包括批准、核准、许可、注册、认证、颁发证照等，下同）或者验收的，必须严格依照有关法律、法规和国家标准或者行业标准规定的安全生产条件和程序进行审查；不符合有关法律、法规和国家标准或者行业标准规定的安全生产条件的，不得批准或者验收通过。对未依法取得批准或者验收合格的单位擅自从事有关活动的，负责行政审批的部门发现或者接到举报后应当立即予以取缔，并依法予以处理。对已经依法取得批准的单位，负责行政审批的部门发现其不再具备安全生产条件的，应当撤销原批准。

答案：A

117. 解 《中华人民共和国建筑法》第二十七条规定，大型建筑工程或者结构复杂的建筑工程，可以由两个以上的承包单位联合共同承包。共同承包的各方对承包合同的履行承担连带责任。

两个以上不同资质等级的单位实行联合共同承包的，应当按照资质等级低的单位的业务许可范围承揽工程。

答案：B

118. 解 《中华人民共和国民法典》第五百一十一条第二款规定，价款或者报酬不明确的，按照订立合同时履行地的市场价格履行；依法应当执行政府定价或者政府指导价的，依照规定履行。

答案：A

119. 解 《中华人民共和国环境保护法》第三十五条规定，城乡建设应当结合当地自然环境的特点，保护植被、水域和自然景观，加强城市园林、绿地和风景名胜区的建设与管理。

答案：A

120. 解 根据《建筑工程安全生产管理条例》第二十一条规定，施工单位主要负责人依法对本单位的安全生产工作全面负责。施工单位应当建立健全安全生产责任制度和安全生产教育培训制度，制定安全生产规章制度和操作规程，保证本单位安全生产条件所需资金的投入，对所承担的建设工程进行定期和专项安全检查，并做好安全检查记录。故选项 B 对。

主要负责人的职责是"建立"安全生产责任制，不是"落实"，所以选项 A 错。

答案：B

2019 年度全国勘察设计注册工程师执业资格考试基础考试（上）

试题解析及参考答案

1. 解 本题考查函数极限的求法以及洛必达法则的应用。

当自变量 $x \to 0$ 时，只有当 $x \to 0^+$ 及 $x \to 0^-$ 时，函数左右极限各自存在并且相等时，函数极限才存在。即当 $\lim\limits_{x \to 0^+} f(x) = \lim\limits_{x \to 0^-} f(x) = A$ 时，$\lim\limits_{x \to 0} f(x) = A$，否则函数极限不存在。

应用洛必达法则：

$$\lim_{x \to 0^+} \frac{3 + e^{\frac{1}{x}}}{1 - e^{\frac{2}{x}}} \xlongequal[\text{当} x \to 0^+ \text{时，} y \to +\infty]{\text{设} y = \frac{1}{x}} \lim_{y \to +\infty} \frac{3 + e^y}{1 - e^{2y}} \xlongequal{\frac{\infty}{\infty}} \lim_{y \to +\infty} \frac{e^y}{-2e^{2y}} = \lim_{y \to +\infty} \frac{1}{-2e^y} = 0$$

$$\lim_{x \to 0^-} \frac{3 + e^{\frac{1}{x}}}{1 - e^{\frac{2}{x}}} \xlongequal[\text{当} x \to 0^- \text{时，} y \to -\infty]{\text{设} y = \frac{1}{x}} \lim_{y \to -\infty} \frac{3 + e^y}{1 - e^{2y}} \xlongequal[e^y \to 0]{y \to -\infty} \frac{3}{1} = 3$$

因 $\lim\limits_{x \to 0^+} f(x) \neq \lim\limits_{x \to 0^-} f(x)$，所以 $\lim\limits_{x \to 0} f(x)$ 不存在。

答案：D

2. 解 本题考查函数可微、可导与函数连续之间的关系。

对于一元函数而言，函数可导和函数可微等价。函数可导必连续，函数连续不一定可导（例如 $y = |x|$ 在 $x = 0$ 处连续，但不可导）。因而，$f(x)$ 在点 $x = x_0$ 处连续为函数在该点处可微的必要条件。

答案：C

3. 解 利用同阶无穷小定义计算。

求极限 $\lim\limits_{x \to 0} \frac{\sqrt{1 - x^2} - \sqrt{1 + x^2}}{x^k}$，只要当极限值为常数 C，且 $C \neq 0$ 时，即为同阶无穷小。

$$\lim_{x \to 0} \frac{\sqrt{1 - x^2} - \sqrt{1 + x^2}}{x^k} \xlongequal{\text{分子有理化}} \lim_{x \to 0} \frac{(\sqrt{1 - x^2} - \sqrt{1 + x^2})(\sqrt{1 - x^2} + \sqrt{1 + x^2})}{x^k(\sqrt{1 - x^2} + \sqrt{1 + x^2})}$$

$$= \lim_{x \to 0} \frac{-2x^2}{x^k(\sqrt{1 - x^2} + \sqrt{1 + x^2})} \xlongequal{\text{只有} k = 2 \text{时，极限值才满足为常数} C \text{，且} C \neq 0}$$

$$\lim_{x \to 0} \frac{-2x^2}{x^2(\sqrt{1 - x^2} + \sqrt{1 + x^2})} = -1$$

答案：B

4. 解 本题为求复合函数的二阶导数，可利用复合函数求导公式计算。

设 $y = \ln u$，$u = \sin x$，先对中间变量求导，再乘以中间变量 u 对自变量 x 的导数（注意正确使用导数公式）。

$$y' = \frac{1}{\sin x} \cdot \cos x = \cot x, \quad y'' = (\cot x)' = -\frac{1}{\sin^2 x}$$

答案：D

5. 解 本题考查罗尔中值定理。

由罗尔中值定理可知，函数满足：①在闭区间连续；②在开区间可导；③两端函数值相等，则在开区间内至少存在一点 ξ，使得 $f'(\xi) = 0$。本题满足罗尔中值定理的条件，因而结论 B 成立。

答案：B

6. 解 $x = 0$ 处导数不存在。x_1 和 O 点两侧导函数符号由负变为正，函数在该点取得极小值，故 x_1 和 O 点是函数的极小值点；x_2 和 x_3 点两侧导函数符号由正变为负，函数在该点取得极大值，故 x_2 和 x_3 点是函数的极大值点。

答案：B

7. 解 本题可用第一类换元积分方法计算，也可用凑微分方法计算。

方法 1：设 $x^2 + 1 = t$，则有 $2x\mathrm{d}x = \mathrm{d}t$，即 $x\mathrm{d}x = \dfrac{1}{2}\mathrm{d}t$

$$\int \frac{x}{\sin^2(x^2+1)}\mathrm{d}x = \int \frac{1}{\sin^2 t}\frac{1}{2}\mathrm{d}t = \frac{1}{2}\int \csc^2 t\,\mathrm{d}t = -\frac{1}{2}\cot t + C = -\frac{1}{2}\cot(x^2+1) + C$$

方法 2：

$$\int \frac{x}{\sin^2(x^2+1)}\mathrm{d}x = \frac{1}{2}\int \frac{1}{\sin^2(x^2+1)}\mathrm{d}(x^2+1) = -\frac{1}{2}\cot(x^2+1) + C$$

答案：A

8. 解 当 $x = -1$ 时，$\lim\limits_{x \to -1}\dfrac{1}{(1+x)^2} = +\infty$，所以 $x = -1$ 为函数的无穷不连续点。

本题为被积函数有无穷不连续点的广义积分。按照这类广义积分的计算方法，把广义积分在无穷不连续点 $x = -1$ 处分成两部分，只有当每一部分都收敛时，广义积分才收敛，否则广义积分发散。

即：

$$\int_{-2}^{2}\frac{1}{(1+x)^2}\mathrm{d}x = \int_{-2}^{-1}\frac{1}{(1+x)^2}\mathrm{d}x + \int_{-1}^{2}\frac{1}{(1+x)^2}\mathrm{d}x$$

计算第一部分：

$$\int_{-2}^{-1}\frac{1}{(1+x)^2}\mathrm{d}x = \int_{-2}^{-1}\frac{1}{(1+x)^2}\mathrm{d}(x+1) = -\frac{1}{1+x}\Big|_{-2}^{-1} = \lim_{x \to 1^-}\left(-\frac{1}{1+x}\right) - \left(-\frac{1}{-1}\right) = \infty,$$

发散

所以，广义积分发散。

答案：D

9. 解 利用两向量平行的知识以及两向量数量积的运算法则计算。

已知 $\boldsymbol{\beta} /\!/ \boldsymbol{\alpha}$，则有 $\boldsymbol{\beta} = \lambda\boldsymbol{\alpha}$（$\lambda$ 为任意非零常数）

所以 $\boldsymbol{\alpha} \cdot \boldsymbol{\beta} = \boldsymbol{\alpha} \cdot \lambda\boldsymbol{\alpha} = \lambda(\boldsymbol{\alpha} \cdot \boldsymbol{\alpha}) = \lambda[2 \times 2 + 1 \times 1 + (-1) \times (-1)] = 6\lambda$

已知 $\boldsymbol{\alpha} \cdot \boldsymbol{\beta} = 3$，即 $6\lambda = 3$，$\lambda = \dfrac{1}{2}$

所以 $\boldsymbol{\beta} = \dfrac{1}{2}\boldsymbol{\alpha} = \left(1, \dfrac{1}{2}, -\dfrac{1}{2}\right)$

答案：C

10. 解 因直线垂直于xOy平面，因而直线的方向向量只要选与z轴平行的向量即可，取所求直线的方向向量$\vec{s}=(0,0,1)$，如解图所示，再按照直线的点向式方程的写法写出直线方程：

题10解图

$$\frac{x-2}{0}=\frac{y-0}{0}=\frac{z+1}{1}$$

答案：C

11. 解 通过分析可知，本题为一阶可分离变量方程，分离变量后两边积分求出方程的通解，再代入初始条件求出方程的特解。

$$y\ln x dx - x\ln y dy = 0 \Rightarrow y\ln x dx = x\ln y dy \Rightarrow \frac{\ln x}{x}dx = \frac{\ln y}{y}dy$$

$$\Rightarrow \int \frac{\ln x}{x}dx = \int \frac{\ln y}{y}dy \Rightarrow \int \ln x d(\ln x) = \int \ln y d(\ln y)$$

$$\Rightarrow \frac{1}{2}\ln^2 x = \frac{1}{2}\ln^2 y + C_1 \Rightarrow \ln^2 x - \ln^2 y = C_2 \quad (其中，C_2 = 2C_1)$$

代入初始条件$y(x=1)=1$，得$C_2 = 0$

所以方程的特解：$\ln^2 x - \ln^2 y = 0$

答案：D

12. 解 画出积分区域D的图形，如解图所示。

方法 1：因被积函数$f(x,y)=1$，所以积分$\iint\limits_D dxdy$的值即为这三条直线所围成的区域面积，所以$\iint\limits_D dxdy = \frac{1}{2}\times 1 \times 2 = 1$。

方法 2：把二重积分转化为二次积分，可先对y积分再对x积分，也可先对x积分再对y积分。本题先对y积分后再对x积分：

题12解图

$$D:\begin{cases}0\leqslant x\leqslant 1\\0\leqslant y\leqslant -2x+2\end{cases}$$

$$\iint\limits_D dxdy = \int_0^1 dx\int_0^{-2x+2} dy = \int_0^1 y\Big|_0^{-2x+2} dx$$

$$= \int_0^1 (-2x+2)dx = (-x^2+2x)\Big|_0^1 = -1+2 = 1$$

答案：A

13. 解 $y = C_1 C_2 e^{-x}$，因C_1、C_2是任意常数，可设$C = C_1 \cdot C_2$（C仍为任意常数），即$y = Ce^{-x}$，则有$y' = -Ce^{-x}$，$y'' = Ce^{-x}$。

代入得$Ce^{-x} - 2(-Ce^{-x}) - 3Ce^{-x} = 0$，可知$y = Ce^{-x}$为方程的解。

因$y = Ce^{-x}$仅含一个独立的任意常数，可知$y = Ce^{-x}$既不是方程的通解，也不是方程的特解，只是方程的解。

答案：D

14. 解 本题考查对坐标的曲线积分的计算方法。

应注意，对坐标的曲线积分与曲线的积分路径、方向有关，积分变量的变化区间应从起点所对应的参数积到终点所对应的参数。

$L: x^2 + y^2 = 1$

参数方程可表示为 $\begin{cases} x = \cos\theta \\ y = \sin\theta \end{cases}$ $(\theta: 0 \to 2\pi)$，则

$$\int_L \frac{y\mathrm{d}x - x\mathrm{d}y}{x^2 + y^2} = \int_0^{2\pi} \frac{\sin\theta(-\sin\theta) - \cos\theta\cos\theta}{\cos^2\theta + \sin^2\theta}\mathrm{d}\theta = \int_0^{2\pi}(-1)\mathrm{d}\theta = -\theta\Big|_0^{2\pi} = -2\pi$$

答案：B

15. 解 本题函数为二元函数，先求出二元函数的驻点，再利用二元函数取得极值的充分条件判定。

$f(x, y) = xy$

求得偏导数 $\begin{cases} f_x(x, y) = y \\ f_y(x, y) = x \end{cases}$，则 $\begin{cases} f_x(0,0) = 0 \\ f_y(0,0) = 0 \end{cases}$，故点 $(0,0)$ 为二元函数的驻点。

求得二阶导数 $f''_{xx}(x, y) = 0$，$f''_{xy}(x, y) = 1$，$f''_{yy}(x, y) = 0$

则有 $A = f''_{xx}(0,0) = 0$，$B = f''_{xy}(0,0) = 1$，$C = f''_{yy}(0,0) = 0$

$AC - B^2 = -1 < 0$，所以在驻点 $(0,0)$ 处取不到极值。

点 $(0,0)$ 是驻点，但非极值点。

答案：B

16. 解 本题考查级数条件收敛、绝对收敛的有关概念，以及级数收敛与发散的基本判定方法。

将级数 $\sum\limits_{n=1}^{\infty}(-1)^{n-1}\frac{1}{n^p}$ 各项取绝对值，得 p 级数 $\sum\limits_{n=1}^{\infty}\frac{1}{n^p}$。

当 $p > 1$ 时，原级数 $\sum\limits_{n=1}^{\infty}(-1)^{n-1}\frac{1}{n^p}$ 绝对收敛；当 $0 < p \leqslant 1$ 时，级数 $\sum\limits_{n=1}^{\infty}\frac{1}{n^p}$ 发散。所以，选项 B、C 均不成立。

再判定原级数 $\sum\limits_{n=1}^{\infty}(-1)^{n-1}\frac{1}{n^p}$ 在 $0 < p \leqslant 1$ 时的敛散性。

级数 $\sum\limits_{n=1}^{\infty}(-1)^{n-1}\frac{1}{n^p}$ 为交错级数，记 $u_n = \frac{1}{n^p}$。

当 $p > 0$ 时，$n^p < (n+1)^p$，则 $\frac{1}{n^p} > \frac{1}{(n+1)^p}$，$u_n > u_{n+1}$，又 $\lim\limits_{n\to\infty} u_n = 0$，所以级数 $\sum\limits_{n=1}^{\infty}(-1)^{n-1}\frac{1}{n^p}$ 在 $0 < p \leqslant 1$ 时条件收敛。

答案：D

17. 解 利用二元函数求全微分公式 $\mathrm{d}z = \frac{\partial z}{\partial x}\mathrm{d}x + \frac{\partial z}{\partial y}\mathrm{d}y$ 计算，然后代入 $x = 1$，$y = 2$ 求出 $\mathrm{d}z\Big|_{\substack{x=1\\y=2}}$ 的值。

（1）计算 $\frac{\partial z}{\partial x}$：

$z = \left(\frac{y}{x}\right)^x$，两边取对数，得$\ln z = x \ln\left(\frac{y}{x}\right)$，两边对$x$求导，得：

$$\frac{1}{z} z_x = \ln\frac{y}{x} + x\frac{x}{y}\left(-\frac{y}{x^2}\right) = \ln\frac{y}{x} - 1$$

进而得：$z_x = z\left(\ln\frac{y}{x} - 1\right) = \left(\frac{y}{x}\right)^x\left(\ln\frac{y}{x} - 1\right)$

（2）计算$\frac{\partial z}{\partial y}$：

$$\frac{\partial z}{\partial y} = x\left(\frac{y}{x}\right)^{x-1}\frac{1}{x} = \left(\frac{y}{x}\right)^{x-1}$$

$$dz = \frac{\partial z}{\partial x}dx + \frac{\partial z}{\partial y}dy = \left(\frac{y}{x}\right)^x\left(\ln\frac{y}{x} - 1\right)dx + \left(\frac{y}{x}\right)^{x-1}dy$$

$$dz\bigg|_{\substack{x=1 \\ y=2}} = 2(\ln 2 - 1)dx + dy = 2\left[(\ln 2 - 1)dx + \frac{1}{2}dy\right]$$

答案：C

18. 解 幂级数只含奇数次幂项，求出级数的收敛半径，再判断端点的敛散性。

方法1：

$$\lim_{n\to\infty}\left|\frac{u_{n+1}(x)}{u_n(x)}\right| = \lim_{n\to\infty}\left|\frac{\frac{x^{2n+1}}{2n+1}}{\frac{x^{2n-1}}{2n-1}}\right| = \lim_{n\to\infty}\left|\frac{2n-1}{2n+1}x^2\right| = x^2$$

当$x^2 < 1$，即$-1 < x < 1$时，级数收敛；当$x^2 > 1$，即$x > 1$或$x < -1$时，级数发散：

判断端点的敛散性。

当$x = 1$时，$\sum_{n=1}^{\infty}(-1)^{n-1}\frac{x^{2n-1}}{2n-1} \Rightarrow \sum_{n=1}^{\infty}(-1)^{n-1}\frac{1}{2n-1}$，为交错级数，同时满足$u_n > u_{n+1}$和$\lim_{n\to\infty}u_n = 0$，

级数收敛。

当$x = -1$时，$\sum_{n=1}^{\infty}(-1)^{n-1}\frac{x^{2n-1}}{2n-1} \Rightarrow \sum_{n=1}^{\infty}(-1)^{n}\frac{1}{2n-1}$，为交错级数，同时满足$u_n > u_{n+1}$和$\lim_{n\to\infty}u_n = 0$，

级数收敛。

综上，级数$\sum_{n=1}^{\infty}(-1)^{n-1}\frac{x^{2n-1}}{2n-1}$的收敛域为$[-1,1]$。

方法2： 四个选项已给出，仅在端点处不同，直接判断端点$x = 1$、$x = -1$的敛散性即可。

答案：A

19. 解 利用公式$|A^*| = |A|^{n-1}$判断。代入$|A| = b$，得$|A^*| = b^{n-1}$。

答案：B

20. 解 利用公式$|A| = \lambda_1\lambda_2\cdots\lambda_n$，当$A$为二阶方阵时，$|A| = \lambda_1\lambda_2$

则有$\lambda_2 = \frac{|A|}{\lambda_1} = \frac{-1}{1} = -1$

由"实对称矩阵对应不同特征值的特征向量正交"判断：

$$\binom{1}{1}^{\mathrm{T}}\binom{1}{-1} = (1,\ 1)\binom{1}{-1} = 0$$

所以 $\begin{pmatrix} 1 \\ 1 \end{pmatrix}$ 与 $\begin{pmatrix} 1 \\ -1 \end{pmatrix}$ 正交

答案： B

21.解 二次型 f 的秩就是对应矩阵 A 的秩。

二次型对应矩阵为 $A = \begin{bmatrix} 1 & 1 & 0 \\ 1 & t & 0 \\ 0 & 0 & 3 \end{bmatrix}$，$R(A) = 2$，则有 $|A| = 0$，即 $3(t-1) = 0$，可以得出 $t = 1$。

答案： C

22.解 由条件概率公式和乘法公式：$P(A|B) = \dfrac{P(AB)}{P(B)} = \dfrac{P(A)P(B|A)}{P(B)} = \dfrac{\frac{1}{3} \times \frac{1}{6}}{\frac{1}{4}} = \dfrac{2}{9}$。

答案： B

23.解 由联合分布律的性质：$\displaystyle\sum_i \sum_j p_{ij} = 1$，得 $\dfrac{1}{4} + \dfrac{1}{4} + \dfrac{1}{6} + a = 1$，则 $a = \dfrac{1}{3}$。

答案： A

24.解 因为 $X \sim U(1, \theta)$，所以 $E(X) = \dfrac{1+\theta}{2}$，则 $\theta = 2E(X) - 1$，用 $\overline{X}$ 代替 $E(X)$，得 θ 的矩估计 $\hat{\theta} = 2\overline{X} - 1$。

答案： C

25.解 温度的统计意义告诉我们：气体的温度是分子平均平动动能的量度，气体的温度是大量气体分子热运动的集体体现，具有统计意义，温度的高低反映物质内部分子运动剧烈程度的不同，正是因为它的统计意义，单独说某个分子的温度是没有意义的。

答案： B

26.解 气体分子运动的三种速率：

$$v_p = \sqrt{\dfrac{2kT}{m}} \approx 1.41\sqrt{\dfrac{RT}{M}}$$

$$\bar{v} = \sqrt{\dfrac{8kT}{\pi m}} \approx 1.60\sqrt{\dfrac{RT}{M}}, \quad \sqrt{\bar{v^2}} = \sqrt{\dfrac{3kT}{m}} \approx 1.73\sqrt{\dfrac{RT}{M}}$$

答案： C

27.解 理想气体向真空作绝热膨胀，注意"真空"和"绝热"。由热力学第一定律 $Q = \Delta E + W$，理想气体向真空作绝热膨胀不做功，不吸热，故内能变化为零，温度不变，但膨胀致体积增大，单位体积分子数 n 减少，根据 $p = nkT$，故压强减小。

答案： A

28.解 此题考查卡诺循环。

卡诺循环的热机效率为：$\eta = 1 - \dfrac{T_2}{T_1}$

T_1 与 T_2 不同，所以效率不同。

两个循环曲线所包围的面积相等，净功相等，$W = Q_1 - Q_2$，即两个热机吸收的热量与放出的热量

（绝对值）的差值一定相等。

答案： D

29. 解 此题考查理想气体分子的摩尔热容。

$$C_V = \frac{i}{2}R, \quad C_p = C_V + R = \frac{i+2}{2}R$$

刚性双原子分子理想气体$i = 5$，故$\frac{C_p}{C_V} = \frac{7}{5}$

答案： C

30. 解 将波动方程化为标准式：$y = 0.05\cos(4\pi x - 10\pi t) = 0.05\cos 10\pi\left(t - \frac{x}{2.5}\right)$

$$u = 2.5\text{m/s}, \quad \omega = 2\pi\nu = 10\pi, \quad \nu = 5\text{Hz}, \quad \lambda = \frac{u}{\nu} = \frac{2.5}{5} = 0.5\text{m}$$

答案： A

31. 解 此题考查声波的多普勒效应。

题目讨论的是火车疾驰而来时的过程与火车远离而去时人们听到的汽笛音调比较。

火车疾驰而来时音调（即频率）：$\nu'_{来} = \frac{u}{u - v_s}\nu$

火车远离而去时的音调：$\nu'_{去} = \frac{u}{u + v_s}\nu$

式中，u为声速，v_s为火车相对地的速度，ν为火车发出汽笛声的原频率。

相比，人们听到的汽笛音调应是由高变低的。

答案： A

32. 解 此题考查波的强度公式：$I = \frac{1}{2}\rho u A^2 \omega^2$

保持其他条件不变，仅使振幅A增加1倍，则波的强度增加到原来的4倍。

答案： D

33. 解 两列振幅相同的相干波，在同一直线上沿相反方向传播，叠加的结果即为驻波。

叠加后形成的驻波的波动方程为：$y = y_1 + y_2 = \left(2A\cos 2\pi\frac{x}{\lambda}\right)\cos 2\pi\nu t$

驻波的振幅是随位置变化的，$A' = 2A\cos 2\pi\frac{x}{\lambda}$，波腹处有最大振幅$2A$。

答案： C

34. 解 此题考查光的干涉。

薄膜上下两束反射光的光程差：$\delta = 2n_2 e$

增透膜要求反射光相消：$\delta = 2n_2 e = (2k+1)\frac{\lambda}{2}$

$k = 0$时，膜有最小厚度，$e = \frac{\lambda}{4n_2} = \frac{500}{4 \times 1.38} = 90.6\text{nm}$

答案： B

35. 解 此题考查光的衍射。

单缝衍射明纹条件光程差为半波长的奇数倍，相邻两个半波带对应点的光程差为半个波长。

答案： C

36. 解 此题考查光的干涉与偏振。

双缝干涉条纹间距$\Delta x = \dfrac{D}{d}\lambda$，加偏振片不改变波长，故干涉条纹的间距不变，而自然光通过偏振片光强衰减为原来的一半，故明纹的亮度减弱。

答案： B

37. 解 第一电离能是基态的气态原子失去一个电子形成+1价气态离子所需要的最低能量。变化规律：同一周期从左到右，主族元素的有效核电荷数依次增加，原子半径依次减小，电离能依次增大；同一主族元素从上到下原子半径依次增大，电离能依次减小。

答案： D

38. 解 共价键的类型分σ键和π键。共价单键均为σ键；共价双键中含1个σ键，1个π键；共价三键中含1个σ键，2个π键。

丁二烯分子中，碳氢间均为共价单键，碳碳间含1个碳碳单键，2个碳碳双键。结构式为：

$$\begin{array}{c} H \quad\quad\quad\quad\quad H \\ \text{C}=\text{C}-\text{C}=\text{C} \\ H \quad H \quad H \quad H \end{array}$$

答案： B

39. 解 离子的极化作用是指离子的极化力，离子的极化力为某离子使其他离子变形的能力。极化力取决于：①离子的电荷，电荷数越多，极化力越强；②离子的半径，半径越小，极化力越强；③离子的电子构型，当电荷数相等、半径相近时，极化力的大小为：18 或 18+2 电子构型 >9~17 电子构型 >8 电子构型。每种离子都具有极化力和变形性，一般情况下，主要考虑正离子的极化力和负离子的变形性。离子半径的变化规律：同周期不同元素离子的半径随离子电荷代数值增大而减小。四个化合物中的阴离子相同，都为Cl^-，阳离子分别为Na^+、Mg^{2+}、Al^{3+}、Si^{4+}，离子半径逐渐减小，离子电荷逐渐增大，极化力逐渐增强，对Cl^-的极化作用逐渐增强，所以离子极化作用最强的是$SiCl_4$。

答案： D

40. 解 根据 $pH = -\lg C_{H^+}$，$K_W = C_{H^+} \times C_{OH^-}$

$pH = 2$时，$C_{H^+} = 10^{-2} \text{mol} \cdot \text{L}^{-1}$，$C_{OH^-} = 10^{-12} \text{mol} \cdot \text{L}^{-1}$

$pH = 4$时，$C_{H^+} = 10^{-4} \text{mol} \cdot \text{L}^{-1}$，$C_{OH^-} = 10^{-10} \text{mol} \cdot \text{L}^{-1}$

答案： C

41. 解 吉布斯函数变$\Delta G < 0$时化学反应能自发进行。根据吉布斯等温方程，当$\Delta_r H_m^{\ominus} > 0$，$\Delta_r S_m^{\ominus} > 0$

时，反应低温不能自发进行，高温能自发进行。

答案：A

42. 解 根据盐类的水解理论，NaCl为强酸强碱盐，不水解，溶液显中性；Na_2CO_3为强碱弱酸盐，水解，溶液显碱性；硫酸铝和硫酸铵均为强酸弱碱盐，水解，溶液显酸性。

答案：B

43. 解 电对对应的半反应中无H^+参与时，酸度大小对电对的电极电势无影响；电对对应的半反应中有H^+参与时，酸度大小对电对的电极电势有影响，影响结果由能斯特方程决定。

电对Fe^{3+}/Fe^{2+}对应的半反应为$Fe^{3+} + e^- = Fe^{2+}$，没有H^+参与，酸度大小对电对的电极电势无影响；电对MnO_4^-/Mn^{2+}对应的半反应为$MnO_4^- + 8H^+ + 5e^- = Mn^{2+} + 4H_2O$，有$H^+$参与，根据能斯特方程，$H^+$浓度增大，电对的电极电势增大。

答案：C

44. 解 C_5H_{12}有三个异构体，每种异构体中，有几种类型氢原子，就有几种一氯代物。

异构体 $H_3C—CH_2—CH_2—CH_2—CH_3$ 中，有2个甲基，3种一氯代物；
异构体 $H_3C—CH—CH_2—CH_3$ 中，有3个甲基，4种一氯代物；
$\quad\quad\quad\quad\quad\quad |$
$\quad\quad\quad\quad\quad CH_3$

$\quad\quad\quad\quad\quad CH_3$
$\quad\quad\quad\quad\quad\quad |$
异构体 $H_3C—C—CH_3$ 中，有4个甲基，1种一氯代物。
$\quad\quad\quad\quad\quad\quad |$
$\quad\quad\quad\quad\quad CH_3$

答案：C

45. 解 选项A、B、C催化加氢均生成2-甲基戊烷，选项D催化加氢生成3-甲基戊烷。

答案：D

46. 解 与端基碳原子相连的羟基氧化为醛，不与端基碳原子相连的羟基氧化为酮。

答案：C

47. 解 若力F作用于构件BC上，则AC为二力构件，满足二力平衡条件，BC满足三力平衡条件，受力图如解图a）所示。

题47解图

对BC列平衡方程：

$$\sum F_x = 0, \quad F - F_B \sin\varphi - F_C' \sin\alpha = 0$$

$$\sum F_y = 0, \quad F_C' \cos\alpha - F_B \cos\varphi = 0$$

解得：$F_C' = \dfrac{F}{\sin\alpha + \cos\alpha \tan\varphi} = F_A$，$F_B = \dfrac{F}{\tan\alpha \cos\varphi + \sin\varphi}$

若力 $\boldsymbol{F}$ 移至构件 AC 上，则 BC 为二力构件，而 AC 满足三力平衡条件，受力图如解图 b ）所示。

对 AC 列平衡方程：

$$\sum F_x = 0, \quad F - F_A \sin\varphi - F_C' \sin\alpha = 0$$

$$\sum F_y = 0, \quad F_A \cos\varphi - F_C' \cos\alpha = 0$$

解得：$F_C' = \dfrac{F}{\sin\alpha + \cos\alpha \tan\varphi} = F_B$，$F_A = \dfrac{F}{\tan\alpha \cos\varphi + \sin\varphi}$

由此可见，两种情况下，只有 C 处约束力的大小没有改变，而 A、B 处约束力的大小都发生了改变。

答案：D

48. 解 由图可知力 $\boldsymbol{F}_1$ 过 A 点，故向 A 点简化的附加力偶为 0，因此主动力系向 A 点简化的主矩即为

$M_A = M = 4\mathrm{N} \cdot \mathrm{m}$。

答案：A

49. 解 对系统整体列平衡方程：

$$\sum M_A(F) = 0, \quad M_A - F_p\left(\frac{a}{2} + r\right) = 0$$

得：$M_A = F_p\left(\dfrac{a}{2} + r\right)$（逆时针）

答案：B

50. 解 分析节点 A 的平衡，可知铅垂杆为零杆，再分析节点 B 的平衡，节点连接的两根杆均为零杆，故内力为零的杆数是 3。

答案：A

51. 解 当 $t = 10\mathrm{s}$ 时，$v_t = v_0 + at = 10a = 5\mathrm{m/s}$，故汽车的加速度 $a = 0.5\mathrm{m/s^2}$。则有：

$$S = \frac{1}{2}at^2 = \frac{1}{2} \times 0.5 \times 10^2 = 25\mathrm{m}$$

答案：A

52. 解 物体的角速度及角加速度分别为：$\omega = \dot{\varphi} = 4 - 6t\,\mathrm{rad/s}$，$\alpha = \ddot{\varphi} = -6\mathrm{rad/s^2}$，则 $t = 1\mathrm{s}$ 时物体内转动半径 $r = 0.5\mathrm{m}$ 点的速度为：$v = \omega r = -1\mathrm{m/s}$，切向加速度为：$a_\tau = \alpha r = -3\mathrm{m/s^2}$。

答案：B

53. 解 构件 BC 是平行移动刚体，根据其运动特性，构件上各点有相同的速度和加速度，用其上一点 B 的运动即可描述整个构件的运动，点 B 的运动方程为：

$$x_B = -r\cos\theta = -r\cos\omega t$$

则其速度的表达式为 $v_{BC} = \dot{x}_B = r\omega \sin\omega t$，加速度的表达式为 $a_{BC} = \ddot{x}_B = r\omega^2 \cos\omega t$

答案：D

54. 解 质点运动微分方程：$ma = F$

当电梯加速下降、匀速下降及减速下降时，加速度分别向下、零、向上，代入质点运动微分方程，分别有：

$$ma = W - F_1, \ 0 = W - F_2, \ ma = F_3 - W$$

所以：$F_1 = W - ma$，$F_2 = W$，$F_3 = W + ma$

故 $F_1 < F_2 < F_3$

答案：C

55. 解 定轴转动刚体动量矩的公式：$L_O = J_O \omega$

其中，$J_O = \frac{1}{2}mR^2 + mR^2$

因此，动量矩 $L_O = \frac{3}{2}mR^2\omega$

答案：D

56. 解 动能定理：$T_2 - T_1 = W_{12}$

其中：$T_1 = 0$，$T_2 = \frac{1}{2}J_O\omega^2$

将 $W_{12} = mg(R - R\cos\theta)$ 代入动能定理：$\frac{1}{2}\left(\frac{1}{2}mR^2 + mR^2\right)\omega^2 - 0 = mg(R - R\cos\theta)$

解得：$\omega = \sqrt{\frac{4g(1-\cos\theta)}{3R}}$

答案：B

57. 解 惯性力的定义为：$F_I = -ma$

惯性力主矢的方向总是与其加速度方向相反。

答案：A

58. 解 当激振频率与系统的固有频率相等时，系统发生共振，即：

$$\omega_0 = \sqrt{\frac{k}{m}} = \omega_1 = 6\text{rad/s}; \ \sqrt{\frac{k}{1+m}} = \omega_2 = 5.86\text{rad/s}$$

联立求解可得：$m = 20.68\text{kg}$，$k = 744.53\text{N/m}$

答案：D

59. 解 由图可知，曲线 A 的强度失效应力最大，故 A 材料强度最高。

答案：A

60. 解 根据截面法可知，AB 段轴力 $F_{AB} = F$，BC 段轴力 $F_{BC} = -F$

则 $\Delta L = \Delta L_{AB} + \Delta L_{BC} = \frac{Fl}{EA} + \frac{-Fl}{EA} = 0$

答案：A

61. 解 取一根木杆进行受力分析，可知剪力是F，剪切面是ab，故名义切应力$\tau = \dfrac{F}{ab}$。

答案：A

62. 解 此公式只适用于线弹性变形的圆截面（含空心圆截面）杆，选项A、B、C都不适用。

答案：D

63. 解 由强度条件$\tau_{max} = \dfrac{T}{W_p} \leq [\tau]$，可知直径为$d$的圆轴可承担的最大扭矩为$T \leq [\tau]W_p = [\tau]\dfrac{\pi d^3}{16}$

若改变该轴直径为d_1，使$A_1 = \dfrac{\pi d_1^2}{4} = 2A = 2\dfrac{\pi d^2}{4}$

则有$d_1^2 = 2d^2$，即$d_1 = \sqrt{2}d$

故其可承担的最大扭矩为：$T_1 = [\tau]\dfrac{\pi d_1^3}{16} = 2\sqrt{2}[\tau]\dfrac{\pi d^3}{16} = 2\sqrt{2}T$

答案：C

64. 解 在有关静矩的性质中可知，若平面图形对某轴的静矩为零，则此轴必过形心；反之，若某轴过形心，则平面图形对此轴的静矩为零。对称轴必须过形心，但过形心的轴不一定是对称轴。例如，平面图形的反对称轴也是过形心的。所以选项D错误。

答案：D

65. 解 集中力偶m在梁上移动，对剪力图没有影响，但是受集中力偶作用的位置弯矩图会发生突变，故力偶m位置的变化会引起弯矩图的改变。

答案：C

66. 解 若梁的长度增加一倍，最大剪力F没有变化，而最大弯矩则增大一倍，由Fl变为$2Fl$，而最大正应力$\sigma_{max} = \dfrac{M_{max}}{I_z}y_{max}$变为原来的2倍，最大剪应力$\tau_{max} = \dfrac{3F}{2A}$没有变化。

答案：C

67. 解 首先由受力分析可知，外力偶自相平衡，所以不产生支座反力，两端支座反力为零，因此左右两段弯矩为零，挠曲线必为直线，不能是曲线，故可以排除选项A和B。选项D中的挠曲线在外力偶作用处不符合挠曲线处处连续光滑可导的条件，所以只能选C，注意选项C中的挠曲线左右两段应该是直线，中间一段是曲线。

答案：C

68. 解 图a）、图b）两单元体中$\sigma_y = 0$，用解析法公式：

$$\begin{aligned}\sigma_1 \\ \sigma_3\end{aligned} = \dfrac{\sigma}{2} \pm \sqrt{\left(\dfrac{\sigma}{2}\right)^2 + \tau^2} = \dfrac{80}{2} \pm \sqrt{\left(\dfrac{80}{2}\right)^2 + 20^2} = \begin{aligned}84.72 \\ -4.72\end{aligned} \text{MPa}$$

则$\sigma_1 = 84.72\text{MPa}$，$\sigma_2 = 0$，$\sigma_3 = -4.72\text{MPa}$，两单元体主应力大小相同。

两单元体主应力的方向可以用观察法判断。

题 68 解图

题图 a）主应力的方向可以看成是图 1 和图 2 两个单元体主应力方向的叠加，显然主应力 σ_1 的方向在第一象限。

题图 b）主应力的方向可以看成是图 1 和图 3 两个单元体主应力方向的叠加，显然主应力 σ_1 的方向在第四象限。

所以两单元体主应力的方向不同。

答案： B

69. 解 轴力 F_N 产生的拉应力 $\sigma' = \dfrac{F_N}{A}$，弯矩产生的最大拉应力 $\sigma'' = \dfrac{M}{W}$，故 $\sigma = \sigma' + \sigma'' = \dfrac{F_N}{A} + \dfrac{M}{W}$

扭矩 T 作用下产生的最大切应力 $\tau = \dfrac{T}{W_p} = \dfrac{T}{2W}$，所以危险截面的应力状态如解图所示。

而 $\begin{aligned}\sigma_1 \\ \sigma_3\end{aligned} = \dfrac{\sigma}{2} \pm \sqrt{\left(\dfrac{\sigma}{2}\right)^2 + \tau^2}$

所以，$\sigma_{r3} = \sigma_1 - \sigma_3 = 2\sqrt{\left(\dfrac{\sigma}{2}\right)^2 + \tau^2} = \sqrt{\sigma^2 + 4\tau^2}$

题 69 解图

$$= \sqrt{\left(\dfrac{F_N}{A} + \dfrac{M}{W}\right)^2 + 4\left(\dfrac{T}{2W}\right)^2} = \sqrt{\left(\dfrac{F_N}{A} + \dfrac{M}{W}\right)^2 + \left(\dfrac{T}{W}\right)^2}$$

答案： C

70. 解 图（A）为两端铰支压杆，其长度系数 $\mu = 1$。

图（B）为一端固定、一端铰支压杆，其长度系数 $\mu = 0.7$。

图（C）为一端固定、一端自由压杆，其长度系数 $\mu = 2$。

图（D）为两端固定压杆，其长度系数 $\mu = 0.5$。

根据临界荷载公式：$F_{cr} = \dfrac{\pi^2 EI}{(\mu l)^2}$，可知 F_{cr} 与 μ 成反比，故图（D）的临界荷载最大。

答案： D

71. 解 根据连续介质假设可知，流体的物理量是连续函数。

答案： B

72. 解 盛水容器的左侧上方为敞口的自由液面，故液面上点 1 的相对压强 $p_1 = 0$，而选项 B、C、D 点 1 的相对压强 p_1 均不等于零，故此三个选项均错误，因此可知正确答案为 A。

现根据等压面原理和静压强计算公式，求出其余各点的相对压强如下：

$p_2 = 1000 \times 9.8 \times (h_1 - h_2) = 9800 \times (0.9 - 0.4) = 4900\text{Pa} = 4.90\text{kPa}$

$$p_3 = p_2 - 1000 \times 9.8 \times (h_3 - h_2) = 4900 - 9800 \times (1.1 - 0.4) = -1960\text{Pa} = -1.96\text{kPa}$$

$p_4 = p_3 = -1.96\text{kPa}$（微小高度空气压强可忽略不计）

$$p_5 = p_4 - 1000 \times 9.8 \times (h_5 - h_4) = -1960 - 9800 \times (1.33 - 0.75) = -7644\text{Pa} = -7.64\text{kPa}$$

答案：A

73. 解 流体连续方程是根据质量守恒原理和连续介质假设推导而得的，在此条件下，同一流路上任意两断面的质量流量需相等，即 $\rho_1 v_1 A_1 = \rho_2 v_2 A_2$。对不可压缩流体，密度 ρ 为不变的常数，即 $\rho_1 = \rho_2$，故连续方程简化为：$v_1 A_1 = v_2 A_2$。

答案：B

74. 解 由尼古拉兹实验曲线图可知，在紊流光滑区，随着雷诺数 Re 的增大，沿程损失系数将减小。

答案：B

75. 解 薄壁小孔口流量公式：$Q_1 = \mu_1 A_1 \sqrt{2gH_{01}}$

圆柱形外管嘴流量公式：$Q_2 = \mu_2 A_2 \sqrt{2gH_{02}}$

按题设条件：$d_1 = d_2$，即可得 $A_1 = A_2$

另有题设条件：$H_{01} = H_{02}$

由于小孔口流量系数 $\mu_1 = 0.60 \sim 0.62$，圆柱形外管嘴流量系数 $\mu_2 = 0.82$，即 $\mu_1 < \mu_2$

综上，则有 $Q_1 < Q_2$

答案：B

76. 解 水力半径 R 等于过流面积除以湿周，即 $R = \dfrac{\pi r_0^2}{2\pi r_0}$

代入题设数据，可得水力半径 $R = \dfrac{\pi \times 4^2}{2 \times \pi \times 4} = 2\text{m}$

答案：C

77. 解 普通完全井流量公式：$Q = 1.366 \dfrac{k(H^2 - h^2)}{\lg \frac{R}{r_0}}$

代入题设数据：$0.0276 = 1.366 \dfrac{k(15^2 - 10^2)}{\lg \frac{375}{0.3}}$

解得：$k = 0.0005\text{m/s}$

答案：A

78. 解 由沿程水头损失公式：$h_f = \lambda \dfrac{L}{d} \cdot \dfrac{v^2}{2g}$，可解出沿程损失系数 $\lambda = \dfrac{2gdh_f}{Lv^2}$，写成量纲表达式 $\dim\left(\dfrac{2gdh_f}{Lv^2}\right) = \dfrac{\text{LT}^{-2}\text{LL}}{\text{LL}^2\text{T}^{-2}} = 1$，即 $\dim(\lambda) = 1$。故沿程损失系数 λ 为无量纲数。

答案：D

79. 解 线圈中通入直流电流 I，磁路中磁通 Φ 为常量，根据电磁感应定律：

$$e = -N \frac{\text{d}\Phi}{\text{d}t} = 0$$

本题中电压—电流关系仅受线圈的电阻R影响，所以$U = IR$。

答案：A

80.解 本题为交流电源，电流受电阻和电感的影响。

电压–电流关系为：

$$u = u_R + u_L = iR + L\frac{\mathrm{d}i}{\mathrm{d}t}$$

即$u_L = L\dfrac{\mathrm{d}i}{\mathrm{d}t}$

答案：D

81.解 图示电路分析如下：

题 81 解图

$$I_S = I_R - 0.2 = \frac{U_S}{R} - 0.2 = \frac{-6}{10} - 0.2 = -0.8\mathrm{A}$$

根据直流电路的欧姆定律和节点电流关系分析即可。

答案：A

82.解 从电压电流的波形可以分析：

最大值：$\quad I_m = 3\mathrm{A}$ $\qquad\qquad\qquad\qquad U_m = 10\mathrm{V}$

有效值：$\quad I = \dfrac{I_m}{\sqrt{2}} = 2.12\mathrm{A}$ $\qquad\qquad U = \dfrac{U_m}{\sqrt{2}} = 7.07\mathrm{V}$

初相位：$\quad \varphi_i = +90°$ $\qquad\qquad\qquad \varphi_u = -90°$

$\dot{U}$、$\dot{I}$的复数形式为：

$\dot{U} = 7.07\angle -90° = -j7.07\mathrm{V}$

$\dot{I} = 2.12\angle 90° = j2.12\mathrm{A}$

答案：A

83.解 交流电路中电压、电流与有功功率的基本关系为：

$$P = UI\cos\varphi \quad (\cos\varphi \text{是功率因数})$$

可知，$I = \dfrac{P}{U\cos\varphi} = \dfrac{8000}{220\times0.6} = 60.6\mathrm{A}$

答案：B

84.解 在开关 S 闭合时刻：

$$U_{C(0+)} = 0\mathrm{V}, \quad I_{L(0+)} = 0\mathrm{A}$$

则
$$U_{R_1(0+)} = U_{R_2(0+)} = 0\mathrm{V}$$

根据电路的回路电压关系：$\sum U_{(0+)} = -10 + U_{L(0+)} + U_{C(0+)} + U_{R_1(0+)} + U_{R_2(0+)} = 0$

代入数值，得$U_{L(0+)} = 10\mathrm{V}$

答案： A

85. 解 图示电路可以等效为解图，其中，$R'_L = K^2 R_L$。

在 S 闭合时，$2R_1 \parallel R'_L = R_1$，可知 $R'_L = 2R_1$

如果开关 S 打开，则 $u_1 = \dfrac{R'_L}{R_1 + R'_L} u_s = \dfrac{2}{3} u_s = 60\sqrt{2} \sin \omega t \text{ V}$

题85解图

答案： C

86. 解 三相异步电动机满载启动时必须保证电动机的启动力矩大于电动机的额定力矩。四个选项中，A、B、D 均属于降压启动，电压降低的同时必会导致启动力矩降低。所以应该采用转子绕组串电阻的方案，只有绕线式电动机的转子才能串电阻。

答案： C

87. 解 采样信号是离散时间信号（有些时间点没有定义），而模拟信号和采样保持信号才是时间上的连续信号。

答案： A

88. 解 周期信号的频谱是离散的。

信号 $u_1(t)$ 和 $u_2(t)$ 的幅值频谱均符合以上特征。所不同的是图 b）所示信号含有直流分量，而图 a）所示信号不包括直流分量。

答案： C

89. 解 放大器是对信号的幅值（电压或电流）进行放大，以不失真为条件，目的是便于后续处理。

答案： D

90. 解 逻辑函数化简：

$$F = ABC + A\overline{B} + AB\overline{C} = AB(C + \overline{C}) + A\overline{B} = AB + A\overline{B} = A(B + \overline{B}) = A$$

答案： A

91. 解 $F = \overline{A + B}$

（F函数与A、B信号为或非关系，可以用口诀"A、B"有1，"F"则0处理）

即如解图所示。

题91解图

答案： A

92. 解 从真值表到逻辑表达式的方法：首先在真值表中F＝1的项用"或"组合；然后每个F＝1

的项对应一个输入组合的"与"逻辑，其中输入变量值为1的写原变量，取值为0的写反变量；最后将输出函数 F"合成"或的逻辑表达式。

根据真值表可以写出逻辑表达式为：$F = \overline{A}BC + \overline{A}B\overline{C}$

答案：B

93.解 因为二极管 D_2 的阳极电位为 5V，而二极管 D_1 的阳极电位为 1V，可见二极管 D_2 是优先导通的。之后 u_F 电位箝位为 5V，二极管 D_1 可靠截止。i_R 电流通道如解图虚线所示。

题 93 解图

$$i_R = \frac{u_B}{R} = \frac{5}{1000} = 5\text{mA}$$

答案：A

94.解 图 a）是反向加法运算电路，图 b）是同向加法运算电路，图 c）是减法运算电路。

答案：A

95.解 当清零信号 $\overline{R}_D = 0$ 时，两个触发器同时为零。D触发器在时钟脉冲 CP 的前沿触发，JK 触发器在时钟脉冲 CP 的后沿触发。如解图所示，在 t_1 时刻，$Q_D = 1$，$Q_{JK} = 0$。

答案：B

96.解 从解图分析可知为四进制计数器（4个时钟周期完成一次循环）。

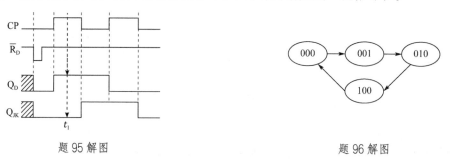

题 95 解图　　　　　　　　　　题 96 解图

答案：C

97.解 CPU 是分析指令和执行指令的部件，是计算机的核心。它主要是由运算器和控制器组成。

答案：A

98.解 总线就是一组公共信息传输线路，它能为多个部件服务，可分时地发送与接收各部件的信息。总线的工作方式通常是由发送信息的部件分时地将信息发往总线，再由总线将这些信息同时发往各个接收信息的部件。从总线的结构可以看出，所有设备和部件均可通过总线交换信息，因此要用总线将计算机硬件系统中的各个部件连接起来。

答案：A

99.解 按照操作系统提供的服务，大致可以把操作系统分为以下几类：简单操作系统、分时操作系统、实时操作系统、网络操作系统、分布式操作系统和智能操作系统。简单操作系统的主要功能是操作命令的执行，文件服务，支持高级程序设计语言编译程序和控制外部设备等。分时系统支持位于不同终端的多个用户同时使用一台计算机，彼此独立互不干扰，用户感到好像一台计算机为他所用。实时操作系统的主要特点是资源的分配和调度，首先要考虑实时性，然后才是效率，此外，还应有较强的容错能力。网络操作系统是与网络的硬件相结合来完成网络的通信任务。分布式操作系统能使系统中若干台计算机相互协作完成一个共同的任务，这使得各台计算机组成一个完整的，功能强大的计算机系统。智能操作系统大多数应用在手机上。

答案：C

100. 解 计算机可直接执行的是机器语言编制的程序，它采用二进制编码形式，是由 CPU 可以识别的一组由 0、1 序列构成的指令码。其他三种语言都需要编码、编译器。

答案：C

101. 解 ASCII 码最高位都置成 0，它是"美国信息交换标准代码"的简称，是目前国际上最为流行的字符信息编码方案。在这种编码方案中每个字符用 7 个二进制位表示。对于两个字节的国标码将两个字节的最高位都置成 1，而后由软件或硬件来对字节最高位做出判断，以区分 ASCII 码与国标码。

答案：B

102. 解 GB 是 giga byte 的缩写，其中 G 表示 1024M，B 表示字节，相当于 10 的 9 次方，用二进制表示，则相当于 2 的 30 次方，即 $2^{30} \approx 1024 \times 1024K$。

答案：C

103. 解 国家计算机病毒应急处理中心与计算机病毒防治产品检测中心制定了防治病毒策略：①建立病毒防治的规章制度，严格管理；②建立病毒防治和应急体系；③进行计算机安全教育，提高安全防范意识；④对系统进行风险评估；⑤选择经过公安部认证的病毒防治产品；⑥正确配置使用病毒防治产品；⑦正确配置系统，减少病毒侵害事件；⑧定期检查敏感文件；⑨适时进行安全评估，调整各种病毒防治策略；⑩建立病毒事故分析制度；⑪确保恢复，减少损失。

答案：D

104. 解 操作系统作为一种系统软件，存在着与其他软件明显不同的特征分别是并发性、共享性和随机性。并发性是指在计算机中同时存在有多个程序，从宏观上看，这些程序是同时向前进行操作的。共享性是指操作系统程序与多个用户程序共用系统中的各种资源。随机性是指操作系统的运行是在一个随机的环境中进行的。

答案：A

105. 解 21 世纪是一个以网络为核心技术的信息化时代，其典型特征就是数字化、网络化和信息化。构成信息化社会的主要技术支柱有三个，那就是计算机技术、通信技术和网络技术。

答案： A

106. 解 在网络安全技术中，鉴别是用来验明用户或信息的真实性。对实体声称的身份进行唯一性地识别，以便验证其访问请求或保证信息是否来自或到达指定的源和目的。鉴别技术可以验证消息的完整性，有效地对抗冒充、非法访问、重演等威胁。

答案： C

107. 解 根据题意，按半年复利计息，则一年计息周期数 $m = 2$，年实际利率 $i = 8.6\%$，由名义利率 r 求年实际利率 i 的公式为：

$$i = \left(1 + \frac{r}{m}\right)^m - 1$$

则 $8.6\% = \left(1 + \frac{r}{2}\right)^2 - 1$，解得名义利率 $r = 8.42\%$。

答案： D

108. 解 根据建设项目经济评价方法的有关规定，在建设项目财务评价中，对于先征后返的增值税、按销量或工作量等依据国家规定的补助定额计算并按期给予的定额补贴，以及属于财政扶持而给予的其他形式的补贴等，应按相关规定合理估算，记作补贴收入。

答案： A

109. 解 建设项目按融资的性质分为权益融资和债务融资，权益融资形成项目的资本金，债务融资形成项目的债务资金。资本金的筹集方式包括股东投资、发行股票、政府投资等，债务资金的筹集方式包括各种贷款和债券、出口信贷、融资租赁等。

答案： B

110. 解 偿债备付率 $= \dfrac{\text{用于计算还本付息的资金}}{\text{应还本付息金额}}$

式中，用于计算还本付息的资金＝息税前利润＋折旧和摊销－所得税

本题的偿债备付率为：偿债备付率 $= \dfrac{200+30-20}{100} = 2.1$ 万元

答案： C

111. 解 融资前项目投资的现金流量包括现金流入和现金流出，其中现金流入包括营业收入、补贴收入、回收固定资产余值、回收流动资金等，现金流出包括建设投资、流动资金、经营成本和税金等。资产处置分配属于投资各方现金流量中的项目，借款本金偿还和借款利息偿还属于资本金现金流量分析中现金流量的项目。

答案： B

112. 解 以产量表示的盈亏平衡产量为：

$$BEP_{产量} = \frac{年固定总成本}{单位产品销售价格 - 单位产品可变成本 - 单位产品销售税金及附加 - 单位产品增值税}$$

$$= \frac{1000}{1000 - 800} = 5 \text{ 万 t}$$

以生产能力利用率表示的盈亏平衡点为：

$$BEP_{生产能力利用率} = \frac{盈亏平衡产量}{设计生产能力} = \frac{5}{6} \times 100\% = 83.3\%$$

答案：D

113. 解 两项目的差额现金流量：

差额投资$_{乙-甲} = 1000 - 500 = 500$万元，差额年收益$_{乙-甲} = 250 - 140 = 110$万元

所以两项目的差额净现值为：

差额净现值$_{乙-甲} = -500 + 110(P/A, 10\%, 10) = -500 + 110 \times 6.1446 = 175.9$万元

答案：A

114. 解 根据价值工程原理，价值＝功能/成本，该项目提高价值的途径是功能不变，成本降低。

答案：A

115. 解 2011年修订的《中华人民共和国建筑法》第八条规定：

申请领取施工许可证，应当具备下列条件：

（一）已经办理该建筑工程用地批准手续；

（二）在城市规划区的建筑工程，已经取得规划许可证；

（三）需要拆迁的，其拆迁进度符合施工要求；

（四）已经确定建筑施工企业；

（五）有满足施工需要的施工图纸及技术资料；

（六）有保证工程质量和安全的具体措施；

（七）建设资金已经落实；

（八）法律、行政法规规定的其他条件。

所以选项A、B都是对的。

另外，按照2014年执行的《建筑工程施工许可管理办法》第（八）条的规定：建设资金已经落实。建设工期不足一年的，到位资金原则上不得少于工程合同价的50%，建设工期超过一年的，到位资金原则上不得少于工程合同价的30%。按照上条规定，选项C也是对的。

只有选项D与《建筑工程施工许可管理办法》第（五）条文字表述不太一致，原条文（五）有满足施工需要的技术资料，施工图设计文件已按规定审查合格。选项D中没有说明施工图审查合格的论述，所以只能选D。

但是，提醒考生注意：

2019年4月23日十三届人大常务委员会第十次会议上对原《中华人民共和国建筑法》第八条做了较大修改，修改后的条文是：

第八条　申请领取施工许可证，应当具备下列条件：

（一）已经办理该建筑工程用地批准手续；

（二）依法应当办理建设工程规划许可证的，已经取得规划许可证；

（三）需要拆迁的，其拆迁进度符合施工要求；

（四）已经确定建筑施工企业；

（五）有满足施工需要的资金安排、施工图纸及技术资料；

（六）有保证工程质量和安全的具体措施。

据此《建筑工程施工许可管理办法》也已做了相应修改。

答案：D

116.解　《中华人民共和国安全生产法》第二十一条规定，生产经营单位的主要负责人对本单位安全生产工作负有下列职责：

（一）建立健全并落实本单位全员安全生产责任制，加强安全生产标准化建设；

（二）组织制定并实施本单位安全生产规章制度和操作规程；

（三）组织制定并实施本单位安全生产教育和培训计划；

（四）保证本单位安全生产投入的有效实施；

（五）组织建立并落实安全风险分级管控和隐患排查治理双重预防工作机制，督促、检查本单位的安全生产工作，及时消除生产安全事故隐患；

（六）组织制定并实施本单位的生产安全事故应急救援预案；

（七）及时、如实报告生产安全事故。

答案：C

117.解　《中华人民共和国招标投标法》第三条规定：

在中华人民共和国境内进行下列工程建设项目包括项目的勘察、设计、施工、监理以及与工程建设有关的重要设备、材料等的采购，必须进行招标：

（一）大型基础设施、公用事业等关系社会公共利益、公众安全的项目；

（二）全部或者部分使用国有资金投资或者国家融资的项目；

（三）使用国际组织或者外国政府贷款、援助资金的项目。

选项D不在上述法律条文必须进行招标的规定中。

答案：D

118. 解　《中华人民共和国民法典》第四百七十二条规定：

要约是希望和他人订立合同的意思表示，该意思表示应当符合下列规定：

（一）内容具体确定；

（二）表明经受要约人承诺，要约人即受该意思表示约束。

选项 C 不符合上述条文规定。

答案：C

119. 解　《中华人民共和国行政许可法》（2019 年修订）第三十二条规定，行政机关对申请人提出的行政许可申请，应当根据下列情况分别作出处理：

（一）申请事项依法不需要取得行政许可的，应当即时告知申请人不受理；

（二）申请事项依法不属于本行政机关职权范围的，应当即时作出不予受理的决定，并告知申请人向有关行政机关申请；

（三）申请材料存在可以当场更正的错误的，应当允许申请人当场更正；

（四）申请材料不齐全或者不符合法定形式的，应当当场或者在五日内一次告知申请人需要补正的全部内容，逾期不告知的，自收到申请材料之日起即为受理；

（五）申请事项属于本行政机关职权范围，申请材料齐全、符合法定形式，或者申请人按照本行政机关的要求提交全部补正申请材料的，应当受理行政许可申请。

行政机关受理或者不予受理行政许可申请，应当出具加盖本行政机关专用印章和注明日期的书面凭证。

选项 A 和 B 都与法规条文不符，两条内容是互相抄错了。

选项 C 明显不符合规定，正确的做法是当场改正。

选项 D 正确。

答案：D

120. 解　《建设工程质量管理条例》第九条规定，建设单位必须向有关的勘察、设计、施工、工程监理等单位提供与建设工程有关的原始资料。原始资料必须真实、准确、齐全。

所以选项 D 正确。

选项 C 明显错误。

选项 B 也不对，工程质量监督手续应当在领取施工许可证之前办理。

选项 A 的说法不符合原文第十条：建设工程发包单位不得迫使承包方以低于成本的价格竞标。"低价"和"低于成本价"有本质上的不同。虽然低价竞标可能带来质量问题，但《建设工程质量管理条例》主要关注的是工程质量，并未直接禁止低价竞标行为。此选项虽有其合理性，但不是条例的直接规定，因此选项 A 错误。

答案：D

2020 年度全国勘察设计注册工程师执业资格考试基础考试（上）
试题解析及参考答案

1. 解 本题考查当 $x \to +\infty$ 时，无穷大量的概念。

选项 A，$\lim\limits_{x \to +\infty} \dfrac{1}{2+x} = 0$；

选项 B，$\lim\limits_{x \to +\infty} x \cos x$ 计算结果在 $-\infty$ 到 $+\infty$ 间连续变化，不符合当 $x \to +\infty$ 函数值趋向于无穷大，且函数值越来越大的定义；

选项 D，当 $x \to +\infty$ 时，$\lim\limits_{x \to +\infty} (1 - \arctan x) = 1 - \dfrac{\pi}{2}$。

故选项 A、B、D 均不成立。

选项 C，$\lim\limits_{x \to +\infty} (e^{3x} - 1) = +\infty$。

答案：C

2. 解 本题考查函数 $y = f(x)$ 在 x_0 点导数的几何意义。

已知曲线 $y = f(x)$ 在 $x = x_0$ 处有切线，函数 $y = f(x)$ 在 $x = x_0$ 点导数的几何意义表示曲线 $y = f(x)$ 在 $(x_0, f(x_0))$ 点切线斜率，方向和 x 轴正向夹角的正切即斜率 $k = \tan \alpha$，只有当 $\alpha \to \dfrac{\pi}{2}$ 时，才有 $\lim\limits_{x \to x_0} f'(x) = \lim\limits_{\alpha \to \frac{\pi}{2}} \tan \alpha = \infty$，因而在该点的切线与 oy 轴平行。

选项 A、C、D 均不成立。

答案：B

3. 解 本题考查隐函数求导方法。可利用一元隐函数求导方法或二元隐函数求导方法或微分运算法则计算，但一般利用二元隐函数求导方法计算更简单。

方法 1：用二元隐函数方法计算。

设 $F(x, y) = \sin y + e^x - xy^2$，$F'_x = e^x - y^2$，$F'_y = \cos y - 2xy$，故

$$\dfrac{dy}{dx} = -\dfrac{F_x}{F_y} = -\dfrac{e^x - y^2}{\cos y - 2xy} = \dfrac{y^2 - e^x}{\cos y - 2xy}$$

$$dy = \dfrac{y^2 - e^x}{\cos y - 2xy} dx$$

方法 2：用一元隐函数方法计算。

已知 $\sin y + e^x - xy^2 = 0$，方程两边对 x 求导，得 $\cos y \dfrac{dy}{dx} + e^x - \left(y^2 + 2xy \dfrac{dy}{dx}\right) = 0$，

整理 $(\cos y - 2xy) \dfrac{dy}{dx} = y^2 - e^x$，$\dfrac{dy}{dx} = \dfrac{y^2 - e^x}{\cos y - 2xy}$，故 $dy = \dfrac{y^2 - e^x}{\cos y - 2xy} dx$

方法 3：用微分运算法则计算。

已知 $\sin y + e^x - xy^2 = 0$，方程两边求微分，得 $\cos y \, dy + e^x dx - (y^2 dx + 2xy \, dy) = 0$，

整理 $(\cos y - 2xy) dy = (y^2 - e^x) dx$，故 $dy = \dfrac{y^2 - e^x}{\cos y - 2xy} dx$

选项 A、B、C 均不成立。

答案：D

4. 解 本题考查一元抽象复合函数高阶导数的计算，计算中注意函数的复合层次，特别是求二阶导时更应注意。

$$y = f(e^x), \quad \frac{dy}{dx} = f'(e^x) \cdot e^x = e^x \cdot f'(e^x)$$

$$\frac{d^2y}{dx^2} = e^x \cdot f'(e^x) + e^x \cdot f''(e^x) \cdot e^x = e^x \cdot f'(e^x) + e^{2x} \cdot f''(e^x)$$

选项 A、B、D 均不成立。

答案：C

5. 解 本题考查罗尔定理所满足的条件。首先要掌握定理的条件：①函数在闭区间连续；②函数在开区间可导；③函数在区间两端的函数值相等。三条均成立才行。

选项 A，$\left(x^{\frac{2}{3}}\right)' = \frac{2}{3}x^{-\frac{1}{3}} = \frac{2}{3}\frac{1}{\sqrt[3]{x}}$，在 $x=0$ 处不可导，因而在 $(-1,1)$ 可导不满足。

选项 C，$f(x) = |x| = \begin{cases} x & x \geqslant 0 \\ -x & x < 0 \end{cases}$，函数在 $x=0$ 左导数为 -1，在 $x=0$ 右导数为 1，因而在 $x=0$ 处不可导，在 $(-1,1)$ 可导不满足。

选项 D，$f(x) = \frac{1}{x}$，函数在 $x=0$ 处间断，因而在 $[-1,1]$ 连续不成立。

选项 A、C、D 均不成立。

选项 B，$f(x) = \sin x^2$ 在 $[-1,1]$ 上连续，$f'(x) = 2x \cdot \cos x^2$ 在 $(-1,1)$ 可导，且 $f(-1) = f(1) = \sin 1$，三条均满足。

答案：B

6. 解 本题考查曲线 $f(x)$ 求拐点的计算方法。

$f(x) = x^4 + 4x^3 + x + 1$ 的定义域为 $(-\infty, +\infty)$，

$f'(x) = 4x^3 + 12x^2 + 1$，$f''(x) = 12x^2 + 24x = 12x(x+2)$

令 $f''(x) = 0$，即 $12x(x+2) = 0$，得到 $x=0$，$x=-2$

$x=-2$，$x=0$，分定义域为 $(-\infty, -2)$，$(-2, 0)$，$(0, +\infty)$，

检验 $x=-2$ 点，在区间 $(-\infty, -2)$，$(-2, 0)$ 上二阶导的符号：

当在 $(-\infty, -2)$ 时，$f''(x) > 0$，凹；当在 $(-2, 0)$ 时，$f''(x) < 0$，凸。

所以 $x=-2$ 为拐点的横坐标。

检验 $x=0$ 点，在区间 $(-2, 0)$，$(0, +\infty)$ 上二阶导的符号：

当在 $(-2, 0)$ 时，$f''(x) < 0$，凸；当在 $(0, +\infty)$ 时，$f''(x) > 0$，凹。

所以 $x=0$ 为拐点的横坐标。

综上，函数有两个拐点。

答案： C

7. 解 本题考查函数原函数的概念及不定积分的计算方法。

已知函数 $f(x)$ 的一个原函数是 $1 + \sin x$，即 $f(x) = (1 + \sin x)' = \cos x$，$f'(x) = -\sin x$。

方法 1：

$$\int x f'(x) \mathrm{d}x = \int x(-\sin x)\mathrm{d}x = \int x\mathrm{d}\cos x = x\cos x - \int \cos x \mathrm{d}x = x\cos x - \sin x + c$$
$$= x\cos x - \sin x - 1 + C = x\cos x - (1 + \sin x) + C \quad (\text{其中} C = 1 + c)$$

方法 2：

$\int x f'(x)\mathrm{d}x = \int x\mathrm{d}f(x) = xf(x) - \int f(x)\mathrm{d}x$，因为函数 $f(x)$ 的一个原函数是 $1 + \sin x$，所以 $f(x) = (1 + \sin x)' = \cos x$ 且 $\int f(x)\mathrm{d}x = 1 + \sin x + C_1$，则原式 $= x\cos x - (1 + \sin x) + C$（其中 $C = -C_1$）。

答案： B

8. 解 本题考查平面图形绕 x 轴旋转一周所得到的旋转体体积算法，如解图所示。

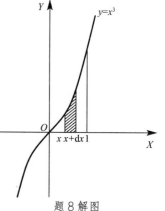

$x \in [0,1]$

$[x, x + \mathrm{d}x]$：$\mathrm{d}V = \pi f^2(x)\mathrm{d}x = \pi x^6 \mathrm{d}x$

$$V = \int_0^1 \pi \cdot x^6 \mathrm{d}x = \pi \cdot \frac{1}{7}x^7 \Big|_0^1 = \frac{\pi}{7}$$

答案： A

题 8 解图

9. 解 本题考查两向量的加法，向量与数量的乘法和运算，以及两向量垂直与坐标运算的关系。

已知 $\boldsymbol{\alpha} = (5,1,8)$，$\boldsymbol{\beta} = (3,2,7)$

$\lambda\boldsymbol{\alpha} + \boldsymbol{\beta} = \lambda(5,1,8) + (3,2,7) = (5\lambda + 3, \lambda + 2, 8\lambda + 7)$

设 oz 轴的单位正向量为 $\boldsymbol{\tau} = (0,0,1)$

已知 $\lambda\boldsymbol{\alpha} + \boldsymbol{\beta}$ 与 oz 轴垂直，由两向量数量积的运算：

$\boldsymbol{a} \cdot \boldsymbol{b} = a_x b_x + a_y b_y + a_z b_z$，$\boldsymbol{a} \perp b$，则 $\boldsymbol{a} \cdot \boldsymbol{b} = 0$，即 $a_x b_x + a_y b_y + a_z b_z = 0$

所以 $(\lambda\boldsymbol{\alpha} + \boldsymbol{\beta}) \cdot \boldsymbol{\tau} = 0$，$0 + 0 + 8\lambda + 7 = 0$，$\lambda = -\dfrac{7}{8}$

答案： B

10. 解 本题考查直线与平面平行时，直线的方向向量和平面法向量间的关系，求出平面的法向量及所求平面方程。

（1）求平面的法向量

设 oz 轴的方向向量 $\vec{r} = (0,0,1)$，$\overrightarrow{M_1M_2} = (1,1,-1)$，则

$$\overrightarrow{M_1M_2} \times \vec{r} = \begin{vmatrix} \vec{i} & \vec{j} & \vec{k} \\ 1 & 1 & -1 \\ 0 & 0 & 1 \end{vmatrix} = \vec{i} - \vec{j}$$

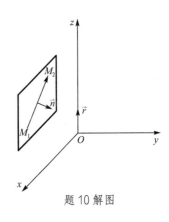

所求平面的法向量 $\vec{n}_{平面} = \vec{i} - \vec{j} = (1, -1, 0)$

（2）写出所求平面的方程

已知 $M_1(0, -1, 2)$，$\vec{n}_{平面} = (1, -1, 0)$，则

$1 \cdot (x - 0) - 1 \cdot (y + 1) + 0 \cdot (z - 2) = 0$，即 $x - y - 1 = 0$

题10解图

答案：D

11. 解 本题考查利用题目给出的已知条件，写出曲线微分方程。

设曲线方程为 $y = f(x)$，已知曲线的切线斜率为 $2x$，列式 $f'(x) = 2x$，

又知曲线 $y = f(x)$ 过 $(1, 2)$ 点，满足微分方程的初始条件 $y|_{x=1} = 2$，

即 $f'(x) = 2x$，$y|_{x=1} = 2$ 为所求。

答案：C

12. 解 平面区域 D 是直线 $y = x$ 和圆 $x^2 + (y-1)^2 = 1$ 所围成的在直线 $y = x$ 下方的图形。如解图所示。

利用直角坐标系和极坐标的关系：$\begin{cases} x = \rho\cos\theta \\ y = \rho\sin\theta \end{cases}$

题12解图

得到圆的极坐标系下的方程为：由 $x^2 + (y-1)^2 = 1$，整理得 $x^2 + y^2 = 2y$

则 $\rho^2 = 2\rho\sin\theta$，即 $\rho = 2\sin\theta$

直线 $y = x$ 的极坐标系下的方程为：$\theta = \dfrac{\pi}{4}$

所以积分区域 D 在极坐标系下为：$\begin{cases} 0 \leqslant \theta \leqslant \dfrac{\pi}{4} \\ 0 \leqslant \rho \leqslant 2\sin\theta \end{cases}$

被积函数 x 代换成 $\rho\cos\theta$，极坐标系下面积元素为 $\rho\mathrm{d}\rho\mathrm{d}\theta$，则

$$\iint\limits_{D} x\mathrm{d}x\mathrm{d}y = \int_0^{\frac{\pi}{4}}\mathrm{d}\theta \int_0^{2\sin\theta} \rho \cdot \cos\theta \cdot \rho\mathrm{d}\rho = \int_0^{\frac{\pi}{4}}\cos\theta\mathrm{d}\theta \int_0^{2\sin\theta} \rho^2\mathrm{d}\rho$$

答案：D

13. 解 本题考查微分方程解的结构。可将选项代入微分方程，满足微分方程的才是解。

已知 y_1 是微分方程 $y'' + py' + qy = f(x)(f(x) \neq 0)$ 的解，即将 y_1 代入后，满足微分方程 $y_1'' + py_1' + qy_1 = f(x)$，但对任意常数 $C_1(C_1 \neq 1)$，C_1y_1 得到的解均不满足微分方程，验证如下：

设 $y = C_1y_1(C_1 \neq 1)$，求导 $y' = C_1y_1'$，$y'' = C_1y_1''$，$y = C_1y_1$ 代入方程得：

$$C_1y_1'' + pC_1y_1' + qC_1y_1 = C_1(y_1'' + py_1' + qy_1) = C_1f(x) \neq f(x)$$

所以 C_1y_1 不是微分方程的解。

因而在选项 A、B、D 中，含有常数 $C_1(C_1 \neq 1)$ 乘 y_1 的形式，即 C_1y_1 这样的解均不满足方程解的条件，所以选项 A、B、D 均不成立。

可验证选项C成立。已知：

$y = y_0 + y_1$，$y' = y_0' + y_1'$，$y'' = y_0'' + y_1''$，代入方程，得：

$$(y_0'' + y_1'') + p(y_0' + y_1') + q(y_0 + y_1) = y_0'' + py_0' + qy_0 + y_1'' + py_1' + qy_1$$
$$= 0 + f(x) = f(x)$$

注意：本题只是验证选项中哪一个解是微分方程的解，不是求微分方程的通解。

答案：C

14. 解　本题考查二元函数在一点的全微分的计算方法。

先求出二元函数的全微分，然后代入点$(1, -1)$坐标，求出在该点的全微分。

$$z = \frac{1}{x}e^{xy}, \quad \frac{\partial z}{\partial x} = \left(-\frac{1}{x^2}\right)e^{xy} + \frac{1}{x}e^{xy} \cdot y = -\frac{1}{x^2}e^{xy} + \frac{y}{x}e^{xy} = e^{xy}\left(-\frac{1}{x^2} + \frac{y}{x}\right)$$

$$\frac{\partial z}{\partial y} = \frac{1}{x}e^{xy} \cdot x = e^{xy}, \quad dz = \left(-\frac{1}{x^2} + \frac{y}{x}\right)e^{xy}dx + e^{xy}dy$$

$$dz\big|_{(1,-1)} = -2e^{-1}dx + e^{-1}dy = e^{-1}(-2dx + dy)$$

答案：B

15. 解　本题考查坐标曲线积分的计算方法。

已知$O(0,0)$，$A(1,2)$，过两点的直线L的方程为$y = 2x$，见解图。

直线L的参数方程$\begin{cases} y = 2x \\ x = x \end{cases}$，

题15解图

L的起点$x = 0$，终点$x = 1$，$x: 0 \to 1$，

$$\int_L -ydx + xdy = \int_0^1 -2xdx + x \cdot 2dx = \int_0^1 0dx = 0$$

答案：A

16. 解　本题考查正项级数、交错级数敛散性的判定。

选项A，$\sum\limits_{n=1}^{\infty} \frac{n^2}{3n^4 + 1}$，因为$\frac{n^2}{3n^4 + 1} < \frac{n^2}{3n^4} = \frac{1}{3n^2}$，

级数$\sum\limits_{n=1}^{\infty} \frac{1}{n^2}$，$P = 2 > 1$，级数收敛，$\sum\limits_{n=1}^{\infty} \frac{1}{3n^2}$收敛，

利用正项级数的比较判别法，$\sum\limits_{n=1}^{\infty} \frac{n^2}{3n^4 + 1}$收敛。

选项B，$\sum\limits_{n=2}^{\infty} \frac{1}{\sqrt[3]{n(n-1)}}$，因为$n(n-1) < n^2$，$\sqrt[3]{n(n-1)} < \sqrt[3]{n^2}$，$\frac{1}{\sqrt[3]{n(n-1)}} > \frac{1}{\sqrt[3]{n^2}} = \frac{1}{n^{\frac{2}{3}}}$，级数$\sum\limits_{n=2}^{\infty} \frac{1}{n^{\frac{2}{3}}}$，$P < 1$，

级数发散，利用正项级数的比较判别法，$\sum\limits_{n=2}^{\infty} \frac{1}{\sqrt[3]{n(n-1)}}$发散。

选项C，$\sum\limits_{n=1}^{\infty} \frac{(-1)^n}{\sqrt{n}}$，级数为交错级数，利用莱布尼兹定理判定：

（1）因为$n < (n+1)$，$\sqrt{n} < \sqrt{n+1}$，$\frac{1}{\sqrt{n}} > \frac{1}{\sqrt{n+1}}$，$u_n > u_{n+1}$，

（2）一般项$\lim\limits_{n \to \infty} \frac{1}{\sqrt{n}} = 0$，所以交错级数收敛。

　2020年度全国勘察设计注册工程师执业资格考试基础考试（上）——试题解析及参考答案

选项 D，$\sum\limits_{n=1}^{\infty} \frac{5}{3^n} = 5 \sum\limits_{n=1}^{\infty} \frac{1}{3^n}$，级数为等比级数，公比 $q = \frac{1}{3}$，$|q| < 1$，级数收敛。

答案： B

17. 解 本题为抽象函数的二元复合函数，利用复合函数的导数算法计算，注意函数复合的层次。

$z = f^2(xy)$，$\frac{\partial z}{\partial x} = 2f(xy) \cdot f'(xy) \cdot y = 2y \cdot f(xy) \cdot f'(xy)$，

$\frac{\partial^2 z}{\partial x^2} = 2y[f'(xy) \cdot y \cdot f'(xy) + f(xy) \cdot f''(xy) \cdot y]$

$\qquad = 2y^2\{[f'(xy)]^2 + f(xy) \cdot f''(xy)\}$

答案： D

18. 解 本题考查幂级数 $\sum\limits_{n=1}^{\infty} a_n x^n$ 收敛的阿贝尔定理。

已知幂级数 $\sum\limits_{n=1}^{\infty} a_n(x+2)^n$ 在 $x=0$ 处收敛，把 $x=0$ 代入级数，得到 $\sum\limits_{n=1}^{\infty} a_n 2^n$，收敛。又已知 $\sum\limits_{n=1}^{\infty} a_n(x+2)^n$ 在 $x=-4$ 处发散，把 $x=-4$ 代入级数，得到 $\sum\limits_{n=1}^{\infty} a_n(-2)^n$，发散。得到对应的幂级数 $\sum\limits_{n=1}^{\infty} a_n x^n$，在 $x=2$ 点收敛，在 $x=-2$ 点发散，由阿贝尔定理可知 $\sum\limits_{n=1}^{\infty} a_n x^n$ 的收敛域为 $(-2,2]$，所以 $\sum\limits_{n=1}^{\infty} a_n(x-1)^n$ 的收敛域为 $-2 < x-1 \leqslant 2$，即 $-1 < x \leqslant 3$。

答案： C

19. 解 由行列式性质可得 $|\boldsymbol{A}| = -|\boldsymbol{B}|$，又因 $|\boldsymbol{A}| \neq |\boldsymbol{B}|$，所以 $|\boldsymbol{A}| \neq -|\boldsymbol{A}|$，$2|\boldsymbol{A}| \neq 0$，$|\boldsymbol{A}| \neq 0$。

答案： B

20. 解 因为 $\boldsymbol{A}$ 与 $\boldsymbol{B}$ 相似，所以 $|\boldsymbol{A}| = |\boldsymbol{B}| = 0$，且 $R(\boldsymbol{A}) = R(\boldsymbol{B}) = 2$。

方法 1：

当 $x = y = 0$ 时，$|\mathrm{A}| = \begin{vmatrix} 1 & 0 & 1 \\ 0 & 1 & 0 \\ 1 & 0 & 1 \end{vmatrix} = 0$，$\mathrm{A} = \begin{bmatrix} 1 & 0 & 1 \\ 0 & 1 & 0 \\ 1 & 0 & 1 \end{bmatrix} \xrightarrow{-r_1 + r_3} \begin{bmatrix} 1 & 0 & 1 \\ 0 & 1 & 0 \\ 0 & 0 & 0 \end{bmatrix}$

$R(\boldsymbol{A}) = R(\boldsymbol{B}) = 2$

方法 2：

$|\boldsymbol{A}| = \begin{vmatrix} 1 & x & 1 \\ x & 1 & y \\ 1 & y & 1 \end{vmatrix} \xRightarrow[{-r_1+r_3}]{-xr_1+r_2} \begin{vmatrix} 1 & x & 1 \\ 0 & 1-x^2 & y-x \\ 0 & y-x & 0 \end{vmatrix} = -(y-x)^2$

令 $|\boldsymbol{A}| = 0$，得 $x = y$

当 $x = y = 0$ 时，$|\boldsymbol{A}| = |\boldsymbol{B}| = 0$，$R(\boldsymbol{A}) = R(\boldsymbol{B}) = 2$；

当 $x = y = 1$ 时，$|\boldsymbol{A}| = |\boldsymbol{B}| = 0$，但 $R(\boldsymbol{A}) = 1 \neq R(\boldsymbol{B})$。

答案： A

21. 解 因为 $\boldsymbol{\alpha}_1, \boldsymbol{\alpha}_2, \boldsymbol{\alpha}_3$ 线性相关的充要条件是行列式 $|\boldsymbol{\alpha}_1, \boldsymbol{\alpha}_2, \boldsymbol{\alpha}_3| = 0$，即

$|\boldsymbol{\alpha}_1, \boldsymbol{\alpha}_2, \boldsymbol{\alpha}_3| = \begin{vmatrix} a & 1 & 1 \\ 1 & a & -1 \\ 1 & -1 & a \end{vmatrix} \xRightarrow[{-r_3+r_2}]{-ar_3+r_1} \begin{vmatrix} 0 & 1+a & 1-a^2 \\ 0 & a+1 & -1-a \\ 1 & -1 & a \end{vmatrix} = \begin{vmatrix} 1+a & 1-a^2 \\ 1+a & -1-a \end{vmatrix}$

$\qquad = (1+a)^2 \begin{vmatrix} 1 & 1-a \\ 1 & -1 \end{vmatrix} = (1+a)^2(a-2) = 0$

解得 $a = -1$ 或 $a = 2$。

答案： B

22. 解 由加法公式知：$P(A \cup B) = P(A) + P(B) - P(AB)$。

由乘法公式知：$P(AB) = P(A)P(B|A) = \frac{1}{4} \times \frac{1}{3} = \frac{1}{12}$；

$P(B)P(A|B) = P(AB)$，$\frac{1}{2}P(B) = \frac{1}{12}$，$P(B) = \frac{1}{6}$。

故，$P(A \cup B) = \frac{1}{4} + \frac{1}{6} - \frac{1}{12} = \frac{1}{3}$。

答案： D

23. 解 由于随机变量 X、Y 相互独立，则利用方差性质得 $D(2X - Y) = D(2X) + D(Y) = 4D(X) + D(Y) = 7$。

答案： A

24. 解 由于随机变量 X、Y 相互独立且都服从正态分布，则 $Z = X + Y$ 仍服从正态分布，且 $E(Z) = E(X) + E(Y) = \mu_1 + \mu_2$；$D(Z) = D(X) + D(Y) = \sigma_1^2 + \sigma_2^2$。因此，$Z \sim N(\mu_1 + \mu_2, \sigma_1^2 + \sigma_2^2)$。

答案： D

25. 解 气体分子运动的最概然速率：$v_p = \sqrt{\dfrac{2RT}{M}}$

方均根速率：$\sqrt{\overline{v^2}} = \sqrt{\dfrac{3RT}{M}}$

由 $\sqrt{\dfrac{3RT_1}{M}} = \sqrt{\dfrac{2RT_2}{M}}$，可得到 $\dfrac{T_2}{T_1} = \dfrac{3}{2}$

答案： A

26. 解 一定量的理想气体经等压膨胀（注意等压和膨胀），由热力学第一定律 $Q = \Delta E + W$，体积单向膨胀做正功，内能增加，温度升高。

答案： C

27. 解 理想气体的内能是温度的单值函数，内能差仅取决于温差，此题所示热力学过程初、末态均处于同一温度线上，温度不变，故内能变化 $\Delta E = 0$，但功是过程量，题目并未描述过程如何进行，故无法判定功的正负。

答案： A

28. 解 气体分子运动的平均速率：$\bar{v} = \sqrt{\dfrac{8RT}{\pi M}}$，氧气的摩尔质量 $M_{O_2} = 32g$，氢气的摩尔质量 $M_{H_2} = 2g$，故相同温度的氧气和氢气的分子平均速率之比 $\dfrac{\bar{v}_{O_2}}{\bar{v}_{H_2}} = \sqrt{\dfrac{M_{H_2}}{M_{O_2}}} = \sqrt{\dfrac{2}{32}} = \dfrac{1}{4}$。

答案： D

29. 解 卡诺循环的热机效率 $\eta = 1 - \dfrac{T_2}{T_1} = 1 - \dfrac{273 + 27}{T_1} = 40\%$，$T_1 = 500K$。

此题注意开尔文温度与摄氏温度的变换。

答案：A

30. 解 由三角函数公式，将波动方程化为余弦形式：

$$y = 0.02\sin(\pi t + x) = 0.02\cos\left(\pi t + x - \frac{\pi}{2}\right)$$

答案：B

31. 解 此题考查波的物理量之间的基本关系。

$$T = \frac{1}{\nu} = \frac{1}{2000}\text{s}, \quad u = \frac{\lambda}{T} = \lambda \cdot \nu = 400\text{m/s}$$

答案：A

32. 解 两列振幅不相同的相干波，在同一直线上沿相反方向传播，叠加的合成波振幅为：

$$A^2 = A_1^2 + A_2^2 + 2A_1 A_2 \cos\Delta\varphi$$

当$\cos\Delta\varphi = 1$时，合振幅最大，$A' = A_1 + A_2 = 3A$；

当$\cos\Delta\varphi = -1$时，合振幅最小，$A' = |A_1 - A_2| = A$。

此题注意振幅没有负值，要取绝对值。

答案：D

33. 解 此题考查波的能量特征。波动的动能与势能是同相的，同时达到最大最小。若此时A点处媒质质元的弹性势能在减小，则其振动动能也在减小。此时B点正向负最大位移处运动，振动动能在减小。

答案：A

34. 解 由双缝干涉相邻明纹（暗纹）的间距公式：$\Delta x = \frac{D}{a}\lambda$，若双缝所在的平板稍微向上平移，中央明纹与其他条纹整体向上稍作平移，其他条件不变，则屏上的干涉条纹间距不变。

答案：B

35. 解 此题考查光的干涉。薄膜上下两束反射光的光程差：$\delta = 2ne + \frac{\lambda}{2}$

反射光加强：$\delta = 2ne + \frac{\lambda}{2} = k\lambda$，$\lambda = \frac{2ne}{k - \frac{1}{2}} = \frac{4ne}{2k-1}$

$$k = 2\text{时}, \quad \lambda = \frac{4ne}{2k-1} = \frac{4 \times 1.33 \times 0.32 \times 10^3}{3} = 567\text{nm}$$

答案：C

36. 解 自然光I_0穿过第一个偏振片后成为偏振光，光强减半，为$I_1 = \frac{1}{2}I_0$。

第一个偏振片与第二个偏振片夹角为30°，第二个偏振片与第三个偏振片夹角为60°，穿过第二个偏振片后的光强用马吕斯定律计算：$I_2 = \frac{1}{2}I_0\cos^2 30°$

穿过第三个偏振片后的光强为：$I_3 = \frac{1}{2}I_0\cos^2 30° \cos^2 60° = \frac{3}{32}I_0$

答案：C

37. 解 主量子数为n的电子层中原子轨道数为n^2，最多可容纳的电子总数为$2n^2$。主量子数$n=3$，原子轨道最多可容纳的电子总数为$2\times3^2=18$。

答案：C

38. 解 当分子中的氢原子与电负性大、半径小、有孤对电子的原子（如N、O、F）形成共价键后，还能吸引另一个电负性较大原子（如N、O、F）中的孤对电子而形成氢键。所以分子中存在N—H、O—H、F—H共价键时会形成氢键。

答案：A

39. 解 112mg铁的物质的量$n=\dfrac{\frac{112}{1000}}{56}=0.002$mol

溶液中铁的浓度$C=\dfrac{n}{V}=\dfrac{0.002}{\frac{100}{1000}}=0.02mol\cdot$L^{-1}

答案：C

40. 解 NaOAc为强碱弱酸盐，可以水解，水解常数$K_h=\dfrac{K_w}{K_a}$

0.1mol$\cdot$L^{-1}NaOAc溶液：

$$C_{OH^-}=\sqrt{C\cdot K_h}=\sqrt{C\cdot\dfrac{K_w}{K_a}}=\sqrt{0.1\times\dfrac{1\times10^{-14}}{1.8\times10^{-5}}}\approx7.5\times10^{-6}\text{mol}\cdot\text{L}^{-1}$$

$$C_{H^+}=\dfrac{K_w}{C_{OH^-}}=\dfrac{1\times10^{-14}}{7.5\times10^{-6}}\approx1.3\times10^{-9}\text{mol}\cdot\text{L}^{-1},\text{pH}=-\lg C_{H^+}\approx8.88$$

答案：D

41. 解 由物质的标准摩尔生成焓$\Delta_fH_m^{\ominus}$和反应的标准摩尔反应焓变$\Delta_rH_m^{\ominus}$的定义可知，$H_2O(l)$的标准摩尔生成焓$\Delta_fH_m^{\ominus}$为反应$H_2(g)+\frac{1}{2}O_2(g)\Longrightarrow H_2O(l)$的标准摩尔反应焓变$\Delta_rH_m^{\ominus}$。反应$2H_2(g)+O_2(g)\Longrightarrow 2H_2O(l)$的标准摩尔反应焓变是反应$H_2(g)+\frac{1}{2}O_2(g)\Longrightarrow H_2O(l)$的标准摩尔反应焓变的 2 倍，即$H_2(g)+\frac{1}{2}O_2(g)\Longrightarrow H_2O(l)$的$\Delta_fH_m^{\ominus}=\frac{1}{2}\times(-572)=-286kJ\cdot$mol^{-1}。

答案：D

42. 解 $p(N_2O_4)=p(NO_2)=100$kPa时，$N_2O_4(g)\rightleftharpoons 2NO_2(g)$的反应熵$Q=\dfrac{\left[\frac{p(NO_2)}{p^{\ominus}}\right]^2}{\frac{p(N_2O_4)}{p^{\ominus}}}=1>K^{\ominus}=0.1132$，根据反应熵判据，反应逆向进行。

答案：B

43. 解 原电池电动势$E=\varphi_{正}-\varphi_{负}$，负极对应电对$Zn^{2+}/Zn$的能斯特方程式为$\varphi_{Zn^{2+}/Zn}=\varphi_{Zn^{2+}/Zn}^{\ominus}+\dfrac{0.059}{2}\lg C_{Zn^{2+}}$，$ZnSO_4$浓度增加，$C_{Zn^{2+}}$增加，$\varphi_{Zn^{2+}/Zn}$增加，原电池电动势变小。

答案：B

44. 解 $(CH_3)_2CHCH(CH_3)CH_2CH_3$的结构式为 $H_3C-\overset{\overset{\displaystyle CH_3}{|}}{CH}-\overset{\overset{\displaystyle CH_3}{|}}{CH}-CH_2-CH_3$ ，根据有机化合物命名

规则，该有机物命名为 2，3-二甲基戊烷。

答案：B

45. 解 对羟基苯甲酸乙酯含有 HO—⟨benzene ring⟩部分，为酚类化合物；含有—COOC$_2$H$_5$ 部分，为酯类化合物。

答案：D

46. 解 该高聚物的重复单元为 $\begin{array}{c}-CH_2-CH-\\ \quad\ \ |\\ \quad\ \ COOCH_3\end{array}$，是由单体 CH$_2$=CHCOOCH$_3$ 通过加聚反应形成的。

答案：D

47. 解 销钉 C 处为光滑接触约束，约束力应垂直于 AB 光滑直槽，由于 F_p 的作用，直槽的左上侧与锁钉接触，故其约束力的作用线与 x 轴正向所成的夹角为 150°。

答案：D（此题 2017 年考过）

48. 解 由图可知力 F 过 B 点，故对 B 点的力矩为 0，因此该力系对 B 点的合力矩为：

$$M_B = M = \frac{1}{2}Fa = \frac{1}{2} \times 150 \times 50 = 3750\text{N} \cdot \text{cm}(顺时针)$$

答案：A

49. 解 以 CD 为研究对象，其受力如解图所示。

列平衡方程：$\sum M_C(F) = 0$，$2L \cdot F_D - M - q \cdot L \cdot \dfrac{L}{2} = 0$

代入数值得：$F_D = 15\text{kN}$（铅垂向上）

答案：B

题 49 解图

50. 解 由于主动力 F_p、F 大小均为 100N，故其二力合力作用线与接触面法线方向的夹角为 45°，与摩擦角相等，根据自锁条件的判断，物块处于临界平衡状态。

答案：D

51. 解 消去运动方程中的参数 t，将 $t^2 = x$ 代入 y 中，有 $y = 2x^2$，故 $y - 2x^2 = 0$ 为动点的轨迹方程。

答案：C

52. 解 速度的大小为运动方程对时间的一阶导数，即：

$$v_x = \frac{dx}{dt} = v_0 \cos\alpha, \quad v_y = \frac{dy}{dt} = v_0 \sin\alpha - gt$$

则当 $t = 0$ 时，炮弹的速度大小为：$v = \sqrt{v_x^2 + v_y^2} = v_0$

答案：C

53. 解 滑轮上 A 点的速度和切向加速度与皮带相应的速度和加速度相同，根据定轴转动刚体上速度、切向加速度的线性分布规律，可得B点的速度$v_B = 20R/r = 30\text{m/s}$，切向加速度$a_{Bt} = 6R/r = 9\text{m/s}^2$。

答案：A

54.解 小球的运动及受力分析如解图所示。根据质点运动微分方程$\boldsymbol{F} = m\boldsymbol{a}$，将方程沿着$N$方向投影有：

$$ma\sin\alpha = N - mg\cos\alpha$$

解得：

$$N = mg\cos\alpha + ma\sin\alpha$$

题54解图

答案：B

55.解 物体受主动力$\boldsymbol{F}$、重力$m\boldsymbol{g}$及斜面的约束力$\boldsymbol{F}_N$作用，做功分别为：

$W(\boldsymbol{F}) = 70 \times 6 = 420\text{N} \cdot \text{m}$，$W(m\boldsymbol{g}) = -5 \times 9.8 \times 6\sin30° = -147\text{N} \cdot \text{m}$，$W(\boldsymbol{F}_N) = 0$

故所有力做功之和为：$\boldsymbol{W} = 420 - 147 = 273\text{N} \cdot \text{m}$

答案：C

56.解 根据动量矩定理，两轮分别有：$J\alpha_1 = F_A R$，$J\alpha_2 = F_B R$，对于轮A有$J\alpha_1 = PR$，对于图b）系统有$\left(J + \dfrac{P}{g}R^2\right)\alpha_2 = PR$，所以$\alpha_1 > \alpha_2$，故有$F_A > F_B$。

答案：B

57.解 根据惯性力的定义：$\boldsymbol{F}_I = -m\boldsymbol{a}$，物块$B$的加速度与物块$A$的加速度大小相同，且向下，故物块$B$的惯性力$F_{BI} = 4 \times 3.3 = 13.2\text{N}$，方向与其加速度方向相反，即铅垂向上。

答案：A

58.解 当激振力频率与系统的固有频率相等时，系统发生共振，即

$$\omega_0 = \sqrt{\frac{k}{m}} = \omega = 50\text{rad/s}$$

系统的等效弹簧刚度$k = k_1 + k_2 = 3 \times 10^5\text{N/m}$

代入上式可得：$m = 120\text{kg}$

答案：C

59.解 由低碳钢拉伸时σ-ε曲线（如解图所示）可知：在加载到强化阶段后卸载，再加载时，屈服点C'明显提高，断裂前变形明显减少，所以"冷作硬化"现象发生在强化阶段。

题59解图

答案：C

60.解 AB段轴力是$3F$，$\Delta l_{AB} = \frac{3Fa}{EA}$；BC段轴力是$2F$，$\Delta l_{BC} = \frac{2Fa}{EA}$

杆的总伸长$\Delta l = \Delta l_{AB} + \Delta l_{BC} = \frac{3Fa}{EA} + \frac{2Fa}{EA} = \frac{5Fa}{EA}$

答案：D

61.解 钢板和钢轴的计算挤压面积是dt，由钢轴的挤压强度条件$\sigma_{bs} = \frac{F}{dt} \leqslant [\sigma_{bs}]$，得$d \geqslant \frac{F}{t[\sigma_{bs}]}$。

答案：A

62.解 根据极惯性矩I_p的定义：$I_p = \int_A \rho^2 \mathrm{d}A$，可知极惯性矩是一个定积分，具有可加性，所以$I_p = \frac{\pi}{32}D^4 - \frac{\pi}{32}d^4 = \frac{\pi}{32}(D^4 - d^4)$。

答案：D

63.解 根据定义，惯性矩$I_y = \int_A z^2 \mathrm{d}A$、$I_z = \int_A y^2 \mathrm{d}A$和极惯性矩$I_p = \int_A \rho^2 \mathrm{d}A$的值恒为正，而静矩$S_y = \int_A z \mathrm{d}A$、$S_z = \int_A y \mathrm{d}A$和惯性积$I_{yz} = \int_A yz \mathrm{d}A$的数值可正、可负，也可为零。

答案：B

64.解 由"零、平、斜，平、斜、抛"的微分规律，可知AB段有分布荷载；B截面有弯矩的突变，故B处有集中力偶。

答案：B

65.解 A图看整体：$\sigma_{max} = \frac{M}{W_z} = \frac{M}{\frac{a^3}{6}} = \frac{6M}{a^3}$

B图看一根梁：$\sigma_{max} = \frac{M}{W_z} = \frac{0.5M}{0.5a^3/6} = \frac{M}{\frac{a^3}{6}} = \frac{6M}{a^3}$

C图看一根梁：$\sigma_{max} = \frac{M}{W_z} = \frac{\frac{1}{3}M}{\frac{1}{3}a^3/6} = \frac{M}{\frac{a^3}{6}} = \frac{6M}{a^3}$

D图看一根梁：$\sigma_{max} = \frac{M}{W_z} = \frac{0.5M}{a \times (0.5a)^2/6} = \frac{2M}{\frac{a^3}{6}} = \frac{12M}{a^3}$

答案：D

66.解 A处为固定铰链支座，挠度总是等于0，即$V_A = 0$

B处挠度等于BD杆的变形量，即$V_B = \Delta L$

C处有集中力F作用，挠度方程和转角方程将发生转折，但是满足连续光滑的要求，即

$V_{C左} = V_{C右}$，$\theta_{C左} = \theta_{C右}$。

答案：C

67.解 最大切应力所在截面，一定不是主平面，该平面上的正应力也一定不是主应力，也不一定为零，故只能选D。

答案：D

68. 解 根据第一强度理论（最大拉应力理论）可知：$\sigma_{eq1} = \sigma_1$，所以只能选 A。

答案：A

69. 解 移动前杆是轴向受拉：$\sigma_{\max} = \dfrac{F}{A} = \dfrac{F}{a^2}$

移动后杆是偏心受拉，属于拉伸与弯曲的组合受力与变形：

$$\sigma_{\max} = \frac{F}{A} + \frac{0.5aF}{a^3/6} = \frac{F}{a^2} + \frac{3F}{a^2} = \frac{4F}{a^2}$$

答案：D

70. 解 压杆总是在惯性矩最小的方向失稳，

对图 a ）：$I_a = \dfrac{hb^3}{12}$；对图 b ）：$I_b = \dfrac{h^4}{12}$。则：

$$F_{cr}^a = \frac{\pi^2 E I_a}{(\mu L)^2} = \frac{\pi^2 E \dfrac{hb^3}{12}}{(2L)^2} = \frac{\pi^2 E \dfrac{2b \times b^3}{12}}{(2L)^2} = \frac{\pi^2 E b^4}{24L^2}$$

$$F_{cr}^b = \frac{\pi^2 E I_b}{(\mu L)^2} = \frac{\pi^2 E \dfrac{2b \times (2b)^3}{12}}{(2L)^2} = \frac{\pi^2 E b^4}{3L^2} = 8F_{cr}^a$$

故临界力是原来的 8 倍。

答案：B

71. 解 由流体的物理性质知，流体在静止时不能承受切应力，在微小切力作用下，就会发生显著的变形而流动。

答案：A

72. 解 由于题设条件中未给出计算水头损失的数据，现按不计水头损失的能量方程解析此题。

设基准面 0-0 与断面 2 重合，对断面 1-1 及断面 2-2 写能量方程：

$$Z_1 + \frac{v_1^2}{2g} = Z_2 + \frac{v_2^2}{2g}$$

代入数据 $2 + \dfrac{1.8^2}{2g} = \dfrac{v_2^2}{2g}$，解得 $v_2 = 6.50\text{m/s}$

又由连续方程 $v_1 A_1 = v_2 A_2$，可得 $1.8\text{m/s} \times \dfrac{\pi}{4} 0.1^2 = 6.50\text{m/s} \times \dfrac{\pi}{4} d_2^2$

解得 $d_2 = 5.2\text{cm}$

答案：A

73. 解 利用动量定理计算流体对固体壁的作用力时，进出口断面上的压强应为相对压强。

答案：B

74. 解 有压圆管层流运动的沿程损失系数 $\lambda = \dfrac{64}{Re}$

而雷诺数 $Re = \dfrac{vd}{\nu} = \dfrac{5 \times 5}{0.18} = 138.89$，$\lambda = \dfrac{64}{138.89} = 0.461$

答案：B

75. 解 并联长管路的水头损失相等，即 $S_1Q_1^2 = S_2Q_2^2$

式中管路阻抗 $S_1 = \frac{8\lambda\frac{L_1}{d_1}}{g\pi^2 d_1^4}$，$S_2 = \frac{8\lambda\frac{3L_1}{d_2}}{g\pi^2 d_2^4}$

又因 $d_1 = d_2$，所以得：$\frac{Q_1}{Q_2} = \sqrt{\frac{S_2}{S_1}} = \sqrt{\frac{3L_1}{L_1}} = 1.732$，$Q_1 = 1.732Q_2$

答案：C

76. 解 明渠均匀流只能发生在顺坡棱柱形渠道。

答案：B

77. 解 均匀砂质土壤适用达西渗透定律：$u = kJ$

代入题设数据，则渗流速度 $u = 0.005 \times 0.5 = 0.0025 \text{cm/s}$

答案：A

78. 解 压力管流的模型试验应选择雷诺准则。

答案：A

79. 解 直流电源作用下，电压 U_1、电流 I 均为恒定值，产生恒定磁通 Φ。根据电磁感应定律，线圈 N_2 中不会产生感应电动势，所以 $U_2 = 0$。

答案：A

80. 解 通常电感线圈的等效电路是 R-L 串联电路。当线圈通入直流电时，电感线圈的感应电压为 0，可以计算线圈电阻为 $R' = \frac{U}{I} = \frac{10}{1} = 10\Omega$。在交流电源作用下线圈的感应电压不为 0，要考虑线圈中感应电压的影响必须将电感线圈等效为 R-L 串联电路。因此，该电路的等效模型为：10Ω 电阻与电感 L 串联后再与传输线电阻 R 串联。

答案：B

81. 解 求等效电阻时应去除电源作用（电压源短路，电流源断路），将电流源断开后 a–b 端左侧网络的等效电阻为 R_2。

答案：D

82. 解 首先根据给定电压函数 $u(t)$ 写出电压的相量 $\dot{U}$，利用交流电路的欧姆定律计算电流相量：

$$\dot{I} = \frac{\dot{U}}{Z} = \frac{220\angle30°}{10\angle45°} = 22\angle{-15°}$$

最后写出电流 $i(t)$ 的函数表达式为 $22\sqrt{2}\sin(314t - 15°)\text{A}$。

答案：D

83. 解 根据电路可以分析，总阻抗 $Z = Z_1 + Z_2 = 6 + j8 - jX_C$，当 $X_C = 8$ 时，Z 有最小值，电流 I 有最大值（电路出现谐振，呈现电阻性质）。

答案： B

84. 解 用电设备 M 的外壳线 *a* 应接到保护地线 PE 上，电灯 D 的接线 *b* 应接到电源中性点 N 上，说明如下：

（1）三相四线制：包括相线 A、B、C 和保护零线 PEN（图示的 N 线）。PEN 线上有工作电流通过，PEN 线在进入用电建筑物处要做重复接地；我国民用建筑的配电方式采用该系统。

（2）三相五线制：包括相线 A、B、C，零线 N 和保护接地线 PE。N 线有工作电流通过，PE 线平时无电流（仅在出现对地漏电或短路时有故障电流）。

零线和地线的根本差别在于一个构成工作回路，一个起保护作用（叫作保护接地），一个回电网，一个回大地，在电子电路中这两个概念要区别开，工程中也要求这两根线分开接。

答案： C

85. 解 三相交流异步电动机的空载功率因数较小，为 0.2～0.3，随着负载的增加功率因数增加，当电机达到满载时功率因数最大，可以达到 0.9 以上。

答案： B

86. 解 控制电路图中所有控制元件均是未工作的状态，同一电器用同一符号注明。要保持电气设备连续工作必须有自锁环节（常开触点）。

图 B 的自锁环节使用了 KM 接触器的常闭触点，图 C 和图 D 中的停止按钮 SBstop 两端不能并入 KM 接触器的常闭触点或常开触点，因此图 B、C、D 都是错误的。

图 A 的电路符合设备连续工作的要求：按启动按钮 SBst（动合）后，接触器 KM 线圈通电，KM 常开触点闭合（实现自锁）；按停止按钮 SBstop（动断）后，接触器 KM 线圈断电，用电设备停止工作。可见四个选项中图 A 符合电气设备连续工作的要求。

答案： A

87. 解 表示信息的数字代码是二进制。通常用电压的高电位表示"1"，低电位表示"0"，或者反之。四个选项中的前三项都可以用来表示二进制代码"10101"，选项 D 的电位不符合"高-低-高-低-高"的规律，则不能用来表示数码"10101"。

答案： D

88. 解 根据信号的幅值频谱关系，周期信号的频谱是离散的，而非周期信号的频谱是连续的。图 a）是非周期性时间信号的频谱，图 b）是周期性时间信号的频谱。

答案： B

89. 解 滤波器是频率筛选器，通常根据信号的频率不同进行处理。它不会改变正弦波信号的形状，而是通过正弦波信号的频率来识别，保留有用信号，滤除干扰信号。而非正弦周期信号可以分解为多个不同频率正弦波信号的合成，它的频率特性是收敛的。对非正弦周期信号滤波时要保留基波和低频部分的信号，滤除高频部分的信号。这样做虽然不会改变原信号的频率，但是滤除高频分量以后会影响非正弦周期信号波形的形状。

答案： D

90. 解 根据逻辑函数的摩根定理对原式进行分析：

$$\mathrm{ABCD} + \overline{\mathrm{A}} + \overline{\mathrm{B}} + \overline{\mathrm{C}} + \overline{\mathrm{D}} = \mathrm{ABCD} + \overline{\overline{\overline{\mathrm{A}} + \overline{\mathrm{B}} + \overline{\mathrm{C}} + \overline{\mathrm{D}}}} = \mathrm{ABCD} + \overline{\mathrm{ABCD}} = 1$$

答案： B

91. 解 $\mathrm{F} = \overline{\mathrm{AB}}$ 为与非门，分析波形可以用口诀："A、B"有 0，"F"为 1；"A、B"全 1，"F"为 0，波形见解图。

题 91 解图

答案： B

92. 解 根据真值表写出逻辑表达式的方法是：找出真值表输出信号 F=1 对应的输入变量取值组合，每组输入变量取值为一个乘积项（与），输入变量值为 1 的写原变量，输入变量值为 0 的写反变量。最后将这些变量相加（或），即可得到输出函数 F 的逻辑表达式。

根据该给定的真值表可以写出：$\mathrm{F} = \overline{\mathrm{A}}\mathrm{BC} + \mathrm{AB}\overline{\mathrm{C}} + \mathrm{ABC}$。

答案： D

93. 解 电压放大器的耦合电容有隔直通交的作用，因此电容 C_E 接入以后不会改变放大器的静态工作点。对于交变信号，接入电容 C_E 以后电阻 R_E 被短路，根据放大器的交流通道来分析放大器的动态参数，输入电阻 R_i、输出电阻 R_o、电压放大倍数 A_u 分别为：

$$R_i = R_{B1} /\!/ R_{B2} /\!/ [r_\mathrm{be} + (1+\beta)R_\mathrm{E}]$$

$$R_\mathrm{o} = R_\mathrm{C}$$

$$A_\mathrm{u} = \frac{-\beta R_\mathrm{L}'}{\gamma_\mathrm{be} + (1+\beta)R_\mathrm{E}} \quad (R_\mathrm{L}' = R_\mathrm{C} /\!/ R_\mathrm{L})$$

可见，输出电阻 R_o 与 R_E 无关。

所以，并入电容 C_E 后不变的量是静态工作点和输出电阻 R_o。

答案： C

94. 解 本电路属于运算放大器非线性应用，是一个电压比较电路。A 点是反相输入端，B 点是同相输入端。当 B 点电位高于 A 点电位时，输出电压有正的最大值 U_{oM}。当 B 点电位低于 A 点电位时，输出电压有负的最大值 $-U_{oM}$。

选项 D 的 u_{o1} 波形分析正确，并且 $u_{o1} = -u_{o2}$，符合题意。

答案： D

95. 解 利用逻辑函数分析如下：$F_1 = \overline{A \cdot 1} = \overline{A}$；$F_2 = B + 1 = 1$。

答案： D

96. 解 两个电路分别为 JK 触发器和 D 触发器，逻辑状态表给定，它们有同一触发脉冲和清零信号作用。但要注意到两个触发器的触发时间不同，JK 触发器为下降沿触发，D 触发器为上升沿触发。

结合逻辑表分析输出脉冲波形如解图所示。

JK 触发器：$J = K = 1$，$Q_{JK}^{n+1} = \overline{Q}_{JK}^n$，CP 下降沿触发。

D 触发器：$Q_D^{n+1} = D = \overline{Q}_D^n$，CP 上升沿触发。

对应的 t_1 时刻两个触发器的输出分别是 $Q_{JK} = 1$，$Q_D = 0$，选项 C 正确。

题 94 解图

题 96 解图

答案： C

97. 解 计算机数字信号只有 0（低电平）和 1（高电平），是一系列高（电源电压的幅度）和低（0V）的方波序列，幅度是不变的，时间（周期）是可变的，也就是说处理的是断续的数字信息，数字信号是离散信号。

答案： B

98. 解 程序计数器（PC）又称指令地址计数器，计算机通常是按顺序逐条执行指令的，就是靠程序计数器来实现。每当执行完一条指令，PC 就自动加 1，即形成下一条指令地址。

答案： C

99. 解 计算机的软件系统是由系统软件、支撑软件和应用软件构成。系统软件是负责管理、控制和维护计算机软、硬件资源的一种软件，它为应用软件提供了一个运行平台。支撑软件是支持其他软件的编写制作和维护的软件。应用软件是特定应用领域专用的软件。

答案：B

100. 解 允许多个用户以交互方式使用计算机的操作系统是分时操作系统。分时操作系统是使一台计算机同时为几个、几十个甚至几百个用户服务的一种操作系统。它将系统处理机时间与内存空间按一定的时间间隔，轮流地切换给各终端用户的。

答案：B

101. 解 ASCII 码最高位都置成 0，它是"美国信息交换标准代码"的简称，是目前国际上最为流行的字符信息编码方案。在这种编码中每个字符用 7 个二进制位表示。对于两个字节的国标码将两个字节的最高位都置成 1，而后由软件或硬件来对字节最高位做出判断，以区分 ASCII 码与国标码。

答案：A

102. 解 计算机系统内的存储器是由一个个存储单元组成的，而每一个存储单元的容量为 8 位二进制信息，称为一个字节。为了对存储器进行有效的管理，给每个单元都编上一个号，也就是给存储器中的每一个字节都分配一个地址码，俗称给存储器地址"编址"。

答案：A

103. 解 给数据加密，是隐蔽信息的可读性，将可读的信息数据转换为不可读的信息数据，称为密文。把信息隐藏起来，即隐藏信息的存在性，将信息隐藏在一个容量更大的信息载体之中，形成隐秘载体。信息隐藏和数据加密的方法是不一样的。

答案：D

104. 解 线程有时也称为轻量级进程，是被系统独立调度和 CPU 的基本运行单位。有些进程只包含一个线程，也可包含多个线程。线程的优点之一就是资源共享。

答案：C

105. 解 信息化社会是以计算机信息处理技术和传输手段的广泛应用为基础和标志的新技术革命，影响和改造社会生活方式与管理方式。信息化社会指在经济生活全面信息化的进程中，人类社会生活的其他领域也逐步利用先进的信息技术建立起各种信息网络，信息技术在生产、科研教育、医疗保健、企业和政府管理以及家庭中的广泛应用对经济和社会发展产生了巨大而深刻的影响，从根本上改变了人们的生活方式、行为方式和价值观念。计算机则是实现信息社会的必备工具之一，两者相互影响、相互制约、相互推动、相互促进，是密不可分的关系。

答案：C

106. 解 如果要寻找一个主机名所对应的 IP 地址，则需要借助域名服务器来完成。当 Internet 应用程序收到一个主机域名时，它向本地域名服务器查询该主机域名对应的 IP 地址。如果在本地域名服务器中找不到该主机域名对应的 IP 地址，则本地域名服务器向其他域名服务器发出请求，要求其他域名服务器协助查找，并将找到的 IP 地址返回给发出请求的应用程序。

答案：C

107. 解 根据一次支付现值公式（已知 F 求 P）：

$$P = \frac{F}{(1+i)^n} = \frac{50}{(1+5.06\%)^5} = 39.06 \text{ 万元}$$

答案：C

108. 解 项目总投资中的流动资金是指运营期内长期占用并周转使用的营运资金。估算流动资金的方法有扩大指标法或分项详细估算法。采用分项详细估算法估算时，流动资金是流动资产与流动负债的差额。

答案：C

109. 解 资本金（权益资金）的筹措方式有股东直接投资、发行股票、政府投资等，债务资金的筹措方式有商业银行贷款、政策性银行贷款、外国政府贷款、国际金融组织贷款、出口信贷、银团贷款、企业债券、国际债券和融资租赁等。

优先股股票和可转换债券属于准股本资金，是一种既具有资本金性质又具有债务资金性质的资金。

答案：C

110. 解 利息备付率=息税前利润/应付利息

式中，息税前利润=利润总额+利息支出

本题已经给出息税前利润，因此该年的利息备付率为：

利息备付率=息税前利润/应付利息=200/100=2

答案：B

111. 解 计算各年的累计净现金流量见解表。

题 111 解表

年份	0	1	2	3	4	5
净现金流量	−100	−50	40	60	60	60
累计净现金流量	−100	−150	−110	−50	10	70

静态投资回收期=累计净现金流量开始出现正值的年份数$-1+\dfrac{\text{上年累计净现金流量的绝对值}}{\text{当年净现金流量}}$

$$= 4 - 1 + |-50| \div 60 = 3.83 \text{ 年}$$

答案：C

112. 解 该货物的影子价格为：

直接出口产出物的影子价格（出厂价）＝离岸价（FOB）×影子汇率－出口费用

$$= 100 \times 6 - 100 = 500 元人民币$$

答案：A

113. 解 甲方案的净现值为：$NPV_甲 = -500 + 140 \times 6.7101 = 439.414 万元$

乙方案的净现值为：$NPV_乙 = -1000 + 250 \times 6.7101 = 677.525 万元$

$$NPV_乙 > NPV_甲，故应选择乙方案$$

互斥方案比较不应直接用方案的内部收益率比较，可采用净现值或差额投资内部收益率进行比较。

答案：B

114. 解 用强制确定法选择价值工程的对象时，计算结果存在以下三种情况：

①价值系数小于1较多，表明该零件相对不重要且费用偏高，应作为价值分析的对象；

②价值系数大于1较多，即功能系数大于成本系数，表明该零件较重要而成本偏低，是否需要提高费用视具体情况而定；

③价值系数接近或等于1，表明该零件重要性与成本适应，较为合理。

本题该部件的价值系数为1.02，接近1，说明该部件功能重要性与成本比重相当，不应将该部件作为价值工程对象。

答案：B

115. 解 《中华人民共和国建筑法》第十条规定，在建的建筑工程因故中止施工的，建设单位应当自中止施工之日起一个月内，向发证机关报告，并按照规定做好建筑工程的维护管理工作。

答案：A

116. 解 《中华人民共和国安全生产法》第二十八条规定，生产经营单位应当对从业人员进行安全生产教育和培训，保证从业人员具备必要的安全生产知识，熟悉有关的安全生产规章制度和安全操作规程，掌握本岗位的安全操作技能，了解事故应急处理措施，知悉自身在安全生产方面的权利和义务。

答案：C

117. 解 《中华人民共和国招标投标法》第十二条规定，招标人有权自行选择招标代理机构，委托其办理招标事宜。任何单位和个人不得以任何方式为招标人指定招标代理机构。招标人具有编制招标文件和组织评标能力的，可以自行办理招标事宜。任何单位和个人不得强制其委托招标代理机构办理招标事宜。依法必须进行招标的项目，招标人自行办理招标事宜的，应当向有关行政监督部门备案。

从上述条文可以看出选项 A 正确，选项 B 错误，因为招标人可以委托代理机构办理招标事宜。选项 C 错误，招标人自行招标时才需要备案，不是委托代理人才需要备案。选项 D 明显不符合第十二条的规定。

答案： A

118. 解 《中华人民共和国民法典》第一百三十七条规定，以对话方式作出的意思表示，相对人知道其内容时生效。以非对话方式作出的意思表示，到达相对人时生效。以非对话方式作出的采用数据电文形式的意思表示，相对人指定特定系统接收数据电文的，该数据电文进入该特定系统时生效；未指定特定系统的，相对人知道或者应当知道该数据电文进入其系统时生效。当事人对采用数据电文形式的意思表示的生效时间另有约定的，按照其约定。

答案： A

119. 解 依照《中华人民共和国行政许可法》第四十二条的规定，依照本法第二十六条的规定，行政许可采取统一办理或者联合办理、集中办理的，办理的时间不得超过四十五日；四十五日内不能办结的，经本级人民政府负责人批准，可以延长十五日，并应当将延长期限的理由告知申请人。

答案： D

120. 解 《建设工程质量管理条例》第十六条规定，建设单位收到建设工程竣工报告后，应当组织设计、施工、工程监理等有关单位进行竣工验收。

答案： C

2021 年度全国勘察设计注册工程师执业资格考试基础考试（上）
试题解析及参考答案

1. 解 本题考查指数函数的极限 $\lim\limits_{x\to+\infty} e^x = +\infty$，$\lim\limits_{x\to-\infty} e^x = 0$，需熟悉函数

题 1 解图

$y = e^x$ 的图像（见解图）。

因为 $\lim\limits_{x\to 0^-} \frac{1}{x} = -\infty$，故 $\lim\limits_{x\to 0^-} e^{\frac{1}{x}} = 0$，所以选项 B 正确。

而 $\lim\limits_{x\to 0^+} \frac{1}{x} = +\infty$，则 $\lim\limits_{x\to 0^+} e^{\frac{1}{x}} = +\infty$，可知选项 A、C、D 错误。

答案：B

2. 解 本题考查等价无穷小和同阶无穷小的概念。

当 $x\to 0$ 时，$1-\cos 2x \sim \frac{1}{2}(2x)^2 = 2x^2$，所以 $\lim\limits_{x\to 0} \frac{1-\cos 2x}{x^2} = 2$，选项 A 正确。

当 $x\to 0$ 时，$\sin x \sim x$，$\lim\limits_{x\to 0} \frac{x^2 \sin x}{x^3} = 1$，所以当 $x\to 0$ 时，$x^2 \sin x$ 与 x^3 为同阶无穷小，选项 B 错误。

当 $x\to 0$ 时，$\sqrt{1+x}-1 \sim \frac{1}{2}x$，$\lim\limits_{x\to 0} \frac{\sqrt{1+x}-1}{x} = \frac{1}{2}$，所以当 $x\to 0$ 时，$\sqrt{1+x}-1$ 与 x 为同阶无穷小，选项 C 错误。

当 $x\to 0$ 时，$1-\cos x^2 \sim \frac{1}{2}x^4$，所以当 $x\to 0$ 时，$1-\cos x^2$ 与 x^4 为同阶无穷小，选项 D 错误。

答案：A

3. 解 本题考查导数的定义及一元函数可导与连续的关系。

由题意 $f(0)=0$，且 $\lim\limits_{x\to 0} \frac{f(x)}{x} = 1$，得 $\lim\limits_{x\to 0} \frac{f(x)}{x} = \lim\limits_{x\to 0} \frac{f(x)-f(0)}{x-0} = f'(0) = 1$，知选项 C 正确，选项 B、D 错误。而由可导必连续，知选项 A 错误。

答案：C

4. 解 本题考查通过变量代换求函数表达式以及求导公式。

先进行倒代换，设 $t = \frac{1}{x}$，则 $x = \frac{1}{t}$，代入得 $f(t) = \frac{\frac{1}{t}}{1+\frac{1}{t}} = \frac{1}{t+1}$

即 $f(x) = \frac{1}{1+x}$，则 $f'(x) = -\frac{1}{(1+x)^2}$

答案：C

5. 解 本题考查连续函数零点定理及导数的应用。

设 $f(x) = x^3 + x - 1$，则 $f'(x) = 3x^2 + 1 > 0$，$x \in (-\infty, +\infty)$，知 $f(x)$ 单调递增。

又采用特殊值法，有 $f(0) = -1 < 0$，$f(1) = 1 > 0$，$f(x)$ 连续，根据零点定理，知 $f(x)$ 在 $(0,1)$ 上存在零点，且由单调性，知 $f(x)$ 在 $x \in (-\infty, +\infty)$ 内仅有唯一零点，即方程 $x^3 + x - 1 = 0$ 只有一个实根。

答案：B

6. 解 本题考查极值的概念和极值存在的必要条件。

函数 $f(x)$ 在点 $x = x_0$ 处可导，则 $f'(x_0) = 0$ 是 $f(x)$ 在 $x = x_0$ 取得极值的必要条件。同时，导数不存

在的点也可能是极值点，例如$y=|x|$在$x=0$点取得极小值，但$f'(0)$不存在，见解图。即可导函数的极值点一定是驻点，反之不然。极值点只能是驻点或不可导点。

题6解图

答案：C

7. 解 本题考查不定积分和微分的基本性质。

由微分的基本运算$\mathrm{d}g(x)=g'(x)\mathrm{d}x$，得：$\int f(x)\mathrm{d}x=\int \mathrm{d}g(x)=\int g'(x)\mathrm{d}x$

等式两端对x求导，得：$f(x)=g'(x)$

答案：B

8. 解 本题考查定积分的基本运算及奇偶函数在对称区间积分的性质。

$\int_{-1}^{1}(x^3+|x|)e^{x^2}\mathrm{d}x=\int_{-1}^{1}x^3e^{x^2}\mathrm{d}x+\int_{-1}^{1}|x|e^{x^2}\mathrm{d}x$，由于$x^3$是奇函数，$e^{x^2}$是偶函数，故$x^3e^{x^2}$是奇函数，奇函数在对称区间的定积分为0，有$\int_{-1}^{1}x^3e^{x^2}\mathrm{d}x=0$，故有$\int_{-1}^{1}(x^3+|x|)e^{x^2}\mathrm{d}x=\int_{-1}^{1}|x|e^{x^2}\mathrm{d}x$。

由于$|x|$是偶函数，e^{x^2}是偶函数，故$|x|e^{x^2}$是偶函数，偶函数在对称区间的定积分为2倍半区间积分，有$\int_{-1}^{1}|x|e^{x^2}\mathrm{d}x=2\int_{0}^{1}|x|e^{x^2}\mathrm{d}x$。

$x\geqslant 0$，去掉绝对值符号，有

$$2\int_0^1 xe^{x^2}\mathrm{d}x=\int_0^1 e^{x^2}\mathrm{d}x^2=e^{x^2}\Big|_0^1=e-1$$

答案：C

9. 解 本题考查曲面交线的求法，空间曲线可看作两个空间曲面的交线。

两曲面交线为$\begin{cases}x^2+y^2+z^2=a^2\\x^2+y^2=2az\end{cases}$，两式相减，整理可得$z^2+2az-a^2=0$，解得$z=(\sqrt{2}-1)a$，$z=-(\sqrt{2}+1)a$（舍去），由此可知，两曲面的交线位于$z=(\sqrt{2}-1)a$这个平行于$xoy$面的平面上，再将$z=(\sqrt{2}-1)a$代入两个曲面方程中的任意一个，可得两曲面交线$\begin{cases}x^2+y^2=2(\sqrt{2}-1)a^2\\z=(\sqrt{2}-1)a\end{cases}$，由此可知选项C正确。

答案：C

10. 解 本题考查空间直线与平面之间的关系。

平面$F(x,y,z)=x+3y+2z+1=0$的法向量为$\vec{n}_1=(1,3,2)$；

同理，平面$G(x,y,z)=2x-y-10z+3=0$的法向量为$\vec{n}_2=(2,-1,-10)$。

故由直线L的方向向量$\vec{s}=\vec{n}_1\times\vec{n}_2=\begin{vmatrix}\vec{i}&\vec{j}&\vec{k}\\1&3&2\\2&-1&-10\end{vmatrix}=-28\vec{i}+14\vec{j}-7\vec{k}$，平面$\pi$的法向量$\vec{n}_3=(4,-2,1)$，可知$\vec{s}=-7\vec{n}_3$，即直线$L$的方向向量与平面$\pi$的法向量平行，亦即垂直于$\pi$。

答案：B

11. 解 本题考查积分上限函数的导数及一阶微分方程的求解。

对方程 $f(x) = \int_0^x f(t)dt$ 两边求导，得 $f'(x) = f(x)$，这是一个变量可分离的一阶微分方程，可写成 $\frac{df(x)}{f(x)} = dx$，两边积分 $\int \frac{df(x)}{f(x)} = \int dx$，可得 $\ln|f(x)| = x + C_1 \Rightarrow f(x) = Ce^x$，这里 $C = \pm e^{C_1}$。代入初始条件 $f(0) = 0$，得 $C = 0$。所以 $f(x) = 0$。

注：本题可以直接观察 $f(0) = \int_0^0 f(t)dt = 0$，只有选项 C 满足。

答案：C

12. 解 本题考查二阶常系数线性非齐次微分方程的特解。

方法 1：将四个函数代入微分方程直接验证，可得选项 D 正确。

方法 2：二阶常系数非齐次微分方程所对应的齐次方程的特征方程为 $r^2 - r - 2 = 0$，特征根 $r_1 = -1$，$r_2 = 2$，由右端项 $f(x) = 6e^x$，可知 $\lambda = 1$ 不是对应齐次方程的特征根，所以非齐次方程的特解形式为 $y = Ae^x$，A 为待定常数。

代入微分方程，得 $y'' - y' - 2y = (Ae^x)'' - (Ae^x)' - 2Ae^x = -2Ae^x = 6e^x$，有 $A = -3$，所以 $y = -3e^x$ 是微分方程的特解。

答案：D

13. 解 本题考查多元函数在分段点的偏导数计算。

由偏导数的定义知：

$$f_x'(0,1) = \lim_{\Delta x \to 0} \frac{f(0+\Delta x, 1) - f(0,1)}{\Delta x} = \lim_{\Delta x \to 0} \frac{\frac{1}{\Delta x}\sin(\Delta x)^2 - 0}{\Delta x} = \lim_{\Delta x \to 0} \frac{\sin(\Delta x)^2}{(\Delta x)^2} = 1$$

答案：B

14. 解 本题考查直角坐标系下的二重积分化为极坐标系下的二次积分的方法。

直角坐标与极坐标的关系：$\begin{cases} x = r\cos\theta \\ y = r\sin\theta \end{cases}$，由 $x^2 + y^2 \leqslant 1$，得 $0 \leqslant r \leqslant 1$，且由 $x \geqslant 0$，可得 $-\frac{\pi}{2} \leqslant \theta \leqslant \frac{\pi}{2}$，故极坐标系下的积分区域 D：$\begin{cases} -\frac{\pi}{2} \leqslant \theta \leqslant \frac{\pi}{2} \\ 0 \leqslant r \leqslant 1 \end{cases}$，如解图所示。

题 14 解图

极坐标系的面积元素 $dxdy = rdrd\theta$，则：

$$\iint\limits_D f\left(\sqrt{x^2 + y^2}\right)dxdy = \int_{-\frac{\pi}{2}}^{\frac{\pi}{2}} d\theta \int_0^1 f(r)rdr = \pi \int_0^1 rf(r)\,dr$$

答案：B

15. 解 本题考查第二类曲线积分的计算。应注意，同时采用不同参数方程计算，化为定积分的形式不同，尤其应注意积分的上下限。

题 15 解图

方法 1：按照对坐标的曲线积分计算，把圆L：$x^2 + y^2 = -2x$化为参数方程。

由$x^2 + y^2 = -2x$，得$(x+1)^2 + y^2 = 1$，如解图所示。

令$x + 1 = \cos\theta$，$y = \sin\theta$，有：

$$\mathrm{d}x = \mathrm{d}\cos\theta = -\sin\theta\mathrm{d}\theta$$
$$\mathrm{d}y = \mathrm{d}\sin\theta = \cos\theta\mathrm{d}\theta$$

θ从0取到2π，则：

$$\int_L (x-y)\mathrm{d}x + (x+y)\mathrm{d}y = \int_0^{2\pi}(-1+\cos\theta-\sin\theta)(-\sin\theta) + (-1+\cos\theta+\sin\theta)\cos\theta\,\mathrm{d}\theta$$
$$= \int_0^{2\pi}(\sin\theta - \cos\theta + 1)\mathrm{d}\theta = 2\pi$$

方法 2：圆L：$x^2 + y^2 = -2x$，化为极坐标系下的方程为$r = -2\cos\theta$，由直角坐标和极坐标的关系，可得圆的参数方程为$\begin{cases}x = -2\cos^2\theta \\ y = -2\cos\theta\sin\theta\end{cases}$（$\theta$从$\frac{\pi}{2}$取到$\frac{3\pi}{2}$），所以：

$$\int_L (x-y)\mathrm{d}x + (x+y)\mathrm{d}y$$
$$= \int_{\frac{\pi}{2}}^{\frac{3\pi}{2}}[(-2\cos^2\theta + 2\cos\theta\sin\theta)(4\cos\theta\sin\theta) + (-2\cos^2\theta - 2\cos\theta\sin\theta)(-2\cos^2\theta + 2\sin^2\theta)]\mathrm{d}\theta$$
$$= \int_{\frac{\pi}{2}}^{\frac{3\pi}{2}}(-4\cos^3\theta\sin\theta + 4\cos^2\theta\sin^2\theta + 4\cos^4\theta - 4\cos\theta\sin^3\theta)\mathrm{d}\theta$$
$$= \int_{\frac{\pi}{2}}^{\frac{3\pi}{2}}(4\cos^2\theta - 4\cos\theta\sin\theta)\mathrm{d}\theta = \int_{\frac{\pi}{2}}^{\frac{3\pi}{2}}2(1 + \cos2\theta - \sin2\theta)\mathrm{d}\theta$$
$$= 2\pi + \sin2\theta\Big|_{\frac{\pi}{2}}^{\frac{3\pi}{2}} + \cos2\theta\Big|_{\frac{\pi}{2}}^{\frac{3\pi}{2}} = 2\pi$$

方法 3：（不在大纲考试范围内）利用格林公式：

$$\int_L (x-y)\mathrm{d}x + (x+y)\mathrm{d}y = \iint_D 2\mathrm{d}x\mathrm{d}y = 2\pi$$

这里D是L所围成的圆的内部区域：$x^2 + y^2 \leqslant -2x$。

答案：D

16. 解 本题考查多元函数偏导数计算。

$$\frac{\partial z}{\partial x} = yx^{y-1}, \quad \frac{\partial^2 z}{\partial x\partial y} = x^{y-1} + yx^{y-1}\ln x = x^{y-1}(1 + y\ln x)$$

答案：C

17. 解 本题考查级数收敛的必要条件，等比级数和p级数的敛散性以及交错级数敛散性的判断。

选项 A，级数是公比$q = \frac{8}{7} > 1$的等比级数，故该级数发散。

选项 B，$\lim\limits_{n\to\infty} n\sin\dfrac{1}{n} = \lim\limits_{n\to\infty}\dfrac{\sin\frac{1}{n}}{\frac{1}{n}} = 1 \neq 0$，由级数收敛的必要条件知，该级数发散。

选项 C，级数是 p 级数，$p=\dfrac{1}{2}<1$，p 级数的性质为：$p>1$ 时级数收敛，$p\leqslant1$ 时级数发散，本选项的 $p=\dfrac{1}{2}<1$，故该级数发散。

选项 D，交错级数 $\sum\limits_{n=1}^{\infty}(-1)^{n-1}\dfrac{1}{\sqrt{n}}$，满足条件：① $\lim\limits_{n\to\infty}u_n = \lim\limits_{n\to\infty}\dfrac{1}{\sqrt{n}}=0$，② $u_n=\dfrac{1}{\sqrt{n}}>u_{n+1}=\dfrac{1}{\sqrt{n+1}}$，由莱布尼兹定理知，该级数收敛。

注：交错级数的莱布尼兹判别法为历年考查的重点，应熟练掌握它的判断依据。

答案：D

18. 解 本题考查无穷级数求和。

方法 1： 考虑级数 $\sum\limits_{n=1}^{\infty} nx^{n-1}$，收敛区间 $(-1,1)$，则

$$S(x) = \sum_{n=1}^{\infty} nx^{n-1} = \sum_{n=1}^{\infty}(x^n)' = \left(\sum_{n=1}^{\infty} x^n\right)' = \left(\frac{x}{1-x}\right)' = \frac{1}{(1-x)^2}$$

故 $\sum\limits_{n=1}^{\infty} n\left(\dfrac{1}{2}\right)^{n-1} = S\left(\dfrac{1}{2}\right) = 4$

方法 2： 设级数的前 n 项部分为

$$S_n = 1 + 2\times\frac{1}{2} + 3\times\frac{1}{2^2} + 4\times\frac{1}{2^3} + \cdots + (n-1)\times\frac{1}{2^{n-2}} + n\times\frac{1}{2^{n-1}} \qquad ①$$

则

$$\frac{1}{2}S_n = \frac{1}{2} + 2\times\frac{1}{2^2} + 3\times\frac{1}{2^3} + \cdots + (n-1)\times\frac{1}{2^{n-1}} + n\times\frac{1}{2^n} \qquad ②$$

式①−式②，得：

$$\frac{1}{2}S_n = 1 + \frac{1}{2} + \frac{1}{2^2} + \frac{1}{2^3} + \cdots + \frac{1}{2^{n-1}} - n\frac{1}{2^n} = \frac{1\times\left[1-\left(\frac{1}{2}\right)^n\right]}{1-\frac{1}{2}} - n\frac{1}{2^n} \xrightarrow{n\to\infty时，有\left(\frac{1}{2}\right)^n\to0，\ n\frac{1}{2^n}\to0} 2$$

解得：$S = \lim\limits_{n\to\infty} S_n = 4$

注：方法 2 主要利用了等比数列求和公式：$S_n = a_1 + a_1q + a_1q^2 + \cdots + a_1q^{n-1} = \dfrac{a_1(1-q^n)}{1-q}$ 以及基本的极限结果：$\lim\limits_{n\to\infty} n\dfrac{1}{2^n} = 0$。本题还可以列举有限项的求和来估算，例如 $S_4 = 1 + 2\times\dfrac{1}{2} + 3\times\dfrac{1}{2^2} + 4\times\dfrac{1}{2^3} = 3.25 > 3$，$\{S_n\}$ 单调递增，所以 $S > 3$，故选项 A、B、C 均错误，只有选项 D 正确。

答案：D

19. 解 本题考查矩阵的基本变换与计算。

方法 1： $A - 2I = \begin{bmatrix} -1 & 0 & 0 \\ 0 & -3 & -1 \\ 0 & 0 & -1 \end{bmatrix}$

$$(A-2I|I) = \begin{bmatrix} -1 & 0 & 0 & | & 1 & 0 & 0 \\ 0 & -3 & -1 & | & 0 & 1 & 0 \\ 0 & 0 & -1 & | & 0 & 0 & 1 \end{bmatrix} \xrightarrow{-r_1} \begin{bmatrix} 1 & 0 & 0 & | & -1 & 0 & 0 \\ 0 & -3 & -1 & | & 0 & 1 & 0 \\ 0 & 0 & -1 & | & 0 & 0 & 1 \end{bmatrix}$$

$$\xrightarrow{(-1)r_3+r_2} \begin{bmatrix} 1 & 0 & 0 & | & -1 & 0 & 0 \\ 0 & -3 & 0 & | & 0 & 1 & -1 \\ 0 & 0 & -1 & | & 0 & 0 & 1 \end{bmatrix} \xrightarrow{-\frac{1}{3}r_2} \begin{bmatrix} 1 & 0 & 0 & | & -1 & 0 & 0 \\ 0 & 1 & 0 & | & 0 & -\frac{1}{3} & \frac{1}{3} \\ 0 & 0 & -1 & | & 0 & 0 & 1 \end{bmatrix}$$

$$\xrightarrow{-r_3} \begin{bmatrix} 1 & 0 & 0 \\ 0 & 1 & 0 \\ 0 & 0 & 1 \end{bmatrix} \begin{vmatrix} -1 & 0 & 0 \\ 0 & -\frac{1}{3} & \frac{1}{3} \\ 0 & 0 & -1 \end{vmatrix},$$ 可得 $(A-2I)^{-1} = \begin{bmatrix} -1 & 0 & 0 \\ 0 & -\frac{1}{3} & \frac{1}{3} \\ 0 & 0 & -1 \end{bmatrix}$

$$A^2 - 4I = \begin{bmatrix} 1 & 0 & 0 \\ 0 & -1 & -1 \\ 0 & 0 & 1 \end{bmatrix} \cdot \begin{bmatrix} 1 & 0 & 0 \\ 0 & -1 & -1 \\ 0 & 0 & 1 \end{bmatrix} - \begin{bmatrix} 4 & 0 & 0 \\ 0 & 4 & 0 \\ 0 & 0 & 4 \end{bmatrix} = \begin{bmatrix} -3 & 0 & 0 \\ 0 & -3 & 0 \\ 0 & 0 & -3 \end{bmatrix}$$

$$(A-2I)^{-1}(A^2-4I) = \begin{bmatrix} -1 & 0 & 0 \\ 0 & -\frac{1}{3} & \frac{1}{3} \\ 0 & 0 & -1 \end{bmatrix} \begin{bmatrix} -3 & 0 & 0 \\ 0 & -3 & 0 \\ 0 & 0 & -3 \end{bmatrix} = \begin{bmatrix} 3 & 0 & 0 \\ 0 & 1 & -1 \\ 0 & 0 & 3 \end{bmatrix}$$

方法 2： 本题按方法 1 直接计算逆矩阵会很麻烦，可考虑进行变换化简，有：

$$(A-2I)^{-1}(A^2-4I) = (A-2I)^{-1}(A-2I)(A+2I) = A+2I = \begin{bmatrix} 3 & 0 & 0 \\ 0 & 1 & -1 \\ 0 & 0 & 3 \end{bmatrix}$$

答案： A

20. 解 本题考查特征值和特征向量的基本概念与性质。

求矩阵 A 的特征值

$$|A-\lambda I| = \begin{vmatrix} -\lambda & 0 & 1 \\ x & 1-\lambda & y \\ 1 & 0 & -\lambda \end{vmatrix} = -\lambda \begin{vmatrix} 1-\lambda & y \\ 0 & -\lambda \end{vmatrix} - 0 + 1 \begin{vmatrix} x & 1-\lambda \\ 1 & 0 \end{vmatrix}$$

$$= \lambda^2(1-\lambda) - (1-\lambda) = -(1+\lambda)(1-\lambda)^2 = 0$$

解得：$\lambda_1 = \lambda_2 = 1$，$\lambda_3 = -1$。

因为属于不同特征值的特征向量必定线性无关，故只需讨论 $\lambda_1 = \lambda_2 = 1$ 时的特征向量，有：

$$A - I = \begin{bmatrix} -1 & 0 & 1 \\ x & 0 & y \\ 1 & 0 & -1 \end{bmatrix} \xrightarrow{r_1+r_3} \begin{bmatrix} 1 & 0 & -1 \\ x & 0 & y \\ 0 & 0 & 0 \end{bmatrix} \xrightarrow{-xr_1+r_2} \begin{bmatrix} 1 & 0 & -1 \\ 0 & 0 & x+y \\ 0 & 0 & 0 \end{bmatrix}$$ 的秩为 1，可得 $x+y=0$。

答案： A

21. 解 本题考查基础解系的基本性质。

$Ax = 0$ 的基础解系是所有解向量的最大线性无关组。根据已知条件，α_1，α_2，α_3 是线性方程组 $Ax = 0$ 的一个基础解系，故 α_1，α_2，α_3 线性无关，$Ax = 0$ 有三个线性无关的解向量，而选项 A、D 分别有两个和四个解向量，故错误。

由已知 n 维向量组 α_1，α_2，α_3 线性无关，易知向量组 $\alpha_1 + \alpha_2$，$\alpha_2 + \alpha_3$，$\alpha_3 + \alpha_1$ 线性无关，且每个向量 $\alpha_1 + \alpha_2$，$\alpha_2 + \alpha_3$，$\alpha_3 + \alpha_1$ 均为线性方程组 $Ax = 0$ 的解，选项 B 正确。

选项 C 中，因 $\alpha_1 - \alpha_3 = (\alpha_1 + \alpha_2) - (\alpha_2 + \alpha_3)$，所以向量组线性相关，不满足基础解系的定义，故错误。

答案： B

22. 解 本题考查古典概型的概率计算。

已知不是黑球，缩减样本空间，只需考虑 5 个白球、3 个黄球，则随机抽取黄球的概率是：

$$P = \frac{3}{5+3} = \frac{3}{8}$$

答案： B

23. 解 本题考查常见分布的期望和方差的概念。

已知X服从泊松分布：$X \sim P(\lambda)$，有$\lambda = 3$，$E(X) = \lambda$，$D(X) = \lambda$，故$\frac{D(X)}{E(X)} = \frac{3}{3} = 1$。

注：应掌握常见随机变量的期望和方差的基本公式。

答案： C

24. 解 本题考查样本方差和常用统计抽样分布的基本概念。

样本方差$S^2 = \frac{1}{n-1}\sum\limits_{i=1}^{n}\left(X_i - \overline{X}\right)^2$，因为总体$X \sim N(\mu, \sigma^2)$，有以下结论：

$\overline{X}$与S^2相互独立，且有$\frac{(n-1)S^2}{\sigma^2} \sim \chi^2(n-1)$，则$\sum\limits_{i=1}^{n}\frac{\left(X_i - \overline{X}\right)^2}{\sigma^2} = \frac{(n-1)S^2}{\sigma^2} \sim \chi^2(n-1)$。

注：若将样本均值$\overline{X}$改为正态分布的均值μ，则有$\sum\limits_{i=1}^{n}\frac{(X_i - \mu)^2}{\sigma^2} \sim \chi^2(n)$。

答案： D

25. 解 由理想气体状态方程$pV = \frac{m}{M}RT$，可以得到理想气体的标准体积（摩尔体积），即在标准状态下（压强$p_0 = 1atm$，温度$T = 273.15K$），一摩尔任何理想气体的体积均为22.4L。

答案： A

26. 解 $\overline{\lambda} = \frac{\overline{v}}{\overline{Z}} = \frac{kT}{\sqrt{2}\pi d^2 p}$，$\overline{v} = 1.6\sqrt{\frac{RT}{M}}$

等温膨胀过程温度不变，压强降低，$\overline{\lambda}$变大，而温度不变，$\overline{v}$不变，故$\overline{Z}$变小。

答案： B

27. 解 由热力学第一定律$Q = \Delta E + W$，知做功为零（$W = 0$）的过程为等体过程；内能减少，温度降低为等体降温过程。

答案： B

28. 解 卡诺正循环由两个准静态等温过程和两个准静态绝热过程组成。

由热力学第一定律$Q = \Delta E + W$，绝热过程$Q = 0$，两个绝热过程高低温热源温度相同，温差相等，内能差相同。一个过程为绝热膨胀，另一个过程为绝热压缩，$W_2 = -W_1$，一个内能增大，一个内能减小，$\Delta E_2 = -\Delta E_1$。热力学的功等于曲线下的面积，故$S_1 = S_2$。

答案： B

29. 解 热机效率：$\eta = 1 - \frac{Q_2}{Q_1} = 1 - \frac{1.26 \times 10^2}{1.68 \times 10^2} = 25\%$

答案： A

30. 解 此题考查波动方程的基本关系。

$$y = A\cos(Bt - Cx) = A\cos B\left(t - \frac{x}{B/C}\right)$$

$$u = \frac{B}{C}, \quad \omega = B, \quad T = \frac{2\pi}{\omega} = \frac{2\pi}{B}$$

$$\lambda = u \cdot T = \frac{B}{C} \cdot \frac{2\pi}{B} = \frac{2\pi}{C}$$

答案： C

31. 解 由波动的能量特征得知：质点波动的动能与势能是同相的，动能与势能同时达到最大、最小。题目给出 A 点处媒质质元的振动动能在增大，则 A 点处媒质质元的振动势能也在增大，故选项 A 不正确；同样，由于 A 点处媒质质元的振动动能在增大，由此判定 A 点向平衡位置运动，波沿 x 负向传播，故选项 B 正确；此时 B 点向上运动，振动动能在增加，故选项 C 不正确；波的能量密度是随时间做周期性变化的，$w = \frac{\Delta w}{\Delta V} = \rho\omega^2 A^2 \sin^2\left[\omega\left(t - \frac{x}{u}\right)\right]$，故选项 D 不正确。

答案： B

32. 解 由波动的干涉特征得知：同一播音器初相位差为零。

$$\Delta\varphi = \alpha_2 - \alpha_1 - \frac{2\pi(r_2 - r_1)}{\lambda} = -\frac{2\pi\frac{\lambda}{2}}{\lambda} = \pi$$

相位差为 π 的奇数倍，为干涉相消点。

答案： B

33. 解 本题考查声波的多普勒效应公式。注意波源不动，$v_S = 0$，观察者远离波源运动，v_0 前取负号。设波速为 u，则：

$$v' = \frac{u - v_0}{u}v_0 = \frac{u - \frac{1}{2}u}{u}v_0 = \frac{1}{2}v_0$$

答案： C

34. 解 一束单色光通过折射率不同的两种媒质时，光的频率不变，波速改变，波长 $\lambda = uT = \frac{u}{v}$。

答案： B

35. 解 在单缝衍射中，若单缝处的波面恰好被分成偶数个半波带，屏上出现暗条纹。相邻半波带上任何两个对应点所发出的光，在暗条纹处的光程差为 $\frac{\lambda}{2}$，相位差为 π。

答案： A

36. 解 光栅衍射是单缝衍射和多缝干涉的和效果。当多缝干涉明纹与单缝衍射暗纹方向相同时，将出现缺级现象。

单缝衍射暗纹条件：$a\sin\phi = k\lambda$

光栅衍射明纹条件：$(a + b)\sin\phi = k'\lambda$

$$\frac{a\sin\phi}{(a+b)\sin\phi} = \frac{k\lambda}{k'\lambda} = \frac{1}{3}, \frac{2}{6}, \frac{3}{9}, \cdots$$

故 $a + b = 3a$

答案：B

37. 解 电离能可以衡量元素金属性的强弱，电子亲和能可以衡量元素非金属性的强弱，元素电负性可较全面地反映元素的金属性和非金属性强弱，离子极化力是指某离子使其他离子变形的能力。

答案：A

38. 解 分子间力包括色散力、诱导力、取向力。非极性分子和非极性分子之间只存在色散力，非极性分子和极性分子之间存在色散力和诱导力，极性分子和极性分子之间存在色散力、诱导力和取向力。题中，氢气、氦气、氧气、二氧化碳是非极性分子，二氧化硫、溴化氢和一氧化碳是极性分子。

答案：A

39. 解 在 $BaSO_4$ 饱和溶液中，存在 $BaSO_4 \rightleftharpoons Ba^{2+} + SO_4^{2-}$ 平衡，加入 Na_2SO_4，溶液中 SO_4^{2-} 浓度增加，平衡向左移动，Ba^{2+} 的浓度减小。

答案：B

40. 解 根据缓冲溶液pH值的计算公式：

$$pH = 14 - pK_b + \lg \frac{c_{碱}}{c_{盐}} = 14 + \lg 1.8 \times 10^{-5} + \lg \frac{0.1}{0.1} = 14 - 4.74 - 0 = 9.26$$

答案：B

41. 解 由物质的标准摩尔生成焓 $\Delta_f H_m^{\ominus}$ 和反应的标准摩尔反应焓变 $\Delta_r H_m^{\ominus}$ 定义可知，$HCl(g)$ 的 $\Delta_f H_m^{\ominus}$ 为反应 $\frac{1}{2}H_2(g) + \frac{1}{2}Cl_2(g) \Longrightarrow HCl(g)$ 的 $\Delta_r H_m^{\ominus}$。反应 $H_2(g) + Cl_2(g) \Longrightarrow 2HCl(g)$ 的 $\Delta_r H_m^{\ominus}$ 是反应 $\frac{1}{2}H_2(g) + \frac{1}{2}Cl_2(g) \Longrightarrow HCl(g)$ 的 $\Delta_r H_m^{\ominus}$ 的 2 倍，即 $H_2(g) + Cl_2(g) \Longrightarrow 2HCl(g)$ 的 $\Delta_r H_m^{\ominus} = 2 \times (-92) = -184 kJ \cdot mol^{-1}$。

答案：C

42. 解 对于指定反应，平衡常数 $K^{\ominus}$ 的值只是温度的函数，与参与平衡的物质的量、浓度、压强等无关。

答案：C

43. 解 原电池 $(-)Fe \mid Fe^{2+}(1.0mol \cdot L^{-1}) \| Fe^{3+}(1.0mol \cdot L^{-1})$，$Fe^{2+}(1.0mol \cdot L^{-1}) \mid Pt(+)$ 的电动势

$$E^{\ominus} = E^{\ominus}(Fe^{3+}/Fe^{2+}) - E^{\ominus}(Fe^{2+}/Fe) = 0.771 - (-0.44) = 1.211V$$

两个半电池中均加入 $NaOH$ 后，Fe^{3+}、Fe^{2+} 的浓度：

$$c_{Fe^{3+}} = \frac{K_{sp}^{\ominus}(Fe(OH)_3)}{(c_{OH^-})^3} = \frac{2.79 \times 10^{-39}}{1.0^3} = 2.79 \times 10^{-39} \, mol \cdot L^{-1}$$

$$c_{Fe^{2+}} = \frac{K_{sp}^{\ominus}(Fe(OH)_2)}{(c_{OH^-})^2} = \frac{4.87 \times 10^{-17}}{1.0^2} = 4.87 \times 10^{-17} mol \cdot L^{-1}$$

根据能斯特方程式，正极电极电势：

$$E(\text{Fe}^{3+}/\text{Fe}^{2+}) = E^{\Theta}(\text{Fe}^{3+}/\text{Fe}^{2+}) + \frac{0.0592}{1}\lg\frac{c_{\text{Fe}^{3+}}}{c_{\text{Fe}^{2+}}} = 0.771 + 0.0592 \times \lg\frac{2.79 \times 10^{-39}}{4.87 \times 10^{-17}} = -0.546\text{V}$$

负极电极电势：

$$E(\text{Fe}^{2+}/\text{Fe}) = E^{\Theta}(\text{Fe}^{2+}/\text{Fe}) + \frac{0.0592}{2}\lg c_{\text{Fe}^{2+}} = 0.44 + \frac{0.0592}{2}\lg 4.87 \times 10^{-17} = -0.0428\text{V}$$

则电动势 $E = E(\text{Fe}^{3+}/\text{Fe}^{2+}) - E(\text{Fe}^{2+}/\text{Fe}) = -0.503\text{V}$

答案：B

44. 解　烯烃和炔烃都可以与溴水反应使溴水褪色，烷烃和苯不与溴水反应。选项 A 中 1-己烯可以使溴水褪色，而己烷不能使溴水褪色。

答案：A

45. 解　尼泊金丁酯是由对羟基苯甲酸的羧基与丁醇的羟基发生酯化反应生成的。

答案：C

46. 解　该高分子化合物由单体 $CH_2=CHCl$ 通过加聚反应形成的。

答案：B

47. 解　根据平面任意力系独立平衡方程组的条件，三个平衡方程中，选项 A 不满足三个矩心不共线的三矩式要求，选项 B、D 不满足两矩心连线不垂直于投影轴的二矩式要求。

答案：C

48. 解　三个力合成后可形成自行封闭的三角形，说明此力系主矢为零；将三力对 A 点取矩，$\boldsymbol{F}_1$、$\boldsymbol{F}_3$ 对 A 点的力矩为零，$\boldsymbol{F}_2$ 对 A 点的力矩不为零，说明力系的主矩不为零。根据力系简化结果的分析，主矢为零，主矩不为零，力系可简化为一合力偶。

答案：C

49. 解　以整体为研究对象，其受力如解图所示。

列平衡方程：$\sum M_B = 0$，$F_C \cdot 1 - M = 0$

代入数值得：$F_C = 1\text{kN}$（水平向右）

答案：D

题 49 解图

50. 解　根据零杆的判断方法，凡是三杆铰接的节点上，有两根杆在同一直线上，那么第三根不在这条直线上的杆必为零杆。先分析节点 I，知 DI 杆为零杆，再分析节点 D，此时 D 节点实际铰接的是 CD、DE 和 DH 三杆，由此可判断 DH 杆内力为零。

答案：D

51. 解　$t = 0$ 时，$x = 2\text{m}$，点在运动过程中其速度 $v = \dfrac{\text{d}x}{\text{d}t} = 3t^2 - 12$。即当 $0 < t < 2s$ 时，点的运

动方向是x轴的负方向；当$t=2$s时，点的速度为零，此时$x=-14$m；当$t>2$s时，点的运动方向是x轴的正方向；当$t=3$s时，$x=-7$m。所以点经过的路程是：$2+14+7=23$m。

答案：A

52. 解 四连杆机构在运动过程中，O_1A、O_2B杆为定轴转动刚体，AB杆为平行移动刚体。根据平行移动刚体的运动特性，其上各点有相同的速度和加速度，所以有：

$$v_A = r\omega = v_M, \quad a_A^n = r\omega^2 = a_M^n$$

答案：C

53. 解 定轴转动刚体上一点的速度、加速度与转动角速度、角加速度的关系为：

$$v_B = OB \cdot \omega = 50 \times 2 = 100\text{cm/s}, \quad a_B^t = OB \cdot \alpha = 50 \times 5 = 250\text{cm/s}^2$$

答案：A

54. 解 物块围绕y轴做匀速圆周运动，其加速度为指向y轴的法向加速度a_n，其运动及受力分析如解图所示。

根据质点运动微分方程$m\boldsymbol{a}=\boldsymbol{F}$，将方程沿着斜面方向投影有：

$$\frac{W}{g}a_n\cos 30° = F_T - W\sin 30°$$

将$a_n = \omega^2 l\cos 30°$代入，解得：$F_T = 6+5 = 11$N

题54解图

答案：A

55. 解 根据刚体动量的定义：$p = mv_c = \frac{1}{2}ml\omega\sin\alpha$（其中$v_C = \frac{1}{2}l\omega\sin\alpha$）

答案：B

56. 解 根据动能定理，$T_2 - T_1 = W_{12}$。杆初始水平位置和运动到铅直位置时的动能分别为：$T_1 = 0$，$T_2 = \frac{1}{2}\cdot\frac{1}{3}ml^2\omega^2$，运动过程中重力所做之功为：$W_{12} = mg\frac{1}{2}l$，代入动能定理，可得：$\frac{1}{6}ml^2\omega^2 - 0 = \frac{l}{2}mg$，则$\omega = \sqrt{\frac{3g}{l}}$。

答案：B

57. 解 施加于轮的附加动反力$m\boldsymbol{a}_c$是由惯性力引起的约束力，大小与惯性力大小相同，其中$a_c = \frac{1}{2}R\omega^2$，方向与惯性力方向相反。

答案：C

58. 解 根据系统固有圆频率公式：$\omega_0 = \sqrt{\frac{k}{m}}$。系统中$k_2$和$k_3$并联，等效弹簧刚度$k_{23} = k_2 + k_3$；$k_1$和$k_{23}$串联，所以$\frac{1}{k_{123}} = \frac{1}{k_1} + \frac{1}{k_2+k_3}$；$k_4$和$k_{123}$并联，故系统总的等效弹簧刚度为$k = k_4 + (\frac{1}{k_1} + \frac{1}{k_2+k_3})^{-1} = 19600 + 4900 = 24500$N/m，代入固有圆频率的公式，可得：$\omega_0 = 22.1$rad/s。

答案：B

59.解 铸铁的力学性能中抗拉能力最差，在扭转试验中沿45°最大拉应力的截面破坏就是明证，故①不正确；而铸铁的压缩强度比拉伸强度高得多，所以②正确。

答案： B

60.解 由于左端D固定没有位移，所以C截面的轴向位移就等于CD段的伸长量$\Delta l_{CD} = \dfrac{F \cdot \frac{l}{2}}{EA}$。

答案： C

61.解 此题挤压力是F，计算挤压面积是db，根据挤压强度条件：$\dfrac{P_{bs}}{A_{bs}} = \dfrac{F}{db} \leq [\sigma_{bs}]$，可得：$d \geq \dfrac{F}{b[\sigma_{bs}]}$。

答案： A

62.解 根据该轴的外力和反力可得其扭矩图如解图所示：

故 $\varphi_{DA} = \varphi_{DC} + \varphi_{CB} + \varphi_{BA} = \dfrac{ml}{GI_p} + 0 - \dfrac{ml}{GI_p} = 0$

$\varphi_{DB} = \varphi_{DC} + \varphi_{CB} = \varphi_{DC} + 0$

题62解图

答案： B

63.解 $I_z = \dfrac{a^4}{12} - \dfrac{\pi d^4}{64}$，$W_z = \dfrac{I_z}{a/2} = \dfrac{a^3}{6} - \dfrac{\pi d^4}{32a}$

答案： C

64.解 对称结构梁在反对称荷载作用下，其弯矩图是反对称的，其剪力图是对称的。在对称轴C截面上，弯矩为零，剪力不为零，是$-\dfrac{F}{2}$。

答案： C

65.解 根据"突变规律"可知，在集中力偶作用的截面上，左右两侧的弯矩将产生突变，所以若集中力偶m在梁上移动，则梁的弯矩图将改变，而剪力图不变。

答案： C

66.解 由受力分析可知，A点的支座反力为0，B点的支座反力为$2P$，所以左边第一段梁没有弯矩作用，梁的轴线是直线。四个选项中只有D满足这个条件，故只能选D。

答案： D

67.解 等截面轴向拉伸杆件中只能产生单向拉伸的应力状态，在各个方向的截面上应力可以不同，但是主应力状态都归结为单向应力状态。

答案： C

68.解 最大拉应力理论就是第一强度理论，其相当应力就是σ_1，故选A。

答案： A

69.解 把作用在角点的偏心压力F，经过两次平移，平移到杆的轴线方向，形成一轴向压缩和两个平面弯曲的组合变形，其最大压应力的绝对值为：

$$|\sigma_{\max}^-| = \frac{F}{a^2} + \frac{M_z}{W_z} + \frac{M_y}{W_y}$$

$$= \frac{250 \times 10^3 \text{N}}{100^2 \text{mm}^2} + \frac{250 \times 10^3 \times 50 \text{N} \cdot \text{mm}}{\frac{1}{6} \times 100^3 \text{mm}^3} + \frac{250 \times 10^3 \text{N} \times 50 \text{mm}}{\frac{1}{6} \times 100^3 \text{mm}^3}$$

$$= 25 + 75 + 75 = 175 \text{MPa}$$

答案：C

70. 解 由临界荷载的公式$F_{cr} = \frac{\pi^2 EI}{(\mu l)^2}$可知，当抗弯刚度相同时，$\mu l$越小，临界荷载越大。

图（A）是两端铰支：$\mu l = 1 \times 5 = 5$

图（B）是一端铰支、一端固定：$\mu l = 0.7 \times 7 = 4.9$

图（C）是两端固定：$\mu l = 0.5 \times 9 = 4.5$

图（D）是一端固定、一端自由：$\mu l = 2 \times 2 = 4$

所以图（D）的μl最小，临界荷载最大。

答案：D

71. 解 平板形心处的压强为$p_c = \rho g h_c$，而平板形心处垂直水深$h_c = h \sin\theta$，因此，平板受到的静水压力$P = p_c A = \rho g h_c A = \rho g h A \sin\theta$。

答案：A

72. 解 流体的黏性是指流体在运动状态下具有抵抗剪切变形并在内部产生切应力的性质。流体的黏性来源于流体分子之间的内聚力和相邻流动层之间的动量交换，黏性的大小与温度有关。根据牛顿内摩擦定律，切应力与速度梯度的n次方成正比，而牛顿流体的切应力与速度梯度成正比，流体的动力黏性系数是单位速度梯度所需的切应力。

答案：D

73. 解 根据已知条件，$v_x = 5 \times 1^3 = 5 \text{m/s}$，$v_y = -15 \times 1^2 \times 2 = 30 \text{m/s}$，从而，$v = \sqrt{v_x^2 + v_y^2} = \sqrt{5^2 + (-30)^2} = 30.41 \text{m/s}$，如解图所示。

$$\tan\theta = \frac{v_y}{v_x} = \frac{-15x^2 y}{5x^3} = \frac{-3y}{x} = \frac{-3 \times 2}{1} = -6$$

答案：C

题73解图

74. 解 圆管有压流动中，若用水力直径表征层流与紊流的临界雷诺数Re，则Re = 2000～2320；若用水力半径表征临界雷诺数Re，则Re = 500～580。

答案：A

75. 解 对于并联管路，A、B两节点之间的水头损失等于各支路的水头损失，流量等于各支路的流量之和：$h_{fAB} = h_{f1} = h_{f2} = h_{f3}$，$Q_{AB} = Q_1 + Q_2 + Q_3$

对于串联管路，$h_{fAB} = h_{f1} + h_{f2} + h_{f3}$，$Q_{AB} = Q_1 = Q_2 = Q_3$

无论是并联管路，还是串联管路，总的功率损失均为：

$$N_{AB} = N_1 + N_2 + N_3 = \rho g Q_1 h_{f1} + \rho g Q_2 h_{f2} + \rho g Q_3 h_{f3}$$

答案：D

76. 解 明渠均匀流动的形成条件是：流动恒定，流量沿程不变；渠道是长直棱柱形顺坡（正坡）渠道；渠道表面粗糙系数沿程不变；渠道沿程流动无局部干扰。

答案：B

77. 解 工程上常见的地下水运动，大多是在底宽很大的不透水层基底上的重力流动，流线簇近乎于平行的直线，属于无压恒定渐变渗流。

答案：B

78. 解 模型在风洞中用空气进行试验，则黏滞阻力为其主要作用力，应按雷诺准则进行模型设计，即

$$(\mathrm{Re})_p = (\mathrm{Re})_m \quad 或 \quad \frac{\lambda_v \lambda_L}{\lambda_v} = 1$$

因为模型与原型都是使用空气，假定空气温度也相同，则可以认为运动黏度 $\nu_p = \nu_m$

所以，$\lambda_v = 1$，$\lambda_v \lambda_L = 1$

已知汽车原型最大速度 $\nu_p = 108 \mathrm{km/h} = 30 \mathrm{m/s}$，模型最大风速 $\nu_m = 45 \mathrm{m/s}$

于是，线性比尺为 $\lambda_L = \frac{1}{\lambda_v} = \frac{1}{\nu_p/\nu_m} = \frac{\nu_m}{\nu_p} = \frac{45}{30} = 1.5$

面积比尺为 $\lambda_A = \lambda_L^2 = 1.5^2 = 2.25$

已知汽车迎风面积 $A_p = 1.5 \mathrm{m}^2$，$\lambda_A = A_p/A_m$，可求得模型的迎风面积为：

$$A_m = \frac{A_p}{\lambda_A} = \frac{1.5}{2.25} = 0.667 \mathrm{m}^2$$

答案：A

79. 解 洛伦兹力是运动电荷在磁场中所受的力。这个力既适用于宏观电荷，也适用于微观电荷粒子。电流元在磁场中所受安培力就是其中运动电荷所受洛伦兹力的宏观表现。

库仑力指在真空中两个静止的点电荷之间的作用力。

电场力是指电荷之间的相互作用，只要有电荷存在就会有电场力。

安培力是通电导线在磁场中受到的作用力。

答案：B

80. 解 首先假设 12V 电压源的负极为参考点位点，计算 a、b 点位：

$U_a = 5V$，$U_b = 12 - 4 = 8V$，故 $U_{ab} = U_a - U_b = -3V$

答案：D

81. 解 当电压源单独作用时，电流源断路，电阻R_2与R_1串联分压，R_2与R_1的数值关系为：

$$\frac{U'}{100} = \frac{R_2}{R_1 + R_2} = \frac{20}{100} = \frac{1}{4+1}; \quad R_2 = R_1/4$$

电流源单独作用时，电压源短路，电阻R_2压电压U''为：

$$U'' = -2\frac{R_1 \cdot R_2}{R_1 + R_2} = -0.4R_1$$

答案：D

82. 解 $Z_1 = R + j\omega L + \frac{1}{j\omega C} = R + j\left(\omega L - \frac{1}{\omega C}\right) = R$

$$\frac{1}{Z_2} = \frac{1}{R} + \frac{1}{j\omega L} + \frac{1}{\frac{1}{j\omega C}} = \frac{1}{R}$$

$$Z_1 = Z_2 = R$$

答案：D

83. 解 已知$Z = R + j\omega L = 100 + j100\Omega$

当$u = U_m \sin 2\omega t$，频率增加时$\omega' = 2\omega$

感抗随之增加：$Z' = R + j\omega'$，$L = 100 + j200\Omega$

功率因数：$\lambda = \frac{R}{|z'|} = \frac{100}{\sqrt{100^2 + 200^2}} = 0.447$

答案：D

84. 解 由于电感及电容元件上没有初始储能，可以确定$t = 0_-$时：

$$i_{L(0-)} = 0A, \quad u_{C(0-)} = 0V$$

$t = 0_+$时，利用储能元件的换路定则，可知

$$i_{L(0+)} = i_{L(0-)} = 0A, \quad u_{C(0+)} = u_{C(0-)} = 0V$$

两条电阻通道电压为零、电流为零。

$$i_{R(0+)} = 0A, \quad i_{C(0+)} = 2 - i_{R(0+)} - i_{R(0+)} - i_{L(0+)} = 2A$$

答案：C

85. 解 变压器原边等效负载：$R'_L = k^2 R_{L副}$

变压器原边电压：$U_1 = \frac{UR'_L}{R + R'_L} = \frac{U}{\frac{R}{R'_L} + 1}$

当S闭合：$R_{L副}$减小，R'_L减小，所以U_1减小，$U_2 = U_1/k$也减小。

答案：B

86. 解 三相异步电动机的转动方向与定子绕组电流产生的旋转磁场的方向一致，那么改变三相电源的相序就可以改变电动机旋转磁场的方向。改变电源的大小、对定子绕组接法进行Y-△转换以及改变

转子绕组上电流的方向都不会变化三相异步电动机的转动方向。

答案：B

87. 解 数字信号是一种代码信号，不是时间信号，也不仅用来表示数字的大小。数字信号幅度的取值是离散的，被限制在有限个数值之内，不能直接表示对象的原始信息。

答案：C

88. 解 周期信号频谱是离散频谱，其幅度频谱的幅值随着谐波次数的增高而减小；而非周期信号的频谱是连续频谱。图 a）和图 b）所示 $u_1(t)$ 和 $u_2(t)$ 的幅值频谱均是连续频谱，所以 $u_1(t)$ 和 $u_2(t)$ 都是非周期性时间信号。

答案：A

89. 解 从周期信号 $u(t)$ 的幅频特性图 a）可见，其频率范围均在低通滤波器图 b）的通频段以内，这个区间放大倍数相同，各个频率分量得到同样的放大，则该信号通过这个低通滤波以后，其结构和波形的形状不会变化。

答案：C

90. 解 $ABC + \overline{A}D + \overline{B}D + \overline{C}D = ABC + (\overline{A} + \overline{B} + \overline{C})D = ABC + \overline{ABC}D = ABC + D$

这里利用了逻辑代数的反演定理和部分吸收关系，即：$A + \overline{A}B = A + B$

答案：D

91. 解 数字信号 $F = \overline{A}B + A\overline{B}$ 为异或门关系，信号 A、B 相同为 0，相异为 1，分析波形如解图所示，结果与选项 C 一致。

题 91 解图

答案：C

92. 解 本题是利用函数的最小项关系表达。从真值表写出逻辑表达式主要有三个步骤：首先，写出真值表中对应 $F = 1$ 的输入变量 A、B、C 组合；然后，将输入量写成与逻辑关系（输入变量取值为 1 的写原变量，取值为 0 的写反变量）；最后将函数 F 用或逻辑表达：$F = A\overline{B}\overline{C} + ABC$。

答案：D

93. 解 该电路是二极管半波整流电路。

当 $u_i > 0$ 时，二极管导通，$u_o = u_i$；

当 $u_i < 0$ 时，二极管 D 截止，$u_o = 0V$。

输出电压U_o的平均值可用下面公式计算：

$$U_o = 0.45 U_i = 0.45 \frac{10}{\sqrt{2}} = 3.18V$$

答案：C

94. 解 该电路为运算放大器构成的电压比较电路，分析过程如解图所示。

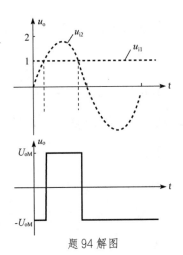

题94解图

当$u_{i1} > u_{i2}$时，$u_o = -U_{oM}$；

当$u_{i1} < u_{i2}$时，$u_o = +U_{oM}$。

结果与选项A一致。

答案：A

95. 解 写出输出端的逻辑关系式为：

与门 $F_1 = A \cdot 1 = A$

或非门 $F_2 = \overline{B+1} = \overline{1} = 0$

答案：C

96. 解 数据由D端输入，各触发器的Q端输出数据。在时钟脉冲CP的作用下，根据触发器的关系$Q_{n+1} = D_n$分析。

假设：清零后Q_2、Q_1、Q_0均为零状态，右侧D端待输入数据为D_2、D_1、D_0，在时钟脉冲CP作用下，各输出端Q的关系列解表说明，可见数据输出顺序向左移动，因此该电路是三位左移寄存器。

题96解表

CP	Q_2	Q_1	Q_0
0	0	0	0
1	0	0	D_2
2	0	D_2	D_1
3	D_2	D_1	D_0

答案：C

97. 解 个人计算机（Personal Computer），简称PC，指在大小、性能以及价位等多个方面适合于个人使用，并由最终用户直接操控的计算机的统称。它由硬件系统和软件系统组成，是一种能独立运行，完成特定功能的设备。台式机、笔记本电脑、平板电脑等均属于个人计算机的范畴，属于微型、通用计算机。

答案：C

98. 解 微机常用的外存储器通常是磁性介质或光盘，像硬盘、软盘、光盘和U盘等，能长期保存信息，并且不依赖于电来保存信息，但是由机械部件带动，速度与CPU相比就显得慢的多。在老式微机中使用软盘。

答案：A

99. 解 通常是将软件分为系统软件和应用软件两大类。系统软件是生成、准备和执行其他程序所需要的一组程序。应用软件是专业人员为各种应用目的而编制的程序。

答案：C

100. 解 支撑软件是指支撑其他软件的编写制作和维护的软件。主要包括环境数据库、各种接口软件和工具软件。三者形成支撑软件的整体，协同支撑其他软件的编制。

答案：B

101. 解 信息的主要特征表现为：①信息的可识别性；②信息的可变性；③信息的流动性和可存储性；④信息的可处理性和再生性；⑤信息的有效性和无效性；⑥信息的属性和使用性。

答案：A

102. 解 点阵中行数和列数的乘积称为图像的分辨率。例如，若一个图像的点阵总共有480行，每行640个点，则该图像的分辨率为640×480=307200个像素。

答案：D

103. 解 计算机病毒是指编制或者在计算机程序中插入的破坏计算机功能和破坏计算机中的数据，影响计算机使用并且能够自我复制的一组计算机指令或者程序代码，只要满足某种条件即可起到破坏作用，严重威胁着计算机信息系统的安全。

答案：B

104. 解 计算机操作系统的存储管理功能主要有：①分段存储管理；②分页存储管理；③分段分页存储管理；④虚拟存储管理。

答案：D

105. 解 网络协议主要由语法、语义和同步（定时）三个要素组成。语法是数据与控制信息的结构或格式。语义是定义数据格式中每一个字段的含义。同步是收发双方或多方在收发时间和速度上的严格匹配，即事件实现顺序的详细说明。

答案：C

106. 解 按照数据交换的功能将网络分类，常用的交换方法有电路交换、报文交换和分组交换。电路交换方式是在用户开始通信前，先申请建立一条从发送端到接收端的物理信道，并且在双方通信期间始终占用该信道。报文交换是一种数字化交换方式。分组交换也采用报文传输，但它不是以不定长的报文做传输的基本单位，而是将一个长的报文划分为许多定长的报文分组，以分组作为传输的基本单位。

答案： D

107. 解　根据等额支付资金回收公式（已知P求A）：

$$A = P\left[\frac{i(1+i)^n}{(1+i)^n - 1}\right] = 1000 \times \left[\frac{8\%(1+8\%)^5}{(1+8\%)^5 - 1}\right] = 1000 \times 0.25046 = 250.46\,\text{万元}$$

或根据题目给出的已知条件$(P/A, 8\%, 5) = 3.9927$计算：

$$1000 = A(P/A, 8\%, 5) = 3.9927A$$

$$A = 1000/3.9927 = 250.46\,\text{万元}$$

答案： B

108. 解　建设投资中各分项分别形成固定资产原值、无形资产原值和其他资产原值。按现行规定，建设期利息应计入固定资产原值。

答案： A

109. 解　优先股的股份持有人优先于普通股股东分配公司利润和剩余财产，但参与公司决策管理等权利受到限制。公司清算时，剩余财产先分给债权人，再分给优先股股东，最后分给普通股股东。

答案： D

110. 解　利息备付率从付息资金来源的充裕性角度反映企业偿付债务利息的能力，表示企业使用息税前利润偿付利息的保证倍率。利息备付率高，说明利息支付的保证度大，偿债风险小。正常情况下，利息备付率应当大于1，利息备付率小于1表示企业的付息能力保障程度不足。另一个偿债能力指标是偿债备付率，表示企业可用于还本付息的资金偿还借款本息的保证倍率，正常情况应大于1；小于1表示企业当年资金来源不足以偿还当期债务，需要通过短期借款偿付已到期债务。

答案： D

111. 解　注意题干问的是该项目的净年值。等额资金回收系数与等额资金现值系数互为倒数：

等额资金回收系数：$(A/P, i, n) = \frac{i(1+i)^n}{(1+i)^n - 1}$

等额资金现值系数：$(P/A, i, n) = \frac{(1+i)^n - 1}{i(1+i)^n}$

所以$(A/P, i, n) = \frac{1}{(P/A, i, n)}$

方法1： 该项目的净年值$\text{NAV} = -1000(A/P, 12\%, 10) + 200$

$$= -1000/(P/A, 12\%, 10) + 200$$

$$= -1000/5.6502 + 200 = 23.02\,\text{万元}$$

方法2： 该项目的净现值$\text{NPV} = -1000 + 200 \times (P/A, 12\%, 10)$

$$= -1000 + 200 \times 5.6502 = 130.04\,\text{万元}$$

该项目的净年值为：$\text{NAV} = \text{NPV}(A/P, 12\%, 10) = \text{NPV}/(P/A, 12\%, 10)$

$$= 130.04/5.6502 = 23.02\,\text{万元}$$

答案：B

112. 解 线性盈亏平衡分析的基本假设有：①产量等于销量；②在一定范围内产量变化，单位可变成本不变，总生产成本是产量的线性函数；③在一定范围内产量变化，销售单价不变，销售收入是销售量的线性函数；④仅生产单一产品或生产的多种产品可换算成单一产品计算。

答案：D

113. 解 独立的投资方案是否可行，取决于方案自身的经济性。可根据净现值判定项目的可行性。

甲项目的净现值：

$$NPV_甲 = -300 + 52(P/A, 10\%, 10) = -300 + 52 \times 6.1446 = 19.52 \text{万元}$$

$NPV_甲 > 0$，故甲方案可行。

乙项目的净现值：

$$NPV_乙 = -200 + 30(P/A, 10\%, 10) = -200 + 30 \times 6.1446 = -15.66 \text{万元}$$

$NPV_乙 < 0$，故乙方案不可行。

答案：A

114. 解 价值工程的一般工作程序包括准备阶段、功能分析阶段、创新阶段和实施阶段。功能分析阶段包括的工作有收集整理信息资料、功能系统分析、功能评价。

答案：B

115. 解 《中华人民共和国建筑法》第十四条规定，从事建筑活动的专业技术人员，应当依法取得相应的执业资格证书，并在执业资格证书许可的范围内从事建筑活动。

答案：A

116. 解 《中华人民共和国安全生产法》第四十条规定，生产经营单位对重大危险源应当登记建档，进行定期检测、评估、监控，并制定应急预案，告知从业人员和相关人员在紧急情况下应当采取的应急措施。

答案：A

117. 解 《中华人民共和国招标投标法》第十六条规定，招标人采用公开招标方式的，应当发布招标公告。依法必须进行招标的项目的招标公告，应当通过国家指定的报刊、信息网络或者其他媒介发布。招标公告应当载明招标人的名称和地址，招标项目的性质、数量、实施地点和时间以及获取招标文件的办法等事项。

答案：D

118. 解 选项 B 乙施工单位不买，选项 C 丙施工单位不同意价格，选项 D 丁施工单位回复过期，承诺均为无效，只有选项 A 甲施工单位的回复属承诺有效。

答案：A

119. 解 《中华人民共和国节约能源法》第三条规定，本法所称节约能源（以下简称节能），是指加强用能管理，采取技术上可行、经济上合理以及环境和社会可以承受的措施，从能源生产到消费的各个环节，降低消耗、减少损失和污染物排放、制止浪费，有效、合理地利用能源。

答案：A

120. 解 《建筑工程质量管理条例》第三十条规定，施工单位必须建立、健全施工质量的检验制度，严格工序管理，做好隐蔽工程的质量检查和记录。隐蔽工程在隐蔽前，施工单位应当通知建设单位和建设工程质量监督机构。

答案：B

2022 年度全国勘察设计注册工程师执业资格考试基础考试（上）

试题解析及参考答案

1. 解 本题考查函数极限的基本运算。

由于 $\lim\limits_{x \to 0^+} \dfrac{1}{x} = +\infty$，$\lim\limits_{x \to 0^-} \dfrac{1}{x} = -\infty$，所以 $\lim\limits_{x \to 0^+} 2^{\frac{1}{x}} = +\infty$，$\lim\limits_{x \to 0^-} 2^{\frac{1}{x}} = 0$，可得 $\lim\limits_{x \to 0} 2^{\frac{1}{x}}$ 不存在，故选项 A 和 B 错误。

当 $x \to 0$ 时，有 $\dfrac{1}{x} \to \infty$，则 $\sin\dfrac{1}{x}$ 的值在 $[-1,1]$ 震荡，极限不存在，故选项 C 错误。

当 $x \to \infty$ 时，即 $\lim\limits_{x \to \infty} \dfrac{1}{x} = 0$，又 $\sin x$ 为有界函数，即 $|\sin x| \leqslant 1$，根据无穷小和有界函数的乘积为无穷小，可得 $\lim\limits_{x \to \infty} \dfrac{\sin x}{x} = 0$，选项 D 正确。

答案：D

2. 解 本题考查函数极限的基本运算。

$$\lim_{x \to \infty} \frac{x^2 + 1}{x + 1} - ax - b = \lim_{x \to \infty} \frac{x^2 + 1 - (ax + b)(x + 1)}{x + 1}$$
$$= \lim_{x \to \infty} \frac{(1 - a)x^2 - (a + b)x + 1 - b}{x + 1} \xrightarrow{\text{分子分母同时除以变量} x}$$
$$\lim_{x \to \infty} \frac{(1 - a)x - (a + b) + \dfrac{1 - b}{x}}{1 + \dfrac{1}{x}} = \infty$$

由于 $\lim\limits_{x \to \infty} \dfrac{1}{x} = 0$，若使得 $\lim\limits_{x \to \infty} \dfrac{(1-a)x-(a+b)+\frac{1-b}{x}}{1+\frac{1}{x}} = \infty$，则仅需要 x 的系数不得为零，故可得 $a \neq 1$，b 为任意常数。

答案：D

3. 解 本题考查函数的导数及导数的几何意义。

根据导数的几何意义，$y'\left(-\dfrac{1}{2}\right)$ 为抛物线 $y = x^2$ 上点 $\left(-\dfrac{1}{2}, \dfrac{1}{4}\right)$ 处切线的斜率，即 $\tan\alpha = y'\left(-\dfrac{1}{2}\right) = 2x|_{x=-\frac{1}{2}} = -1$，其中 α 为切线与 ox 轴正向夹角，所以切线与 ox 轴正向夹角为 $\dfrac{3\pi}{4}$。

答案：C

4. 解 本题考查函数的求导法则。

$y' = \dfrac{2x}{1+x^2}$，则 $y'' = \left(\dfrac{2x}{1+x^2}\right)' = \dfrac{2(1+x^2) - 2x \cdot 2x}{(1+x^2)^2} = \dfrac{2(1-x^2)}{(1+x^2)^2}$。

答案：B

5. 解 本题考查拉格朗日中值定理所满足的条件。

拉格朗日中值定理所满足的条件是 $f(x)$ 在闭区间 $[a,b]$ 连续，在开区间 (a,b) 可导。

选项 A：$y = \ln x$ 在区间 $[1,2]$ 连续，$y' = \dfrac{1}{x}$ 在开区间 $(1,2)$ 存在，即 $y = \ln x$ 在开区间 $(1,2)$ 可导。

选项 B：$y = \dfrac{1}{\ln x}$ 在 $x = 1$ 处，不存在，不满足右连续的条件。

选项 C：$y = \ln(\ln x)$ 在 $x = 1$ 处，不存在，不满足右连续的条件。

选项 D：$y = \ln(2-x)$ 在 $x = 2$ 处，不存在，不满足左连续的条件。

答案： A

6. 解 本题考查极值的计算。

函数 $f(x) = \dfrac{x^2-2x-2}{x+1}$ 的定义域为 $(-\infty, -1) \cup (-1, +\infty)$

$f'(x) = \dfrac{(2x-2)(x+1)-(x^2-2x-2)}{(x+1)^2} = \dfrac{x(x+2)}{(x+1)^2}$，令 $f'(x) = 0$，得驻点 $x = -2, x = 0$。列解表：

题6解表

x	$(-\infty, -2)$	-2	$(-2, -1)$	-1	$(-1, 0)$	0	$(0, +\infty)$
$f'(x)$	+	0	−	不存在	−	0	+
$f(x)$	单调递增	极大值$f(-2)=-6$	单调递减	无定义	单调递减	极小值$f(0)=-2$	单调递增

由于 $\lim\limits_{x \to -\infty} f(x) = -\infty$; $\lim\limits_{x \to +\infty} f(x) = +\infty$，故 $f(0) = -2$ 是 $f(x)$ 的极小值, 但不是最小值, 选项 C 正确。

除了上述列表，本题还可以计算如下：

$$f''(x) = \frac{(2x+2)(x+1)^2 - (x^2+2x)(2x+2)}{(x+1)^4} = \frac{2}{(x+1)^3}$$

$f''(0) > 0$，为极小值点；

$f(-2) = -6$，小于 $f(0)$，故不是最小值。

答案： C

7. 解 本题考查不定积分的概念。

由已知 $f'(x) = g'(x)$，等式两边积分可得 $\int f'(x)\mathrm{d}x = \int g'(x)\mathrm{d}x$，选项 D 正确。

积分后得到 $f(x) = g(x) + C$，其中 C 为任意常数，即导函数相等，原函数不一定相等，两者之间相差一个常数，故可知选项 A、B、C 错误。

答案： D

8. 解 本题考查定积分的计算方法。

方法 1：$\displaystyle\int_0^1 \frac{x^3}{\sqrt{1+x^2}}\mathrm{d}x = \frac{1}{2}\int_0^1 \frac{x^2}{\sqrt{1+x^2}}\mathrm{d}x^2$

令 $u = 1 + x^2$, $\mathrm{d}u = 2x\mathrm{d}x$。当 $x = 0$ 时, $u = 1$; 当 $x = 1$ 时, $u = 2$。则

$$\frac{1}{2}\int_0^1 \frac{x^2}{\sqrt{1+x^2}}\mathrm{d}x^2 = \frac{1}{2}\int_1^2 \left(\sqrt{u} - \frac{1}{\sqrt{u}}\right)\mathrm{d}u = \frac{1}{2}\left(\frac{2}{3}u^{\frac{3}{2}} - 2\sqrt{u}\right)\Big|_1^2 = \frac{1}{3}(2 - \sqrt{2})$$

方法 2：

$$\begin{aligned}
\int_0^1 \frac{x^3}{\sqrt{1+x^2}}\mathrm{d}x &= \frac{1}{2}\int_0^1 \frac{x^2}{\sqrt{1+x^2}}\mathrm{d}(1+x^2) = \frac{1}{2}\int_0^1 \frac{(1+x^2)-1}{\sqrt{1+x^2}}\mathrm{d}(1+x^2) \\
&= \frac{1}{2}\left[\int_0^1 \sqrt{1+x^2}\mathrm{d}(1+x^2) - \int_0^1 \frac{1}{\sqrt{1+x^2}}\mathrm{d}(1+x^2)\right] \\
&= \frac{1}{2}\left[\frac{2}{3}(1+x^2)^{\frac{3}{2}}\Big|_0^1 - (1+x^2)^{\frac{1}{2}}\Big|_0^1\right] = \frac{1}{3}(2 - \sqrt{2})
\end{aligned}$$

方法 3：令 $x = \tan t$, $\mathrm{d}x = \sec^2 t\mathrm{d}t$。

当 $x = 0$ 时, $t = 0$; 当 $x = 1$ 时, $t = \dfrac{\pi}{4}$。

$$\int_0^1 \frac{x^3}{\sqrt{1+x^2}}\mathrm{d}x = \int_0^{\frac{\pi}{4}} \frac{\tan^3 t}{\sec t}\sec^2 t\mathrm{d}t = \int_0^{\frac{\pi}{4}} \frac{\sin^3 t}{\cos^4 t}\mathrm{d}t = -\int_0^{\frac{\pi}{4}} \frac{\sin^2 t}{\cos^4 t}\mathrm{d}\cos t = -\int_0^{\frac{\pi}{4}} \frac{1-\cos^2 t}{\cos^4 t}\mathrm{d}\cos t$$

$$= -\int_0^{\frac{\pi}{4}} \left(\frac{1}{\cos^4 t} - \frac{1}{\cos^2 t}\right)\mathrm{d}\cos t = \left(\frac{1}{3}\cos^{-3} t - \cos^{-1} t\right)\Big|_0^{\frac{\pi}{4}} = \frac{1}{3}(2-\sqrt{2})$$

答案：B

9. 解 本题考查向量代数的基本运算。

由 $|\boldsymbol{\alpha}\times\boldsymbol{\beta}| = |\boldsymbol{\alpha}||\boldsymbol{\beta}|\sin(\widehat{\boldsymbol{\alpha},\boldsymbol{\beta}}) = 4\sin(\widehat{\boldsymbol{\alpha},\boldsymbol{\beta}}) = 2\sqrt{3}$，得 $\sin(\widehat{\boldsymbol{\alpha},\boldsymbol{\beta}}) = \frac{\sqrt{3}}{2}$，所以 $(\widehat{\boldsymbol{\alpha},\boldsymbol{\beta}}) = \frac{\pi}{3}$ 或 $\frac{2\pi}{3}$，$\cos(\widehat{\boldsymbol{\alpha},\boldsymbol{\beta}}) = \pm\frac{1}{2}$，故 $\boldsymbol{\alpha}\cdot\boldsymbol{\beta} = |\boldsymbol{\alpha}||\boldsymbol{\beta}|\cos(\widehat{\boldsymbol{\alpha},\boldsymbol{\beta}}) = 2$ 或 -2。

答案：D

10. 解 本题考查平面与坐标轴位置关系的判定方法。

平面方程为 $Ax + Cz + D = 0$ 的法向量 $\boldsymbol{n} = \{A, 0, C\}$，$oy$ 轴的方向向量 $\boldsymbol{j} = \{0,1,0\}$，$\boldsymbol{n}\cdot\boldsymbol{j} = 0$，所以平面平行于 oy 轴；又因 D 不为零，oy 轴上的原点 $(0,0,0)$ 不满足平面方程，即该平面不经过原点，所以平面不经过 oy 轴。

答案：D

11. 解 本题考查多元函数微分学的基本性质。

见解图，函数 $z = f(x,y)$ 在点 (x_0,y_0) 处连续不能推得该点偏导数存在；反之，函数 $z = f(x,y)$ 在点 (x_0,y_0) 偏导数存在，也不能推得函数在点 (x_0,y_0) 一定连续。也即，二元函数在点 (x_0,y_0) 处连续是它在该点偏导数存在的既非充分又非必要条件。

题 11 解图

答案：D

12. 解 本题考查二重积分的直角坐标与极坐标之间的变换。

根据直角坐标系和极坐标的关系（见解图）：$\begin{cases} x = r\cos\theta \\ y = r\sin\theta \end{cases}$，圆域 D：$x^2 + y^2 \leqslant 1$ 化为极坐标系为：$0 \leqslant r \leqslant 1$，$0 \leqslant \theta \leqslant 2\pi$，极坐标系下面积元素 $\mathrm{d}\sigma = r\mathrm{d}r\mathrm{d}\theta$，则二重积分 $\iint\limits_D x\mathrm{d}x\mathrm{d}y = \int_0^{2\pi}\mathrm{d}\theta\int_0^1 r^2\cos\theta\mathrm{d}r$。

答案：B

题 12 解图

13. 解 本题考查导数的几何意义与微分方程求解。

微分方程 $y' = 2x$ 直接积分可得通解 $y = x^2 + C$，其中 C 是任意常数。

由于曲线与直线 $y = 2x - 1$ 相切，则曲线与直线在切点处切线斜率相等。

已知直线 $y = 2x - 1$ 的斜率为 2，设切点为 (x_0, y_0)，则 $y'(x_0) = 2x_0 = 2$，得 $x_0 = 1$，代入切线方程得 $y_0 = 1$。

将切点 $(1,1)$ 代入通解，得 $C = 0$。

即微分方程的解是 $y = x^2$。

答案：C

14. 解 本题考查常数项级数的敛散性。

选项 A：$\sum\limits_{n=2}^{\infty} (-1)^n \dfrac{1}{\ln n}$ 为交错级数，满足莱布尼兹定理的条件：$u_{n+1} = \dfrac{1}{\ln(n+1)} < u_n = \dfrac{1}{\ln n}$，且 $\lim\limits_{n \to \infty} u_n = 0$，所以级数收敛；另正项级数一般项 $\left|(-1)^n \dfrac{1}{\ln n}\right| = \dfrac{1}{\ln n} \geqslant \dfrac{1}{n}$，调和级数 $\sum\limits_{n=1}^{\infty} \dfrac{1}{n}$ 发散，根据正项级数比较判别法，$\sum\limits_{n=2}^{\infty} \dfrac{1}{\ln n}$ 发散。所以 $\sum\limits_{n=2}^{\infty} (-1)^n \dfrac{1}{\ln n}$ 条件收敛，选项 A 正确。

选项 B：由于 $\sum\limits_{n=1}^{\infty} \dfrac{1}{n^{\frac{3}{2}}}$ 为 $p = \dfrac{3}{2} > 1$ 的 p-级数，故 $\sum\limits_{n=1}^{\infty} (-1)^n \dfrac{1}{n^{\frac{3}{2}}}$ 绝对收敛。

选项 C：级数 $\sum\limits_{n=1}^{\infty} (-1)^n \dfrac{n}{n+2}$ 的一般项 $\lim\limits_{n \to \infty} (-1)^n \dfrac{n}{n+2} \neq 0$，根据收敛级数的必要条件可知，该级数发散。

选项 D：因为 $\left|\sin\left(\dfrac{4n\pi}{3}\right)\right| \leqslant 1$，有 $\left|\dfrac{\sin\left(\frac{4n\pi}{3}\right)}{n^3}\right| < \dfrac{1}{n^3}$，为 $p = 3 > 1$ 的 p-级数，级数收敛，所以 $\sum\limits_{n=1}^{\infty} \dfrac{\sin\left(\frac{4n\pi}{3}\right)}{n^3}$ 绝对收敛。

答案：A

15. 解 本题考查二阶常系数线性齐次方程的求解。

方法 1：二阶常系数齐次微分方程 $y'' - 2y' + 2y = 0$ 的特征方程为：$r^2 - 2r + 2 = 0$，特征方程有一对共轭的虚根 $r_{1,2} = 1 \pm i$，对应微分方程的通解为 $y = e^x(C_1 \cos x + C_2 \sin x)$，其中 C_1, C_2 为任意常数。当 $C_1 = 0$，$C_2 = 1$ 时，$y = e^x \sin x$，是微分方程的特解。

方法 2：也可以将四个选项代入微分方程验证，如将选项 A 代入微分方程化简，有：

$$(e^{-x} \cos x)'' - 2(e^{-x} \cos x)' + 2(e^{-x} \cos x) = 4e^{-x}(\sin x + \cos x) \neq 0$$

故选项 A 错误；同理，将选项 B、C、D 分别代入微分方程并化简，可知选项 C 正确。

注：方法 2 的计算量较大，考试过程中不提倡使用。方法 1 的各种情况总结见解表。

题 15 解表

特征方程 $\lambda^2 + p\lambda + q = 0$ 的根	微分方程 $y'' + py' + qy = 0$ 的通解
不相等的两个实根 $r_1 \neq r_2$	$y = C_1 e^{r_1 x} + C_2 e^{r_2 x}$
相等的两个实根 $r_1 = r_2$	$y = (C_1 + C_2)e^{r_1 x}$
一对共轭复根 $r_{1,2} = \alpha \pm \beta i (\beta > 0)$	$y = e^{\alpha x}(C_1 \cos \beta x + C_2 \sin \beta x)$

答案：C

16. 解 本题考查对坐标曲线积分的计算。

见解图，有向直线段L：$y = -x + a$，x从a到0，则
$$\int_L x\mathrm{d}y = -\int_a^0 x\,\mathrm{d}x = -\frac{x^2}{2}\Big|_a^0 = \frac{a^2}{2}$$

答案：C

题16解图

17. 解 本题考查幂级数的收敛区间。

因为$\sum\limits_{n=1}^{\infty} a_n x^n$的收敛半径为$3$，有$\lim\limits_{n\to\infty}\left|\frac{a_{n+1}}{a_n}\right| = \frac{1}{3}$，

而$\lim\limits_{n\to\infty}\left|\frac{(n+1)a_{n+1}}{na_n}\right| = \frac{1}{3}$，故$\sum\limits_{n=1}^{\infty} na_n(x-1)^{n+1}$的收敛半径也为$3$。

有$-3 < x - 1 < 3$，即收敛区间为$-2 < x < 4$。

答案：B

18. 解 本题考查多元函数二阶偏导数的计算方法。

已知二元函数$z = \frac{1}{x}f(xy)$，则
$$\frac{\partial z}{\partial x} = -\frac{1}{x^2}f(xy) + \frac{1}{x}f'(xy)\cdot y$$
$$\frac{\partial^2 z}{\partial x\partial y} = -\frac{1}{x^2}f'(xy)\cdot x + \frac{1}{x}[f''(xy)\cdot xy + f'(xy)] + y = yyf''(xy)$$

答案：D

19. 解 本题考查逆矩阵的性质。

$ABXC = D$，两端同时右乘C^{-1}，有$ABX = DC^{-1}$，

两端同时左乘A^{-1}，有$BX = A^{-1}DC^{-1}$，

两端同时左乘B^{-1}，有$X = B^{-1}A^{-1}DC^{-1}$。

注：矩阵乘法不满足交换律，左乘与右乘需严格对应。

答案：B

20. 解 本题考查线性方程组基础解系的性质。

n元齐次线性方程组$AX = 0$有非零解的充要条件为$r(A) < n$，此时存在基础解系，且基础解系含$n - r(A)$个解向量。

答案：C

21. 解 本题考查二次型标准型的表示方法。

矩阵B的特征方程为$|\lambda E - B| = \begin{vmatrix} \lambda - 1 & 0 & 0 \\ 0 & \lambda & -2 \\ 0 & -2 & \lambda \end{vmatrix} = (\lambda - 1)(\lambda^2 - 4) = 0$，特征值分别为：$\lambda_1 = 1$，

$\lambda_2 = 2$，$\lambda_3 = -2$

合同矩阵的判别方法：实对阵矩阵的 $\boldsymbol{A}$ 和 $\boldsymbol{B}$ 合同的充分必要条件是 $\boldsymbol{A}$ 和 $\boldsymbol{B}$ 的特征值中正、负特征值的个数相等。

已知，矩阵 $\boldsymbol{B}$ 对应的二次型的正惯性指数和负惯性指数分别为 2 和 1，由于合同矩阵具有相同的正、负惯性指数，故二次型 $f(x_1, x_2, x_3) = \boldsymbol{x}^{\mathrm{T}} \boldsymbol{A} \boldsymbol{x}$ 的标准型是：

$$f = y_1^2 + 2y_2^2 - 2y_3^2$$

答案： A

22. 解 本题考查条件概率、全概率的性质与计算方法。

依据全概率公式，$P(B) = P(A) \cdot P(B \mid A) + P(\overline{A}) P(B \mid \overline{A})$

已知 $P(A) = \frac{1}{2}$，则 $P(\overline{A}) = 1 - P(A) = \frac{1}{2}$；又 $P(B \mid A) = \frac{1}{10}$，$P(B \mid \overline{A}) = \frac{1}{20}$

故 $P(B) = P(A) \cdot P(B \mid A) + P(\overline{A}) P(B \mid \overline{A}) = \frac{1}{2} \times \frac{1}{10} + \frac{1}{2} \times \frac{1}{20} = \frac{3}{40}$。

或者按以下思路，一步一步推导：

由 $P(A) = \frac{1}{2}$，则 $P(\overline{A}) = 1 - P(A) = \frac{1}{2}$

又 $P(B \mid A) = \frac{P(AB)}{P(A)} = \frac{1}{10}$，有 $P(AB) = P(A) P(B \mid A) = \frac{1}{2} \times \frac{1}{10} = \frac{1}{20}$

又由 $P(B \mid \overline{A}) = \frac{P(\overline{A}B)}{P(\overline{A})} = \frac{P(B) - P(AB)}{P(\overline{A})} = \frac{1}{20}$，有 $P(B) - P(AB) = P(B \mid \overline{A}) P(\overline{A}) = \frac{1}{40}$

故 $P(B) = \frac{3}{40}$。

答案： B

23. 解 本题考查随机变量的数学期望与方差的性质。

$E(X + Y)^2 = E(X^2 + 2XY + Y^2) = E(X^2) + 2E(XY) + E(Y^2)$，由于 $E(X^2) = D(X) + [E(X)]^2 = 1 + 0 = 1$，$E(Y^2) = D(Y) + [E(Y)]^2 = 1 + 0 = 1$，且又因为随机变量 X 与 Y 相互独立，则 $E(XY) = E(X) \cdot E(Y) = 0$，所以 $E(X + Y)^2 = 2$。

或者由方差的计算公式 $D(X + Y) = E(X + Y)^2 - [E(X + Y)]^2$，已知随机变量 X 与 Y 相互独立，则：

$E(X + Y)^2 = D(X + Y) + [E(X + Y)]^2 = D(X) + D(Y) + [E(X) + E(Y)]^2 = 1 + 1 + 0 = 2$。

答案： C

24. 解 本题考查二维随机变量均匀分布的定义。

随机变量 (X, Y) 服从 G 上的均匀分布，则有联合密度函数：

$$f(x, y) = \begin{cases} \dfrac{1}{S_G} & (x, y) \in G \\ 0 & \text{其他} \end{cases}$$

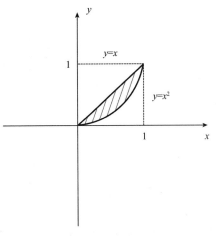

S_G 为 $y = x^2$ 与 $y = x$ 所围的平面区域的面积，见解图。

$$S_G = \int_0^1 (x - x^2)\mathrm{d}x = \left(\frac{1}{2}x^2 - \frac{1}{3}x^3\right)\Big|_0^1 = \frac{1}{6}$$

所以，$f(x, y) = \begin{cases} 6 & (x, y) \in G \\ 0 & \text{其他} \end{cases}$

题 24 解图

答案： A

25. 解　$1\text{m}^3 = 10^3\text{L}$。

答案： C

26. 解　由于 $\omega = \frac{3}{2}kT$，可知温度是分子平均平动动能的量度，所以当温度相等时，两种气体分子的平均平动动能相等。而两种气体分子的自由度不同，质量与摩尔质量不同，故选项 B、C、D 不正确。

答案： A

27. 解　双原子分子理想气体的自由度 $i = 5$，等压膨胀的情况下对外做功为：

$$W = P(V_2 - V_1) = \frac{m}{M}R(T_2 - T_1)$$

吸收热量为：$Q = \frac{m}{M}C_p\Delta T = \frac{m}{M}\frac{7}{2}R(T_2 - T_1)$

可以得到 $W/Q = 2/7$。

答案： D

28. 解　卡诺循环热机效率为：

$$\eta = 1 - \frac{Q_2}{Q_1} = 1 - \frac{T_2}{T_1} = 1 - \frac{T_2}{nT_2} = 1 - \frac{1}{n}$$

则 $Q_2 = \frac{1}{n}Q_1$，其中 Q_1、Q_2 分别为从高温热源吸收的热量和传给低温热源的热量。

答案： C

29. 解　相同质量的氢气与氧气分别装在两个容积相同的封闭容器内，环境温度相同，摩尔质量不同，摩尔数不等，由理想气体状态方程可得：

$$\frac{P_{\text{H}_2}V}{P_{\text{O}_2}V} = \frac{\frac{m}{M_{\text{H}_2}}T}{\frac{m}{M_{\text{O}_2}}T} = \frac{32}{2} = 16$$

答案： B

30. 解　波动方程的标准表达式为：

$$y = A\cos\left[\omega\left(t - \frac{x}{u}\right) + \varphi_0\right]$$

将平面简谐波的表达式改为标准的余弦表达式：

$$y = -0.05\sin\pi(t - 2x) = 0.05\cos\pi\left(t - \frac{x}{\frac{1}{2}}\right)$$

则有 $A = 0.05$，$u = \frac{1}{2}$

$\omega = \pi$，$T = \frac{2\pi}{\omega} = 2$，$\nu = \frac{1}{T} = \frac{1}{2}$。

答案： C

31. 解　横波以波速 u 沿 x 轴负方向传播，见解图。A 点振动速度小于零，B 点向下运动，C 点向上运动，D 点向下运动且振动速度小于 0，故选项 D 正确。

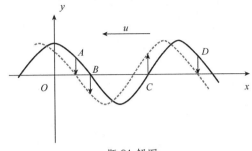

题 31 解图

答案：D

32. 解　本题考查声波常识，常温下空气中的声速为 340m/s。

答案：A

33. 解　本题考查波动的能量特征，由于动能与势能是同相位的，同时达到最大或最小，所以总机械能为动能（势能）的 2 倍。

答案：B

34. 解　等厚干涉，$a = \dfrac{\lambda}{2n\theta}$，夹角不变，条纹间隔不变。

答案：C

35. 解　由菲涅尔半波带法，在单缝衍射中，缝宽 b 一定，由暗条纹条件，$b\sin\varphi = 2k\cdot\dfrac{\lambda}{2}$，对于第二级暗条纹，每个半波带面积为 S_2，它有 4 个半波带，对于第三级暗条纹，每个半波带面积为 S_3，第三级暗纹对应 6 个半波带，$4S_2 = 6S_3$，所以 $S_3 = \dfrac{2}{3}S_2$。

答案：A

36. 解　代入公式，可得

$$I = I_0 \cos^2\alpha \cos^2\left(\frac{\pi}{2} - \alpha\right) = I_0 \cos^2\alpha \sin^2\alpha = \frac{1}{4}I_0(\sin 2\alpha)^2$$

答案：C

37. 解　多电子原子在无外场作用下，原子轨道能量高低取决于主量子数 n 和角量子数 l。

答案：B

38. 解　共价键的本质是原子轨道的重叠，离子键由正负离子间的静电作用成键，金属键由金属正离子靠自由电子的胶合作用成键。氢键是强极性键（A-H）上的氢核与电负性很大、含孤电子对并带有部分负电荷的原子之间的静电引力。

答案：A

39. 解　$NH_3 \cdot H_2O$ 溶液中存在如下解离平衡：$NH_3 \cdot H_2O \rightleftharpoons NH_4^+ + OH^-$，加入一些固体 NaOH 后，

溶液中的OH^-浓度增加，平衡逆向移动，氨的解离度减小。

答案：C

40. 解 气体分子数增加的反应，其熵变$\Delta_r S_m^{\ominus}$大于零；气体分子数减少的反应，其熵变$\Delta_r S_m^{\ominus}$小于零。本题中氧气分子数减少，选项B正确。

答案：B

41. 解 对有气体参加的反应，改变总压强（各气体反应物和生成物分压之和）时，如果反应前后气体分子数相等，则平衡不移动。

答案：C

42. 解 当温度为298K，离子浓度为1mol/L，气体的分压为100kPa时，固体为纯固体，液体为纯液体，此状态称为标准状态。标准状态时的电极电势称为标准电极电势。标准氢电极的电极电势$E_{H^+/H_2}^{\ominus}$＝0，1mol/L的H_2O，HOAc和HCN的氢离子浓度分别为：

$C_{H^+}(H_2O) = 1 \times 10^{-7}\text{mol/L}$；

$C_{H^+}(HOAc) = \sqrt{K_a \cdot C} = \sqrt{1.8 \times 10^{-5}} = 4.2 \times 10^{-3}\text{mol/L}$；

$C_{H^+}(HCN) = \sqrt{K_a \cdot C} = \sqrt{6.2 \times 10^{-10}} = 2.5 \times 10^{-5}\text{mol/L}$。

$E_{H_2O/H_2}^{\ominus}$等于$C_{H^+} = 1 \times 10^{-7}\text{mol} \cdot L^{-1}$时的$E_{H^+/H_2}$；

$E_{HOAc/H_2}^{\ominus}$等于$C_{H^+} = 4.2 \times 10^{-3}\text{mol} \cdot L^{-1}$时的$E_{H^+/H_2}$；

$E_{HCN/H_2}^{\ominus}$等于$C_{H^+} = 2.5 \times 10^{-5}\text{mol} \cdot L^{-1}$时的$E_{H^+/H_2}$。

根据电极电势的能斯特方程：

$$E_{H^+/H_2} = E_{H^+/H_2}^{\ominus} + \frac{0.059}{n}\lg\frac{C_{H^+}^2}{p_{H_2}}$$

可知1mol/L H_2O的氢离子浓度最小，电极电势最小。

答案：B

43. 解 $KMnO_4$中，K的氧化数为$+1$，O的氧化数为-2，所以Mn的氧化数为$+7$。

答案：D

44. 解 丙烷有2种类型的氢原子，有2种一氯代物；异戊烷有4种类型的氢原子，有4种一氯代物；新戊烷有1种类型的氢原子，有1种一氯代物；2,3-二甲基戊烷有6种类型的氢原子，有6种一氯代物。

答案：A

45. 解 选项A是氧化反应，选项B是取代反应，选项C是加成反应，选项D是取代反应。

答案：C

46. **解** 选项 A、C、D 消除反应只能得到 1 种烯烃，选项 B 消除反应只能得到 2 种烯烃。

答案：B

47. **解** 因为杆 BC 为二力构件，B、C 处的约束力应沿 BC 连线且等值反向（见解图），而 $\triangle ABC$ 为等边三角形，故 B 处约束力的作用线与 x 轴正向所成的夹角为 150°。

题 47 解图

答案：D

48. **解** 由于 q 的合力作用线通过 I 点，其对该点的力矩为零，故系统对 I 点的合力矩为：

$$M_I = FR = 500\text{N} \cdot \text{cm（顺时针）}$$

答案：D

49. **解** 由于物体系统所受主动力为平衡力系，故 A、B 处的约束力也应自成平衡力系，即满足二力平衡原理，A、B、C 处的约束力均为水平方向（见解图），考虑 AC 的平衡，采用力偶的平衡方程：

$$\sum m = 0 \quad F_A \cdot 2a - M = 0, \quad F_A = F_{Ax} = \frac{M}{2a}; \text{ 且 } F_{Ay} = 0。$$

（注：此题同 2010 年第 49 题）

题 49 解图

答案：B

50. **解** 因为摩擦角 $\varphi_m < \alpha$，所以物块会向下滑动，物块所受摩擦力应为最大摩擦力，即正压力 $W \cos\alpha$ 乘以摩擦因数 $f = \tan\varphi_m$。

答案：A

51. **解** $t = 2$s 时，速度 $v = 2^2 - 20 = -16\text{m/s}$；加速度 $a = \dfrac{\mathrm{d}v}{\mathrm{d}t} = 2t = 4\text{m/s}^2$。

答案：A

52. **解** 根据法向加速度公式 $a_n = \dfrac{v^2}{\rho}$，曲率半径即为圆周轨迹的半径，则有

$$\rho = R = \frac{v^2}{a_n} = \frac{80^2}{120} = 53.3\text{m}$$

答案：B

53.解 定轴转动刚体上一点加速度与转动角速度、角加速度的关系为：

$$a_B^t = OB \cdot \varepsilon = 50 \times 1 = 50\text{cm/s}^2（垂直于 OB 连线，水平向右）$$

$$a_B^n = OB \cdot \omega^2 = 50 \times 2^2 = 200\text{cm/s}^2（由 B 指向 O）$$

答案：D

54.解 物体的加速度为零时，速度达到最大值，此时阻力与重力相等，即
由 $\mu v_{极限} = mg$，得到 $\quad\quad v_{极限} = \dfrac{mg}{\mu}$

答案：B

55.解 根据弹性力做功的定义可得：

$$W_{BA} = \frac{k}{2}\left[\left(\sqrt{2}R - l_0\right)^2 - (2R - l_0)^2\right]$$
$$= \frac{4900}{2} \times 0.1^2 \times \left[\left(\sqrt{2}-1\right)^2 - 1^2\right] = -20.3\text{N}\cdot\text{m}$$

答案：C

56.解 系统在转动中对转动轴 z 的动量矩守恒，设 ω_t 为小球达到 C 点时圆环的角速度，由于小球在 A 点与在 C 点对 z 轴的转动惯量均为零，即 $I\omega = I\omega_t$，则 $\omega_t = \omega$。

答案：C

57.解 如解图所示，杆释放至铅垂位置时，其角加速度为零，质心加速度只有指向转动轴 O 的法向加速度，根据达朗贝尔原理，施加其上的惯性力 $F_I = ma_C = m\omega^2 \cdot \dfrac{l}{2} = \dfrac{3}{2}mg$，方向向下；而施加于杆 OA 的附加动反力大小与惯性力相同，方向与其相反。

答案：A

题 57 解图

58.解 截断前的弹簧相当于截断后两个弹簧串联而成，若设截断后的两个弹簧的刚度均为 k_1，则有 $\dfrac{1}{k} = \dfrac{1}{k_1} + \dfrac{1}{k_1}$，所以 $k_1 = 2k$。

答案：B

59.解 铸铁是脆性材料，抗拉强度最差，抗剪强度次之，而抗压强度最好。所以在拉伸试验中，铸铁试件在最大拉应力所在的垂直于轴线的横截面上发生破坏；在压缩试验中，铸铁试件在最大切应力所在的与轴线大约成 $45°$ 角的截面上发生破坏。

答案：B

60.解 AB 段轴力为 F，伸长量为 $\dfrac{FL}{EA}$，BC 段轴力为 0，伸长量也为 0，则直杆自由端 C 的轴向位移即

为AB段的伸长量：$\frac{FL}{EA}$。

答案：C

61. 解 钢板和销轴的实际承压接触面为圆柱面，名义挤压面面积取为实际承压接触面在垂直挤压力F方向的投影面积，即dt，根据挤压强度条件$\sigma_{bs}=\frac{F}{dt}\leqslant[\sigma_{bs}]$，则直径需要满足$d\geqslant\frac{F}{t[\sigma_{bs}]}$。

答案：A

62. 解 3和4对调最合理，最大扭矩4kN·m最小，如解图所示。如果1和3对调，或者是2和3对调，则最大扭矩都是8kN·m；如果2和4对调，则最大扭矩是6kN·m。所以选项D正确。

题62解图

答案：D

63. 解 在图示圆轴和空心圆轴横截面和空心圆截面切应力分布图中，只有选项A是正确的。其他选项，有的方向不对，有的分布规律不对。

答案：A

64. 解 根据截面图形静矩的性质，如果z轴过形心，则有$S_z=0$，即：$S_{z1}+S_{z2}=0$，所以$S_{z1}=-S_{z2}$。

答案：B

65. 解 根据梁的弯矩图可以推断其受力图如解图1所示。

题65解图1

其中：$P_1a=0.5Fa$，$F_Ba=1.5Fa$

可知：$P_1=0.5F$，$F_B=1.5F$

用直接法可求得$M_D=F_Ca-2P_1a=1.5Fa$

可知：$F_C=2.5F$

由$\sum Y=0$，$P_1+P_2=F_C+F_B$

可知：$P_2=3.5F$

题65解图2

由受力图可以画出剪力图，如解图2所示。可见最大剪力是$2F$。

答案：D

66. 解 两根矩形截面杆胶合在一起成为一个整体梁，最大切应力发生在中性轴（胶合面）上，最

大切应力为:

$$\tau_{\max} = \frac{3Q}{2A} = \frac{3F}{4ab}$$

答案: C

67. 解 受集中力作用的简支梁最大弯矩$M_{\max} = FL/4$,圆截面的抗弯截面系数$W_z = \pi d^3/32$,所以梁的最大弯曲正应力为:

$$\sigma_{\max} = \frac{M_{\max}}{W_z} = \frac{8FL}{\pi d^3}$$

答案: A

68. 解 对于图(a)梁,可知:

$$M_{\max}^{\mathrm{a}} = FL, W_z^{\mathrm{a}} = \frac{bh^2}{6}, \sigma_{\max}^{\mathrm{a}} = \frac{M_{\max}^{\mathrm{a}}}{W_z^{\mathrm{a}}} = \frac{6FL}{bh^2}$$

对于图(b)的叠合梁,仅考查其中一根梁,可知:

$$M_{\max}^{\mathrm{b}} = \frac{FL}{2}, W_z^{\mathrm{b}} = \frac{bh^2}{24}, \sigma_{\max}^{\mathrm{b}} = \frac{M_{\max}^{\mathrm{b}}}{W_z^{\mathrm{b}}} = \frac{12FL}{bh^2}$$

可见,图(a)梁的强度更大。

对于图(a)梁,可知:$\Delta a = FL^3/(3EI_z^{\mathrm{a}})$,其中$I_z^{\mathrm{a}} = bh^3/12$;

对于图(b)的叠合梁,仅考查其中一根梁,可知:$\Delta b = 0.5FL^3/(3EI_z^{\mathrm{b}})$,其中$I_z^{\mathrm{b}} = b\left(\frac{h}{2}\right)^2/12 = I_z^{\mathrm{a}}/8$,则$\Delta b = 4FL^3/(3EI_z^{\mathrm{a}})$。

可见,图(a)梁的刚度更大。

因此,两梁的强度和刚度均不相同。

答案: A

69. 解 按照"点面对应、先找基准"的方法,可以分别画出4个图对应的应力圆(见解图)。图中横坐标是正应力σ,纵坐标是切应力τ。

应力圆的半径大小等于最大切应力$\tau_{\max} = (\sigma_{\max} - \sigma_{\min})/2$,由此可算得:

$\tau_A = \frac{30-(-30)}{2} = 30\mathrm{MPa}$, $\tau_B = \frac{40-(-40)}{2} = 40\mathrm{MPa}$, $\tau_C = \frac{120-100}{2} = 10\mathrm{MPa}$, $\tau_D = \frac{40-0}{2} = 20\mathrm{MPa}$

可见,选项C单元体应力平面内应力圆的半径最小。

题69解图

答案：C

70.解　根据压杆临界力计算公式：

$$F_{\mathrm{cr}}^{\mathrm{a}} = \frac{\pi^2 EI}{(2L)^2}, F_{\mathrm{cr}}^{\mathrm{b}} = \frac{\pi^2 EI}{(0.7L)^2}$$

则 $\dfrac{F_{\mathrm{cr}}^{\mathrm{b}}}{F_{\mathrm{cr}}^{\mathrm{a}}} = \left(\dfrac{2}{0.7}\right)^2$

答案：C

71.解　绘出等压面 A-B（见解图），则有 $p_A = p_B$，存在：

$$p_A = p_e + \rho_1 g h_1 + \rho_2 g h_2 = p_B = \rho_{\mathrm{Hg}} g(h_1 + h_2 - h)$$

则 $p_e = \rho_{\mathrm{Hg}} g(h_1 + h_2 - h) - (\rho_1 g h_1 + \rho_2 g h_2)$

$$= 13600 \times 9.8 \times (0.4 + 0.6 - 0.5) - (850 \times 0.4 \times 9.8 + 1000 \times 0.6 \times 9.8) = 57428\mathrm{Pa}$$

题 71 解图

答案：D

72.解　根据动量定理，作用在控制体内流体上的力是所有外力的总和，即合外力。

答案：C

73.解　判定圆管内流体运动状态的准则数是雷诺数。

答案：D

74.解　因为 $\mathrm{Re} = 1.947 \times 10^5$，有 $\lg \mathrm{Re} = 4.289$，查尼古拉兹曲线图的横坐标，位于直线 cd 和 ef 段之间，题目中给出了当量粗糙度，故处于紊流过渡区。

可以利用阿尔布鲁克公式计算：$\dfrac{1}{\sqrt{\lambda}} = -2\lg\left(\dfrac{k_{\mathrm{s}}}{3.7d} + \dfrac{2.51}{\mathrm{Re}\sqrt{\lambda}}\right)$，这是一个隐函数方程，代入数据之后有：$\dfrac{1}{\sqrt{\lambda}} = -2\lg\left(\dfrac{0.4}{3.7 \times 250} + \dfrac{2.51}{194700\sqrt{\lambda}}\right)$，计算得到 $\lambda = 0.023$。

也可以用阿里特苏里经验公式计算：$\lambda = 0.11\left(\dfrac{k_{\mathrm{s}}}{d} + \dfrac{68}{\mathrm{Re}}\right)^{0.25}$

代入数据有：$\lambda = 0.11\left(\dfrac{0.4}{250} + \dfrac{68}{194700}\right)^{0.25} = 0.023$

即得：$L = \dfrac{2 \times 0.25\mathrm{m} \times 294.3 \times 10^3\mathrm{Pa}}{0.023 \times 1000\mathrm{kg/m^3} \times (1.02\mathrm{m/s})^2} = 6149.4\mathrm{m}$

答案：A

75. 解 根据达西公式，水平管道沿程损失 $h_\mathrm{f} = \lambda \frac{L}{d} \frac{v^2}{2g}$，以水平管轴线为基准，对液面和管道出口列伯努利方程，可得：

$$\frac{p_\mathrm{e}}{\rho g} + H = h_\mathrm{f} + \frac{v^2}{2g} = \lambda \frac{l}{d} \frac{v^2}{2g} + \frac{v^2}{2g}$$

则流速为：

$$v = \sqrt{2g \frac{\frac{p_\mathrm{e}}{\rho g} + H}{\lambda \frac{l}{d} + 1}} = \sqrt{2 \times 9.8 \times \frac{\frac{19600}{1000 \times 9.8} + 2}{0.02 \times \frac{50}{0.1} + 1}} = 2.67\mathrm{m/s}$$

流量为：$Q = \frac{\pi}{4} d^2 v = \frac{\pi}{4} \times 0.1^2 \times 2.67 \times 10^3 = 20.96\mathrm{L/s}$，与选项 B 最接近。

答案：B

76. 解 明渠均匀流的流量 $Q = AC\sqrt{RJ}$，谢才系数 $C = \frac{1}{n} R^{1/6}$，则 $Q = Av = A \frac{1}{n} R^{2/3} \sqrt{J}$。

方形断面：$A = a^2$，$R = \frac{a^2}{3a} = a/3$，则

$$Q_1 = a^2 \left(\frac{a}{3}\right)^{2/3} \frac{1}{n} \sqrt{J} = \frac{1}{3^{2/3}} a^{8/3} \frac{1}{n} \sqrt{J}$$

矩形断面：$A = a^2$，$R = \frac{a^2}{0.5a + 2 \times 2a} = a/4.5$，则

$$Q_2 = a^2 \left(\frac{a}{4.5}\right)^{2/3} \frac{1}{n} \sqrt{J} = \frac{1}{4.5^{2/3}} a^{8/3} \frac{1}{n} \sqrt{J}$$

显然：$Q_1 > Q_2$。

答案：A

77. 解 渗流断面平均流速 $v = kJ = 0.01 \times \frac{1.5 - 0.3}{2.4} = 0.005\mathrm{cm/s}$。

答案：C

78. 解 弗劳德数表征的是重力与惯性力之比，是重力流动的相似准则数。

答案：C

79. 解 根据楞次定律，线圈的感应电压与通过本线圈的磁通变化率、本线圈的匝数成正比。即右侧线圈的电压为：$u_2 = N_2 \frac{\mathrm{d}\Phi}{\mathrm{d}t}$。

答案：B

80. 解 电流源的电压与电压源的电压相等，且与电流源电流是非关联关系。则此电流源发出的功率为：$P = U_s I_s = 6 \times 0.2 = 1.2\mathrm{W}$。

答案：C

81. 解 如解图所示，根据等效原理，①与 6V 的电压源并联的元件都失效，相当于 6V 的电压源，将电流源与电阻的并联等效为电压源与电阻的串联；②将两个串联的电压源等效为一个电压源。

题 81 解图

答案： B

82. 解 根据电源电压可知，激励的角频率 $\omega = 314\text{rad/s}$。三个阻抗串联，等效阻抗为：

$$Z = R + j\omega L + \frac{1}{j\omega C} = 100 + j314 \times 1 - j\frac{1}{314 \times 10 \times 10^{-6}} = 100 - j4.47(\Omega)$$

等效阻抗的模为：$|Z| = \sqrt{100^2 + (-4.47)^2} = 100.10\Omega$。

答案： D

83. 解 相量是将正弦量的有效值作为模、初相位作为角度的复数。根据相量与正弦量的关系，三条支路电流的时域表达式（正弦形式）为：

$$i_1(t) = 100\sqrt{2}\sin(\omega t - 30°)\text{mA}, \quad i_2(t) = 100\sin(\omega t - 30°)\text{mA}, \quad i_3(t) = 100\sin(\omega t - 150°)\text{mA}$$

三条支路电流的相量形式为：

$$\dot{I}_1 = 100\angle -30°\text{mA}, \quad \dot{I}_2 = \frac{100}{\sqrt{2}}\angle -30°\text{mA}, \quad \dot{I}_3 = \frac{100}{\sqrt{2}}\angle -150°\text{mA}$$

答案： D

84. 解 功率因数角 φ 是电压初相角与电流初相角的差，在此处为：$\varphi = 30° - (-20°) = 50°$；功率因数是功率因数角的余弦值，在此处为：$\cos\varphi = \cos 50°$。

答案： C

85. 解 选项 A，调整转差率可以实现对电动机运行期间（转矩不变）调速的目的，但因为是通过改变转子绕组的电阻来实现的，所以仅适用于绕线式异步电动机，且转速只能低于额定转速。

选项 B，电动机的工作电压不允许超过额定电压，因此只能采用降低电枢供电电压的方式来调速，转速只能低于额定转速。

选项 C，电机转速为：$n = 60f(1 - s)/p$。欲提高转速，则需减少极对数 p，但题目已经告知为两极（$p = 1$）电动机，极对数 p 已为最小值，不可再减。

选项 D，电机转速为：$n = 60f(1 - s)/p$，若改变电动机供电频率，则可以实现三相异步电动机转速的增大、减小并且连续调节，需要专用的变频器（一种电力电子设备，可以实现频率的连续调节）。

答案： D

86. 解 选项 A，根据电路图，按下 SB_1，接触器 KM_1 接通，电机 1 启动；另外，在接触器 KM_2 接通后，电机 2 也启动；若 KM_1 未接通，则即使 KM_2 接通，电机 2 也无法启动。因此，可以实现电机 2 在电机 1 启动后才能启动。当 KM_1 接通时，断开 KM_2，电机 2 也断开。因此，该设计满足启动顺序要求，但不满足单独断开电机 2 的要求。

选项 B，根据电路图，KM_1、KM_2 完全独立，分别控制电机 1、电机 2，不满足设计要求。

选项 C，根据电路图，按下 SB_1，接触器 KM_1 接通，电机 1 启动；另外，在接触器 KM_2 接通后，电机 2 也启动；若 KM_1 未接通，即使 KM_2 接通，电机 2 也无法启动。因此，可以实现电机 2 在电机 1 启动后才能启动。当 KM_1 接通时，断开 KM_2，电机 2 也断开。并且，按钮 SB_3 可以独立控制断开电机 2。因此，满足启动顺序和单独断开电机 2 的要求。

选项 D，不满足启动顺序要求。

答案：C

87. 解 人工生成的代码信号是数字信号。

答案：B

88. 解 时域形式在实数域描述，频域形式在复数域描述。

答案：A

89. 解 横轴为频率 f，纵轴为增益。高通滤波器的幅频特性应为：频率高时增益也高，图像应右高左低；低通滤波器的幅频特性应为：频率低时增益高，图像应左高右低；信号放大器理论上增益与频率无关，图像基本平直。这种局部增益（中间某一段）高于其他段，就是带通滤波器的典型特征。

答案：A

90. 解 $AB + \overline{A}C + BCDE = AB + \overline{A}C + (A + \overline{A})BCDE = (AB + ABCDE) + (\overline{A}C + \overline{A}BCDE) = AB + \overline{A}C$

答案：D

91. 解 信号 $F = \overline{A}B + A\overline{B}$ 为异或关系：当输入 A 与 B 相异时，输出 F 为"1"；当输入 A 与 B 相同时，输出 F 为"0"。

答案：C

92. 解 函数 F 的表达式就是把所有输出为"1"的情况对应的关系用"+"写出来。由真值表可知：信号 $F = A\overline{B}\,\overline{C} + ABC$。

答案：D

93. 解 根据二极管的单向导电性，当输入为正时，导通的二极管为 D4 和 D1。

答案：C

94. 解 根据电路图，当运算放大器的输入 $u_{i1} > u_{i2}$ 时，开环输出为 $-U_{oM}$；当 $u_{i1} < u_{i2}$ 时，开环输出为 $+U_{oM}$。

答案： A

95. 解 F_1 为与非门输出，表达式为：$F_1 = \overline{A0} = 1$；F_2 为或非门输出，表达式为：$F_2 = \overline{B + 0} = \overline{B}$。

答案： B

96. 解 触发器D的逻辑功能是：输出端Q的状态随输入端D的状态而变化，但总比输入端状态的变化晚一步，表达式为：$Q_{n+1} = D_n$。由解图可知：t_1 时刻输出 $Q = 1$，t_2 时刻输出 $Q = 0$。

题 96 解图

答案： C

97. 解 计算机新的体系结构思想是在单芯片上集成多个微处理器，把主存储器和微处理器做成片上系统（System On Chip），以存储器为中心设计系统等，这是今后的发展方向。

答案： B

98. 解 存储器的主要功能是存放程序和数据。程序是计算机操作的依据，数据是计算机操作的对象。为了实现自动计算，各种信息必须先存放在计算机内的某个地方，这个地方就是计算机内的存储器。

答案： A

99. 解 输入/输出（Input/Output, I/O）设备实现了外部世界与计算机之间的信息交流，提供了人机交互的硬件环境。由于I/O设备通常设置在主机外部，所以也称为外部设备或外围设备。

答案： B

100. 解 操作系统主要有两个作用。一是资源管理，操作系统要对系统中的各种资源实施管理，其中包括对硬件及软件资源的管理。二是为用户提供友好的界面，计算机系统主要是为用户服务的，即使用户对计算机的硬件系统或软件系统的技术问题不精通，也可以方便地使用计算机。但操作系统不具有处理硬件故障的功能。

答案： D

101. 解 国标码是二字节码，用两个七位二进制数编码表示一个汉字，目前国标码收录 6763 个汉字，其中一级汉字（最常用汉字）3755 个，二级汉字 3008 个，另外还包括 682 个西文字符、图符。

在计算机内，汉字是用二进制数字编码表示的。一个汉字的国标码用两个八位二进制数码表示。这是因为国标码是按照 GB 2312—80 字符集进行编码的，每个汉字在这个字符集中都有一个唯一的代码，这个代码由两个字节组成，每个字节由八位二进制位组成。

答案：B

102. 解 1PB = 2^{50} 字节 = 1024TB；1EB = 2^{60} 字节 = 1024PB；1ZB = 2^{70} 字节 = 1024EB；1YB = 2^{80} 字节 = 1024ZB。

答案：C

103. 解 只读光盘只能从盘中读出信息，不能再写入信息，因此存放的程序不会再次感染上病毒。

答案：D

104. 解 文件管理的主要任务是向计算机用户提供一种简便、统一的管理和使用文件的界面，提供对文件的操作命令，实现按名存取文件，是对系统软件资源的管理。

答案：D

105. 解 计算机网络环境下的硬件资源共享可以为用户在全网范围内提供处理资源、存储资源、输入输出资源等的昂贵设备，如具有特殊功能的处理部件、高分辨率的激光打印机、大型绘图仪、巨型计算机以及大容量的外部存储器等，从而使用户节省投资，便于集中管理和均衡分担负荷。

答案：C

106. 解 在局域网中，所有的设备和网络的带宽都是由用户自己掌握，可以任意使用、维护和升级。而在广域网中，用户无法拥有建立广域连接所需要的所有技术设备和通信设施，只能由第三方通信服务商（电信部门）提供。

答案：C

107. 解 计算原贷款金额 2000 万元与相应复利系数的乘积，将计算结果与到期本利和 2700 万元比较并判断。

利率为 9%、10% 和 11% 时的还本付息金额分别为：

2000 × 1.295 = 2590 万元；2000 × 1.331 = 2662 万元；2000 × 1.368 = 2736 万元

2662 万元 < 2700 万元 < 2736 万元，故银行利率应在 10%～11% 之间。

答案：C

108. 解 注意题目中给出贷款的实际利率为 4%，年实际利率是一年利息额与本金之比。故各年利息及建设期利息为：

第一年利息：$1000 \times 4\% = 40$ 万元；第二年利息：$(1000 + 40 + 2000) \times 4\% = 121.6$ 万元，建设期利息 $= 40 + 121.6 = 161.6$ 万元。

答案：C

109. 解 普通股融资方式的主要特点有：融资风险小，普通股票没有固定的到期日，不用支付固定的利息，不存在不能还本付息的风险；股票融资可以增加企业信誉和信用程度；资本成本较高，投资者投资普通股风险较高，相应地要求有较高的投资报酬率；普通股股利从税后利润中支付，不具有抵税作用，普通股的发行费用也较高；股票融资时间跨度长；容易分散控制权，当企业发行新股时，增加新股东，会导致公司控制权的分散；新股东分享公司未发行新股前积累的盈余，会降低普通股的净收益。

答案：C

110. 解 偿债备付率是指在借款偿还期内，各年可用于还本付息的资金与当期应还本付息金额之比。该指标从还本付息资金来源的充裕性角度，反映偿付债务本息的保障程度和支付能力。利息备付率小于1，说明当年可用于还本付息（包括本金和利息）的资金保障程度不足，当年的资金来源不足以偿付当期债务，需要通过短期借款偿付已到期债务。

答案：B

111. 解 根据资金等值计算公式可列出方程：

$$1000 = A(P/A, 12\%, 10) + 50(P/F, 12\%, 10) = 5.65A + 50 \times 0.322$$

求得 $A = 174.14$ 万元。

答案：B

112. 解 直接进口投入物的影子价格（出厂价）= 到岸价（CIF）× 影子汇率 + 进口费用

$$= 100 \times 6 + 100 \times 6 = 1200 \text{ 元人民币}$$

注意：本题中进口费用的单位为美元，因此计算影子价格时，应将进口费用换算为人民币。

答案：D

113. 解 层混型方案是指项目群中有两个层次，高层次是一组独立型方案，每个独立型方案又由若干个互斥型方案组成。本题方案类型属于层混型方案。

答案：C

114. 解 价值工程的一般工作程序包括准备阶段、功能分析阶段、创新阶段和实施阶段。其中，创新阶段的工作步骤包括方案创新、方案评价和提案编写。

答案：D

115. 解 《中华人民共和国建筑法》第二十八条规定，禁止承包单位将其承包的全部建筑工程转包给他人，禁止承包单位将其承包的全部建筑工程肢解以后以分包的名义分别转包给他人。第二十九条规定，建筑工程总承包单位可以将承包工程中的部分工程发包给具有相应资质条件的分包单位；但是，除总承包合同中约定的分包外，必须经建设单位认可。施工总承包的，建筑工程主体结构的施工必须由总承包单位自行完成。

答案：D

116. 解 《中华人民共和国安全生产法》第四十四条规定，生产经营单位应当教育和督促从业人员严格执行本单位的安全生产规章制度和安全操作规程；并向从业人员如实告知作业场所和工作岗位存在的危险因素、防范措施以及事故应急措施。第二十四条规定，矿山、金属冶炼、建筑施工、运输单位和危险物品的生产、经营、储存、装卸单位，应当设置安全生产管理机构或者配备专职安全生产管理人员。第四十七条规定，生产经营单位应当安排用于配备劳动防护用品、进行安全生产培训的经费。第五十一条规定，生产经营单位必须依法参加工伤保险，为从业人员缴纳保险费。

说明：此题已过时。可参见 2014 年版《中华人民共和国安全生产法》。

答案：B

117. 解 《中华人民共和国招标投标法》第二十四条规定，招标人应当确定投标人编制投标文件所需要的合理时间；但是，依法必须进行招标的项目，自招标文件开始发出之日起至投标人提交投标文件截止之日止，最短不得少于二十日。

答案：C

118. 解 《中华人民共和国民法典》第四百九十一条第 2 款规定，当事人一方通过互联网等信息网络发布的商品或者服务信息符合要约条件的，对方选择该商品或者服务并提交订单成功时合同成立，但是当事人另有约定的除外。

答案：B

119. 解 《中华人民共和国节约能源法》第十三条第 3 款规定，国家鼓励企业制定严于国家标准、行业标准的企业节能标准。第十三条第 4 款规定，省、自治区、直辖市制定严于强制性国家标准、行业标准的地方节能标准，由省、自治区、直辖市人民政府报经国务院批准；本法另有规定的除外。第十七条规定，禁止使用国家明令淘汰的用能设备、生产工艺。第十九条第 2 款规定，禁止销售应当标注而未标注能源效率标识的产品。第十九条第 3 款规定，禁止伪造、冒用能源效率标识。

答案：C

120. 解 《建设工程监理规范》第 3.2.3 条第 5 款规定，专业监理工程师应履行下列职责：检查进场的工程材料、构配件、设备的质量（选项 B）。《建设工程监理规范》第 3.2.1 条规定，选项 C 拨付工程款和选项 D 竣工验收是总监理工程师的职责。选项 A 样板工程专项施工方案不需监理工程师签字。

答案：B

2022年度全国勘察设计注册工程师执业资格考试基础补考（上）

试题解析及参考答案

1. 解 本题考查两个重要极限之一：$\lim\limits_{x \to 0}(1+x)^{\frac{1}{x}} = e$。

$\lim\limits_{x \to 0}(1-kx)^{\frac{2}{x}} = \lim\limits_{x \to 0}(1-kx)^{\frac{1}{-kx}(-2k)} = e^{-2k} = 2$，故 $k = -\frac{1}{2}\ln 2$。

答案： C

2. 解 本题考查等价无穷小。

方法 1： 当 $x \to 0$ 时，$a\sin^2 x \sim ax^2$，$\tan\frac{x^2}{3} \sim \frac{1}{3}x^2$，故 $a = \frac{1}{3}$。

方法 2： $\lim\limits_{x \to 0}\dfrac{a\sin^2 x}{\tan\frac{x^2}{3}} = \lim\limits_{x \to 0}\dfrac{ax^2}{\frac{x^2}{3}} = 3a = 1$，解得 $a = \frac{1}{3}$。

答案： B

3. 解 本题考查复合函数的求导以及通过变量代换和积分求函数表达式。

方法 1： 由 $\dfrac{\mathrm{d}}{\mathrm{d}x}f\left(\frac{1}{x^2}\right) = f'\left(\frac{1}{x^2}\right)\left(\frac{1}{x^2}\right)' = -\frac{2}{x^3}f'\left(\frac{1}{x^2}\right) = \frac{1}{x}$，可得 $f'\left(\frac{1}{x^2}\right) = -\frac{x^2}{2}$。设 $t = \frac{1}{x^2}$，则 $f'(t) = -\frac{1}{2t}$，求不定积分 $f(t) = -\frac{1}{2}\int\frac{1}{t}\mathrm{d}t = -\frac{1}{2}\ln|t| + C$，所以 $f(x) = -\frac{1}{2}\ln|x| + C$。已知 $f(1) = 1$，代入上式可得 $C = 1$，可得 $f(x) = -\frac{1}{2}\ln|x| + 1$。

方法 2： 对等式两边积分 $\int\dfrac{\mathrm{d}}{\mathrm{d}x}f\left(\frac{1}{x^2}\right)\mathrm{d}x = \int\frac{1}{x}\mathrm{d}x \Rightarrow f\left(\frac{1}{x^2}\right) = \ln|x| + C$，设 $t = \frac{1}{x^2}$，$|x| = \frac{1}{\sqrt{t}}$，则 $f(t) = -\frac{1}{2}\ln|t| + C$，即 $f(x) = -\frac{1}{2}\ln|x| + C$。$f(1) = 1$，代入可得 $C = 1$，$f(x) = -\frac{1}{2}\ln|x| + 1$。

答案： D

4. 解 本题考查复合函数的二阶导数计算。

由已知 $f(x) = e^x$，$g(x) = \sin x$，易知 $g'(x) = \cos x$，$y = f[g'(x)] = e^{\cos x}$，则

$$\frac{\mathrm{d}y}{\mathrm{d}x} = -\sin x e^{\cos x}$$

$$\frac{\mathrm{d}^2 y}{\mathrm{d}x^2} = (-\sin x e^{\cos x})' = -\cos x e^{\cos x} - \sin x e^{\cos x}(-\sin x) = e^{\cos x}(\sin^2 x - \cos x)$$

答案： C

5. 解 本题考查求曲线的渐近线。

由 $\lim\limits_{x \to 0}e^{-\frac{1}{x^2}} = 0$，$\lim\limits_{x \to \infty}e^{-\frac{1}{x^2}} = 1$，知 $y = 1$ 是曲线 $y = e^{-\frac{1}{x^2}}$ 的一条水平渐近线。

注：本题超纲，函数 $y = e^{-\frac{1}{x^2}}$ 和 $y = 1$ 的图像如解图所示，易知当 x 逐渐增大时，$y = e^{-\frac{1}{x^2}}$ 的图像会向 $y = 1$ 的图像逐渐靠近，因此称 $y = 1$ 是 $y = e^{-\frac{1}{x^2}}$ 的渐近线。

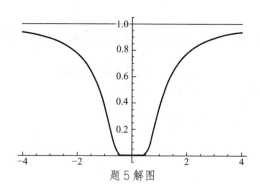

题 5 解图

答案： B

6. 解 本题考查函数的驻点和拐点的概念及性质。

二阶可导点处拐点的必要条件：设点 $\left(x_0, f(x_0)\right)$ 为曲线 $y = f(x)$ 的拐点，且 $f''(x_0)$ 存在，则 $f''(x_0) = 0$，题干未注明 $f''(x_0)$ 是否存在，故选项 A、B 错误。

根据函数 $f(x)$ 拐点的定义：设函数 $f(x)$ 连续，若曲线在点 $\left(x_0, f(x_0)\right)$ 两旁凹凸性改变，则点 $\left(x_0, f(x_0)\right)$ 为曲线的拐点。拐点是函数图像上凹凸性发生改变的点，不一定是驻点，但一定是连续点，故选项 C 错误。

答案： D

7. 解 本题考查定积分的计算以及运用对称区间上偶函数的积分简化计算。

被积函数 $|\sin x|$ 在对称区间 $[-\pi, \pi]$ 上为偶函数，则

$$\int_{-\pi}^{\pi} |\sin x|\, \mathrm{d}x = 2\int_0^{\pi} \sin x\, \mathrm{d}x = -2\cos x\big|_0^{\pi} = 4$$

答案： B

8. 解 本题考查原函数的定义及不定积分与微分运算互逆的性质。

已知 $F(x)$ 是 e^{-x} 的一个原函数，即 $F'(x) = e^{-x}$，可得 $F(x) = \int e^{-x}\, \mathrm{d}x = -e^{-x} + C$，所以 $\int \mathrm{d}F(2x) = F(2x) + C = -e^{-2x} + C$。

答案： D

9. 解 本题考查向量的向量积。根据右手螺旋法则：

$$\boldsymbol{i} \times \boldsymbol{j} \times \boldsymbol{k} = \boldsymbol{k} \times \boldsymbol{k} = \boldsymbol{0}$$

答案： A

10. 解 本题考查求平面方程。所求平面平行 xoz 坐标面，故平面的法向量平行于 y 轴，可设平面法向量为 $\boldsymbol{n} = (0,1,0)$，且过 y 轴上的点 $(0,1,0)$，由平面点法式方程可得

$$0(x - 0) + 1 \times (y - 1) + 0(z - 0) = 0$$

即 $y = 1$。

答案： B

11. 解 本题考查积分上限函数的导数及一阶微分方程的求解。

对方程 $y = e^x + \int_0^x f(t)\,\mathrm{d}t$ 两边求导，得 $y' = e^x + y$，这是一个形如 $y' + P(x)y = Q(x)$ 的一阶线性微分方程，其中 $P(x) = -1$，$Q(x) = e^x$，其通解为 $y = e^{-\int P(x)\,\mathrm{d}x}\left[\int Q(x)e^{\int P(x)\,\mathrm{d}x}\,\mathrm{d}x + C\right]$，可得 $y = e^{-\int -1\,\mathrm{d}x}\left[\int e^x e^{\int -\mathrm{d}x}\,\mathrm{d}x + C\right] = e^x(x + C)$。由已知 $y = e^x + \int_0^x f(t)\,\mathrm{d}t$，知 $y(0) = 1$，代入通解可得 $C = 1$。所以函数的表达式为 $y = e^x(x + 1)$。

答案：B

12. 解 本题考查多元函数微分学基本概念的关系。

二元函数在可微、偏导存在、连续之间的关系如下：

可知，二元函数在点 $M(x_0, y_0)$ 处两个偏导数存在是可微的必要条件，亦即可微则两个偏导数一定存在。

答案：B

13. 解 本题考查二阶常系数线性非齐次微分方程的特解。

方法 1： 将四个函数代入微分方程直接验证，可知选项 C 正确。

方法 2： 二阶常系数非齐次微分方程所对应的齐次方程的特征方程为 $r^2 - r - 2 = 0$，特征根 $r_1 = -1$，$r_2 = 2$，可得齐次方程的通解为 $Y = C_1 e^{2x} + C_2 e^{-x}$。

另一方面，由右端项 $f(x) = 3e^x$，可知 $\lambda = 1$ 不是对应齐次方程的特征根，所以非齐次方程的特解形式为 $y^* = Ae^x$，A 为待定常数。代入非齐次微分方程，得 $y'' - y' - 2y = (Ae^x)'' - (Ae^x)' - 2Ae^x = -2Ae^x = 3e^x$，通过比较有 $A = -\frac{3}{2}$，所以 $y^* = -\frac{3}{2}e^x$ 是微分方程的特解，可得方程的通解为 $y = Y + y^* = C_1 e^{2x} + C_2 e^{-x} - \frac{3}{2}e^x$。由此可知，选项 C 正确。

答案：C

14. 解 本题考查直角坐标系二重积分化为极坐标系计算二重积分。

直角坐标与极坐标的关系为 $\begin{cases} x = r\cos\theta \\ y = r\sin\theta \end{cases}$，由 $x^2 + y^2 \leqslant 1$，得极坐标系下的积分区域 D 为 $\begin{cases} -\pi \leqslant \theta \leqslant \pi \\ 0 \leqslant r \leqslant 1 \end{cases}$，如解图所示。

极坐标系的面积元素 $\mathrm{d}x\,\mathrm{d}y = r\,\mathrm{d}r\,\mathrm{d}\theta$，则：

$$\iint\limits_D (x^2 + y^2)^2\,\mathrm{d}x\,\mathrm{d}y = \int_{-\pi}^{\pi}\mathrm{d}\theta\int_0^1 r^4 \cdot r\,\mathrm{d}r = 2\pi\left.\frac{r^6}{6}\right|_0^1 = \frac{\pi}{3}$$

题 14 解图

答案：B

15. 解 本题考查对弧长的曲线积分的计算。设 L 为圆周 $x = a\cos t$，$y = a\sin t$（$a > 0$，$0 \leqslant t \leqslant 2\pi$），

则对弧长的曲线积分：

$$\int_L (x^2 + y^2)\,\mathrm{d}s = \int_0^{2\pi} a^2(\cos^2 t + \sin^2 t)a\sqrt{(-\sin t)^2 + (\cos t)^2}\,\mathrm{d}t = \int_0^{2\pi} a^3\,\mathrm{d}t = 2\pi a^3$$

注：第一类曲线积分的下限一定小于或等于上限。

答案： A

16. 解 本题考查无穷级数收敛的定义及收敛数列的有界性。

根据常数项级数敛散性定义，对于级数 $\sum\limits_{n=0}^{\infty} a_n$ 部分和数列 $\{S_n\}$，若 $\lim\limits_{n\to\infty} S_n = S$ 存在，则称级数 $\sum\limits_{n=1}^{\infty} a_n$ 收敛，收敛数列一定有界的。

答案： A

17. 解 本题考查多元复合函数偏导数计算。

方法 1： 函数 $z = f(x, xy)$，其中 $f(u, v)$ 具有二阶连续偏导数，设 $u = x$，$v = xy$，则

$\dfrac{\partial z}{\partial x} = \dfrac{\partial f}{\partial u} + y\dfrac{\partial f}{\partial v}$，$\dfrac{\partial^2 z}{\partial x \partial y} = \dfrac{\partial}{\partial y}\left(\dfrac{\partial f}{\partial u}\right) + \dfrac{\partial}{\partial y}\left(y\dfrac{\partial f}{\partial v}\right) = x\dfrac{\partial^2 f}{\partial u \partial v} + \dfrac{\partial f}{\partial v} + xy\dfrac{\partial^2 f}{\partial v^2} = \dfrac{\partial f}{\partial v} + x\left(\dfrac{\partial^2 f}{\partial v \partial u} + y\dfrac{\partial^2 f}{\partial v^2}\right)$。

方法 2： 函数 $z = f(x, xy)$，其中 $f(u, v)$ 具有二阶连续偏导数，则 $\dfrac{\partial z}{\partial y} = x\dfrac{\partial f}{\partial v}$，$\dfrac{\partial^2 z}{\partial x \partial y} = \dfrac{\partial^2 z}{\partial y \partial x} = \dfrac{\partial}{\partial x}\left(x\dfrac{\partial f}{\partial v}\right) = \dfrac{\partial f}{\partial v} + x\dfrac{\partial}{\partial x}\left(\dfrac{\partial f}{\partial v}\right) = \dfrac{\partial f}{\partial v} + x\dfrac{\partial^2 f}{\partial v \partial u} + xy\dfrac{\partial^2 f}{\partial v^2} = \dfrac{\partial f}{\partial v} + x\left(\dfrac{\partial^2 f}{\partial v \partial u} + y\dfrac{\partial^2 f}{\partial v^2}\right)$。

答案： D

18. 解 本题考查傅里叶级数狄利克雷收敛定理。

已知 $f(x)$ 是以 2π 为周期的周期函数，它在 $(-\pi, \pi]$ 的表达式为 $f(x) = \begin{cases} x + 1 & -\pi < x \leq 0 \\ 2 & 0 < x \leq \pi \end{cases}$，满足狄利克雷收敛定理的条件，则傅里叶级数收敛，并且当 x 是 $f(x)$ 的连续点时，级数收敛于 $f(x)$；当 x 是 $f(x)$ 的间断点时，级数收敛于 $\dfrac{f(x-0)+f(x+0)}{2}$。6π 是 $f(x)$ 的间断点，所以傅里叶级数的和函数 $S(6\pi) = S(0) = \dfrac{f(0-0)+f(0+0)}{2} = \dfrac{1+2}{2} = \dfrac{3}{2}$。

答案： C

19. 解 本题考查求向量组的极大线性无关组的方法。即把向量作为列向量构成矩阵，然后进行初等行变换，将矩阵变为行阶梯形矩阵。每行的首非零元所在的列向量构成一个极大线性无关组。

方法 1： $\alpha_1, \alpha_2, \alpha_3, \alpha_4$ 为列向量作矩阵 A，进行初等行变换。

$$A = (\alpha_1, \alpha_2, \alpha_3, \alpha_4) = \begin{bmatrix} 1 & 0 & 3 & 1 \\ -1 & 3 & 0 & -1 \\ 2 & 1 & 7 & 2 \\ 4 & 2 & 14 & 0 \end{bmatrix} \xrightarrow[-2r_1+r_3]{r_1+r_2} \begin{bmatrix} 1 & 0 & 3 & 1 \\ 0 & 3 & 3 & 0 \\ 0 & 1 & 1 & 0 \\ 4 & 2 & 14 & 0 \end{bmatrix} \xrightarrow{r_2 \leftrightarrow r_3}$$

$$\begin{bmatrix} 1 & 0 & 3 & 1 \\ 0 & 1 & 1 & 0 \\ 0 & 3 & 3 & 0 \\ 4 & 2 & 14 & 0 \end{bmatrix} \xrightarrow[-4r_1+r_4]{-3r_2+r_3} \begin{bmatrix} 1 & 0 & 3 & 1 \\ 0 & 1 & 1 & 0 \\ 0 & 0 & 0 & 0 \\ 0 & 2 & 2 & -4 \end{bmatrix} \xrightarrow[r_3 \leftrightarrow r_4]{-2r_2+r_4} \begin{bmatrix} 1 & 0 & 3 & 1 \\ 0 & 1 & 1 & 0 \\ 0 & 0 & 0 & -4 \\ 0 & 0 & 0 & 0 \end{bmatrix} = B$$

由矩阵 B 的秩为 3，可知极大无关组含 3 个线性无关向量，故选项 C、D 错误。极大无关组可取

$\boldsymbol{\alpha}_1, \boldsymbol{\alpha}_2, \boldsymbol{\alpha}_4$ 或 $\boldsymbol{\alpha}_1, \boldsymbol{\alpha}_3, \boldsymbol{\alpha}_4$ 或 $\boldsymbol{\alpha}_2, \boldsymbol{\alpha}_3, \boldsymbol{\alpha}_4$。

方法 2:

$$\boldsymbol{A} = (\boldsymbol{\alpha}_1, \boldsymbol{\alpha}_2, \boldsymbol{\alpha}_3, \boldsymbol{\alpha}_4) = \begin{bmatrix} 1 & 0 & 3 & 1 \\ -1 & 3 & 0 & -1 \\ 2 & 1 & 7 & 2 \\ 4 & 2 & 14 & 0 \end{bmatrix} \xrightarrow[\substack{-2r_1+r_3 \\ -4r_1+r_4}]{r_1+r_2} \begin{bmatrix} 1 & 0 & 3 & 1 \\ 0 & 3 & 3 & 0 \\ 0 & 1 & 1 & 0 \\ 0 & 2 & 24 & -4 \end{bmatrix} \xrightarrow[\substack{-\frac{2}{3}r_2+r_4}]{-\frac{1}{3}r_2+r_3} \begin{bmatrix} 1 & 0 & 3 & 1 \\ 0 & 3 & 3 & 0 \\ 0 & 0 & 0 & 0 \\ 0 & 0 & 0 & -4 \end{bmatrix}$$

易知极大线性无关组为 $\boldsymbol{\alpha}_1, \boldsymbol{\alpha}_2, \boldsymbol{\alpha}_4$ 或 $\boldsymbol{\alpha}_1, \boldsymbol{\alpha}_3, \boldsymbol{\alpha}_4$。

答案: B

20. 解 本题考查二次型秩的概念。

$$f = \boldsymbol{x}^{\mathrm{T}} \boldsymbol{A} \boldsymbol{x}$$

$$\boldsymbol{A} = \begin{bmatrix} -1 & & & \\ & 1 & & \\ & & 1 & \\ & & & -1 \end{bmatrix}, \quad \boldsymbol{x} = \begin{bmatrix} x_1 \\ x_2 \\ x_3 \\ x_4 \end{bmatrix}$$

$r(\boldsymbol{A}) = 4$，$\boldsymbol{A}$ 的秩称为二次型 f 的秩。

答案: D

21. 解 本题考查相似矩阵的性质及矩阵特征值。

由于矩阵 $\boldsymbol{A}$ 相似于矩阵 $\boldsymbol{B}$，故矩阵 $\boldsymbol{A}$ 与 $\boldsymbol{B}$ 有相同的特征值，即 $\boldsymbol{B}$ 的特征值为 1、2、3，$2\boldsymbol{B}$ 特征值为 2、4、6，$2\boldsymbol{B} - \boldsymbol{I}$ 的特征值为 1、3、5，故 $|2\boldsymbol{B} - \boldsymbol{I}| = 1 \times 3 \times 5 = 15$。

答案: A

22. 解 本题考查条件概率的计算公式。

因为 $B \subset A$，所以 $AB = B$，又由于

$$P(B|A) = \frac{P(AB)}{P(A)} = \frac{P(B)}{P(A)}$$

故有

$$P(B) = P(A)P(B|A) = 0.48$$

答案: C

23. 解 本题考查概率密度函数的性质。

$$\int_{-\infty}^{+\infty} \int_{-\infty}^{+\infty} f(x,y) \, \mathrm{d}x \, \mathrm{d}y = 1$$

$$\int_0^{+\infty} ce^{-x} \, \mathrm{d}x \int_0^{+\infty} e^{-y} \, \mathrm{d}y = c(-e^{-x})\Big|_0^{+\infty} (-e^{-y})\Big|_0^{+\infty} = c \times 1 \times 1 = 1, \text{ 得到 } c = 1$$

答案: B

24. 解 本题考查随机变量的数学期望、方差、协方差、相关系数等的概念及性质。

方法 1: 把 $2X - Y + 1$ 看成一个整体，直接用公式 $E(X^2) = D(X) + \big(E(X)\big)^2$：

$$E[(2X - Y + 1)^2] = D(2X - Y + 1) + [E(2X - Y + 1)]^2 = D(2X - Y) + [E(2X - Y) + 1]^2$$
$$= D(2X - Y) + 1 = D(2X) + D(Y) - 2\text{Cov}(2X, Y) + 1$$
$$= 4D(X) + D(Y) - 4\text{Cov}(X, Y) + 1 = 4D(X) + D(Y) - 4\rho_{XY}\sqrt{D(X)D(Y)} + 1$$
$$= 4 \times 1 + 4 - 4 \times 0.6\sqrt{1 \times 4} + 1 = 4.2$$

方法2: 把 $2X - Y + 1$ 的平方展开后再用性质计算。
$$E[(2X - Y + 1)^2] = E((2X - Y)^2 + 2(2X - Y) + 1)$$
$$= E((2X - Y)^2) + 2E(2X - Y) + 1 = E(4X^2 - 4XY + Y^2) + 4E(X) - 2E(Y) + 1$$
$$= 4E(X^2) - 4E(XY) + E(Y^2) + 4E(X) - 2E(Y) + 1$$

利用公式 $E(X^2) = D(X) + (EX)^2$, $E(XY) = \text{Cov}(X, Y) + E(X)E(Y)$

$$\text{Cov}(X, Y) = \rho_{XY}\sqrt{D(X)D(Y)}$$

代入相应的数值可得: $E(X^2) = D(X) + (EX)^2 = 1 + 1 = 2$, 同理 $E(Y^2) = 4 + 4 = 8$

$$\text{Cov}(X, Y) = \rho_{XY}\sqrt{D(X)D(Y)} = 0.6 \times \sqrt{1 \times 4} = 1.2$$

$$E(XY) = \text{Cov}(X, Y) + E(X)E(Y) = 1.2 + 2 = 3.2$$

故 $E[(2X - Y + 1)^2] = 4 \times 2 - 4 \times 3.2 + 8 + 4 - 4 + 1 = 4.2$

方法3: 相关系数 $\rho_{XY} = \frac{\text{Cov}(X,Y)}{\sqrt{D(X)D(Y)}} = \frac{E(XY) - E(X)E(Y)}{\sqrt{D(X)D(Y)}} = \frac{E(XY) - 1 \times 2}{\sqrt{1 \times 4}} = 0.6$, 解得 $E(XY) = 3.2$。

而 $E[(2X - Y + 1)^2] = E((2X - Y)^2 + 2(2X - Y) + 1)$
$$= E((2X - Y)^2) + 2E(2X - Y) + 1$$
$$= E(4X^2 - 4XY + Y^2) + 4E(X) - 2E(Y) + 1$$
$$= 4E(X^2) - 4E(XY) + E(Y^2) + 4E(X) - 2E(Y) + 1$$

利用公式 $E(X^2) = D(X) + (EX)^2$, $E(X^2) = 1 + 1 = 2$, 同理 $E(Y^2) = 4 + 4 = 8$

故 $E[(2X - Y + 1)^2] = 4 \times 2 - 4 \times 3.2 + 8 + 4 - 4 + 1 = 4.2$

答案: B

25. 解 平均速率的公式为 $\bar{v} = \sqrt{\frac{8RT}{\pi M}}$, 平均速率提高为原来的2倍, 则温度提高为原来的4倍, 再根据压强公式 $p = nkT$, 压强也提高为原来的4倍。

答案: D

26. 解 根据分子的平均平动公式 $\bar{\omega} = \frac{3}{2}kT$, 分子的平均平动相同, 温度相同。再根据压强公式 $p = nkT$, 分子数密度不同, 压强不同。

答案: B

27. 解 内能 E 只与始末状态有关, 是状态量。W、Q 均为过程量。

答案: D

28. 解 气体经一次循环对外所做的净功为曲线所包围的面积, 此循环为顺时针正循环, 系统对外做正功。

$$W = (4 - 1) \times 10^5 \times (4 - 1) \times 10^{-3} = 900\text{J}$$

答案: D

29.解 理想气体的状态方程 $PV = \frac{M}{\mu}RT$，可列出两个等式：

$$P_1V = \frac{m_1 - m_{瓶子}}{\mu}RT \qquad ①$$

$$P_2V = \frac{m_2 - m_{瓶子}}{\mu}RT \qquad ②$$

两式相减，可得气体的摩尔质量 $\mu = \frac{RT}{V}\frac{m_1 - m_2}{P_1 - P_2}$。

答案：A

30.解 沿传播方向相距为 λ 的两点的相位差为 2π，振动状态完全相同。

答案：B

31.解 注意位移和振幅的区别，位移有正有负，而振幅恒为正，且 SI 表示国际单位制，位移单位为 m。

答案：A

32.解 由机械波能量特征知，动能与势能是同相的，质元经过平衡位置时，动能最大，势能也最大。

答案：A

33.解 驻波是由振幅、频率和传播速度都相同的两列相干波在同一直线上沿相反方向传播时叠加而成的一种特殊形式的干涉现象。

设另一简谐波的表达式为 $y_2 = 2.0 \times 10^{-2}\cos\left[100\pi\left(t - \frac{x}{20}\right) + \varphi\right]$ (SI)，则驻波方程为：

$$y = y_1 + y_2 = 2.0 \times 10^{-2}\cos\left[100\pi\left(t + \frac{x}{20}\right) - \frac{\pi}{3}\right] + 2.0 \times 10^{-2}\cos\left[100\pi\left(t - \frac{x}{20}\right) + \varphi\right]$$

$$= 4.0 \times 10^{-2}\cos\left[100\pi t + \frac{1}{2}\left(\varphi - \frac{\pi}{3}\right)\right]\cos\left[5\pi x - \frac{1}{2}\left(\varphi + \frac{\pi}{3}\right)\right]$$

因为 $x = 0$ 处为波腹，所以 $\cos\left[-\frac{1}{2}\left(\varphi + \frac{\pi}{3}\right)\right] = \pm 1$，则 $-\frac{1}{2}\left(\varphi + \frac{\pi}{3}\right) = k\pi$。

当 $k = 0$，$\varphi = -\frac{\pi}{3}$；当 $k = 1$，$\varphi = \frac{5\pi}{3}$。

答案：C

34.解 光通过折射率不同的两种媒质时，光的频率不变，光的波长和波速都会发生变化。

$$\lambda_n = \frac{\lambda}{n}; \quad v = \frac{c}{n}$$

答案：D

35.解 增透膜是利用光的干涉原理，增加透射，减少反射。

答案：C

36.解 对于平行光，单缝的少许移动不会导致成像位置和形状的改变。

答案：D

37.解 四个量子数的物理意义分别为：

主量子数n：①代表电子层；②代表电子离原子核的平均距离；③决定原子轨道的能量。

角量子数l：①表示电子亚层；②确定原子轨道形状；③在多电子原子中决定亚层能量。

磁量子数m：①确定原子轨道在空间的取向；②确定亚层中轨道的数目。

自旋量子数m_s：决定电子自旋方向。

答案：C

38. 解　Ca^{2+}的核外电子排布为：$1s^2 2s^2 2p^6 3s^2 3p^6$，最外层8个电子，为8电子构型。

答案：B

39. 解　根据拉乌尔定律，溶液沸点升高度数和凝固点下降度数与溶液中所有溶质粒子的质量摩尔浓度（近似等于物质量浓度）成正比。选项A、B、C溶液溶质粒子浓度均为0.2mol/L，选项D溶液溶质粒子浓度为0.3mol/L。故选项D溶液凝固点下降最大，凝固点最低。

答案：D

40. 解　由$pH = -\lg C_{H^+}$，得$C_{H^+} = 10^{-3} mol/L$。由一元弱酸氢离子浓度近似计算公式$C_{H^+} = \sqrt{K_a C}$，得

$$K_a = \frac{C_{H^+}^2}{C} = \frac{(10^{-3})^2}{0.1} = 1.0 \times 10^{-5}$$

答案：B

41. 解　催化剂能够改变反应途径，降低活化能，同时提高正、逆反应速率，但只能改变达到平衡的时间而不能改变平衡的状态。平衡常数只是温度的函数，与分压、浓度、催化剂无关。本题同样温度下，使用催化剂，平衡常数不变，平衡转化率不变。

答案：C

42. 解　温度不变，平衡常数不变。该反应前后气体分子总数不变，压强变化不会引起化学平衡移动。容器体积缩小到原来的1/2，气体$B(g)$和$C(g)$的浓度都将为原来的2倍。

答案：D

43. 解　Cu^{2+}/Cu电对的电极反应为$Cu^{2+} + 2e^- \rightleftharpoons Cu$，根据能斯特方程：

$$E(Cu^{2+}/Cu) = E^\Theta(Cu^{2+}/Cu) + \frac{0.0592}{2} \lg C_{Cu^{2+}} = 0.30$$

故$C(Cu^{2+}) = 0.0445 mol/L < 1 mol/L$

答案：B

44. 解　苯和甲苯都属于芳烃，都能在空气中燃烧，都能发生取代反应。甲苯能被$KMnO_4$酸性溶液氧化为苯甲酸，使$KMnO_4$溶液褪色；而苯性质稳定，与$KMnO_4$溶液不反应。

答案：D

45. 解　消除反应是有机化合物分子中消去一个小分子化合物（如HX、H_2O等）的反应。水解反应

是水作为亲核试剂攻击化合物中的原子或离子，从而导致化合物的分解，常见的水解反应有卤代烃水解、磺酸及其盐的水解、酯的水解、胺的水解等。四个选项均为卤代烃，卤代烃水解本质是取代反应，均能发生水解反应生成相应的醇。选项 A 既能发生消除反应生成丙烯，又能发生水解反应生成异丙醇；选项 B 只有一个碳；选项 C 和 D 与 Cl 成键的 C 原子的相邻 C 原子无 H，均不能发生消除反应。

答案： A

46. 解　加聚反应是单体通过加成反应结合成为高聚物的反应。丙烯的化学式为 $CH_2=CH-CH_3$，加聚反应的产物为选项 C（聚丙烯）。

答案： C

47. 解　根据平面任意力系独立平衡方程组的条件，三个平衡方程中，选项 A 不满足三个矩心不共线的三矩式要求，选项 B、D 不满足两矩心连线不垂直于投影轴的二矩式要求。只有选项 C 两矩心 A、B 点连线不垂直于投影轴 x，满足独立平衡方程组的条件。

答案： C

48. 解　根据力系简化最后结果分析，只要主矢不为零，力系简化的最后结果就是一合力。而力系向 A 点简化的矩为零，向 B 点简化的矩不为零，故主矢不为零。

答案： D

49. 解　取 CD 为研究对象，受力如解图所示，列平衡方程 $\sum M_C(\boldsymbol{F})=0$，即：

题 49 解图

$$F_D \times 2L - F\sin 45° L = 0$$

解得：$F_D = 0.35\text{kN}$（↑）

答案： D

50. 解　分析铰接三根杆的节点 E，可知 EG 杆为零杆，再分析节点 G，由于 EG 杆为零杆，节点 G 实际也为三杆的铰接点，故 1 杆为零杆。

答案： D

51. 解　因为 $v=\dfrac{\mathrm{d}y}{\mathrm{d}t}=t^2-20$，则积分后有 $y=\dfrac{1}{3}t^3-20t+C$，已知 $t=0$ 时，$y=-15\text{m}$，故 $C=-15$，即点的运动方程为 $y=\dfrac{1}{3}t^3-20t-15$；$t=3\text{s}$ 时，点的位置坐标为 $y=-66\text{m}$。

答案： B

52. 解　$a=\dfrac{\mathrm{d}v}{\mathrm{d}t}=20\text{m/s}^2$。

答案：B

53. 解 B点绕O轴转动的转动半径$OB = 50\text{cm}$，定轴转动刚体上一点速度和法向加速度与转动角速度的关系为：

$$v_B = OB \cdot \omega = 50 \times 2 = 100\text{cm/s}, \quad a_{Bn} = OB \cdot \omega^2 = 50 \times 4 = 200\text{cm/s}^2$$

答案：A

54. 解 当忽略滑轮质量和摩擦时，连接物块A的绳索张力与连接物块B的绳索张力大小相等。

答案：C

55. 解 设鼓轮的角速度为ω，则物块B的速度$v_B = r_1\omega = v$，物块A的速度$v_A = r_2\omega = \frac{r_2}{r_1}v$，系统的动能为：

$$T = \frac{1}{2}m_2 v_A^2 + \frac{1}{2}m_1 v_B^2 = \frac{1}{2}m_2\left(\frac{r_2}{r_1}v\right)^2 + \frac{1}{2}m_1 v^2 = \frac{1}{2}\left(\frac{m_1 r_1^2 + m_2 r_2^2}{r_1^2}\right)v^2$$

答案：A

56. 解 杆在初瞬时和在最小常力矩作用下转过90°时的角速度均为零，故动能$T_1 = T_2 = 0$，由动能定理$T_2 - T_1 = M \times \frac{\pi}{2} - mg \times \frac{l}{2} = 0$，可得$M = \frac{mgl}{\pi} = 24.97\text{N}\cdot\text{m}$。

答案：C

57. 解 在BA绳剪断瞬时，物体只有垂直于CA绳的加速度（如解图所示），而惯性力$F_1 = \frac{Q}{g}a$与加速度反向，沿加速度方向列平衡方程：$Q\cos 30° - F_1 = 0$，解得$a = g\cos 30°$，则有惯性力$F_1 = Q\cos 30° = \frac{\sqrt{3}}{2}Q$。

答案：A

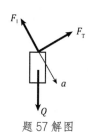

题 57 解图

58. 解 振动频率$\omega = \sqrt{\frac{k}{m}}$；三个装置中等效弹簧刚度最小的振动频率就最小。

装置（a）两弹簧并联，等效弹簧刚度为$k_a = k + k = 2k$。

装置（b）两弹簧串联，等效弹簧刚度为$k_b = \frac{k}{2} = 0.5k$。

装置（c）三弹簧并联，等效弹簧刚度为$k_c = 3k$。

所以装置（b）振动频率最小。

答案：B

59. 解 材料D的应变值ε最大，塑性最好。

答案：D

60. 解 由截面法可知，AB段轴力为零、变形为零；BC段轴力为F，变形为$\frac{Fa}{EA}$，杆的总伸长为两段变形之和，故$\frac{Fa}{EA}$。

答案：B

61. 解 由铰链轴的受力分析可知，剪切面上的剪力是$F/2$，剪切面面积为$\pi d^2/4$。

由剪切强度条件：

$$\tau = \frac{Q}{A} = \frac{F}{2} \Big/ \frac{\pi d^2}{4} \leqslant [\tau]$$

得到：$d^2 \geqslant \dfrac{2F}{\pi[\tau]}$

答案：B

62. 解 圆轴的最大切应力：$\tau_{\max 1} = \dfrac{T}{W_p} = \dfrac{T}{\pi d^3/16} = \dfrac{16T}{\pi d^3}$

将轴的直径增大一倍后：$\tau_{\max 2} = \dfrac{16T}{\pi(2d)^3}$

$\tau_{\max 1}/\tau_{\max 2} = \dfrac{1}{8}$

答案：C

63. 解 圆轴在扭矩作用下发生的弹性扭转角：$\varphi = \dfrac{TL}{GI_p}$

所以$T = \dfrac{GI_p \varphi}{L}$。

答案：A

64. 解 利用惯性矩的平行移轴公式，可得：

题 64 解图

$$I_{x1} = I_x + \left(\frac{a}{2}\right)^2 A = \frac{a^4}{12} + \left(\frac{a}{2}\right)^2 a^2 = \frac{a^4}{3}$$

$$I_{y1} = I_y + \left(\frac{a}{2}\right)^2 A = \frac{a^4}{12} + \left(\frac{a}{2}\right)^2 a^2 = \frac{a^4}{3}$$

关于角点C的极惯性矩：

$$I_p = I_{x1} + I_{y1} = \frac{a^4}{3} + \frac{a^4}{3} = \frac{2a^4}{3}$$

答案：A

65. 解 根据梁的弯曲内力图的突变规律，在集中力偶作用截面处，弯矩M图有突变，剪力Q_s图无变化。

答案：C

66. 解 受均布荷载的简支梁，其弯矩图和挠度曲线都是向下弯的曲线，可知此梁的截面下部受拉，而铸铁材料的抗拉性能较差。按强度考虑，为了提高此梁的承载能力，应该采用 T 字形截面，并把翼缘布置在下部，使得发生最大拉应力的位置离中性轴最近，最大拉应力最小。

答案：D

67. 解 由题目的已知条件可知，梁（a）和梁（b）的材料不同，故二者弹性模量E不同；但是它们的弯曲刚度EI相同，所以二者的惯性矩I不同，抗弯截面模量W_z不同，$\sigma_{\max} = M_{\max}/W_z$，因而弯曲最大正应力不同。

答案：A

68. 解 （A）图：$\sigma_1 = \sigma$，$\sigma_2 = \sigma$，$\sigma_3 = 0$

$$\tau_{max} = \frac{\sigma - 0}{2} = \frac{\sigma}{2}$$

（B）图：$\sigma_1 = \sigma$，$\sigma_2 = 0$，$\sigma_3 = -\sigma$

$$\tau_{max} = \frac{\sigma - (-\sigma)}{2} = \sigma$$

（C）图：$\sigma_1 = 2\sigma$，$\sigma_2 = 0$，$\sigma_3 = -\sigma/2$

$$\tau_{max} = \frac{2\sigma - (-\sigma/2)}{2} = \frac{5\sigma}{4}$$

（D）图：$\sigma_1 = 2\sigma$，$\sigma_2 = \sigma$，$\sigma_3 = 0$

$$\tau_{max} = \frac{2\sigma - 0}{2} = \sigma$$

显然图（C）具有最大切应力。

答案：C

69. 解 第二强度理论的强度条件表达式是$\sigma_1 - \nu(\sigma_2 + \sigma_3) \leqslant [\sigma]$。

答案：B

70. 解 图（a）杆长L，两端固定，$\mu = 0.5$。

压杆临界力：$F_{cr}^a = \pi^2 EI / (0.5L)^2$

图（b）上下两根压杆杆长都是$L/2$，都是一端固定、一端铰支，$\mu = 0.7$。

压杆临界力：$F_{cr}^b = \pi^2 EI / \left(0.7 \times \frac{L}{2}\right)^2$

所以$F_{cr}^b / F_{cr}^a = 1/0.7^2$

答案：C

71. 解 压力表读数为相对压强。绝对压强＝大气压＋相对压强＝$101 + 20 = 121$kPa。

答案：A

72. 解 流线与迹线重合的条件是恒定流，选项A错误。

不可压缩流场只有当是无旋流动时，任一封闭曲线的速度环量才等于零，选项B错误。

伯努利方程适用于不可压缩流体还需"定常流动"的条件，选项C错误。

根据不可压缩流体的三维流动连续性方程，其中任一点的速度散度为零，选项D正确。

答案：D

73. 解 计算结果为负值，与方程列错和计算结果正确与否没有必然联系，选项A、D均错误。计算结果为正，则说明力的实际方向与假设方向一致；计算结果为负，则说明力的实际方向与假设方向相反，选项C错误、选项B正确。

答案： B

74. 解 雷诺数 $\text{Re} = \dfrac{v \cdot d}{\nu}$，运动黏度相同，$Q = Av = \dfrac{\pi}{4} d^2 v$，联立可得：

$$\frac{\text{Re}_1}{\text{Re}_2} = \frac{v_1 d_1}{v_2 d_2} = \frac{Q_1 d_2}{Q_2 d_1}, \quad \frac{d_1}{d_2} = \frac{Q_1 \text{Re}_2}{Q_2 \text{Re}_1} = \frac{3 \times 2}{4 \times 1} = \frac{3}{2}$$

答案： B

75. 解 根据沿程阻力计算的达西公式 $h_f = \lambda \dfrac{L}{d} \dfrac{v^2}{2g}$，以及并联管路各支路两端的压降相等，有 $\lambda_1 \dfrac{L_1}{d_1} \dfrac{v_1^2}{2g} = \lambda_2 \dfrac{L_2}{d_2} \dfrac{v_2^2}{2g}$，由此得 $\dfrac{L_1}{L_2} = \dfrac{\lambda_2}{\lambda_1} \dfrac{d_1}{d_2} \dfrac{v_2^2}{v_1^2}$。根据已知条件，可得到管径比和流速比值。但管道的沿程阻力系数受到流态和当量粗糙度的影响而无法确定，因此，管道长度比无法确定。

答案： D

76. 解 明渠均匀流是水深、断面平均流速、断面流速分布均沿流程不变的具有自由液面的明渠流，即：①水流必须是恒定流动，若为非恒定流，水面波动，必然会在渠道中形成非均匀流；②流量保持不变，沿程没有水流分出或汇入；③渠道必须是长而直的顺坡棱柱形渠道，即底坡 i 沿程不变，否则，水体的重力沿水流方向的分力不等于摩擦力；④渠道表面粗糙情况沿程没有变化，而且没有闸、坝、桥、涵等水工建筑物的局部干扰。4 个选项中，只有在正坡棱柱形渠道中，沿程断面形状、尺寸和水深才均不变，底坡与水面平行，可以形成明渠均匀流。

答案： B

77. 解 影响半径公式为 $R = 3000s\sqrt{k}$，由此可得：

$$\frac{R_1}{R_2} = \frac{s_1 \sqrt{k_1}}{s_2 \sqrt{k_2}} = \frac{1}{2} \times \sqrt{\frac{1}{4}} = \frac{1}{4}$$

答案： A

78. 解 流动的相似原理包括几何相似、运动相似、动力相似、初始条件相似及边界条件相似，不包括质量相似。

答案： D

79. 解 将一导体置于变化的磁场中，该导体中会有电动势产生，这种现象是由电磁感应定律来确定的。电磁感应定律描述的是感应的电场与变化的磁场的关系，当通过导体回路的磁通量随时间发生变化时，回路中就有感应电动势产生，从而产生感应电流。这个磁通量的变化可以是由磁场变化引起的，也可以是由于导体在磁场中运动或导体回路中的一部分切割磁力线的运动而产生的。

安培环路定律：描述磁场强度沿某曲线的线积分与此曲线包围的电流的关系。

高斯定律：描述电场沿某曲面的面积分与闭合曲面中电荷的关系。

库仑定律：描述两个点电荷之间的作用力与电荷量、距离、周围介质等之间的关系。

答案： B

80.解 在电压电流恒定的情况下，电容相当于开路，电感相当于短路。则原电路简化如解图所示。

题 80 解图

可以看出：$u_2 = 0.5u_1 = 2.5\text{V}$，$i_1 = i = 0.2\text{A}$。

答案：A

81.解 ①先将电流源与电阻的并联（见解图 a）化为电压源与电阻的串联（见解图 b）。

②再将两个串联电阻化为一个电阻（见解图 c）。

③将电压源与电阻的串联化为电流源与电阻的并联（见解图 d）。

④将两个并联电阻化为一个电阻，最终结果如解图 e）所示。

题 81 解图

答案：C

82.解 对于正弦量，最大值 I_m 是有效值 I 的 $\sqrt{2}$ 倍，周期 T 与角频率 ω 的关系是 $\omega = 2\pi/T$。

因此：$I = I_\text{m}/\sqrt{2} = \dfrac{0.1}{\sqrt{2}} = 70.7\text{mA}$，$T = 2\pi/\omega = \dfrac{2\pi}{1000} = 6.28\text{ms}$

答案：B

83.解 此电路的相量模型如解图所示。

$$\dot{I}_1 = \frac{\dot{U}}{R + R} = \frac{\dot{U}}{2R}$$

$$\dot{I}_2 = \frac{\dot{U}}{R + jX_\text{L}} = \frac{\dot{U}}{R + jR} = \frac{\dot{U}}{R\sqrt{2}\angle 45°} = \frac{\sqrt{2}\dot{U}\angle -45°}{2R}$$

$$\dot{I}_2 = \frac{\dot{U}}{R - jX_\text{C}} = \frac{\dot{U}}{R - jR} = \frac{\dot{U}}{R\sqrt{2}\angle -45°} = \frac{\sqrt{2}\dot{U}\angle 45°}{2R}$$

$$i = i_1 + i_2 + i_3 = \frac{\dot{U}}{2R} + \frac{\sqrt{2}\dot{U}\angle-45°}{2R} + \frac{\sqrt{2}\dot{U}\angle45°}{2R} = \frac{3\dot{U}}{2R}$$

题83解图

由于各电流表的读数为各电流的有效值，则：

$$A_1 = I_1 = \frac{U}{2R}; \quad A_2 = I_2 = \frac{\sqrt{2}U}{2R}; \quad A_3 = I_3 = \frac{\sqrt{2}U}{2R}; \quad A = I = \frac{3U}{2R}$$

答案：D

84.解 在开关闭合瞬间（$t = 0_+$时刻），电感等效为电流源（电流为初始电流），电容等效为电压源（电压为初始电压）。则此电路的等效电路图如解图所示。

题84解图

则：$U_L = 10V$，$U_C = 0$，$U_{R1} = 0$，$U_{R2} = 0$

答案：A

85.解 理想变压器，副边负载等效为原边为：$R_L' = \left(\frac{N_1}{N_2}\right)^2 R_L$

若在R_L上获得最大功率，则：$R_L' = R_1$。

得：$N_2 = \frac{N_1}{\sqrt{\frac{R_1}{R_L}}} = \frac{200}{\sqrt{\frac{100}{4}}} = 40$匝

答案：C

86.解 由异步电动机的效率与负载的关系可知：当负载小于额定负载时，效率随负载的增大而增大；当负载大于额定负载时，效率随负载的增大而减小；当负载等于额定负载时，效率最大。由此可知：为使该电动机的工作效率高于70%（对应30kN·m的负载），带动的负载应该大于30kN·m。在30~40kN·m负载范围内，效率单调递增。

答案：C

87.解 信号与信息是不同的两个概念。信号是特定的物理形式（声、光、电等），信息是受信者所要获得的有价值的消息。信息隐藏在信号中，信号是信息的表现形式，信号分为模拟信号和数字信号。

答案：D

88.解 $(011111)_2 = 2^4 + 2^3 + 2^2 + 2^1 + 2^0 = 16 + 8 + 4 + 2 + 1 = 31$。

答案：D

89.解 $x(t)$是原始信号，$u(t)$是模拟信号，它们都是时间的连续信号；$u^*(t)$是经过采样器后的采样信号，是离散信号。

答案：C

90. 解 $u(t)$是分段函数，$u(t) = \begin{cases} -t+2 & 0 < 2s \\ 0 & t < 0, \ t > 2s \end{cases}$

它可以由函数$(-t+2)$乘以在$1\sim2s$间为1的脉冲函数$[1(t) - 1(t-2)]$得到，因此：

$$u(t) = (-t+2)[1(t) - 1(t-2)] = (-t+2)1(t) - (-t+2)1(t-2)$$

答案：D

91. 解 信号的放大包括电压放大（信号幅度放大）和功率放大（信号带载能力增强）。要求波形或频谱结构保持不变，即信号所携带的信息保持不变。

而模拟信号放大器的主要功能则是放大信号幅度。它可以将微弱的输入信号放大到较大的幅度，以便在输出端进行进一步处理或传输。模拟信号放大器并不会对信号的频率进行放大。

答案：B

92. 解 根据逻辑加法（"或"）计算：$1 + B = 1$，因此选项A正确，而选项B、C错误；

根据逻辑乘法（"与"）计算：$1 \cdot B = B$，因此选项D错误。

答案：A

93. 解 如解图所示。

① 由电路可知：

集电极电流为：$i_C = \frac{12 - u_o}{1000} \geqslant \frac{12 - 0.3}{1000} = 11.7\text{mA}$

基极电流为：$i_B \approx \frac{5}{R_B}$

② 由三极管的特性可知：$i_C \leqslant \beta i_B$

综上：$R_B \leqslant \frac{5\beta}{i_C} \leqslant \frac{5\beta}{11.7}$，若放大系数$\beta = 50$，则$R_B \leqslant \frac{5\beta}{11.7} = \frac{5 \times 50}{11.7} = 21.4\text{k}\Omega$。

题93解图

答案：C

94. 解 $U_o = 10^5 U_i$，说明运算放大器处于线性放大区。

由输出特性图（见解图）可以看出：线性放大区为灰线所示，其输入电压范围为灰虚线所示，即：小于0.1mV且大于-0.1mV。

答案：D

95. 解 由图可以看出：

$$F_1 = \overline{(A \oplus 0) + B} = \overline{A + B} = \overline{A}\overline{B}$$

$$F_2 = \overline{(A \oplus 1) + B} = \overline{\overline{A} + B} = A\overline{B}$$

答案：B

96. 解 D触发器特性方程为：$Q_D^{n+1} = D$（CP上升沿触发）；

JK触发器特性方程为：$Q_{JK}^{n+1} = J\overline{Q}^n + \overline{K}Q^n$（CP下降沿触发）；

由图可知：$J = K = 1$，$D = \overline{Q_D^n}$

所以：

此 D 触发器特性方程可以简化为：$Q_D^{n+1} = \overline{Q_D^n}$（CP 上升沿触发）；

此 JK 触发器特性方程可以简化为：$Q_{JK}^{n+1} = \overline{Q_{JK}^n}$（CP 下降沿触发）；

输出图形如解图所示。

题 96 解图

答案：A

97. 解　系统软件是生成、准备和执行其他程序所需要的一组程序。它通常负责管理、控制和维护计算机的各种软、硬件资源，并为用户提供一个友好的操作界面。常见的系统软件包括操作系统、语言处理程序（汇编程序和编译程序等）、连接装配程序、系统使用程序、多种工具软件等。

答案：B

98. 解　总线中的数据总线是用于传送程序和数据的。

答案：A

99. 解　分时操作系统是在一台计算机中可以同时连接多个近程或多个远程终端，把 CPU 时间划分为若干个时间片，通过时间片轮转的方式，由 CPU 轮流地为各个终端用户的程序提供处理器时间和内存空间，服务每个终端。这意味着系统在某一时间段内会不断地切换任务，从而给人一种这些任务似乎在同一时间内执行的感觉。但实际上，这些任务是在一个非常短的时间片内分别进行的。例如，当一个任务在执行一个操作时，处理器会切换到下一个任务，这样用户感觉好像所有的任务都在同时运行。这种"同时性"其实是通过处理器在短时间内不断切换任务来实现的。

答案：A

100. 解　机器语言是计算机诞生和发展初期使用的语言，它采用的是二进制编码形式，是由 CPU 可以识别的一组由 0、1 序列构成的指令码。随后针对机器语言的不足之处出现了另一种低级语言，即汇编语言。而后又有了高级语言，它与人们日常熟悉的自然语言和数学语言更接近，可读性强，人们编写程序更加方便。

答案：A

101. 解　任一实数都可以用一个整数和一个纯小数来表示。因为实数的小数点的位置是不固定的，所以也称为浮点数。整数称为浮点数的阶码，纯小数称为浮点数的尾数。

答案：A

102. 解　在16色的图像中，每个像素可以有16种颜色。为了表示这16种不同的颜色，每个像素需要4位二进制数（因为$2^4 = 16$，4位二进制可以表示16个不同的数据）来表示颜色的数据信息。因此，当需要表示一个像素的颜色时，我们只需要查看该像素对应的二进制数在色彩表中的值即可。这种方式可以大大减少存储颜色信息所需要的数据量，从而实现了使用相对较少的颜色来表示一幅图像的效果。

答案：A

103. 解　计算机病毒能够将自身从一个程序复制到另外一个程序中，从一台计算机复制到另一台计算机，从一个计算机网络复制到另一个计算机网络，使被传染的计算机程序、计算机网络以及计算机本身都成为计算机病毒的生存环境和新的病毒源。

答案：B

104. 解　操作系统是计算机硬件和各种用户程序之间的接口程序，它位于各种软件的最底层，操作系统提供了一种环境，使用户能方便和高效地执行程序。

答案：D

105. 解　计算机网络是在网络协议控制下用通信线路和通信设备将分布在不同地点的具有独立功能的多个计算机系统互相连接起来，在功能完善的网络软件的支持下实现彼此之间的数据通信和资源共享的系统。

答案：B

106. 解　在计算机常用的传输介质中，光纤的传输速度最快。

答案：C

107. 解　根据单利计息本利和计算公式，2年后本利和为：

$$F_2 = 1000 \times (1 + 9\% \times 2) = 1180 \text{ 元}$$

第3年到第5年按复利计息公式计算，第5年末可获得的本利和为：

$$F_5 = 1180 \times (1 + 8\%)^3 = 1486.46 \text{ 元}$$

答案：B

108. 解　建设项目评价中的总投资为建设投资、建设期利息和流动资金之和。其中，建设投资由工程费用（包括建筑工程费、设备购置费、安装工程费）、工程建设其他费用和预备费（包括基本预备费和涨价预备费）组成。

答案：A

109. 解 融资租赁是通过租赁设备融通到所需资金，是债务资金筹措的一种融资方式，形成债务资金，但它不具有资本金和债务资金的双重性质，不属于准股本资金（优先股股票和可转换债券具有资本金和债务资金双重性质，属于准股本资金）。承租人支付的租金可以进入成本费用，因此可以减少应付所得税，具有抵税作用。

答案：A

110. 解 在项目资本金现金流量表中，现金流出包括项目资本金、借款本金偿还、借款利息支付、经营成本、进项税额、应纳增值税、税金及附加、所得税、维持运营投资。项目正常生产期内，不考虑项目资本金（项目资本金现金流出通常发生在项目建设期）、维持运营投资（不一定每年都有）等。选项 B、D 中的总成本包含折旧费、摊销费，而折旧费、摊销费并没有实际现金流出；选项 C 所含内容不全。

答案：A

111. 解 按直线法计提折旧，年折旧额为：

$$年折旧额 = \frac{固定资产原值 - 残值}{折旧年限} = \frac{100 - 100 \times 5\%}{10} = 9.5 \text{ 万元}$$

第一年投资 100 万元，年净利润 15 万元，年折旧额 9.5 万元，第一年的净现金流量为：

$$15 + 9.5 - 100 = -75.5 \text{ 万元}$$

以后各年净现金流量为：

$$年净现金流量 = 净利润 + 折旧额 = 15 + 9.5 = 24.5 \text{ 万元}$$

该项目的累计净现金流量见解表：

累计净现金流量（单位：万元）　　　　　　　　　　　　　题 111 解表

年份	1	2	3	4	5	6	7	8	9	10
净现金流量	−75.5	24.5	24.5	24.5	24.5	24.5	24.5	24.5	24.5	24.5
累计净现金流量	−75.5	−51.0	−26.5	−2	22.5	47.0	71.5	96.0	120.5	145

累计净现金流量在第 5 年为正值，则项目的静态投资回收期为：

$$T = 4 - 1 + \frac{|-2|}{24.5} = 4.08 \text{ 年}$$

答案：C

112. 解 投资方案评价的各种经济效果指标，如财务内部收益率、财务净现值、静态投资回收期等，都可以作为敏感性分析的指标。若主要分析投资大小对投资方案资金回收能力的影响，可选用财务内部收益率指标；若主要分析产品价格波动对投资方案超额净收益的影响，可选用财务净现值作为分析指标；若主要分析投资方案状态和参数变化对方案投资回收快慢的影响，则可选用静态投资回收期作为分析指标。

答案： A

113. 解 本题为寿命期不等的互斥方案比较，可采用年值法进行投资方案选择。由于方案甲和方案乙寿命期同为 5 年，但方案甲净现值较小，可淘汰；方案丙和方案丁寿命期同为 10 年，但方案丙的净现值较小，也可淘汰。计算方案乙和方案丁的净年值并进行比较：

方案乙：$NAV_Z = NPV_Z \cdot (A/P, 10\%, 5) = \dfrac{NPV_Z}{(P/A, 10\%, 5)} = \dfrac{246}{3.7908} = 64.89$ 万元

方案丁：$NAV_T = \dfrac{NPV_T}{(P/A, 10\%, 10)} = \dfrac{350}{6.1446} = 56.96$ 万元

应选择净年值较大的方案，方案乙的净年值大于方案丁的净年值，故应选择方案乙。

答案： B

114. 解 价值工程的一般工作程序包括准备阶段、功能分析阶段、方案创造阶段和方案实施阶段。各阶段的工作如下。

准备阶段：对象选择，组成价值工程工作小组，制订工作计划。

功能分析阶段：收集整理信息资料，功能系统分析，功能评价。

创新阶段：方案创新，方案评价，提案编写。

实施阶段：审批，实施与检查，成果鉴定。

答案： A

115. 解《中华人民共和国建筑法》第二十九条规定，建筑工程总承包单位可以将承包工程中的部分工程发包给具有相应资质条件的分包单位；但是，除总承包合同中约定的分包外，必须经建设单位认可。施工总承包的，建筑工程主体结构的施工必须由总承包单位自行完成。

建筑工程总承包单位按照总承包合同的约定对建设单位负责，分包单位按照分包合同的约定对总承包单位负责。总承包单位和分包单位就分包工程对建设单位承担连带责任。

禁止总承包单位将工程分包给不具备相应资质条件的单位。禁止分包单位将其承包的工程再分包。

按照上述条文，选项 A 不正确，选项 B、D 均属于非法分包，选项 C 正确。

答案： C

116. 解《中华人民共和国安全生产法》第五十三条规定，生产经营单位的从业人员有权了解其作业场所和工作岗位存在的危险因素、防范措施及事故应急措施，有权对本单位的安全生产工作提出建议。

故选项 A 的说法无误。

第五十四条规定，从业人员有权对本单位安全生产工作中存在的问题提出批评、检举、控告；有权拒绝违章指挥和强令冒险作业。

生产经营单位不得因从业人员对本单位安全生产工作提出批评、检举、控告或者拒绝违章指挥、强

令冒险作业而降低其工资、福利等待遇或者解除与其订立的劳动合同。

故选项 B、选项 C 的说法无误。

第五十五条规定，从业人员发现直接危及人身安全的紧急情况时，有权停止作业或者在采取可能的应急措施后撤离作业场所。

选项 D 的表述不完整，应为"在采取可能的应急措施后撤离作业场所"。

答案：D

117. 解 《中华人民共和国招标投标法》第二十七条规定，投标人应当按照招标文件的要求编制投标文件。投标文件应当对招标文件提出的实质性要求和条件作出响应。

答案：A

118. 解 《中华人民共和国民法典》第四百七十二条规定，要约是希望与他人订立合同的意思表示，该意思表示应当符合下列条件：（一）内容具体确定；（二）表明经受要约人承诺，要约人即受该意思表示约束。故选项 A、B、D 正确，选项 C 错误。

答案：C

119. 解 《中华人民共和国节约能源法》第五十六条规定，国务院管理节能工作的部门会同国务院科技主管部门发布节能技术政策大纲，指导节能技术研究、开发和推广应用。

答案：D

120. 解 《建设工程质量管理条例》第四十三条规定，国家实行建设工程质量监督管理制度。国务院建设行政主管部门对全国的建设工程质量实施统一监督管理。国务院铁路、交通、水利等有关部门按照国务院规定的职责分工，负责对全国的有关专业建设工程质量的监督管理。

答案：B

2023 年度全国勘察设计注册工程师执业资格考试基础考试（上）
试题解析及参考答案

1. 解 本题考查高阶无穷小的概念和等价无穷小替换定理。

因为当 $x \to 0$ 时，$\sin x \sim x$，故 $\sin x^2 \sim x^2$，由题意可得，$\lim\limits_{x \to 0} \dfrac{f(x)}{\sin^2 x} = \lim\limits_{x \to 0} \dfrac{f(x)}{x^2}$，已知 $f(x)$ 是 x^2 的高阶无穷小，故比值极限为 0。

答案：B

2. 解 本题考查函数间断点的类型。

当 $x^2 - 1 = 0$ 时，解得 $x_1 = 1$，$x_2 = -1$。

函数 $f(x) = \dfrac{\sin(x-1)}{x^2-1}$ 在 $x = \pm 1$ 没有定义，可知 $x = \pm 1$ 是间断点，下面判断间断点的类型：

因为 $\lim\limits_{x \to 1} \dfrac{\sin(x-1)}{x^2-1} = \lim\limits_{x \to 1} \dfrac{\sin(x-1)}{x-1} \dfrac{1}{x+1} = \dfrac{1}{2}$，故 $x = 1$ 为可去间断点。

$\lim\limits_{x \to -1} \dfrac{\sin(x-1)}{x^2-1} = \infty$，故 $x = -1$ 为第二类间断点。

答案：D

3. 解 本题考查反函数的求导方法。

根据反函数的求导法则：如果函数 $x = \varphi(y)$ 在区间 I_y 内单调、可导且 $\varphi'(y) \neq 0$，那么它的反函数 $y = f(x)$ 在对应区间 $I_x = \{x \mid x = \varphi(y), y \in I_y\}$ 内也可导，且有 $f'(x) = \dfrac{1}{\frac{\mathrm{d}x}{\mathrm{d}y}} = \dfrac{1}{\varphi'(y)}$。

所以，函数 $y = f(x)$ 的反函数 $x = g(y)$ 在点 y_0（$y_0 = f(x_0)$）的导数 $g'(y_0) = \dfrac{1}{f'(x_0)}$。

答案：C

4. 解 本题考查复合函数求导和微分的运算。

方法 1：利用复合函数求导法。

函数 $y = f(\ln x)e^{f(x)}$，函数微分 $\mathrm{d}y = y'\,\mathrm{d}x$，而 $y' = [f(\ln x)]'e^{f(x)} + f(\ln x)[e^{f(x)}]' = f'(\ln x)\dfrac{1}{x}e^{f(x)}$
$+ f(\ln x)e^{f(x)}f'(x) = e^{f(x)}\left[\dfrac{1}{x}f'(\ln x) + f'(x)f(\ln x)\right]$，可得：

$$\mathrm{d}y = e^{f(x)}\left[\dfrac{1}{x}f'(\ln x) + f'(x)f(\ln x)\right]\mathrm{d}x$$

方法 2：根据微分的运算法则及微分形式不变性。

$\mathrm{d}y = \mathrm{d}\left[f(\ln x)e^{f(x)}\right] = \mathrm{d}[f(\ln x)]e^{f(x)} + f(\ln x)\,\mathrm{d}e^{f(x)} = f'(\ln x)\,\mathrm{d}(\ln x)e^{f(x)} + f(\ln x)e^{f(x)}\,\mathrm{d}f(x)$
$= e^{f(x)}\left[\dfrac{1}{x}f'(\ln x) + f'(x)f(\ln x)\right]\mathrm{d}x$

答案：B

5. 解 本题考查函数极值的第二充分条件。

极值存在的第二充分条件：设 $f(x)$ 在 x_0 点具有二阶导数，且 $f'(x_0) = 0$，$f''(x_0) \neq 0$，若 $f''(x_0) < 0$，则 $f(x)$ 在 x_0 取得极大值，若 $f''(x_0) > 0$，则 $f(x)$ 在 x_0 取得极小值。

由题意$f(x)$为偶函数，即$f(x) = f(-x)$，等式两边求导可得$f'(x) = -f'(-x)$，令$x = 0$，易知$f'(0) = 0$，选项 A 错误。又因为$f''(0) \neq 0$，根据极值存在的第二充分条件，$x = 0$一定是$f(x)$的极值点。

答案：C

6. 解　本题考查罗尔中值定理。

函数$y = \frac{x^3}{3} - x$在区间$[0, \sqrt{3}]$上满足罗尔定理的条件，即$y = \frac{x^3}{3} - x$在闭区间$[0, \sqrt{3}]$连续，在开区间$(0, \sqrt{3})$可导，且$y(0) = y(\sqrt{3}) = 0$，则至少存在一点$\xi \in (0, \sqrt{3})$，使$f'(\xi) = 0$。而$y' = x^2 - 1$，所以满足罗尔定理的$\xi = 1$。

答案：C

7. 解　本题考查原函数的定义或求函数的不定积分。

方法 1：由题意，$[k\ln(\cos 2x)]' = k\frac{-\sin 2x}{\cos 2x} \cdot 2 = -2k\tan 2x = \tan 2x$，得$k = -\frac{1}{2}$。

方法 2：先求$y = \tan 2x$的所有原函数，即

$\int \tan 2x \, \mathrm{d}x = \int \frac{\sin 2x}{\cos 2x}\mathrm{d}x = \int \frac{-1}{2\cos 2x}\mathrm{d}\cos 2x = -\frac{1}{2}\ln(\cos 2x) + C$，易知$k = -\frac{1}{2}$。

答案：A

8. 解　本题考查定积分的基本性质。

方法 1：$I = \int_0^{\frac{\pi}{2}} \frac{1}{3 + 2\cos^2 x}\mathrm{d}x$，$\cos x$在区间$[0, \frac{\pi}{2}]$上的最大值和最小值分别为 1 和 0，所以$\frac{1}{5} \leqslant \frac{1}{3 + 2\cos^2 x} \leqslant \frac{1}{3}$，可得$\frac{\pi}{10} \leqslant I \leqslant \frac{\pi}{6}$。

方法 2：本题可以采用考试常用的卡西欧 991CN 中文版计算器直接求得，注意在求定积分时，应先把角度制D调整为弧度制R，计算出结果后可选 A。若未调整为弧度制R，则会选错误结果 C。

答案：A

9. 解　本题考查两个向量的向量积。

两个非零向量$\boldsymbol{\alpha}$、$\boldsymbol{\beta}$，有$|\boldsymbol{\alpha} \times \boldsymbol{\beta}| = |\boldsymbol{\alpha}||\boldsymbol{\beta}|\sin(\widehat{\boldsymbol{\alpha}, \boldsymbol{\beta}})$。

答案：D

10. 解　本题考查空间直线的对称式方程及直线垂直的条件。

一般空间直线的对称式方程为：$\frac{x - x_0}{l} = \frac{y - y_0}{m} = \frac{z - z_0}{n}$，则该直线过点$(x_0, y_0, z_0)$，其方向向量为$\boldsymbol{s} = (l, m, n)$。根据空间直线$\frac{x}{1} = \frac{y}{0} = \frac{z}{-3}$的点向式方程可知，该直线过原点，且直线的方向向量$\boldsymbol{i} = (1, 0, -3)$，$oy$轴的方向向量$\boldsymbol{j} = (0, 1, 0)$，两向量的数量积$\boldsymbol{i} \cdot \boldsymbol{j} = 1 \times 0 + 0 \times 1 + (-3) \times 0 = 0$，可知直线垂直于$oy$轴。

答案：B

11. 解　本题考查二元函数二阶偏导数的计算。

$z = \arctan\frac{x}{y}$，则$\frac{\partial z}{\partial x} = \frac{\frac{1}{y}}{1 + \left(\frac{x}{y}\right)^2} = \frac{y}{x^2 + y^2}$，可得$\frac{\partial^2 z}{\partial x^2} = \frac{-2xy}{(x^2 + y^2)^2}$。

答案： C

12. 解　本题考查直角坐标系下的二重积分化为极坐标系下的二次积分计算。

直角坐标与极坐标的关系为 $\begin{cases} x = r\cos\theta \\ y = r\sin\theta \end{cases}$，由 $x^2 + y^2 \leqslant 1$，得 $0 \leqslant r \leqslant 1$，$0 \leqslant \theta \leqslant 2\pi$，面积元素 $\mathrm{d}x\,\mathrm{d}y = r\,\mathrm{d}r\,\mathrm{d}\theta$，故

$$\iint\limits_{D} e^{-(x^2+y^2)}\,\mathrm{d}x\,\mathrm{d}y = \int_0^{2\pi}\mathrm{d}\theta\int_0^1 e^{-r^2}r\,\mathrm{d}r = \pi\int_0^1 e^{-r^2}\,\mathrm{d}r^2 = \pi\left[-e^{-r^2}\right]_0^1 = \pi(1 - e^{-1})$$

答案： D

13. 解　本题考查微分方程的特解及一阶微分方程的求解。

方法 1： 将所给选项代入微分方程直接验证，可得选项 D 正确。

方法 2： $\mathrm{d}y - 2x\,\mathrm{d}x = 0$ 是一阶可分离变量微分方程，$\mathrm{d}y = 2x\,\mathrm{d}x$，两边积分得，$y = x^2 + C$。当 $C = 0$ 时，特解为 $y = x^2$。

答案： D

14. 解　本题考查对坐标（第二类）曲线积分的计算。

方法 1： L 可写为参数方程 $\begin{cases} x = y^2 \\ y = y \end{cases}$（$y$ 从 1 取到 0），$\int_L \frac{1}{y}\mathrm{d}x + \mathrm{d}y = \int_1^0\left(\frac{1}{y}\cdot 2y + 1\right)\mathrm{d}y = \int_1^0 3\,\mathrm{d}y = -3$。

方法 2： L 可写为参数方程 $\begin{cases} x = x \\ y = \sqrt{x} \end{cases}$（$x$ 从 1 取到 0），$\int_L \frac{1}{y}\mathrm{d}x + \mathrm{d}y = \int_1^0\left(\frac{1}{\sqrt{x}} + \frac{1}{2\sqrt{x}}\right)\mathrm{d}x = \int_1^0 \frac{3}{2\sqrt{x}}\mathrm{d}x = 3\sqrt{x}\Big|_1^0 = -3$。（说明：此方法第二类曲线积分化为的积分为广义积分，该广义积分收敛。）

注意：第二类曲线积分的计算应注意变量的上下限，本题的有向弧线段的坐标为 $M(1,1)$ 到 $O(0,0)$，无论是采用 x 作为积分变量计算还是采用 y 作为积分变量计算，其下限均为 1，上限均为 0。

答案： C

15. 解　本题考查级数收敛的必要条件。

正项级数 $\sum\limits_{n=1}^{\infty}\frac{1}{1+a^n}$（$a > 0$），一般项 $\frac{1}{1+a^n} < \frac{1}{a^n}$，当 $a > 1$ 时，级数 $\sum\limits_{n=1}^{\infty}\frac{1}{a^n}$ 收敛，根据正项级数比较判别法，$\sum\limits_{n=1}^{\infty}\frac{1}{1+a^n}$（$a > 0$）收敛，选项 A 正确。当 $a < 1$ 时，$\lim\limits_{n\to\infty}\frac{1}{1+a^n} = 1 \neq 0$，$a = 1$ 时，$\lim\limits_{n\to\infty}\frac{1}{1+a^n} = \frac{1}{2} \neq 0$，由级数收敛的必要条件可知，级数发散，选项 B 错误，选项 C、D 正确。

答案： B

16. 解　本题考查微分方程通解的概念，或者二阶常系数齐次微分方程的通解。

方法 1： 将通解 $y = e^{-2x}(C_1 + C_2 x)$（C_1，C_2 为任意常数）代入每个选项验证，可知选项 C 正确。

方法 2： 通解 $y = e^{-2x}(C_1 + C_2 x)$ 含有两个独立任意常数，因此以它为通解的方程为二阶常微分方程，对 y 求导数，$y' = e^{-2x}(-2C_1 + C_2 - 2C_2 x)$，$y'' = e^{-2x}(4C_1 - 4C_2 + 4C_2 x)$，联立 y，y' 和 y''，消去 C_1，C_2，得 $y'' + 4y' + 4y = 0$。

方法 3： 利用二阶常系数齐次微分方程的特征值法求通解。

选项 A，$y'' + 3y' + 2y = 0$对应的特征方程为$r^2 + 3r + 2 = 0$，特征根为$r_1 = -1$，$r_2 = -2$，所以方程通解为$y = C_1 e^{-x} + C_2 e^{-2x}$，选项 A 错误。

选项 B，$y'' - 4y' + 4y = 0$对应的特征方程为$r^2 - 4r + 4 = 0$，特征根为$r_1 = r_2 = 2$，所以方程通解为$y = (C_1 + C_2 x)e^{2x}$，选项 B 错误。

选项 C，$y'' + 4y' + 4y = 0$对应的特征方程为$r^2 + 4r + 4 = 0$，特征根为$r_1 = r_2 = -2$，所以方程通解为$y = (C_1 + C_2 x)e^{-2x}$，选项 C 正确。

选项 D，$y'' + 2y = 0$对应的特征方程为$r^2 + 2 = 0$，特征根为$r_1 = -\sqrt{2}i$，$r_2 = \sqrt{2}i$，所以方程通解为$y = C_1 \cos \sqrt{2}\, x + C_2 \sin \sqrt{2}\, x$，选项 D 错误。

方法 4：利用二阶常系数齐次微分方程的通解形式。

以$y = e^{-2x}(C_1 + C_2 x)$（C_1，C_2为任意常数）为通解的微分方程一定为二阶常系数齐次微分方程，并且$r = -2$是对应特征方程的二重根，所以特征方程为$r^2 + 4r + 4 = 0$，由此可知所求的微分方程为$y'' + 4y' + 4y = 0$。

注：本题所涉及的知识点总结见解表：

题 16 解表

特征方程$\lambda^2 + p\lambda + q = 0$的根	微分方程$y'' + py' + qy = 0$的通解
不相等的两个实根$r_1 \neq r_2$	$y = C_1 e^{r_1 x} + C_2 e^{r_2 x}$
两个相等的实根$r_1 = r_2$	$y = (C_1 + C_2 x)e^{r_1 x}$
一对共轭复根$r_{1,2} = \alpha \pm \beta i (\beta > 0)$	$y = e^{\alpha x}(C_1 \cos \beta x + C_2 \sin \beta x)$

答案：C

17. 解 本题考查多元复合函数偏导数的计算。

由题意，函数$z = xyf\left(\frac{y}{x}\right)$，则

$$x\frac{\partial z}{\partial x} + y\frac{\partial z}{\partial y} = x\left[yf\left(\frac{y}{x}\right) + xyf'\left(\frac{y}{x}\right)\left(-\frac{y}{x^2}\right)\right] + y\left[xf\left(\frac{y}{x}\right) + xyf'\left(\frac{y}{x}\right)\frac{1}{x}\right] = 2xyf\left(\frac{y}{x}\right)$$

答案：C

18. 解 本题考查求幂级数和函数的计算。

方法 1：利用收敛幂级数可逐项求导的性质，设幂级数$\sum\limits_{n=0}^{\infty} a_n x^n$的收敛半径为$R$，和函数为$S(x)$，则有：

①和函数为$S(x)$在$(-R, R)$上连续。

②和函数为$S(x)$在$(-R, R)$上可导，且可逐项求导，即$S'(x) = \sum\limits_{n=0}^{\infty} na_n x^{n-1}$。

③和函数为$S(x)$在$(-R, R)$上可积，且可逐项积分，即：

$$\int_0^x S(t)\,dt = \sum_{n=0}^{\infty} \int_0^x a_n t^n\,dt = \sum_{n=0}^{\infty} \frac{a_n}{n+1} x^{n+1}$$

$\sum\limits_{n=1}^{\infty} (2n-1)x^{n-1} = \sum\limits_{n=1}^{\infty} 2nx^{n-1} - \sum\limits_{n=1}^{\infty} x^{n-1}$，这里等号右边第一项可利用逐项求导还原，利用公式：

$$\sum_{n=0}^{\infty} x^n = 1 + x + x^2 + \cdots + x^n + \cdots = \frac{1}{1-x}$$

$$\sum_{n=1}^{\infty} 2nx^{n-1} = 2\sum_{n=1}^{\infty} nx^{n-1} = 2\left(\sum_{n=1}^{\infty} x^n\right)' = 2\left(\frac{x}{1-x}\right)' = \frac{2}{(1-x)^2}$$

$$\sum_{n=1}^{\infty} x^{n-1} = 1 + x + x^2 + \cdots + x^{n-1} + \cdots = \frac{1}{1-x}$$

故 $\sum_{n=1}^{\infty}(2n-1)x^{n-1} = \frac{2}{(1-x)^2} - \frac{1}{1-x} = \frac{1+x}{(1-x)^2}$

注：$\sum_{n=1}^{\infty} x^n = x + x^2 + x^3 + \cdots + x^n + \cdots = x(1 + x + x^2 + x^3 + \cdots + x^n + \cdots) = \frac{x}{1-x}$，或 $1 + x + x^2 + \cdots + x^n + \cdots = \frac{1}{1-x}$，则 $x + x^2 + \cdots + x^n + \cdots = \frac{1}{1-x} - 1 = \frac{x}{1-x}$。以上计算要求级数必须收敛，若级数发散则不成立。

方法 2：本题也可采用错位相减法求解，观察所求幂级数的形式，系数 $2n-1$ 是等差型，x^{n-1} 是等比型，这类等差、等比型的幂级数可采用错位相减法，设和函数为：

$$S(x) = 1 + 3x + 5x^2 + 7x^3 + \cdots + (2n-3)x^{n-2} + (2n-1)x^{n-1} \qquad ①$$

$$xS(x) = x + 3x^2 + 5x^3 + 7x^5 + \cdots + (2n-3)x^{n-1} + (2n-1)x^n \qquad ②$$

将 ①－②，可得 $(1-x)S(x) = 1 + 2(x + x^2 + x^3 + \cdots + x^{n-1}) - (2n-1)x^n$，又 $\lim\limits_{n\to\infty}(2n-1)x^n = 0$，有 $(1-x)S(x) = 1 + 2\frac{x}{1-x}$，解得：$S(x) = \frac{1}{(1-x)} + \frac{2x}{(1-x)^2} = \frac{1+x}{(1-x)^2}$。

答案：B

19. 解 本题考查矩阵的运算性质和行列式的运算性质。

方法 1：由矩阵运算法则有

$$\boldsymbol{A} - 2\boldsymbol{B} = \begin{bmatrix} a_1 - 2b_1 & c_1 - 2c_1 & d_1 - 2d_1 \\ a_2 - 2b_2 & c_2 - 2c_2 & d_2 - 2d_2 \\ a_3 - 2b_3 & c_3 - 2c_3 & d_3 - 2d_3 \end{bmatrix} = \begin{bmatrix} a_1 - 2b_1 & -c_1 & -d_1 \\ a_2 - 2b_2 & -c_2 & -d_2 \\ a_3 - 2b_3 & -c_3 & -d_3 \end{bmatrix}$$

则行列式

$$|\boldsymbol{A} - 2\boldsymbol{B}| = \begin{vmatrix} a_1 - 2b_1 & -c_1 & -d_1 \\ a_2 - 2b_2 & -c_2 & -d_2 \\ a_3 - 2b_3 & -c_3 & -d_3 \end{vmatrix}$$

$$= (-1) \times (-1)\begin{vmatrix} a_1 - 2b_1 & c_1 & d_1 \\ a_2 - 2b_2 & c_2 & d_2 \\ a_3 - 2b_3 & c_3 & d_3 \end{vmatrix} = \begin{vmatrix} a_1 & c_1 & d_1 \\ a_2 & c_2 & d_2 \\ a_3 & c_3 & d_3 \end{vmatrix} + (-2)\begin{vmatrix} b_1 & c_1 & d_1 \\ b_2 & c_2 & d_2 \\ b_3 & c_3 & d_3 \end{vmatrix}$$

$$= |\boldsymbol{A}| + (-2)|\boldsymbol{B}| = 1 + 2 = 3$$

方法 2：本题可以采用特殊值法，已知 $|\boldsymbol{A}| = 1$，$|\boldsymbol{B}| = -1$，可给矩阵 $\boldsymbol{A}$ 赋值为 $\boldsymbol{A} = \begin{bmatrix} 1 & 0 & 0 \\ 0 & 1 & 0 \\ 0 & 0 & 1 \end{bmatrix}$，给矩阵 $\boldsymbol{B}$ 赋值为 $\boldsymbol{B} = \begin{bmatrix} -1 & 0 & 0 \\ 0 & 1 & 0 \\ 0 & 0 & 1 \end{bmatrix}$，故 $|\boldsymbol{A} - 2\boldsymbol{B}| = \begin{vmatrix} 3 & 0 & 0 \\ 0 & -1 & 0 \\ 0 & 0 & -1 \end{vmatrix} = 3$。

注：线性代数的计算要善于采用特殊值。

答案：C

20. 解 本题考查可逆矩阵与其他矩阵相乘不改变这个矩阵的秩。

方法 1：由矩阵 B 的行列式 $|B| = \begin{vmatrix} 1 & 0 & 2 \\ 0 & 2 & 1 \\ -1 & 0 & 3 \end{vmatrix} = \begin{vmatrix} 1 & 0 & 2 \\ 0 & 2 & 1 \\ 0 & 0 & 5 \end{vmatrix} = 10 \neq 0$，可知矩阵 B 可逆。矩阵 A 右乘

可逆矩阵 B，相当于对矩阵 A 进行列变换，而不改变矩阵的秩，故 $r(AB) = r(A) = 2$。

方法 2：因为 B 的行列式不为 0，所以 B 可逆。本题可采用特殊值法，已知 $r(A_{4\times3}) = 2$，可给矩阵 A

赋值为 $A = \begin{bmatrix} 1 & 0 & 0 \\ 0 & 1 & 0 \\ 0 & 0 & 0 \\ 0 & 0 & 0 \end{bmatrix}$，有 $AB = \begin{bmatrix} 1 & 0 & 2 \\ 0 & 2 & 1 \\ 0 & 0 & 0 \\ 0 & 0 & 0 \end{bmatrix}$，易知 $r(AB) = 2$。

注：线性代数的计算要善于采用特殊值。

答案：B

21.解　本题考查向量线性相关、线性无关的定义及相关结论。

方法 1：由已知 $\alpha_1, \alpha_2, \alpha_3$ 线性无关，则 α_1, α_2 线性无关。又由于 $\alpha_1, \alpha_2, \alpha_4$ 线性相关，可知 α_4 可以由

α_1, α_2 线性表示，故选项 C 正确。

而 α_4 可以由 α_1, α_2 线性表示就一定可以由 $\alpha_1, \alpha_2, \alpha_3$ 线性表示，故选项 A 正确。

再看选项 D：假设 α_3 可以由 $\alpha_1, \alpha_2, \alpha_4$ 线性表示，则 $\alpha_3 = k_1\alpha_1 + k_2\alpha_2 + k_3\alpha_4, k_i$ 不全为 $0, i = 1,2,3$，

由于 α_4 可以由 α_1, α_2 线性表示，可以得出 α_3 可以由 α_1, α_2 线性表示，这与 $\alpha_1, \alpha_2, \alpha_3$ 线性无关相矛盾。故 α_3

不可以由 $\alpha_1, \alpha_2, \alpha_4$ 线性表示，即选项 D 正确。

最后看选项 B：因为 $\alpha_1, \alpha_2, \alpha_3$ 线性无关，则由线性无关的定义知 α_3 不可以由 α_1, α_2 线性表示，故选项

B 不正确。

方法 2：本题可采用特殊值法，设 $(\alpha_1, \alpha_2, \alpha_3, \alpha_4) = \begin{bmatrix} 1 & 0 & 0 & 1 \\ 0 & 1 & 0 & 1 \\ 0 & 0 & 1 & 0 \\ 0 & 0 & 0 & 0 \end{bmatrix}$，易知选项 A、C、D 均正确，选

项 B 错误。

注：线性代数的计算要善于采用特殊值。

答案：B

22.解　本题考查古典概型概率的计算。

由古典概型概率计算方法知，随机试验是从 6 个球中随机取 3 个，则样本空间的样本点个数为 C_6^3，

所求事件包含样本点个数为 $C_4^2 C_2^1$（从 4 个红球中取 2 个的取法有 C_4^2 种，从 2 个黄球中取 1 个的取法有

C_2^1 种），故所求概率为：

$$\frac{C_4^2 C_2^1}{C_6^3} = \frac{3}{5}$$

答案：C

23.解　本题考查离散型随机变量数学期望的定义或求随机变量函数的期望的方法。

方法 1：用离散型随机变量的数学期望的定义求解。

由 X 的分布律可知，X^2 的分布律为：$\dfrac{X^2}{P} \begin{array}{|ccc} 0 & 1 & 4 \\ 0.3 & 0.6 & 0.1 \end{array}$

由数学期望的定义有：

$$E(X^2) = 0 \times 0.3 + 1 \times 0.6 + 4 \times 0.1 = 1$$

方法2：用求随机变量函数的期望的方法。

由 X 的分布律为 $\dfrac{X}{P} \begin{array}{|cccc} -1 & 0 & 1 & 2 \\ 0.4 & 0.3 & 0.2 & 0.1 \end{array}$ 可知：

$$E(X^2) = (-1)^2 \times 0.4 + 0^2 \times 0.3 + 1^2 \times 0.2 + 2^2 \times 0.1 = 1$$

答案：B

24. 解 本题考查概率密度函数的性质。

由概率密度函数的性质有：$\int_{-\infty}^{+\infty}\int_{-\infty}^{+\infty} f(x,y)\,\mathrm{d}x\,\mathrm{d}y = 1$

即 $\int_0^{+\infty} axe^{-x^2}\,\mathrm{d}x \int_0^{+\infty} e^{-y}\,\mathrm{d}y = 1$，$\left[-\dfrac{1}{2}\int_0^{+\infty} ae^{-x^2}\,\mathrm{d}(-x^2) \right]\left[-\int_0^{+\infty} e^{-y}\,\mathrm{d}(-y) \right] = 1$

$\left[-\dfrac{1}{2}ae^{-x^2}\Big|_0^{+\infty}\left(-e^{-y}\right)\Big|_0^{+\infty} \right] = 1$，$\dfrac{1}{2}a = 1$

得出 $a = 2$

答案：C

25. 解 在标准状态下，理想气体的压强和温度分别为 $1.013 \times 10^5 \text{Pa}$，$273.15\text{K}$。

答案：C

26. 解 根据分子的平均碰撞频率公式 $Z = \sqrt{2}\pi d^2 n\bar{v}$，平均自由程 $\bar{\lambda} = \dfrac{\bar{v}}{\bar{z}} = \dfrac{1}{\sqrt{2}\pi d^2 n}$。

答案：A

27. 解 气体的温度保持不变为等温，单位体积内分子数 n 减少为膨胀，故此过程为等温膨胀过程。

答案：B

28. 解 等压过程吸收热量：$Q_P = \dfrac{m}{M}C_P \Delta T$

等体过程吸收热量：$Q_V = \dfrac{m}{M}C_V \Delta T$

单原子分子，自由度 $i = 3$，$C_V = \dfrac{i}{2}R$，$C_P = C_V + R$

$$\frac{Q_P}{Q_V} = \frac{C_P}{C_V} = \frac{3/2R + R}{3/2R} = \frac{5}{3}$$

答案：D

29. 解 理想气体分子的平均平动动能相同，温度相同。

由状态方程 $PV = \dfrac{m}{M}RT$，可知质量密度为 $\dfrac{m}{V} = \dfrac{PM}{RT}$

$M_{\text{N}_2} = 28$，$M_{\text{He}} = 4$，

$$\left(\frac{m}{V}\right)_{\text{N}_2} > \left(\frac{m}{V}\right)_{\text{He}}$$

答案：D

30. 解 该平面简谐波振幅为 0.1m，选项 A 不正确。

$$y = 0.1\cos(3\pi t - \pi x + \pi) = 0.1\cos 3\pi\left(t - \frac{x}{3} + \frac{1}{3}\right)$$

$\omega = 3\pi$，$u = 3$m/s，选项 D 不正确。

$\lambda = u \times T = u\frac{2\pi}{\omega} = 3 \times \frac{2\pi}{3\pi} = 2$m，选项 B 不正确；

相距一个波长的两点相位差为 2π，相距 1/4 波长的两点相位差为 $\pi/2$，选项 C 正确。

答案：C

31. 解 注意正向传播，做下一时刻波形图如虚线所示，A、B、C 三点振动方向如箭头所示，B、C 向上，选项 A 正确。

题 31 解图

答案：A

32. 解 机械波能量最大的位置为平衡位置，此时速度值最大（动能最大），弹性形变也最大（势能最大）。

答案：A

33. 解 波的平均能量密度公式：$I = \frac{1}{2}\rho A^2 \omega^2 u$

可知波的平均能量密度 I 与振幅 A 的平方成正比，与频率 ω 的平方成正比。

答案：B

34. 解 双缝干涉条纹宽度公式为 $\Delta x = \frac{D\lambda}{na}$，中央明条纹两侧第 10 级明纹中心的间距为：

$$20 \cdot \Delta x = 20 \times \frac{2 \times 550 \times 10^{-9}}{1 \times 2 \times 10^{-4}} = 0.11\text{m}$$

答案：C

35. 解 根据马吕斯定律，自然光通过偏振片 P_1 光强衰减一半，即：

$$I = \frac{1}{2}I_0 \cos^2 0° = \frac{1}{2}I_0$$

答案：C

36. 解 根据单缝衍射菲涅耳半波带法，第一级（$k = 1$）暗纹为：

$$BC = 2k \cdot \frac{\lambda}{2} = 2 \times 1 \times \frac{\lambda}{2} = \lambda$$

答案：B

37. 解 4 个量子数的物理意义分别为：

主量子数 n：①代表电子层；②代表电子离原子核的平均距离；③决定原子轨道的能量。

角量子数 l：①表示电子亚层；②确定原子轨道形状；③在多电子原子中决定亚层能量。

磁量子数 m：①确定原子轨道在空间的取向；②确定亚层中轨道数目。

自旋量子数 m_s：决定电子自旋方向。

答案：B

38.解 偶极矩等于零的是非极性分子，偶极矩不等于零的为极性分子。分子是否有极性，取决于整个分子中正、负电荷中心是否重合。

$BeCl_2$ 和 CO_2 为直线型分子，BF_3 为三角形构型，三个分子的正负电荷中心重合，为非极性分子，偶极矩为零；NF_3 为三角锥构型，正负电荷中心不重合，为极性分子，偶极矩不为零。

答案：A

39.解 缓冲溶液是由弱酸、共轭碱或弱碱及其共轭酸所组成的溶液，对酸碱都有缓冲能力。选项 A 的 HOAc 过量，与 NaOH 反应生成 NaOAc，形成 HOAc/NaOAc 缓冲溶液。

答案：A

40.解 往 HOAc 溶液中加入 NaOAc 固体，溶液中 OAc^- 浓度增加，根据同离子效应，使 HOAc 的电离平衡向左移动，溶液中氢离子浓度降低，pH 值升高。

答案：B

41.解 质量作用定律只适用于基元反应。

反应速率常数的大小取决于反应物的本质及反应温度，而与反应物浓度无关。

根据阿伦尼乌斯公式，温度一定时，反应活化能越大，速率常数就越小，反应速率也越小。催化剂可以改变反应途径，降低活化能，使反应速率增大，但催化剂只能改变达到平衡的时间，不能改变平衡状态。

答案：D

42.解 当正逆反应速率相等时，化学反应处于平衡状态，化学平衡是动态平衡，当外界条件不变时，反应物和生成物的浓度不再随时间改变。

答案：B

43.解 电极反应为 $ClO_3^- + 6H^+ + 6e^- = Cl^- + 3H_2O$，根据能斯特方程得：

$$E(ClO_3^-/Cl^-) = E^{\ominus}(ClO_3^-/Cl^-) + \frac{0.0592}{6}\lg\frac{C_{ClO_3^-} \cdot C_{H^+}^6}{C_{Cl^-}} = E^{\ominus}(ClO_3^-/Cl^-) + 0.0592\lg C_{H^+}$$

$$pH = -\lg C_{H^+} = \frac{E^{\ominus}(ClO_3^-/Cl^-) - E(ClO_3^-/Cl^-)}{0.0592} = \frac{1.45 - 1.41}{0.0592} \approx 0.676 > 0$$

答案：B

44.解 分子式为 C_4H_9Cl 的同分异构体有 4 种，即：$CH_3-CH_2-CH_2-\overset{\displaystyle Cl}{\underset{\displaystyle |}{CH_2}}$，$CH_3-CH_2-\overset{\displaystyle Cl}{\underset{\displaystyle |}{CH}}-CH_3$，

$$CH_3-\overset{\overset{\displaystyle Cl}{|}}{CH}-CH_2 \quad , \quad CH_3-\overset{\overset{\displaystyle Cl}{|}}{\underset{\underset{\displaystyle CH_3}{|}}{C}}-CH_3 \quad .$$
$$\underset{\underset{\displaystyle CH_3}{|}}{}$$

答案： A

45. 解 烯烃中只有乙烯的所有原子在同一平面，其他烯烃的所有原子不在同一平面，乙炔、苯的所有原子处于同一平面，但两者不属于烯烃，故选项 A 错误；

烯烃含有碳碳双键，但含有碳碳双键的物质不一定是烯烃，如 CH_2 ══ $CHCl$ 等，故选项 B 错误；

烯烃与溴水发生加成反应，可以使溴水褪色，但能使溴水褪色的物质不一定是烯烃，如炔烃等，故选项 C 错误；

分子式为 C_4H_8 的链烃，不饱和度为 1，一定含有一个碳碳双键，该烃一定是烯烃，选项 D 正确。

答案： D

46. 解 羟基与烷基直接相连为醇，通式为 R—OH（R 为烷基）。羟基与芳香基直接相连为酚，通式为 Ar—OH（Ar 为芳香基）。选项 A 是丙醇，选项 B 是苯甲醇，选项 C 是环己醇，选项 D 是苯酚。

答案： D

47. 解 因为 AEC 为等边三角形，三个内角均为 $60°$，而销钉 E 与 CD 槽光滑接触，故其约束力应垂直于 CD，即 E 处约束力的作用线与 x 轴正方向所成的夹角为 $30°$。

答案： D

48. 解 力系向 A 点平移（见解图），可知力系的主矢与主矩均不为零，故简化结果就应该是主矢和主矩。

答案： B

题 48 解图

49. 解 取整体为研究对象，受力如解图所示，

列平衡方程：

$\sum M_D(\boldsymbol{F}) = 0$, $qa \times 1.5a - F_{Ey} \times a = 0$

$\sum F_x = 0$, $F_{Ex} = 0$

解得：$F_{Ey} = 3qa/2$（↓）

答案： A

题 49 解图

50. 解 因为静摩擦因数 $\mu = 0.4$，故摩擦角为 $\varphi_m = \arctan 0.4 = 21.8°$，小于斜面的角度 $30°$，根据斜面的自锁条件，物块会滑动。

答案： C

51. 解 因为 $v = \dfrac{dx}{dt} = t^2 - 20$，则积分后有 $x = \dfrac{1}{3}t^3 - 20t + C$，已知 $t = 0$ 时，$x = -15m$，故 $C =$

-15，即点的运动方程为 $x = \frac{1}{3}t^3 - 20t - 15$。

答案： D

52. 解 根据摆的转动规律，其角速度与角加速度分别为：

$$\omega = \frac{d\varphi}{dt} = -\frac{2\pi}{T}\varphi_0 \sin\left(\frac{2\pi}{T}t\right); \quad \alpha = \frac{d\omega}{dt} = -\left(\frac{2\pi}{T}\right)^2 \varphi_0 \cos\left(\frac{2\pi}{T}t\right)$$

在摆经过平衡位置时，$\varphi = \varphi_0 \cos\left(\frac{2\pi}{T}t\right) = 0$，则 $\frac{2\pi}{T}t = \frac{\pi}{2}$，得到 $t = \frac{T}{4}$。将 $t = \frac{T}{4}$ 代入角速度和角加速度，$\omega = \frac{d\varphi}{dt} = -\frac{2\pi}{T}\varphi_0$，$\alpha = 0$。

利用定轴转动刚体上一点速度和加速度与角速度和角加速度的关系，得到：

$$v_C = l\omega = -\frac{2\pi\varphi_0 l}{T}; \quad a_C = l\omega^2 = \frac{4\pi^2\varphi_0^2 l}{T^2}$$

因为题中要求的是速度的大小，故表示方向的负号可忽略。

答案： B

53. 解 滑轮的转角 $\varphi = s/r = s_B/R$，故 $s_B = s_R/r = 160t^2$。

答案： A

54. 解 汽车运动到桥顶处时加速度的大小为 $a_n = \frac{v^2}{R}$，根据牛顿第二定律，$\frac{P}{g}a_n = P - F_N$，所以汽车的约束力 $F_N = P - \frac{Pv^2}{gR}$。

答案： C

55. 解 动量的大小等于圆环的质量乘以其质心速度，圆环质心的转动半径为 R，则质心的速度为 $R\omega$，圆环的动量为 $mR\omega$。

答案： A

56. 解 若手柄长、质量分别用 l、m 表示，则由动量矩定理可知，$J_A\alpha = Fl - mg\frac{l}{2}\cos\varphi$，此时的角加速度为：$\alpha = \frac{3}{ml}\left(F - \frac{mg}{2}\cos\varphi\right)$；随着 φ 从零逐渐增大至 60° 时，$\cos\varphi$ 随之减小，则角加速度 α 逐渐增大。

答案： B

57. 解 物块 A 的惯性力大小为 $F_I = m_A a = 8 \times 3.3 = 26.4$N，在物块 B 的重力作用下，置于光滑水平面上的物块 A 会以水平向右的加速度运动，故其惯性力与之反向。

答案： B

58. 解 运动微分方程整理后为：$\ddot{\varphi} + \left(\frac{k}{4m} - \frac{g}{l}\right)\varphi = 0$，这是单自由度自由振动微分方程的标准形式，其 φ 前面的系数即为该系统固有圆频率的平方，所以固有圆频率 $\omega = \sqrt{\frac{lk - 4mg}{4ml}}$。

答案： D

59. 解 静定杆件的截面内力只与外荷载和截面位置有关，与截面形状、截面面积、杆件的材料无关。

答案： C

60. 解 BC 段：$\sigma = \dfrac{100000\text{N}}{2500\text{mm}^2} = 40\text{MPa}$；$AB$ 段：$\sigma = \dfrac{300000}{4 \times 2500\text{mm}^2} = 30\text{MPa}$

AB 最大拉应力为 40MPa。

答案： B

61. 解 套筒和轴转向相反，剪切位置在套筒与轴的接触面。安全销发生剪切破坏的剪切面积是安全销钉的横截面面积，即 $A = \dfrac{\pi d^2}{4}$。

答案： A

62. 解

$$I_{\text{p}} = \frac{\pi}{32}(D^4 - d^4) = \frac{\pi}{32}(16d^4 - d^4) = \frac{15\pi}{32}d^4$$

$$W_{\text{p}} = \frac{I_{\text{p}}}{D/2} = \frac{I_{\text{p}}}{d} = \frac{15\pi}{32}d^3$$

答案： D

63. 解 低碳钢是塑性材料，压缩时试件缩短，端面是平面。扭转破坏后横截面是与轴线垂直的横断面。

铸铁是脆性材料，压缩破坏时沿着与横截面成 45° 的斜平面断裂。扭转破坏后的端面是如图所示与轴线成 45° 的螺旋面。

答案： B

64. 解 平面图形（圆形）对某坐标轴的静矩等于其图形的形心（圆心）坐标乘以面积。只有选项 A 的圆心位于第一象限，圆心坐标均为正值，其关于坐标轴 x、y 的静矩也均为正值。

答案： A

65. 解 由求剪力的直接法可知 $F_{\text{S}}^{\text{右}} = -q \times 1 = -6\text{kN}$，所以 $q = 6\text{kN/m}$。

由剪力图的突变规律，可知集中力 $F = 10\text{kN}$。

通过 $\sum F_y = 0$，可知 A 端的支座反力是 2kN（向下），这正好佐证了剪力图 A 端的剪力是正确的。

答案： C

66. 解 因为 $\sigma_{\max} = \dfrac{M}{W}$，而两种情况下的弯矩是相同的，所以两者最大弯曲正应力的比值与 W 成反比。

$$W_{\text{a}} = \frac{b}{6}h^2 = \frac{b}{6}\left(\frac{3b}{2}\right)^2 = \frac{3}{8}b^3; \quad W_{\text{b}} = \frac{h}{6}b^2 = \frac{1}{6}\left(\frac{3b}{2}\right)b^2 = \frac{1}{4}b^3$$

$$W_{\text{b}} = \frac{h}{6}b^2 = \frac{1}{6}\left(\frac{3b}{2}\right)b^2 = \frac{1}{4}b^3$$

$$\frac{\sigma_{\text{amax}}}{\sigma_{\text{bmax}}} = \frac{W_{\text{b}}}{W_{\text{a}}} = \frac{1}{4}b^3 \Big/ \frac{3}{8}b^3 = \frac{2}{3}$$

答案：D

67. 解 叠合梁的挠度与其中一根梁的挠度V_B相同，其截面惯性矩为：$I_z = \frac{b}{12}a^3$

若将两根梁黏结成一个整体梁，其挠度为V_{B1}，则该梁B截面的惯性矩为：$I_{z1} = \frac{b}{12}(2a)^3 = \frac{8b}{12}a^3$

当悬臂梁的荷载、跨长相同时，B截面的挠度与梁的截面惯性矩的值成反比，所以：

$$V_{B1}/V_B = I_z/I_{z1} = \frac{1}{8}$$

答案：A

68. 解 三向应力状态下的最大切应力所在平面应该与第一主应力σ_1和第三主应力σ_3所在平面成$45°$，与z轴平行，法向与x轴成$45°$。

答案：C

69. 解 根据强度理论和弯扭组合变形的公式，可知直径为d的等直圆杆，在危险截面上同时承受弯矩M和扭矩T，按第三强度理论，其相当应力$\sigma_{eq3} = \frac{32\sqrt{M^2+T^2}}{\pi d^3}$。

答案：A

70. 解 由压杆临界力的公式$P_{cr} = \frac{\pi^2 EI}{(\mu l)^2}$可知，当$EI$、$L$相同时，两端约束越弱，长度因数$\mu$越大，临界力$P_{cr}$越小，压杆越容易失稳。

选项A，两端铰支，$\mu = 1$。

选项B，一端铰支、一端固定，$\mu = 0.7$。

选项C，一端固定、一端自由，$\mu = 2$。

选项D，两端固定，$\mu = 0.5$。

可见选项C压杆的μ最大、临界力最小，最先失稳。

答案：C

71. 解 空气的黏性，也被称为动力黏性系数，$\mu = \frac{1}{3}\rho vl$，其中v是气体分子运动的平均速度，l是分子平均自由程，ρ是气体密度。温度升高，气体分子运动加剧，分子运动速度增大，平均自由程也增大。虽然温度升高使得体积增大、密度减小，但空气密度减小的程度低于分子运动速度和平均自由程增大的程度，因此，气体的动力黏性系数随温度的升高而增大。

如果本题问的是运动黏性系数v，由于$v = \frac{\mu}{\rho} = \frac{1}{3}vl$，同上分析，运动黏性系数不受密度的影响，随温度的升高而增大。

答案：A

72. 解 水箱底部A点的绝对压强为$p'_A = p_0 + \rho gh = 50 + 1 \times 9.8 \times 2 = 69.6\text{kPa}$，真空度$p_v = p_a - p' = 101 - 69.6 = 31.4\text{kPa}$。

答案：B

73. 解 欧拉法是一种空间场的方法，研究某一固定空间内流动参数的分布随时间变化的情况，而不是跟踪每个质点的流动参数或轨迹。研究每个质点的流动参数或质点轨迹的是拉格朗日方法。

答案：C

74. 解 对两水箱水面写能量方程，可得：$H = h_{w} = h_{w_1} + h_{w_2}$

假定流量为 40L/s，则：

$1 \sim 3$ 管段中的流速 $v_1 = Q/\left(\frac{\pi}{4}d_1^2\right) = 0.04/\left(\frac{\pi}{4} \times 0.2^2\right) = 1.27 \text{m/s}$

$$h_{w_1} = \left(\lambda_1 \frac{l_1}{d_1} + \sum \zeta_1\right)\frac{v_1^2}{2g} = \left(0.019 \times \frac{10}{0.2} + 0.5 + 0.5 + 0.024\right) \times \frac{1.27^2}{2 \times 9.8} = 0.162 \text{m}$$

$3 \sim 6$ 管段中的流速 $v_2 = Q/\left(\frac{\pi}{4}d_2^2\right) = 0.04/\left(\frac{\pi}{4} \times 0.1^2\right) = 5.1 \text{m/s}$

$$h_{w_2} = \left(\lambda_2 \frac{l_2}{d_2} + \sum \zeta_2\right)\frac{v_2^2}{2g} = \left(0.018 \times \frac{10}{0.1} + 0.5 + 0.5 + 1\right) \times \frac{5.1^2}{2 \times 9.8} = 5.042 \text{m}$$

$H = h_{w_1} + h_{w_2} = 0.162 + 5.042 = 5.204\text{m}$，正好与题设水面高差为 5.204m 吻合，故假设正确。

当然，也可以直接假定流量 Q，然后求解关于 Q 的方程。先假定流量的计算方法可以避免进行繁琐的迭代计算。

答案：B

75. 解 根据伯努力方程，$\left(z_1 + \frac{p_1}{\gamma}\right) + \frac{v_1^2}{2g} = \left(z_2 + \frac{p_2}{\gamma}\right) + \frac{v_2^2}{2g} + \left(h_f + h_j\right)$，可知，速度增大时，测压管水头线一般会沿程下降；速度减小时，测压管水头线一般会沿程上升；要保持测压管水头线水平，只需满足 $\frac{v_1^2}{2g} = \frac{v_2^2}{2g} + \left(h_f + h_j\right)$ 即可，这是可能的。因此，三种可能性都有。

答案：D

76. 解 梯形排水沟的水力半径 $R = \frac{A}{\chi}$

过流面积 $A = \frac{(2+8) \times 4}{2} = 20 \text{m}^2$

湿周 $\chi = 8 + 2 \times \sqrt{3^2 + 4^2} = 18 \text{m}$

水力半径 $R = \frac{20}{18} = 1.11 \text{m}$

注意：本题中梯形排水沟的上边宽小于下底宽，即水面的宽度是 2m，计算湿周时不计入湿周的是上边水面宽度（不与边界固体接触）的 2m。

答案：B

77. 解 潜水完全井流量 $Q = 1.36k\frac{H^2 - h^2}{\lg \frac{R}{r}}$，因此 Q 与土体渗透数 k 成正比。

答案：D

78. 解 由沿程水头损失公式：$h_f = \lambda \frac{L}{d} \cdot \frac{v^2}{2g}$，可解出沿程损失系数 $\lambda = \frac{2gdh_f}{Lv^2}$，写成量纲表达式 $\dim\left(\frac{2gdh_f}{Lv^2}\right) = \frac{\text{LT}^{-2}\text{LL}}{\text{LL}^2\text{T}^{-2}} = 1$，即 $\dim(\lambda) = 1$。故沿程损失系数 λ 为无量纲数。

答案：D

79.解 当一段导体在匀强磁场中做匀速切割磁感线运动时，不论电路是否闭合，感应电动势的大小只与磁感应强度B、导体长度L、切割速度v及v与B方向夹角θ的正弦值成正比，即$E = BLv\sin\theta$（θ为B，L，v三者间通过互相转化两两垂直所得的角）。因此，当$\sin\theta = 1$，即$\theta = 90°$时，电动势最大。

答案：B

80.解 含源线性网络对外等效为一个电压源和电阻的串联，外特性不再是欧姆定律。而其他三个选项对外均可以等效为一个电阻，外特性都是欧姆定律。

答案：B

81.解 对n个节点、b条支路的电路，支路电流法方程包括独立的 KCL 方程（$n-1$个）、独立的 KVL 方程（含 VCR、$b-n+1$个）。此电路$n = 3$、$b = 5$，因此独立的 KCL 方程已经列写完毕，应补充 KVL 方程，故选项 A、B 均不正确。选项 C 未计电流源电压，错误。选项 D 正确。

答案：D

82.解 当激励角频率为 1000rad/s 时，由题意可知电路发生并联谐振，其相量图见解图 a)。

题 82 解图

当激励角频率增加到 2000rad/s 时，电阻阻抗不变，而电感、电容阻抗的模分别增大、减小，因此电感、电容的电流分别减小、增大，相量图见解图 b)。

可知：$I_L < 0.1\text{A}$，$I_C > 0.1\text{A}$，$I > I_R$。

答案：A

83.解 由题意可知：$i_1 = \sqrt{2}\sin(\omega t + \varphi_1)\text{A}$，$i_2 = \sqrt{2}\sin(\omega t + \varphi_1 - 45°)\text{A}$

其相量形式为：$\dot{I}_1 = 1.0\angle\varphi_1\text{A}$，$\dot{I}_2 = 1.0\angle(\varphi_1 - 45°)\text{A}$

答案：B

84.解 由题意可知：

有功功率为：$P = I_1^2R_1 + I_2^2R_2 = 1^2 \times 100 + 0.67^2 \times 150 = 167.3\text{W}$

无功功率为：$Q = I_1^2X_L - I_2^2X_C = 1^2 \times 100 - 0.67^2 \times 150 = 32.7\text{var}$

视在功率为：$S = \sqrt{P^2 + Q^2} = \sqrt{167.3^2 + 32.7^2} = 170.46\text{VA}$

答案：D

 2023 年度全国勘察设计注册工程师执业资格考试基础考试（上）——试题解析及参考答案

85. 解 理想变压器，副边负载等效为原边为：$R'_L = \left(\dfrac{N_1}{N_2}\right)^2 R_L$

若在 R_L 上获得最大功率，则：$R'_L = R_s$，得：$\dfrac{R_L N_1^2}{N_2^2} = R_s$

答案：A

86. 解 由于 $2SB_{stp}$ 是常闭触头，按下后，M_2 将断电，停止转动；$2SB_{stp}$ 再抬起后，M_2 供电正常，正常转动。

答案：A

87. 解 信号可观测；信息可度量、可识别、可转换、可存储、可传递、可再生、可压缩、可利用、可共享。

答案：B

88. 解 $D_1 = (11)_{16} = 1 \times 16^1 + 1 \times 16^0 = 17$

$D_2 = (21)_8 = 2 \times 8^1 + 1 \times 8^0 = 17$

答案：A

89. 解 数字信号，是指自变量是离散的、因变量也是离散的信号，这种信号的自变量用整数表示，因变量用有限数字中的一个数字来表示。

数字信号与离散时间信号的区别在因变量。离散时间信号的自变量是离散的、因变量是连续的，其自变量用整数表示，因变量用与物理量大小相对应的数字表示。离散时间信号的大小用有限位二进制数表示后，就是数字信号。

因此，数字信号是特殊的时间信号。

答案：D

90. 解 根据傅里叶分解，方波信号 $u(t) = \dfrac{4U_m}{\pi}\left(\sin\omega_1 t + \dfrac{1}{3}\sin 3\omega_1 t + \dfrac{1}{5}\sin 5\omega_1 t + \cdots\right)$

则：$U_5 < U_3 < U_1$，且 $\psi_1 = \psi_3 = \psi_5$

答案：C

91. 解 根据题意，放大器工作在饱和区，因此输入电压大于或等于 2V。

答案：D

92. 解 $F = \overline{\overline{AB} + \overline{BC}} + \overline{\overline{AB}} = AB \cdot BC + \overline{AB} = ABC + \overline{AB} = C + \overline{AB}$

答案：B

93. 解 若 D_3 反接，在输入电压为正半周期时，D_1 和 D_3 均导通，电压源被短路，出现事故。

答案：A

94. 解 三极管处在放大区时，等效电路图为选项 B。

答案：B

95. 解　由图可以看出：$F_1 = \overline{A+1} = 0$；$F_2 = \overline{(B \oplus 1)} = B$

答案：A

96. 解　由于$K=1$，则$J=0$时，$Q_{n+1}=0$；$J=1$时，$Q_{n+1}=\overline{Q}^n$。由解图知，第一个时钟脉冲下降沿后$Q=1$，第二个时钟脉冲下降沿后$Q=0$。

题96解图

答案：C

97. 解　按照内部逻辑结构的不同，计算机可分为 CISC（复杂指令系统计算机）和 RISC（精简指令系统计算机）两类。复杂指令系统计算机的特点就是指令数目多而且复杂，每条指令的字节长度不等。精简指令系统计算机的特点是执行指令数目较少，能够以更快的速度执行操作，每条指令采用相等的字节长度。

答案：C

98. 解　CPU 主要由运算器和控制器两部分组成。

答案：B

99. 解　操作系统在计算机系统中占据着一个非常重要的地位，它不仅是硬件与所有其他软件之间的接口，而且任何数字电子计算机都必须在其硬件平台上装载相应的操作系统，才能构成一个可以协调运转的计算机系统，因此它是一个核心系统软件。

答案：A

100. 解　分时操作系统，是在一台计算机系统中可以同时连接多个近程或多个远程终端，把 CPU 时间划分为若干个时间片，由 CPU 轮流为每个终端服务。分时操作系统的特点是具有同时性、交互性和独占性。

答案：D

101. 解　二进制数 10100000.11 转换成十进制数是 160.75，八进制数 240.6 转换成十进制数是 160.75，十六进制数 A0.F 转换成二进制数为 10100000.1111（转换成十进制数为 106.9375），可以直观判断比选项 A、B 均大，因此最小的是十进制数 160.5。

答案：C

102. 解 图像的最小构成单位是像素。计算机显示屏幕上的最大显示区域是由水平和垂直方向的像素个数相乘得出的。因此，总像素数量即为图像的分辨率。

答案：D

103. 解 一般将计算机病毒分成引导区型、文件型、混合型和宏病毒型4种类型。

答案：C

104. 解 一条计算机指令通常包含操作码和操作数。操作码决定了计算机应该执行哪种基本的硬件操作，例如加法、减法或数据传送等。操作数是与操作码一起使用的数字、字符或地址，表示要进行操作的对象。

答案：B

105. 解 网络软件是指用于构建和维护计算机网络的软件，主要包括网络操作系统、网络协议和网络应用软件。

办公自动化系统是一种应用软件，主要用于处理和管理文档、电子表格和演示文稿等办公任务，并不是专门为网络而设计的软件。

答案：D

106. 解 在局域网中可以包含一个或多个子网，适用于校园、机关、公司、工厂等有限范围内的计算机。一般属于一个单位所有，易于建立、维护、管理与扩展。

选项 A 不正确。可以跨越长距离，而且可以将两个或多个局域网和/或主机连接在一起的网络是广域网。广域网的拓扑结构要比局域网复杂得多，通常是由大量的点到点连接构成的网状结构。在广域网中，用户通常无法拥有建立广域连接所需要的所有技术设备和通信设施，只能由第三方通信服务商（如电信部门）提供。

选项 C 不正确。在局域网中，用户可以通过自备的网络设备来构建网络连接，这些设备可能包括路由器、交换机、网卡等。因此，说所需的技术设备和通信设施只能由第三方提供并不准确。

选项 D 不正确，因为随着技术的发展，局域网的速度已经可以远超过2Mbit/s，特别是高速局域网，其速率可以达到100Mbit/s。

答案：B

107. 解 本题为永久性建筑，当 $n \to \infty$ 时，等额支付现值系数 $(P/A, i, n) = 1/i$，即：

$$(P/A, i, n) = \frac{(1+i)^n - 1}{i(1+i)^n} = \frac{1}{i}$$

根据等额支付现值公式，该笔捐款应不少于：

$P = A(P/A, i, n) = 2/8\% = 25$ 万元

答案：C

108.解 增值税是对商品生产、流通、劳务服务中多个环节的新增价值或商品的附加值（增值额）征收的一种流转税。增值税是价外税，价外税是指增值税纳税人不计入货物销售价格中，而在增值税纳税申报时，按规定计算缴纳的增值税。增值税应纳税额一般按生产流通或劳务服务各个环节的增值额乘以增值税率计算。目前我国建筑企业一般纳税人的增值税税率为9%。

答案： C

109.解 与借款类似，企业发行债券筹集资金所支付的利息计入税前成本费用，同样可以少交一部分所得税。企业发行债券的筹资费用较高，通常计算其资金成本时应予以考虑，但本题不考虑发行债券的筹资费用，其资金成本率可按下式计算：

$$K = R \times (1 - T) = 8\% \times (1 - 25\%) = 6\%$$

答案： B

110.解 静态投资回收期指在不考虑资金时间价值的条件下，以项目的净收益（包括利润和折旧）回收全部投资所需要的时间。由于静态投资回收期不考虑资金时间价值，因此计算静态投资回收期不需要根据基准收益率进行折现，而是通过计算累计净现金流量确定静态投资回收期，累计净现金流量为零的年限即为静态投资回收期。

答案： D

111.解 内部收益率是使项目净现值为零时的折现率。对于常规项目投资方案，参考项目的净现值函数曲线图可知，当利率i小于内部收益率IRR时，净现值为正值；当利率i大于内部收益率IRR时，净现值为负值。本题利率为16%、18%时，净现值分别为正值和负值，因此内部收益率应在16%～18%之间。

答案： C

112.解 敏感度系数是指项目评价指标变化的百分率与不确定性因素变化的百分率之比，表示项目方案评价指标对不确定因素的敏感程度。在敏感性分析图中，直线的斜率反映了项目经济效果评价指标对该不确定因素的敏感程度，斜率的绝对值越大，敏感度越高。

答案： A

113.解 对于收益相同的互斥方案，寿命期相同的方案可用费用现值法或费用年值法进行方案比选，寿命期不同的方案可用费用年值法进行方案比选。

本题甲、乙方案寿命期均为5年，但甲方案的费用现值较高，可先淘汰；丙、丁方案寿命期均为10年，但丙方案的费用现值较高，也可先淘汰。用费用年值法比较乙方案和丁方案，由于$(A/P, i, n) = 1/(P/A, i, n)$，故乙方案和丁方案的费用年值分别为：

$$AC_{\text{乙}} = PC_{\text{乙}}/(P/A, i, n) = 312 \div 3.7908 = 82.30 \text{ 万元}$$

$$AC_丁 = PC_丁 / (P/A, i, n) = 553 \div 6.1446 = 90.90 \text{万元}$$

由于乙方案的费用年值较低，故应选择乙方案。

或：根据 $PC = AC(P/A, i, n)$，可得乙方案和丁方案的费用年值：

$PC_乙 = AC_乙(P/A, 10\%, 5)$，$312 = AC_乙 \times 3.7908$，$AC_乙 = 82.30$万元

同理可得：$AC_丁 = 90.90$万元

乙方案的费用年值较低，应选择乙方案。

答案：B

114. 解 价值工程对象选择的方法有因素分析法、ABC 分析法、价值系数法、百分比法、最合适区域法等。ABC 分析法是一种通过对产品或工程的功能、技术、成本和效益进行分析和评估来确定最具改进潜力和价值的对象的方法。

决策树分析法是一种运用概率与图论中的树对决策中的不同方案进行比较，从而获得最优方案的风险型决策方法。

净现值法是通过计算、比较不同投资项目的净现值来选择最佳方案的一种经济比选方法。

目标成本法是一种以市场导向，对有独立制造过程的产品进行利润计划和成本管理的方法。

决策树法、净现值法、目标成本法都不是价值工程对象的选择方法。

答案：D

115. 解 《中华人民共和国建筑法》第三十二条规定，建筑工程监理应当依照法律、行政法规及有关的技术标准、设计文件和建筑工程承包合同，对承包单位在施工质量、建设工期和建设资金使用等方面，代表建设单位实施监督。而施工成本不属于监理的范畴，因此选项 D 是正确答案。

答案：D

116. 解 《中华人民共和国安全生产法》第六十三条规定，负有安全生产监督管理职责的部门依照有关法律、法规的规定，对涉及安全生产的事项需要审查批准（包括批准、核准、许可、注册、认证、颁发证照等，下同）或者验收的，必须严格依照有关法律、法规和国家标准或者行业标准规定的安全生产条件和程序进行审查；不符合有关法律、法规和国家标准或者行业标准规定的安全生产条件的，不得批准或者验收通过。对未依法取得批准或者验收合格的单位擅自从事有关活动的，负责行政审批的部门发现或者接到举报后应当立即予以取缔，并依法予以处理。对已经依法取得批准的单位，负责行政审批的部门发现其不再具备安全生产条件的，应当撤销原批准。

答案：C

117. 解 《中华人民共和国招标投标法》第二十九条规定，投标人在招标文件要求提交投标文件的截止时间前，可以补充、修改或者撤回已提交的投标文件，并书面通知招标人。补充、修改的内容为投

标文件的组成部分。"开标前 10 分钟又提交了一份补充文件"符合本条规定,故选项 A 正确,选项 C、D 错误。

《中华人民共和国招标投标法》第三十四条规定,开标应当在招标文件确定的提交投标文件截止时间的同一时间公开进行;开标地点应当为招标文件中预先确定的地点。因补充文件是在开标前 10 分钟提交的,非开标时间,故选项 B 错误。

答案:A

118.解 《中华人民共和国民法典》第五百零九条规定,当事人应当按照约定全面履行自己的义务。当事人应当遵循诚信原则,根据合同的性质、目的和交易习惯履行通知、协助、保密等义务。当事人在履行合同过程中,应当避免浪费资源、污染环境和破坏生态。

答案:A

119.解 《中华人民共和国环境保护法》第十六条规定,国务院环境保护主管部门根据国家环境质量标准和国家经济、技术条件,制定国家污染物排放标准。

答案:D

120.解 《建设工程安全生产管理条例》第十一条规定,建设单位应当将拆除工程发包给具有相应资质等级的施工单位。

建设单位应当在拆除工程施工 15 日前,将下列资料报送建设工程所在地的县级以上地方人民政府建设行政主管部门或者其他有关部门备案:

(一)施工单位资质等级证明;

(二)拟拆除建筑物、构筑物及可能危及毗邻建筑的说明;

(三)拆除施工组织方案;

(四)堆放、清除废弃物的措施。

实施爆破作业的,应当遵守国家有关民用爆炸物品管理的规定。

需要报送的资料不包括"需要拆除的理由"。

答案:D

2024 年度全国勘察设计注册工程师执业资格考试基础考试（上）
试题解析及参考答案

1. 解 本题考查极限运算法则、无穷小运算性质和等价无穷小替换定理。

$$\lim_{x \to 0} \frac{2\sin x + x^2 \sin \frac{1}{x}}{(1+x)^x \ln(1-x)} = \lim_{x \to 0} \frac{2\sin x + x^2 \sin \frac{1}{x}}{\ln(1-x)} = \lim_{x \to 0} \frac{2\sin x + x^2 \sin \frac{1}{x}}{-x} \left[\text{利用} x \to 0, \ \ln(1+x) \sim x \right]$$

$$= -\left(\lim_{x \to 0} \frac{2\sin x}{x} + \lim_{x \to 0} x \sin \frac{1}{x} \right) = -2 \ (\text{利用有界函数与无穷小的乘积为无穷小})$$

答案：A

2. 解 本题考查函数连续的定义及利用等价无穷小替换求极限。

函数 $f(x)$ 在 $x = 0$ 处连续当且仅当 $\lim_{x \to 0} f(x) = f(0)$，即

$$f(0) = \lim_{x \to 0} \frac{1 - \sqrt{1-x}}{1 - \sqrt[3]{1-x}} = \lim_{x \to 0} \frac{\frac{1}{2}x}{\frac{1}{3}x} \left[\text{利用} x \to 0, \ (1 + \alpha x)^\mu - 1 \sim \alpha \mu x \right] = \frac{3}{2}$$

答案：C

3. 解 本题考查函数导数的定义。根据函数导数的定义：

$$f'(0) = \lim_{x \to 0} \frac{f(x) - f(0)}{x - 0} = \lim_{x \to 0} \frac{f(0) - 3x + \alpha(x) - f(0)}{x - 0} = \lim_{x \to 0} \frac{-3x + \alpha(x)}{x}$$

$$= \lim_{x \to 0} \left[-3 + \frac{\alpha(x)}{x} \right] = -3$$

答案：D

4. 解 本题考查复合函数高阶导数运算。

利用复合函数求导法：$\dfrac{dy}{dx} = f'[x + \varphi(x)][1 + \varphi'(x)]$

$$\frac{d^2 y}{dx^2} = f''[x + \varphi(x)][1 + \varphi'(x)][1 + \varphi'(x)] + f'[x + \varphi(x)]\varphi''(x)$$

$$= f''[x + \varphi(x)][1 + \varphi'(x)]^2 + f'[x + \varphi(x)]\varphi''(x)$$

答案：B

5. 解 本题考查函数取得极值的必要条件。

极值存在的必要条件：若 $f'(x_0)$ 存在，且 x_0 为 $f(x)$ 的极值点，则 $f'(x_0) = 0$。但逆命题不成立，即若 $f'(x_0) = 0$，但 x_0 不一定是函数 $f(x)$ 的极值点，例如：$f(x) = x^3$，$f'(0) = 0$，但 $x_0 = 0$ 不是 $f(x)$ 的极值点。

答案：C

6. 解 本题考查一元函数的凹凸区间。

利用函数凹凸性判别法则（充分条件）：$f(x)$ 在 $[a, b]$ 上连续，在 (a, b) 内 $f''(x)$ 存在，若 $a < x < b$ 时，$f''(x) > 0$ [或 $f''(x) < 0$]，则曲线为凹（或凸）。

$y' = -xe^{-\frac{x^2}{2}}$，$y'' = -e^{-\frac{x^2}{2}} - xe^{-\frac{x^2}{2}}(-x) = (x^2 - 1)e^{-\frac{x^2}{2}}$，所以当 $x > 1$ 时，$y'' > 0$，曲线是凹的。

答案： C

7. 解 本题考查函数的不定积分的概念及对方程左右两边同时求导的计算技巧。

$$f(x) = \left[\int f(x)\,\mathrm{d}x\right]' = (x^2 e^{-2x} + c)' = 2x e^{-2x} + x^2 e^{-2x}(-2) = 2x(1-x)e^{-2x}$$

答案： A

8. 解 本题考查定积分的第一类换元法，即凑微分。

$$\int_0^{\ln 2} e^x \sqrt{e^x - 1}\,\mathrm{d}x = \int_0^{\ln 2} \sqrt{e^x - 1}\,\mathrm{d}(e^x - 1) = \left[\frac{2}{3}(e^x - 1)^{\frac{3}{2}}\right]_0^{\ln 2} = \frac{2}{3}$$

答案： B

9. 解 本题考查向量的基本概念。

$$\boldsymbol{\alpha} = -\frac{\boldsymbol{\beta}}{|\boldsymbol{\beta}|} = -\frac{1}{\sqrt{1^2 + (-2)^2 + 2^2}}(1, -2, 2) = \left(-\frac{1}{3}, \frac{2}{3}, -\frac{2}{3}\right)$$

答案： A

10. 解 本题考查空间两直线的夹角。

若两直线的方程分别为 $\dfrac{x-x_1}{m_1} = \dfrac{y-y_1}{n_1} = \dfrac{z-z_1}{p_1}$，$\dfrac{x-x_2}{m_2} = \dfrac{y-y_2}{n_2} = \dfrac{z-z_2}{p_2}$，则两直线间夹角的余弦为

$$\cos\theta = \frac{|m_1 m_2 + n_1 n_2 + p_1 p_2|}{\sqrt{m_1^2 + n_1^2 + p_1^2}\sqrt{m_2^2 + n_2^2 + p_2^2}}$$

由题意可知，$\cos\theta = \dfrac{|1\times 2 + (-4)\times(-2) + 1\times(-1)|}{\sqrt{1^2 + (-4)^2 + 1^2}\sqrt{2^2 + (-2)^2 + (-1)^2}} = \dfrac{9}{9\sqrt{2}} = \dfrac{\sqrt{2}}{2}$，可得 $\theta = \dfrac{\pi}{4}$。

答案： C

11. 解 本题考查二元函数可微分的定义和性质。

选项 A 和选项 B 分别是函数在 $(0,0)$ 点连续和偏导存在，它们可微的必要而非充分的条件，故选项 A 和 B 错误。

由选项 C，$\lim\limits_{(x,y)\to(0,0)} \dfrac{f(x,y)-f(0,0)}{\sqrt{x^2+y^2}} = 0$，取 $y=0$，$\lim\limits_{(x,0)\to(0,0)} \dfrac{f(x,0)-f(0,0)}{|x|} = 0$，可得：

$$f_x(0,0) = \lim_{x\to 0}\frac{f(x,0)-f(0,0)}{x} = \lim_{x\to 0}\frac{f(x,0)-f(0,0)}{|x|}\cdot\frac{|x|}{x} = 0 \quad (\text{无穷小与有界函数乘积为无穷小})$$

同理，取 $x=0$，$\lim\limits_{(0,y)\to(0,0)} \dfrac{f(0,y)-f(0,0)}{|y|} = 0$，可得：

$$f_y(0,0) = \lim_{y\to 0}\frac{f(0,y)-f(0,0)}{y} = \lim_{x\to 0}\frac{f(0,y)-f(0,0)}{|y|}\cdot\frac{|y|}{y} = 0$$

则当 $(x,y)\to(0,0)$ 时，$f(x,y) - f(0,0) - f_x(0,0)\Delta x - f_y(0,0)\Delta y = f(x,y) - f(0,0) = o\left(\sqrt{x^2+y^2}\right)$，所以 $f(x,y)$ 在点 $(0,0)$ 处可微。

选项 D 成立，但不能推得 $f(x,y)$ 在点 $(0,0)$ 处可微。反例：

$$f(x,y) = \begin{cases} 0 & x=0 \\ 0 & y=0 \\ 1 & \text{其他} \end{cases}$$

$$f_x'(x,0) = \lim_{h\to 0}\frac{f(x+h,0)-f(x,0)}{h} = 0,\quad f_x'(0,0) = \lim_{h\to 0}\frac{f(0+h,0)-f(0,0)}{h} = 0$$

满足 $\lim\limits_{x \to 0}[f'_x(x,0) - f'_x(0,0)] = 0$，同理 $\lim\limits_{y \to 0}[f'_y(0,y) - f'_y(0,0)] = 0$。

但显然 $f(x,y)$ 在 $(0,0)$ 点不连续，由可微的必要条件，$f(x,y)$ 在点 $(0,0)$ 处不可微，故选项 D 错误。

答案：C

12. 解 本题考查一阶微分方程的求解。

方法 1： $(1+x^2)\mathrm{d}y + (1+y^2)\mathrm{d}x = 0$ 是一阶可分离变量微分方程，即 $\dfrac{\mathrm{d}y}{1+y^2} = -\dfrac{\mathrm{d}x}{1+x^2}$，两边积分 $\int \dfrac{\mathrm{d}y}{1+y^2} = -\int \dfrac{\mathrm{d}x}{1+x^2}$，可得 $\arctan y + \arctan x = C$。由条件 $y(1)=1$ 可知 $C = \dfrac{\pi}{2}$，选项 A 正确。

方法 2： 排除法，将条件 $f(1)=1$ 代入 4 个选项验证，只有选项 A 正确。

答案：A

13. 解 本题考查常数项级数求和。

级数 $\sum\limits_{n=1}^{\infty}\left(\dfrac{10}{n(n+1)} - \dfrac{10}{3^n}\right) = \sum\limits_{n=1}^{\infty}\dfrac{10}{n(n+1)} - \sum\limits_{n=1}^{\infty}\dfrac{10}{3^n} = 10\sum\limits_{n=1}^{\infty}\left(\dfrac{1}{n} - \dfrac{1}{n+1}\right) - 10\sum\limits_{n=1}^{\infty}\dfrac{1}{3^n}$，其中 $\sum\limits_{n=1}^{\infty}\left(\dfrac{1}{n} - \dfrac{1}{n+1}\right) = \lim\limits_{n \to \infty}\left(1 - \dfrac{1}{2} + \dfrac{1}{2} - \dfrac{1}{3} + \cdots \dfrac{1}{n} - \dfrac{1}{n+1}\right) = \lim\limits_{n \to \infty}\left(1 - \dfrac{1}{n+1}\right) = 1$；$\sum\limits_{n=1}^{\infty}\dfrac{1}{3^n} = \dfrac{\frac{1}{3}}{1-\frac{1}{3}} = \dfrac{1}{2}$，所以级数 $\sum\limits_{n=1}^{\infty}\left(\dfrac{10}{n(n+1)} - \dfrac{10}{3^n}\right) = 10 - 5 = 5$。

答案：B

14. 解 本题考查对弧长的曲线积分的计算。

右半单位圆周 $L:\ x^2 + y^2 = 1 (x \geqslant 0)$ 可写为参数方程：$\begin{cases} x = \cos\theta \\ y = \sin\theta \end{cases}$，$-\dfrac{\pi}{2} \leqslant \theta \leqslant \dfrac{\pi}{2}$，则

$$\int_L x^2 \mathrm{d}s = \int_{-\frac{\pi}{2}}^{\frac{\pi}{2}} \cos^2\theta \cdot \sqrt{(-\sin\theta)^2 + (\cos\theta)^2}\, \mathrm{d}\theta$$

$$= \int_{-\frac{\pi}{2}}^{\frac{\pi}{2}} \cos^2\theta\, \mathrm{d}\theta = 2\int_0^{\frac{\pi}{2}} \cos^2\theta\, \mathrm{d}\theta \ \left(\text{利用对称区间偶函数的性质}\right)$$

$$= 2 \times \dfrac{1}{2} \times \dfrac{\pi}{2} = \dfrac{\pi}{2}$$

$$\text{或} \int_{-\frac{\pi}{2}}^{\frac{\pi}{2}} \cos^2\theta\, \mathrm{d}\theta = \int_{-\frac{\pi}{2}}^{\frac{\pi}{2}} \dfrac{1 + \cos 2\theta}{2}\, \mathrm{d}\theta = \left[\dfrac{\theta}{2} + \dfrac{\sin 2\theta}{4}\right]_{-\frac{\pi}{2}}^{\frac{\pi}{2}} = \dfrac{\pi}{2}$$

答案：C

15. 解 本题考查二重积分交换积分次序。

二次积分 $\int_0^1 \mathrm{d}x \int_x^1 e^{y^2}\, \mathrm{d}y$，若对 y 先积分，被积函数无初等函数表示的原函数，需要交换积分次序再计算，积分区域 $D:\begin{cases} 0 \leqslant x \leqslant 1 \\ x \leqslant y \leqslant 1 \end{cases}$，如解图所示。

交换积分次序，积分区域为 $D:\begin{cases} 0 \leqslant y \leqslant 1 \\ 0 \leqslant x \leqslant y \end{cases}$，则

$$\int_0^1 \mathrm{d}x \int_x^1 e^{y^2}\, \mathrm{d}y = \int_0^1 \mathrm{d}y \int_0^y e^{y^2}\, \mathrm{d}x = \int_0^1 e^{y^2}\, \mathrm{d}y \int_0^y \mathrm{d}x = \int_0^1 y e^{y^2}\, \mathrm{d}y$$

$$= \dfrac{1}{2}\int_0^1 e^{y^2}\, \mathrm{d}y^2 = \left[\dfrac{1}{2}e^{y^2}\right]_0^1 = \dfrac{1}{2}(e-1)$$

题 15 解图

答案：D

16. 解 本题考查二阶常系数线性微分方程的求解。

方法 1: 二阶常系数非齐次微分方程可写成 $y'' - y' = x$，它所对应齐次方程的特征方程为 $r^2 - r = 0$，特征根 $r_1 = 1$，$r_2 = 0$，可得齐次方程的通解为 $Y = C_1 e^x + C_2$。

另一方面，由右端项 $f(x) = x$，可知 $\lambda = 0$ 是对应齐次方程特征单根，所以非齐次方程的特解形式为 $y^* = x(Ax + B)$，A，B 为待定常数。代入非齐次微分方程，得 $y'' - y' = (Ax^2 + Bx)'' - (Ax^2 + Bx)' = -2Ax + 2A - B = x$，通过比较系数有 $A = -\frac{1}{2}$，$B = -1$，所以 $y^* = -\frac{x^2}{2} - x$ 是微分方程的一个特解，可得方程的通解为 $y = y^* + Y = -\frac{x^2}{2} - x + C_1 e^x + C_2$。由此可知，选项 B 正确。

方法 2: 首先选项 D 不是方程通解，排除；其次将剩余三个选项的函数代入微分方程直接验证，可得选项 B 正确。

答案：B

17. 解 本题考查幂级数的收敛域。

幂级数 $\sum\limits_{n=1}^{\infty} (-1)^{n-1} \frac{(x+1)^n}{n}$，令 $y = x + 1$，幂级数 $\sum\limits_{n=1}^{\infty} (-1)^{n-1} \frac{y^n}{n}$ 的收敛半径：

$$R = \lim_{n \to \infty} \left| \frac{a_n}{a_{n+1}} \right| = \lim_{n \to \infty} \left| \frac{(-1)^{n-1} \frac{1}{n}}{(-1)^n \frac{1}{n+1}} \right| = \lim_{n \to \infty} \frac{n+1}{n} = 1$$

当 $y = x + 1 = -1$，即 $x = -2$ 时，级数 $\sum\limits_{n=1}^{\infty} (-1)^{n-1} \frac{(-1)^n}{n} = -\sum\limits_{n=1}^{\infty} \frac{1}{n}$ 发散；当 $y = x + 1 = 1$，即 $x = 0$ 时，级数 $\sum\limits_{n=1}^{\infty} \frac{(-1)^{n-1}}{n}$ 收敛，所以收敛域为 $(-2, 0]$。

答案：C

18. 解 本题考查方程所确定隐函数的偏导数。

设函数 $F(x, y, z) = x + y + z - e^{-(x+y+z)}$，则：

$$F_x = 1 - e^{-(x+y+z)}(-1) = 1 + e^{-(x+y+z)}$$

$$F_y = 1 - e^{-(x+y+z)}(-1) = 1 + e^{-(x+y+z)}$$

$$F_z = 1 - e^{-(x+y+z)}(-1) = 1 + e^{-(x+y+z)}$$

则 $\frac{\partial z}{\partial x} = -\frac{F_x}{F_z} = -1$，$\frac{\partial z}{\partial y} = -\frac{F_y}{F_z} = -1$，选项 A 错误。

$\frac{\partial^2 z}{\partial x^2} = \frac{\partial}{\partial x}\left(\frac{\partial z}{\partial x}\right) = \frac{\partial}{\partial x}(-1) = 0$，$\frac{\partial^2 z}{\partial y^2} = \frac{\partial}{\partial y}\left(\frac{\partial z}{\partial y}\right) = \frac{\partial}{\partial y}(-1) = 0$，选项 B 错误。

$\frac{\partial^2 z}{\partial x \partial y} = \frac{\partial}{\partial y}\left(\frac{\partial z}{\partial x}\right) = \frac{\partial}{\partial y}(-1) = 0$，$\frac{\partial^2 z}{\partial y \partial x} = \frac{\partial}{\partial x}\left(\frac{\partial z}{\partial y}\right) = \frac{\partial}{\partial x}(-1) = 0$，选项 C 正确、选项 D 错误。

答案：C

19. 解 本题考查矩阵与行列式的基本计算。由于 $AA^* = |A|I$，所以 $|AA^*| = |A|^n = a^n$。

答案：A

20. 解 本题考查线性无关的定义及矩阵的初等变换。

方法 1： 由于线性无关，所以

令 $\boldsymbol{A} = (\boldsymbol{\alpha}_1, \boldsymbol{\alpha}_2, \boldsymbol{\alpha}_3)$，则 $|\boldsymbol{A}| \neq 0$。

$$|\boldsymbol{A}| = |\boldsymbol{\alpha}_1, \boldsymbol{\alpha}_2, \boldsymbol{\alpha}_3| = \begin{vmatrix} 2 & 0 & 3 \\ 1 & 1 & 1 \\ -1 & 3 & a \end{vmatrix} \xrightarrow[r_3 + r_2]{r_1 + (-2)r_2} \begin{vmatrix} 0 & -2 & 1 \\ 1 & 1 & 1 \\ 0 & 4 & a+1 \end{vmatrix}$$

按第一列展开

$$\xrightarrow{\hspace{2cm}} (-1)^{2+1} \begin{vmatrix} -2 & 1 \\ 4 & a+1 \end{vmatrix} = (2a+6) \neq 0$$

故 $a \neq 3$。

方法 2：由于线性无关，

令 $\boldsymbol{A} = (\boldsymbol{\alpha}_1, \boldsymbol{\alpha}_2, \boldsymbol{\alpha}_3)$，则 $r(\boldsymbol{A}) = 3$。

对 $\boldsymbol{A} = (\boldsymbol{\alpha}_1, \boldsymbol{\alpha}_2, \boldsymbol{\alpha}_3) = \begin{bmatrix} 2 & 0 & 3 \\ 1 & 1 & 1 \\ -1 & 3 & a \end{bmatrix}$ 进行初等行变换，即

$$\boldsymbol{A} = (\boldsymbol{\alpha}_1, \boldsymbol{\alpha}_2, \boldsymbol{\alpha}_3) = \begin{bmatrix} 2 & 0 & 3 \\ 1 & 1 & 1 \\ -1 & 3 & a \end{bmatrix} \xrightarrow{r_1 \leftrightarrow r_2} \begin{bmatrix} 1 & 1 & 1 \\ 2 & 0 & 3 \\ -1 & 3 & a \end{bmatrix}$$

$$\xrightarrow[r_3 + r_1]{r_2 + (-2)r_1} \begin{bmatrix} 1 & 1 & 1 \\ 0 & -2 & 1 \\ 0 & 4 & a+1 \end{bmatrix} \xrightarrow{r_3 + 2r_2} \begin{bmatrix} 1 & 1 & 1 \\ 0 & -2 & 1 \\ 0 & 0 & a+3 \end{bmatrix}$$

当 $a + 3 \neq 0$ 时，秩 $r(\boldsymbol{A}) = 3$，故 $a \neq 3$。

答案：C

21. 解　本题考查相似矩阵的定义与应用。

方法 1： 已知矩阵 $\boldsymbol{A} = \begin{bmatrix} 2 & 0 & 0 \\ 0 & a & 2 \\ 0 & 2 & 3 \end{bmatrix}$ 与矩阵 $\boldsymbol{B} = \begin{bmatrix} 1 & 0 & 0 \\ 0 & 2 & 0 \\ 0 & 0 & b \end{bmatrix}$ 相似，由相似矩阵的性质知

$|\boldsymbol{A}| = |\boldsymbol{B}|$ 且 $\mathrm{tr}(\boldsymbol{A}) = \mathrm{tr}(\boldsymbol{B})$

$|\boldsymbol{A}| = \begin{vmatrix} 2 & 0 & 0 \\ 0 & a & 2 \\ 0 & 2 & 3 \end{vmatrix} = \begin{vmatrix} 1 & 0 & 0 \\ 0 & 2 & 0 \\ 0 & 0 & b \end{vmatrix} = |\boldsymbol{B}|$，可知 $6a - 8 = 2b$ ①

由 $\mathrm{tr}(\boldsymbol{A}) = \mathrm{tr}(\boldsymbol{B})$ 可知 $5 + a = 3 + b$ ②

由式①、式②知 $a = 3$，$b = 5$。

方法 2： 已知矩阵 $\boldsymbol{A} = \begin{bmatrix} 2 & 0 & 0 \\ 0 & a & 2 \\ 0 & 2 & 3 \end{bmatrix}$ 与矩阵 $\boldsymbol{B} = \begin{bmatrix} 1 & 0 & 0 \\ 0 & 2 & 0 \\ 0 & 0 & b \end{bmatrix}$ 相似，由相似矩阵的性质知

$\mathrm{tr}(\boldsymbol{A}) = \mathrm{tr}(\boldsymbol{B})$，可得 $5 + a = 3 + b$ ⊛

把 4 个选项分别代入式⊛中验证，可知只有选项 D 满足等式。

答案：D

22. 解　本题考查概率的基本计算公式。由概率的加法公式和事件独立的定义知：

$$P(A \cup B) = P(A) + P(B) - P(AB) = P(A) + P(B) - P(A)P(B)$$

代入 $P(A) = \dfrac{1}{3}$，$P(A \cup B) = \dfrac{1}{2}$，有

$$\frac{1}{2} = \frac{1}{3} + P(B) - \frac{1}{3}P(B) = \frac{1}{3} + \frac{2}{3}P(B)$$

可得 $P(B) = \dfrac{1}{4}$

答案：C

23. 解　本题考查随机变量的数学期望和方差的计算公式。由随机变量的数学期望的性质和方差的性质知：

$E\left(\frac{X^2}{2}-1\right)=E\left(\frac{X^2}{2}\right)-1=2$，$\frac{E(X^2)}{2}=3$，$E(X^2)=6$，由 $D\left(\frac{X}{2}-1\right)=\frac{D(X)}{4}=\frac{1}{2}$，有 $D(X)=2$。

由 $D(X)=E(X^2)-[E(X)]^2$，得 $[E(X)]^2=E(X^2)-D(X)=6-2=4$

由于 $E(X)$ 为一非负值，故 $E(X)=2$。

答案：B

24. 解　本题考查边缘概率密度的基本概念和基本计算。由边缘概率密度计算公式 $f_X(x)=\int_{-\infty}^{+\infty}f(x,y)\,\mathrm{d}y$ 知，

当 $0<x<1$ 时，$f_X(x)=\int_{-\infty}^{+\infty}f(x,y)\,\mathrm{d}y=\int_0^x 4x^2\,\mathrm{d}y=4x^2y\big|_0^x=4x^3$，

当 $-\infty<x\leqslant0$ 和 $1\leqslant x<+\infty$ 时，$f_X(x)=\int_{-\infty}^{+\infty}f(x,y)\,\mathrm{d}y=\int_{-\infty}^{+\infty}0\,\mathrm{d}y=0$，

故 $f_X(x)=\begin{cases}4x^3,&0<x<1\\0,&\text{其他}\end{cases}$

题24解图

答案：A

25. 解　温度是分子平均平动动能的量度，$\overline{\omega}=\frac{3}{2}kT$。若温度相等，则两种气体分子的平均平动动能相等。而分子的平均动能 $\overline{\varepsilon}=\frac{i}{2}kT$，因氦气和氧气两种气体分子的自由度不同，$i_{氦气}=3$，$i_{氧气}=5$，故 $\overline{\varepsilon}$ 不相等。

答案：C

26. 解　最概然速率是指 $f(v)$ 曲线极大值处相对应的速率值，选项 A 不正确；

平均速率是指一定量气体分子速率的算术平均值，选项 B 不正确；

方均根速率是指一定量气体分子速率二次方平均值的平方根，选项 C 不正确；

麦克斯韦速率分布曲线下的面积为该速率区间分子数占总分子数的百分比。由归一化条件 $\int_0^\infty f(v)\,\mathrm{d}v=1$，等于曲线下的总面积，因 A、B 两部分面积相等，即各占 50%，故速率大于和小于 v_0 的分子数各占一半，选项 D 正确。

答案：D

27. 解　由 $\overline{Z}=\sqrt{2}n\pi d^2\overline{v}$，$\overline{v}=1.6\sqrt{\frac{RT}{M}}$，$\overline{\lambda}=\frac{\overline{v}}{\overline{Z}}=\frac{1}{\sqrt{2}n\pi d^2}$ 可知，体积不变的条件下，单位体积分子数不变，当温度降低时，$\overline{v}$ 减小，$\overline{Z}$ 减小，但 $\overline{\lambda}$ 不变。

答案：A

28. 解　一定量的理想气体由平衡态 a 到平衡态 b，温度升高，压强增大，既不是等温过程也不是等压过程。由理想气体状态方程：$pV=\frac{m}{M}RT$，图中 $p\text{-}T$ 呈线性关系，V 为常数，可判断这是一个等体过程，

即等体吸热过程。

答案： B

29. 解 净功＝曲线所包围的面积，由两个循环曲线所围面积相等，可知两循环在每次循环中对外做的净功相等。此为热机循环曲线的性质。选项 D 正确。

答案： D

30. 解

方法 1： 简谐振动速度公式为 $v = \dfrac{\mathrm{d}y}{\mathrm{d}t}$，对 $y = A\cos 2\pi\left(vt - \dfrac{x}{\lambda}\right)$ 求导，可得 $v = -2\pi vA\sin 2\pi\left(vt - \dfrac{x}{\lambda}\right)$

在 $t = \dfrac{1}{v}$ 时刻，$x_1 = \dfrac{3\lambda}{4}$ 与 $x_2 = \dfrac{\lambda}{4}$ 两点处质元的速度分别为：

$$v_1 = -2\pi vA\sin 2\pi\left(v\frac{1}{v} - \frac{3\lambda}{4\lambda}\right) = -2\pi vA$$

$$v_2 = -2\pi vA\sin 2\pi\left(v\frac{1}{v} - \frac{\lambda}{4\lambda}\right) = 2\pi vA$$

则 $v_1 : v_2 = -1$

方法 2： 由波动方程的波程差与相位差关系：

$$\Delta\varphi = \frac{2\pi(\Delta x)}{\lambda} = \frac{2\pi\left(\frac{3\lambda}{4} - \frac{\lambda}{4}\right)}{\lambda} = \pi$$

两点质元的波程差为 $\dfrac{\lambda}{2}$，相位差为 π，则两质元速度及运动状态相反，即速度比为 -1。

答案： A

31. 解 由波动的能量特征知，媒质质元的振动动能和弹性势能都做周期性变化，是同相的（选项 B 错误），同时达到最大、最小，并且数值相等（选项 C 错误），质元的总机械能不守恒（选项 A 错误）。媒质质元在平衡位置处速率最大，振动动能最大，弹性势能亦最大（选项 D 正确）。

答案： D

32. 解 两相干波的条件为频率相同、振动方向相同、相位差恒定。两相干波的表达式分别为：

$$y_1 = A\cos\left[2\pi\left(vt - \frac{x_1}{\lambda}\right) + \phi_{01}\right]$$

$$y_2 = A\cos\left[2\pi\left(vt - \frac{x_2}{\lambda}\right) + \phi_{02}\right]$$

已知 S_1 的相位比 S_2 的相位超前 $\dfrac{\pi}{2}$，则两相干波在 P 点叠加相位差为：

$$\Delta\varphi = \phi_{02} - \phi_{01} - \frac{2\pi}{\lambda}(r_2 - r_1) = -\frac{\pi}{2} - \frac{2\pi}{\lambda}\cdot\frac{\lambda}{4} = -\pi$$

可知 S_1 外侧各点两波引起的两谐振动的相位差是 π。

答案： C

33. 解 两相干波的条件为频率相同、振动方向相同、相位差恒定。

答案： A

34. 解 如解图所示，牛顿环为等厚干涉，球面与下平板玻璃上表面两反射

光的光程差为：

$$\delta = 2d + \frac{\lambda}{2} = (2k+1) \cdot \frac{\lambda}{2}(暗纹条件)$$

因此，当 $k=4$ 时，$d=2\lambda=1200\mathrm{nm}$。

答案：B

题 34 解图

35. 解 波阵面 S 上每一个面元都可以看成是新的振动中心，它们发出次波，

在空间某一点 P 的光振动是所有这些子波在该点的振动的相干叠加。

答案：D

36. 解 加入介质薄膜，光程差的改变量 $\Delta\delta = 2nd - 2d = 2(n-1)d = \lambda$，所以薄膜厚度 $d = \frac{\lambda}{2(n-1)}$。

答案：D

37. 解 四个量子数的物理意义分别为：

主量子数 n：①代表电子层；②代表电子离原子核的平均距离；③决定原子轨道的能量。

角量子数 l：①表示电子亚层；②确定原子轨道形状；③在多电子原子中决定亚层能量。

磁量子数 m：①确定原子轨道在空间的取向；②确定亚层中轨道数目。

自旋量子数 m_s：决定电子自旋方向。

答案：D

38. 解 偶极矩等于零的是非极性分子，偶极矩不等于零的为极性分子。分子是否有极性，取决于整个分子中正负电荷中心是否重合。NF_3 和 NH_3 中的 N 为不等性 $\mathrm{sp^3}$ 杂化，两个分子的空间构型均为三角锥形，正负电荷中心不重合，为极性分子；CH_3Cl 中的 C 为 $\mathrm{sp^3}$ 杂化，CH_3Cl 为 CH_4 中的一个 H 被 Cl 取代，正负电荷中心不重合，为极性分子；BBr_3 与 BF_3 类似，其中 B 为 $\mathrm{sp^2}$ 杂化，分子的空间构型为平面三角形，正负电荷中心重合，为非极性分子。

答案：B

39. 解 HCl 气体溶解于水时既存在物理变化又存在化学变化。HCl 向水中扩散的过程是物理变化，HCl 在水中解离生成 H^+ 和 Cl^- 以及 H^+ 与水结合成 H_3O^+ 的过程均为化学变化。

答案：C

40. 解 若溶液中含有多种离子，加入沉淀剂时，离子积先超过 K_{sp} 的离子先沉淀，后超过者后沉淀。这种先后沉淀的现象叫分布沉淀。

答案：C

41. 解 反应速率方程为 $v = kC_A^a \cdot C_B^b$，k 为反应速率常数，$k = \frac{1}{C_A^a \cdot C_B^b}v$。$k$ 的量纲为 $[c]^{1-(a+b)}[t]^{-1}$，对

于零级反应，k 的量纲为 $\mathrm{mol \cdot L^{-1} \cdot s^{-1}}$，一级反应 k 的量纲为 $\mathrm{s^{-1}}$，二级反应 k 的量纲为 $\mathrm{mol^{-1} \cdot L \cdot s^{-1}}$，反应速率常数的量纲与反应级数有关。

答案：C

42.解 平衡常数是可逆反应进行程度的特征常数，是温度的函数，与反应物的浓度、反应压力以及催化剂没有关系。

答案：D

43.解 电极电势与物质的本性、物质的浓度、温度有关。对某一电对而言，浓度的影响可用能斯特方程表示：

$$\varphi = \varphi^{\Theta} + \frac{0.059}{n} \lg \frac{C_{\text{氧化型}}^a}{C_{\text{还原型}}^b}$$

由能斯特方程可知，电对中氧化型物质的浓度增大时，电对的电极电势也增大；电对中氧化型物质生成沉淀时，电对的电极电势减小；有 H^+ 或 OH^- 参与的电极反应中，H^+ 和氧化型在一边，OH^- 和还原型在一边，所以溶液酸性越强，则电对的电极电势越大。

答案：D

44.解 分子中有几种不同化学环境的H，自由基氯代反应中就生成几种一氯代物。选项 A 含有 3 个甲基，在自由基氯代反应中生成 5 种一氯代物；选项 B 含有 4 个甲基，在自由基氯代反应中生成 2 种一氯代物；选项 C 含有 2 个甲基，在自由基氯代反应中生成 3 种一氯代物；选项 D 含有 3 个甲基，在自由基氯代反应中生成 4 种一氯代物。

答案：D

45.解 含有不饱和官能团才能发生加成反应，只有选项 B 中没有不饱和官能团，故不能发生加成反应。且选项 B 中只有一个官能团，与题目中的不同基团相矛盾。

选项 C 中，乙烯基可以发生氧化反应，羧基可以和氢气发生加成反应。

答案：B

46.解 现代三大高分子合成材料是合成纤维、塑料、合成橡胶。

答案：C

47.解 物体在力系作用下，保持平衡状态时，此力系称为平衡力系，平衡力系只是不能改变刚体的运动状态，而对考虑变形的其他物体而言，加或减平衡力系都会改变物体的形状和体积，所以加减平衡力系公理只适用于刚体。

答案：A

48.解 主矢：$F_R = F_1 + F_2 + F_3 = (40 - 10)i - 40j = 30i - 40j \,(\mathrm{N})$

主矩：$M_O = M + F_1 \times 3 + F_2 \times 3 + F_3 \times 3 = 300\text{N} \cdot \text{m}$

经简化，主矢和主矩均不为零，故该力系向O点简化的结果为一力和一力偶。

答案： B

49. 解 取圆盘为研究对象，受力见解图，对E点取矩列平衡方程：

$$\sum M_E = 0, \quad F_D r \cos\alpha - F_p r \sin\alpha = 0$$

解得$F_D = F_p$，方向如解图所示。

答案： B

题 49 解图

50. 解 零杆的判断方法如下：

①看两杆节点上有没有荷载，不在同一条直线上的两杆节点上若没有荷载作用，则两杆均为零杆；

②对称桁架在对称荷载作用下，对称轴上的K形结点若无荷载，则该结点上的两根斜杆为零杆；

③无荷载的三杆结点，若两杆在一直线上，则第三杆为零杆；

④对称桁架在反对称荷载作用下，与对称轴重合或者垂直相交的杆件为零杆；

⑤不共线的两杆结点，若荷载沿一杆作用，则另一杆为零杆。

综上，如解图所示，杆 1、杆 2 和最下面的斜杆 3 是零杆。

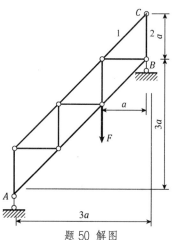

题 50 解图

答案： B

51. 解 将$t = 0$代入加速度方程，可得$a = 20\text{m/s}^2$

答案： A

52. 解 点的速度$v = 6t$，$t = 2\text{s}$末时$v = 12\text{m/s}$，点的法向加速度：

$$a_n = \frac{v^2}{R} = \frac{12^2}{3} = 48\text{m/s}^2$$

答案： A

53. 解 AB杆为平行移动刚体，物块M与杆AB固连，因此其上M点的速度和切向加速度与A点相同，$v_M = v_A = r\omega$，$a_M^\tau = a_A^\tau = r\varepsilon$。

答案： C

54. 解 物块A与B有相同的加速度a，设绳中张力为F_T，A与桌面间的摩擦力为F，分别列出A与B的运动微分方程：

$$m_A a = F_T - F, \quad m_B a = m_B g - F_T$$

取$g = 9.8\text{m/s}^2$，$F = m_A g f = 40 \times 9.8 \times 0.15 = 58.8\text{N}$

将数值代入并求解，得：

$$F_T = 104N$$

答案：C

55.解 做功的力有主动力 100N 的水平分量和滑动摩擦力。

主动力的水平分量为 $100\cos 20°$N，摩擦力为 $(8 \times 9.8 + 100\sin 20°) \times 0.3$，则：

$$\sum W = [100\cos 20° - (8 \times 9.8 + 100\sin 20°) \times 0.3] \times 4 = 241N \cdot m$$

答案：D

56.解 应用定轴转动刚体的动量矩定理（或称定轴转动微分方程）：$J_O\alpha = M_O$，即 $\frac{3}{2}mR^2\alpha = mgR$，得 $\alpha = \frac{2g}{3R}$。

答案：D

57.解 当轮心运动到最低位置时，质心 C 的加速度为 $e\omega^2$（法向加速度），方向向上（指向转动轴），根据达朗贝尔原理，在轮心处加上向下的惯性力 $\frac{P}{g}e\omega^2$，则系统在惯性力和重力作用下可视为平衡系统。在 xz 平面内，圆轮在 AB 轴的中间，A、B 轴承约束力相等，分别为惯性力加上重力的一半，即 $\frac{P}{2} + \frac{P}{2g}e\omega^2$。

答案：B

58.解 整理运动微分方程，可得 $\frac{d^2x}{dt^2} + \frac{k}{m}x = \frac{k}{m}x_0\sin\omega t$，所以系统的固有圆频率为 $\sqrt{\frac{k}{m}}$。

答案：A

59.解 材料力学对可变形固体所做的各向同性假设认为：材料内部各点沿各个方向的力学性质是相同的，与外力、变形和位移是否相同无关。

答案：A

60.解 根据轴向拉压杆的平面假设，在 F 力作用下拉杆发生变形，$m\text{-}m$ 和 $n\text{-}n$ 界面之间发生的轴向变形一样，故两线仍平行，斜线的法线与轴线夹角 α 不变。

答案：B

61.解 由受力分析可知梁的两端每个铰链受力为 $\frac{F}{2}$，而每个铰链轴有两个剪切面，故每个剪切面上受到的剪力为 $Q = \frac{F}{4}$，剪切面积即为铰链轴的截面面积 $A = \frac{\pi d^2}{4}$，所以：$\tau = \frac{Q}{A} = \frac{\frac{F}{4}}{\frac{\pi d^2}{4}} = \frac{F}{\pi d^2} \leqslant [\tau]$，即 $d^2 \geqslant \frac{F}{\pi[\tau]}$。

答案：C

62.解 根据扭矩计算的直接法，此题图对应的扭矩图为解图 a)，其最大扭矩为 $4T$；

将 3 轮与 4 轮对调后，见解图 b)，其对应的扭矩图为解图 c)，其最大扭矩为 $2T$。

题 62 解图

题图的最大切应力为：$\tau_{max1} = \dfrac{4T}{W_p}$，对调后的最大切应力为：$\tau_{max2} = \dfrac{2T}{W_p}$

所以 $\tau_{max\,2}/\tau_{max\,1} = 1/2$

答案：B

63. 解 由空心圆截面的抗弯截面模量的公式可知：

$$W_y = \frac{\pi D^3}{32}\left[1 - \left(\frac{d}{D}\right)^4\right] = \frac{\pi 8 d^3}{32}\left(1 - \frac{1}{16}\right) = \frac{15\pi d^3}{64}$$

答案：C

64. 解 由静矩的公式 $S_z = \int_A y\, dA$ 可知：截面对 z 轴的静矩等于 $m\text{-}m$ 线上部分对 z 轴的静矩和 $m\text{-}m$ 线下部分对 z 轴静矩之和，而 z 轴是形心轴，截面对形心轴静矩必为零，所以 $S_z = S_上 + S_下 = 0$，$S_上 = -S_下$。

答案：B

65. 解 根据对称性的规律：结构对称、荷载反对称，则对称的内力（弯矩）是反对称的，而反对称的内力（剪力）是对称的。

答案：B

66. 解 由切应力的计算公式 $\tau = \dfrac{F_S S_z^*}{I_z b}$ 可知：胶合面以上的面积 A^* 对 Z 轴的面积矩为：

$$S_z^* = A^* \times y_0 = ab \times a = a^2 b, \quad I_Z = \frac{b}{12}(3a)^3 = \frac{9}{4}a^3 b$$

而 $F_S = F$，代入上面的公式，即得到 $\tau = \dfrac{4F}{9ab}$。

答案：D

67. 解 $y_a = \dfrac{2PL^3}{3EI_1}$，$y_b = \dfrac{PL^3}{3EI_2}$，所以 $\dfrac{y_a}{y_b} = \dfrac{2I_2}{I_1} = \dfrac{2 \times \frac{b}{12}h^3}{\frac{b}{12}(2h)^3} = \dfrac{1}{4}$

答案：B

68. 解 该平面上的最大正应力一定是主应力，在主应力所在的截面上，其切应力一定为零。

答案：B

69. 解 此题为双向弯曲，弯矩 M_y、M_z 的合弯矩是两者的矢量和，而圆截面对于通过圆心的任意轴

的抗弯截面模量W都相同：$W = \frac{\pi}{32}d^3$

所以

$$\sigma \geqslant \frac{\sqrt{M_y^2 + M_z^2}}{W} = \frac{32}{\pi d^3}\sqrt{M_y^2 + M_z^2}$$

答案：D

70. 解 由细长压杆临界力的欧拉公式$F_{cr} = \frac{\pi^2 EI}{(\mu l)^2}$可知：当压杆的弯曲刚度$EI$相同时，$\mu l$越小，临界力$F_{cr}$越大。

a）图两端铰支：$\mu l = 1 \times 4 = 4$

b）图一端铰支，一端固定：$\mu l = 0.7 \times 6 = 4.2$

c）图两端固定：$\mu l = 0.5 \times 7 = 3.5$

可见c）图临界力最大，b）图临界力最小，故选C。

答案：C

71. 解 根据题意，此为求静止流体中的平面受力问题。如解图所示，矩形平板被水淹没部分的高度为3m。以自由液面为基准，作用在平板上的合力可直接使用平面在静水压力下的合力计算公式，即合力的大小等于平板水下部分形心处的压强乘以水下部分的平板面积，即：

题71解图

$$P = p_c A = \gamma h_c A = 9.8 \times 1.5 \times 3 \times 1 = 44.1\text{kN}$$

答案：C

72. 解 动量方程表征的是力与运动的关系，与流体是否具有黏性无关。对于理想流体，没有黏性切应力，但是动量方程仍然适用。在理想流体中，作用在控制体上的力主要是压力和质量力等，通过动量方程可以分析流体在压力和质量力作用下的动量变化。对于黏性流体，除了压力和质量力外，还有黏性力。这些力同样可以包含在动量方程中的力项$\sum F$中，用来分析流体的动量变化情况。综上，动量方程对于理想流体和黏性流体均适用。

答案：C

73. 解 根据题意，此为大体积水箱供水管路水头损失计算问题。如解图所示，水箱内的流体在自由液面高程H的作用下，克服管路的入口损失和沿程损失，以一定流速从管口流出。当管径远小于水箱断面尺寸时，自由液面的下降速度近似为零。自由液面和管路出口都是均匀过流断面，可列能量方程：

$$z_1 + \frac{p_1}{\rho g} + \frac{a_1 v_1^2}{2g} = z_2 + \frac{p_2}{\rho g} + \frac{a_2 v_2^2}{2g} + h_w$$

其中$z_1 = H$，$z_2 = 0$，$p_1 = p_2 = 0$，$v_1 = 0$，上式可化简为：$h_w = H - \frac{a_2 v_2^2}{2g}$

题 73 解图

由上式可知，管路损失 h_w 与输送液体的密度无关，取决流速与高程差 H。因此，改变液体密度，管路损失不变，即 $h'_w = h_w$。

答案：B

74. 解 此题考查孔口和管嘴出流问题。管嘴和孔口出流的流量公式形式上相同：$Q = A_c v_c = \psi A \sqrt{2gH_0}$，但二者的流速和流量系数不同。孔口出流的流量系数等于流速系数乘以收缩系数，$\psi = 0.60 \sim 0.62$；管嘴出流的流量系数等于流速系数，流速系数增大，流量系数随之增大，$\psi = 0.82$。因此，在直径、作用水头等条件相同的情况下，管嘴出流的流量大是由于流速系数增大所致。

答案：B

75. 解 此题考查长管的自由出流和淹没出流问题。长管的自由出流和淹没出流的流量公式完全相同：$Q = A_c v_c = \mu A \sqrt{2gH_0}$，前者的作用水头是自由液面到出口的高程差，后者的作用水头是上下游液面的高程差。当作用水头不变，出流形式改变时，若公式中的其他项不变，则流量相同。故出流形式变化不影响管路流量。

答案：B

76. 解 此题考查明渠均匀流的水力计算问题。

明渠均匀流流速公式：$v = C\sqrt{RJ} = C\sqrt{Ri}$。其中，谢才系数 $C = \frac{1}{n} R^{\frac{1}{6}}$，代入已知条件可得：

输水流速 $v = \frac{1}{n} R^{\frac{1}{6}} \sqrt{Ri} = \frac{1}{0.01} \times \sqrt{1 \times 0.0008} = 100 \times 0.0283 = 2.83 \text{m/s}$

答案：C

77. 解 此题考查渗流流速计算。渗流流量公式：

$$Q = KA \frac{\Delta H}{l} = KAJ$$

即流量与渗流系数成正比，渗流系数越大，流量越大。

答案：A

78. 解 此题考查相似准则的适用条件。研究有压管流问题使用雷诺准则（黏性力相似），雷诺数反映黏性力与惯性力的比值。弗劳德准则适用于无压重力流，马赫准则适用于可压缩流，欧拉准则是导出准则。

答案：A

79. 解 根据安培环路定律，磁场强度沿磁场中任意一个闭合曲线的线积分为穿过闭合曲线的各电流代数和，与闭合曲线外的电流无关，即 $\oint_L \vec{H} \cdot d\vec{l} = \sum I$。其中，电流方向与积分路径若满足右手定则，则电流取正，反之取负。此图中，I_1 取正，I_2 取负，又因为真空中磁感应强度与磁场强度的关系为 $\vec{B} = \mu_0 \vec{H}$，因此 $\oint_L \vec{B} \cdot d\vec{l} = \mu_0 \sum I = \mu_0 (I_1 - I_2)$。

答案：B

80. 解 由 KCL：$I + I_{s1} + I_{s2} = 0$，得到：$I = -(I_{s1} + I_{s2})$，所以式（1）正确；

由电阻 R_2 的欧姆定律：$U_{R2} = -IR_2 = (I_{s1} + I_{s2})R_2$，所以式（2）正确；

由 KVL，对大回路：$U_{R2} + U_{s3} + I_{s1}R_1 + U_{is} = 0$，此处的 U_{is} 为电流源 I_{s1} 两端的电压，且参考方向为上负下正，所以式（3）错误。

答案：A

81. 解 叠加定理为：对于任意线性电路，由多个独立电源（激励）共同作用所引起的电流或者电压（响应），等于这些独立电源（激励）分别单独作用在此处时所产生的电流或者电压（响应）的代数和。

独立电源单独作用的含义是令其他独立电源为零。具体包括电压源置零是将电压源短路，电流源置零是将电流源开路。

对于本题，根据叠加定理，理想电压源单独作用时，电流源不作用，相当于开路，此时两个电阻 R 串联。电阻串联电路的分压公式为：$u_k = R_k i = \frac{R_k}{R_{eq}} u, k = 1, 2, \cdots, n$。所以本题中电阻 R 的分压 $U = -\frac{R}{R+R} \times 10 = -5V$。

答案：B

82. 解 相量是复数，复数有四种表示方式：

代数形式：$A = a + jb$；

指数形式：$A = re^{j\psi}$；

极坐标形式：$A = r\angle\psi$；

三角形式：$A = r\cos\psi + jr\sin\psi = r(\cos\psi + j\sin\psi)$，相量的模 $r = \sqrt{a^2 + b^2}$，相量幅角 $\psi = \arctan\frac{b}{a}$。

题 82 解图

相量在复平面上可以用矢量表示出其幅值和相位，把这种表示相量的图称为相量图，如解图所示。

由相量图可得到：$1\angle 90° = j$，因此，本题中，将相量 $\dot{i}_2$ 表示为代数形式为：$\dot{i}_2 = 8\angle 90°A = j8A$，所以 $-\dot{i}_1 + \dot{i}_2 = -(8 + j6) + 8\angle 90° = -8 - j6 + j8 = -8 + j2A$。

答案：A

83. 解 三相交流电源是由三个幅值（或最大值）相等，频率相同，彼此间具有 120° 相位差的正弦对称电源组成的供电系统。

选项 A，图示电路为负载星形连接的三相四线制电路，带中线，忽略端线阻抗时，各相独立，可将各相分别看成单相电路计算。即使 $Z_1 \neq Z_2 \neq Z_3$，中线保证了星形联结三相不对称负载的相电压等于电源相电压，是对称的，不会出现中点位移现象。只有不对称负载 Y 联结又未接中性线时，负载相电压不再对称，出现中性点位移，且负载电阻越大，负载承受的电压越高。

选项 B，若将负载改为三角形接法，负载相电压等于电源线电压，由于一般电源线电压对称，因此不论负载是否对称，负载相电压始终对称。

选项 C，若将负载改为三角形接法，无论负载是否对称，三相负载电压都对称。但只有负载对称时，才有线电流等于相电流的 $\sqrt{3}$ 倍，即 $I_l = \sqrt{3}I_p$。当负载不对称时，三个相电流不对称，$I_l \neq \sqrt{3}I_p$。

选项 D，若维持负载星接接法不变，由于存在中线，无论负载是否对称，三相负载电压都等于电源相电压，都有线电压为相电压的 $\sqrt{3}$ 倍，即 $U_l = \sqrt{3}U_p$，因此选 D。

答案：D

84. 解　本题中，电阻 R_1、R_2 和电感 L 是串联关系，电流相等，设 $\dot{I} = I\angle 0^\circ$，相量图如解图所示。
由题意可知，电路总阻抗 $Z = R_1 + R_2 + j\omega L = \sqrt{(R_1 + R_2)^2 + (\omega L)^2}\angle \arctan\frac{\omega L}{R_1 + R_2}$

阻抗角 $\phi = \arctan\frac{\omega L}{R_1 + R_2}$

题 84 解图

则输入电压 $\dot{U}_i$ 为电阻 R_1、R_2 和电感 L 的串联总电压：$\dot{U}_i = \dot{I}Z = I\angle 0^\circ \times \sqrt{(R_1 + R_2)^2 + (\omega L)^2}\angle \arctan\frac{\omega L}{R_1 + R_2} = I\sqrt{(R_1 + R_2)^2 + (\omega L)^2}\angle \arctan\frac{\omega L}{R_1 + R_2}$

输出电压为电阻 R_2 的电压：

$$\dot{U}_o = \dot{U}_{R2} = R_2 I\angle 0^\circ$$

根据串联电路分压公式，可以得到：
$$\frac{\dot{U}_o}{\dot{U}_i} = \frac{R_2}{Z} = \frac{R_2}{\sqrt{(R_1 + R_2)^2 + (\omega L)^2}\angle \arctan\frac{\omega L}{R_1 + R_2}} = \frac{R_2}{\sqrt{(R_1 + R_2)^2 + (\omega L)^2}}\angle -\arctan\frac{\omega L}{R_1 + R_2}$$

答案：D

85. 解　变压器变阻抗的原理：变压器一次侧的等效阻抗模为二次侧所带负载的阻抗模的 k^2 倍，即 $|Z'| = \frac{U_1}{I_1} = \frac{kU_2}{\frac{I_2}{k}} = k^2\frac{U_2}{I_2} = k^2|Z|$，如解图所示。

题 85 解图

本题中，开关闭合后，二次侧阻抗 Z 由 R_{L1} 减小为 $R_{L1}//R_{L2}$，则一次侧等效电路的阻抗模 Z' 由 k^2R_{L1} 减小为 $k^2(R_{L1}//R_{L2})$，$\dot{I}_1 = \frac{\dot{U}}{R + Z'}$，所以 I_1 增大。又因为一次、二次侧电流与匝数成反比，所以 $I_2 = kI_1$ 也增大。

答案：A

86. **解** 图中显示 1KM 的常开辅助触点与 2KM 的线圈串联，意味着要使电动机 M_2 投入工作，首先要确保电动机 M_1 已经启动并正常运行，而 1KM 常开辅助触点闭合，需要按下启动按钮 $1SB_{st}$。M_1 启动后，再按下启动按钮 $2SB_{st}$，电动机 M_2 才能工作。

答案：C

87. **解** 采样信号是指在时间上按照一定的规律（通常是周期性的）对连续信号进行取样，得到的信号在时间上是离散的，但在取样点上的数值是连续的。因此，采样信号是离散时间信号。

采样保持信号是指在采样信号的基础上，对采样得到的离散信号值进行保持，即在两个采样点之间，信号值保持不变，直到下一个采样点。因此，采样保持信号在时间上是连续的，但在数值上是离散的，即在两个采样点之间，信号值不变。

答案：A

88. **解** 十六进制转换为二进制采用直接转换法：将每个十六进制位直接转换为对应的四位二进制数。因此，$X = (11)_{16} = (10001)_2$，$N_x = 5$。

十进制转换为二进制采用除 2 取余法：将十进制数不断除以 2，记录每次的余数，直到商为 0，将得到的余数从下往上排列，即为二进制表示。在本题中：$11 \div 2 = 5$ 余 1，$5 \div 2 = 2$ 余 1，$2 \div 2 = 1$ 余 0，$1 \div 2 = 0$ 余 1，将余数从最后一个开始倒序排列，得到二进制数 1011，因此 $Y = (11)_{10} = (1011)_2$，$N_y = 4$。

对于 $Z = (11)_2$，$N_z = 2$。

综上，$N_x > N_y > N_z$。

答案：D

89. **解** 要将模拟信号 x_1 转换为数字信号，一般需要经过抽样、量化和编码三个基本过程。抽样就是以相等的时间间隔来抽取 x_1 的样值，使连续的信号变为离散的信号，这里 x_2 是 x_1 的采样信号，已经完成了抽样这一步骤。量化是把抽取的样值（也就是 x_2）变换为最接近的数字值，表示抽取样值的大小。编码是把量化的数值用一组二进制数码来表示。

采样保持信号 x_3 主要是在 A/D 转换过程中，保证在 A/D 转换期间模拟信号（这里是 x_2）保持基本不变，从而保证转换精度。但它只是转换过程中的一个中间环节，本身不完成模拟到数字的最终转换。

在已经有 x_1 的采样信号 x_2 以及 x_2 的采样保持信号 x_3 的基础上，若希望得到 x_1 的数字信号，应该对 x_2（或者说在 x_3 的基础上，因为 x_3 保持了采样时的值）进行量化和编码操作。

因此，A/D 转换是将采样信号通过 A/D 转换为数字信号的过程，而不是将采样保持信号直接转换为数字信号。

答案：B

90. **解** 幅度频谱是信号经过傅里叶变换之后产生频谱，频谱在每一个频率点的取值是一个复数，而幅度谱是复数的模关于频率的函数，表示信号在不同频率上的能量或功率大小。

选项 A，离散时间信号的幅度频谱具有周期性，其周期与采样频率等因素有关。在满足采样定理的情况下，离散时间信号的频谱在以采样频率为周期的频率区间内重复其频谱模式。通常情况下，离散时间信号幅度频谱的谐波幅值总的趋势是随谐波次数的增加而降低。也就是说，较高频率成分的幅度相对较低。这些与题目图形不符，选项 A 错误。

选项 B，均值为 5V 的连续时间信号是一种直流偏置信号与交流信号叠加的情况。在频谱图上表现为在频率为 0 处有一个幅度为 5V 的谱线（代表直流分量），在其他离散频率点上会有相应的谱线表示交流分量的各次谐波。周期信号的幅度频谱由不连续的谱线组成，每一条谱线代表一个正弦分量，并且各谱线只能出现在基波频率 ω 的整数倍频率上，各次谐波分量的振幅随着频率的升高总的趋势是逐渐减小，因此选项 B 正确。

选项 C，指数衰减连续时间信号的幅度频谱 $|X(\omega)| = \frac{1}{\sqrt{a^2+\omega^2}}$，其中 a 为衰减指数，从这个表达式可以看出，当 $\omega = 0$（低频段）时，$|X(\omega)| = \frac{1}{a}$，随着 ω 增大（高频段），幅度逐渐减小，体现了指数衰减信号在低频段幅度高、高频段幅度低的特征。这与题目图形不符，选项 C 错误。

选项 D，当频率不定时，信号可能包含多个不同频率的成分。这些频率成分在幅度频谱上会表现为不同频率点上的幅值情况。这与题目图形不符，选项 D 错误。

答案： B

91. 解　高通滤波器是允许高于特定频率的信号通过，同时衰减低于该频率的信号。截止频率是高通滤波器的一个关键参数，它标志着通带和阻带的界限。在截止频率点上，滤波器的输出信号相对于输入信号的幅度比为 0.707，即约为 −3dB。低通滤波器与高通滤波器相反，允许低于某一频率的信号通过。

由本题波形可知，电压 u_1 经过信号处理器后，低频直流分量被滤掉了，说明是高通滤波器。周期为 T 的函数无衰减的通过，其幅频特性如解图所示。

因此，截止频率 $f_L < \frac{1}{T}$。

答案： A

92. 解　根据布尔代数逻辑运算的互补定律，$A + \bar{A} = 1$，因此，$F = (A + \bar{A})(B + \bar{B}C) = B + \bar{B}C$，又根据吸收定律：$B + \bar{B}C = B + C$，所以 $F = B + \bar{B}C = B + C$。

答案： B

93. 解　当电路中只含有一个二极管，判断二极管工作状态的方法是：将二极管断开，求二极管断开后的两端压降 u_D，若 $u_D > 0$，则二极管导通，否则截止。理想二极管导通时相当于导线，截止时相当于开路。

本题中，令u_i负极为电位参考点，断开二极管，电路中无电流，二极管阳极电位$V_+ = u_i$，阴极电位$V_- = 5V$，二极管两端压降$u_D = V_+ - V_- = u_i - 5$。

当$u_D > 0$，即$u_i > 5V$时，二极管导通，相当于一根导线，此时$u_o = u_i$；当$u_D < 0$，即$u_i < 5V$时，二极管截止，相当于开路，此时$u_o = 5V$。

答案：C

94. 解 对负载而言，放大电路相当于一个具有内阻的信号源，这个信号源的内阻就是放大电路的输出电阻，如解图 1 所示。

题 94 解图 1

本题中晶体三极管放大电路的H参数小信号微变等效电路如解图 2 所示。其中：$R_B = R_{B1} // R_{B2}$，R_S为信号源内阻。

题 94 解图 2

求输出电阻的方法是：（1）断开负载R_L；（2）信号源置零；（3）在负载处外加电压$\dot{U}_o$，求输出电流$\dot{i}_o$，输出电阻$r_o = \dfrac{\dot{U}_o}{\dot{i}_o}$。如解图 3 所示。

题 94 解图 3

信号源置零时，$\dot{i}_b = 0$，$\dot{i}_c = \beta \dot{i}_b = 0$，所以输出电阻$r_o = \dfrac{\dot{U}_o}{\dot{i}_o} \approx R_C$。

答案：B

95. 解 左图输出 F_1 为输入 A 与 1 的或关系，根据或逻辑运算规则，输入变量只要有一个为 1，则输出为 1，因此$F_1 = A + 1 = 1$；

右图输出 F_2 为输入 B 与 1 的异或关系，即输入 B 与 1 相异时，输出为"1"；当输入 B 与 1 相同时，输出为"0"；当 B = 0 时，$F_2 = B \oplus 1 = 0 \oplus 1 = 1$，当 B = 1 时，$F_2 = B \oplus 1 = 1 \oplus 1 = 0$，因此 $F_2 = B \oplus 1 = \bar{B}$。

答案：B

96. 解 本题中 $J = A \oplus Q_n$，即 A 与 Q_n 为异或关系，当输入 A 与 Q_n 相异时，J 为"1"；当输入 A 与 Q_n 相同时，J 为"0"；

JK 触发器在 CP 脉冲的下降沿触发动作，复位信号 $\bar{R}_D$ 低电平有效，在脉冲下降沿前触发器复位，即使得触发器的初始状态 $Q_n = 0$；

第一个时钟脉冲下降沿来时，$J = A \oplus Q_n = 1 \oplus 0 = 1$，$K = A = 1$，根据 JK 触发器逻辑状态表，$Q_{n+1} = \bar{Q}_n = \bar{0} = 1$；

第二个时钟脉冲下降沿来时，A = 0，$J = A \oplus Q_n = 0 \oplus 1 = 1$，$K = A = 0$，根据 JK 触发器逻辑状态表，$Q_{n+1} = 1$。

答案：D

97. 解 未来的计算机将向高性能、人性化、网络化等几个方向发展。随着人们对多媒体内容的需求不断增加，如高清视频、高保真音频等，计算机对处理视频、音频的要求是越来越高，而不是低能化。

答案：D

98. 解 地址寄存器是内存储器地址总线上地址信息的发源地，主要用于存放指令地址或操作数地址。无论是要执行的指令的地址，还是指令中所涉及的操作数的地址，都必须先送到地址寄存器，然后才能送至内存储器。

答案：C

99. 解 一个存储器中所有存储单元可存放的信息总数称为存储容量，其基本单位是字节（Byte），一个字节等于 8 位二进制数（bit）。计算机在存储和处理信息时，通常以字节为单位来衡量存储容量的大小。

答案：C

100. 解 编译程序有两种执行方式：解释方式和编译方式。解释方式是根据程序语句的执行顺序进行逐条语句翻译执行的。编译方式是源程序经过编译处理后，产生一个与之完全等价的目标程序（称为可执行程序），然后去执行目标程序。

答案：D

101. 解 计算机内的所有信息都是用二进制数码表示的。

答案：A

102. 解　为了表达 256 种不同的颜色，每个像素需要 16 位二进制数来表示颜色的数据信息，8 位二进制数有 $2^8 = 256$ 种不同组合，这种图像称为 8 位图像。

答案： B

103. 解　计算机病毒的特征为非授权执行性、复制传染性、依附性、潜伏性、破坏性、隐蔽性和可触发性，不包括移植性。

传染性，即计算机病毒能够通过网络（如电子邮件、文件共享等）、移动存储设备（如 U 盘、移动硬盘等）等各种途径从一个计算机系统传播到另一个计算机系统。

病毒对计算机系统造成的危害极大，如删除文件、篡改文件内容、格式化硬盘等，破坏计算机中的数据；如占用大量的 CPU 资源和内存资源，使计算机运行速度变慢，甚至频繁死机，干扰计算机系统的正常运行，导致系统性能下降。有些病毒还会窃取用户的隐私信息，如账号密码、个人文件等。

计算机病毒可潜伏在计算机系统中，如隐藏在系统文件、程序文件或者其他存储介质中，潜伏期内，病毒按照预先设定的时间、操作或者达到一定的触发条件后才开始发作，对计算机系统进行破坏。

移植性一般是用于描述程序在不同系统或平台之间转移和运行的能力，这与病毒的自我复制、破坏和传播等主要行为特征不相关。

答案： D

104. 解　1GB = 1024MB，1TB = 1024GB，1PB = 1024TB，1EB = 1024PB，1ZB = 1024EB，1YB = 1024ZB。

答案： A

105. 解　计算机网络的主要功能是数据通信、资源共享、提高计算机系统的可靠性、增强系统的处理功能。

选项 B、D 中的"修复系统软件功能"不是计算机网络的主要功能。虽然可以通过网络获取软件更新来修复软件漏洞等，但它属于资源共享的范畴，而非独立的主要功能。

选项 C 中的"计算功能"是计算机本身的功能，但不是计算机网络的主要功能。计算机网络主要是用于连接计算机，实现计算机之间的资源共享和数据通信等功能。而"网络功能"的表述比较笼统，没有准确体现计算机网络的主要功能。

选项 C、D 中的"信息查询功能"则属于数据通信功能的一部分，表述不够全面。

答案： A

106. 解　服务器是局域网的核心设备，为局域网中的其他客户端计算机提供文件服务、打印服务、数据库服务、邮件服务等各种服务。由于需要同时处理多个客户端的请求，所以对服务器的性能要求较高，如操作速度快、硬盘和内存容量大、处理能力强。

答案：A

107. 解　本题分按复利和单利分两阶段借出资金，应分别按复利和单利计算。前 10 年以 7% 的复利借出 1500 元，按一次支付复利公式 $[复利系数\ (F/P, 7\%, 10) = 1.967]$ 计算，10 年到期时的本利和为：$F_{10} = P(1+i)^n = P(F/P, 7\%, 10) = 1500 \times 1.967 = 2950.5$ 元，10 年到期后以 9% 的单利将本利和再借出 5 年，则 15 年到期时的本利和为：$F_{15} = P(1 + i \cdot n) = 2950.5 \times (1 + 9\% \times 5) = 4278.23$ 元。

答案：C

108. 解　增值税是就商品生产、商品流通和劳务服务各个环节的增值额征收的一种流转税。增值税是价外税。价外税是指增值税纳税人不计入货物销售价格中，而在增值税纳税申报时，按规定计算缴纳的增值税。实行价外税，也就是由消费者负担，有增值才征税，没增值不征税。选项 C 正确，选项 A、B 错误；增值税的应纳税额为当期销项税额减去当期进项税额，选项 D 错误。

答案：C

109. 解　借贷的融资费用和利息支出均在缴纳所得税之前支付，股权投资者可获得所得税抵减的好处，另外财务评价可忽略借款筹资费用，只考虑借款利率 R_e，故借款所得税（所得税率为 T）后的资金成本率为：$K_e = R_e(1 - T) = 7\% \times (1 - 25\%) = 5.25\%$

答案：A

110. 解　动态投资回收期是指在给定的基准收益率（基准折现率）的条件下，用项目的净收益现值回收总投资所需要的时间，也就是项目累计净现金流量折现值等于零时的时间（年份）。选项 A、B 错误，选项 D 未考虑资金时间价值，为静态投资回收期，故选项 D 也错误。

答案：C

111. 解　该项目的内部收益率 IRR：

$$IRR = i_1 + \frac{NPV_1}{NPV_1 + |NPV_2|}(i_2 - i_1) = 16\% + \frac{130}{130 + |-90|} \times (18\% - 16\%) = 17.18\%$$

答案：D

112. 解　根据盈亏平衡分析计算公式：

$$BEP_{产量} = \frac{年固定总成本}{单位产品销售价格 - 单位产品可变成本 - 单位产品销售税金及附加}$$

$$= \frac{280 \times 10^4}{120 - 100 - 6} = 200000 \ 件 = 20 \ 万件$$

答案：B

113. 解　净现值法（NPV）是将项目寿命期内各年的净现金流量按基准折现率折现到建设期初的现值之和，适用于项目寿命期相等的互斥方案评价，而不同寿命期的方案在相同计算期内的净现金流量情况不同，无法直接比较，所以选项 A 错误。

最小公倍数法是将寿命期不等的互斥方案的寿命期通过求最小公倍数的方式转化为相同寿命期，再在相同寿命期下计算净现值等指标进行比较。这种方法适用于寿命期不等的互斥方案评价，所以选项 B 正确。除此之外，年值法也可用于寿命期不等的互斥方案评价。

内部收益率法（IRR）是使项目净现值为零时的折现率。但是对于寿命期不等的互斥方案，不能单纯用内部收益率来比较，因为内部收益率高的方案不一定是最优方案，且没有考虑寿命期差异，所以选项 C 错误。

增量净现值法主要用于比较两个互斥方案的增量投资是否合理，通常用于寿命期相同的方案比较，对于寿命期不等的方案，没有考虑寿命期差异带来的影响，所以选项 D 错误。

答案：B

114. 解 按用户的需求或功能的有用性，产品或作业的功能可分为必要功能和不必要功能。必要功能是指用户所要求的功能，即用户购买产品或服务所期望得到的功能，如果产品缺少这种功能，就会降低其使用价值。不必要功能是指不符合用户需求或者对用户没有价值的功能。

答案：A

115. 解 《注册监理工程师管理规定》第二十二条规定，因工程监理事故及相关业务造成的经济损失，聘用单位应当承担赔偿责任；聘用单位承担赔偿责任后，可依法向负有过错的注册监理工程师追偿。《中华人民共和国建筑法》第三十五条规定，工程监理单位不按照委托监理合同的约定履行监理义务，对应当监督检查的项目不检查或者不按照规定检查，给建设单位造成损失的，应当承担相应的赔偿责任。工程监理单位与承包单位串通，为承包单位谋取非法利益，给建设单位造成损失的，应当与承包单位承担连带赔偿责任。

监理工程师造成经济损失，其聘用单位应当承担赔偿责任，应当与承包单位承担连带赔偿责任，故选项 C 正确。

答案：C

116. 解 《中华人民共和国安全生产法》第六十五条规定，应急管理部门和其他负有安全生产监督管理职责的部门依法开展安全生产行政执法工作，对生产经营单位执行有关安全生产的法律、法规和国家标准或者行业标准的情况进行监督检查，行使以下职权：（一）进入生产经营单位进行检查，调阅有关资料，向有关单位和人员了解情况；（二）对检查中发现的安全生产违法行为，当场予以纠正或者要求限期改正；对依法应当给予行政处罚的行为，依照本法和其他有关法律、行政法规的规定作出行政处罚决定；（三）对检查中发现的事故隐患，应当责令立即排除；重大事故隐患排除前或者排除过程中无法保证安全的，应当责令从危险区域内撤出作业人员，责令暂时停产停业或者停止使用相关设施、设备；重大事故隐患排除后，经审查同意，方可恢复生产经营和使用；（四）对有根据认为不符合保障安全生产的国家标准或者行业标准的设施、设备、器材以及违法生产、储存、使用、经营、运输的危险物品予以查封或者扣押，对违法生产、储存、使用、经营危险物品的作业场所予以查封，并依法作出处理决定。

选项A、B、C的描述分别符合条例第（一）、（二）、（三）款的规定。第（四）款条文规定，对有根据认为不符合保障安全生产的国家标准的器材，予以查封或者扣押，不是没收，故选项D错误。

答案：D

117. 解 《中华人民共和国招标投标法》第三十一条规定，两个以上法人或者其他组织可以组成一个联合体，以一个投标人的身份共同投标。联合体各方应当签订共同投标协议，明确约定各方拟承担的工作和责任，并将共同投标协议连同投标文件一并提交招标人。联合体中标的，联合体各方应当共同与招标人签订合同，就中标项目向招标人承担连带责任。

答案：C

118. 解 《中华人民共和国民法典》第五百一十条规定，合同生效后，当事人就质量、价款或者报酬、履行地点等内容没有约定或者约定不明确的，可以协议补充；不能达成补充协议的，按照合同相关条款或者交易习惯确定。第五百一十一条规定，当事人就有关合同内容约定不明确，依据前条规定仍不能确定的，适用下列规定：（三）履行地点不明确，给付货币的，在接受货币一方所在地履行；交付不动产的，在不动产所在地履行；其他标的，在履行义务一方所在地履行。

支付运费的履行地点没有约定，交易习惯亦不明确的情况下，根据第（三）款规定，在接受货币一方所在地履行，即运输公司所在地沈阳。

答案：B

119. 解 《中华人民共和国环境保护法》第四十一条规定，建设项目中防止污染的设施，应当与主体工程同时设计、同时施工、同时投产使用。防治污染的设施应当符合经批准的环境影响评价文件的要求，不得擅自拆除或者闲置。

答案：C

120. 解 《建设工程安全生产管理条例》第二十四条规定，建设工程实行施工总承包的，由总承包单位对施工现场的安全生产负总责。总承包单位应当自行完成建设工程主体结构的施工。总承包单位依法将建设工程分包给其他单位的，分包合同中应当明确各自的安全生产方面的权利、义务。总承包单位和分包单位对分包工程的安全生产承担连带责任。分包单位应当服从总承包单位的安全生产管理，分包单位不服从管理导致生产安全事故的，由分包单位承担主要责任。

选项A，"建设单位"应为"总承包单位"；选项B，"工程的安全生产"应为"分包工程"；选项D，"承担全部责任"应为"主要责任"。

答案：C

2025 全国勘察设计注册工程师
执业资格考试用书

Zhuce Daolu Gongchengshi Zhiye Zige Jichu Kaoshi
Mo-kao Shijuan

注册道路工程师执业资格基础考试
模考试卷

专业基础、试题解析及参考答案

注册工程师考试复习用书编委会 / 编

张 铭 曹纬浚 / 主编

人民交通出版社
北京

内 容 提 要

本书共 3 册，其中公共基础 2 册、专业基础 1 册。公共基础部分收录有 2011~2024 年（2015 年停考，下同）公共基础考试试卷（即基础考试上午卷）及其解析、参考答案；专业基础部分收录有 9 套模拟试卷（涵盖真题）及其解析、参考答案。

本书配电子题库（有效期一年），读者使用微信扫描封面红色资源码，登录"注考大师"微信公众号，即可在线学习。

本书适合参加注册道路工程师执业资格考试基础考试的考生使用。

图书在版编目（CIP）数据

2025 注册道路工程师执业资格基础考试模考试卷 / 张铭, 曹纬浚主编. — 北京 ：人民交通出版社股份有限公司, 2025. 2. — ISBN 978-7-114-19945-5

Ⅰ. U41-44

中国国家版本馆 CIP 数据核字第 2024FR4616 号

书　　名：2025 注册道路工程师执业资格基础考试模考试卷
著 作 者：张　铭　曹纬浚
责任编辑：李　坤
责任印制：张　凯
出版发行：人民交通出版社
地　　址：（100011）北京市朝阳区安定门外外馆斜街 3 号
网　　址：http://www.ccpcl.com.cn
销售电话：（010）85285857
总 经 销：人民交通出版社发行部
经　　销：各地新华书店
印　　刷：北京科印技术咨询服务有限公司数码印刷分部
开　　本：889×1194　1/16
印　　张：52.75
字　　数：1064 千
版　　次：2025 年 2 月　第 1 版
印　　次：2025 年 2 月　第 1 次印刷
书　　号：ISBN 978-7-114-19945-5
定　　价：168.00 元（含 3 册）
（有印刷、装订质量问题的图书，由本社负责调换）

版权声明

目　录

（模拟试卷）

注册道路工程师执业资格考试专业基础考试模拟试卷（一）...1

注册道路工程师执业资格考试专业基础考试模拟试卷（二）...11

注册道路工程师执业资格考试专业基础考试模拟试卷（三）...21

注册道路工程师执业资格考试专业基础考试模拟试卷（四）...31

注册道路工程师执业资格考试专业基础考试模拟试卷（五）...41

注册道路工程师执业资格考试专业基础考试模拟试卷（六）...51

注册道路工程师执业资格考试专业基础考试模拟试卷（七）...61

注册道路工程师执业资格考试专业基础考试模拟试卷（八）...71

注册道路工程师执业资格考试专业基础考试模拟试卷（九）...81

（解析与答案）

注册道路工程师执业资格考试专业基础考试模拟试卷（一）

　　　　解析与答案...89

注册道路工程师执业资格考试专业基础考试模拟试卷（二）

　　　　解析与答案...96

注册道路工程师执业资格考试专业基础考试模拟试卷（三）

　　　　解析与答案...103

注册道路工程师执业资格考试专业基础考试模拟试卷（四）

　　　　解析与答案...110

注册道路工程师执业资格考试专业基础考试模拟试卷（五）

　　　　解析与答案...117

注册道路工程师执业资格考试专业基础考试模拟试卷（六）

　　　　解析与答案...126

注册道路工程师执业资格考试专业基础考试模拟试卷（七）

        解析与答案.. 134

注册道路工程师执业资格考试专业基础考试模拟试卷（八）

        解析与答案.. 143

注册道路工程师执业资格考试专业基础考试模拟试卷（九）

        解析与答案.. 150

注册道路工程师执业资格考试专业基础考试模拟试卷（一）

单项选择题（共 60 题，每题 2 分。每题的备选项中只有一个最符合题意。）

1. 材料在水中吸收水分的性质称为（　　）。

    A. 渗透性

    B. 吸湿性

    C. 耐水性

    D. 吸水性

2. 水泥混凝凝土集料中，粗集料的粒径应大于（　　）。

    A. 0.075mm

    B. 2.36mm

    C. 4.75mm

    D. 9.5mm

3. 硅酸盐水泥的强度主要来自矿物成分（　　）。

    A. $C_3S + C_2S$ B. $C_3S + C_3A$

    C. $C_2S + C_3A$ D. $C_3S + C_4AF$

4. 引起硅酸盐水泥体积安定性不良的原因之一是水泥熟料中（　　）含量过多。

    A. $CaCO_3$ B. $Ca(OH)_2$

    C. 游离 CaO D. H_2O

5. 下列选项中，不属于无机胶凝材料的是（　　）。

    A. 水玻璃   B. 沥青

    C. 石灰   D. 混凝土

6. 提高混凝土拌合物流动性的合理措施有（　　）。

    A. 加水

    B. 减少水泥浆用量

    C. 增大砂率

    D. 加减水剂

7. 路面水泥混凝土的抗弯拉强度是以（　　）方式测定。

 A. 小简支梁模型

 B. 三分点单点加载

 C. 三分点双点加载

 D. 劈裂试验

8. 沥青的四组分中，赋予沥青温度稳定性和黏性的是（　　）。

 A. 沥青质 　　　　　　　　　　 B. 胶质

 C. 芳香分 　　　　　　　　　　 D. 饱和分

9. 对于高温易产生车辙路段，沥青混合料的空隙率应适当（　　）。

 A. 增大

 B. 减小

 C. 无变化

 D. 以上说法均不对

10. 评价沥青混合料水稳定性的试验方法（　　）。

 A. 马歇尔稳定度试验和车辙试验

 B. 浸水马歇尔稳定度试验和冻融劈裂试验

 C. 饱水率试验

 D. 弯曲试验

11. 干燥的木材吸水后，变形最大的是（　　）。

 A. 纵向 　　　　　　　　　　 B. 径向

 C. 弦向 　　　　　　　　　　 D. 不确定

12. 下列土的指标不可通过试验方法直接测得的是（　　）。

 A. 土的密度与重度

 B. 土粒相对密度

 C. 土的空隙率

 D. 土的含水率

13. 使黏性土具有可塑性的孔隙水主要是（　　）。

 A. 毛细水 　　　　　　　　　　 B. 强结合水

 C. 弱结合水 　　　　　　　　　 D. 重力水

14. 下列土不属于特殊土类的是（   ）。

    A. 黄土   B. 黑土

    C. 膨胀土   D. 冻土

15. 某黏性土在自然状态下重 110g，体积为 53cm³，烘干后重 90g，则其干密度为（   ）。

    A. 2.08g/cm³   B. 1.70g/cm³

    C. 2.73g/cm³   D. 1.38g/cm³

16. 某砂性土坡，实际水力梯度大于临界水力梯度时，通常会产生（   ）现象。

    A. 固结   B. 沉降

    C. 变形   D. 流土

17. 土中附加应力是由（   ）原因形成的。

    A. 建筑荷载   B. 固结

    C. 变形   D. 压缩

18. 当地下水位从地表处下降至基底平面处，对土中附加应力的影响是（   ）。

    A. 附加应力增加

    B. 附加应力减少

    C. 附加应力不变

    D. 没影响

19. 土中应力计算是基于（   ）建立的。

    A. 土压力理论

    B. 布辛奈斯克解

    C. 渗透理论

    D. 强度理论

20. 有三个同一种类土样，它们的含水率都相同，但是饱和度不同，饱和度越大的土，其压缩性的变化是（   ）。

    A. 压缩性越大

    B. 压缩性越小

    C. 压缩性不变

    D. 不确定

21. 若地基表面产生较大隆起，基础发生严重倾斜，则地基的破坏形式为（　　）。

A. 局部剪切破坏

B. 整体剪切破坏

C. 刺入剪切破坏

D. 冲剪破坏

22. 在摩擦角为零的黏土地基上，有两个埋置深度相同、宽度不同的条形基础，两者的极限荷载大小情况为（　　）。

A. 基础宽度大的极限荷载大

B. 基础宽度小的极限荷载大

C. 两者基础极限荷载一样大

D. 不确定

23. 无黏性土坡的稳定性（　　）。

A. 与坡角无关，与坡高有关

B. 与坡角有关，与坡高无关

C. 与坡高和坡角都无关

D. 与坡高和坡角都有关

24. 条痕是指矿物的（　　）。

A. 固有颜色

B. 粉末的颜色

C. 杂质的颜色

D. 表面氧化物的颜色

25.（　　）是矿物混入了某些杂质所引起的，与矿物的本身性质无关。

A. 自色   B. 他色

C. 假色   D. 颜色

26. 常出现断口，解理面很难出现的是（　　）。

A. 云母

B. 方解石

C. 正长石

D. 磷灰石

27. 以下具有气孔状构造的岩石是（　　　）。

    A. 花岗岩   B. 安山岩

    C. 闪长岩   D. 浮岩

28. 地壳表面分布最广的岩石是（　　　）。

    A. 岩浆岩   B. 玄武岩

    C. 变质岩   D. 沉积岩

29. 各胶结方式的强度大小排列关系正确的是（　　　）。

    A. 基底式胶结 > 孔隙式胶结 > 接触式胶结

    B. 基底式胶结 > 接触式胶结 > 孔隙式胶结

    C. 接触式胶结 > 基底式胶结 > 孔隙式胶结

    D. 孔隙式胶结 > 接触式胶结 > 基底式胶结

30. 以下作用中属于内力地质作用的是（　　　）。

    ①构造运动；②地震作用；③风化作用；④岩浆及火山作用；⑤搬运作用；⑥变质作用。

    A. ①②③④

    B. ②③④⑤

    C. ③④⑤⑥

    D. ①②④⑥

31. 较新的岩层分布在地势较高的地方，较老的岩层出露在地势较低的地方为（　　　）。

    A. 水平构造

    B. 单斜构造

    C. 褶皱

    D. 断裂

32. 若地层出现不对称性的重复现象，则此处存在的地质构造为（　　　）。

    A. 褶皱

    B. 断层

    C. 节理

    D. 单斜构造

33. 化学风化作用中使低价元素转为高价元素的风化作用为（　　）。

A. 水化作用

B. 水解作用

C. 碳酸化作用

D. 氧化作用

34. 造成河流袭夺现象的主要原因是（　　）。

A. 岸坡滑动

B. 垂向侵蚀

C. 溯源侵蚀

D. 侧向侵蚀

35. 以下工程地质条件较差的垭口类型是（　　）。

A. 剥蚀型垭口

B. 背斜张裂带型垭口

C. 断层破碎带型垭口

D. 单斜较稳定型垭口

36. 以下主要用于治理滑坡的技术是（　　）。

A. 拦挡坝

B. 抗滑桩

C. 落石网

D. 排导槽

37. 在埋设控制测量桩时，控制测量桩高出地面的位置不超过（　　）。

A. 5cm

B. 10cm

C. 15cm

D. 20cm

38. 路线控制桩的长度不小于（　　）。

A. 20cm

B. 25cm

C. 30cm

D. 35cm

39. 当竖直度盘为顺时针注记时，其盘左和盘右竖直角计算公式为（　　）。

A. $90° - L$，$R - 270°$

B. $L - 90°$，$270° - R$

C. $R - 270°$，$90° - L$

D. $270° - R$，$L - 90°$

40. 在 $\triangle ABC$ 中，直接观测了 $\angle A$ 和 $\angle B$，其中误差分别为 $\angle A = \pm 3''$ 和 $\angle B = \pm 4''$，则 $\angle C$ 的中误差为(　　)。

A. $\pm 8''$

B. $\pm 7''$

C. $\pm 5''$

D. $\pm 1''$

41. 三等水准测量采用双面尺法的观测程序是（　　）。

A. 后黑—前黑—前红—后红

B. 后黑—后红—前黑—前红

C. 后黑—前红—前黑—后红

D. 后黑—前黑—后红—前红

42. DJ$_2$ 是用来代表光学经纬仪的，其中下标 2 是指（　　）。

A. 我国第二种类型的经纬仪

B. 经纬仪的型号

C. 该型号仪器水平方向观测一测回方向的中误差

D. 厂家的代码

43. 地形图上 0.1mm 的长度相应于地面的水平距离称为（　　）。

A. 比例尺

B. 数字比例尺

C. 水平比例尺

D. 比例尺精度

44. 下列说法正确的是（　　）。

A. 等高线平距越大，表示坡度越小

B. 等高线平距越小，表示坡度越小

C. 等高距越大，表示坡度越大

D. 等高距越小，表示坡度越大

45. 各等级公路高程控制网最弱点高程中误差不得大于（　　）。

A. ± 10mm

B. ± 15mm

C. ± 20mm

D. ± 25mm

46. 下列选项中，路线放线方法不包括（　　　）。

A. 极坐标法

B. 链距法

C. 偏角法

D. 三角测量法

47. 中桩高程测量方法有（　　　）。

A. 水准测量

B. 三角高程测量

C. GPS RTK 方法测量

D. 以上都是

48. 施工测量的内容不包括（　　　）。

A. 控制测量

B. 放样

C. 测图

D. 竣工测量

49. 同一强度等级混凝土的立方体抗压强度f_{cu}、轴心抗压强度f_c、抗拉强度f_t的大小次序为（　　　）。

A. $f_{cu} > f_c > f_t$

B. $f_c > f_{cu} > f_t$

C. $f_{cu} > f_t > f_c$

D. $f_c > f_t > f_{cu}$

50. 提高受弯构件正截面受弯能力最有效的方法是（　　　）。

A. 提高混凝土强度等级

B. 增加保护层厚度

C. 增加截面高度

D. 增加截面宽度

51. 梁的受拉区纵向受力钢筋一层能排下时，改成两排后正截面受弯承载力将会（　　　）。

A. 有所增加

B. 有所减少

C. 既不增加也不减少

D. 无法确定

52. 受弯构件斜截面受剪承载力计算时，若 $\gamma_0 V_d > 0.51 \times 10^{-3} \sqrt{f_{cu,k}} bh_0$，应采取的措施是（　　）。

    A. 增大箍筋直径

    B. 减小箍筋间距

    C. 增大构件截面面积

    D. 提高箍筋的钢筋等级

53. 钢筋混凝土小偏心受压构件的破坏特征是（　　）。

    A. 远离轴向力作用一侧的钢筋受拉屈服，靠近轴向力作用一侧的混凝土被压碎，钢筋受压屈服

    B. 远离轴向力作用一侧的钢筋可能受拉可能受压，靠近轴向力作用一侧的混凝土被压碎，钢筋受压屈服

    C. 远离轴向力一侧的钢筋受拉屈服，靠近轴向力作用一侧的钢筋受压可能不屈服

    D. 远离轴向力作用一侧的混凝土先压碎，钢筋受压屈服，靠近轴向力作用一侧的混凝土不被压碎，钢筋也不会受压屈服

54. 受弯构件正常使用阶段计算的依据在（　　）。

    A. $\mathrm{I_a}$ 阶段   B. $\mathrm{II_a}$ 阶段

    C. $\mathrm{III_a}$ 阶段   D. II 阶段

55. 规范规定，预应力混凝土构件的混凝土强度等级不应低于（　　）。

    A. C20   B. C30

    C. C35   D. C40

56. 工程建设标准按其性质可分为（　　）。

    A. 行业标准和国家标准

    B. 地方标准和国家标准

    C. 行业标准和地方标准

    D. 强制性标准和推荐性标准

57. 违反《中华人民共和国森林法》规定，侵害林木、林地的所有者的合法权益的，依法承担（　　）。

    A. 侵权责任

    B. 行政责任

    C. 经济责任

    D. 刑事责任

58. 下列不属于工程合同采取的担保形式是（　　　）。

A. 订金

B. 保证

C. 抵押

D. 质押

59. 对于超过一定规模的危险性较大的分部分项工程专项施工方案，不属于专家论证的内容是（　　　）。

A. 专项施工方案内容是否完整、可行

B. 安全施工的基本条件是否满足现场实际情况

C. 专项方案是否已经经过项目技术负责人的审核

D. 专项方案计算书和验算依据是否符合有关标准规范

60. 根据《建设工程质量管理条例》的规定，对未取得资质承揽工程单位处罚正确的是（　　　）。

A. 责令改正

B. 予以取缔并处罚款

C. 吊销资质证书

D. 情节严重的吊销营业执照

注册道路工程师执业资格考试专业基础考试模拟试卷（二）

单项选择题（共 60 题，每题 2 分。每题的备选项中只有一个最符合题意。）

1. 集料的几种密度中，最小的是（　　）。

    A. 表观密度

    B. 真实密度

    C. 毛体积密度

    D. 堆积密度

2. 改变水泥熟料矿物的含量，可使水泥性质发生相应的变化。要使水泥具有比较低的水化热，应降低（　　）的含量。

    A. C_3S

    B. C_2S

    C. C_3A

    D. C_4AF

3. 在硅酸盐水泥原料的四种主要矿物中，耐化学腐蚀性最好的是（　　）。

    A. C_3S

    B. C_2S

    C. C_3A

    D. C_4AF

4. 下列说法中，不属于水泥稳定土混合料组成设计目的的是（　　）。

    A. 确定水泥剂量

    B. 确定最佳含水率

    C. 确定抗压强度

    D. 确定最大干密度

5. 消石灰的主要化学成分为（　　）。

    A. 氧化钙

    B. 氧化镁

    C. 氢氧化钙

    D. 硫酸钙

6. 下列有关外加剂的叙述中，不正确的是（　　）。

    A. 氯盐、三乙醇胺及硫酸钠均属早强剂

    B. 泵送混凝土施工时，首选的外加剂通常是减水剂

    C. 大体积混凝土施工时，常添加缓凝剂

    D. 加气混凝土常用木钙作为发气剂（即加气剂）

7. 用来评价沥青胶体结构类型和感温性的指标是（   ）。

   A. 软化点

   B. 针入度

   C. 延度

   D. 针入度指数

8. 下列有关混凝土用骨料（砂、石子）的叙述，哪一项是正确的（   ）。

   A. 砂的细度模数小，表示砂较细，其总表面积较小

   B. 混凝土用II类建设用砂，其含泥量可以大于3.0%

   C. 压碎指标可用来表示天然砂的强度

   D. 当粗骨料中夹杂有活性二氧化硅时，混凝土有可能发生碱骨料反应

9. 下列不属于评价石油沥青老化性能的试验方法是（   ）。

   A. 水煮法

   B. 压力老化试验

   C. 旋转薄膜烘箱试验

   D. 薄膜烘箱试验

10. 沥青混合料抽提试验的目的是（   ）。

    A. 确定沥青用量

    B. 确定针入度

    C. 确定沥青标号

    D. 测定矿料与沥青的黏附性

11. 设计钢结构时，确定钢结构容许应力的主要依据是（   ）。

    A. 屈服强度

    B. 抗拉强度

    C. 抗压强度

    D. 弹性极限

12. 粒径大于0.075mm的颗粒含量不超过全重的50%且$I_P > 17$的土称为（   ）。

    A. 碎石土

    B. 砂土

    C. 粉土

    D. 黏土

13. 对填土，要保证其具有足够的密实度，就要控制填土的（   ）。

    A. 土粒密度ρ_s

    B. 土的密度ρ

    C. 干密度ρ_d

    D. 饱和密度ρ_{sat}

14. 某原状土的液限$w_L = 46\%$，塑限$w_p = 24\%$，天然含水率$w = 40\%$，则该土的塑性指数为（　　）。

  A. 22

  B. 22%

  C. 16

  D. 16%

15. 松砂受振时土颗粒在其跳动中会调整相互位置，土的结构趋于（　　）。

  A. 松散

  B. 稳定和密实

  C. 液化

  D. 均匀

16. 土体具有压缩性的主要原因是（　　）。

  A. 由水被压缩引起的

  B. 由孔隙的减少引起的

  C. 由土颗粒的压缩引起的

  D. 土体本身压缩模量较小引起的

17. 负温情况下常常发生冻胀现象，下列最易发生冻胀的土类是（　　）。

  A. 细粒土

  B. 中粒土

  C. 粗粒土

  D. 碎石土

18. 下列因素中，与水在土中的渗透速度无关的是（　　）。

  A. 渗流路径

  B. 水头差

  C. 土渗透系数

  D. 土重度

19. 下列有关地基土自重应力的说法中，错误的是（　　）。

  A. 自重应力随深度的增加而增大

  B. 在求地下水位以下的自重应力时，应取其有效重度计算

  C. 地下水位以下的同一土的自重应力按直线变化，或按折线变化

  D. 土的自重应力分布曲线是一条折线，拐点在土层交界处和地下水位处

20. 由建筑物荷载作用在地基内引起的应力增量称为（　　）。

  A. 自重应力

  B. 附加应力

  C. 基底压力

  D. 基底附加应力

21. 某点土体处于极限平衡状态时，在 τ-σ 坐标系中抗剪强度直线和莫尔应力圆的关系为（　　　）。

    A. 相切　　　　　　　　　　　　　　B. 相割

    C. 相离　　　　　　　　　　　　　　D. 不确定

22. 在一定压实功作用下，土样中粗粒含量越多，则该土样的（　　　）。

    A. 最佳含水率和最大干重度都越大

    B. 最大干重度越大，而最佳含水率越小

    C. 最佳含水率和最大干重度都越小

    D. 最大干重度越小，而最佳含水率越大

23. 表征黏性土软硬状态的指标是（　　　）。

    A. 塑限　　　　　　　　　　　　　　B. 液限

    C. 塑性指数　　　　　　　　　　　　D. 液性指数

24. 按成因，岩石可分为（　　　）。

    A. 岩浆岩、沉积岩、变质岩

    B. 岩浆岩、变质岩、花岗岩

    C. 沉积岩、酸性岩、黏土岩

    D. 变质岩、碎屑岩、岩浆岩

25. 根据组成沉积岩的物质成分，通常把沉积岩分为（　　　）。

    A. 黏土岩类、化学岩类、生物岩类

    B. 碎屑岩类、黏土岩类、生物岩类

    C. 黏土岩类、化学岩类、生物化学岩类

    D. 碎屑岩类、黏土岩类、化学及生物化学岩类

26. 同一岩石的各种强度中，最大的是（　　　）。

    A. 抗压强度　　　　　　　　　　　　B. 抗剪强度

    C. 抗弯强度　　　　　　　　　　　　D. 抗拉强度

27. 褶皱构造的两种基本形态是（　　　）。

    A. 背斜和向斜

    B. 背斜和倾伏褶曲

    C. 向斜和倾伏褶曲

    D. 倾伏褶曲和平卧褶曲

28. 某一地区的地层为 C、P 和 J。当 P 和 J 地层之间成一定角度相交时，则 P 和 J 地层之间为（　　）。

　　A. 整合接触　　　　　　　　　　　B. 沉积接触

　　C. 假整合接触　　　　　　　　　　D. 不整合接触

29. 若岩石裂隙已扩展，并产生大量的风化裂隙，在裂隙面上出现了次生矿物，则此岩层属于（　　）。

　　A. 整石带　　　　　　　　　　　　B. 块石带

　　C. 碎石带　　　　　　　　　　　　D. 粉碎带

30. 坡积裙主要分布在（　　）。

　　A. 山沟沟口处

　　B. 河流漫滩处

　　C. 山坡坡脚处

　　D. 山顶处

31. 从地质作用看，将垭口的基本类型归纳为（　　）。

　　A. 构造型垭口、剥蚀型垭口、剥蚀—堆积型垭口

　　B. 构造型垭口、剥蚀型垭口、堆积型垭口

　　C. 构造型垭口、剥蚀型垭口、构造—剥蚀型垭口

　　D. 构造型垭口、剥蚀型垭口、构造—堆积型垭口

32. 发生在均质黏性土中的滑坡，滑动面多呈（　　）。

　　A. 圆弧形　　　　　　　　　　　　B. 直线形

　　C. 矩形　　　　　　　　　　　　　D. 折线形

33. 承压水通常的排泄形式是（　　）。

　　A. 泉

　　B. 直接排入地表

　　C. 通过蒸发逸入大气

　　D. 通过透水通道排入潜水层

34. 产生崩塌的地形条件，一般斜坡（　　）。

　　A. 坡度大于 20°，高度大于 10m

　　B. 坡度大于 35°，高度大于 30m

　　C. 坡度大于 45°，高度大于 15m

　　D. 坡度大于 45°，高度大于 30m

35. 断层有各种各样的类型，上盘相对上移，下盘相对下移的断层是（   ）。

    A. 平移断层

    B. 正断层

    C. 走滑断层

    D. 逆断层

36. 公路工程筑路材料勘察内容不包括（   ）。

    A. 筑路材料的储量和位置

    B. 筑路材料的品质和性质

    C. 筑路材料的再利用

    D. 筑路材料的运输方式和运距

37. 公路勘测地形图测绘图根控制测量中，图根点的点位中误差应不大于所测比例尺图上（   ）。

    A. 0.05mm   B. 0.10mm

    C. 0.15mm   D. 0.20mm

38. 公路勘测在进行一级平面控制测量时，用 DJ_2 经纬仪进行水平角观测的半测回归零差应小于或等于（   ）。

    A. $6''$ B. $12''$

    C. $24''$ D. $36''$

39. 数字地面模型应用于公路施工图测设阶段时，DTM 高程插值中误差应不大于（   ）。

    A. $\pm 0.1\text{m}$ B. $\pm 0.2\text{m}$

    C. $\pm 0.3\text{m}$ D. $\pm 0.4\text{m}$

40. 高速公路的平面控制测量等级应选用（   ）。

    A. 一级   B. 二级·

    C. 三等   D. 四等

41. 公路工程勘测中，GPS 基线测量的中误差应小于（   ）。

    A. $\sigma = \pm\sqrt{a^2 + (b \cdot d)^2}$

    B. $\sigma = \pm\sqrt{a^2 + b \cdot d^2}$

    C. $\sigma = \pm\sqrt{a^2 + b^2 \cdot d}$

    D. $\sigma = \pm\sqrt{a^2 + a \cdot b \cdot d}$

42. 下列说法中，符合公路工程高程控制测量一般规定的是（　　）。

A. 同一个公路项目可采用不同高程系统

B. 高程控制测量可采用视距测量的方法进行

C. 各等级公路高程控制网最弱点高程中误差不得大于±25mm

D. 跨越深谷和水域的大桥、特大桥最弱点高程中误差不得大于±25mm

43. 公路设计初测阶段，现场踏勘过程中，应根据项目特点及自然、地理、社会环境调整并确定（　　）。

A. 勘测方法与勘测方案

B. 起终点及中间控制点

C. 工程规模及技术等级

D. 路线比较方案

44. 公路设计初测阶段，路线可采用纸上定线和现场定线，适用现场定线的是（　　）。

A. 高速公路

B. 一级公路

C. 三、四级公路

D. 特大桥、大桥

45. 采用测深仪测绘公路大桥、特大桥水下地形图时，一般水域断面线上测深点图上最大间距为（　　）。

A. 1.0cm

B. 1.0~1.5cm

C. 1.5~3.5cm

D. 3.5~4.5cm

46. 公路定测路线中线敷设时，路线中桩间距不大于10m的线形条件是（　　）。

A. $R > 60m$曲线上

B. 不设超高的曲线上

C. 平原、微丘区直线上

D. $30m < R < 60m$曲线上

47. 公路勘测定测阶段，高速公路中桩高程两次测量之差应小于或等于（　　）。

A. 3mm

B. 5mm

C. 8mm

D. 10mm

48. 在公路设计初测阶段，公路与公路交叉应勘测与调查的内容包括（　　）。

A. 测绘1:10000地形图

B. 补充调查相交公路的交通量、交通组成

C. 测量交叉点铁轨顶高、交叉角度及路基宽度

D. 勘测公路与管线交叉的位置、交叉角度、交叉点悬高或埋置深度

49. 材料的设计强度指用材料强度标准值除以材料性能分项系数后的值, 其取值依据主要是为了满足结构的（　　　）。

A. 抗裂

B. 强度

C. 刚度

D. 可靠度

50. 结构设计时, 应根据各种极限状态的设计要求采用不同的荷载代表值, 其中可变作用的代表值应采用（　　　）。

A. 标准值、平均值或准永久值

B. 标准值、频遇值或平均值

C. 标准值、频遇值或准永久值

D. 平均值、频遇值或准永久值

51. 钢筋混凝土适筋梁正截面受力全过程分为三个阶段, 其中第三阶段, 即破坏阶段末的表现是（　　　）。

A. 受拉区钢筋先屈服, 随后受压区混凝土压碎

B. 受拉区钢筋未屈服, 受压区混凝土已压碎

C. 受拉区钢筋和受压区混凝土的应力均不定

D. 受压区混凝土先压碎, 然后受拉区钢筋屈服

52. 现行《公路钢筋混凝土及预应力混凝土桥涵设计规范》规定, 为保证斜截面抗弯承载力, 要求受拉区弯起钢筋的弯起点应设在钢筋强度（　　　）。

A. 理论断点以外, 不小于 $h_0/2$

B. 充分利用点以外, 不大于 $h_0/2$

C. 充分利用点以外, 不小于 $h_0/2$

D. 理论断点以外, 不大于 $h_0/2$

53. 影响斜截面抗剪承载力的主要因素有（　　　）。

A. 剪跨比、箍筋强度、纵向钢筋长度

B. 剪跨比、混凝土强度、箍筋及纵向钢筋的配筋率

C. 纵向钢筋强度、混凝土强度、架立钢筋强度

D. 混凝土强度、箍筋及纵向钢筋的配筋率、架立钢筋强度

54. 关于光圆钢筋与混凝土黏结作用的说法中，错误的是（　　）。

    A. 钢筋与混凝土接触面产生的摩擦力

    B. 钢筋与混凝土接触面产生的库仑力

    C. 钢筋表面与水泥胶结产生的机械咬合力

    D. 混凝土中水泥胶体与钢筋表面的化学胶着力

55. 下列预应力损失中，不属于先张法的是（　　）。

    A. 管道摩阻预应力损失

    B. 锚具的变形预应力损失

    C. 钢筋的松弛预应力损失

    D. 混凝土收缩、徐变预应力损失

56. 根据《中华人民共和国公路法》，按技术等级将公路分为（　　）。

    A. 高速公路、一级公路、二级公路和等外公路

    B. 高速公路、一级公路、二级公路、三级公路和等外公路

    C. 高速公路、一级公路、二级公路、三级公路和四级公路

    D. 一级公路、二级公路、三级公路、四级公路和等外公路

57. 根据《建设工程质量管理条例》，下列分包情形中，不属于非法分包的是（　　）。

    A. 总承包合同中未有约定，承包单位又未经建设单位许可，就将其全部劳务作业交由劳务单位完成

    B. 总承包单位将工程分包给不具备相应资质条件的单位

    C. 施工总承包单位将工程主体结构的施工分包给其他单位

    D. 分包单位将其承包的建设工程再分包

58. 根据《中华人民共和国森林法》，工程建设确需占用林地的，应当经县级以上人民政府林业主管部门审核同意，依法办理建设用地审批手续。占用林地的单位应当缴纳（　　）。

    A. 林地征用费

    B. 树木砍伐费

    C. 森林植被恢复费

    D. 树木所有人补偿费

59. 下列说法中，不适用《建设工程安全生产管理条例》的是（　　）。

 A. 线路管道和设备安装工程

 B. 土木工程和建筑工程

 C. 设备安装工程及装修工程

 D. 抢险救灾和农民自建低层住宅

60. 根据《中华人民共和国建筑法》，建筑设计单位不按照建筑工程质量、安全标准进行设计的，应（　　）。

 A. 降低资质等级

 B. 承担赔偿责任

 C. 吊销资质证书

 D. 责令改正，处以罚款

注册道路工程师执业资格考试专业基础考试模拟试卷（三）

单项选择题（共 60 题，每题 2 分。每题的备选项中只有一个最符合题意。）

1. 进行无机结合料稳定土无侧限抗压强度试验时，试件的养生方法是（　　　）。

    A. 在潮湿空气中养生 7d

    B. 在潮湿空气中养生 14d

    C. 在潮湿空气中养生 6d，浸水 1d

    D. 在潮湿空气中养生 13d，浸水 1d

2. 表示材料耐水性的指标是（　　　）。

    A. 吸水率   B. 含水率

    C. 渗透系数   D. 软化系数

3. 水泥熟料中掺加适量石膏的目的是（　　　）。

    A. 降低发热量

    B. 增加产量

    C. 减少收缩

    D. 调节水泥凝结速度

4. 水泥混凝土配合比设计中，经过工作性调整的配比称为（　　　）。

    A. 初步配合比

    B. 基准配合比

    C. 试验室配合比

    D. 施工配合比

5. 建筑砂浆在硬化前应具有良好的和易性，和易性包括流动性与（　　　）。

    A. 保水性   B. 维勃稠度

    C. 坍落度   D. 捣实性

6. 沥青的针入度表示沥青的（　　　）。

    A. 凝结时间   B. 耐久性

    C. 黏滞性   D. 塑性

7. 沥青路面的抗渗能力主要取决于沥青路面的（　　）。

    A. 稳定度　　　　　　　　　　　　B. 饱和度

    C. 空隙率　　　　　　　　　　　　D. 骨架间隙率

8. 下列影响沥青耐久性因素中，可不予考虑的是（　　）。

    A. 热　　　　　　　　　　　　　　B. 氧

    C. 风　　　　　　　　　　　　　　D. 光

9. 沥青路面混合料组成设计中，随着沥青用量的增加，沥青混合料的空隙率（　　）。

    A. 减小

    B. 增大

    C. 先减小后增大

    D. 先增大后减小

10. 钢材经过冷加工之后得到提高的性能是（　　）。

    A. 塑性

    B. 韧性

    C. 弹性模量

    D. 屈服强度

11. 路面水泥混凝土配合比设计的强度指标是（　　）。

    A. 抗压强度

    B. 抗劈裂强度

    C. 抗弯强度

    D. 抗弯拉强度

12. 土的含水率是指（　　）。

    A. 土中水的质量与土体总质量的比值

    B. 土中水的质量与土粒质量的比值

    C. 土中水的体积与孔隙的体积的比值

    D. 土中水的体积与土颗粒体积的比值

13. 评价砂土的密实程度，最常用的指标是（　　）。

    A. 相对密实度　　　　　　　　　　B. 表观密度

    C. 孔隙率　　　　　　　　　　　　D. 稠度

14. 粉、细砂在饱和状态下，突然发生振动而且排水不畅，此时砂土可能会出现（　　）。

    A. 管涌 　　　　　　　　　　　　B. 稳定

    C. 液化 　　　　　　　　　　　　D. 密实

15. 在持续负温作用下，地下水位较高处的粉砂、粉土、粉质黏土等土层冻胀危害（　　）。

    A. 程度较小

    B. 程度较大

    C. 程度不明

    D. 与地下水位的高低无关

16. 地基表面作用着均布的矩形荷载，在矩形的中心点下，随着深度的增加，则（　　）。

    A. 附加应力不变，自重应力增大

    B. 附加应力线性增大，自重应力减小

    C. 附加应力线性减小，自重应力增大

    D. 附加应力非线性减小，自重应力增大

17. 土的有效应力作用会引起土体发生压缩，同时有效应力也影响土的抗剪强度，有效应力等于(　　)。

    A. 总应力减去孔隙压力

    B. 总应力减去孔隙水压力

    C. 总应力减去孔隙中空气压力

    D. 孔隙中的空气压力与孔隙水压力之和

18. 黏性土坡整体滑动的稳定安全系数表达式为（　　）。

    A. k = 稳定力矩/滑动力矩

    B. k = 抗滑力/滑动力

    C. k = 抗滑力/剪应力

    D. k = 抗剪切力矩/剪切力

19. 室内测定土的压缩性指标的试验为（　　）。

    A. 剪切试验

    B. 侧限压缩试验

    C. 静载荷试验

    D. 无侧限压缩试验

20. 有 A、B 两土样，如果其中 A 的压缩性大于 B 的压缩性，则（　　　）。

　　A. 土样 B 的压缩曲线陡

　　B. 土样 A 的压缩系数小

　　C. 土样 A 的压缩模量小

　　D. 土样 B 易产生变形

21. 饱和软土地基在外荷载作用下，其抗剪强度逐渐增长的原因是（　　　）。

　　A. 总应力的减小

　　B. 有效应力的减小

　　C. 孔隙水压力的消散

　　D. 孔隙水压力的增加

22. 饱和黏性土地基瞬时沉降的计算可采用（　　　）。

　　A. 库仑理论

　　B. 分层总和法

　　C. 经验公式

　　D. 弹性理论公式

23. 土的层流渗透定律（达西定律）一般只适用于（　　　）。

　　A. 弹性理论公式

　　B. 中砂、细砂和粉砂

　　C. 粗砂

　　D. 卵石

24. 下列岩石为变质岩的是（　　　）。

　　A. 花岗岩　　　　　　　　　　　　　B. 片麻岩

　　C. 流纹岩　　　　　　　　　　　　　D. 泥岩

25. 下列全部属于岩浆岩构造类型的是（　　　）。

　　A. 板状、块状、流纹状、杏仁状

　　B. 片麻状、流纹状、气孔状、杏仁状

　　C. 块状、流纹状、气孔状、杏仁状

　　D. 千枚状、流纹状、气孔状、杏仁状

 注册道路工程师执业资格考试专业基础考试模拟试卷（三）

26. 结晶联结的岩石，结晶颗粒的大小与岩石强度有一定关系，一般晶粒越大强度（　　）。

A. 越小
B. 越大
C. 不变化
D. 无规律

27. 岩石受力发生破裂时，未发生明显位移的断裂是（　　）。

A. 断层
B. 解理
C. 节理
D. 背斜

28. 从地质构造条件分析，下列条件中最容易发生崩塌的是（　　）。

A. 沉积岩层的整合接触
B. 为结构面切割的破碎岩体
C. 软弱结构面与坡向相反
D. 无结构面切割的完整岩体

29. 下列有关岩石风化作用的说法中，错误的是（　　）。

A. 岩石的风化作用仅发生在地表
B. 岩石的风化作用使岩体的结构构造发生变化
C. 岩石的风化作用使岩石的强度及稳定性降低
D. 岩石的风化作用使岩石的矿物成分和化学成分发生变化

30. 山区公路水毁的重要动因是河流的（　　）。

A. 溶蚀作用
B. 侧蚀作用
C. 下蚀作用
D. 机械侵蚀作用

31. 在某河谷上形成若干级河谷阶地，用于敷设路线最好的是（　　）。

A. 一、二级阶地
B. 三、四级阶地
C. 三级阶地
D. 四级阶地

32. 岩石的风化程度一般划分为全风化、强风化等（　　）。

A. 二级
B. 三级
C. 四级
D. 五级

33. 公路工程地质勘察中，能直接观察地层结构变化的方法是（　　）。

A. 挖探 　　　　　　　　　　　　　　B. 冲击钻探

C. 触探 　　　　　　　　　　　　　　D. 地球物理勘探

34. 下列有关岩溶水的说法中，错误的是（　　）。

A. 岩溶水与地表水的流域系统相似

B. 岩溶水空间分布极不均匀

C. 岩溶水水量变化受气候影响不大

D. 岩溶水给工程预测预防带来困难

35. 滑坡体在滑动过程中，因受力不均而产生滑坡裂缝，其中分布在滑坡体后缘，多呈弧形，与滑坡壁大致平行的是（　　）。

A. 周形裂缝 　　　　　　　　　　　　B. 拉张裂缝

C. 鼓张裂缝 　　　　　　　　　　　　D. 剪切裂缝

36. 工程可行性研究阶段，隧道工程地质勘察的主要任务是（　　）。

A. 隧道洞身的勘察

B. 隧道洞口的勘察

C. 隧道方案与位置的确定

D. 隧道的水文地质勘察

37. 高速公路、一级公路进行勘测时，高程控制测量等级应选用（　　）。

A. 二等 　　　　　　　　　　　　　　B. 三等

C. 四等 　　　　　　　　　　　　　　D. 五等

38. 根据公路勘测平面控制点布设要求，路线平面控制点距路线中心小于300m，且应大于（　　）。

A. 20m 　　　　　　　　　　　　　　B. 30m

C. 40m 　　　　　　　　　　　　　　D. 50m

39. 下列公路勘测高程控制测量工作中，符合高程控制点布设要求的是（　　）。

A. 高程控制点距离路线中心的距离应大于35m

B. 高程控制点距离路线中心的距离宜小于400m

C. 路线高程控制点相邻点间的距离以1.5~2.5km为宜

D. 特大型构造物每端应埋设2个（含2个）以上高程控制点

40. 公路工程地形图绘制中，平原地区测绘 1∶1000 比例尺地形图的基本等高距应为（　　）。

    A. 0.5m

    B. 1.0m

    C. 2.0m

    D. 5.0m

41. 公路勘测地形图测绘采用 GPS RTK 法测量时，流动站至基准站的距离应小于（　　）。

    A. 10km

    B. 15km

    C. 20km

    D. 25km

42. 公路施工图设计阶段，利用数字地面模型（DTM）计算公路纵断面时，中桩桩距取值应为（　　）。

    A. 20~50m

    B. 20~40m

    C. 20~30m

    D. 5~20m

43. 以地形图数字化为数据源生成的公路数字地面模型（DTM），其高程插值相对于原地形图的高程误差不得超过原图等高距的（　　）。

    A. 1

    B. 1/2

    C. 1/3

    D. 1/5

44. 公路航空摄影测量成图比例尺为 1∶1000 时，航摄比例尺应为（　　）。

    A. 1∶2000~1∶3000

    B. 1∶4000~1∶6000

    C. 1∶8000~1∶12000

    D. 1∶20000~1∶30000

45. 公路大、中桥定测阶段勘测与调查时，应进行形态断面测量，选择形态断面的要求是（　　）。

    A. 任选两个断面即可

    B. 宜在桥位上游选一个断面

    C. 宜在桥位下游选一个断面

    D. 宜在桥位上、下游各选一个断面

46. 公路设计定测阶段，对于平原、微丘区的一、二级公路，中桩平面位置中误差应不大于（　　）。

    A. ±5cm

    B. ±10cm

    C. ±15cm

    D. ±20cm

47. 公路设计初测阶段，符合大、中桥梁控制测量要求的是（　　　）。

　　A. 可不专门布设桥梁平面和高程控制网

　　B. 布设路线控制网时，每岸不漏布设必要的控制点

　　C. 布设的控制点不需要纳入路线控制测量进行施测

　　D. 需设置独立坐标系统

48. 公路定测阶段，三级及以下公路横断面测量距离检测互差限差为（　　　）m。［注：L为测点至中桩的水平距离（m）］

　　A. $\leqslant L/2.5 + 0.2$

　　B. $\leqslant L/2.5 + 0.1$

　　C. $\leqslant L/50 + 0.2$

　　D. $\leqslant L/50 + 0.1$

49. 极限状态设计法中，结构的可靠性是指（　　　）。

　　A. 安全性、耐久性和稳定性

　　B. 安全性、耐久性和适用性

　　C. 安全性、耐久性和使用性

　　D. 使用性、耐久性和稳定性

50. 轴心受压构件按箍筋作用不同，可分为的两种基本类型是（　　　）。

　　A. 普通箍筋柱和直接箍筋柱

　　B. 螺旋箍筋柱和普通箍筋柱

　　C. 普通箍筋柱和长箍筋柱

　　D. 螺旋箍筋柱和间接箍筋柱

51. 用螺旋箍筋约束混凝土，则（　　　）。

　　A. 混凝土的强度和延性均提高

　　B. 混凝土的强度能提高，延性不能提高

　　C. 混凝土的延性能提高，强度不能提高

　　D. 混凝土的强度和延性均不能提高

52. 确定预应力钢筋弯起点时，考虑受力要求应兼顾（　　）。

A. 弯矩和预加力

B. 预加力和剪力

C. 轴力和弯矩

D. 弯矩和剪力

53. 钢筋混凝土梁的试验表明，钢筋混凝土适筋梁从加荷直至破坏，其正截面工作状态经历了三个阶段，大致可分为（　　）。

A. 整体工作阶段、极限工作阶段、破坏阶段

B. 弹性工作阶段、带裂缝工作阶段、破坏阶段

C. 弹性工作阶段、受拉区混凝土退出工作阶段、塑性阶段

D. 弹性工作阶段、全截面工作阶段、受拉区混凝土退出工作阶段

54. 在矩形截面偏心受压构件计算中，判断大偏心受压、小偏心受压的条件是（　　）。

A. $e_0 < 0.3h_0$ 为小偏心，$e_0 \geqslant 0.3h_0$ 为大偏心

B. $e_0 > 0.3h_0$ 为小偏心，$e_0 \leqslant 0.3h_0$ 为大偏心

C. $\xi \leqslant \xi_b$ 为大偏心，$\xi > \xi_b$ 为小偏心

D. $\xi < \xi_b$ 为小偏心，$\xi \geqslant \xi_b$ 为大偏心

55. 砌体受剪时，其破坏形式为（　　）。

A. 通缝抗剪、齿缝抗剪和水平抗剪

B. 通缝抗剪、齿缝抗剪和阶梯形抗剪

C. 齿缝抗剪、阶梯形抗剪和竖缝抗剪

D. 水平抗剪、竖缝抗剪和齿缝抗剪

56. 根据《建设工程质量管理条例》，勘察、设计单位超越本单位资质等级承揽工程的，责令停止违法行为，对勘察、设计单位处以罚款，罚款是合同约定勘察费、设计费的（　　）。

A. 2 倍以上 3 倍以下

B. 3 倍以上 5 倍以下

C. 1 倍以上 2 倍以下

D. 10 万元以上 30 万元以下

57. 根据《中华人民共和国公路法》，县级以上地方人民政府应当确定公路两侧边沟（截水沟、坡脚护坡道，下同）外缘起不少于（　　　）的公路用地。

A. 5m

B. 2m

C. 1m

D. 0.5m

58. 根据《建设工程安全生产管理条例》，注册执业人员未执行法律、法规和工程建设强制性标准的，应（　　　）。

A. 终身不予注册

B. 吊销执业资格证书，5 年内不予注册

C. 吊销执业资格证书，10 年内不予注册

D. 责令停止执业 3 个月以上 1 年以下

59. 根据《中华人民共和国民法典》（即原《中华人民共和国合同法》），建设工程项目执行政府定价或者政府指导价的，在合同约定的交付期限内政府价格调整时，按照交付时的价格计价。逾期交付标的物的，遇价格上涨时，执行（　　　）。

A. 新价格

B. 原价格

C. 商议确定的价格

D. 新价格与原价格的平均值

60. 根据《建设工程质量管理条例》，建设工程发生质量事故，有关单位向当地建设行政主管部门和其他有关部门报告的时间应不大于（　　　）。

A. 4 小时

B. 8 小时

C. 24 小时

D. 48 小时

注册道路工程师执业资格考试专业基础考试模拟试卷（四）

单项选择题（共 60 题，每题 2 分。每题的备选项中只有一个最符合题意。）

1. 洛杉矶磨耗试验中，磨耗机的转动速率是（   ）。

    A. 25~28r/min

    B. 28~32r/min

    C. 30~33r/min

    D. 33~35r/min

2. 细集料试验中，各筛的累计筛余用A_i来表示。现有一细集料，各筛孔累计筛余分别为：$A_{4.75} = 3.6$，$A_{2.36} = 15.6$，$A_{1.18} = 34.2$，$A_{0.6} = 63.6$，$A_{0.3} = 90.1$，$A_{0.15} = 97.2$，则该细集料是（   ）。

    A. 粗砂   B. 中砂

    C. 细砂   D. 粉砂

3. 石灰可用于道路与桥梁工程，下列技术要求中，不属于石灰的技术要求的是（   ）。

    A. 氧化铝的含量

    B. 氧化镁和氧化钙的含量

    C. 二氧化碳的含量

    D. 细度

4. 我国现行标准规定，硅酸盐水泥细度的测定方法是（   ）。

    A. 负压筛析法   B. 手工筛析法

    C. 水筛法   D. 比表面积法

5. 碾压贫混凝土要求其 7 天无侧限强度不低于（   ）。

    A. 6MPa   B. 7MPa

    C. 8MPa   D. 9MPa

6. 混凝土拌合物的稠度试验方法有坍落度与坍落扩展度试验和维勃稠度试验两种，其中坍落度与坍落扩展度试验要求新拌混凝土的坍落度不小于（   ）。

    A. 5mm   B. 10mm

    C. 15mm   D. 20mm

7. 有一组边长为 150mm 的水泥混凝土立方体试块，各试块的极限荷载分别为 929.25kN，963.08kN，789.75kN，则该混凝土抗压强度的测定值为（ ）。

A. 35.1MPa

B. 39.7MPa

C. 41.3MPa

D. 42.8MPa

8. 以下特征中，不属于 SMA 沥青混合料的是（ ）。

A. 骨架—空隙结构

B. 沥青用量大

C. 矿粉用量多

D. 掺入纤维

9. 沥青的针入度值越大，则该沥青（ ）。

A. 脆性越大

B. 黏附性越好

C. 抗老化性能越好

D. 越软，稠度越小

10. 碳素钢亦称为"碳钢"，是指其含碳量低于（ ）。

A. 2%

B. 2.5%

C. 3%

D. 3.5%

11. 普通混凝土计算初步配合比为 1∶1.92∶2.66，水灰比为 0.42，为提高其流动性增加 5%水泥浆用量，此时该混凝土的水灰比为（ ）。

A. 0.38

B. 0.4

C. 0.42

D. 0.44

12. 关于土的界限含水率，说法正确的是（ ）。

A. 固态与半固态的界限含水率为塑限w_p

B. 半固态与可塑状态的界限含水率为缩限w_s

C. 固态与液态的界限含水率为液限w_L

D. 可塑状态与流动状态的界限含水率为液限w_L

13. 关于砂土的相对密实度，说法正确的是（ ）。

A. 相对密实度越大，孔隙比e越小

B. 相对密实度越大，孔隙比e越大

C. 砂土的相对密实度D_r接近于 1，表明砂土接近于最松散的状态

D. 砂土的相对密实度D_r接近于 0，表明砂土接近于最密实的状态

14. 关于土的工程分类，以下说法正确的是（　　）。

    A. 碎石土是指粒径大于 2mm 的颗粒含量超过总质量 50% 的土

    B. 碎石土是指粒径大于 2mm 的颗粒含量超过总质量 45% 的土

    C. 砂土是指粒径大于 2mm 的颗粒含量不超过总质量 45% 的土

    D. 粉土是指粒径大于 0.075mm 的颗粒含量超过总质量 50% 的土

15. 水流作用在单位体积土体中土颗粒上的力称为动水力，以下关于动水力的说法错误的是（　　）。

    A. 动水力也称为渗透力

    B. 动水力的大小与水力梯度成正比

    C. 动水力的大小与水的重度成正比

    D. 动水力的作用方向与水流方向一致

16. 根据土的层流渗透定律，其他条件相同时，以下说法错误的是（　　）。

    A. 渗透系数越大时，流速越大

    B. 渗透系数越大时，流速越小

    C. 水力梯度越大时，流速越大

    D. 水力梯度越大时，渗透流量越大

17. 某场地从天然地面算起，自上而下分别为：粉土，厚度 6m；黏土，厚度 30m。两层土的天然重度均按 $20kN/m^3$ 计算，勘察发现有一层地下水，埋深 3m，水的重度按 $10kN/m^3$ 计算，含水层为粉土，黏土为隔水层，深度 4m 处的有效自重应力为（　　）。

    A. 70kPa   B. 80kPa

    C. 90kPa   D. 100kPa

18. 矩形基础受单向偏心荷载作用，b 为基底偏心方向长度，当基底压力分布为梯形时，荷载偏心距 e 的大小为（　　）。

    A. $e = 0$ B. $e > b/6$

    C. $e = b/6$ D. $e < b/6$

19. 关于太沙基条形浅基础极限荷载计算公式的假定，以下说法正确的是（　　）。

    A. 基础的长宽比 < 5

    B. 假定基础底面与土之间无摩擦力

    C. 地基土破坏形式是刺入剪切破坏

    D. 基底以上的土体看作是作用在基础两侧的均布荷载

20. 某土样取土深度为 10.0m，测得先期固结压力为 160kPa，土的重度为 20kN/m³。该土样的超固结比（*OCR*）为（　　）。

A. 2.0　　　　　　　　　　　B. 1.5

C. 1.0　　　　　　　　　　　D. 0.8

21. 绘制土的三轴剪切试验成果莫尔—库仑强度包线时，莫尔圆的正确画法是（　　）。

A. 在σ轴上以σ_1为圆心，以$(\sigma_1-\sigma_3)/2$为半径

B. 在σ轴上以σ_3为圆心，以$(\sigma_1-\sigma_3)/2$为半径

C. 在σ轴上以$(\sigma_1-\sigma_3)/2$为圆心，以$(\sigma_1+\sigma_3)/2$为半径

D. 在σ轴上以$(\sigma_1+\sigma_3)/2$为圆心，以$(\sigma_1-\sigma_3)/2$为半径

22. 为了近似模拟土体在现场受剪的排水条件，将直剪试验分为（　　）。

A. 快剪、固结快剪和慢剪

B. 固结排水剪、固结慢剪和慢剪

C. 固结慢剪、快剪和不排水剪

D. 不排水剪、排水剪和固结快剪

23. 均质黏性土的土坡失稳破坏时，通常可近似地假定为圆弧滑动面，圆弧滑动面的形式一般有以下三种：坡脚圆、坡面圆和中点圆，这三种圆弧滑动面的产生与（　　）无关。

A. 土坡的坡角大小

B. 土的强度指标

C. 土中硬层的位置

D. 土坡的长度

24. 玄武岩属于岩浆岩，按其 SiO_2 含量属于（　　）。

A. 基性岩类

B. 中性岩类

C. 酸性岩类

D. 超基性岩类

25. 岩石的工程地质性质包括（　　）。

A. 矿物成分、力学性质、吸水性质

B. 力学性质、水理性质、抗冻性质

C. 物理性质、水理性质、力学性质

D. 物理性质、化学性质、力学性质

26. 对地质构造进行野外观测时，常沿垂直于岩层走向的路线穿越观察，若在地表上观测到的岩层其地质年代依次由新到老，再由老到新，对称分布，这种地质构造为（　　）。

    A. 向斜构造   B. 背斜构造

    C. 单斜构造   D. 褶皱构造

27. 对于单斜构造，当岩层倾向与坡向相反时，在地质平面图上地层分界线与地形等高线（　　）。

    A. 平行   B. 垂直

    C. 弯曲方向相同   D. 弯曲方向相反

28. 河水流动的过程中不断加深和拓宽河床的作用称为河流的侵蚀作用，这种侵蚀作用可分为（　　）。

    A. 溶蚀作用和磨蚀作用

    B. 下蚀作用和侧蚀作用

    C. 淘蚀作用和潜蚀作用

    D. 溶蚀作用和机械侵蚀作用

29. 与岩石风化无关的作用是（　　）。

    A. 太阳辐射   B. 空气

    C. 风   D. 地球引力

30. 在识别各级河流阶地形成年代的先后时，下列说法正确的是（　　）。

    A. 高阶地年代新，低阶地年代老

    B. 低阶地年代新，高阶地年代老

    C. 根据阶地二元结构表层地层的沉积年代确定，与阶地高低无关

    D. 根据阶地二元结构下部地层的沉积年代确定，与阶地高低无关

31. 关于崩塌形成的基本条件，以下说法错误的是（　　）。

    A. 斜坡高、陡是形成崩塌的必要条件

    B. 由软硬岩互层构成的陡峻斜坡不容易形成崩塌

    C. 大规模的崩塌多发生在暴雨、久雨或强震之后

    D. 崩塌易沿倾向临空方向且倾角较大的软弱结构面发生

32. 滑坡钻探钻至滑动面（带）以上5m或发现滑动面（带）迹象时，应采用的钻探方式是（　　）。

    A. 干钻   B. 冲洗钻

    C. 冲击钻   D. 振动钻

33. 泥石流是一种突然暴发的含有大量泥沙、石块的特殊洪流，下列不属于形成泥石流基本条件的是（　　）。

A. 宽阔平缓的排泄通道

B. 陡峭的山坡地形

C. 流域中有丰富的固体物质

D. 雨或冰雪融水

34. 我国黄土的堆积年代包括整个第四纪，按照公路工程所处区域地质年代划分，离石黄土的堆积年代为（　　）。

A. 全新世 Q_4　　　　　　　　　　B. 晚更新世 Q_3

C. 中更新世 Q_2　　　　　　　　　　D. 早更新世 Q_1

35. 膨胀土是一种黏性土，土中黏粒的主要矿物成分是（　　）。

A. 蒙脱石和伊利石

B. 高岭石和蛇纹石

C. 高岭石和绿泥石

D. 绿泥石和蛇纹石

36. 当盐渍土中（　　）含量较高时，土的物理、力学性质和筑路性质会发生显著变化。

A. 硫酸镁　　　　　　　　　　B. 硫酸钙

C. 碳酸钙　　　　　　　　　　D. 硫酸钠

37. 某公路大桥项目，桥梁最大单跨为388m，采用的平面控制测量桩，其上顶面正方形边长、下底面正方形边长、高分别不应小于（　　）mm。

A. 150、300、600

B. 200、400、600

C. 250、500、600

D. 300、600、800

38. 公路勘测角度、距离和水准记录中，如果读错、写错，数字不得直接改正，必须重测的位数分别是（　　）。

A. 秒位、毫米及毫米以下

B. 秒位、厘米及厘米以下

C. 分位、毫米及毫米以下

D. 分位、厘米及厘米以下

39. 根据现行《公路勘测规范》规定，公路路线、大型构造物采用的平面控制坐标系，其投影长度变形值应分别不大于（   ）mm/km。

    A. 10、25

    B. 25、10

    C. 25、15

    D. 50、20

40. 某一公路测量控制点，位于高原地区，其 6 度带的纵坐标 $X = 4866735m$，横坐标 $Y = 18444333m$，则该点至中央子午线的实际距离为（   ）。

    A. 55667m

    B. 444333m

    C. 4866735m

    D. 18444333m

41. 某公路施工图设计阶段，根据地形需要设置长 4980m 隧道一座，下列关于隧道平面和高程控制网等级选择，符合规范规定的是（   ）。

    A. 平面控制测量等级为四等，高程控制测量等级为四等

    B. 平面控制测量等级为四等，高程控制测量等级为三等

    C. 平面控制测量等级为三等，高程控制测量等级为四等

    D. 平面控制测量等级为三等，高程控制测量等级为三等

42. 某微丘区高速公路高程控制测量采用双摆站的方法进行三等水准测量，已知附合水准路线长度为 91km，附合水准路线闭合差 80mm，下列关于该项目高程控制测量的相关描述，结论正确的是（   ）。

    A. 附合水准路线闭合差符合规范要求，附合水准路线长度符合规范要求

    B. 附合水准路线闭合差符合规范要求，附合水准路线长度不符合规范要求

    C. 附合水准路线闭合差不符合规范要求，附合水准路线长度符合规范要求

    D. 附合水准路线闭合差不符合规范要求，附合水准路线长度不符合规范要求

43. 下列关于地形图等高线特性的描述，不正确的为（   ）。

    A. 等高线不能相交

    B. 同一等高线上各点的高程一定相等

    C. 等高线平距大小与地面坡度大小成反比

    D. 等高线与山脊线、山谷线大致成垂直正交

44. 下列关于公路工程水下地形图测绘的表述，符合规范规定的是（　　）。

　　A. 特大桥重点水域断面线上测深点图上最大间距应不大于1.0cm

　　B. 重点水域航道测量图上测深线间距应不大于2.0cm

　　C. 特大桥一般水域断面线上测深点图上最大间距应不大于2.0cm

　　D. 一般水域航道测量图上测深线间距应不大于3.0cm

45. 某公路工程定测阶段，拟采用航空摄影对重要工点进行地形图测量工作，根据公路勘测规范宜采用的航摄比例尺是（　　）。

　　A. 1：500

　　B. 1：2000

　　C. 1：5000

　　D. 1：10000

46. 某二级公路定测阶段中桩高程测量起闭于路线高程控制点上，已知中桩高程测量的路线长度为1.96km，中桩高程测量闭合差的限差应不大于（　　）。

　　A. 14mm
　　B. 28mm

　　C. 42mm
　　D. 56mm

47. 下列关于定测阶段地形图测绘的表述，符合规范规定的是（　　）。

　　A. 地形、地物发生变化的路段，应全部重测

　　B. 地形、地物发生变化较大的路段，应予修测

　　C. 隧道应按最终确定的洞口位置测绘洞口地形图

　　D. 地形图范围不能满足设计要求时，可用小比例尺地形图放大补充

48. 下列关于定测阶段占地勘测与调查，调查土地内容阐述正确的是（　　）。

　　A. 应调查常种作物和近2年平均产量

　　B. 应调查常种作物和近3年平均产量

　　C. 应调查常种作物和近4年平均产量

　　D. 应调查常种作物和近5年平均产量

49. 对于受拉束筋的锚固长度，束筋内各单根钢筋应自锚固起点开始以规范表值规定的单根钢筋的锚固长度的1.3倍呈阶梯形逐根延伸后截断，该要求适用于束筋等代直径大于（　　）。

　　A. 25mm
　　B. 28mm

　　C. 30mm
　　D. 32mm

50. 在进行钢筋混凝土梁设计时，纵向受拉钢筋不宜在受拉区截断，如需截断，应从按正截面抗弯承载力计算充分利用点至少延伸1倍钢筋最小锚固长度加梁截面有效高度，同时应考虑从正截面抗弯承载力计算不需要点至少延伸（   ）。

A. 10倍主筋直径

B. 20倍主筋直径

C. 梁截面有效高度

D. 1倍钢筋最小锚固长度

51. 受弯构件斜截面受力破坏形态中，发生剪压破坏的剪跨比一般为（   ）。

A. ＜1   B. 1~3

C. ＞3   D. 4~6

52. 受压构件内纵向受力钢筋设置于离角筋中心距离大于150mm或箍筋直径一定倍数（两者取较大者）时应设复合箍筋，这个规定的倍数是（   ）。

A. 10倍   B. 12倍

C. 15倍   D. 20倍

53. 在进行偏心受压构件承载能力极限状态验算时，考虑偏心距增大系数是因为需要计入（   ）。

A. 构件轴线施工误差引起的二阶效应

B. 构件截面施工误差引起的二阶效应

C. 轴向力作用位置偏差引起的二阶效应

D. 荷载作用产生侧向挠曲引起的二阶效应

54. 验算矩形截面钢筋混凝土构件裂缝宽度时，对受弯、偏心受拉、偏心受压构件，有效受拉混凝土截面面积取（   ）。

A. 受拉钢筋面积的两倍

B. 受拉钢筋重心至受拉区边缘的面积

C. 受拉钢筋重心至受拉区边缘面积的两倍

D. 受拉钢筋面积乘以钢筋与混凝土弹性模量之比的两倍

55. 预应力混凝土与普通钢筋混凝土相比，其优点描述不确切的是（   ）。

A. 可以减小主拉应力

B. 提高了构件的抗裂度和刚度

C. 可以节省材料，减少自重，增大跨越能力

D. 施工工艺简单，施工质量容易保证

56. 根据《中华人民共和国公路法》，下列规定正确的是（   ）。

A. 国家鼓励国内经济组织依法投资建设、经营公路，但不提倡国外经济组织投资建设、经营公路

B. 公路建设项目的施工，须按国务院交通主管部门的规定报请县级以上地方人民政府交通主管部门批准

C. 依据《中华人民共和国公路法》规定，出让公路收费权的收入，原则上归原业主自主使用，但必须按规定缴纳出让的各项费用

D. 承担大、中型公路建设项目的可行性研究单位、勘察设计单位，必须持有国家规定的资质证书，小型公路建设项目必须持有县级及以上交通主管部门规定的资质证书

57. 根据《中华人民共和国建筑法》，承揽工程符合规定的是（   ）。

A. 建筑工程必须由一个单位总承包

B. 不同资质等级的单位实行联合共同承包的，可按照资质等级高的单位的业务许可范围承揽工程

C. 大型建筑工程或者结构复杂的建筑工程，可以由两个以上的承包单位联合共同承包，共同承包的各方对承包合同的履行承担连带责任

D. 大型建筑工程或者结构复杂的建筑工程，可以由两个以上的承包单位联合共同承包，共同承包的各方必须对本身的承包内容负责，对承包合同的履行不承担连带责任

58. 根据《建设工程质量管理条例》，勘察单位未按照工程建设强制性标准进行勘察的，下列处罚正确的是（   ）。

A. 处 50 万元以上，100 万元以下的罚款

B. 责令改正，处 10 万元以上，30 万元以下的罚款

C. 责令改正，处 20 万元以上，50 万元以下的罚款

D. 责令改正，处 5 万元以上，20 万元以下的罚款

59. 违反《建设工程勘察设计管理条例》，未经注册，擅自以注册建设工程勘察、设计人员的名义从事建设工程勘察、设计活动的，除责令停止违法行为、没收违法所得外，还须处罚款，金额为违法所得收入的（   ）。

A. 1~2 倍
B. 1~3 倍

C. 3~6 倍
D. 2~5 倍

60. 根据 2018 年 6 月 1 日起施行的《必须招标的工程项目规定》，《中华人民共和国招标投标法》第三条规定范围内的项目，勘察、设计、监理等服务的采购，必须招标的单项合同估算价为（   ）。

A. 50 万元人民币以上
B. 100 万元人民币以上

C. 200 万元人民币以上
D. 300 万元人民币以上

注册道路工程师执业资格考试专业基础考试模拟试卷（五）

单项选择题（共 60 题，每题 2 分。每题的备选项中只有一个最符合题意。）

1. 当建筑材料的孔隙率增大时，则该材料的性质保持不变的是（   ）。

    A. 真实密度

    B. 表观密度

    C. 堆积密度

    D. 毛体积密度

2. 厚大体积的混凝土工程施工中，不宜使用的水泥是（   ）。

    A. 硅酸盐水泥

    B. 矿渣水泥

    C. 火山灰水泥

    D. 复合水泥

3. 某用于水泥混凝土路面工程的细集料，其筛分试验中 4.75mm、2.36mm、1.18mm、0.6mm、0.3mm、0.15mm、0.075mm 筛孔的筛余百分比为 2.8%、5.9%、9.6%、14.2%、40.1%、22.4%、5%，则细集料分类为（   ）。

    A. 粗砂   B. 中砂

    C. 细砂   D. 特细砂

4. 下列哪项不属于硅酸盐水泥熟料的主要成分（   ）。

    A. 硅酸三钙

    B. 铝酸三钙

    C. 铁铝酸四钙

    D. 氧化锌

5. 在最佳含水率条件下，制作无机结合料稳定材料无侧限抗压强度试件应满足的条件是（   ）。

    A. 混合料干密度与击实试验的最大干密度一致

    B. 混合料干密度与击实试验的最大干密度一致，但应按现场压实度标准折算

    C. 混合料湿密度与击实试验的最大湿密度一致

    D. 混合料湿密度与击实试验的最大湿密度一致，但应按现场压实度标准折算

6. 当缺少近期同一品种、同一强度等级混凝土的强度资料时，按照《普通混凝土配合比设计规程》(JGJ 55—2011）的规定，C40 水泥混凝土的配制强度应不小于（　　）。

　　A. 46.0MPa　　　　　　　　　　　　B. 46.6MPa

　　C. 48.2MPa　　　　　　　　　　　　D. 49.9MPa

7. 水泥砂浆保水性的指标是（　　）。

　　A. 分层度　　　　　　　　　　　　　B. 流动度

　　C. 坍落度　　　　　　　　　　　　　D. 和易性

8. 表征道路石油沥青塑性变形能力的指标是（　　）。

　　A. 针入度　　　　　　　　　　　　　B. 延度

　　C. 软化点　　　　　　　　　　　　　D. 针入度指数

9. 测定沥青混合料稳定度和流值的试验方法是（　　）。

　　A. 马歇尔试验

　　B. 冻融劈裂试验

　　C. 车辙试验

　　D. 弯曲蠕变试验

10. 表面多孔、吸水率大的集料不宜用于沥青混合料的主要原因是（　　）。

　　A. 压碎值低

　　B. 针片状颗粒含量多

　　C. 耐磨性差

　　D. 沥青用量高

11. 在碳素结构钢中，低碳钢的含碳量标准是（　　）。

　　A. ＜0.20%　　　　　　　　　　　　B. ＜0.25%

　　C. ＜0.30%　　　　　　　　　　　　D. ＜0.35%

12. 某土样的粒径级配累积曲线中间出现较大范围的水平段，则该土的级配可能存在的情况是（　　）。

　　A. 粒径均匀

　　B. 粒径较小

　　C. 粒径较大

　　D. 缺少中间粒径

13. 下列土的物理性质指标中，常用烘干法测定的指标是（　　）。

　　A. 含水率

　　B. 孔隙比

　　C. 干密度

　　D. 天然密度

14. 渗透性可能受到矿物成分的影响，下列土类中渗透性受矿物成分影响较大的是（　　）。

　　A. 卵石　　　　　　　　　　　　　B. 砂土

　　C. 粉砂土　　　　　　　　　　　　D. 黏性土

15. 不透水基岩上有水平分布的三层土，厚度均为 0.5m，渗透系数分别为：$k_1 = 0.001\text{m/d}$，$k_2 = 0.2\text{m/d}$，$k_3 = 10\text{m/d}$，土体水平向的平均渗透系数为（　　）。

　　A. 2.5m/d　　　　　　　　　　　　B. 3.4m/d

　　C. 5.1m/d　　　　　　　　　　　　D. 10.2m/d

16. 某地基上作用竖向矩形均布荷载，矩形中心点下方土层受到的附加应力随深度增加的变化规律是（　　）。

　　A. 增大

　　B. 减小

　　C. 先增大后减小

　　D. 先减小后增大

17. 土的室内侧限压缩试验得到的 $e\text{-}p$ 曲线中，横坐标 p 对应的应力是（　　）。

　　A. 自重应力

　　B. 附加应力

　　C. 有效应力

　　D. 超静孔隙水压力

18. 直剪试验通过控制剪切速率近似模拟现场土体排水条件，不同直剪试验类型按排水条件与三轴试验之间存在一一对应关系，与固结不排水三轴试验对应的直剪试验类型是（　　）。

　　A. 快剪

　　B. 固结快剪

　　C. 慢剪

　　D. 不固结快剪

19. 同一饱和黏性土在相同竖向压力作用下进行直剪试验，破坏时剪切面剪应力最大的试验方法是（　　　）。

A. 快剪

B. 慢剪

C. 固结快剪

D. 固结排水剪

20. 饱和软黏土地基在外荷载作用下，随着孔隙水压力的消散，土体强度的变化趋势是（　　　）。

A. 增长

B. 不变

C. 急剧降低

D. 缓慢降低

21. 依据太沙基一维固结理论，标志地基固结完成的情况是（　　　）。

A. 固结系数等于 1

B. 时间因数等于 0

C. 平均固结度等于 1

D. 平均固结度等于 0

22. 根据地基承载力的构成，下列不利于提高地基承载力的措施是（　　　）。

A. 增大基础宽度

B. 减小基础埋深

C. 增大地基的密实度

D. 基础外围填土

23. 在土坡稳定分析时任意假设一个滑动面就可以计算出相应的土坡稳定安全系数。在所有滑动面对应的安全系数中，能代表土坡稳定程度的安全系数是（　　　）。

A. 最大值

B. 最小值

C. 平均值

D. 均方根

24. 下列全部属于岩浆岩构造类型的是（　　　）。

A. 板状、块状、流纹状、杏仁状

B. 片麻状、流纹状、气孔状、杏仁状

C. 块状、流纹状、气孔状、杏仁状

D. 千枚状、流纹状、气孔状、杏仁状

25. 关于影响岩石工程性质的主要因素，下列说法正确的是（　　）。

    A. 风化作用会破坏岩石的完整性

    B. 水对所有岩石强度的影响是可逆的过程

    C. 含有高强度矿物的岩石，其强度一定就高

    D. 胶结联结的岩石比结晶联结的岩石具有更高的强度

26. 以下各组术语中，属于沉积岩结构、构造特征的是（　　）。

    ①碎屑结构；②斑状结构；③泥质结构；④层理构造；⑤片理构造；⑥块状构造

    A. ①④   B. ①⑤

    C. ②⑤   D. ③⑥

27. 判别正断层上、下盘运动方向，可依据的现象是（　　）。

    A. 断层崖、地层缺失

    B. 地层缺失、阶步陡坎

    C. 地层缺失、断层擦痕凹槽

    D. 断层擦痕凹槽、牵引弯曲

28. 节理是一种构造地质现象，关于节理，下列说法正确的是（　　）。

    A. 节理也称裂隙

    B. 剪节理主要发育在背斜的轴部

    C. 节理就是层理

    D. 构造节理可以分为原生节理和次生节理

29. 河流侵蚀作用按其侵蚀方向分为下蚀作用和侧蚀作用，河流下蚀作用消失的平面称为（　　）。

    A. 溯源侵蚀面

    B. 剥蚀夷平面

    C. 侵蚀基准面

    D. 地貌水准面

30. 地貌的形成是内力和外力共同作用的结果，如果内力作用使地表的上升量大于外力作用的剥蚀量，形成的地貌是（　　）。

    A. 低地

    B. 剥蚀平原

    C. 山岭地貌

    D. 堆积平原

31. 地下水的储藏和运动位于岩土体的孔隙和裂隙中，有隔水顶板，承受一定压力，不易被污染，水质较好的地下水是（   ）。

A. 潜水

B. 承压水

C. 包气带水

D. 上层滞水

32. 滑坡是一种常见的地质灾害，下列容易引发滑坡的因素是（   ）。

A. 地形平缓、地质构造发育

B. 降雨较多、地质构造发育

C. 岩石坚硬且完整、人为切坡

D. 软弱岩层、排水措施齐全

33. 岩溶发育受岩性、地质构造和岩溶水的循环交替条件等控制，下列选项中，有利于岩溶发育的组合条件是（   ）。

A. 水中 CO_2 含量少、破碎的大理岩

B. 水中 CO_2 含量多、破碎的磷灰岩

C. 地下水流动性差、破碎的大理岩

D. 地下水流动性好、破碎的石灰岩

34. 膨胀土是一种特殊土，下列不属于膨胀土胀缩变形影响因素的是（   ）。

A. 黏粒含量

B. 天然含水率

C. 土粒比重 G_s

D. 天然孔隙比

35. 软土是一种特殊土，下列选项中不属于软土工程性质的是（   ）。

A. 灵敏度高

B. 透水性强

C. 孔隙比大

D. 压缩性高

36. 根据《公路工程地质勘察规范》（JTG C20—2011），在初步勘察阶段，关于隧道工程地质及水文地质测试的规定，下列描述不正确的是（　　）。

A. 有害气体、放射性矿体等应按相关规定进行测试、分析

B. 高寒地区应进行地温测试，提供隧道洞门和排水设计所需的地温资料

C. 采取地表水和地下水样，做水质分析，评价水的腐蚀性

D. 水文地质条件复杂时，应进行抽（注）水试验，可不进行地下水动态观测

37.《公路勘测规范》（JTG C10—2007）以中误差作衡量测量精度的指标，观测误差的极限误差为中误差的（　　）。

A. 1 倍　　　　　　　　　　　　　　B. 1.5 倍

C. 2 倍　　　　　　　　　　　　　　D. 3 倍

38. 高斯平面直角坐标系中，同一纬度上（除 0 外）距离中央子午线越远，其观测点位 X、Y 坐标值投影误差的变化规律是（　　）。

A. X 变大，Y 变大

B. X 变小，Y 变小

C. X 变大，Y 不变

D. X 不变，Y 变大

39. 公路勘测平面控制测量中，GPS 基线测量的中误差应小于公式 $\sigma = \pm\sqrt{a^2 + (b \times d)^2}$ 计算的标准差，当计算 GPS 测量大地高差的精度时，a、b 可放宽的倍数是（　　）。

A. 1.5　　　　　　　　　　　　　　B. 2.0

C. 2.5　　　　　　　　　　　　　　D. 3.0

40. 公路勘测控制测量中，各等级高程控制网最弱点高程中误差不得大于（　　）。

A. ±25mm　　　　　　　　　　　　B. ±10mm

C. ±6mm　　　　　　　　　　　　D. ±2mm

41. 测绘 1∶500 比例尺地形图，平坦开阔地区，如果采用全站仪测图，图根点的密度应不少于（　　）。

A. 58 点/km²

B. 45 点/km²

C. 14 点/km²

D. 7 点/km²

42. 利用航空摄影测绘比例为 1：2000 的地形图时，航摄比例尺应该选用（　　　）。

A. 1：2000~1：3000

B. 1：4000~1：6000

C. 1：8000~1：12000

D. 1：20000~1：30000

43. 为满足数字地面模型基础数据精度要求，以地形图数字化为数据生成的 DTM，其高程插值相对于原地形图的高程误差不得超过原图等高距的（　　　）。

A. 1/6

B. 1/4

C. 1/3

D. 1/2

44. 公路施工图设计阶段，采用数字地面模型计算纵断面时，中桩桩距应符合（　　　）。

A. 30~60m

B. 20~50m

C. 10~30m

D. 5~20m

45. 公路中桩高程测量应起闭于路线高程控制点上，三级公路中桩高程测量闭合差应（　　　）。

A. $\leqslant 25\sqrt{L}$

B. $\leqslant 30\sqrt{L}$

C. $\leqslant 40\sqrt{L}$

D. $\leqslant 50\sqrt{L}$

46. 公路初测阶段，不属于管理、服务、养护、收费设施应进行勘测与调查的内容是（　　　）。

A. 管理、服务、养护、收费机构的生活、生产所需物资供应条件

B. 设施区域内地表的土质条件，适应种植的树种、草种等

C. 各站区工程地质、水文地质调查

D. 场站联络道路、抢险车辆出入的联络道路及其附属工程

47. 定测阶段中桩高程测量中，沿线需要特殊控制的建筑物、管线、铁路轨顶等，应按规定测出其高程，两次测量之差不超过（　　　）。

A. 2cm

B. 3cm

C. 5cm

D. $20\sqrt{L}$

48. 公路初测阶段应进行浸水路基勘测与调查，下列描述中不属于沿河路基和河滩路堤勘测与调查内容的是（　　　）。

A. 应查明沿河水位、水流特性及对路基的影响

B. 调查河岸地形、地貌、地质构造、岩土特性

C. 应查明河流性质、发育阶段、河滩堆积物质及其颗粒组成、漂浮物、冲瘀等及对路基稳定性的影响

D. 应查明河流长度及对河流上、下游的影响

49. 公路桥涵结构按承载能力极限状态设计时，对持久设计状况和短暂设计状况应采用的作用组合是（　　）。

  A. 标准组合

  B. 基本组合

  C. 准永久组合

  D. 频遇组合

50. 钢筋混凝土简支梁距支座中心 1/2 梁高处截面的最大剪力设计值为 200kN，此截面处混凝土和钢筋共同承担的剪力设计值及弯起钢筋承担的剪力设计值分别是（　　）。

  A. 60kN 及 140kN

  B. 80kN 及 120kN

  C. 120kN 及 80kN

  D. 140kN 及 60kN

51. 受弯构件进行斜截面承载力验算时，斜截面水平投影长度是（　　）。

  A. $0.50m/h_0$ B. $0.55m/h_0$

  C. $0.60m/h_0$ D. $0.65m/h_0$

52. 钢筋混凝土轴心受压构件截面尺寸为 $b \times h = 300\text{mm} \times 400\text{mm}$，稳定系数为 0.92，轴心压力设计值为 1750kN，构件的重要性系数为 1.0，混凝土抗压强度设计值为 13.8MPa，纵向钢筋的抗压强度设计值为 330MPa，则所需要的纵向受压钢筋面积至少是（　　）。

  A. 746.0mm^2 B. 874.1mm^2

  C. 1386.5mm^2 D. 6041.0mm^2

53. 钢筋混凝土受弯构件的长期挠度值，由汽车荷载（不计冲击力）和人群荷载频遇组合在梁式桥主梁产生的最大挠度不应超过计算跨径的（　　）。

  A. 1/300   B. 1/600

  C. 1/1000   D. 1/1600

54. 钢筋混凝土和 B 类预应力混凝土构件应按作用频遇组合并考虑长期效应的影响验算裂缝宽度。采用预应力螺纹钢筋的 B 类预应力混凝土构件在 II 类（冻融环境）下，其最大裂缝宽度限制值是（　　）。

  A. 0.05mm   B. 0.10mm

  C. 0.15mm   D. 0.20mm

55. 后张法预应力混凝土构件端部锚固区的总体区有三个位置存在不均匀分布拉应力，由拉应力分布积分可得相应的合力，下列不属于总体区合力的是（　　　）。

A. 角部力 　　　　　　　　　　　　　　B. 剥裂力

C. 劈裂力 　　　　　　　　　　　　　　D. 边缘拉力

56. 建设工程实行总承包的，总承包单位依法将工程分包给其他单位，分包单位应服从总承包单位的安全生产管理，分包单位不服从管理导致生产安全事故的（　　　）。

A. 由总承包单位承担全部责任

B. 由总承包单位承担主要责任

C. 由分包单位承担全部责任

D. 由分包单位承担主要责任

57. 大中型建筑工程项目立项批准后，建设单位应按照（　　　）。

A. 工程发包—报建登记—签订施工承包合同—申领施工许可证

B. 报建登记—工程发包—签订施工承包合同—申领施工许可证

C. 报建登记—申领施工许可证—工程发包—签订施工承包合同

D. 申领施工许可证—工程发包—签订施工承包合同—报建登记

58. 合同履行中，执行政府定价的，在合同约定的交付期限内政府价格调整时，按照（　　　）。

A. 签约时的价格与交付时的价格中较高的价格计价

B. 签约时的价格与交付时的价格中较低的价格计价

C. 签约时的价格计价

D. 交付时的价格计价

59. 在建筑工程投标过程中，由同一专业的两个以上法人或者其他组织组成的联合体，按照（　　　）。

A. 资质等级较低的单位确定资质等级

B. 资质等级较高的单位确定资质等级

C. 承担任务较重的单位确定资质等级

D. 牵头人单位确定资质等级

60. 向施工单位提供施工现场地下管线资料的是（　　　）。

A. 建设单位 　　　　　　　　　　　　　B. 勘察单位

C. 设计单位 　　　　　　　　　　　　　D. 监理单位

注册道路工程师执业资格考试专业基础考试模拟试卷（六）

单项选择题（共 60 题，每题 2 分。每题的备选项中只有一个最符合题意。）

1. 细集料试验中，各筛的累计筛余百分率用 A_i 来表示。现有一细集料，各筛孔累计筛余百分率分别为：$A_{4.75} = 3.6$，$A_{2.36} = 15.6$，$A_{1.18} = 38.2$，$A_{0.6} = 73.6$，$A_{0.3} = 90.1$，$A_{0.15} = 97.2$。则该细集料是（   ）。

    A. 粗砂   B. 中砂

    C. 细砂   D. 不确定

2. 普通硅酸盐水泥的细度用 45μm 筛的筛余百分率表示，不小于（   ）。

    A. 5%   B. 10%

    C. 15%   D. 20%

3. 有一组边长为 100mm 的水泥混凝土立方体试块,各试块的极限荷载分别为 36.3kN、38.8kN、40.4kN，则该混凝土抗压强度的测定值为（   ）。

    A. 36.6MPa   B. 38.5MPa

    C. 38.8MPa   D. 40.4MPa

4. 混凝土棱柱体抗冻性试件标准尺寸是（   ）。

    A. 150mm × 150mm × 150mm

    B. 100mm × 100mm × 400mm

    C. 150mm × 150mm × 550mm

    D. 100mm × 100mm × 350mm

5. AC-13 沥青混凝土粗集料粒径应大于是（   ）。

    A. 4.75mm   B. 2.36mm

    C. 1.18mm   D. 0.075mm

6. 优质消石灰的氧化钙、氧化镁含量至少应该在（   ）以上。

    A. 70%   B. 65%

    C. 60%   D. 55%

7. 水泥胶砂强度试件，脱模前应在（　　）温度、（　　）湿度的条件下进行养护。

A. 20℃±1℃，90%

B. 20℃±1℃，95%

C. 20℃±2℃，90%

D. 20℃±2℃，95%

8. 钢的成分除主要成分铁和碳以外还含有少量的其他的元素，其中对钢材性能有害的元素之一是（　　）。

A. 硅

B. 钢

C. 钛

D. 磷

9. 水泥稳定土不易掺塑性指数大于（　　）的土。

A. 15

B. 20

C. 17

D. 无限制

10. 沥青老化后，其质量如何变化（　　）。

A. 增大

B. 减小

C. 不变

D. 有可能增大，有可能减小

11. 改进沥青混合料高温稳定性可采取的措施是（　　）。

A. 增加粗集料用量

B. 采用针入度大的沥青

C. 增加沥青用量

D. 采用光滑的粗集料

12. 以下渗透性最大的是（　　）。

A. 纯砾

B. 优质砂和砾混合料

C. 细砂

D. 黏土

13. 关于流砂现象，以下不正确的是（　　）。

A. 发生在渗流溢出处

B. 主要发生在土体内部

C. 主要发生在砂土、粉土土层

D. 发生流砂破坏时，土颗粒间压力为0

14. 某透水土质边坡，当高水位快速下降后，岸坡出现失稳，其主要原因最合理的是（　　　）。

A. 土的抗剪强度下降

B. 土的有效应力增加

C. 土的渗透力增加

D. 土的潜蚀作用

15. 受荷载作用的土体，颗粒间传递的应力是（　　　）。

A. 附加应力

B. 有效应力

C. 总应力

D. 孔隙水压力

16. 最佳含水率对应的是（　　　）。

A. 最大含水率

B. 最大干重度

C. 最小含水率

D. 最小干重度

17. 下列说法正确的是（　　　）。

A. 压缩指数是无量纲

B. 压缩模量的单位是 MPa^{-1}

C. 压缩系数的单位是 MPa

D. 回弹指数的单位是 MPa

18. 能用 $\tan\varphi / \tan\alpha$ 来验算边坡稳定性的是（　　　）。

A. 砂土

B. 黏土

C. 粉土

D. 粉质黏土

19. 地基土的总沉降一般包括（　　　）。

A. 瞬时沉降、固结沉降、工后沉降

B. 瞬时沉降、固结沉降、次固结沉降

C. 瞬时沉降、次固结沉降、工后沉降

D. 固结沉降、次固结沉降、工后沉降

20. 关于太沙基条形浅基础极限荷载计算公式的假定，以下说法正确的是（　　　）。

A. 假定基础底面与土之间无摩擦力

B. 基础的长宽比 < 5

C. 基底以上的土体看作是作用在基础两侧的均布荷载

D. 地基土破坏形式是刺入剪切破坏

21. 下列指标中，哪一项可作为判定土的软硬程度的指标（　　　）。

A. 液限

B. 塑限

C. 液性指数

D. 塑性指数

22. 矩形基础底面荷载偏心距为 0.5m，偏心方向的基础边长为 4m，基底边缘最小压力和基底平均压力的比值为（　　　）。

A. 0.20

B. 0.25

C. 0.40

D. 0.50

23. 为了近似模拟土体在现场受剪的排水条件，将直剪试验分为（　　　）。

A. 快剪、固结快剪、慢剪

B. 快剪、固结慢剪、慢剪

C. 固结排水剪、固结快剪、慢剪

D. 快剪、固结排水剪、慢剪

24. 黄土具有湿陷性的条件，湿陷系数范围条件为（　　　）。

A.（0.010，0.015）

B.（0.0，0.010）

C.（0.020，+∞）

D.（0.015，+∞）

25. 盐渍土的特点是（　　　）。

A. 湿陷性、膨胀性、腐蚀性

B. 溶陷性、盐胀性、腐蚀性

C. 溶陷性、盐胀性、触变性

D. 湿陷性、盐胀性、超固结性

26. 评价膨胀土工程性质的三个指标是（　　　）。

A. 自由膨胀率、线缩率、收缩系数

B. 含水率、线缩率、收缩系数

C. 灵敏度、线缩率、收缩系数

D. 自由膨胀率、含水率、塑性指数

27. 典型的泥石流流域可划分为（　　）三个区段。

A. 形成区、流通区、堆积区

B. 形成区、沉积区、堆积区

C. 汇集区、流通区、堆积区

D. 汇集区、流通区、堆积区

28. 关于河流二元阶地，以下说法正确的是（　　）。

A. 上部是黏土，下部是砂

B. 上部是砂，下部是黏土

C. 上部是砂，下部是卵石

D. 上部是卵石，下部是砂

29. 下列属于沉积岩的是（　　）。

A. 板岩　　　　　　　　　　　　B. 玄武岩

C. 砂岩　　　　　　　　　　　　D. 大理岩

30. 下列全部属于变质岩构造类型的是（　　）。

A. 层理构造、千枚状、片状、片麻状

B. 层理构造、千枚状、块状、片麻状

C. 板状、千枚状、片状、片麻状

D. 块状、流纹状、气孔状、杏仁状

31. 对地质构造进行野外观测时，常沿垂直于岩层走向的路线穿越观察，若在地表上观测到的岩层其地质年代依次由新到老，再由老到新，对称分布，这种地质构造为（　　）。

A. 向斜构造　　　　　　　　　　B. 背斜构造

C. 单斜构造　　　　　　　　　　D. 褶皱构造

32. 单斜构造岩层的倾向与地面倾斜的方向一致且倾角大于地面坡度时，在地质平面图上地层界线与地形等高线（　　）。

A. 平行

B. 垂直

C. 弯曲方向一致

D. 弯曲方向相反

33. 上盘下降、下盘上升的断层是（　　　）。

A. 正断层

B. 逆断层

C. 平移断层

D. 冲断层

34. 物理风化最关键的因素是（　　　）。

A. 风

B. 温度

C. 水

D. 大气

35. 花岗岩的岩性是（　　　）。

A. 酸性岩

B. 中性岩

C. 基性岩

D. 超基性岩

36. 不适用软土地区原位测试的是（　　　）。

A. 扁铲侧胀试验

B. 标准贯入试验

C. 十字板剪切试验

D. 重力触探试验

37. 某公路工程在进行控制测量时，布设了四等平面控制点和四等高程控制点，下列有关该项目控制点的布设要求，符合规范规定的是（　　　）。

A. 每一个高程控制点至少应有一相邻点

B. 相邻平面控制点之间距离不得小于 500m

C. 构造物每一端应埋设 2 个以上平面控制点

D. 通视控制点距路线中心线宜大于 150m，小于 300m

38. 下列关于公路工程 GNSS 测量的技术要求，符合规范规定的是（　　　）。

A. 二等 GNSS 静态观测时段长度应不小于 100min

B. 三等 GNSS 静态观测时段长度应不小于 80min

C. 四等 GNSS 静态观测时段长度应不小于 60min

D. 一级 GNSS 静态观测时段长度应不小于 40min

39. 高架桥平面和高程控制测量的等级应分别为（　　　）。

A. 三等、三等

B. 四等、三等

C. 四等、四等

D. 五等、四等

40. 在公路勘测中，用来计算高程的统一系统是（　　　）。

A. 正高系

B. 正常高系统

C. 大地高系统

D. 平面坐标系统

41. 下列关于公路工程跨河水准测量的技术要求中，符合规范规定的是（　　　）。

A. 当水准路线通过宽度超过相应等级水准测量标准视线长度时，可采用一般的水准测量观测方法

B. 当水准路线通过宽度超过相应等级水准测量标准视线长度时，不得采用一般的水准测量观测方法

C. 当水准路线通过宽度为各等级水准测量的标准视线长度 2 倍以下的江河、山谷时，可采用一般的水准测量观测方法进行，但在测站上应变换 1 次仪器高度，观测 2 次

D. 当水准路线通过宽度为各等级水准测量的标准视线长度 3 倍以下的江河、山谷时，可采用一般的水准测量观测方法进行，但在测站上应变换 1 次仪器高度，观测 2 次

42. 某公路工程项目位于平原、微丘区，施工图设计阶段进行地形图测量工作时，需要选择地形图比例尺及基本等高距，下列基本等高距不符合规范要求的是（　　　）。

A. 0.5m
B. 1m
C. 2m
D. 5m

43. 数字地面模型数据点采样应根据地形起伏变化的实际情况采点，应优先采集测区内的（　　　）。

A. 等高线、高程注记点

B. 等高线、地形特征点

C. 地形特征线、高程注记点

D. 地形特征线、地形特征点

44. 公路初测阶段现场踏勘的内容包括（　　　）。

A. 对搜集的控制点进行复测

B. 根据需要进行交通量调查

C. 桥梁、隧道等特殊控制的路段进行实地放桩检查

D. 核查所搜集地形图的地形、地物变化及对初拟方案的影响

45. 在公路初测阶段纸上定线时，下列规定不正确的（　　）。

A. 初测阶段不需要实地进行横断面测量

B. 需要特殊控制的地段应进行实地放桩

C. 高程要求较严格的路段和地点应实测高程

D. 一般位置的平面和高程可从地形图上判读

46. 下列有关公路初测阶段大、中桥勘测与调查的描述，符合规范规定的是（　　）。

A. 应布设专门的桥梁平面和高程控制网

B. 可根据需要进行桥梁纵、横断面测量

C. 可根据需要实地放出桥梁轴线、引道位置

D. 桥位地形图、水下地形图测绘范围应能满足方案比较和桥梁布孔的需要

47. 某高速公路项目，定测阶段对不设超高路段的圆曲线进行中桩放样时，下列中桩间距选择符合规范规定的是（　　）。

A. 20m

B. 30m

C. 40m

D. 50m

48. 在某三级公路横断面测量中，测点至中桩的水平距离为 30m，测点至中桩的高差为 5m，下列横断面距离检测互差值满足规范要求的是（　　）。

A. 0.30m

B. 0.40m

C. 0.60m

D. 0.70m

49. 桥梁设计基准期的含义是（　　）。

A. 确定可变作用选用的时间参数

B. 确定永久作用选用的时间参数

C. 结构或构件失效的年限

D. 结构或构件不需大修完成预定功能的年限

50. 钢筋混凝土矩形截面正常使用阶段，验算全截面换算截面面积的公式为（　　）。

A. $bh + \alpha_{Es}A_s$

B. $bh_0 + \alpha_{Es}A_s$

C. $bh + (\alpha_{Es} - 1)A_s$

D. $bh_0 + (\alpha_{Es} - 1)A_s$

51. 已知钢筋混凝土矩形截面宽 800mm，采用 C35 混凝土，剪力设计值为 3000kN，重要性系数为 1，则满足抗剪的最小尺寸高度是（　　　）mm。

A. 1000
B. 1100
C. 1200
D. 1300

52. 影响钢筋与混凝土之间黏结性能的是（　　　）。

A. 混凝土强度、保护层厚度、钢筋净距、箍筋
B. 锚固长度、保护层厚度、钢筋净距、架立筋
C. 架立筋、保护层厚度、钢筋净距、箍筋
D. 混凝土强度、保护层厚度、钢筋净距、架立筋

53. 在钢筋混凝土适筋梁受弯正截面承载力计算时，需要将混凝土应力图进行简化，下列说法错误的是（　　　）。

A. 混凝土受压区应力分布可近似简化为矩形
B. 其等效原则是保证混凝土压应力合力大小不变
C. 混凝土受拉区应力分布可近似简化为矩形
D. 其等效原则是保证混凝土压应力合力作用点不变

54. 关于大、小偏心受压，下列说法不正确的是（　　　）。

A. 小偏心受压随着压力增大，可承受的弯矩减小
B. 大偏心受压随着压力增大，可承受的弯矩增大
C. 小偏心受压构件所能承受的弯矩一定小于大偏心受压构件所能承受的弯矩
D. 界限状态时，正截面受弯承载力达到最大值

55. 材料性能的各种统计参数和概率分布类型，应以试验数据为基础，运用参数估计和概率分布的假设检验方法确定，其置信度为（　　　）。

A. 0.99
B. 0.97
C. 0.95
D. 0.90

56. 根据《中华人民共和国民法典》，合同签订后，即明确了双方的（　　　）。

A. 责任和义务
B. 责任和权利
C. 权利和义务
D. 权力和义务

57. 根据《中华人民共和国招标投标法》，合同中的价格是（　　）。

A. 招标价
B. 投标价
C. 标底价
D. 评标价

58. 工程竣工验收合格之日起（　　）天内，建设单位应提出竣工验收报告，向工程所在地县级以上地方人民政府建设行政主管部门（及备案机关）备案。

A. 10
B. 25
C. 15
D. 20

59. 下列关于建设工程勘察、设计文件编制与实施的表述，不正确的是（　　）。

A. 设计单位和注册建筑师等注册执业人员应当对其设计负责

B. 设计单位根据实际情况决定是否按照法律、法规和工程建设强制性标准进行设计

C. 勘察、设计单位应当在建设工程施工前，向施工单位和监理单位说明建设工程勘察、设计意图，解释建设工程勘察、设计文件

D. 编制建设工程勘察文件，应当真实、准确，满足建设工程规划、选址、设计、岩土治理和施工的需要。

60. 根据《建设工程勘察设计管理条例》，下列说法正确的是（　　）。

A. 建设单位发现图纸有问题，直接进行修改

B. 设计文件中选用的材料、构配件和设备，设计单位可以指定生产厂家，其质量要求必须符合国家规定的标准

C. 经原设计单位同意，建设单位另外委托具有资质的设计单位改图并承担相关责任

D. 施工方发现图纸有问题，直接联系设计单位进行修改

注册道路工程师执业资格考试专业基础考试模拟试卷（七）

单项选择题（共 60 题，每题 2 分。每题的备选项中只有一个最符合题意。）

1. 水泥混凝土粗集料表观密度为 2730kg/m³，堆积密度为 1560kg/m³，振实密度为 1650kg/m³，振实状态下空隙率为（   ）。

   A. 60.4%   B. 42.9%

   C. 39.6%   D. 5.5%

2. 沥青混合料粗集料压碎值试样粒径范围是（   ）。

   A. 9.5~16mm   B. 4.75~13.2mm

   C. 9.5~13.2mm   D. 4.75~16mm

3. 生石灰分为钙质生石灰和镁质生石灰，分类依据是（   ）。

   A. MgO   B. CaO

   C. $Mg(OH)_2$ D. $Ca(OH)_2$

4. 硅酸盐水泥终凝时间不大于（   ）min。

   A. 45   B. 390

   C. 450   D. 600

5. 水泥胶砂 28d 抗折强度为 8.7MPa、8.3MPa、6.8MPa，抗压强度为 48.5MPa、51.3MPa、52.8MPa、42.0MPa、49.1MPa、47.8MPa，水泥 28d 的抗折强度、抗压强度分别为（   ）MPa。

   A. 7.9，8.6   B. 8.3，48.6

   C. 8.5，49.9   D. 7.9，49.9

6. 水泥砂浆保水性指标（   ）。

   A. 保水率   B. 坍落度

   C. 泌水率   D. 维勃稠度

7. 某道路工程基层 7d 无侧限抗压强度设计值 3MPa~4MPa，基层宜选择下列哪种材料（   ）。

   A. 水泥稳定级配碎石   B. 石灰粉煤灰稳定级配碎石

   C. 碾压贫混凝土   D. 石灰稳定碎石

8. 混凝土立方体抗压强度试验试件的标准养护条件是（　　　）。

    A. 20℃±1℃，95%

    B. 20℃±1℃，90%

    C. 20℃±2℃，95%

    D. 20℃±2℃，90%

9. 沥青25℃针入度试验，针贯入沥青试样的时间是（　　　）。

    A. 2S   B. 5S

    C. 30S   D. 60S

10. 有抗冻要求的水泥混凝土，宜添加的外加剂是（　　　）。

    A. 缓凝剂   B. 阻锈剂

    C. 引气剂   D. 速凝剂

11. 钢筋牌号为 HRB400E，其中 400 是指（　　　）。

    A. 屈服强度   B. 强屈比

    C. 抗拉强度   D. 断后伸长率

12. 细粒土最佳含水率最接近的指标是（　　　）。

    A. 塑限   B. 液限

    C. 缩限   D. 塑性指数

13. 某原状土，天然土密度 $\rho = 1.7 \times 10^3 kg/m^3$，含水率 $w = 22.0\%$，土粒相对密度 $d_s = 2.72$，则该土的孔隙比 e 是（　　　）。

    A. 0.73   B. 0.83

    C. 0.92   D. 0.95

14. 位于毛细水带上部，由地表水渗入形成的是（　　　）。

    A. 正常毛细水带

    B. 毛细饱和水带

    C. 毛细网状水带

    D. 毛细悬挂水带

15. 下列关于土的冻胀性，说法正确的是（　　）。

　　A. 封闭型冻胀明显

　　B. 气温骤降，且冷却强度很大时，冻土冻胀明显

　　C. 黏土因为有较厚结合水膜，冻胀相对粉土严重

　　D. 粗粒土由于没有或只有很少结合水，毛细现象弱，冻胀不明显

16. 成层土体自重应力沿土层深度的分布形状是（　　）。

　　A. 矩形　　　　　　　　　　　　B. 折线

　　C. 曲线　　　　　　　　　　　　D. 三角形

17. 关于压实土的压缩性，错误的是（　　）。

　　A. 取决于它的密度与加荷时的含水率

　　B. 填土在压实到一定密度后，其压缩模量显著提高

　　C. 压实土遇水饱和可能产生附加压缩

　　D. 越接近饱和的黏土，其压缩性越高

18. 当施工进度快，地基土透水性低且排水条件不良时，测定土的抗剪强度指标应选择的三轴试验方法是（　　）。

　　A. 慢剪法

　　B. 固结排水剪法

　　C. 固结不排水法

　　D. 不固结不排水法

19. 下列关于饱和黏性土固结，说法错误的是（　　）。

　　A. 渗透系数越大，越容易固结

　　B. 压缩模量越小，越容易固结

　　C. 上下两面排水比单面排水容易固结

　　D. 渗透路径越长，越难固结

20. 地基破坏有不同形式，在基础荷载作用下，形成连续滑动面，并延伸到地表，土从基础两侧挤出，基础沉降急剧增加的破坏形式是（　　）。

　　A. 冲剪破坏

　　B. 局部剪切破坏

　　C. 刺入剪切破坏

　　D. 整体剪切破坏

21. 对同一地基，承载力数值最小的是（　　　）。

    A. 临界荷载 $P_{1/3}$ B. 临界荷载 $P_{1/4}$

    C. 临塑荷载 P_{cr} D. 极限承载力 P_{u}

22. 忽略土条间竖向剪切力并规定滑动面上切向力大小的是（　　　）。

    A. 瑞典圆弧法   B. 瑞典条分法

    C. 毕肖普法   D. 简布法

23. 饱和黏性土沉降过程中地基土孔隙水逐渐被挤出，孔隙体积逐渐减小的沉降是（　　　）。

    A. 瞬时沉降   B. 固结沉降

    C. 徐变沉降   D. 次固结沉降

24. 某岩石呈浅灰色，可见结晶颗粒遇稀盐酸强烈起泡，具有层理构造，则该岩石是（　　　）。

    A. 大理岩   B. 花岗岩

    C. 石灰岩   D. 流纹岩

25. 岩石在水的作用下，强度和稳定性降低，该性质称为（　　　）。

    A. 吸水性   B. 软化性

    C. 溶解性   D. 抗冻性

26. 断层可分为多种，由于形成的力学条件与褶皱近似，多与褶皱伴生的是（　　　）。

    A. 正断层   B. 逆断层

    C. 平移断层   D. 走向断层

27. 一幅完整的地质图应包括三部分，分别是（　　　）。

    A. 平面图、立面图、剖面图

    B. 平面图、侧面图、剖面图

    C. 平面图、剖面图、俯视图

    D. 平面图、剖面图、柱状图

28. 从工程地质角度，岩石风化层自下而上分为 4 带，分别是（　　　）。

    A. 微风化带、中风化带、强风化带、全风化带

    B. 全风化带、强风化带、中风化带、微风化带

    C. 微风化带、强风化带、中风化带、全风化带

    D. 微风化带、强风化带、全风化带、中风化带

29. 下列河流地质作用中，能形成蛇曲的是（　　）。

　　A. 下蚀　　　　　　　　　　　　B. 侧蚀

　　C. 搬运　　　　　　　　　　　　D. 沉积

30. 由于地壳急剧上升，河流下蚀很快而形成的河流阶地，其特点是多由基岩组成，阶地面较狭窄，但强度高，稳定性好，这种河流阶地是指（　　）。

　　A. 侵蚀阶地

　　B. 堆积阶地

　　C. 基座阶地

　　D. 侵蚀阶地/堆积阶地

31. 在越岭线中，对于薄而瘦的垭口，常常采用深挖方式，以降低过岭高程，缩短展线长度，这种薄而瘦的垭口指的是（　　）。

　　A. 构造型垭口

　　B. 剥蚀型垭口

　　C. 堆积型垭口

　　D. 剥蚀堆积型垭口

32. 地下水按埋藏条件可以分为三类，在包气带内、局部隔水层之上积聚的具有自由水面的重力水称为（　　）。

　　A. 潜水　　　　　　　　　　　　B. 承压水

　　C. 岩溶水　　　　　　　　　　　D. 上层滞水

33. 地下水在基础工程施工过程中，可能引起基坑突涌，破坏坑底的稳定性，给施工带来一定困难的地下水是（　　）。

　　A. 潜水　　　　　　　　　　　　B. 裂隙水

　　C. 承压水　　　　　　　　　　　D. 上层滞水

34. 滑坡可以从多个不同的角度进行分类，按滑动的力学性质，滑坡可分为（　　）。

　　A. 顺层滑坡和切层滑坡

　　B. 切层滑坡和均质滑坡

　　C. 黄土滑坡和黏土滑坡

　　D. 牵引式滑坡和推动式滑坡

35. 当路线经过泥石流流域时，若沟谷比较开阔，且泥石流沟距大河较远，可以考虑的路线方案是（　　）。

    A. 走堆积扇的顶部

    B. 走堆积扇的边缘

    C. 走堆积扇的中部

    D. 跨河绕道走对岸

36. 膨胀土之所以具有显著的吸水膨胀和失水收缩，且胀缩变形往复可逆等物性，主要是含有强亲水性的黏土矿物，其中影响最大的黏土矿物是（　　）。

    A. 高岭石   B. 伊利石

    C. 蒙脱石   D. 绿泥石

37. 公路勘测控制测量中，二级公路平面控制测量应选用的等级是（　　）。

    A. 一级   B. 二级

    C. 三等   D. 四等

38. 公路控制测量一级导线测量中，导线全长相对闭合差应不大于（　　）。

    A. 1/52000

    B. 1/35000

    C. 1/17000

    D. 1/11000

39. 公路勘测地形图图根控制测量中，条件受限制时，可设支导线，但支导线的边数不得超过（　　）。

    A. 1 条   B. 2 条

    C. 3 条   D. 4 条

40. 公路勘测 1∶1000 比例尺地形图测绘，光电测距法测距的最大长度不超过（　　）。

    A. 240m   B. 360m

    C. 600m   D. 900m

41. 公路勘测航空摄影测量中，同一航带航向像片重叠度一般值应符合的范围是（　　）。

    A. 50%~55%   B. 55%~60%

    C. 60%~65%   D. 65%~70%

42. 为满足数字地面模型基础数据精度要求，以野外实测数据生成的 DTM，山岭地形类别，其高程插值相对于最近高程控制点的高程中误差应满足（　　）。

A. ≤ ±0.2m

B. ≤ ±0.4m

C. ≤ ±0.5m

D. ≤ ±0.7m

43. 公路勘测初步设计阶段，方案比选采用数字地面模型计算横断面时，横断面取值（取点）间距应符合的规定是（　　）。

A. 10~15m

B. 5~10m

C. 2~5m

D. 1~2m

44. 公路初测阶段，纸上定线应进行的勘测内容是（　　）。

A. 越岭路线需要进行纵坡控制的地段，应实地放坡并进行纵、横断面测量

B. 路线上一般地形变坡点的高程可从图上判读，对高程要求较严格的路段和地点应实测其高程，点绘纵、横断面图

C. 应将高填深挖地段、大型桥梁、隧道、立体交叉以及特殊控制的地段标注于地形图上，并读取高程，点绘纵、横断面图

D. 应在地形图上点绘所有横断面图

45. 公路初测阶段大、中桥地形图应满足的测量范围是（　　）。

A. 上游、下游各为桥长的 1.5~2.5 倍

B. 上游应为桥长的 1.5~2.5 倍，下游为桥长的 1~2 倍

C. 沿桥轴线方向应测到两岸历史最高洪水位或设计水位以上 1m 或洪水泛滥线以外 30m

D. 应能满足方案比较、桥梁布孔、桥头引道和调治构造物的布置要求

46. 公路设计初测阶段，符合隧道控制测量要求的是（　　）。

A. 需设置独立坐标系

B. 可不专门布设隧道平面和高程控制网

C. 布设的控制点不需要纳入路线控制测量进行施测

D. 布设路线控制网时，隧道进出口各布设 1 个平面控制点

47. 公路施工图设计阶段，不属于沿线筑路材料调查的内容是（　　）。

A. 应对初步设计调查的料场逐一核查，并进一步补充调查

B. 对所有调查的料场均应进行比较，根据材料用量，最后确定采用料场

C. 对大型料场进行必要的勘探与试验

D. 复测 1：2000~1：5000 地形图及纵、横断面图

48. 公路定测阶段，不符合排水勘测与调查内容要求的是（　　）。

A. 应对该地区已有的排水设施工作情况进行实地调查

B. 确定排水设施形式、横断面尺寸、加固措施，并测量起讫桩号、长度、进出口位置

C. 需进行特殊设计的集水、排水、输水工程设施，应实地放出轴线，进行纵、横断面测量

D. 根据需要，测绘比例尺为 1∶5000 的地形图

49. 公路桥涵结构按正常使用极限状态设计时，应根据不同的设计要求，采用作用的组合是（　　）。

A. 基本组合或频遇组合

B. 基本组合或偶然组合

C. 频遇组合或准永久组合

D. 频遇组合或偶然组合

50. 计算钢筋混凝土简支梁近支点和连续梁边支点梁段斜截面抗剪承载力时，下列复核位置选取不正确的是（　　）。

A. 距支座中心 $h/2$ 处截面（h 为梁高）

B. 受压区弯起钢筋弯起点处截面

C. 箍筋数量或间距改变处截面

D. 构件腹板宽度变化处截面

51. 考虑到梁支座附近出现斜裂缝时，为保证纵向受拉钢筋的锚固要求，《公路钢筋混凝土及预应力混凝土桥涵设计规范》规定在钢筋混凝土简支梁的支点处，下层受拉纵向钢筋的通过数量是（　　）。

A. 至少 1 根且不少于总数的 1/4

B. 至少 2 根且不少于总数的 1/4

C. 至少 1 根且不少于总数的 1/5

D. 至少 2 根且不少于总数的 1/5

52. 钢筋混凝土偏心受压构件发生小偏心受压破坏时，一般是受压区边缘混凝土的应变达到极限压应变，受压区混凝土被压碎；同一侧的钢筋压应力达到屈服强度，而另一侧的钢筋（　　）。

A. 受压屈服

B. 受拉屈服

C. 受拉破坏

D. 达不到屈服强度

53. 钢筋混凝土轴心受压构件,当配有纵向受力钢筋和普通箍筋时,其正截面抗压承载力应符合的规定是( )。

A. $\gamma_0 N_d \leqslant \varphi(f_{cd}A + f'_{sd}A'_s)$

B. $\gamma_0 N_d \leqslant 0.9\varphi(f_{cd}A + f'_{sd}A'_s)$

C. $\gamma_0 N_d \leqslant 0.8\varphi(f_{cd}A + f'_{sd}A'_s)$

D. $\gamma_0 N_d \leqslant 0.7\varphi(f_{cd}A + f'_{sd}A'_s)$

54. 受弯构件在使用阶段的挠度应考虑长期效应的影响,即按作用的频遇组合和规范规定的刚度计算的挠度值,乘以挠度长期增长系数η_θ。当采用C40以下混凝土时,挠度长期增长系数的取值是( )。

A. 1.30   B. 1.45

C. 1.60   D. 1.75

55. 先张法预应力混凝土构件在传力锚固后的损失（第二批）$\sigma_{l \mathbb{I}}$阶段的预应力损失值组合是（ ）。

A. $\sigma_{l2} + \sigma_{l3} + \sigma_{l4} + 0.5\sigma_{l5}$

B. $0.5\sigma_{l5} + \sigma_{l6}$

C. $\sigma_{l5} + \sigma_{l6}$

D. $\sigma_{l1} + \sigma_{l2} + \sigma_{l4}$

56. 建设工程施工前,应当就有关安全施工的技术要求向施工作业班组、作业人员作出详细说明的人员是（ ）。

A. 施工单位负责项目管理的技术人员

B. 施工单位的项目经理

C. 设计单位的技术人员

D. 监理工程师

57. 甲乙两施工单位组成联合体中标,双方约定如出现质量问题各自承担50%的责任,后由于甲公司原因导致工程出现质量问题而给建设单位带来了损失,建设单位要求索赔10万元,则下列说法正确的是（ ）。

A. 由于是甲公司的原因导致,故建设单位只能向甲公司主张权利

B. 因约定各自承担50%,故乙公司只应对建设单位承担5万元的赔偿责任

C. 如果建设单位向乙公司主张,则乙公司应先对10万元索赔额承担责任

D. 只有甲公司无力承担,乙公司才应先承担责任

58. 《中华人民共和国民法典》（合同编）第五百八十五条规定，当事人可以约定一方违约时应当根据违约情况向对方支付一定数额的违约金，也可以约定因违约产生的损失赔偿额的计算方法。下列关于违约金的说法错误的是（   ）。

A. 约定的违约金低于造成的损失的，人民法院或者仲裁机构可以根据当事人的请求予以增加

B. 约定的违约金过分低于造成的损失的，人民法院或者仲裁机构可以根据当事人的请求予以增加

C. 约定的违约金过分高于造成的损失的，人民法院或者仲裁机构可以根据当事人的请求予以适当减少

D. 当事人就迟延履行约定违约金的，违约方支付违约金后，还应当履行债务

59. 道路工程项目的招标方式有（   ）。

A. 公开招标＋邀请招标

B. 公开招标＋议标

C. 邀请招标＋议标

D. 公开招标＋邀请招标＋议标

60. 根据《建设工程质量管理条例》，建设工程竣工验收主体是由（   ）组织验收。

A. 监理单位   B. 建设单位

C. 施工单位   D. 质量监督机构

注册道路工程师执业资格考试专业基础考试模拟试卷（八）

单项选择题（共 60 题，每题 2 分。每题的备选项中只有一个最符合题意。）

1. 细度模数是表征天然砂粒径的粗细程度及类别的指标，细度模数越大，表示细集料越粗；细度模数为 2.68 所表示砂的规格是（   ）。

   A. 粗砂
   B. 中砂
   C. 细砂
   D. 特细砂

2. 以下指标中，不属于评价沥青与集料黏附性的试验方法是（   ）。

   A. 水煮法

   B. 水浸法

   C. 光电分光光度法

   D. 亚甲蓝法

3. 关于石灰材料的叙述，不正确的为（   ）。

   A. 陈伏是为了消除欠火石灰的危害

   B. 过火石灰在使用中易引起体积膨胀

   C. 石灰浆的硬化包括结晶作用和碳化作用

   D. 石灰原料的主要成分为碳酸钙和碳酸镁

4. 硅酸盐水泥熟料中对早期和后期强度贡献最大的矿物成分是（   ）。

   A. C_3S
   B. C_2S
   C. C_3A
   D. C_4AF

5. 粗集料中针片状颗粒含量的大小将会影响到（   ）。

   A. 混凝土的抗冻性

   B. 集料与水泥的黏结效果

   C. 混凝土的力学性能

   D. 集料的级配

6. 在混凝土中加入引气剂的主要目的是提高混凝土的（   ）。

   A. 抗冻性
   B. 耐水性
   C. 早期强度
   D. 抗蚀性

7. 在水泥强度相同的情况下，随着水胶比增大，则水泥混凝土的强度（　　　）。

A. 增加

B. 降低

C. 先增加后降低

D. 先降低后增加

8. 水泥混凝土试件成型后、脱模前的养护环境条件应满足（　　　）。

A. 温度(20±2)℃，相对湿度大于50%

B. 温度(20±2)℃，相对湿度大于90%

C. 温度(20±5)℃，相对湿度大于50%

D. 温度(20±5)℃，相对湿度大于90%

9. 沥青黏滞性越大，其相应的（　　　）。

A. 针入度越大

B. 高温稳定性越差

C. 抗车辙能力越弱

D. 稠度越高

10. 沥青混合料高温稳定性评价指标是（　　　）。

A. 马歇尔稳定度

B. 残留稳定度

C. 抗压强度

D. 动稳定度

11. 钢材的含碳量高，则（　　　）。

A. 强度、硬度、塑性都提高

B. 强度提高，塑性降低

C. 强度降低，塑性提高

D. 强度、塑性都降低

12. 土的天然重度γ、饱和重度γ_{sat}、干重度γ_d、有效重度γ'在数值上的关系为（　　　）。

A. $\gamma_{sat} \geqslant \gamma \geqslant \gamma_d > \gamma'$

B. $\gamma_{sat} \geqslant \gamma' \geqslant \gamma_d > \gamma$

C. $\gamma_{sat} \geqslant \gamma \geqslant \gamma' > \gamma_d$

D. $\gamma_{sat} \geqslant \gamma_d \geqslant \gamma > \gamma'$

13. 在下列指标中，不可能大于1的指标是（　　　）。

    A. 含水率　　　　　　　　　　　　B. 孔隙比

    C. 液性指数　　　　　　　　　　　D. 饱和度

14. 下述关于渗透力的描述，正确的为（　　　）。

    ①数值与水力梯度成正比；②方向与渗流路径方向一致；③是体积力。

    A. 仅①③正确

    B. 全正确

    C. 仅①②正确

    D. 仅②③正确

15. 条形均布荷载中心线下，附加应力随深度减小，其衰减速度与基础宽度b的关系是（　　　）。

    A. 与b无关

    B. b越大，衰减越慢

    C. b越大，衰减越快

    D. 不确定

16. 当地下水位突然从地表下降至基底平面处，对基底附加应力的影响是（　　　）。

    A. 没有影响

    B. 基底附加压力增大

    C. 基底附加压力减小

    D. 不确定

17. 两个土性相同的土样，单轴压缩试验得到变形模量E_0，侧限压缩试验得到压缩模量E_s两者之间的相对关系为（　　　）。

    A. $E_0 > E_s$　　　　　　　　　　　B. $E_0 = E_s$

    C. $E_0 < E_s$　　　　　　　　　　　D. 不确定

18. 浅基础的极限承载力是指（　　　）。

    A. 地基中将要出现但尚未出现塑性区时的荷载

    B. 地基中塑性区开展的最大深度为1/4基底宽时的荷载

    C. 地基中塑性区开展的最大深度为1/3基底宽时的荷载

    D. 地基中达到整体剪切破坏时的荷载

19. 用分层总和法计算地基沉降时，附加应力曲线表示（　　）。

A. 总应力

B. 孔隙水压力

C. 有效应力

D. 超孔隙水压力

20. 下列不属于单向固结理论基本假定的（　　）。

A. 压缩土体为均质、各向同性的饱和土体

B. 饱和土体中的水体和土颗粒不可压缩

C. 土体中水的流动属于紊流

D. 一次性加荷

21. 均质黏土土坡稳定性分析中假定滑动面是（　　）。

A. 平面

B. 圆弧

C. 复合滑动面

D. 不规则曲面

22. 瑞典条分法在分析时忽略了（　　）。

A. 土条间的作用力

B. 土条间的法向作用力

C. 土条间的切向作用力

D. 一切作用力

23. 某无黏性土坡坡角 $\beta = 30°$，内摩擦角 $\varphi = 42°$，则稳定安全系数为（　　）。

A. 1.56

B. 1.70

C. 1.66

D. 1.46

24. 野外工作中，常用指甲、铁刀刃、玻璃、钢刀刃鉴别矿物的硬度。其中铁刀刃的硬度大约为（　　）。

A. 2~2.5

B. 3~3.5

C. 5~5.5

D. 6~6.5

25. 玄武岩是属于（　　）。

A. 浅成岩

B. 深成岩

C. 喷出岩

D. 火山碎屑岩

26. 根据物质组成的特点，沉积岩一般分为（　　　）。

 A. 碎屑岩类、化学岩类、生物岩类

 B. 碎屑岩类、黏土岩类、化学及生物化学岩类

 C. 黏土岩类、化学岩类、生物化学岩类

 D. 碎屑岩类、生物化学岩类、黏土岩类

27. 下列矿物中属于变质矿物的是（　　　）。

 A. 石榴子石　　　　　　　　　　　B. 长石

 C. 石英　　　　　　　　　　　　　D. 方解石

28. 地壳表层岩石在太阳辐射、水、大气和生物等因素的共同作用下，发生物理和化学的变化，使岩石崩解破碎以至逐渐分解的作用，称为（　　　）。

 A. 搬运作用　　　　　　　　　　　B. 风化作用

 C. 固结成岩作用　　　　　　　　　D. 沉积作用

29. 轴面倾斜，两翼岩层倾向相反，倾角不相等为（　　　）。

 A. 直立褶皱　　　　　　　　　　　B. 倾斜褶皱

 C. 倒转褶皱　　　　　　　　　　　D. 平卧褶皱

30. 当岩层的倾向与地面倾斜的方向相反时，在山脊处"V"字形的尖端朝向（　　　）。

 A. 山麓　　　　　　　　　　　　　B. 上游

 C. 山里　　　　　　　　　　　　　D. 下游

31. 影响岩石风化的内部因素是（　　　）。

 A. 湿度和压力

 B. 化学活泼性流体

 C. 岩石的性质和构造

 D. 矿物的联结力

32. 关于残积层的说法错误的是（　　　）。

 A. 作为路堑边坡时，应考虑可能出现的坍塌和冲刷等问题

 B. 作为建筑物的地基时，应考虑其承载能力和可能产生的不均匀沉陷

 C. 残积层具有较多的孔隙和裂缝，易遭冲刷，强度和稳定性较差

 D. 在垂直剖面上，上部碎屑的粒径较大，向下部逐渐细小

33. 坡脚受到强烈冲刷或不合理的切坡，或者受到地震的影响，可能引起古滑坡复活，威胁建筑物稳定的是（　　　）。

A. 直线形坡　　　　　　　　　　　B. 凸形坡

C. 凹形坡　　　　　　　　　　　　D. 阶梯形坡

34. 下列不属于地下水埋藏类型的是（　　　）。

A. 上层滞水　　　　　　　　　　　B. 孔隙水

C. 潜水　　　　　　　　　　　　　D. 承压水

35. 具有特殊大孔隙、垂直节理发育的土是（　　　）。

A. 软土　　　　　　　　　　　　　B. 黄土

C. 膨胀土　　　　　　　　　　　　D. 盐渍土

36. 野外原位试验不包括（　　　）。

A. 载荷试验

B. 静力触探试验

C. 动力触探试验与标准贯入试验

D. 模拟试验

37. 测量工作的基本原则是从整体到局部、从高级到低级和（　　　）。

A. 从控制到碎部

B. 从碎部到控制

C. 控制与碎部并行

D. 测图与放样并行

38. 用DJ$_6$经纬仪观测水平角，要使角度平均值中误差不大于3″，应观测（　　　）测回。

A. 2　　　　　　　　　　　　　　B. 4

C. 6　　　　　　　　　　　　　　D. 8

39. 以中央子午线北端作为基本方向顺时针量至直线的夹角称为（　　　）。

A. 坐标方位角

B. 子午线收敛角

C. 磁方位角

D. 真方位角

40. 消除视差的正确方法是（　　　　）。

A. 仔细调节目镜

B. 仔细进行物镜对光

C. 仔细进行目镜对光然后进行物镜对光

D. 仔细进行物镜对光然后进行目镜对光

41. 按1/2基本等高距描绘出的等高线称为（　　　　）。

A. 计曲线   B. 间曲线

C. 首曲线   D. 助曲线

42. 下列关于现场定线勘测内容说法错误的是（　　　　）。

A. 现场定线一般适用于一、二级公路的路线选取

B. 现场踏勘前，应在地形图上确定控制点，选择最佳路线

C. 越岭路线或受纵坡控制的路段，应选择好坡面及展线方式进行放坡展线

D. 现场定线时，可采用直接定交点法、延长直线钉设转点或交点的方法确定路线交点位置

43. 高速公路、一级和二级公路两次测量之差应满足（　　　　）。

A. $\leqslant$ 5mm   B. $\leqslant$ 10mm

C. $\leqslant$ 15mm   D. $\leqslant$ 20mm

44. 中线测量中，转点的作用是（　　　　）。

A. 传递高程

B. 传递方向

C. 传递桩号

D. A、B、C 都不是

45. 测绘 1∶5000 比例尺的地形图时，其比例尺的精度为（　　　　）。

A. 0.5m   B. 1m

C. 5m   D. 0.05m

46. 下列叙述正确的是（　　　　）。

A. 江河、平原、洼地属于地物

B. 江河、湖泊、森林属于地貌

C. 江河、平原、丘陵属于地貌

D. 江河、湖泊、道路属于地物

47. 高程控制点距离路线中心应大于（　　　）m，小于（　　　）m。

A. 100，200
B. 50，300

C. 50，200
D. 100，300

48. 高速公路、一级公路隧道贯通长度L满足（　　　）。

A. $L < 2000m$

B. $L < 3000m$

C. $L > 2000m$

D. $L > 3000m$

49. 其他条件相同的钢筋混凝土梁与素混凝土梁相比（　　　）。

A. 破坏荷载和开裂荷载都有较大程度的提高

B. 破坏荷载有较大程度的提高，开裂荷载提高不大

C. 开裂荷载有较大程度的提高，破坏荷载提高不大

D. 破坏荷载和开裂荷载都提高不大

50. 钢筋与混凝土能够共同工作，这主要是由于钢筋和混凝土的线膨胀系数相近，而且它们之间（　　　）。

A. 力学性能相近

B. 存在黏结力

C. 钢筋受拉而混凝土受压

D. 能相互吸引

51. 适筋梁截面破坏的主要特征是（　　　）。

A. 破坏截面上受拉钢筋不屈服，受压区混凝土被压碎

B. 破坏截面上受拉钢筋屈服的同时受压区混凝土也被压碎

C. 破坏截面上受压区混凝土先被压碎而后受拉钢筋屈服

D. 破坏截面上受拉钢筋先屈服而后受压区混凝土被压碎

52. 钢筋混凝土梁受拉区边缘开始出现裂缝是因为受拉边缘（　　　）。

A. 受拉混凝土的应力达到混凝土的实际抗拉强度

B. 受拉混凝土达到混凝土的抗拉标准强度

C. 受拉混凝土达到混凝土的设计强度

D. 受拉混凝土的应变超过极限拉应变

53. 受弯构件斜截面受剪承载力计算时，验算$\gamma_0 V_d \leq 0.51 \times 10^{-3} \sqrt{f_{cu,k}} b h_0$的目的是（　　）。

A. 防止发生斜压破坏

B. 防止发生超筋破坏

C. 防止截面尺寸过大

D. 防止发生少筋破坏

54. 矩形截面大偏心受压构件截面设计时需补充条件$x = \xi_b h_0$，这是为了（　　）。

A. 保证不发生小偏心受压破坏

B. 充分利用混凝土的抗压强度，使设计的钢筋用量达到最少

C. 保证破坏时，远离轴向力作用一侧的钢筋应力达到屈服强度

D. 使受压构件发生适筋破坏

55. 长期荷载作用下，钢筋混凝土梁的挠度会随时间增加而加大，其主要原因是（　　）。

A. 受拉钢筋产生塑性变形

B. 受压混凝土产生塑性变形

C. 受压混凝土产生收缩变形

D. 受压混凝土产生徐变

56. 下列不属于建设工程合同的是（　　）。

A. 勘察合同

B. 设计合同

C. 监理合同

D. 施工分包合同

57. 公路勘察设计招标投标时，视为投标人相互串通投标行为的是（　　）。

A. 投标人之间约定中标人

B. 不同投标人的投标文件相互混装

C. 投标人之间约定部分投标人放弃投标或者中标

D. 属于同一集团、协会、商会等组织成员的投标人按照该组织要求协同投标

58. 施工现场及毗邻区域内的各种管线及地下工程的有关资料（　　）。

A. 应由建设单位向施工单位提供

B. 应由监理单位提供

C. 施工单位必须在开工前自行查清

D. 应由政府有关部门提供

59. 按照《建设工程质量管理条例》的规定，施工人员对涉及结构安全的试块、试件以及有关材料进行现场取样时应当（　　　）。

A. 在设计单位监督现场取样

B. 在监督单位或监理单位监督下现场取样

C. 在施工单位质量管理人员监督下现场取样

D. 在建设单位或监理单位监督下现场取样

60. 根据《建设工程勘察设计管理条例》的规定，勘察、设计单位未依据项目批准文件对勘察设计单位罚款，正确的是（　　　）。

A. 责令限期整改并处以合同约定的勘察费、设计费 1 倍以上 2 倍以下的罚款

B. 责令限期整改并处以 10 万元以上 30 万元以下罚款

C. 处 10 万元以上 30 万元以下罚款

D. 逾期不改正的处 10 万元以上 30 万元以下罚款

注册道路工程师执业资格考试专业基础考试模拟试卷（九）

单项选择题（共 60 题，每题 2 分。每题的备选项中只有一个最符合题意。）

1. 表示材料耐水性的指标是：

    A. 吸水率　　　　　　　　　　　　B. 含水率

    C. 渗透系数　　　　　　　　　　　D. 软化系数

2. 水泥混凝土集料中，粗集料的粒径应大于：

    A. 0.075mm　　　　　　　　　　　B. 2.36mm

    C. 4.75mm　　　　　　　　　　　D. 9.5mm

3. 钙质生石灰中 MgO 的含量是：

    A. 小于或等于 5%　　　　　　　　B. 小于 5%

    C. 小于或等于 4%　　　　　　　　D. 小于 4%

4. 下列不属于硅酸盐水泥熟料主要成分的是：

    A. 硅酸三钙　　　　　　　　　　　B. 氧化锌

    C. 铝酸三钙　　　　　　　　　　　D. 铁铝酸四钙

5. 碾压贫混凝土要求其 7d 龄期无侧限抗压强度不低于：

    A. 6MPa　　　　　　　　　　　　B. 7MPa

    C. 8MPa　　　　　　　　　　　　D. 9MPa

6. 水泥砂浆保水性的指标是：

    A. 坍落度　　　　　　　　　　　　B. 分层度

    C. 沉入度　　　　　　　　　　　　D. 和易性

7. 下列选项中，属于有机胶凝材料的是：

    A. 水玻璃　　　　　　　　　　　　B. 沥青

    C. 石灰　　　　　　　　　　　　　D. 混凝土

8. 细度模数是表征天然砂粒径的粗细程度及类别的指标，细度模数越大，表示细集料越粗；细度模数为 1.88 所表示砂的规格是：

A. 粗砂   B. 中砂

C. 细砂   D. 特细砂

9. 沥青的标号是根据以下列哪项技术指标来划分的：

A. 针入度   B. 软化点

C. 延度   D. 闪点

10. 评价沥青混合料高温稳定性的试验方法是：

A. 马歇尔稳定度试验和车辙试验

B. 薄膜烘箱试验

C. 加热质量损失试验

D. 残留稳定度试验

11. 下列表示低碳热扎盘条的是：

A. Q235 钢   B. HPB300

C. HRB400   D. HRBF400

12. 上层滞水，对土粒产生浮力的是哪种水：

A. 强结合水   B. 弱结合水

C. 重力水   D. 毛细水

13. 可塑性的大小用土处于塑性状态时的含水量变化范围来衡量，不仅能表示土的状态，还能间接体现土的黏性和可塑性大小的指标是：

A. 液限   B. 塑限

C. 塑性指标   D. 液性指数

14. 不透水基岩上有水平分布的三层土，厚度均为 1m，渗透系数分别为 $k_1 = 0.06$m/d, $k_2 = 0.5$m/d, $k_3 = 10$m/d，则等效土层的竖向渗透系数 k_z 为：

A. 3.52m/d   B. 10m/d

C. 0.16m/d   D. 9m/d

15. 若基底压力P不变，增大基础埋置深度，下列说法正确的是：

　　A. 附加应力增加、沉降增加 　　　　B. 附加应力减小、沉降增加

　　C. 附加应力增加、沉降减小 　　　　D. 附加应力减小、沉降减小

16. 砂土场地地下水位下降，土中有效应力发生的变化是：

　　A. 有效应力减小 　　　　　　　　　B. 有效应力增大

　　C. 有效应力不变 　　　　　　　　　D. 无法确定

17. 土的压缩曲线可绘制为普通直角坐标系中孔隙比随应力变化的e-P曲线或半对数坐标系中孔隙比随应力对数（10为底）变化的e-lgP曲线，下列指标中，由e-lgP曲线确定的是：

　　A. 压缩系数 　　　　　　　　　　　B. 压缩指数

　　C. 压缩模量 　　　　　　　　　　　D. 压实系数

18. 下列关于最优含水率的说法正确的是：

　　A. 土的最优含水率一般接近缩限

　　B. 细砂和砾砂一般不存在最优含水率

　　C. 细砂的最优含水率为 26%

　　D. 最优含水率应根据饱和曲线确定

19. 土中一点发生剪切破坏时，破裂面与大主应力作用面的夹角为：

　　A. $\alpha = 45°$ 　　　　　　　　　B. $\alpha = 45°-\varphi/2$

　　C. $\alpha = 45°+\varphi/2$ 　　　　　D. 无法确定

20. 在完全侧限条件下的竖向附加压应力与相应的应变增量之比值，称为土的：

　　A. 变形模量 　　　　　　　　　　　B. 压缩指数

　　C. 压缩系数 　　　　　　　　　　　D. 压缩模量

21. 太沙基极限承载力公式基本假定地基的破坏形式为：

　　A. 整体剪切破坏

　　B. 局部剪切破坏

　　C. 刺入剪切破坏

　　D. 局部刺入剪切破坏

22. 在计算太沙基极限承载力的公式中，承载力系数N_γ、N_q、N_c的主要决定因素是：

　　A. 内摩擦角 　　　　　　　　　　　B. 基础埋深

　　C. 黏聚力 　　　　　　　　　　　　D. 土的重度

23. 下列关于无黏性土坡的稳定性说法，正确的是：

   A. 与土的内摩擦角无关

   B. 与土坡高度无关

   C. 与坡角无关

   D. 与坡长有关

24. 下列选项中属于变质岩且为块状构造的是：

   A. 石英岩、花岗岩   B. 千枚岩、片麻岩

   C. 千枚岩、白云岩   D. 大理岩、石英岩

25. 呈灰黑至黑色，全晶质等粒结构，块状构造。主要矿物为斜长石和辉石，其次有橄榄石、角闪石和黑云母。辉长岩强度高，抗风化能力强的岩石是：

   A. 花岗岩   B. 正长石

   C. 辉长岩   D. 橄榄岩

26. 花岗岩属于：

   A. 喷出岩   B. 深成岩

   C. 沉积岩   D. 浅成岩

27. 岩层向下弯曲，核部的岩层时代较新，外侧的岩层时代较老，枢轴水平一直延伸，两翼岩层倾向相对的褶皱类型是：

   A. 水平背斜   B. 水平向斜

   C. 倾伏背斜   D. 倾伏向斜

28. 逆断层是指：

   A. 上盘相对上升   B. 下盘相对上升

   C. 上盘相对下降   D. 上升盘上升或者下降

29. 河流的侵蚀作用，按照河床不断加深和拓宽的发展过程，可分为下蚀作用和侧蚀作用。下列关于河流下蚀作用和侧蚀作用的说法错误的是：

   A. 下蚀作用不可能无限下切

   B. 侧蚀作用是导致源头后移的原因

   C. 下蚀作用和侧蚀作用同时进行

   D. 侧蚀导致河床变弯变宽

30. 下列不属于构造型垭口的是：

    A. 剥蚀-堆积型垭口   B. 背斜张裂带型垭口

    C. 断层破碎带型垭口   D. 单斜软弱层型垭口

31. 上层滞水的主要补给来源是：

    A. 潜水   B. 地表水

    C. 承压水   D. 大气降水

32. 下列不属于岩溶作用基本条件的是：

    A. 水的流动性   B. 水的溶蚀性

    C. 岩石的可溶性   D. 水的毛细作用

33. 山体滑坡后，会在山体峭壁生成几厘米至几米的台阶，这种现象称为：

    A. 滑坡周界   B. 峭壁

    C. 滑坡后壁   D. 滑坡鼓

34. 下列不属于盐胀土特性的是：

    A. 蠕变性   B. 腐蚀性

    C. 湿陷性   D. 盐胀性

35. 下列不属于黄土特性的是：

    A. 黄土的粒度成分以粉粒为主，有层理

    B. 结构致密，孔隙少且小，孔隙率 < 0.5

    C. 垂直节理发育，常形成陡壁

    D. 可以出现塌陷，形成水溶洞

36. 下列有关现场和原位检测方面的试验，说法不正确的是：

    A. 遇到有害气体要取样

    B. 碎石适用于标准贯入度试验，砂土适用于重型圆锥动力触探试验

    C. 遇到水，特别是桥梁锚墩基础，需要进行抽水试验

    D. 对于可能存在盐胀性的土，应检测其盐胀性

37. 平面控制点布设要求，三等平面控制网中相邻点之间的距离不得小于：

    A. 100m   B. 500m

    C. 300m   D. 150m

38. 水准测量，平原区四等往返较差应小于或等于多少？

    A. $4\sqrt{l}$mm   B. $12\sqrt{l}$mm

    C. $20\sqrt{l}$mm   D. $30\sqrt{l}$mm

39. 地形图测绘，重要工点测量点位中误差不大于多少？

    A. ±0.6mm   B. ±0.8mm

    C. ±1.2mm   D. ±2.0mm

40. 工程可行性研究阶段，地形图比例尺应选用：

    A. 1：10000   B. 1：5000

    C. 1：2000   D. 1：1000

41. 航空摄影测量，同一航带航向重叠度个别最小值为：

    A. 47%   B. 56%

    C. 60%   D. 75%

42. 以野外实测数据生成的 DTM，平原地形的高程插值相对于最近高程控制点的高程中误差应满足小于或等于：

    A. +0.2m   B. ±0.3m

    C. +0.4m   D. ±0.5m

43. 山区初步设计阶段，航空摄影影像图应用正确的是：

    A. 未经纠正的像片平面图

    B. 纠正的影像图

    C. 概略纠正的影像图

    D. 正射影像图

44. 初测阶段，现场定线采用延长直线钉设转点或交点时，当点间距离大于 400m 时，最大点位差不应大于：

    A. 5mm   B. 10mm

    C. 15mm   D. 20mm

45. 高速公路初步设计时，地形图测绘范围为每侧距离中线不小于：

    A. 100m   B. 150m

    C. 200m   D. 300m

46. 中桩高程测量应起闭于路线高程控制点上，高程测至桩志处的地面，三级及三级以下公路，两次测量之差应小于或等于：

A. 5cm

B. 10cm

C. 15cm

D. 20cm

47. 初测阶段，桥梁勘测不正确的是：

A. 每岸应布设必要的控制点

B. 可不专门布设桥梁平面及高程控制网

C. 桥梁要单独建立平面和高程控制网系统

D. 布设的控制点应纳入路线控制测量

48. 定测阶段，二级及以上公路横断面检测距离的互差限差不应大于：

A. 0.1

B. $L/50 + 0.1$

C. 0.2

D. $L/100 + 0.1$

49. 根据现行《公路桥涵设计通用规范》（JTG D60），下列不属于可变作用代表值的是：

A. 标准值

B. 设计值

C. 频遇值

D. 准永久值

50. 当结构或构件超过承载能力极限时，出现的状态是：

A. 结构或构件丧失稳定

B. 影响正常使用或耐久性的局部破坏

C. 影响正常使用的振动

D. 影响正常使用或外观的变形

51. 钢筋混凝土受弯构件正常使用极限状态一般选取的工作状态是：

A. 混凝土受拉状态

B. 带裂缝工作状态

C. 钢筋屈服状态

D. 混凝土压碎状态

52. 强度等级为 C50 及以下的混凝土，截面非均匀受压时极限压应变ε_{cu}的取值为：

A. 0.002

B. 0.0025

C. 0.003

D. 0.0033

53. 混凝土单筋受弯构件开裂验算的换算截面，除考虑受拉区钢筋换算面积外，还需计算：

A. 受压区钢筋面积 B. 全截面

C. 受拉区混凝土面积 D. 受压区混凝土面积

54. 下列不属于我国配筋混凝土结构系列的是：

A. 全预应力混凝土 B. 部分预应力混凝土

C. 有限预应力混凝土 D. 钢筋混凝土

55. 钢筋混凝土与 B 类预应力混凝土构件，作用频遇组合并考虑长期效应组合影响下验算裂缝宽度，若在近海或海洋氯化物（Ⅲ类）环境下，裂缝宽度限制值是：

A. 0.2mm B. 0.1mm

C. 0.15mm D. 0.3mm

56. 工程评标阶段，评标委员会由招标人的代表和有关技术、经济等方面的专家组成，成员人数为五人以上单数，其中技术、经济等方面的专家不得少于成员总数的：

A. 二分之一 B. 三分之一

C. 三分之二 D. 四分之三

57. 在申请领取施工许可证时，应当提供建设工程有关安全施工措施资料的是：

A. 建设单位 B. 施工单位

C. 设计单位 D. 监理单位

58. 施工单位发现建设工程勘察、设计文件不符合工程建设强制性标准、合同约定的质量要求的，应当报告：

A. 建设单位 B. 监理单位

C 设计单位 D. 不反馈

59. 下列要约失效的条件不正确的是：

A. 拒绝要约的通知到达要约人 B. 要约人依法撤销要约

C. 期限结束时，已作出承诺 D. 受要约人对要约的内容做出实质性变更

60. 县道规划由县级人民政府交通主管部门会同同级有关部门编制，需要经审定的部门是：

A. 国务院及其沿线下一级单位 B. 各省市及其沿线下一级单位

C. 县政府 D. 镇政府

注册道路工程师执业资格考试专业基础考试模拟试卷（一）
解析与答案

1.解 材料在水中吸收水分的性质称为吸水性。

答案： D

2.解 在沥青混合料（除 SMA-13、SMA-16、SMA-20 外）中，粗集料是指粒径大于 2.36mm 的碎石、破碎砾石、筛选砾石和矿渣等；细集料是指粒径小于 2.36mm 的天然砂、人工砂（包括机制砂及石屑）；SMA-13、SMA-16、SMA-20 的粗细集料分界尺寸为 4.75mm。在水泥混凝土中，粗集料是指粒径大于 4.75mm 的碎石、砾石和破碎砾石；细集料是指粒径小于 4.75mm 的天然砂、人工砂。

答案： C

3.解 硅酸盐水泥的强度主要来源于矿物成分硅酸三钙（C_3S）与硅酸二钙（C_2S）。

答案： A

4.解 引起水泥安定性不良的因素主要有熟料中所含的游离氧化钙、游离氧化镁过多或掺入的石膏过多。

答案： C

5.解 无机胶凝材料主要有水玻璃、石灰、混凝土；有机胶凝材料主要有沥青、树脂、橡胶等。

答案： B

6.解 改善混凝土拌合物流动性的措施包括：①改善砂、石（特别是石子）的级配。②尽量采用较粗的砂石。③尽量降低砂率，通过试验，采用合理砂率。④当混凝土拌合物坍落度太小时，保持水灰比不变，适当增加水泥浆用量；当坍落度太大但黏聚性良好时，保持砂率不变，适当增加砂、石用量。⑤有条件时尽量掺用减水剂、引气剂等外加剂。

答案： D

7.解 水泥混凝土的抗弯拉强度采用标准方法制备成 150mm × 150mm × 550mm 的梁形试件，在标准条件下养护 28d 后，按三分点双点加载方式进行试验。

答案： C

8.解 沥青的热稳定性、流变性和黏滞性主要受沥青质含量的影响。沥青质含量越高，软化点越高，黏度越大。

答案： A

9. 解 在沥青混合料材料组成相同的情况下，适当减小混合料的空隙率，更有利于粗集料形成空间骨架结构，从而提高沥青混合料的内摩阻力，改善高温抗车辙性能。

答案：B

10. 解 评价沥青混合料高温稳定性的试验方法是马歇尔稳定度试验和车辙试验；评价沥青混合料水稳定性的试验方法是浸水马歇尔稳定度试验和冻融劈裂试验；评价沥青混合料低温性能的试验方法是低温弯曲试验。

答案：B

11. 解 木材干湿变形最大的方向是弦向。

答案：C

12. 解 土的指标可通过试验方法直接测得的有：土的密度与重度、土粒相对密度和土的含水率。

答案：C

13. 解 土中水与固体颗粒之间并不是机械地混合，而是存在着复杂的物理化学作用。根据颗粒表面静电应力作用的强弱，可以划分为三种类型：强结合水、弱结合水和自由水。当黏土中存在强结合水时，黏土表现为固态；当黏土中的水为弱结合水时，黏土呈可塑状态，弱结合水对黏性土的性质影响很大。

答案：C

14. 解 特殊土分为黄土、膨胀土、红黏土、盐渍土以及冻土。

答案：B

15. 解 $\rho = 110/53 = 2.075 \text{g/cm}^3$

$$w = \frac{110 - 90}{90} = 0.222$$

$$\rho_d = \frac{\rho}{1 + w} = \frac{2.075}{1 + 0.222} = 1.7 \text{g/cm}^3$$

答案：B

16. 解 若水的渗流方向自下而上，当实际水力梯度大于临界水力梯度时，向上的动水力将大于土的有效重度，此时土颗粒将处于悬浮状态而失去稳定，从而形成流土现象。

答案：D

17. 解 土中应力包括自重应力和附加应力，前者是因土受到重力作用而产生，因其伴随着土的形成就存在，也称为长驻应力；后者是因受到建筑物等外荷载作用而产生的。

答案：A

18. 解　地下水位下降时，水中土体部分减少，该部分重度由γ'增大为γ，因此会引起有效自重应力增加，从而使基底附加压应力（$p_0 = p - \gamma z$）减小，基底下土中附加应力减小；反之，地下水位上升时，会引起有效自重应力减小，附加应力增加。

答案：B

19. 解　竖向集中力作用下的地基附加应力，由法国数学家布辛奈斯克 1885 年用弹性理论推导。

答案：B

20. 解　土的压缩性指的是土受压时体积缩小的性能，主要是其中孔隙体积被压缩而引起，题中提到对于w相同但S_r不同的三种土，其中S_r越大，说明孔隙中水的体积越大，就越不能被压缩，压缩性越小。

答案：B

21. 解　整体剪切破坏：具有轮廓分明的从地基到地面的连续剪切滑动面，邻近基础的土体有明显的隆起，可使上部结构随基础发生突然倾斜，造成灾难性破坏。由题可知为整体剪切破坏的特征。

答案：B

22. 解　已知条形基础在中心荷载下的地基承载力公式为$p_u = 0.5\gamma b N_r + q N_q + c N_c$。当$\varphi = 0$时，$N_r = 0$，所以两者承载力一样。

答案：C

23. 解　无黏性土坡的稳定性与坡角有关，与坡高无关。

答案：B

24. 解　矿物的条痕是指矿物在无釉白色瓷板上划擦时留下的粉末的颜色。矿物的条痕可以消除假色，减弱他色，比矿物颜色稳定得多，是鉴定矿物的重要标志之一。

答案：B

25. 解　他色是矿物混入了某些杂质所引起的，与矿物的本身性质无关。

答案：B

26. 解　不完全解理：常出现断口，解理面很难出现，如磷灰石。

答案：D

27. 解　气孔状构造常为玄武岩、浮岩等喷出岩所具有。

答案：D

28. 解　沉积岩是地壳表面分布最广的一种岩石，体积占地壳体积的 5%，出露面积约占陆地表面积的 75%。

答案：D

29.解 碎屑颗粒互不接触，散布于胶结物中，称为基底式胶结。它胶结紧密，岩石孔隙度小，较其他胶结方式的岩石强度高。孔隙式胶结的工程性质与碎屑颗粒成分、形状及胶结物成分都有关系，强度变化较大。接触式胶结的岩石，一般都是孔隙度大、重度小、吸水率高、强度低，透水性强。

答案：A

30.解 根据内动力方式的不同，地质作用可以分为构造运动、地震作用、岩浆及火山作用、变质作用四种类型。

答案：D

31.解 先沉积的老岩层在下，后沉积的新岩层在上，形成产状近于水平的岩层称水平构造，亦称水平岩层。因此，对于水平构造始终是较新的岩层分布在地势较高的地方，较老的岩层出露在地势较低的地方。

答案：A

32.解 当地层走向与岩层走向大致平行时，断层使一盘上升或下降，地面遭受剥蚀夷平后，沿着地表顺倾向方向观察，会看到相同地层的不对称重复出现，或者该出现的地层却没有出现的现象。

答案：B

33.解 矿物中的低价元素与大气中的游离氧化合变为高价元素的作用，称为氧化作用。氧化作用是地表极为普遍的一种自然现象。在湿润的情况下，氧化作用更为强烈。

答案：D

34.解 溯源侵蚀使分水岭不断遭到剥蚀切割，河流长度不断增加，以及产生河流的袭夺现象。

答案：C

35.解 断层破碎带型垭口：这种垭口的工程地质条件比较差。岩体的整体性被破坏，经地表水侵入和风化，岩体破碎严重，一般不宜采用隧道方案；如采用路堑，也需控制开挖深度或考虑边坡防护，以防止边坡发生崩塌。

答案：C

36.解 滑坡常见的防治措施有：①排水：修截排水沟排除地表水，截水盲沟、盲洞、渗管、渗井、垂直钻孔等排除滑坡体内的地下水。②力学平衡法：如在滑坡体下部修筑抗滑片石垛、抗滑挡墙、抗滑桩、锚索抗滑桩、锚固框架等支挡建筑物，以增加滑坡下部的抗滑力。在滑坡体的上部刷方减载以减小其滑动力，在滑体下部填方压脚以增大抗滑力等。③改善滑动面（带）的土石性质：一般采用焙烧、压浆及化学加固等物理化学方法。

答案：B

37.解 在埋设控制测量桩时，控制测量桩高出地面的位置不超过5cm。

答案：A

38.解 路线控制桩的长度不小于30cm。

答案：C

39.解 当竖直度盘为顺时针注记时，其盘左和盘右竖直角计算公式分别为：$90° - L$，$R - 270°$。

答案：A

40.解 $\angle C = 180° - \angle A - \angle B$，用误差传播定律计算。中误差为$3''$和$4''$的平方和的算术平方根，即为$\pm 5''$。

答案：C

41.解 三等水准测量采用双面尺法的观测程序是：后黑—前黑—前红—后红。

答案：A

42.解 "DJ"是"大地经纬仪"拼音缩写，下标2是指一测回方向中误差为2。

答案：C

43.解 正常情况，人眼在图纸上能分辨出的最小距离为0.1mm，即在图纸上当两点间距离小于0.1mm时，人眼就无法再分辨。因此，在地形图上0.1mm所代表的实地水平距离称为地形图的比例尺精度。

答案：D

44.解 等高线平距越小，地面坡度就越大；平距越大，则坡度越小；坡度相同，平距相等。因此，可以根据地形图上等高线的疏、密来判定地面坡度的大、小。同时还可以看出：等高距越小，显示地貌就越详细。

答案：A

45.解 各等级公路高程控制网最弱点高程中误差不得大于± 25mm，用于跨越水域和深谷的大桥、特大桥的高程控制网最弱点高程中误差不得大于± 10mm。

答案：D

46.解 路线放线采用的方法有极坐标法、链距法、偏角法等。

答案：D

47.解 中桩高程测量方法有水准测量、三角高程测量和GPS RTK方法测量。

答案：D

48.解 施工测量是指为施工所进行的控制、放样和竣工验收等的测量工作。

答案：C

49.解 同一强度等级的混凝土立方体强度大于轴心抗压强度，轴心抗压强度大于抗拉强度。

答案：A

50.解 受弯构件的承载能力计算公式可表示为 $\gamma_0 M_d \leqslant M_u = f_{cd} b h_0^2 \xi (1 - 0.5\xi)$，可见截面高度对承载能力的影响最大。

答案：C

51.解 梁的受拉区纵向受力钢筋一层能排下时，改成两排后因钢筋合力重心上移使正截面受弯承载力降低。

答案：B

52.解 受弯构件斜截面受剪承载力计算时，若 $\gamma_0 V_d > 0.51 \times 10^{-3} \sqrt{f_{cu,k}} b h_0$，应采取的措施是增大截面尺寸或提高混凝土强度等级。

答案：C

53.解 小偏心受压构件的破坏特征是远离轴向力作用一侧的钢筋可能受拉可能受压，靠近轴向力作用一侧的混凝土被压碎，钢筋受压屈服。

答案：B

54.解 正常使用极限状态验收的依据是带裂缝阶段，即第Ⅱ阶段。

答案：D

55.解 预应力混凝土构件的混凝土强度等级不应低于C40。

答案：D

56.解 《中华人民共和国标准化法》（2018年）第二条第二、三款规定，标准包括国家标准、行业标准、地方标准、团体标准、企业标准。国家标准分为强制性标准、推荐性标准，行业标准、地方标准是推荐性标准。强制性标准必须执行。国家鼓励采用推荐性标准。

答案：D

57.解 《中华人民共和国森林法》第七十一条规定，侵害森林、林木、林地的所有者或者使用者的合法权益的，依法承担侵权责任。

答案：A

58.解 根据《中华人民共和国民法典》，担保方式有五种，即保证、抵押、质押、留置和定金。订金不等于定金，订金只有预付款功能没有双倍返还功能。

答案：A

59. 解 见《建设工程安全生产管理条例》第二十六条规定。专家进行论证、审查内容依然是专项施工方案，所以施工单位技术负责人签字，专家审查前应先经施工单位审核，此处说明应经施工单位技术负责人审核签字，而不是项目技术负责人审核签字。《危险性较大的分部分项工程安全管理规定》(住房和城乡建设部令〔2018〕37号)第十二条对此有规定。

答案：C

60. 解 《建设工程质量管理条例》第六十条第二款规定，未取得资质证书承揽工程的，予以取缔，依照前款规定处以罚款；有违法所得的，予以没收。

答案：B

注册道路工程师执业资格考试专业基础考试模拟试卷（二）
解析与答案

1. 解　集料的几种密度从大到小为：真实密度＞表观密度＞毛体积密度＞堆积密度。计算集料真实密度时，质量取 m_s，体积取 V_s；计算集料表观密度时，质量取 m_s，体积取 V_s 与 V_n（集料矿物实体中闭口孔隙体积）之和；计算集料毛体积密度时，质量取 m_s，体积取 V_s、V_n 与 V_i（集料矿物实体中开口孔隙体积）之和；计算集料堆积密度时，质量取 m_s，体积取 V_s、V_n、V_i 与 V_v（集料颗粒间空隙体积）之和。

答案：D

2. 解　硅酸盐水泥水化时，放热量最大且放热速度最快的是 C_3A。

答案：C

3. 解　耐化学腐蚀性 C_4AF 最好，其次 C_2S，C_3S 较差，C_3A 差。

答案：D

4. 解　水泥稳定材料组成设计的目的是确定水泥剂量、混合料的最佳含水率和最大干密度。

答案：C

5. 解　生石灰（CaO）加水反应生成氢氧化钙的过程，称为石灰的消化或熟化。反应生成的产物氢氧化钙称为熟石灰或消石灰。

答案：C

6. 解　早强剂主要有氯盐、三乙醇胺及硫酸钠，减水剂主要起减水作用；缓凝剂主要起缓凝作用；木质素系减水剂：木素质系减水剂主要有木质素磺酸钙（简称木钙，代号 MG），木质素磺酸钠（木钠）和木质素磺酸镁（木镁）三大类。常用引气剂有松香树脂、烷基苯磺碱盐、脂及醇磺酸盐等。

答案：D

7. 解　工程上常采用沥青的针入度指数（PI）来评价胶体结构类型。$PI > +2$ 属于凝胶结构，$-2 \leqslant PI \leqslant +2$ 属于溶—凝胶结构，$PI < -2$ 属于溶胶结构。针入度指数是应用针入度和软化点的试验结果来表征沥青感温性的一种指标。PI 值大表示沥青的感温性小。一般认为 PI 在 $-1\sim+1$ 之间的沥青适宜修筑沥青路面。

答案：D

8. 解　砂的细度模数小，表示砂较细，其总表面积较大；混凝土用 Ⅱ 类建设用砂，其含泥量不得大于 3.0%；压碎指标可用来表示机制砂的强度；当粗骨料中夹杂有活性二氧化硅时，混凝土有可能发生碱骨料反应。

答案： D

9. 解 评价沥青老化性能的试验方法包括薄膜烘箱加热试验、旋转薄膜加热试验和压力老化容器法。水煮法用于评价沥青与矿料黏附性。

答案： A

10. 解 抽提试验用于测定沥青混合料中的沥青含量。

答案： A

11. 解 设计中一般将钢材的屈服点作为强度的取值依据。钢结构的容许应力等于钢材的屈服强度除以材料分项系数。

答案： A

12. 解 塑性指数大于10的土定名为黏性土。黏性土根据塑性指数分为粉质黏土和黏土。塑性指数大于10且小于或等于17的土，定名为粉质黏土；塑性指数大于17的土定名为黏土。

答案： D

13. 解 密实度 = 干密度/最大干密度

答案： C

14. 解 $46 - 24 = 22$

答案： A

15. 解 松砂受振时土颗粒在其跳动中会调整相互位置，孔隙减小，土的结构趋于稳定和密实。

答案： B

16. 解 土体具有压缩性，是由孔隙的减少引起的。

答案： B

17. 解 冻胀现象通常发生在细粒土中。因为细粒土的毛细现象显著，冻结现象更明显。

答案： A

18. 解 $v = \dfrac{Q}{A} = ki = k \times \dfrac{\Delta h}{L}$

式中，k 为渗透系数，Δh 为水头差，L 为渗流路径。

答案： D

19. 解 自重应力随深度的增加而增大；在求地下水位以下的自重应力时，应取其有效重度计算；土的自重应力分布曲线是一条折线，拐点在土层交界处和地下水位处。

答案： C

20. 解　由建筑物的荷载或其他外荷载在地基内所产生的应力称为附加应力。

答案：B

21. 解　在τ-σ坐标系中，抗剪强度直线和莫尔应力圆相切时，土中某点的剪应力达到抗剪强度，土体处于极限平衡状态。

答案：A

22. 解　试验证明，最优含水率与压实能量有关。对同一种土，用人力夯实时，因能量小，要求土粒之间有较多的水分使其更为润滑。因此，最优含水率较大而得到的最大干重度却较小。

答案：B

23. 解　液性指数为天然含水率和塑限之差与塑性指数之比值，反映土在天然条件下所处的状态（软硬程度）。

答案：D

24. 解　岩石按组成，可分为单矿岩、复矿岩；按岩石成因，可分为岩浆岩、沉积岩和变质岩三大类。

答案：A

25. 解　沉积岩主要由陆源碎屑物质、黏土矿物、化学沉积矿物、有机质及生物残骸等物质组成。按组成物质、颗粒大小及形状等方面的特点，一般分为碎屑结构、泥质结构、结晶结构及生物结构四种。

答案：D

26. 解　岩石的抗压强度最高，抗剪强度居中，抗拉强度最小。岩石越坚硬，其值相差越大。岩石的抗剪强度和抗压强度是评价岩石稳定性的重要指标。

答案：A

27. 解　褶皱构造的基本形态是背斜与向斜。

答案：A

28. 解　沉积岩地层的接触关系基本上可以分为整合接触和不整合接触两种。整合接触指上下两套岩层产状一致，相互平行，连续沉积形成，其间不缺失某个时代的岩层。不整合接触指上下岩层间的层序有了间断，即先后沉积的地层之间缺失了一部分地层。它分为平行不整合（也称假整合）和角度不整合（即狭义的不整合）。角度不整合不仅上下两套岩层之间的地质年代不连续，而且产状也不相同。

答案：D

29. 解　物理风化作用、化学风化作用、生物风化作用及其多种风化方式都具有其独立意义。但是，在许多情况下，它们相伴而生，并相互影响和促进，共同破坏岩石，使整块岩石破碎为块石，再破碎为碎石甚至粉末，若含有有机质则形成土壤。本题描述的特征属于块石带。

答案： B

30. 解 坡积层是山区公路勘测设计中经常遇到的第四纪陆相沉积物中的一个成因类型，它顺着坡面沿山坡的坡脚或山坡的凹坡呈缓倾斜裙状分布，在地貌上称为坡积裙。

答案： C

31. 解 从地质作用看，可以将垭口归纳为三个基本类型：①构造型垭口；②剥蚀型垭口；③剥蚀—堆积型垭口。

答案： A

32. 解 一般地，均质无黏性土滑坡的滑动面为平面，均质黏性土滑坡的滑动面为圆弧面，其余滑坡多为复合滑动面。

答案： A

33. 解 承压含水层在地形适宜处露出地表时，可以泉或溢流形式排向地表或地表水体。

答案： A

34. 解 斜坡高、陡是形成崩塌的必要条件。调查表明，规模较大的崩塌，一般多产生在高度大于30m、坡度大于45°（大多数介于55°~75°之间）的陡峻斜坡上。

答案： D

35. 解 根据断层两盘相对位移的情况，可以分为正断层、逆断层和平移断层三种。正断层：上盘沿断层面相对下降，下盘相对上升的断层；逆断层：上盘沿断层面相对上升，下盘相对下降的断层；平移断层：由于岩体受水平扭应力作用，使两盘沿断层面发生相对水平位移的断层。

答案： D

36. 解 筑路材料情况调查包括：筑路材料的种类、产地、质量、数量、规格、开采方法、运输方法、运距、物理力学性质等。

答案： C

37. 解 图根点的点位中误差应不大于所测比例尺图上0.1mm，高程中误差应不大于测图基本等高距的1/10。

答案： B

38. 解 公路勘测在进行一级平面控制测量时，用DJ$_2$经纬仪进行水平角观测的半测回归零差应小于或等于12″。

答案： B

39. 解 数字地面模型应用于施工图测设阶段时，原始三维地面数据必须野外实测采集。DTM高程插值中误差应不大于±0.2m。

答案： B

40.解 高速公路和一级公路的平面控制测量等级应选用不低于一级。

答案： A

41.解 GPS 基线测量的中误差应小于按式 $\sigma = \pm\sqrt{a^2 + (b \cdot d)^2}$ 计算的标准差，各等级控制测量固定误差 a、比例误差系数 b 的取值应符合规定。计算 GPS 测量大地高差的精度时，a、b 可放宽至 2 倍。

答案： A

42.解 同一个公路项目应采用同一个高程系统，并应与相邻项目高程系统相衔接。各等级公路高程控制网最弱点高程中误差不得大于±25mm；用于跨越水域和深谷的大桥、特大桥的高程控制网最弱点高程中误差不得大于±10mm。

答案： C

43.解 公路设计初测阶段，现场踏勘过程中，应根据项目特点及自然、地理、社会环境调整并确定勘测方法与勘测方案。

答案： A

44.解 现场定线应进行的勘测内容：

（1）现场定线一般适用于三、四级公路的线路选取。

（2）现场踏勘前，应在地形图上确定控制点、绕避点，选择路线通过的最佳位置。

（3）越岭路线或受纵坡控制的路段，应选择好坡面及展线方式进行放坡展线。

（4）现场定线时，可采用直接定交点法、延长直线钉设转点或交点的方法确定路线交点位置。

（5）选设的交点和转点作为测量控制点使用时，应进行护桩并按照二级平面控制测量的要求测定角度和长度。如不作为测量控制点使用时，应将交点和转点与路线控制测量点联测，确定交点和转点坐标。

答案： C

45.解 测深点的布测可采用断面或散点形式；采用测深仪测绘公路大桥、特大桥水下地形图时，一般水域断面线上测深点图上最大间距为 1.0~1.5cm。

答案： B

46.解 公路定测路线中线敷设时，路线中桩间距应符合下表规定。

中桩间距　　　　　　　　　　　　　　　　　　　　　　题46解表

直线（m）		曲线（m）			
平原、微丘	重丘、山岭	不设超高的曲线	$R > 60$	$30 < R < 60$	$R < 30$
50	25	25	20	10	5

答案：D

47. 解 公路勘测定测阶段，中桩高程测量精度与要求应符合下表规定。

中桩高程测量精度 题 47 解表

公 路 等 级	闭合差（mm）	两次测量之差（mm）
高速公路，一、二级公路	$\leqslant 30\sqrt{L}$	$\leqslant 5$
三级及三级以下公路	$\leqslant 50\sqrt{L}$	$\leqslant 10$

答案：B

48. 解 公路与公路交叉应进行以下勘测与调查：

（1）调查相交公路的名称、相关区域的路网规划、交叉位置、地名及里程、修建时间、公路等级、技术标准、路面结构类型、排水和防护工程情况及其在路网中的作用。

（2）补充调查相交公路的交通量、交通组成。

（3）测量交叉角度、交叉点高程、纵坡坡度、路基宽度、路面宽度及厚度。

答案：B

49. 解 材料强度的设计值是材料强度标准值除以材料性能分项系数后的值，材料性能分项系数需根据不同材料，进行构件分析得到的可靠性指标达到规定的目标可靠指标及工程经验校准来确定。在进行设计时，作用乘以大于 1 的系数，材料强度除以大于 1 的系数，是为了使结构更安全。

答案：D

50. 解 可变作用的代表值可分为标准值、组合值、频遇值和准永久值。

答案：C

51. 解 第三阶段，受拉区钢筋应力达到屈服强度，钢筋拉应变增加较快，中和轴快速移动，梁混凝土裂缝急剧开展，压应力不断增大，当受压边缘压应变达到极限压应变时，受压区混凝土出现纵向水平裂缝，混凝土被压碎，梁宣告破坏。

答案：A

52. 解 为满足斜截面抗弯的要求，弯起钢筋的弯起点位置应设在按正截面抗弯承载力计算该钢筋的强度全部被利用的截面以外，弯起点至弯起钢筋强度充分利用截面的距离不小于 $h_0/2$。

答案：C

53. 解 影响斜截面抗剪承载力的主要因素有剪跨比、混凝土强度、纵向受拉钢筋的配筋率、箍筋的配筋率。

答案：B

54. 解 钢筋与混凝土之间具有良好的黏结性能。黏结力由化学胶着力、摩擦力和机械咬合力组成。

答案：B

55. 解　先张法是先张拉预应力钢筋，后浇筑混凝土，预应力钢筋和混凝土黏结在一起，不存在管道摩擦。后张法是先浇筑混凝土（预留管道），待混凝土硬化后，再张拉预应力钢筋并锚固，张拉时预应力钢筋与管道摩擦会产生预应力损失。

答案：A

56. 解　根据《中华人民共和国公路法》第六条，公路按技术等级分为高速公路、一级公路、二级公路、三级公路和四级公路。

答案：C

57. 解　见《建设工程质量管理条例》第二十五条、第二十七条的规定。该题可以用排除法，选项B违反第二十五条资质要求且属于违法分包，选项C、D违反交通运输部、住建部的部门规章和合同约定。这3个选项很容易看出是违法分包。所以选项A是正确的。对于劳务分包，只要是将劳务作业分包给有劳务资质的法人［应是单位，不能是自然人（如包工头）］，就不需建设单位许可，但是劳务也不允许再分包。见《房屋建筑和市政基础设施工程施工分包管理办法》第九条和第十四条第一款等。不过有个特殊情况考生要注意：乙是总包，将非主体非关键专业工程分包给丙，丙又将工程中的劳务分包给丁（劳务公司），则依据第五条第三款是合法的。

实际上，选项B、C、D不是《建设工程质量管理条例》的原文，原文在《中华人民共和国建筑法》第二十九条第一、三款中，本题实际是考《中华人民共和国建筑法》的内容。

答案：A

58. 解　《中华人民共和国森林法》第三十七条规定，矿藏勘查、开采以及其他各类工程建设，确需占用林地的，应当经县级以上人民政府林业主管部门审核同意，依法办理建设用地审批手续。占用林地的单位应当缴纳森林植被恢复费。

答案：C

59. 解　《建设工程安全生产管理条例》第二条第二款规定，本条例所称建设工程，是指土木工程、建筑工程、线路管道和设备安装工程及装修工程。

选项D不属于条例规定的建设工程范围。

答案：D

60. 解　《中华人民共和国建筑法》第七十三条规定，建筑设计单位不按照建筑工程质量、安全标准进行设计的，责令改正，处以罚款；造成工程质量事故的，责令停业整顿，降低资质等级或者吊销资质证书，没收违法所得，并处罚款；造成损失的，承担赔偿责任；构成犯罪的，依法追究刑事责任。

答案：D

注册道路工程师执业资格考试专业基础考试模拟试卷（三）
解析与答案

1. 解 无机结合料稳定土无侧限抗压强度试验，试件养生 7d，其中在潮湿空气中养生 6d，浸水 1d。

答案： C

2. 解 石料的饱水状态强度 R_W 与干燥状态强度 R_D 的比值 K_R，称为软化系数。

答案： D

3. 解 石膏的主要作用是作为缓凝剂。在没有石膏的情况下，水泥熟料磨细后加水会很快凝结，影响施工和检验，添加适量石膏后，石膏中的硫酸钙与水泥熟料中的铝酸三钙反应生成钙矾石，减少水泥的水化速度，从而起到缓凝的作用。

答案： D

4. 解 水泥混凝土配合比设计的主要内容包括：根据经验公式和试验参数确定各组成材料的比例，得出"初步配合比"；以初步配合比在试验室进行试拌，观察混凝土拌合物的和易性是否满足要求，调整后提出"基准配合比"；对混凝土进行强度复核，如有其他要求，也应作出相应的检验复核，以便确定出满足施工、强度和耐久性要求的"设计配合比"（或"试验室配合比"）；在施工现场，依据现场砂石材料的含水率对配合比进行修正，得出"施工配合比"。

答案： B

5. 解 和易性是一项综合技术性质，包括流动性、保水性和黏聚性。

答案： A

6. 解 针入度是沥青主要质量指标之一。是表示沥青软硬程度和稠度、抵抗剪切破坏的能力，反映在一定条件下沥青的相对黏度的指标。

答案： C

7. 解 沥青路面的抗渗能力主要取决于沥青路面的空隙率。空隙率越大，其抗渗能力越差。

答案： C

8. 解 沥青耐久性受热、氧、光、雨水、交通强度等因素的影响。风对沥青路面的影响极小。

答案： C

9. 解 沥青混合料配合比设计按马歇尔试验决定沥青用量，空隙率随沥青用量增加而减小。

答案： A

10.解 钢材冷加工过程中晶体取向发生改变，钢材经冷加工后晶粒尺寸会变小，晶界的数量会增多，钢材的硬度、强度提高；冷加工使钢材的硬度和强度提高，但同时也会降低钢材的韧性；钢材冷加工后表面更光滑，同时也会被压实和加密，可提高钢材的耐磨性和抗腐蚀性能。

答案：D

11.解 路面水泥混凝土配合比设计以抗弯拉强度为主要强度指标。

答案：D

12.解 含水率的定义，即土中水的质量与土粒质量的比值，以百分数计。

答案：B

13.解 当孔隙比e接近最大孔隙比e_{max}时，则其相对密实度D_r较小，砂土处于较疏松状态；当孔隙比e接近最小孔隙比e_{min}时，则其相对密实度D_r较大，砂土处于较密实状态。

答案：A

14.解 粉、细砂土的工程性质相对较差，特别是饱水粉土、细砂土受振动后易产生液化。

答案：C

15.解 根据冻胀的机理，有水更容易发生冻胀。

答案：B

16.解 自重应力沿水平面呈均匀分布，随深度呈线性增加。$\sigma_z = \alpha_c P$，其中的α_c随深度增加非线性减小。

答案：D

17.解 有效应力σ'等于总应力σ减去孔隙水压力u。

答案：B

18.解 稳定安全系数$k = $抗滑力矩/滑动力矩。题目中，稳定力矩和抗滑力矩同义。

答案：A

19.解 侧限压缩试验是研究土压缩性的基本方法。剪切试验是测定抗剪强度，静载荷试验是测定承载力，无侧限压缩试验是测定无侧限抗压强度。

答案：B

20.解 侧限压缩模量是土体在侧向约束条件下竖向压应力与竖向压应变的比值，压缩模量越小，相同压力下的变形越大。

答案：C

21.解 外荷载作用下的软土地基，随着加荷时间的推移，软土中孔隙水逐渐被挤出，孔隙水压力不断消散，有效应力不断增加，软土的抗剪强度随之而增加。

答案：C

22.解 在加荷瞬间，土中孔隙水来不及排出，孔隙体积没有变化，即土体不产生体积变化，但荷载使土产生偏斜变形。这种变形与地基的侧向变形密切相关，是考虑了侧向变形的地基沉降计算，在实用上可以用弹性理论的公式计算。

答案：D

23.解 达西定律只适用于层流条件。所谓层流条件是指在土孔隙中移动的水，流体质点互不干扰，迹线有条不紊地沿着细微管道流动，也即要求土中水的流速不能超过某一定值，故达西定律也称为土的层流渗透定律。一般中砂、细砂、粉砂等细颗粒土中水的流速满足层流条件。

答案：B

24.解 常见的变质岩有：片麻岩、片岩、千枚岩、板岩、大理岩、石英岩。

答案：B

25.解 岩浆岩的构造，是指矿物在岩石中排列和充填方式所反映出来的外貌特征。常见的岩浆岩构造有以下几类：块状构造、流纹状构造、气孔状构造、杏仁状构造。

答案：C

26.解 结晶联结的岩石，结晶颗粒的大小对岩石的强度有明显影响。一般结晶颗粒小的岩石强度大于结晶颗粒大的岩石强度。如粗粒花岗岩的抗压强度比细粒花岗岩的抗压强度小。

答案：A

27.解 断裂构造主要分为裂隙和断层两大类。凡岩石沿破裂面没有明显位移的称为裂隙，也称为节理；岩石沿破裂面两侧发生了明显位移或较大错动的称为断层。

答案：C

28.解 各种构造面对坡体的切割、分离，为产生崩塌创造了条件。由此得出选项 B 正确。

答案：B

29.解 风化作用是指地表或接近地表的岩石、矿物与大气、水及生物接触过程中产生物理、化学变化而在原地形成松散堆积物的全过程。风化作用在地表最显著，随着深度的增加，其影响就逐渐减弱以至消失。

答案：A

30.解 由于河流的水位变化及侧蚀，常使沿河布设的公路路基发生水毁现象，特别是河湾凹岸地段，最为显著。

答案： B

31.解 阶地在通常情况下，是河谷地貌中敷设路线的理想地貌部位。当有几级阶地时，除考虑过岭高程外，一般首选一级阶地，其次是二级阶地，阶地级数不宜选择太高，否则不便于道路与峡谷外的公路连接。

答案： A

32.解 根据野外特征、压缩波速度、波速比、风化系数这四个方面的变化，将岩石风化程度划分为五级。

答案： D

33.解 道路工程地质工作中的挖探主要为坑探和槽探。坑探是垂直向下掘进的土坑，主要用来查明覆盖层的厚度和性质、滑动面、断层、地下水位，以及采取原状土样等。槽探挖掘成狭长的槽形，常用来追索构造线，查明坡积层、残积层的厚度和性质，揭露地层层序等。槽探一般应垂直于岩层走向或构造线布置。

答案： A

34.解 岩溶水具有分布的不均匀性、水力联系密切。由于地下溶洞与溶洞、溶洞与溶蚀裂隙之间相互连通，因而使岩溶水具有密切的水力联系和较强的传递能力、水量动态多变、随季节变化大等特点。由于岩溶地下水与地表水联系密切，所以岩溶地下水流量的季节变化幅度很大，基本与地表河流相同。岩溶水分布不均匀、水量大给工程预测预防带来困难，尤其是隧道施工难度大，也常造成路基水毁。

答案： C

35.解 拉张裂缝分布在滑坡体上部，与滑坡壁的方向大致吻合，多呈弧形，是滑坡体向下滑动时产生的拉力形成，裂缝张开。

答案： B

36.解 工程可行性研究阶段，勘察应以资料收集和工程地质调绘为主，对项目建设各工程方案的工程地质条件进行研究。对于隧道工程，需初步查明隧道的地层岩性、地质构造、水文地质条件、隧道围岩分级等。

答案： D

37.解 《公路勘测规范》（JTG C10—2007）第4.2.1条第4款规定，高速公路、一级公路高程控制测量等级为四级。

答案： C

38.解 《公路勘测规范》（JTG C10—2007）第4.1.2条第2款规定，路线平面控制点距路线中心线的距离应大于50m，宜小于300m，每一点至少应有一相邻点通视。

答案：D

39. 解 《公路勘测规范》（JTG C10—2007）第4.2.2条规定，路线高程控制点相邻点间的距离以1~1.5km为宜，特大型构造物每一端应埋设2个（含2个）以上高程控制点。高程控制点距路线中心线的距离应大于50m，宜小于300m。

答案：D

40. 解 《公路勘测规范》（JTG C10—2007）第5.1.2条规定，平原地区1：1000比例尺地形图的基本等高距是0.5m。

答案：A

41. 解 《公路勘测规范》（JTG C10—2007）第5.3.4条规定，当采用GPS RTK法测量时，流动站至基准站的距离应小于10km。

答案：A

42. 解 《公路勘测规范》（JTG C10—2007）第7.5.2条和表7.5.2规定，采用数字地面模型计算公路纵、横断面时，施工图设计阶段的中桩桩距为5~20m。

答案：D

43. 解 《公路勘测规范》（JTG C10—2007）第7.1.2条第2款规定，以地形图数字化为数据源生成的DTM，其高程插值相对于原地形图的高程误差不得超过原图等高距的1/2。

答案：B

44. 解 《公路勘测规范》（JTG C10—2007）第6.1.1条规定，当成图比例尺为1：1000时，航摄比例尺为1：4000~1：6000。

答案：B

45. 解 《公路勘测规范》（JTG C10—2007）第9.8.5条规定，大、中桥勘测与调查，宜在桥位上、下游各选一个断面进行形态断面测量。

答案：D

46. 解 根据《公路勘测规范》（JTG C10—2007）第9.2.3条，公路设计定测阶段，对于平原、微丘区的一、二级公路，中桩平面位置中误差应不大于±5cm。

答案：A

47. 解 《公路勘测规范》（JTG C10—2007）第8.8.3条规定，初测阶段可不专门布设桥梁平面和高程控制网，但在布设路线控制网时每岸应各布设必要的控制点，布设的控制点应纳入路线控制测量进行施测。

答案： B

48. 解 根据《公路勘测规范》（JTG C10—2007）第 9.4.2 条，三级及以下公路横断面测量距离检测互差限差不大于$L/50 + 0.1$。

答案： D

49. 解 结构的可靠性是指结构在规定的时间内，在规定的条件下，完成预定功能的能力，是安全性、适用性和耐久性的总称。

答案： B

50. 解 按箍筋的功能和配置方式的不同，钢筋混凝土轴心受压构件可分为普通箍筋柱和螺旋箍筋柱。

答案： B

51. 解 螺旋箍筋可使核心混凝土成为约束混凝土，从而提高构件的承载力和延性。

答案： A

52. 解 从受剪考虑，在跨径的三分点到四分点之间开始弯起；从受弯考虑，要注意预应力钢筋弯起后的正截面抗弯承载力要求。

答案： D

53. 解 适筋梁正截面工作的三个阶段分别是全截面工作阶段、带裂缝工作阶段和破坏阶段。全截面工作阶段，钢筋受拉，尚未屈服，混凝土也未出现裂缝，钢筋和混凝土均处于弹性工作状态。

答案： B

54. 解 ξ_b为界限破坏高度系数，$\xi \leqslant \xi_b$时为大偏心受压破坏，$\xi > \xi_b$时为小偏心受压破坏。

答案： C

55. 解 砌体处于剪切状态时，有三种破坏形式：沿通缝发生破坏，沿齿缝发生破坏，沿阶梯形砌缝发生破坏。

答案： B

56. 解 《建设工程质量管理条例》第六十条规定，违反本条例规定，勘察、设计、施工、工程监理单位超越本单位资质等级承揽工程的，责令停止违法行为，对勘察、设计单位或者工程监理单位处合同约定的勘察费、设计费或者监理酬金 1 倍以上 2 倍以下的罚款。

答案： C

57. 解 根据《中华人民共和国公路法》第三十四条，县级以上地方人民政府应当确定公路两侧边沟（截水沟、坡脚护坡道，下同）外缘起不少于一米的公路用地。

答案： C

58.解 根据《建设工程安全生产管理条例》第五十八条，注册执业人员未执行法律、法规和工程建设强制性标准的，责令停止执业 3 个月以上 1 年以下；情节严重的，吊销执业资格证书，5 年内不予注册；造成重大安全事故的，终身不予注册；构成犯罪的，依照刑法有关规定追究刑事责任。

答案： D

59.解 见《中华人民共和国民法典》第五百一十三条规定，按照原价格执行。

答案： B

60.解 《建设工程质量管理条例》第五十二条规定，建设工程发生质量事故，有关单位应当在 24 小时内向当地建设行政主管部门和其他有关部门报告。对重大质量事故，事故发生地的建设行政主管部门和其他有关部门应当按照事故类别和等级向当地人民政府和上级建设行政主管部门和其他有关部门报告。特别重大质量事故的调查程序按照国务院有关规定办理。（注：按交通运输部规定，题中有关单位主要是指施工单位或建设单位或公路管养单位）

答案： C

注册道路工程师执业资格考试专业基础考试模拟试卷（四）解析与答案

1. 解 磨耗试验是将一定质量且有一定级配的石料试样和钢球置于洛杉矶磨耗试验机中，以 30~33r/min 的转速转动至要求次数后停止，取出试样过筛并称量。

答案：C

2. 解 按公式计算细度模数 M_f，该砂的细度模数为 2.93，属于中砂。粗砂 $M_f = 3.7$~3.1；中砂 $M_f = 3.0$~2.3；细砂 $M_f = 2.2$~1.6。

答案：B

3. 解 生石灰的技术要求有氧化镁和氧化钙、二氧化碳、氧化镁、三氧化硫的含量，细度和产浆量；消石灰的技术要求有氧化镁和氧化钙、氧化镁、三氧化硫的含量，游离水（含水率）、细度和安定性。

答案：A

4. 解 《通用硅酸盐水泥》（GB 175—2023）规定，硅酸盐水泥和普通硅酸盐水泥的细度用比表面积表示，其比表面积不小于 $300m^2/kg$。其他通用硅酸盐水泥的细度用筛余表示，其 $80\mu m$ 方孔筛筛余不大于 10% 或 $45\mu m$ 方孔筛筛余不大于 30%。

《公路工程水泥及水泥混凝土试验规程》（JTG 3420—2020）规定，水泥细度试验方法为筛析法（包括负压筛析法、水筛法和手工筛法）；负压筛法与水筛法测定的结果发生争议时，以负压筛法为准。

答案：A

5. 解 《公路路面基层施工技术细则》（JTG/T F20—2015）4.2.5 中碾压贫混凝土应符合下列规定：7d 龄期无侧限抗压强度应不低于 7MPa，且宜不高于 10MPa。

答案：B

6. 解 坍落度法评定和易性通常适用于坍落度 ≥ 10mm 和粗集料最大粒径 ≤ 31.5mm 的塑性混凝土拌合物。

答案：B

7. 解 抗压强度以三个试件测试值的平均值作为该组试件的代表值。若任一个测试值超过中值的 15%，则取中值为强度值；若有两个测值均超过上述规定，则该组试验结果无效。

由于$(929.25 - 789.75)/929.25 \times 100\% = 15.01\%$，超过 15%，取中值 929.25kN，则强度为：$929.25 \times 1000/(150 \times 150) = 41.3MPa$。

答案：C

8.解 SMA 属于典型的骨架—密实结构，其材料结构组成可概括为"三多一少"，即粗集料用量多、矿粉含量多、沥青用量多、细集料用量少，还有少量的纤维。

答案：A

9.解 沥青的针入度值越大，标号越高，表示沥青越软，稠度越小；反之，针入度值越小，标号越低，表示沥青越硬，稠度越大。

答案：D

10.解 碳素钢的含碳量一般低于 2%。

答案：A

11.解 混凝土拌合物工作性调整原则是保持水胶比不变，当坍落度小于设计要求时，可在保持水胶比不变的情况下，增加用水量和相应的水泥用量（水泥浆）。本题虽增加 5%水泥浆，但水灰比仍为 0.42。

答案：C

12.解 土由流动状态变成可塑状态的界限含水率称为液限，以符号w_L表示。土由可塑状态变化到半固体状态的界限含水率称为塑限，以符号w_p表示。土由半固体状态变化到固体状态的界限含水率称为缩限，以符号w_s表示。

答案：D

13.解 当砂土处于最密实状态时，其孔隙比称为最小孔隙比e_{min}；而砂土处于最疏松状态时的孔隙比则称为最大孔隙比e_{max}。当$D_r = 0$时，$e = e_{max}$，表示土处于最疏松状态；当$D_r = 1$时，$e = e_{min}$，表示土处于最密实状态。

答案：A

14.解 碎石土指粒径大于 2mm 的颗粒含量超过颗粒全重 50%的土。砂土指粒径大于 2mm 的颗粒含量不超过全重 50%，而粒径大于 0.075mm 的颗粒含量超过全重 50%的土。粉土指粒径大于 0.075mm 的颗粒含量不超过全重 50%，而塑性指数$I_p \leqslant 10$的土。

答案：A

15.解 水在土体中渗流，受到土骨架的阻力，同时水也对土骨架施加推力，单位体积内土骨架所受到的水推力称为渗透力（或动水力）。渗透力等于水的重力密度（重度）和水力坡降（梯度）的乘积。因为i是无量纲，所以渗透力的量纲与重度相同，是一种体积力，其大小与水力坡降成正比，方向与渗流方向一致。对于各向同性土体，渗流速度方向和水力坡降方向一致；对于各向异性土体，渗流速度方向和水力坡降方向不一致。

答案： D

16. 解 根据达西定律，在层流状态的渗流中，存在关系式 $v = Q/A = ki$（其中 v 为渗流速度，k 为渗透系数，i 为水力梯度）。显然，渗透系数越大，流速越大。

答案： B

17. 解 $\gamma' = 20 \times 3 + 10 \times 1 = 70\text{kPa}$

答案： A

18. 解 当荷载偏心距 $e < b/6$ 时，基底压力分布为梯形。

答案： D

19. 解 太沙基地基极限承载力理论考虑了地基土有重量、基底粗糙，不考虑基底以上填土的抗剪强度，极限荷载作用下基础发生整体剪切破坏，基底以上地基土以均布荷载代替。

答案： D

20. 解 先期固结压力与现有覆盖土重之比定义为超固结比 OCR，即 $160/(10 \times 20) = 0.8$。

答案： D

21. 解 莫尔圆是在 σ 轴上以 $(\sigma_1 + \sigma_3)/2$ 为圆心，以 $(\sigma_1 - \sigma_3)/2$ 为半径画出来的。

答案： D

22. 解 为了近似模拟土体在现场受剪的排水条件，将直剪试验分为快剪、固结快剪和慢剪。

答案： A

23. 解 根据土坡的坡脚大小、土体强度指标以及土中硬层位置的不同，滑动面分为坡脚圆、坡面圆和中点圆。

答案： D

24. 解 根据 SiO_2 的含量，岩浆岩可分为下面几类：①酸性岩类（SiO_2 含量 $> 65\%$），常见岩石有：花岗岩、花岗斑岩、流纹岩。②中性岩类（SiO_2 含量 $65\% \sim 52\%$），常见岩石有：正长岩、正长斑岩、粗面岩、闪长岩、闪长玢岩、安山岩。③基性岩类（SiO_2 含量 $52\% \sim 45\%$），常见岩石有：辉长岩、辉绿岩、玄武岩。

答案： A

25. 解 岩石的工程地质性质主要包括物理性质、水理性质和力学性质三个方面。

答案： C

26. 解 背斜，岩层向上弯曲，核心部分岩层年代较老，两侧岩层年代依次变新并对称分布。

答案：B

27. 解 当岩层倾向与地面倾斜方向相反时，在山脊处"V"字形的尖端朝向山麓，在沟谷处"V"字形的尖端朝向上游，即在地质平面图上地层分界线与地形等高线弯曲方向相同。

答案：C

28. 解 河流的侵蚀作用，按照河床不断加深和拓宽的发展过程，可分为下蚀作用和侧蚀作用。

答案：B

29. 解 风化作用是指地表或接近地表的岩石、矿物，在太阳辐射、大气、水和生物等风化营力作用下，产生物理、化学变化而在原地形成松散堆积物的全过程。

答案：D

30. 解 阶地有多级时，从河漫滩向上依次称为一级阶地、二级阶地、三级阶地等。阶地级数编号越大，出露时间越早，受风化剥蚀越严重，保存得越不完整，工程地质条件越差。因此编号越大，阶地越高，年代越老；编号越小，阶地越低，年代越新。

答案：B

31. 解 坚硬的岩石具有较大的抗剪强度和抗风化能力，能形成高峻的斜坡，易发生崩塌。由软硬互层构成的陡峻斜坡，由于差异风化，斜坡外形凹凸不平，因而也容易产生崩塌。

答案：B

32. 解 干钻是指不用冲洗介质的钻进工艺。土探孔一般采用干钻，滑坡钻探钻至滑动面（带）以上 5m 或发现滑动面（带）迹象时，也应采用干钻。

答案：A

33. 解 形成泥石流有三个基本条件：①流域中有丰富的固体物质补给泥石流；②有陡峭的地形和较大的沟床纵坡；③流域的中、上游有强大的暴雨或冰雪强烈消融等形成的充沛水源。

答案：A

34. 解 我国黄土从第四纪初开始沉积，一直延续至今，贯穿了整个第四纪。午城黄土（Q_1）和离石黄土（Q_2）沉积年代早，习惯上称为老黄土。老黄土的大孔隙已退化，土质紧密，不具湿陷性；马兰黄土（Q_3）和新近堆积的黄土（Q_4）沉积年代新，习惯上称为新黄土。马兰黄土有强烈的湿陷性；新近堆积的黄土结构疏松，压缩性强，工程性质最差。

答案：C

35. 解 膨胀土是一种黏性土，具有明显的膨胀、收缩特性。它的粒度成分以黏粒为主，黏粒的主要矿物是蒙脱石、伊利石。

答案：A

36.解 我国沿海和内陆地区分布着大范围的盐渍土，当盐渍土中硫酸盐含量较高时，土的物理、力学性质和筑路性质会发生显著变化，引起许多路基病害。各种盐类中，以硫酸盐的胀缩最为明显，其中又以 Na_2SO_4 最强烈，氯盐和碳酸盐的胀缩性较小。

答案：D

37.解 单跨长度为 388m，测量等级为三等；三等平面控制测量桩上顶面正方形边长不应小于 250mm，下底面正方形边长不应小于 500mm，高不应小于 600mm。

答案：C

38.解 角度记录中的秒位、距离和水准记录中的厘米及厘米以下位数不得涂改，必须重测。

答案：B

39.解 选择路线平面控制测量坐标系时，应使测区内投影长度变形值不大于 2.5cm/km；大型构造物平面控制测量坐标系，其投影长度变形值不大于1cm/km。投影分带位置不应选择在大型构造物处。

答案：B

40.解 我国位于北半球，故纵坐标均为正值，但为避免中央经度线以西为负值的情况，将坐标纵轴西移 500km。公路测量控制点横坐标 Y 的前两位为带号，该点到投影带中央子午线的距离就是：$500000 - 444333 = 55667m$。

答案：A

41.解 隧道长度为 4980m，则平面控制测量等级为三等，高程控制测量等级为三等。

答案：D

42.解 高程控制测量的技术要求，三等水准测量附合水准路线长度应为 60km，题干长度为 91km，不符合规范要求；水准测量主要技术要求，三等微丘附合水准路线闭合差应小于 $12\sqrt{l}$，即 114mm，因此闭合差符合规范要求。

答案：B

43.解 除在悬崖或绝壁处外，等高线在图上不能相交或重合。

答案：A

44.解 大桥、特大桥重点水域断面线上测深点图上最大间距不大于 1.0cm。

答案：A

45.解 对地形图精度要求高的工程宜选择较大值，即 1:2000。

答案：B

46.解 高速公路，一、二级公路闭合差应小于或等于$30\sqrt{L}$，即 42mm。

答案：C

47.解 地形、地物发生变化的路段，应予修测；地形图范围不能满足设计要求时，应进行补测；变化较大时，应予重测。

答案：C

48.解 应调查各类土地常种作物和近 3 年平均产量，调查统计独立果树和价值较高树木的株数、直径、数量及产量。

答案：B

49.解 对于等代直径$d_e > 28$mm 的受拉束筋，束筋内各单根钢筋应自锚固起点开始，以表内规定的单根钢筋的锚固长度的 1.3 倍，呈阶梯形逐根延伸后截断。

答案：B

50.解 如果要在受拉区截断受拉钢筋，必须将钢筋从理论截断点外伸一定的长度（最小锚固长度加梁截面有效高度）再截断；同时应考虑从正截面抗弯承载力计算不需要该钢筋的截面至少延伸 20d，d 为钢筋公称直径。

答案：B

51.解 当剪跨比m为 1~3 时，受弯构件发生剪压破坏。

答案：B

52.解 构件内纵向受力钢筋应设置于离角筋中心距离s不大于 150mm 或 15 倍箍筋直径（取较大者）范围内，如超出此范围设置纵向受力钢筋，应设复合箍筋、系筋。

答案：C

53.解 钢筋混凝土受压构件在偏心力作用下，将产生侧向变形（挠曲）。对于长柱和细长柱，这种侧向变形的影响不能忽略，在承载能力极限状态计算时要计入侧向变形引起的二阶效应，引入偏心距增大系数η。

答案：D

54.解 最大裂缝宽度计算公式中，A_{te} 为有效受拉混凝土截面面积。受弯、偏心受拉、偏心受压构件取 $2a_s b$，a_s 为受拉钢筋重心至受拉区边缘的距离，对矩形截面，b 为截面宽度。

答案：C

55.解 选项 A、B、C 均为预应力混凝土的优点，选项 D 为预应力混凝土的缺点。

答案：D

56. 解 根据《中华人民共和国公路法》第二十五条，公路建设项目的施工，须按国务院交通主管部门的规定报请县级以上地方人民政府交通主管部门批准，故答案为选项B。选项A、C违反第二十一条规定，选项D违反第二十四条规定。

答案：B

57. 解 根据《中华人民共和国建筑法》第二十七条，大型建筑工程或者结构复杂的建筑工程，可以由两个以上的承包单位联合共同承包，共同承包的各方对承包合同的履行承担连带责任，故答案为选项C。

答案：C

58. 解 《建设工程质量管理条例》第六十三条规定，勘察单位未按照工程建设强制性标准进行勘察的，责令改正，处10万元以上30万元以下罚款。

答案：B

59. 解 违反《建设工程勘察设计管理条例》第三十六条，未经注册，擅自以注册建设工程勘察、设计人员的名义从事建设工程勘察、设计活动的，责令停止违法行为，没收违法所得，处违法所得2倍以上5倍以下罚款。

答案：D

60. 解 《中华人民共和国招标投标法》第三条规定范围内的项目，勘察、设计、监理等服务的采购，必须招标的单项合同估算价在100万元人民币以上。

答案：B

注册道路工程师执业资格考试专业基础考试模拟试卷（五）
解析与答案

1. 解 根据建筑材料密度、孔隙率的概念，材料真实密度与孔隙体积无关。

答案： A

2. 解 硅酸盐水泥水化热高,应用于大体积混凝土易产生温度裂缝,不宜用于大体积的混凝土工程。

答案： A

3. 解 根据分计筛余百分率计算累计筛余百分率,再按公式计算细度模数,根据细度模数判断砂的粗细。根据题目中的数据，计算细度模数为 2.19，故判定为细砂。

答案： C

4. 解 水泥熟料的主要矿物有硅酸三钙、硅酸二钙、铝酸三钙、铁铝酸四钙四种。

答案： D

5. 解 在制作无机结合料稳定材料无侧限抗压强度试件时，最佳含水率条件下的混合料干密度应满足与击实试验的最大干密度一致，即混合料的干密度应接近或等于击实试验得到的最大干密度。然而，由于实际施工过程中的现场压实度可能与试验条件存在差异，因此需要按照现场压实度标准进行折算，即混合料的干密度应根据现场压实度标准进行调整，以保证试件在实际施工中的稳定性和强度。

答案： B

6. 解 混凝土配制强度按以下公式计算：
$$f_{cu,0} \geqslant f_{cu,k} + 1.645\sigma = 40 + 1.645 \times 5 = 48.2 \text{MPa}$$

$f_{cu,k}$ 为混凝土强度等级值，本题为 40MPa；σ 为混凝土强度标准差，对于 C25~C45 混凝土，σ 取 5MPa。

答案： C

7. 解 砂浆保水性按《建筑砂浆基本性能试验方法标准》（JTG/T 70—2009）的保水性试验方法测定，以保水率表示。保水率过小，则保水性差，容易离析，不便于施工和质量保证。砂浆分层度用以确定在运输和停放时砂浆拌合物的稳定性，也反映保水性。

答案： A

8. 解 沥青的延性是指其受拉伸时，所能承受的塑性变形的能力，通常用延度作为表征延性的指标；针入度表征沥青的黏性；软化点既是反映沥青材料热稳定性的一个指标，也是沥青条件黏度的一种量度；针入度指数表征感温性。

答案：B

9. 解 选项 A 测稳定度、流值（高温稳定性）；选项 B 测冻融劈裂强度（耐久性、水稳定性）；选项 C 测动稳定度（高温稳定性）；选项 D 测蠕变速率（低温抗裂性）。

答案：A

10. 解 当集料的吸水率超过一定范围时，吸入集料孔隙的沥青过多，影响沥青混合料的经济性和耐久性。

答案：D

11. 解 碳素钢是含碳量为 0.02%~2.11% 的铁碳合金。含碳量越高则碳素钢的硬度越大，强度也越高，但塑性越低。按含碳量可以把碳素钢分为低碳钢（$w_c \leqslant 0.25\%$）、中碳钢（$0.25\% < w_c < 0.6\%$）、高碳钢（$w_c \geqslant 0.6\%$）。

答案：B

12. 解 粒径级配累积曲线中间出现水平段，说明缺乏中间粒径。

答案：D

13. 解 可以在试验室测定的土的基本物理指标：含水率（烘干法），天然密度（环刀法、蜡封法），比重（比重瓶法、虹吸筒法等）。

答案：A

14. 解 黏性土存在结合水的黏滞作用，会对自由水的渗流产生很大的阻力，而黏性土主要由黏土矿物组成，矿物成分不同，结合水的能力不同，因此渗透性受矿物成分的影响较大。

答案：D

15. 解 $\dfrac{0.001 \times 0.5 + 0.2 \times 0.5 + 10 \times 0.5}{0.5 \times 3} = 3.4 \text{m/d}$

答案：B

16. 解 矩形均布荷载作用下，矩形中心点下的附加应力随着深度增加逐渐减小。

答案：B

17. 解 室内侧限压缩试验中施加竖向力 p，模拟地基土中的附加应力，使土体产生竖向变形，反映在压缩曲线上横坐标的增量对应的就是附加应力。

答案：B

18. 解 直接剪切试验速度的快慢其实是反映排水条件，因此快剪试验对应不固结不排水试验，固结快剪试验对应固结不排水试验，固结慢剪试验对应固结排水试验。

答案：B

19. 解 饱和黏性土进行快剪试验，孔隙水来不及排出，测得总应力下的抗剪强度最大。

答案：A

20. 解 根据有效应力原理 $\sigma = \sigma' + u$，总应力 σ 不变，随着孔隙水压力 u 的逐渐消散，有效应力 σ' 不断增加。土体的强度只和有效应力 σ' 有关，所以土体强度增加。

答案：A

21. 解 平均固结度是地基某时刻的固结沉降与最终固结沉降的比值，所以固结完成时平均固结度等于1。

答案：C

22. 解 地基承载力的一般计算公式为：$p_u = \gamma b N_\gamma + q N_q + c N_c$。$\gamma b N_\gamma$ 是由滑裂土体自重产生的摩擦抗力，$q N_q$ 是基础两侧均布荷载 $q = \gamma d$（d 是基础的埋置深度）产生的抗力，$c N_c$ 是滑裂面上黏聚力产生的抗力，承载力系数 N_γ、N_q、N_c 都是土内摩擦角 φ 的函数，随 φ 的增大而增大，所以增大基础宽度和基础埋置深度，都可以提高地基承载力。增大地基土的密实度就相当于增大了地基土的摩擦角 φ，也可以增大地基承载力。基础外围填土增大了基础两侧均布荷载 $q = \gamma d$，也可以增大地基承载力。

答案：B

23. 解 最小稳定安全系数 $K_{\min}$ 的滑动面是最危险的滑动面。

答案：B

24. 解 岩浆岩的构造，是指矿物在岩石中排列和充填方式所反映出来的外貌特征。常见的岩浆岩构造有以下几类：块状构造、流纹状构造、气孔状构造、杏仁状构造。

答案：C

25. 解 风化作用能破坏岩石的结构、构造和整体性，选项 A 正确。当水进入岩石的孔隙、裂隙，会削弱岩石矿物颗粒间的联结，降低岩石的强度，这是不可逆的，故选项 B 错误。岩石的强度一般取决于矿物的强度和矿物颗粒之间的联结，如果岩石中孔隙较多，矿物颗粒不联结、不接触，即使矿物颗粒本身的强度很高，岩石的强度也未必高，故选项 C 错误。结晶联结的岩石比胶结联结的岩石具有更高的强度和稳定性，故选项 D 错误。

答案：A

26. 解 沉积岩的结构：①碎屑结构（a. 砾状结构，b. 砂质结构、粉砂质结构）；②泥质结构；③结晶结构；④生物结构。沉积岩的构造：①层理构造（水平层理、波状层理、斜层理、交错层理）；

层面构造（波痕、泥裂、雨痕等）；③化石。斑状结构是岩浆岩结构的特征。片理构造是变质岩构造的一种。块状构造是岩浆岩与变质岩共有的构造。

答案：A

27. 解 断层擦痕：断层面上的擦痕有时呈一头粗深一头浅细的"丁"字形，由粗向细的方向代表对盘运动的方向。用手抚摸擦痕，有不同方向的滑涩手感，光滑方向代表对盘移动方向。牵引构造：断层运动时，断层面附近的岩层受断层面上摩擦阻力的影响，在断层面附近形成弯曲现象，称为断层的牵引构造，其弯曲的方向指示本盘的运动方向。

答案：D

28. 解 地应力使岩石的连续性和完整性遭到破坏，产生各种大小不一的断裂，称为断裂构造。断裂构造主要分为裂隙和断层两大类。凡是岩石沿破裂面没有明显位移的称为裂隙，也称为节理；岩石沿破裂面两侧发生了明显位移或较大错动的，称为断层。根据裂隙的力学成因，可把构造裂隙分为剪裂隙（也称扭裂隙）和张裂隙两类。岩石受剪（扭）应力作用形成的破裂面称为剪裂隙，其两组剪切面一般形成 X 形的裂隙，故又称为 X 裂隙。岩层受张应力作用而形成的破裂面称为张裂隙。在褶皱岩层中，多在弯曲顶部产生与褶皱轴走向一致的张裂隙。

答案：A

29. 解 河流的下蚀作用达到一定的基准面后，河流的侵蚀作用将趋于消失。流入主流的支流，基本上以主流的水面为其侵蚀基准面；流入湖泊海洋的河流，则以湖面或海平面为其侵蚀基准面。大部分河流最终流入海洋，海洋的水面比较稳定，所以又把海平面称为基本侵蚀基准面。

答案：C

30. 解 地貌的形成和发展变化，首先取决于内、外力作用之间的量的对比。例如，在内力作用使地表上升的情况下，如果上升量大于外力作用的剥蚀量，地表就会升高，最后形成山岭地貌；反之，如果上升量小于外力作用的剥蚀量，地表就会降低或被削平，最后形成剥蚀平原。

答案：C

31. 解 充满于两个隔水层之间的含水层中的地下水称为承压水。承压水含水层上部的隔水层称为隔水顶板，下部的隔水层称为隔水底板。顶底板之间的距离为含水层厚度。承压性是承压水的一个重要特征。承压水受隔水层的限制，与地表水联系较弱。因此气候、水文因素的变化对承压水的影响较小，承压水动态变化稳定。因此，承压水不容易受到污染。

答案：B

32. 解 影响滑坡形成的因素：①岩性：滑坡主要发生在易亲水软化的土层中和一些软质岩层中，当坚硬岩层或岩体内存在有利于滑动的软弱面时，在适当的条件下会形成滑坡。②构造：埋藏在土体或岩体中的倾向与斜坡一致的结构面，一般都是抗剪强度较低的软弱面，当斜坡受力情况突然变化时，都可能成为滑坡的滑动面或切割面。③水对斜坡岩土体的作用，也是形成滑坡的重要条件。此外，风化作用、降雨、人为不合理的切坡或坡顶加载，地表水对坡脚的冲刷以及地震等，都能促使斜坡产生滑动。

答案：B

33. 解 可溶性岩层是发生溶蚀作用的必要前提，它必须具有一定的透水性，使水能进入岩层内部进行溶蚀。纯水对钙、镁碳酸盐的溶解能力很弱，含有二氧化碳及其他酸类时，侵蚀能力才显著提高。具有侵蚀能力的水在碳酸盐岩中停滞而不交替，很快成为饱和溶液而丧失其侵蚀性，因此水的流动是保持溶蚀作用持续进行的必要条件。选项 A、C 不符合要求；选项 B 中的磷灰岩为变质岩，难溶于水；选项 D 中的石灰岩，易溶于饱和酸，能和各种强酸发生反应并形成相应的钙盐。

答案：D

34. 解 膨胀土是一种黏性土，具有明显的膨胀、收缩特性。它的粒度成分以黏粒为主，黏粒的主要矿物是蒙脱石、伊利石，这两类矿物有强烈的亲水性，吸收水分后体积膨胀，失水后收缩，多次膨胀、收缩，强度很快衰减，导致修建在膨胀土上的工程建筑物开裂、下沉、失稳破坏。膨胀土的膨胀潜势与土的初始密度和初始含水率有关，初始密度越大、初始含水率越小，土体膨胀潜力越大；反之，则小。因此，采用合理的填土压实标准和碾压含水率，是减轻胀缩危害的另一重要方面。（土的密度大，孔隙比就小，浸水膨胀强烈，而失水收缩小；土的密度小，孔隙比就大，浸水膨胀小，而失水收缩大；当孔隙比处于中间值时，土的胀缩变形都较大。）

答案：C

35. 解 软土一般具有下列工程性质：①孔隙比和含水率：软土具有较大的孔隙比和较高的含水率。②透水性和压缩性：软土孔隙比大，但孔隙小，吸水、亲水性强，透水性差；软土压缩性高，但压缩过程长。③软土的强度低。④触变性：软土受到振动，海绵状结构破坏，强度降低，甚至呈现流动状态，灵敏度越大，强度降低越明显，造成的危害也越大。⑤流变性：软土在长期荷载作用下，变形可以延续很长时间，最终引起破坏。

答案：B

36. 解 根据《公路工程地质勘察规范》（JTG C20—2011）第 5.13.6 条，工程地质及水文地质测试应符合下列规定：

①地下水发育时，应进行抽（注）水试验，分层获取各含水层水文地质参数并评价其富水性和涌水量。水文地质条件复杂时，应进行地下水动态观测。

②在孔底或路线设计高程以上 3~5 倍的洞径范围内应进行孔内波速测试，采取岩石试样做岩块波速测试，获取围岩岩体的完整性指标。

③当岩芯采集困难或采用钻探难以判明孔内的地质情况时，宜在方法试验的基础上选择物探方法，进行孔内综合物探测井。

④深埋隧道及高应力区隧道应进行地应力测试。隧道的地应力测试应结合地貌地质单元选择在代表性钻孔中进行，地应力测试宜采用水压致裂法。

⑤有害气体、放射性矿体等应按相关规定进行测试、分析。

⑥高寒地区应进行地温测试，提供隧道洞门和排水设计所需的地温资料。

⑦采取地表水和地下水样，做水质分析，评价水的腐蚀性。

答案：D

37.解 中误差实际上是标准差的近似值（估值）。极限误差为测量中的容许误差，也就是限差。测量中常取 2 倍的中误差作为误差的限值。

答案：C

38.解 对于高斯平面直角坐标系，在投影面上，中央子午线和赤道的投影都是直线，并且以中央子午线和赤道的交点作为坐标原点，以中央子午线的投影为纵坐标轴（X），以赤道的投影为横坐标轴（Y），这样便形成了高斯平面直角坐标系。高斯-克吕格投影的变形特点：①中央经线上无变形，满足投影后长度比不变的条件。②除中央经线上长度比为 1 以外，其他任何点长度比均大于 1。③在同一条纬线上，离中央经线越远则变形越大，最大值位于投影带边缘。④在同一条经线上，纬度越低变形越大，最大值位于赤道上。⑤等角投影无角度变形，面积比为长度比的平方。⑥长度比的等变形线平行于中央子午线。

答案：A

39.解 根据《公路勘测规范》（JTG C10—2007）第4.1.3条第1款，计算 GPS 测量大地高差的精度时，a、b 可放宽至 2 倍。

答案：B

40.解 根据《公路勘测规范》（JTG C10—2007）第4.2.1条第3款，各等级公路高程控制网最弱点高程中误差不得大于±25mm。

答案：A

41.解 根据《公路勘测规范》（JTG C10—2007）第5.2.4条，比例尺为 1∶500，图根点密度不少于 145点/km²；根据表 5.2.4 的注 2，采用全站仪，图根点的密度取表中数值的 0.4 倍，即 145×0.4＝58 点/km²。

答案：A

42.解 根据《公路勘测规范》（JTG C10—2007）表6.1.1，地形图比例尺为 1∶2000，对应的航摄比例尺为 1∶8000~1∶12000。

答案：C

43. 解 根据《公路勘测规范》（JTG C10—2007）第7.1.2条第2款，以地形图数字化为数据源生成的DTM，其高程插值相对于原地形图的高程误差不得超过原图等高距的1/2。

答案：D

44. 解 根据《公路勘测规范》（JTG C10—2007）第7.5.2条，施工图设计阶段，采用数字地面模型计算纵断面时，中桩桩距为 5~20m。

答案：D

45. 解 根据《公路勘测规范》（JTG C10—2007）第9.3.1条，公路中桩高程测量应起闭于路线高程控制点上，高程测至桩志处的地面，三级公路中桩高程测量闭合差 $\leqslant 50\sqrt{L}$，L为高程测量的路线长度。

答案：D

46. 解 根据《公路勘测细则》（JTG/T C10—2007）第8.11.2条，管理、服务、养护、收费设施应进行以下勘测与调查：①管理、服务、养护、收费机构的生活、生产所需物资供应条件。②设施区域内地表的土质条件，适应种植的树种、草种等。③各站区大地电阻率及当地雷暴日天数。④场站联络道路、抢险车辆出入的联络道路及其附属工程均应进行必要的勘测。

答案：C

47. 解 根据《公路勘测规范》（JTG C10—2007）第9.3.2条，沿线需要特殊控制的建筑物、管线、铁路轨顶等，应按规定测出其高程，其两次测量之差不应超过 2cm。

答案：A

48. 解 根据《公路勘测细则》（JTG/T C10—2007）第8.6.3条第1款，沿河路基和河滩路堤勘测与调查的内容包括：①应查明沿河水位、水流特性及对路基的影响。②调查河岸地形、地貌、地质构造、岩土特征。③应查明河流性质、发育阶段、河滩堆积物质及其颗粒组成、漂浮物、冲淤等及对路基稳定性的影响。④应查明河面宽度、河床能否压缩及压缩河床后对河流上、下游和河流两岸的影响。选项D中"应查明河流长度"错误。

答案：D

49. 解 公路桥涵结构按承载能力极限状态设计时，对持久设计状况和短暂设计状况应采用作用的基本组合，对偶然设计状况应采用作用的偶然组合，对地震设计状况应采用作用的地震组合。公路桥涵结构按正常使用极限状态设计时，应根据不同的设计要求，采用作用的频遇组合或准永久组合。

基本组合：永久作用设计值与可变作用设计值相组合。

偶然组合：永久作用标准值与可变作用某种代表值、一种偶然作用设计值相组合。

答案：B

50. 解 用作抗剪配筋设计的最不利剪力设计值应按下列规定取值：简支梁和连续梁近边支点梁段取离支点 $h/2$ 处的剪力设计值 V'_d；等高度连续梁和悬臂梁近中间支点梁段取支点上横隔梁边缘处的剪力设计值 V'_d；变高度（承托）连续梁和悬臂梁近中间支点梁段取变高度梁段与等高度梁段交接处的剪力设计值 V^0_d。V'_d 和 V^0_d 中应按不少于 60% 由混凝土和箍筋共同承担，不超过 40% 由弯起钢筋承担。

简支梁距支座中心 1/2 梁高处截面，混凝土和箍筋共同承担的剪力为 $200 \times 0.6 = 120$kN，弯起钢筋承担的剪力为 $200 \times 0.4 = 80$kN。

答案：C

51. 解 斜截面投影长度 c 是自纵向钢筋与斜裂缝底端交点至斜裂缝顶端距离的水平投影长度。进行斜截面承载力验算时，斜截面水平投影长度 c 为 $0.6mh_0$，其中 m 为广义剪跨比，$m = M/(Vh_0)$，当 $m > 3.0$ 时取 $m = 3.0$；h_0 为截面的有效高度，取斜截面剪压区对应正截面处、自纵向受拉钢筋合力点至受压边缘的距离。

答案：C

52. 解 受压构件的稳定系数为 0.92，轴心压力设计值为 1750kN，则该杆件承受的外力至少为 $1750/0.92 = 1902.2$kN。混凝土承受的外力为 $0.3 \times 0.4 \times 13.8 \times 106 = 1656$kN，则钢筋承受的外力为 $1902.2 - 1656 = 246.2$kN，那么钢筋的面积至少为 $246.2 \times 10^3/(330 \times 10^6) = 746$mm²。

答案：A

53. 解 钢筋混凝土和预应力混凝土受弯构件的长期挠度值，由汽车荷载（不计冲击力）和人群荷载频遇组合在梁式桥主梁产生的最大挠度不应超过计算跨径的 1/600；在梁式桥主梁悬臂端产生的最大挠度不应超过悬臂长度的 1/300。

答案：B

54. 解 对于钢筋混凝土和 B 类预应力混凝土构件，I类（一般环境）、II类（冻融环境）和VII类（磨蚀环境）条件下，最大裂缝宽度限制值为 0.2mm；III类（近海或海洋氯化物环境）、IV类（除冰盐等其他氯化物环境）和VI类（化学腐蚀环境）条件下，最大裂缝宽度限制值为 0.15mm；V类（盐结晶环境）条件下，最大裂缝宽度限制值为 0.1mm。

答案：D

55. 解 在后张预应力混凝土端部锚固区的总体区内，存在多个受拉区域：

（1）锚固力从锚垫板向全截面扩散过程中，会产生横向拉应力（或称劈裂应力），其合力称为劈裂力。从力学原理上理解，端部锚固力可以用两条力流线反映其扩散传递路径，根据力的平衡条件，在压力流的转向区必然存在横向劈裂力。此外，通过开展三维有限元分析，也可以获得沿锚固力作用线的横向应力分布，对横向拉应力区进行积分也可获得劈裂力。

（2）当锚固力作用在截面核心（使截面上只出现纵向压应力的作用点范围）之外时，锚固区受拉侧边缘还存在纵向拉应力，其合力为边缘拉力。

（3）锚固面压陷在锚固面边缘产生剥裂应力，其合力称为剥裂力。

答案：A

56. 解 《建设工程安全生产管理条例》第二十四条规定，建设工程实行施工总承包的，由总承包单位对施工现场的安全生产负总责。总承包单位应当自行完成建设工程主体结构的施工。总承包单位依法将建设工程分包给其他单位的，分包合同中应当明确各自的安全生产方面的权利、义务。总承包单位和分包单位对分包工程的安全生产承担连带责任。分包单位应当服从总承包单位的安全生产管理，分包单位不服从管理导致生产安全事故的，由分包单位承担主要责任。

答案：D

57. 解 参考《中华人民共和国建筑法》第八条，申领施工许可证的前提是确定施工单位。用排除法，选项C、D是错误的。参考《工程建设项目报建管理办法》第三条，建设工程立项批准后，发包前，向建设行政主管部门或其授权部门递交报建登记手续（即报送《工程建设项目报建表》）。

答案：B

58. 解 《中华人民共和国民法典》第五百一十三条规定，执行政府定价或者政府指导价的，在合同约定的交付期限内政府价格调整时，按照交付时的价格计价。逾期交付标的物的，遇价格上涨时，按照原价格执行；价格下降时，按照新价格执行。逾期提取标的物或者逾期付款的，遇价格上涨时，按照新价格执行；价格下降时，按照原价格执行。

答案：D

59. 解 《中华人民共和国招标投标法》第三十一条第二款规定，联合体各方均应当具备承担招标项目的相应能力；国家有关规定或者招标文件对投标人资格条件有规定的，联合体各方均应当具备规定的相应资格条件。由同一专业的单位组成的联合体，按照资质等级较低的单位确定资质等级。

答案：A

60. 解 《建设工程安全生产管理条例》第六条规定，建设单位应当向施工单位提供施工现场及毗邻区域内供水、排水、供电、供气、供热、通信、广播电视等地下管线资料，气象和水文观测资料，相邻建筑物和构筑物、地下工程的有关资料，并保证资料的真实、准确、完整。

答案：A

注册道路工程师执业资格考试专业基础考试模拟试卷（六）解析与答案

1.解

$$M_f = \frac{A_{0.15} + A_{0.3} + A_{0.6} + A_{1.18} + A_{2.36} - 5A_{4.75}}{100 - A_{4.75}}$$

$$= \frac{97.2 + 90.1 + 73.6 + 38.2 + 15.6 - 5 \times 3.6}{100 - 3.6}$$

$$= 3.1$$

粗砂的细度模数为 $M_f = 3.7 \sim 3.1$。

答案：A

2.解 《通用硅酸盐水泥》（GB 175—2023）规定：普通硅酸盐水泥的细度用 45μm 筛的筛余百分率表示，不小于 5%。

答案：A

3.解 对于混凝土的抗压强度，以 3 个试件测试值的算术平均值为测定值。若任一个测试值与中间值的差超过中间值的 15%，则取中间值为测定值；若最大值、最小值与中间值的差值均超过 15%，则该组试验结果无效。试验结果精确至 0.1MPa。

$$\frac{38.8 - 36.3}{38.8} = 6.4\% < 15\%, \quad \frac{40.4 - 38.8}{38.8} = 4.1\% < 15\%$$

取三者的平均值作为测定值：$f_{cu} = \frac{36.3 + 38.8 + 40.4}{3} = 38.5$

答案：B

4.解 《普通混凝土长期性能和耐久性能试验方法标准》（GB/T 50082—2009）规定，混凝土抗冻试验可以采用慢冻法和快冻法。慢冻法试验采用尺寸为 100mm × 100mm × 100mm 的立方体试件，快冻法试验采用尺寸为 100mm × 100mm × 400mm 的棱柱体试件。

答案：B

5.解 在沥青混合料（除 SMA-13、SMA-16、SMA-20 外）中，粗集料是指粒径大于 2.36mm 的碎石、破碎砾石、筛选砾石和矿渣等；细集料是指粒径小于 2.36mm 的天然砂、人工砂（包括机制砂及石屑）。在水泥混凝土中，粗集料是指粒径大于 4.75mm 的碎石、砾石和破碎砾石；细集料是指粒径小于 4.75mm 的天然砂、人工砂。

答案：B

6.解 根据《公路路面基层施工技术细则》（JTG/T F20—2015）表 3.3.1-2，I级钙质消石灰中的有效氧化钙加氧化镁含量应大于65%。

答案：B

7. 解 《水泥胶砂强度检验方法（ISO 法）》（GB/T 17671—2021）规定，试件脱模前，放置在养护箱中进行养护，养护箱温度保持在 20℃±1℃，相对湿度不低于 90%；试件脱模后，放置在 20℃±1℃的水中养护。

答案：A

8. 解 钢材有害元素有硫、磷、氮、氧。

答案：D

9. 解 根据《公路路面基层施工技术细则》（JTG/T F20—2015）第4.5.1条，采用水泥稳定时，被稳定材料的液限应不大于40%，塑性指数应不大于17。塑性指数大于 17 时宜采用石灰稳定或用水泥和石灰综合稳定。土的类别和性质对水泥稳定土的强度有重要影响，宜选用粗粒土（碎石、砾石、砂砾）和中粒土（砂）。

答案：C

10. 解 沥青老化后质量有可能增大，也有可能减小，针入度减小、延度降低，脆性增大。

答案：D

11. 解 影响高温稳定性的主要因素有：集料特性、沥青用量、沥青黏度、沥青混合料配合比。通常来说，破碎、坚硬、纹理粗糙、多棱角的粗集料，经压实后颗粒间能形成紧密的嵌挤作用，有助于提高沥青混合料的高温稳定性，选项 A 正确、D 错误；适当减少沥青用量，有利于提高沥青混合料的抗车辙能力（高温稳定性的一种），选项 C 错误；沥青的高温黏度大（即针入度小），与石料的黏附性好，沥青混合料的抗高温能力强，选项 B 错误。

答案：A

12. 解 渗透性的大小与土的孔隙大小成正比。土的颗粒大小、形状和级配影响土的孔隙大小，进而影响土的渗透性。土颗粒越粗、越浑圆、越均匀，渗透性越强；土颗粒越细，级配越良好，渗透性越弱。因此，纯砾的渗透性最大。

答案：A

13. 解 流砂（土）是指土中渗透力与土的有效重度相等时，土颗粒之间的压力等于零，土颗粒处于悬浮状态而失去稳定。流砂（土）现象发生在土体表面渗流逸出处，不发生于土体内部。流砂（土）现象主要发生在细砂、粉砂及轻亚黏土中。

答案：B

14. 解 高水位快速下降，说明水顺着岸坡中的孔隙通道发生渗流，渗透力增加，滑动力也增加，岸坡失稳。

答案：C

15. 解 在土体中只有通过土颗粒接触点传递的应力，才能使土颗粒彼此挤紧，从而引起土体变形。此应力就是有效应力。

答案：B

16. 解 在一定的压实能量下使土最容易压实，并能达到最大密实度时的含水率，称为土的最优含水率（或称最佳含水率）。相对应的干重度称为最大干重度。土的最优含水率可在试验室内通过击实试验测得。

答案：B

17. 解 压缩指数和回弹指数是 e-lgp 曲线里衡量压缩性的指标，无量纲；压缩模量的单位是 MPa，压缩系数的单位是 MPa^{-1}。

答案：A

18. 解 对无黏性土边坡进行稳定性分析时，采用稳定安全系数，即 $\tan\varphi/\tan\alpha$。本题中的无黏性土是砂土。

答案：A

19. 解 地基土在外力作用下的变形经历着三种不同的阶段，表现为三种类型的变形特征：瞬时变形（瞬时沉降）、固结变形（固结沉降）和次固结变形（次固结沉降）。

答案：B

20. 解 太沙基条形浅基础极限荷载公式的条件：基础的长宽比 $l/b \geqslant 5$，基础的埋置深度 $d \leqslant b$，基底以上的土体看作是作用在基础两侧底面上的均布荷载，基础底面是粗糙的。极限荷载作用下基础发生整体剪切破坏。

答案：C

21. 解 液性指数是判定土的软硬程度的指标，塑性指数是判断土体可塑性和黏性大小的指标，液限是土从塑性状态转变为液性流态时的含水率，塑限是土从半固体状态转变为塑性状态时的含水率。

答案：C

22. 解 基底平均压力为：$p = \dfrac{P}{A}$

基底边缘最小压力为：$p_{\min} = \dfrac{P}{A} - \dfrac{M}{W}$

最小压力与平均压力的比值为：

$$\frac{p_{\min}}{p} = 1 - \frac{M}{W} \cdot \frac{A}{P} = 1 - \frac{Pe}{\frac{bh^2}{6}} \cdot \frac{bh}{P} = 1 - \frac{6e}{h} = 1 - \frac{6 \times 0.5}{4} = 0.25$$

答案：B

23.解 为了近似模拟土体在现场受剪的排水条件，按剪切前的固结程度、剪切时的排水条件及加荷速率，把直剪试验分为快剪、固结快剪和慢剪三种试验方法。

答案：A

24.解 《湿陷性黄土地区建筑标准》（GB 50025—2018）第4.4.1条：

当$\delta_{sh} \geqslant 0.015$时，应定为湿陷性黄土；当$\delta_{sh} < 0.015$时，应定为非湿陷性黄土。

湿陷性黄土的湿陷程度划分：

当$0.015 \leqslant \delta_{sh} \leqslant 0.030$时，湿陷性轻微；

当$0.030 < \delta_{sh} \leqslant 0.070$时，湿陷性中等；

当$\delta_{sh} > 0.070$时，湿陷性强烈。

答案：D

25.解 盐渍土的工程特性有三点：①溶陷性。盐渍土浸水后由于土中易溶盐的溶解，在自重压力作用下产生沉陷现象。②盐胀性。随着温度的变化，盐渍土中的盐类反复结晶和溶解，体积发生变化，导致土体变形。各种盐类中，以硫酸盐的胀缩最为明显，其中又以Na_2SO_4最强烈；氯盐和碳酸盐类的胀缩性较小，但碳酸盐渍土中Na_2CO_3含量超过0.5%时，也具有明显的盐胀性。③腐蚀性。硫酸盐渍土具有较强的腐蚀性，氯盐渍土、碳酸盐渍土也有不同程度的腐蚀性。

答案：B

26.解 胀缩性是膨胀土的主要特征，表示胀缩性的指标主要有：自由膨胀率、膨胀率、线缩率和收缩系数。

答案：A

27.解 典型的泥石流流域可划分为形成区、流通区、堆积区。

答案：A

28.解 河流阶地为二元结构，上部为河漫滩相沉积，颗粒较细，以黏土、粉土为主；下部为河床相沉积，颗粒相对较粗，以粗砂、中砂为主。

答案：A

29.解 板岩属于变质岩，玄武岩属于岩浆岩，砂岩属于沉积岩，大理岩属于变质岩。

答案：C

30. 解 变质岩构造类型有板状、千枚状、片状、片麻状、块状。选项 A 和 B 的层理构造属于沉积岩的构造类型。选项 D 的流纹状、气孔状、杏仁状属于岩浆岩的构造类型。

答案：C

31. 解 背斜，岩层向上弯曲，核心部分岩层年代较老，两侧岩层年代依次变新并对称分布。

答案：B

32. 解 单斜构造岩层的倾向与地面倾斜的方向一致且倾角大于地面坡度时，在地质平面图上地层界线与地形等高线弯曲方向相反。

答案：D

33. 解 上盘下降、下盘上升的断层为正断层。

答案：A

34. 解 在地表或接近地表条件下，岩石、矿物在原地发生物理或机械破碎而不改变化学成分、不形成新矿物的作用，称为物理风化作用或机械风化作用。物理风化最关键的因素是温度的变化。

答案：B

35. 解 花岗岩属于酸性岩浆岩。

答案：A

36. 解 重型圆锥动力触探试验（重力触探试验）一般适用于砂土、中密以下的碎石土和极软岩，不适用于软土。

答案：D

37. 解 每一个平面控制点至少应有一相邻点通视，高程控制点未做要求，选项 A 错误；四等及以上平面控制网中相邻点之间距离不得小于 500m，选项 B 正确；特大型构造物每一端应埋设 2 个以上平面控制点，一般构造物不需要，选项 C 错误；通视控制点距路线中心线应大于 50m，小于 300m，选项 D 错误。

答案：B

38. 解 GNSS 即全球卫星导航系统，包括中国的北斗卫星导航系统（BDS）、美国的全球定位系统（GPS）、俄罗斯的格洛纳斯卫星导航系统（GLONASS）和欧盟的伽利略卫星导航系统（GALILEO）。二等 GPS 静态观测时段长度应不小于 240min，三等 GPS 静态观测时段长度应不小于 90min，四等 GPS 静态观测时段长度应不小于 60min，一级 GPS 静态观测时段长度应不小于 45min。

答案：C

39. 解 高架桥平面控制测量等级和高程控制测量等级都是四等。

答案：C

40.解 高程系统采用不同的基准面（大地水准面、似大地水准面、椭球面等）表示地面点的高低，分为正高系统、正常高系统和大地高程系统等。为了计算方便，我国采用正常高系统作为计算高程的统一系统。

答案：B

41.解 当水准路线通过宽度为各等级水准测量的标准视线长度2倍以下的江河、山谷时，可采用一般的水准测量观测方法进行，但在测站上应变换1次仪器高度，观测2次。

答案：C

42.解 施工图设计阶段可采用1∶1000、1∶2000、1∶5000的比例尺，平原、微丘区的公路工程项目，根据不同的比例尺，基本等高距可取0.5~2.0m。

答案：D

43.解 数字地面模型数据点采样应根据地形起伏变化的实际情况采点，应优先采集测区内地形特征线和地形特征点。

答案：D

44.解 对搜集的控制点进行复测是定测的内容，选项A错误；现场踏勘不需要进行交通量调查，选项B错误；桥梁、隧道等特殊控制的路段进行实地放桩检查，是纸上定线的勘测内容，选项C错误；核查所搜集地形图的地形、地物变化及对初拟方案的影响，是初测阶段现场踏勘的内容，选项D正确。

答案：D

45.解 对高填深挖地段、大型桥梁、隧道、立体交叉以及需要特殊控制的地段进行实地放桩，进行纵、横断面测量，选项A错误，选项B正确。路线上一般位置的平面和高程可从图上判读，对高程要求较严格的路段和地点，应实测其高程，点绘纵断面图，选项C、D正确。

答案：A

46.解 初测阶段可不专门布设桥梁平面和高程控制网，但在布设路线控制网时每岸应各布设必要的控制点，布设的控制点应纳入路线控制测量进行施测，选项A错误；应实地放出桥梁轴线、引道位置，并进行纵、横断面测量，是"应"，不是"根据需要"，选项B、C错误；桥位地形图、水下地形图测绘范围应能满足方案比较和桥梁布孔的需要，桥位地形图还应满足桥头引道和调治构造物布置的需要，选项D正确。

答案：D

47.解 对不设超高路段的圆曲线进行中桩放样时，中桩间距应不大于25m。

答案：A

48.解 三级公路横断面测量时，横断面距离检测互差限值应满足下表规定。题中，L 为 30m，$30/50 + 0.1 = 0.7$m。

横断面检测互差限差 　　　　　　　题48解表

公路等级	距离（m）	高差（m）
高速公路，一、二级公路	$L/100 + 0.1$	$h/100 + L/200 + 0.1$
三级及三级以下公路	$L/50 + 0.1$	$h/50 + L/100 + 0.1$

答案：D

49.解 设计基准期是结构可靠度计算中的时间域，是为确定可变作用的出现概率和设计取值而规定的标准时段。设计使用年限是设计规定的结构或构件不需进行大修即可按预定目的使用的年限。

答案：A

50.解 全截面换算截面公式为：$A_0 = bh + (\alpha_{Es} - 1)A_s$。

答案：C

51.解 钢筋混凝土矩形截面受剪承载力计算公式需满足上下限值，上限值对应截面最小尺寸。

$$\gamma_0 V_d \leqslant 0.51 \times 10^{-3} \sqrt{f_{cu,k}} bh_0$$

$$3000 \leqslant 0.51 \times 10^{-3} \sqrt{35} \times 800 h_0$$

计算得：$h_0 \geqslant 1242$mm。

答案：D

52.解 影响钢筋与混凝土黏结强度的因素有：混凝土的强度等级、浇筑质量、保护层厚度，以及钢筋之间的净距、钢筋的锚固长度、箍筋的布置。

答案：A

53.解 钢筋混凝土适筋梁受弯正截面承载力计算时，可用等效矩形应力图代替受压区混凝土的理论应力图。两图等效的条件是：混凝土压应力的合力大小不变且作用点不变。

答案：C

54.解 根据 N_u-M_u 相关曲线：对于大偏心受压，随着压力增大，可承受的弯矩增大；对于小偏心受压，随着压力增大，可承受的弯矩减小；在界限状态时，正截面受弯承载力达到最大值。

答案：C

55.解 在材料性能试验中，一般采用具有95%保证率的数值，即置信度为95%。

答案：C

56. 解 《中华人民共和国民法典》第六条(《中华人民共和国合同法》第五条)规定,当事人应当遵循公平原则确定各方的权利和义务。

答案:C

57. 解 合同中的价格是中标人的报价,即投标价,也称签约合同价或中标价。

答案:B

58. 解 根据《建设工程质量管理条例》第四十九条,建设单位应当自建设工程竣工验收合格之日起15日内,将建设工程竣工验收报告和规划、公安消防、环保等部门出具的认可文件或者准许使用文件报建设行政主管部门或者其他有关部门备案。

答案:C

59. 解 根据《建设工程质量管理条例》第十九条,勘察、设计单位必须按照工程建设强制性标准进行勘察、设计,并对其勘察、设计的质量负责。注册建筑师、注册结构工程师等注册执业人员应当在设计文件上签字,对设计文件负责。选项A符合上述第十九条。关键词是"必须"选项B违反该第十九条,同时违反《建设工程勘察设计管理条例》第二十五条"编制建设工程勘察、设计文件,应当以工程建设强制性标准为依据"。《建设工程勘察设计管理条例》第30条 建设工程勘察、设计单位应当在建设工程施工前,向施工单位和监理单位说明建设工程勘察、设计意图,解释建设工程勘察、设计文件。选项C符合第30条。《建设工程勘察设计管理条例》第二十六条 编制建设工程勘察文件,应当真实、准确,满足建设工程规划、选址、设计、岩土治理和施工的需要。选项D符合该第二十六条。故选项B错误。

答案:B

60. 解 根据《建设工程勘察设计管理条例》第二十七条,除有特殊要求的建筑材料、专用设备和工艺生产线等外,设计单位不得指定生产厂、供应商。选项B错误。

根据《建设工程勘察设计管理条例》第二十八条,建设单位、施工单位、监理单位不得修改建设工程勘察、设计文件;确需修改建设工程勘察、设计文件的,应当由原建设工程勘察、设计单位修改。经原建设工程勘察、设计单位书面同意,建设单位也可以委托其他具有相应资质的建设工程勘察、设计单位修改。修改单位对修改的勘察、设计文件承担相应责任。选项A、D错误,选项C正确。

答案:C

注册道路工程师执业资格考试专业基础考试模拟试卷（七）解析与答案

1.解 本题求振实状态下的空隙率，则应使用振实密度。

$$n = \frac{V_v + V_i}{V_f} \times 100\% = \left(1 - \frac{\rho}{\rho_a}\right) \times 100\% = \left(1 - \frac{1650}{2730}\right) \times 100\% = 39.6\%$$

答案：C

2.解 根据《公路工程集料试验规程》（JTG E42—2005）中的 T 0316—2005 粗集料压碎值试验的第 3.1 条的要求，风干石料用 13.2mm 和 9.5mm 标准筛过筛，取 9.5~13.2mm 的试样 3 组各 3000g，供试验用。

答案：C

3.解 生石灰分为钙质生石灰和镁质生石灰。钙质生石灰，氧化镁（MgO）的含量不大于 5%。镁质生石灰，氧化镁的含量大于 5%。

答案：A

4.解 硅酸盐水泥初凝时间不应少于 45min，终凝时间不应超过 390min。

答案：B

5.解 根据《水泥胶砂强度检验方法（ISO 法）》（GB/T 17671—2021）第 11.1.1 条和第 11.2.1 条。

抗折强度，以一组三个棱柱体抗折结果的平均值作为试验结果。当三个强度值中有一个超出平均值的±10%时，应剔除后再取平均值作为抗折强度试验结果；当三个强度值中有两个超出平均值的±10%时，则以剩余一个作为抗折强度结果。

(8.7 + 8.3 + 6.8)/3 = 7.93MPa，则剔除 6.8MPa。以剩余两个测定值的平均值为抗折强度，即(8.7 + 8.3)/2 = 8.5MPa。

抗压强度，以一组三个棱柱体上得到的六个抗压强度测定值的平均值为试验结果。当六个测定值中有一个超出平均值的±10%，剔除这个结果，再以剩下五个的平均值为结果。当五个测定值中再有超过它们平均值的±10%，则此组结果作废。

(48.5 + 51.3 + 52.8 + 42.0 + 49.1 + 47.8)/6 = 48.6MPa，则剔除 42MPa。以剩余五个测定值的平均值为试验结果。(48.5 + 51.3 + 52.8 + 49.1 + 47.8)/5 = 49.9MPa。

答案：C

6.解 砂浆保水性按《建筑砂浆基本性能试验方法标准》（JTG/T 70—2009）的保水性试验方法测

定，以保水率表示。保水率过小，则保水性差，容易离析，不便于施工和质量保证。

答案： A

7. 解 《公路路面基层施工技术细则》（JTG/T F20—2015）4.2.5 中碾压贫混凝土 7d 龄期无侧限抗压强度应不低于 7MPa，且宜不高于 10MPa。水泥稳定碎石 7d 龄期无侧限抗压强度一般为 1.5~7.0MPa。石灰粉煤灰稳定碎石 7d 龄期无侧限抗压强度一般为 0.5~2.0MPa。石灰稳定碎石 7d 龄期无侧限抗压强度一般为 0.5~1.2MPa。

答案： A

8. 解 将混凝土拌合物按标准方法制成尺寸为 150mm × 150mm × 150mm 的立方体试件，在温度为 20℃±2℃、相对湿度大于 95% 的空气的标准养护条件下养护至龄期 28d 时，测得的单位面积上所能承受的抗压极限荷载，称为混凝土立方体抗压强度。

答案： C

9. 解 沥青 25℃ 针入度试验，针及连杆和砝码质量 100g，贯入时间 5s，贯入深度以 0.1mm 为单位。

答案： B

10. 解 引气剂可以增加混凝土的含气量，改善和易性，提高抗冻性。

答案： C

11. 解 HRB400E 为普通热轧钢筋（Hot Rolled Bars），其中，HRB 为英文缩写；400 为屈服强度特征值；E 为地震（Earthquake）缩写，表示用于抗震。

答案： A

12. 解 细粒土的最佳含水率通常接近于其塑限，并略高于塑限。

答案： A

13. 解

$$e = \frac{d_s \rho_w (1+w)}{\rho} - 1 = \frac{2.72 \times 1 \times (1+22\%)}{1.7} - 1 = 0.95$$

答案： D

14. 解 正常毛细水带位于毛细水带的下部，毛细网状水带位于毛细水带的中部，毛细悬挂水带位于毛细水带的上部。具体如图所示。

题 14 解图

答案：D

15. 解 土发生冻胀是因为冻结时土中水向冻结区迁移和积聚，所以封闭型冻胀不明显。气温骤降，且冷却强度很大时，土中弱结合水及毛细水来不及向冻结区迁移就原地结冰，毛细通道也被冰晶体堵塞，形成的冻土一般无明显冻胀。黏土有较厚的结合水，毛细孔隙比较小，对水分迁移有很大的阻力，所以冻胀性较粉土小。粗粒土由于没有或只有很少结合水，毛细现象弱，冻胀不明显。

答案：D

16. 解 根据公式 $\sigma_{cz} = \sum\limits_{i=1}^{n} \gamma_i h_i$，自重应力沿土层深度的分布形状是折线。

答案：B

17. 解 土的压缩性指的是土受压时体积缩小的性能，主要是其中孔隙体积被压缩而引起，所以压缩性取决于它的密度与加荷时的含水率，选项 A 正确。压缩模量是指土在完全侧限条件下，竖向应力增量与相应的竖向应变增量的比值，所以压缩模量和密度没有必然关系，选项 B 错误。压实土遇水饱和，浸水软化，强度降低，可能产生附加压缩，选项 C 正确。黏土接近饱和状态时，孔隙水在压力作用下逐渐排出，导致土体的体积减小，表现出较高的压缩性，选项 D 正确。

答案：B

18. 解 快剪和不固结不排水法得到的抗剪强度指标适合加荷速率快、排水条件差的情况。

答案：D

19. 解 固结度和时间因素 T_v 有关，$T_v = \dfrac{C_v}{H^2} t$，$C_v = \dfrac{k(1+e)}{\alpha \gamma_w}$。渗透系数 k 越大，C_v 越大，T_v 也越大，越容易固结，选项 A 正确；渗透路径越长（H 越大），T_v 越小，越难固结，选项 D 正确；上下两面排水的路径是单面排水的一半，所以两面排水更容易固结，选项 C 正确；压缩模量与固结没有直接关系，选项 B 错误。

答案：B

20.解 地基破坏有不同形式，在基础荷载作用下，形成连续滑动面，并延伸到地表，土从基础两侧挤出，基础沉降急剧增加的破坏形式是整体剪切破坏。

答案：D

21.解 $P_{cr} < P_{1/4} < P_{1/3} < P_u$，临塑荷载不容许出现塑性区，所以承载力最小。

答案：C

22.解 简化毕肖普法是在不考虑条块间切向力的前提下，满足力多边形闭合条件，就是说，隐含着条块间有水平力的作用。简化毕肖普法的特点是：①满足整体力矩平衡条件；②考虑了各条块力的多边形闭合条件，但不满足条块的力矩平衡条件；③假设条块间作用力只有法向力没有切向力；④满足极限平衡条件。

答案：C

23.解 饱和黏性土固结过程就是孔隙水压力消散、有效应力增加的过程，有效应力增加则地基土发生固结沉降。

答案：B

24.解 方解石的主要鉴定特征为遇盐酸强烈起泡；石灰岩也称灰岩，矿物成分以方解石为主，其次含有少量的白云石和黏土矿物，结晶结构；常呈深灰、浅灰色，纯质灰岩呈白色；石灰岩分布相当广泛，岩性均一，易于开采加工，是一种用途很广的建筑石料。

答案：C

25.解 岩石的软化性，是指岩石在水的作用下，强度及稳定性降低的一种性质。岩石软化性的指标是软化系数，它等于岩石在饱水状态下的极限抗压强度与岩石在风干状态下的极限抗压强度的比值，其值越小，表示岩石在水作用下的强度和稳定性越差。未受风化作用的岩浆岩和某些变质岩，软化系数大都接近于1，是弱软化的岩石，其抗水、抗风化和抗冻性强；软化系数小于0.75的岩石，认为是强软化的岩石，工程性质比较差。

答案：B

26.解 正断层：上盘沿断层面相对下降，下盘沿断层面相对上升的断层。逆断层：上盘沿断层面相对上升，下盘沿断层面相对下降的断层。平移断层：由于岩体受水平扭应力作用，使两盘沿断层面发生相对水平位移的断层。纵断层是指断层走向与褶皱轴向一致或断层走向与区域构造线基本一致的断层，又称为走向断层。

答案：D

27.解 在地质图上，通过地层分界线、地层年代符号、岩性符号、产状符号和地质构造符号，把不同地质构造的形态特征和分布情况反映出来。一幅完整的地质图应包括平面图、剖面图和柱状图。平面图反映地表地质条件，一般是通过野外地质勘测工作，直接填绘到地形图上编制出来的。剖面图反映地表以下某一断面地质条件，它可以通过野外测绘或勘探工作编制，也可以在室内根据地质平面图编制。综合地层柱状图反映一个地区各地质年代的地层特征、厚度和接触关系等。

答案：D

28.解 岩石风化程度分为：未风化、微风化、中等风化、强风化、全风化。因此，岩石风化层自下而上的 4 个风化带为：微风化带、中风化带、强风化带、全风化带。

答案：A

29.解 由于河流侧蚀的不断发展，致使河流一个河湾接着一个河湾，且河湾的曲率越来越大，河流越来越长，结果使得河床的比降逐渐减小，流速不断降低，侵蚀能量逐渐削弱，直至常水位时已无能量继续发生侧蚀为止。这时河流所特有的平面形态，称为蛇曲。

答案：B

30.解 侵蚀阶地也称基岩阶地。由基岩石构成，阶地面较窄，没有或零星有冲积物。一般形成于构造抬升的山区河谷中。

答案：A

31.解 剥蚀型垭口是以外力强烈剥蚀为主导因素所形成的垭口，其形态特征与山体地质结构无明显联系。此类垭口的共同特点是松散覆盖层很薄，基岩多半裸露。在气候干燥寒冷地带，岩性坚硬和切割较深的垭口本身较薄，宜采用隧道方案或路堑深挖方案。

答案：B

32.解 在包气带内局部隔水层上积聚的具有自由水面的重力水称为上层滞水。

答案：D

33.解 充满于两个隔水层之间的含水层中的地下水称为承压水。承压水含水层上部的隔水层称为隔水顶板，下部的隔水层称为隔水底板。顶底板之间的距离为含水层厚度。承压性是承压水的一个重要特征。钻孔揭露含水层，水位将上升到含水层顶板以上一定高度才静止下来。承压水一般水量较大，隧道和桥基施工若钻透隔水层，会造成突然而猛烈的涌水，处理不当将给工程带来重大损失。所以，承压水有时会给工程施工带来一定的困难。

答案：C

34.解 按滑坡力学性质，滑坡可分为牵引式滑坡和推动式滑坡两类。

答案：D

35. 解 泥石流的防治原则：①路线跨越泥石流沟时，首先应考虑从流通区或沟床比较稳定、冲淤变化不大的堆积扇顶部用桥跨越。这种方案可能存在以下问题：平面线形较差，纵坡起伏较大，沟口两侧路堑边坡容易发生崩塌、滑坡等病害。因此，应注意比较。还应注意目前的流通区有无转化为堆积区的趋势。②当河谷比较开阔，泥石流沟距大河较远时，路线可以考虑走堆积扇的外缘。这种方案线形一般比较舒顺，纵坡也比较平缓，但可能存在以下问题：堆积扇逐年向下延伸，淤埋路基；河床摆动，路基有遭受水毁的威胁。③对泥石流分布较集中，规模较大，发生频繁、危害严重的地段，应通过经济和技术比较，在有条件的情况下，可以采取跨河绕道走对岸的方案或其他绕避方案。④如泥石流流量不大，在全面考虑的基础上，路线也可以在堆积扇中部以桥隧或过水路面通过。采用桥隧时，应充分考虑两端路基的安全措施。这种方案往往很难彻底克服排导沟的逐年淤积问题。⑤通过散流发育并有相当固定沟槽的宽大堆积扇时，宜按天然沟床分散设桥，不宜改沟归并。如堆积扇比较窄小，散流不明显，则可集中设桥，一桥跨过。⑥在处于活动阶段的泥石流堆积扇上，一般不宜采用路堑。路堤设计应考虑泥石流的淤积速度及公路使用年限，慎重确定路基高程。

答案： B

36. 解 膨胀土是一种黏性土，具有明显的膨胀、收缩特性。它的粒度成分以黏粒为主，黏粒的主要矿物是蒙脱石、伊利石，这两类矿物有强烈的亲水性，吸收水分后体积膨胀，失水后收缩，多次膨胀、收缩，强度很快衰减，导致修建在膨胀土上的工程建筑物开裂、下沉、失稳破坏。蒙脱石具有剧烈吸水膨胀的特性，故影响最大的黏土矿物为蒙脱石。

答案： C

37. 解 根据《公路勘测规范》（JTG C10—2007）表 4.1.1-2，二级公路平面控制测量等级应选用二级。

答案： B

38. 解 根据《公路勘测规范》（JTG C10—2007）表 4.1.3-2，公路平面控制测量一级导线测量中，导线全长相对闭合差不大于1/17000。

答案： C

39. 解 根据《公路勘测规范》（JTG C10—2007）第 5.2.1 条，图根导线测量应闭合或附合于路线控制点上，当需要加密时，图根控制不宜超过两次附合；条件受限制时，可布设支导线，但支导线的边数不得超过 3 条。

答案： C

40. 解 根据《公路勘测规范》（JTG C10—2007）表 5.3.2-2，比例尺为 1∶1000 时，光电测距法测距的最大长度不超过 360m。

答案：B

41. 解 根据《公路勘测规范》（JTG C10—2007）表6.1.3-1，同一航带航向重叠，像片重叠度一般值为60%~65%。

答案：C

42. 解 根据《公路勘测规范》（JTG C10—2007）表7.1.2-2，以野外实测数据生成的DTM，其高程插值相对于最近高程控制点的高程中误差，对于山岭地形，中误差 ≤ ±0.7m。

答案：D

43. 解 根据《公路勘测规范》（JTG C10—2007）第7.5.2条，初步设计阶段，方案比选采用数字地面模型计算公路横断面时，横断面取值间距为5~10m。

答案：B

44. 解 根据《公路勘测细则》（JTG/T C10—2007）第8.5.2条，纸上定线时，应首先将具有特殊要求的位置和设施标注于地形图上。一般位置的平面和高程可从图上判读，对需要特殊控制的地段应进行实地放桩，根据需要进行纵、横面测量，绘制纵、横断面图。越岭路线需进行纵坡控制的地段，应在地形图上进行放坡，并将放坡点标示于图上。

答案：B

45. 解 根据《公路勘测细则》（JTG/T C10—2007）第8.8.5条第2款，桥位地形图测量范围，一般上游应为桥长的2~3倍，下游应为桥长的1~2倍，沿桥轴线方向应测至两岸历史最高洪水位或设计水位以上2m或洪水泛滥线以外50m，应能满足桥梁布孔、桥头引道和调治构造物布置的需要。

答案：D

46. 解 根据《公路勘测细则》（JTG/T C10—2007）第8.9.2条，初测阶段可不专门布设隧道平面和高程控制网，但在布设路线控制测量网时应在隧道进出口各布设2个以上平面控制点及2~3个高程控制点，平面控制点间距应大于500m，满足隧道平面和高程控制网加密的需要。布设的控制点应纳入路线控制测量进行施测。

答案：B

47. 解 根据《公路勘测规范》（JTG C10—2007）第9.14.1条，沿线筑路材料的调查包括：①对初步设计确定的料场应逐一核查，并进行进一步的勘测及补充调查；②对所有调查的料场应进行比较，根据材料需要量确定采用料场；③对大型料场进行必要的勘探与试验。

答案：D

48. 解 根据《公路勘测规范》（JTG C10—2007）第9.6.9条，应对该地区已有的排水设施工作情

注册道路工程师执业资格考试专业基础考试模拟试卷（七）解析与答案

况进行实地调查，确定排水设施的形式、横断面尺寸、加固措施，并测量起讫桩号、长度、进出口位置；需进行特殊设计的集水、排水、输水工程设施，应实地放出轴线，进行纵、横断面测量，并根据需要测绘比例尺为 1∶500~1∶2000 的地形图。

答案：D

49. 解 公路桥涵结构按正常使用极限状态设计时，应根据不同的设计要求，采用作用的频遇组合或准永久组合。

频遇组合：永久作用标准值与汽车荷载频遇值、其他可变作用准永久值相组合。

准永久组合：永久作用标准值与可变作用准永久值相组合。

答案：C

50. 解 在进行钢筋混凝土简支梁斜截面抗剪承载力复核时，其复核位置应按照下列规定选取：

（1）距支座中心 $h/2$（梁高一半）处的截面。

（2）受拉区弯起钢筋弯起处的截面，以及锚于受拉区的纵向钢筋开始不受力处的截面。

（3）箍筋数量或间距有改变处的截面。

（4）梁的肋板宽度改变处的截面。

答案：B

51. 解 根据《公路钢筋混凝土及预应力混凝土桥涵设计规范》（JTG 3362—2018）第9.3.9条，钢筋混凝土梁端支点处，应至少有两根且不少于总数 1/5 的下层受拉主钢筋通过。两外侧钢筋，应延伸出端支点以外，并弯成直角，顺梁高延伸至顶部，与顶层纵向架立钢筋相连。两侧之间的其他未弯起钢筋，伸出支点截面以外的长度不应小于 10 倍钢筋直径（环氧树脂涂层钢筋为 12.5 倍钢筋直径）；HPB300 钢筋应带半圆钩。

答案：D

52. 解 小偏心受压构件的破坏特征是：受压区边缘混凝土压应变达到极限压应变，受压区混凝土被压碎；同一侧的钢筋压应力达到屈服强度，而另一侧钢筋，不论受拉还是受压，其应力均达不到屈服强度。

答案：D

53. 解 《公路钢筋混凝土及预应力混凝土桥涵设计规范》（JTG 3362—2018）第5.3.1条规定，钢筋混凝土轴心受压构件，当配有纵向受力钢筋和普通箍筋时，其正截面抗压承载力应符合 $\gamma_0 N_d \leqslant 0.9\varphi(f_{cd}A + f'_{sd}A'_s)$。

答案：B

54. 解 根据《公路钢筋混凝土及预应力混凝土桥涵设计规范》（JTG 3362—2018）第6.5.3条，受弯构件在使用阶段的挠度应考虑长期效应的影响，即按荷载频遇组合和规范第 6.5.2 条规定的刚度计算的挠度值，乘以挠度长期增长系数 η_θ。当采用 C40 以下混凝土时，$\eta_\theta = 1.60$；当采用 C40~C80 混凝土时，$\eta_\theta = 1.45~1.35$，中间强度等级可按直线内插法取值。

答案：C

55. 解 选项 A 为先张法传力锚固时的损失（第一批）；选项 B 为先张法传力锚固后的损失（第二批）；选项 C 为后张法传力锚固后的损失（第二批）；选项 D 为后张法传力锚固时的损失（第一批）。

答案：B

56. 解 《建设工程安全生产管理条例》第二十七条规定，建设工程施工前，施工单位负责项目管理的技术人员应当对有关安全施工的技术要求向施工作业班组、作业人员作出详细说明，并由双方签字确认。

答案：A

57. 解 《中华人民共和国招标投标法》第三十一条第三款规定，联合体中标的，联合体各方应当共同与招标人签订合同，就中标项目向招标人承担连带责任。该题要正确理解"连带责任"，此时的主动权在建设单位，无限制条件下甲乙两公司加起有 10 万元即可（10+0 或 0+10 或 2+8 或 5+5 等），选项 A、B、D 都有限制条件，故选项 C 正确。

答案：C

58. 解 《中华人民共和国民法典》第五百八十五条规定，当事人可以约定一方违约时应当根据违约情况向对方支付一定数额的违约金，也可以约定因违约产生的损失赔偿额的计算方法。约定的违约金低于造成的损失的，人民法院或者仲裁机构可以根据当事人的请求予以增加；约定的违约金过分高于造成的损失的，人民法院或者仲裁机构可以根据当事人的请求予以适当减少。当事人就迟延履行约定违约金的，违约方支付违约金后，还应当履行债务。

答案：B

59. 解 《中华人民共和国招标投标法》第十条规定，招标分为公开招标和邀请招标。公开招标，是指招标人以招标公告的方式邀请不特定的法人或者其他组织投标。邀请招标，是指招标人以投标邀请书的方式邀请特定的法人或者其他组织投标。

答案：A

60. 解 《建设工程质量管理条例》第十六条规定，建设单位收到建设工程竣工报告后，应当组织设计、施工、工程监理等有关单位进行竣工验收。

答案：B

注册道路工程师执业资格考试专业基础考试模拟试卷（八）解析与答案

1. 解 砂的细度模数越大表示砂越粗。粗砂 $M_f = 3.7~3.1$；中砂 $M_f = 3.0~2.3$；细砂 $M_f = 2.2~1.6$；特细砂 $M_f = 1.5~0.7$。

答案： B

2. 解 测定沥青与石料黏附性的方法是水煮法或水浸法，但都是定性测量，结果往往因人而异；目前研究中也有人采用光电分光光度法，这是一种定量测试，但测试过程较复杂。亚甲蓝法是用于确定集料中是否存在膨胀性黏土矿物，并测定其含量的试验方法，用以评定集料的洁净程度。

答案： D

3. 解 陈伏是为了消除过火石灰的危害。

答案： A

4. 解 硅酸盐水泥熟料中，硅酸三钙 C_3S 早期和后期强度均高，硅酸二钙 C_2S 早期强度低、后期强度均高；铝酸三钙 C_3A 和铁铝酸四钙 C_4AF 对强度贡献均不大。

答案： A

5. 解 粗集料的形状接近正立方体者为佳，不宜含有较多针状颗粒和片状颗粒，否则将显著降低水泥混凝土的抗折强度，同时影响新拌混凝土的和易性。

答案： C

6. 解 引气剂是指掺入混凝土拌合物后，经搅拌能在混凝土拌合物中引入大量均匀分布、稳定而封闭的微小气泡以改善工作性，并在混凝土硬化后保留微小气泡以改善其抗冻性的物质。

答案： A

7. 解 在水泥强度相同的情况下，水胶比越小，水泥石的强度越高，与集料的黏结力越大，混凝土的强度越高。

答案： B

8. 解 水泥混凝土试件成型后、脱模前在温度为 $(20 \pm 5)℃$、相对湿度大于 50% 的空气中放置 1~2d 脱模，脱模后在温度为 $(20 \pm 2)℃$、相对湿度大于 95% 的空气［或不流动的 $Ca(OH)_2$ 饱和溶液］的标准养护条件下养护至规定龄期。

答案： C

9. 解 沥青的黏滞性是指沥青在外力作用下抵抗变形的能力，是反映沥青内部材料阻碍其相对流动的特性。沥青的黏滞性越大，表明沥青的稠度越大。

答案：D

10. 解 沥青混合料高温稳定性的评价指标为动稳定度，水稳定性评价指标为残留稳定度和冻融劈裂强度比，低温抗裂性评价指标为破坏应变。

答案：D

11. 解 碳是决定钢材性能的最重要元素。在一定含碳量范围内（＜0.8%），钢材的含碳量越高，钢材的强度和硬度越高，塑性（延性）和冲击韧性越低。

答案：B

12. 解 土的天然重度γ、饱和重度γ_d、干重度γ_d、有效重度γ'在数值上的关系为：$\gamma_{sat} \geqslant \gamma \geqslant \gamma_d > \gamma'$。

答案：A

13. 解 根据定义，含水率$w = m_w/m_s$，孔隙比$e = V_v/V_s$，液性指数$I_L = (w - w_p)/I_p$，饱和度$S_r = V_w/V_v$，不大于 1 的只有饱和度。

答案：D

14. 解 水在土体中渗流，受到土骨架的阻力，同时水也对土骨架施加推力，单位体积内土骨架所受到的水推力称为渗透力（或动水力）。作用在单位体积土柱上的渗透力（简称渗透力）应为：$G_d = J/A_L = (\gamma_w h_f)/L = \gamma_w i$。$G_d$称为渗透力，等于水的重度和水力坡降的乘积。因为$i$是无量纲数，所以渗透力的量纲与重度相同，是一种体积力，单位为 kN/m^3，大小与水力坡降成正比，方向与渗流方向一致。该力对土体稳定性有重要影响，也是造成常见渗透破坏的直接原因。

答案：B

15. 解 根据均布竖向条形荷载作用下的附加应力系数值表可得，荷载中心线下的附加应力系数值，应取$x/b = 0.50$，此时水平向和竖直向的附加应力系数均随深宽比z/b的增大而减小，即当深度z一定时，宽度b越大，附加应力系数越大，附加应力也就越大，由此可知基础宽度越大，附加应力衰减越慢。

答案：B

16. 解 附加应力作用下其应力大小随深度增大逐渐变小，其深度z起算点应为基础底面。故无影响。

答案：A

17. 解 测试变形模量时，土样周围没有约束，测试压缩模量时，土样的周围有环刀约束，故在应力相等时，测试变形模量时的应变较大，故变形模量小于压缩模量。

答案：C

18. 解 浅基础的地基极限承载力是指使得地基达到完全剪切破坏时的最小压力,也就是相应于 p-s 曲线中地基从塑性变形阶段转为整体剪切破坏的界限荷载。

答案: D

19. 解 饱和土中总应力是由上面土体的重力、静水压力及外荷载所产生的应力部分由土颗粒间的接触面承担,称为有效应力;而由于建筑物荷重使基底增加的压力称为基底附加压力。所以基地附加应力是外荷载对地基产生的有效应力。

答案: C

20. 解 固结理论的基本假设如下:①土是均质、各向同性和完全饱和的;②土粒和孔隙水都是不可压缩的;③土中附加应力沿水平面是无限均匀分布的,因此土层的压缩和土中水的渗流都是一维的;④土中水的渗流服从于达西定律;⑤在渗透固结中,土的渗透系数 k 和压缩系数 a 都是不变的常数;⑥外荷载是一次骤然施加的。

答案: C

21. 解 黏性土坡稳定性分析基本假定有:①均质黏性土土坡;②滑动面为圆弧;③滑体为刚性体;④滑面处于极限平衡。

答案: B

22. 解 瑞典条分法又称为费伦纽斯法,该法假定土坡沿着圆弧面滑动,并认为土条间的作用力对土坡的整体稳定性影响不大,可以忽略(由此而引起的误差一般在 10%~15% 之间),即假定土条两侧的作用力大小相等、方向相反且作用于同一直线上。是条分法中最简单、最古老的一种。

答案: A

23. 解 无黏性土坡稳定性系数 $K_s = \tan\varphi / \tan\beta = 1.56$。

答案: A

24. 解 野外工作中,常用指甲(2~2.5)、铁刀刃(3~3.5)、玻璃(5~5.5)、钢刀刃(6~6.5)鉴别矿物的硬度。

答案: B

25. 解 玄武岩:喷出岩,颜色呈灰黑至黑色。主要矿物成分与辉长岩相同,呈隐晶质细粒或斑状结构,气孔或杏仁状构造。玄武岩致密坚硬、性脆,强度很高,具有抗磨损、耐酸性强的特点。

答案: C

26. 解 常见的沉积岩有碎屑岩类、黏土岩类、化学及生物化学岩类。

答案: B

27.解 变质岩的矿物成分可分为两大类：一类是与岩浆岩、沉积岩所共有的，如石英、长石、云母、角闪石、辉石、方解石等，它们大多是原岩残留下来的，有的是在变质作用中形成的；另一类是在变质作用中产生的变质岩所特有的矿物，以此将变质岩与其他岩石区别开来，如石墨、滑石、蛇纹石、石榴子石、绿泥石、绢云母、硅灰石、蓝晶石、红柱石等，称为变质矿物。

答案：A

28.解 地壳表层岩石在太阳辐射、水、大气和生物等因素的共同作用下，发生物理和化学的变化，使岩石崩解破碎以至逐渐分解的作用，称为风化作用。

答案：B

29.解 轴面以褶皱顶平分两翼的面称为褶皱轴面。轴面是为了标定褶皱方位及产状而划定的一个假想面。轴面可以是直立的，也可以是倾斜或平卧的。题目中的轴面倾斜的，因此为倾斜褶皱。

答案：B

30.解 当岩层倾向与地面倾斜方向相反时，在山脊处"V"字形的尖端朝向山麓，在沟谷处"V"字形的尖端朝向上游。

答案：A

31.解 影响岩石风化速度、深度、程度以及分布规律的因素可分为内因和外因两大因素。内因是指岩石的地质特征，包括岩石的矿物成分、结构和构造等。外因主要包括气候、地形、地下水以及地质构造等。

答案：C

32.解 残积物不具有层理，碎屑物质大小不均匀、棱角显著，无分选，粒度和成分受气候条件和母岩岩性控制。

答案：D

33.解 阶梯形坡：由软硬不同的水平岩层或微倾斜岩层组成的基岩山坡，其表面剥蚀强烈，覆盖层薄，基岩外露，稳定性一般比较高；滑坡变形造成的阶梯状斜坡，多存在于山坡中下部，如果坡脚受到强烈冲刷或不合理的切坡，或受到地震的影响，可能引起古滑坡复活，威胁建筑物的稳定。

答案：D

34.解 根据地下水的埋藏条件，可以把地下水划分为包气带水、潜水和承压水。按含水层空隙性质（含水介质）的不同，可将地下水划分为孔隙水、裂隙水和岩溶水。在包气带内局部隔水层上积聚的具有自由水面的重力水称为上层滞水。

答案：B

35. 解 黄土因其特殊的大孔隙、垂直节理发育等结构特性，强渗透和遇水崩解的水理特性，干燥时高强度、浸水后强度明显降低的强度特性，造成路基常出现路堤下沉、坡面冲刷、边坡滑塌和滑坡、冲沟侵蚀路基等工程病害。

答案：B

36. 解 野外试验中的力学试验主要有触探试验（静力触探、动力触探与标准贯入试验），载荷试验（静力载荷与桩载荷试验），剪切试验（直剪法、水平挤出法与十字板剪切试验），旁压试验，应力应变量测（千分表法、电阻片法、压力盒法）与弹性系数测定（地震法）等。

答案：D

37. 解 测量工作中为了扩展测量工作面及防止误差的积累，应遵循的原则是在布局上从整体到局部，在精度上从高级到低级，在工作程序上从控制到碎部。

答案：A

38. 解 由公式 $M = m/\sqrt{n}$ 可知：$n = (m/M)^2 = \left(6\sqrt{2}/3\right)^2 = 8$。

答案：D

39. 解 由坐标纵轴北端起，顺时针方向量到某直线的水平夹角，称为该直线的坐标方位角。

答案：A

40. 解 （1）将望远镜对着明亮的背景，转动目镜螺旋，使十字丝清晰。

（2）松开制动螺旋，转动望远镜，采用望远镜镜筒上面的照门和准星瞄准水准尺，然后拧紧制动螺旋。

（3）从望远镜中观察，转动物镜螺旋进行对光，使目标清晰，再转动微动螺旋，使竖丝对准水准尺。

（4）眼睛在目镜端上下微微移动，若十字丝与目标影像有相对移动，则应重新仔细地进行物镜对光，直到读数不变为止。

答案：C

41. 解 （1）首曲线：在同一幅图上，按基本等高距描绘的等高线称为首曲线，也称基本等高线。

（2）计曲线：凡是高程能被 5 倍基本等高距整除的等高线加粗描绘，称为计曲线。

（3）间曲线和助曲线：按 1/2 基本等高距描绘的等高线称为间曲线，按 1/4 基本等高距描绘的等高线称为助曲线。

答案：B

42. 解 现场定线一般适用于三、四级公路的路线选取。

答案：A

43. 解 高速公路、一级和二级公路两次测量之差应满足 ≤5mm。

答案： A

44. 解 转点在水准测量中起到传递高程的作用。如所需的测量工作路程较远，仪器不能一次到位读取高差，就需要用到转点。中线测量中，转点的作用是传递方向。

答案： B

45. 解 正常情况下，人眼在图纸上能分辨出的最小距离为 0.1mm，即在图纸上当两点间距离小于 0.1mm 时，人眼就无法再分辨。因此，在地形图上 0.1mm 所代表的实地水平距离称为地形图的比例尺精度。即：比例尺精度 $= 0.1M = 0.1 \times 5000 = 500\text{mm} = 0.5\text{m}$。

答案： A

46. 解 地物是指的是地面上各种有形物（如山川、森林、建筑物等）和无形物（如省、县界等）的总称，泛指地球表面上相对固定的物体。地貌即地球表面各种形态的总称，也能称为地形。地表形态是多种多样的，成因也不尽相同，是内、外力地质作用对地壳综合作用的结果。内力地质作用造成了地表的起伏，控制了海陆分布的轮廓及山地、高原、盆地和平原的地域配置，决定了地貌的构造格架。

答案： D

47. 解 高程控制点距离路线中心应大于 50m，小于 300m。

答案： B

48. 解 高速公路、一级公路隧道贯通长度 L 满足 $L < 3000\text{m}$。

答案： B

49. 解 钢筋混凝土开裂前钢筋与混凝土共同变形，故钢筋对开裂荷载影响不大；但开裂后钢筋代替混凝土受拉，适当配筋的钢筋混凝土梁的破坏荷载可以显著提高。

答案： B

50. 解 钢筋和混凝土共同工作的三要素为：钢筋与混凝土之间存在良好的黏结力，钢筋与混凝土的温度线膨胀系数接近，混凝土保护钢筋免受锈蚀。

答案： B

51. 解 适筋破坏是受拉钢筋先屈服，而后受压区混凝土被压碎的破坏形态。

答案： D

52. 解 钢筋混凝土梁当受拉区边缘混凝土达到抗拉标准强度后，出现受拉塑性，直至混凝土达到极限拉应变时将开裂。

答案： D

53. 解 受弯构件斜截面受剪承载力计算时，要求 $\gamma_0 V_d \leqslant 0.51 \times 10^{-3} \sqrt{f_{cu,k}} b h_0$，是为了防止出现斜

压破坏。

答案：A

54. 解 矩形截面大偏心受压构件截面设计时需补充条件 $x = \xi_b h_0$，这是为了充分利用混凝土的抗压强度，使设计的钢筋用量达到最少。

答案：B

55. 解 由于混凝土徐变的影响，在长期荷载作用下，钢筋混凝土梁的挠度会随时间增加而加大。

答案：D

56. 解 《中华人民共和国民法典》第七百八十八条规定，建设工程合同是承包人进行工程建设，发包人支付价款的合同。建设工程合同包括工程勘察、设计、施工合同。监理合同属于委托合同，施工分包合同还是属于施工合同。

答案：C

57. 解 《中华人民共和国招标投标法》第五十三条规定，对投标人相互串通行为作出处罚。在《中华人民共和国招标投标法实施条例》第四十条和第四十一条分别对投标人之间视为串标和属于串标行为作出规定。选项 A、C、D 是属于串标行为，选项 B 是视为串标行为。

答案：B

58. 解 《建设工程安全生产管理条例》第六条规定，建设单位应当向施工单位提供施工现场及毗邻区域内供水、排水、供电、供气、供热、通信、广播电视等地下管线资料，气象和水文观测资料，相邻建筑物和构筑物、地下工程的有关资料，并保证资料的真实、准确、完整。

答案：A

59. 解 《建设工程质量管理条例》第三十一条规定，施工人员对涉及结构安全的试块、试件以及有关材料，应当在建设单位或者工程监理单位监督下现场取样，并送具有相应资质等级的质量检测单位进行检测。

答案：D

60. 解 《建设工程勘察设计管理条例》第四十条规定，违反本条例规定，勘察、设计单位未依据项目批准文件，城乡规划及专业规划，国家规定的建设工程勘察、设计深度要求编制建设工程勘察、设计文件的，责令限期改正；逾期不改正的，处 10 万元以上 30 万元以下的罚款；造成工程质量事故或者环境污染和生态破坏的，责令停业整顿，降低资质等级；情节严重的，吊销资质证书；造成损失的，依法承担赔偿责任。

答案：D

注册道路工程师执业资格考试专业基础考试模拟试卷（九）
解析与答案

1. 解 吸水率是吸水性的指标，含水率是吸湿性的指标，渗透系数是抗渗性的指标，软化系数是耐水性的指标。石料的饱水状态强度 R_W 与干燥状态强度 R_D 的比值 K_R，称为软化系数。

答案：D

2. 解 在沥青混合料（除 SMA-13、SMA-16、SMA-20 外）中，粗集料是指粒径大于 2.36mm 的碎石、破碎砾石、筛选砾石和矿渣等；细集料是指粒径小于 2.36mm 的天然砂、人工砂（包括机制砂及石屑）；SMA-13、SMA-16、SMA-20 的粗细集料分界尺寸为 4.75mm。在水泥混凝土中，粗集料是指粒径大于 4.75mm 的碎石、砾石和破碎砾石，细集料是指粒径小于 4.75mm 的天然砂、人工砂。

答案：C

3. 解 钙质生石灰和镁质生石灰的划分标准：当 MgO 含量小于或等于 5%时，属于钙质生石灰；当 MgO 含量大于 5%时，属于镁质生石灰。

答案：A

4. 解 硅酸盐水泥熟料的主要成分包括硅酸三钙、硅酸二钙、铝酸三钙、铁铝酸四钙四种。氧化锌不是硅酸盐水泥的熟料矿物成分。

答案：B

5. 解 依据《公路路面基层施工技术细则》（JTG/T F20—2015）第 4.2.5 条，碾压贫混凝土应符合下列规定：7d 龄期无侧限抗压强度不应低于 7MPa，且不宜高于 10MPa。

答案：B

6. 解 坍落度是衡量混凝土流动性的指标，主要反映混凝土在自重作用下流动的能力，与水泥砂浆的保水性并无直接关联，对于坍落度较大的混凝土，其流动性好，但保水性不一定好，可能会出现泌水等现象，选项 A 错误。

分层度是衡量水泥砂浆保水性的重要指标，它表示水泥砂浆在静置停放一段时间后，其上下层之间的稠度差异，分层度越小，说明水泥砂浆的保水性越好，即砂浆在存放和使用过程中，水分不易与固体颗粒分离，不易出现泌水、离析等现象，能够保持较好的均匀性和稳定性，选项 B 正确。

沉入度是表示砂浆流动性的指标，通常用于测定石灰膏等材料的质量，沉入度越大，表明砂浆的流动性越大，但不能直接体现其保水性，选项 C 错误。

和易性是一项综合的技术性质，包括流动性、黏聚性和保水性三个方面，它是对混凝土或砂浆工作性能的总体评价，而不是专门用于衡量水泥砂浆保水性的具体指标，选项 D 错误。

答案：B

7.解 有机胶凝材料主要有沥青、树脂、橡胶等；无机胶凝材料主要有水玻璃、石灰、混凝土。

答案：B

8.解 细度模数越大，表示砂越粗。细度模数为 0.7~1.5 的为特细砂，1.6~2.2 的为细砂，2.3~3.0 的为中砂，3.1~3.7 的为粗砂。所以细度模数为 1.88 所表示的砂为细砂。

答案：C

9.解 针入度是反映沥青稠度的指标，也是划分沥青标号的主要依据。它表示在规定的温度和荷载条件下，标准针垂直贯入沥青试样的深度，以 1/10mm 为单位。针入度越大，表明沥青越软，稠度越小；反之，针入度越小，沥青越硬，稠度越大。我国现行规范根据沥青的针入度范围，将道路石油沥青分为多个标号，如 70 号、90 号、110 号等。选项 A 正确。

软化点是沥青在特定条件下开始变软的温度，反映了沥青的耐热性。它是沥青的一个重要性能指标，但不是划分沥青标号的直接依据。不同标号的沥青有不同的软化点范围，但不能单纯以软化点来确定沥青的标号。选项 B 错误。

延度是指沥青在规定的拉伸速度和温度条件下被拉断时的长度，反映了沥青的柔韧性和延展性。延度也是沥青的重要质量指标之一，但主要用于评价沥青的低温性能，而非划分沥青标号的依据。选项 C 错误。

闪点是指沥青加热时挥发出的可燃气体与空气混合，在一定浓度下遇到明火时发生闪火的最低温度。闪点主要与沥青的安全性有关，用于评估沥青在储存、运输和使用过程中的火灾危险性，与沥青标号的划分无关。选项 D 错误。

答案：A

10.解 马歇尔稳定度试验：通过测定马歇尔稳定度（MS）和流值（FL）来评价沥青混合料的高温稳定性。马歇尔稳定度是指沥青混合料在规定的温度和加载速率下，抵抗变形的能力；流值则反映了混合料在受力作用下的变形程度。稳定度越高、流值适中，表明混合料的高温稳定性越好。

车辙试验：该试验模拟车辆在路面上行驶时产生的车辙，通过在规定的温度和轮压条件下，对沥青混合料试件进行反复碾压，测量其产生的车辙深度。车辙深度越小，说明沥青混合料的抗车辙能力越强，高温稳定性越好。

综上，可知选项 A 正确。

薄膜烘箱试验主要用于评价沥青在热和空气的综合作用下的老化性能，通过将沥青试样置于薄膜烘箱中，在规定的温度和时间条件下进行加热，然后测定老化后的沥青的质量损失、针入度比、延度等指标，以评估沥青的抗老化能力，而非直接评价沥青混合料的高温稳定性。选项 B 错误。

加热质量损失试验主要是测定沥青或沥青混合料在加热过程中的质量损失情况，通常用于评估沥青或沥青混合料的热稳定性和挥发性，但不能全面准确地评价沥青混合料的高温稳定性。选项 C 错误。

残留稳定度试验是用于评价沥青混合料在经过水损害后的稳定度保持情况，通过测定沥青混合料在浸水前后的马歇尔稳定度，计算残留稳定度，以评估混合料的水稳定性，而非高温稳定性。选项 D 错误。

答案：A

11. 解 Q235 钢是一种普通碳素结构钢，具有一定的强度和韧性，广泛应用于建筑、机械制造等领域，但它不属于低碳热轧盘条的特定表示方法。选项 A 错误。

HPB300 是低碳热轧光圆钢筋的牌号，其中"H"表示热轧，"P"表示光圆，"B"表示钢筋，300 表示屈服强度特征值为 300MPa。它是一种低碳钢，主要用于制作箍筋、板的分布筋等，是低碳热轧盘条的常见表示形式。选项 B 正确。

HRB400 是热轧带肋钢筋的一种，其中"R"表示带肋，屈服强度特征值为 400MPa。它的强度比低碳热轧盘条高，通常用于建筑结构中的受力钢筋，如梁、柱等的主筋，不属于低碳热轧盘条。选项 C 错误。

HRBF400 也是热轧带肋钢筋的一种，"F"表示细晶粒，其屈服强度特征值为 400MPa。与 HRB400 类似，它主要用于建筑结构中的受力钢筋，而不是低碳热轧盘条。选项 D 错误。

答案：B

12. 解 强结合水是土粒表面静电引力吸附的水分子，牢固地吸附在土粒表面，不能自由移动，不传递静水压力，也不存在浮力作用。选项 A 错误。

弱结合水是土粒在强结合水之外吸附的一层水分子，其受土粒表面引力作用较大，只能在土粒周围作缓慢移动，也不能传递静水压力，对土粒不产生浮力。选项 B 错误。

重力水是在重力作用下在土孔隙中自由流动的水，它能传递静水压力，对土粒产生浮力。当存在上层滞水时，上层滞水通常属于重力水，会对土粒产生浮力。选项 C 正确。

毛细水是土孔隙中受毛细作用而上升的水，它存在于地下水位以上的毛细孔隙中。毛细水对土粒也有一定的影响，但主要是使土粒产生毛细压力，而不是浮力。选项 D 错误。

答案：C

13. 解 液限是指土由可塑状态转变为流动状态时的界限含水量。它是土的一个重要物理性质指标，反映了土在较高含水量时的状态，但仅通过液限不能全面体现土的黏性和可塑性大小，还需要结合塑限等指标来综合判断。选项 A 错误。

塑限是指土由半固态转变为可塑状态时的界限含水量。与液限一样，塑限单独使用时也不能完整反映土的黏性和可塑性大小，需要与其他指标配合使用。选项 B 错误。

塑性指标是液限与塑限的差值，即 $I_p = w_L - w_p$（其中，I_p 为塑性指标，w_L 为液限，w_p 为塑限）。它表示土处于塑性状态时的含水量变化范围，该范围越大，说明土的可塑性越大，同时也间接体现了土的黏性大小，因为黏性土的塑性指标通常较大，而非黏性土的塑性指标较小。选项 C 正确。

液性指数是指土的天然含水量与塑限之差和液限与塑限之差的比值，即 $I_L = (w - w_p)/(w_L - w_p)$（其中，$I_L$ 为液性指数，w 为土的天然含水量）。液性指数主要用于判别土的软硬状态，而非直接体现土的黏性和可塑性大小。选项 D 错误。

答案：C

14. 解　$k_z = \dfrac{H}{\sum\limits_{j=1}^{n}\frac{H_j}{k_j}} = \dfrac{3}{\frac{1}{0.06} + \frac{1}{0.5} + \frac{1}{10}} = 0.16 \text{m/d}$

答案：C

15. 解　基底压力 P 不变，增大基础埋置深度，基底附加应力 $p_0 = p - \gamma_d$ 减小，沉降减小。

答案：D

16. 解　根据有效应力原理，饱和土中的总应力等于有效应力与孔隙水压力之和，即 $\sigma = \sigma' + u$。地下水位下降时，砂土中的孔隙水压力会减小，而总应力不变，则有效应力增大。

答案：B

17. 解　在压力较大部分，$e\text{-}\lg p$ 关系接近直线，其直线段的斜率称为土的压缩指数 C_c，接近一个常量，不随 p 而变，即 $C_c = -\dfrac{\Delta e}{\Delta(\lg p)}$。

压缩系数 a 是通过 $e\text{-}P$ 曲线确定的。在曲线上取两点 p_1、p_2 及其对应的孔隙比 e_1、e_2，根据公式 $a = \dfrac{e_1 - e_2}{p_1 - p_2}$ 计算得到。

压缩模量 E_s 可根据压缩系数 a 计算得到，公式为 $E_s = \dfrac{1 + e_0}{a}$，其中 e_0 为土的初始孔隙比，而压缩系数 a 是由 $e\text{-}p$ 曲线确定的，所以压缩模量也间接与 $e\text{-}p$ 曲线相关。压实系数是指土的控制干密度 ρ_d 与最大干密度 ρ_{dmax} 的比值，即 $\lambda_c = \dfrac{\rho_d}{\rho_{dmax}}$，它与土的压缩曲线并无直接关联。

答案：B

18. 解　在一定的压实能量下使土最容易压实，并能达到最大密实度时的含水率，称为土的最优含水率（或称最佳含水率），用 w_{op} 表示。相对应的干重度叫作最大干重度，用 γ_{dmax} 表示。土的最优含水率可在试验室内通过击实试验测得。试验时将同一种土，配制成若干份不同含水率的试样，用同样的压实能量分别对每一份试样进行击实［试验的仪器和方法见《土工试验方法标准》(GB/T 50123—2019)］，然后测定各试样击实后的含水率 w 和干重度 γ_d，从而绘制含水率与干重度关系曲线，称为压实曲线。土的最优含水率的大小随土的性质而异，轻型标准击实试验表明，最优含水率约在土的塑限附近。砂和砾砂等无黏性粗粒土，其压实性也与含水量有关，不过一般不存在最优含水率。

答案：B

19. 解　当土中某点处于极限平衡条件时，破裂面与大主应力作用面的夹角（破裂角 α_f）为 $(45° + \varphi/2)$。

答案：C

20. 解　压缩模量 E_s 是指在完全侧限条件下，竖向附加压应力与相应的应变增量之比值，即 $E_s = -\frac{\Delta p}{\Delta \varepsilon_z}$，常用于计算地基的沉降。

变形模量 E_0 指土在无侧限条件下应力与应变的比值，反映了土在天然状态下的变形特性，通过现场载荷试验测定。

压缩指数 C_c 是由土的压缩曲线 $e\text{-}\lg P$ 确定的，用于衡量土在侧限压缩试验中孔隙比随压力对数变化的速率，是计算地基沉降的一个重要参数。

压缩系数 a 是在侧限压缩试验中，根据土的压缩曲线 $e\text{-}P$ 计算得到的，公式为 $a = \frac{e_1 - e_2}{p_1 - p_2}$，反映土在压力变化时孔隙比的变化速率。

答案：D

21. 解　整体剪切破坏是太沙基极限承载力理论的基本假定破坏形式。在这种破坏模式下，地基土在荷载作用下发生连续的滑动面，从基础边缘开始逐渐扩展至地基深处，形成一个完整的剪切破坏区，地基土整体失去稳定，基础急剧下沉并向一侧倾斜，同时在基础周围的地面上会出现明显的隆起现象。

局部剪切破坏时，地基土中的剪切破坏面并不贯穿整个地基土，而是在基础边缘附近的一定范围内形成局部的剪切破坏区，基础周围的地面可能仅有轻微的隆起或不出现隆起，基础的沉降相对整体剪切破坏较为缓慢。这种破坏形式通常发生在地基土比较松软或基础埋深较浅等情况下，太沙基极限承载力公式在这种情况下需进行修正才适用。

刺入剪切破坏一般发生在松砂或软土中，基础在竖向荷载作用下，以近乎垂直的方式切入地基土中，地基土中没有明显的整体或局部剪切破坏面，而是在基础下方形成一个类似于冲剪的破坏区域，基础周围的地面基本不发生隆起，且基础的沉降量较大。

局部刺入剪切破坏并非是太沙基极限承载力公式所假定的地基破坏形式，而是一种介于局部剪切破坏和刺入剪切破坏之间的情况，其破坏特征兼具两者的部分特点。

答案：A

22. 解　承载力系数 N_γ、N_q、N_c 是太沙基极限承载力公式中重要的无量纲系数，它们仅与土的内摩擦角有关。随着内摩擦角的增大，这三个承载力系数也会相应增大，表明土的抗剪强度和极限承载力随着内摩擦角的增加而提高。

答案：A

23. 解 无黏性土坡的稳定性主要取决于土的内摩擦角。根据无黏性土坡稳定性分析的公式 $K = \frac{\tan \varphi}{\tan \beta}$（其中，$K$ 为稳定安全系数，φ 为土的内摩擦角，β 为坡角），土的内摩擦角越大，稳定安全系数越大，土坡越稳定。

对于无黏性土坡，只要坡角小于土的内摩擦角，无论土坡高度如何，土坡都是稳定的。这是因为无黏性土的抗剪强度仅由内摩擦角决定，不存在黏聚力，不存在因高度增加而导致的底部剪应力增大而失稳的情况。

由上述无黏性土坡稳定性分析公式可知，坡角越大，则稳定安全系数越小，土坡越不稳定。

无黏性土坡的稳定性与坡长没有直接关系。因为在无黏性土坡的稳定性分析中，主要考虑的是土的内摩擦角和坡角，而坡长并不影响土坡的抗剪强度和下滑力等关键因素。

答案：B

24. 解 花岗岩属于岩浆岩，而非变质岩；千枚岩是具有千枚状构造的低级变质岩石；片麻岩是具有片麻状构造的变质岩；白云岩是沉积岩；大理岩和石英岩均属于变质岩，且具有块状构造。

答案：D

25. 解 辉长岩属于基性岩类，是深成侵入岩。呈灰黑至黑色，全晶质等粒结构，块状构造。主要矿物为斜长石和辉石，其次有橄榄石、角闪石和黑云母。辉长岩强度高，抗风化能力强。

答案：C

26. 解 花岗岩属于酸性岩类，是深成侵入岩，即深成岩。

答案：B

27. 解 向斜为岩层向下弯曲，核心部分岩层时代较新，两侧岩层依次变老并对称分布。水平褶皱的枢纽近于水平，呈直线状延伸较远，两翼岩层界线基本平行。

答案：B

28. 解 逆断层是指上盘沿断层面相对上升、下盘沿断层面相对下降的断层。

答案：A

29. 解 河流下蚀作用不可能无限下切，是因为随着下蚀深度的增加，河流的纵比降会逐渐减小，流速也会随之降低，侵蚀能力减弱。同时，当河流下切到接近海平面时，水面坡度趋近于零，水流的能量主要用于搬运泥沙等物质，而不再具有强大的下蚀能力。此外，地壳的抬升或基准面的变化等因素也会限制下蚀作用的无限进行，故选项 A 正确。

溯源侵蚀才是导致源头后移的原因，而不是侧蚀作用。溯源侵蚀是指河流向源头方向的侵蚀，它会使河流源头不断向分水岭方向延伸，导致源头后移。侧蚀作用主要是河流对河床两侧的侵蚀，使河床变宽、河谷变宽，故选项 B 错误。

在河流的发育过程中，下蚀作用和侧蚀作用通常是同时进行的。在河流的上游地区，下蚀作用往往占主导地位，使河床不断加深；同时，也存在一定程度的侧蚀作用，使河谷逐渐拓宽。在河流的中下游地区，侧蚀作用则更为显著，而在下蚀作用相对减弱的情况下，侧蚀作用继续使河床和河谷进一步拓宽和变形，故选项 C 正确。

侧蚀作用主要发生在河流的中下游地区，由于水流具有一定的惯性力和离心力，会对河床两侧产生侧向侵蚀。凹岸受到的侵蚀作用较强，河岸不断崩塌后退；凸岸则水流速度较慢，泥沙容易堆积。随着时间的推移，河床会逐渐变得弯曲和宽阔，故选项 D 正确。

答案：B

30.解 构造型垭口是由构造破碎带或软弱岩层经外力剥蚀所形成的垭口。常见的有下列三种：①断层破碎带型垭口：这种垭口的工程地质条件比较差。岩体的整体性被破坏，经地表水侵入和风化，岩体破碎严重。②背斜张裂带型垭口：这种垭口虽然构造裂隙发育，岩层破碎，但工程地质条件较断层破碎带型好，这是因为垭口两侧岩层外倾，有利于排除地下水，有利于边坡稳定，一般可采用较陡的边坡坡度，使挖方工程量和防护工程量都比较小。③单斜软弱层型垭口：这种垭口主要由页岩、千枚岩等易于风化的软弱岩层构成。

答案：A

31.解 在包气带内局部隔水层上积聚的具有自由水面的重力水称为上层滞水。上层滞水接近地表，接受大气降水的补给，以蒸发形式或向隔水底板边缘排泄。

答案：D

32.解 岩溶发育的基本条件：可溶性岩层是发生溶蚀作用的必要前提，它必须具有一定的透水性，使水能进入岩层内部进行溶蚀。纯水对钙、镁碳酸盐的溶解能力很弱，含有二氧化碳及其他酸类时，侵蚀能力才显著提高。具有侵蚀能力的水在碳酸盐岩中停滞而不交替，很快成为饱和溶液而丧失其侵蚀性，因此水的流动是保持溶蚀作用持续进行的必要条件。岩溶发育的条件归结为：可溶岩层的存在，可溶岩必须是透水的，具有侵蚀能力的水是流动的。

答案：D

33.解 滑坡周界是指滑坡体与周围未滑动岩土体在平面上的分界线，通常是一个不规则的闭合曲线，而不是山体陡壁上的台阶，故选项 A 错误。

峭壁只是对山体陡峭崖壁的一种笼统描述，没有明确体现出是滑坡后形成的特定特征，故选项 B

错误。

滑坡后壁是滑坡体后缘与母体山体脱离后暴露在外面的陡壁，由于滑坡体下滑后，后壁往往会形成相对高差，有时会呈现出台阶状，与题目中描述的现象相符，故选项 C 正确。

滑坡鼓丘是滑坡体在下滑过程中，由于前端受阻或地形等因素影响，导致滑坡体物质堆积形成类似鼓包的地貌，而不是山体峭壁上的台阶，故选项 D 错误。

答案：C

34. 解 盐胀土中含有较多的易溶盐，在温度和湿度变化时，盐类会发生结晶和溶解，从而引起土体体积的膨胀和收缩。当温度降低或土壤水分蒸发时，盐分结晶析出，晶体生长产生的压力会使土颗粒间的距离增大，导致土体膨胀，这是盐胀土最主要的特性。选项 A 正确。

盐胀土中的盐分多为硫酸盐、氯盐等，具有较强的腐蚀性，会对混凝土、金属等建筑材料产生腐蚀作用，降低材料的耐久性，影响工程设施的使用寿命。选项 B 正确。

盐胀土在长期荷载作用下，即使应力水平低于其极限强度，也会发生缓慢的变形，这种变形称为蠕变。盐胀土的蠕变特性与其结构、盐分含量及环境因素等有关，在工程设计中需要考虑其蠕变变形对工程结构长期稳定性的影响。选项 D 正确。

盐胀土不具备湿陷性。湿陷性是指黄土在一定压力作用下，受水浸湿后结构迅速破坏而发生显著附加下沉的性质。选项 C 错误。

答案：C

35. 解 黄土的粒度成分以粉粒为主，占 60%~70%；其次是砂粒和黏粒，各占 1%~29% 和 8%~26%。黄土的相对密度一般在 2.54~2.84 之间，结构疏松，具有大孔隙，密度为 1.5~1.8g/cm³，干密度为 1.3~1.6g/cm³，一般认为干密度小于 1.5g/cm³ 的黄土具有湿陷性。黄土因其特殊的大孔隙、垂直节理发育等结构特性，强渗透和遇水崩解的水理特性，干燥时高强度、浸水后强度明显降低的强度特性，常出现路堤下沉、坡面冲刷、边坡滑塌和滑坡、冲沟侵蚀路基等工程病害。黄土路基各种病害的发生与水的关系密切。路堤沉陷常由地基湿陷、地下洞穴塌陷、路线通过冲沟时沟底地基湿软、冲沟溯源侵蚀路基等原因造成。

答案：B

36. 解 在现场和原位检测过程中，如果遇到有害气体，为了确定有害气体的成分、浓度等，以便采取相应的防护和处理措施，需要进行取样检测，故选项 A 正确。

标准贯入度试验是一种原位测试方法，适用于砂土、粉土和一般黏性土，而碎石土由于颗粒较大，一般不适用标准贯入度试验；重型圆锥动力触探试验适用于砂土、中密以下的碎石土等，故选项 B 错误。

当在现场检测碰到水，尤其是桥梁锚墩基础等与水密切相关的结构，为了解水的性质、水位变化等情况，需要进行抽水试验以及对水进行取样检测，故选项C正确。

盐胀性是某些特殊土的重要特性之一，在现场和原位检测中，对于可能存在盐胀性的土，需要进行相关试验来确定其盐胀性，比如测定不同温度、湿度条件下土的体积变化等，故选项D正确。

答案：B

37. 解 依据《工程测量规范》（GB 50026—2020），三等平面控制网中相邻点之间的距离不得小于300m。

答案：C

38. 解 依据《公路勘测规范》（JTG C10—2007）表 4.2.3-1，平原区四等往返较差应小于或等于 $20\sqrt{l}$mm。

答案：C

39. 解 依据《公路勘测规范》（JTG C10—2007）表 5.1.4-1，重要地物点的点位中误差不大于±0.6mm。

答案：A

40. 解 依据《公路勘测规范》（JTG C10—2007）表 5.1.1，工程可行性研究阶段，地形图比例尺为 1：10000。

答案：A

41. 解 依据《公路勘测规范》（JTG C10—2007）表 6.1.3-1，同一航带航向重叠度个别最小值为 56%。

答案：B

42. 解 依据《公路勘测规范》（JTG C10—2007）表 7.1.2-2，平原地形的高程插值相对于最近高程控制点的高程中误差小于或等于+0.2m。

答案：A

43. 解 依据《公路勘测规范》（JTG C10—2007）表 6.3.5，施工图设计及山区初步设计阶段，应用正射影像图。

答案：D

44. 解 依据《公路勘测细则》（JTG C10—2007），现场定线采用延长直线钉设转点或交点时，当点间距离大于 400m 时，最大点位差不应大于 2cm（20mm）。

答案：D

45. 解 依据《公路勘测细则》（JTG C10—2007），二级及二级以上公路中线每侧不宜小于300m。

答案：D

46. 解 依据《公路勘测规范》（JTG C10—2007）表 9.3.1，三级及三级以下公路，两次测量之差应小于或等于10cm。

答案： B

47. 解 依据《公路勘测规范》（JTG C10—2007），每岸应布设必要的控制点，可不专门布设桥梁平面及高程控制网，布设的控制点应纳入路线控制测量。

答案： C

48. 解 依据《公路勘测规范》（JTG C10—2007）表9.4.2，定测阶段，二级及以上公路横断面检测互差限差不应大于$L/100 + 0.1$。

答案： D

49. 解 依据《公路桥涵设计通用规范》（JTG D60—2015），可变作用代表值包括标准值、频遇值和准永久值。选项B设计值是代表值与分项系数的乘积。

答案： B

50. 解 当结构或构件超过承载能力极限状态时，会出现以下几种情况：①结构或构件因材料强度不足而发生破坏；②结构转为机动体系（可变体系）；③结构或构件丧失稳定（如压杆失稳）；④结构或构件产生过度的变形而不能继续承载；⑤结构或构件产生疲劳破坏。显然，选项B、C、D都是影响正常使用的状态，与承载能力极限无关。

答案： A

51. 解 钢筋混凝土受弯构件在正常使用状态下是允许出现裂缝的。只要裂缝宽度和变形等指标不超过规定的限值，就能满足正常使用极限状态的要求。因为混凝土的抗拉强度较低，构件受弯时其受拉一侧的混凝土很快出现开裂，拉力全部由受拉区的钢筋承担，只要钢筋未达到屈服，构件就可正常工作。选项A混凝土受拉状态，通常意味着荷载很小，不足以让构件受拉侧的混凝土破坏，构件尚未进入正常工作状态。选项C钢筋屈服状态，意味着构件已达到承载能力极限状态。选项D混凝土压碎状态，意味着构件已经超过承载能力而破坏。

答案： B

52. 解 依据试验得出的应力-应变关系曲线，当混凝土强度等级为C50及以下时，构件处于非均匀受压状态，极限压应变值ε_{cu}取0.0033。

答案： D

53. 解 混凝土单筋受弯构件开裂验算时，除了考虑受拉区钢筋的换算面积外，还需要计算受压区混凝土面积。在受拉区混凝土退出工作后，换算截面是将受拉区的钢筋和受压区的混凝土组成的实际截面换算成一种拉压性能相同的假想材料组成的匀质截面。

答案：D

54. 解 我国配筋混凝土结构主要包括全预应力混凝土、部分预应力混凝土和钢筋混凝土（不预加应力混凝土）。1970年，国际预应力混凝土协会和欧洲混凝土委员会将配筋混凝土分为四类：全预应力混凝土、有限预应力混凝土、部分预应力混凝土和钢筋混凝土。

选项C有限预应力混凝土是指对混凝土构件施加预应力，使混凝土在承受荷载时，拉应力不超过其抗拉强度，结构不出现裂缝。

答案：C

55. 解 依据《公路钢筋混凝土及预应力混凝土桥涵设计规范》（JTG 3362—2018）表6.4.2，对于近海或海洋氯化物（Ⅲ类）环境，钢筋混凝土与B类预应力混凝土构件在作用频遇组合并考虑长期效应组合影响下，裂缝宽度限制值是0.15mm。

答案：C

56. 解 《招标投标法》第三十七条规定，评标由招标人依法组建的评标委员会负责。依法必须进行招标的项目，其评标委员会由招标人的代表和有关技术、经济等方面的专家组成，成员人数为五人以上单数，其中技术、经济等方面的专家不得少于成员总数的三分之二。

答案：C

57. 解 《建设工程安全生产管理条例》第十条规定，建设单位在申请领取施工许可证时，应当提供建设工程有关安全施工措施的资料。

答案：A

58. 解 《建设工程勘察设计管理条例》第二十八条规定，施工单位、监理单位发现建设工程勘察、设计文件不符合工程建设强制性标准、合同约定的质量要求的，应当报告建设单位，建设单位有权要求建设工程勘察、设计单位对建设工程勘察、设计文件进行补充、修改。

答案：A

59. 解 《民法典》第四百七十八条规定，有下列情形之一的，要约失效：①要约被拒绝；②要约被依法撤销；③承诺期限届满，受要约人未作出承诺；④受要约人对要约的内容作出实质性变更。显然选项C是错误的，受要约人已作出承诺，要约已经生效。

答案：C

60. 解 《公路法》第十四条第三款规定，县道规划由县级人民政府交通主管部门会同同级有关部门编制，经本级人民政府审定后，报上一级人民政府批准。

答案：C